古希腊史 上

迄至亚历山大大帝驾崩

[英]查尔斯·欧曼 著

陈乐 译

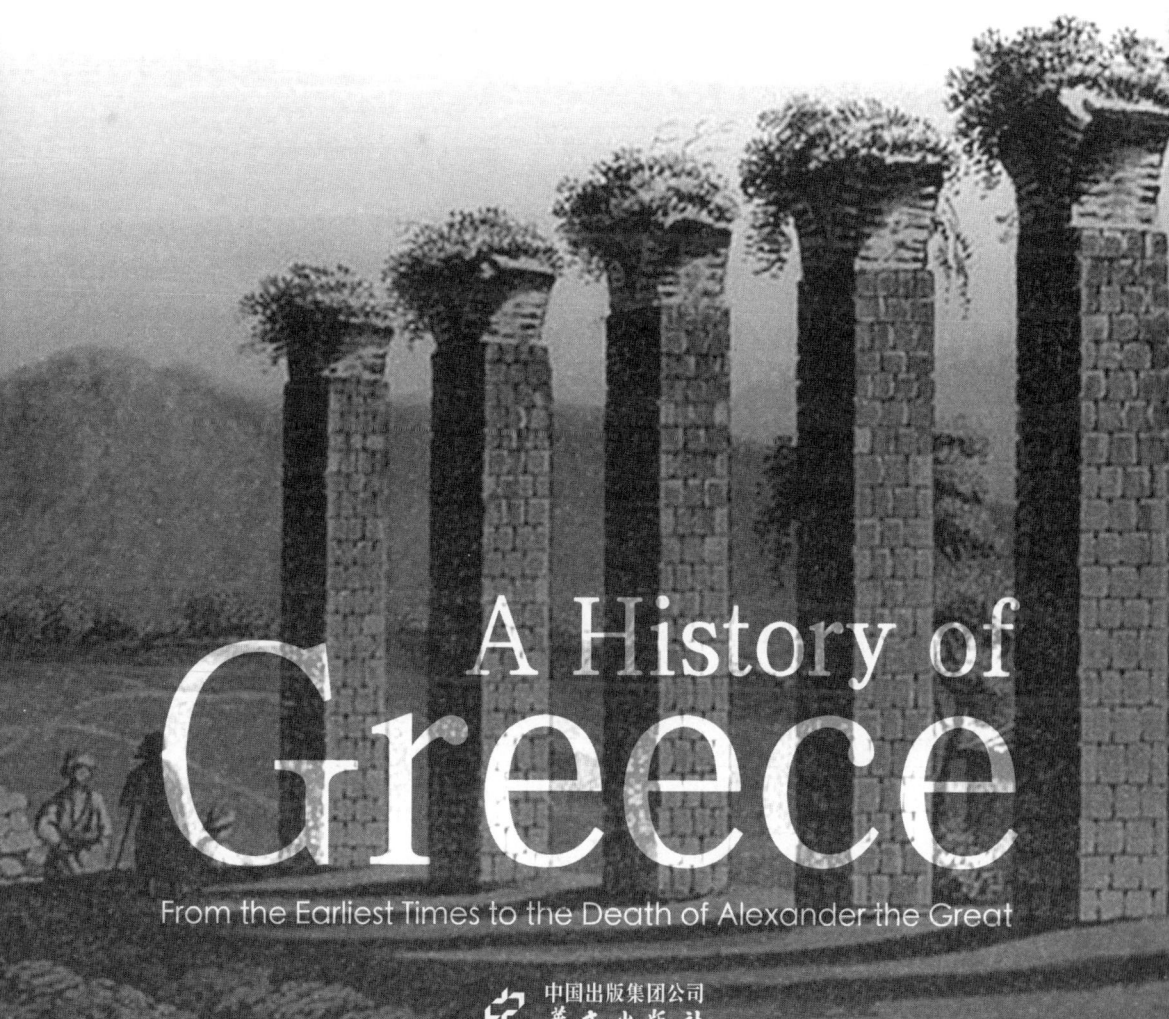

A History of Greece

From the Earliest Times to the Death of Alexander the Great

中国出版集团公司

华文出版社

图书在版编目（CIP）数据

古希腊史：全二册 /（英）查尔斯·欧曼著；陈乐译. -- 北京：华文出版社，2019.7
（华文全球史）
ISBN 978-7-5075-5124-2

Ⅰ.①古… Ⅱ.①查…②陈… Ⅲ.①古希腊—历史 Ⅳ.①K125

中国版本图书馆CIP数据核字(2019)第108299号

古希腊史（全二册）

作　　者：	[英]查尔斯·欧曼
译　　者：	陈乐
选题策划：	盛世华章
插图供应：	029—85504182
责任编辑：	陈红升
出版发行：	华文出版社
社　　址：	北京市西城区广外大街305号8区2号楼
邮政编码：	100055
网　　址：	http://www.hwcbs.com.cn
电　　话：	总编室010—58336239
	发行部010—58336212
经　　销：	新华书店
印　　刷：	三河市国英印务有限公司
开　　本：	710×1000　1/16
印　　张：	53.25
字　　数：	777千字
版　　次：	2019年7月第1版
印　　次：	2019年7月第1次印刷
标准书号：	ISBN 978-7-5075-5124-2
定　　价：	200.00元

版权所有　侵权必究

华文全球史

往期回顾

华文全球史 001　莫卧儿帝国：从奥朗则布大帝时代到莱克勋爵占领德里

华文全球史 002　黑死病：大灾难、大死亡与大萧条（1348—1349）

华文全球史 003　希波战争：文明冲突与波斯帝国世界霸权的终结

华文全球史 004　法国大革命与法兰西第一帝国

华文全球史 005　新美国：从门罗主义、泛美主义到西奥多·罗斯福新国家主义的蜕变

华文全球史 006　美国艺术史

华文全球史 007　德皇威廉二世回忆录

华文全球史 008　杰斐逊总统：独立战争、国父时代与共和思想在美国的滥觞

华文全球史 009　三十年战争史：哈布斯堡家族的衰落、法兰西王国大陆霸权的建成与"威斯特伐利亚体系"的确立（1618—1648）

华文全球史 010　清史九讲

华文全球史 011　澳大利亚史

华文全球史 012　美国第一夫人回忆录

华文全球史 013　美洲奴隶贸易：起源、繁荣与终结

华文全球史 014　大英殖民帝国

华文全球史 015　印度文明史

华文全球史 016　美国内战史：1861—1865

华文全球史 017　阿育王：一部孔雀王国史

华文全球史 018　拜占庭帝国史

华文全球史 019　西班牙无敌舰队

华文全球史 020　罗马三巨头

精品推荐 | **华文全球史**

001

编辑推荐

维多利亚女王点赞的印度史佳作

牛津大学出版社出版的学术上品

《泰晤士报》推荐的大师名著

内容简介

《莫卧儿帝国：从奥朗则布大帝时代到莱克勋爵占领德里》从社会、政治、宗教、种族、历史、地理、气候、环境、习俗等方面追溯了莫卧儿帝国由盛而衰的轨迹，详细描述了18世纪末期英国殖民印度前莫卧儿帝国的大乱局，客观地呈现了自1759年阿拉姆吉尔二世被谋杀到1803年莱克勋爵占领德里的大变局，以翔实的史料揭示了莫卧儿帝国如何在内忧外患——皇帝昏庸无能、国土四分五裂、宗教迫害严重、马拉塔人的崛起、阿富汗人入侵、英法等国殖民者的进攻——中走向衰亡的。

精品推荐 | 华文全球史 007

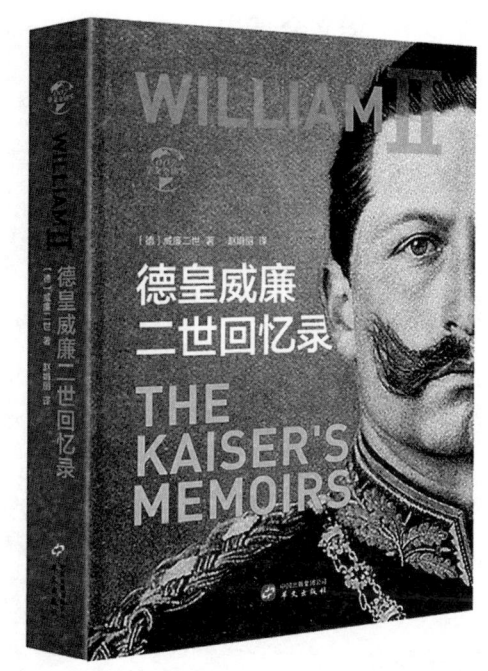

编辑推荐

研究德意志第二帝国历史
无法回避的史源性文献

内容简介

《德皇威廉二世回忆录》是德意志第二帝国末代君主威廉二世流亡荷兰期间,对德意志统一、德意志第一帝国崛起、第一次世界大战、德意志革命、德意志第一帝国灭亡等重大历史事件的回忆。威廉二世是怎样对待和评价德意志统一和崛起的功臣俾斯麦的?德意志第一帝国的外交斗争在他的领导下为什么如此跌宕起伏、交锋激烈?第一次世界大战为什么会爆发?德意志革命发生的根源是什么?德意志第二帝国覆亡阶段发生了哪些不可思议或令人唏嘘的事情?本书都给予翔实、充分的解答。

精品推荐

华文全球史
011

编辑推荐

"澳大利亚史学之父"欧内斯特·斯科特权威作品

牛津大学图书馆等世界名校图书馆珍藏。《泰晤士报》给予好评。

内容简介

《澳大利亚史》是"澳大利亚史学之父"欧内斯特·斯科特的代表作品。大航海时代的探险与澳大利亚的发现存在怎样的关系？澳大利亚为什么一开始成为流放犯人的地方？西方文明的生硬植入是如何改变澳大利亚历史进程的？澳大利亚淘金热是如何形成的？民主化是如何推进现代澳大利亚形成的？在第一次世界大战中，澳新军团是如何鏖战欧罗巴的？澳大利亚与英联邦是什么关系？

精品推荐

华文全球史 014

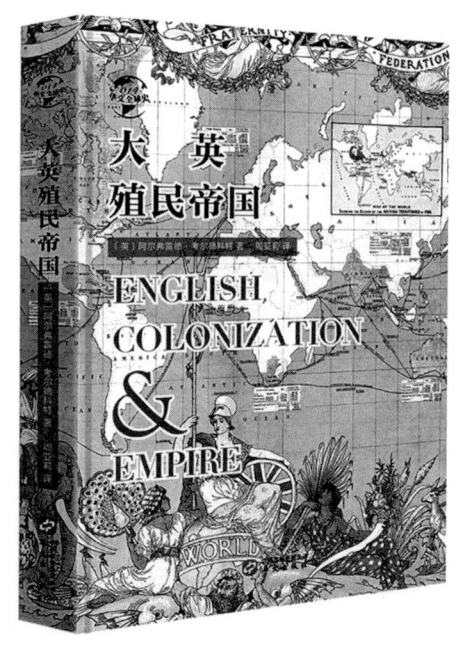

编辑推荐

剑桥大学图书馆珍藏、《民族报》《泰晤士报》推荐的史学名著

剑桥大学道德科学协会奠基人、伦敦国王学院院长的代表作品

内容简介

《大英殖民帝国》讲述了大英殖民帝国萌芽、兴起、扩张、形成、繁荣与衰落的历史。技术进步、大航海时代到来、地理大发现与葡萄牙、西班牙等殖民帝国的兴起存在怎样的联系？作为后起之秀的英国如何调整国家战略迅速崛起？欧洲争霸战争与大英殖民帝国的形成存在怎样的历史逻辑？繁荣的大英殖民帝国是如何维系的？大英殖民帝国如何因地制宜统治文化差异巨大的殖民地的？面对民族独立运动的兴起，大英殖民帝国不回避衰落的现实，并进行自我改革，加速向英联邦过渡的？本书将一一解答。

序 言

在撰写这部希腊史时,笔者一直密切注意着中学高年级和大学期末合格考试的各项要求。笔者相信,本书必有用武之地,因为现存的希腊史教材并未吸收新近的发现。在本书中,笔者尽可能增添新的史实。对尚存争议之处,本书不做深入探讨。

在撰写希腊地理一章时,笔者要感谢亨利·范肖·托泽①先生在该领域所做的出色研究。本书开篇章节的诸多内容得益于伊夫林·阿伯特②先生的新版《希腊史》。《希腊史》首卷出版时,本书已经撰写过半。在希腊史和东方史交汇处,笔者则有幸请教了亚奇伯德·亨利·萨伊斯③教授本人。

笔者要感谢牛津大学新学院教授及蓝星学院资深古典大师弗朗西斯·约翰·哈弗菲尔德④先生。他不辞辛劳,审阅了全书样稿并提出了许多宝贵建议。

---

① 亨利·范肖·托泽(Henry Fanshawe Tozer, 1829—1916),英国作家、教师、旅行家、地理学者,其1897年出版的《古代地理学史》(*History of Ancient Geography*)广受好评。(本书中除原注外,均为译者注,不再另行说明)

② 伊夫林·阿伯特(Evelyn Abbott, 1843—1901),英国古典学者,其最著名的作品为三卷本《希腊史》(*History of Greece*)(1888—1900),此外,他还翻译了不少有关德意志古代史、语言及哲学的书籍。

③ 亚奇伯德·亨利·萨伊斯(Archibald Henry Sayce, 1845—1933),英国亚述学研究先驱、语言学家。1891年到1919年任牛津大学亚述学(Assyriology)教授,并担任《大英百科全书》第九、第十及第十一版亚述学方面的撰稿人。

④ 弗朗西斯·约翰·哈弗菲尔德(Francis John Haverfield, 1860—1919),英国历史学家、考古学家。1907年年到1919年,他任牛津大学古代史教授。

本书第三百五十九页叙拉古①的平面图援引自弗朗西斯·约翰·哈弗菲尔德先生的叙拉古地形图，该地形图非常实用，笔者在此仅是引用，并无取代之意。

笔者并未直译希腊人名，而是保留现今已广为人接受的拼写方式，这与大多数英国作家的做法是一致的。然而，笔者摒弃了纯粹的拉丁语风，譬如，用"朱庇特"来代指"宙斯"，或用"阿格里根图姆"来代指"阿克拉加斯"。

鉴于一些身居校长之职的朋友们的建议，书中为希腊名标注了正确发音。因为希腊名中存在大量元音，所以读者可能会为此感到头疼。

笔者热忱期待读者批评指正书中可能出现的任何细小错误。由于先前部分参考书目难以及时获得，此次已更正二十余处，勒威克②至叙拉古的纬度也做了相应变更。

---

① 今意大利锡拉库萨。
② 英国最北部城市。

目 录

上册

第1章 希腊的地理环境 ······ 001

- 第 1 节 希腊半岛 ······ 002
- 第 2 节 希腊的高山 ······ 002
- 第 3 节 希腊的河流 ······ 004
- 第 4 节 希腊的湖泊 ······ 004
- 第 5 节 希腊的海岸 ······ 005
- 第 6 节 希腊的气候 ······ 006
- 第 7 节 希腊的主要分区 ······ 006
- 第 8 节 伊庇鲁斯 ······ 007
- 第 9 节 塞萨利 ······ 008
- 第 10 节 弗提奥提斯 ······ 009
- 第 11 节 埃托利亚、阿卡纳尼亚和西部列岛 ······ 012
- 第 12 节 斯佩尔凯俄斯河流域和温泉关 ······ 014
- 第 13 节 洛克里斯 ······ 015
- 第 14 节 帕纳塞斯山和德尔斐 ······ 016
- 第 15 节 维奥蒂亚的高山、多利斯、福基斯和维奥蒂亚 ······ 017

第 16 节　阿提卡和麦加利斯 ·· 020

第 17 节　埃维亚岛、科林斯地峡和伯罗奔尼撒半岛上的高山 ······ 021

第 18 节　科林西亚、阿尔戈利斯和拉科尼亚 ························ 026

第 19 节　麦西尼亚、伊利斯、阿哈伊亚和阿卡狄亚 ················ 027

第 20 节　基克拉迪群岛和克里特岛 ·································· 029

第 2 章　希腊民族起源 ·· 031

第 1 节　最早的居民 ··· 031

第 2 节　皮拉斯基时代 ·· 033

第 3 节　种族融合 ··· 035

第 4 节　希伦及其子孙 ·· 037

第 5 节　达纳俄斯、刻克洛普斯和卡德摩斯 ······················· 038

第 6 节　腓尼基人和他们对希腊人的影响 ·························· 042

第 7 节　腓尼基诸神 ··· 046

第 8 节　早期希腊的海上远征 ··· 048

第 9 节　史前其他外族对希腊的影响 ································ 049

第 3 章　《荷马史诗》和英雄时代的希腊人 ·························· 051

第 1 节　《伊利亚特》和《奥德赛》 ································· 051

第 2 节　《伊利亚特》和《奥德赛》的成书年代 ·················· 056

第 3 节　荷马时代的希腊民族 ··· 058

第 4 节　《荷马史诗》中的国王 ······································ 062

第 5 节　《荷马史诗》中的贵族和普通民众 ······················· 064

第 6 节　荷马时代的道德精神 ··· 066

第 4 章　古希腊的宗教 ··· 067

第 1 节　希腊的原始宗教及诸神的多样性 ······················ 067
第 2 节　希腊宗教的特点 ···································· 071
第 3 节　奥林匹亚众神 ······································ 072
第 4 节　雅典娜和阿波罗 ···································· 072
第 5 节　奥林匹亚竞技会 ···································· 076
第 6 节　神示所德尔斐 ······································ 077

第 5 章　大移民运动 ·· 081

第 1 节　塞萨利人、维奥蒂亚人和多利亚人 ···················· 081
第 2 节　伯罗奔尼撒半岛上的多利亚人 ························ 083
第 3 节　多利亚人及其历代国王 ······························ 085

第 6 章　希腊在亚细亚的殖民地 ·································· 087

第 1 节　小亚细亚 ·· 088
第 2 节　伊奥利亚移民 ······································ 089
第 3 节　伊奥尼亚移民 ······································ 090
第 4 节　伊奥尼亚城市 ······································ 092
第 5 节　多利亚移民和克里特岛 ······························ 093
第 6 节　小亚细亚的多利亚人 ································ 095
第 7 节　塞浦路斯的希腊人 ·································· 096

第 7 章　伯罗奔尼撒半岛上的多利亚人和莱克格斯律法 ·············· 099

第 1 节　阿尔戈斯同盟 ······································ 099
第 2 节　斐冬国王 ·· 100

第3节　麦西尼亚和拉科尼亚 ·················· 102

　　第4节　多利亚诸城邦的多样性 ················ 104

　　第5节　莱克格斯和莱克格斯立法 ·············· 105

　　第6节　莱克格斯的"大公约" ················ 108

　　第7节　吉罗西亚会和公民大会 ················ 109

　　第8节　双　王 ······························ 111

　　第9节　斯巴达人的军事训练、社会制度和家庭生活 ··· 112

　　第10节　斯巴达军制 ························· 116

　　第11节　监察官 ····························· 117

第8章　斯巴达在伯罗奔尼撒半岛霸权地位的确立 ······ 119

　　第1节　斯巴达征服拉科尼亚 ·················· 119

　　第2节　庇里阿西人和希洛人 ·················· 119

　　第3节　第一次麦西尼亚战争 ·················· 122

　　第4节　第二次麦西尼亚战争 ·················· 125

第9章　海外大殖民时代 ···························· 129

　　第1节　移民起因和腓尼基贸易的衰落 ············ 129

　　第2节　哈尔基季基半岛上的殖民地 ·············· 130

　　第3节　米利都、昔齐库斯和锡诺普 ·············· 131

　　第4节　奥德索斯、奥尔比亚和潘提卡彭 ·········· 133

　　第5节　色雷斯、迈加拉、卡尔西登和拜占庭 ······ 136

　　第6节　西方的殖民地和哈尔基斯人 ·············· 137

　　第7节　纳克索斯、叙拉古、卡塔拉、莱昂蒂尼和赞克勒 ··· 137

第 8 节　锡巴里斯、克罗顿、塔林敦、洛克里和利基翁 …………… 139

第 9 节　福西亚人和科林斯人 …………………………………………… 142

第 10 节　科林斯和克基拉的竞争 ……………………………………… 144

第 11 节　昔兰尼 ………………………………………………………… 145

第 12 节　埃及的希腊人 ………………………………………………… 146

第 13 节　希腊殖民地的特点 …………………………………………… 147

第 14 节　殖民地和神示所的关系 ……………………………………… 150

第 10 章　僭主时代 ……………………………………………………… 151

第 1 节　"僭主"的含义 ………………………………………………… 151

第 2 节　寡头们的崛起 ………………………………………………… 153

第 3 节　寡头政治治理不善 …………………………………………… 153

第 4 节　科林斯的僭主们 ……………………………………………… 154

第 5 节　短命的僭主政治 ……………………………………………… 156

第 11 章　阿提卡早期历史 ……………………………………………… 159

第 1 节　雅典君主制的终结 …………………………………………… 159

第 2 节　阿提卡派系 …………………………………………………… 162

第 3 节　赛昂叛乱 ……………………………………………………… 162

第 12 章　梭伦和庇西特拉图 …………………………………………… 165

第 1 节　梭　伦 ………………………………………………………… 165

第 2 节　雅典的债务问题 ……………………………………………… 167

第 3 节　"解除负担法" ………………………………………………… 168

第 4 节　梭伦法令 ……………………………………………………… 170

第 5 节	议事会	172
第 6 节	公民大会	173
第 7 节	梭伦的各项法律	173
第 8 节	梭伦远游	174
第 9 节	内乱再起	175
第 10 节	庇西特拉图崛起	177
第 11 节	庇西特拉图的统治	178
第 12 节	克利斯提尼在德尔斐	181

第 13 章 亚细亚的希腊人和吕底亚王国 … 183

第 1 节	亚细亚希腊人的特点和利兰丁战争	183
第 2 节	吕底亚和米利都间的战争	190
第 3 节	克罗伊斯	190

第 14 章 波斯帝国的崛起 … 195

第 1 节	尼尼微的衰落	196
第 2 节	米底人和波斯人的宗教	200
第 3 节	居鲁士二世崛起	203
第 4 节	居鲁士二世与克罗伊斯之战	206
第 5 节	克罗伊斯的倒台	207
第 6 节	波斯人征服伊奥尼亚	209
第 7 节	居鲁士二世攻占巴比伦	212
第 8 节	居鲁士二世驾崩	213
第 9 节	冈比西斯征服埃及	217

第 10 节 冈比西斯自杀	219
第 11 节 大流士一世	219
第 12 节 行省制	221

第 15 章 大流士一世和希腊人：伊奥尼亚人的反抗 …… 223

第 1 节 米太亚德和浮桥	224
第 2 节 波斯人在纳克索斯岛	226
第 3 节 伊奥尼亚反抗波斯帝国	227
第 4 节 萨迪斯遭到洗劫	228
第 5 节 波斯人入侵伊奥尼亚	229
第 6 节 拉德之战	231
第 7 节 起义失败的原因	232

第 16 章 雅典崛起 …… 235

第 1 节 克莱奥梅尼国王占领雅典	236
第 2 节 克莱奥梅尼国王投降	236
第 3 节 雅典人和阿尔塔弗涅斯	237
第 4 节 克莱奥梅尼国王入侵阿提卡	239
第 5 节 雅典人占领卡尔基斯	240
第 6 节 克利斯提尼	240
第 7 节 陶片放逐法	248
第 8 节 新法令的影响	249

第 17 章 马拉松战役前的希腊 …… 251

| 第 1 节 雅典和埃伊纳岛之战 | 251 |

第2节	斯巴达和阿尔戈斯之战	253
第3节	雅典人远征萨迪斯	254
第4节	米太亚德在雅典	256
第5节	阿里斯提德	259
第6节	迪米斯托克利	260
第7节	设防比雷埃夫斯	261
第8节	大流士一世威胁希腊	261
第9节	克莱奥梅尼国王与戴玛拉托斯国王的争吵	262
第10节	波斯帝国攻打阿提卡	263

第18章 从马拉松战役到薛西斯入侵 265

第1节	波斯人占领埃雷特里亚	265
第2节	波斯人入侵阿提卡	267
第3节	马拉松战役	268
第4节	雅典人取得胜利	270
第5节	战争胜利的精神内涵	272
第6节	米太亚德攻打罗斯岛	273
第7节	大流士一世驾崩	275
第8节	克莱奥梅尼离世	276
第9节	雅典与埃伊纳岛的第二次战争	277
第10节	抽签选举执政官	278
第11节	迪米斯托克利和海军	280
第12节	阿里斯提德遭到放逐	280

第 13 节　薛西斯一世计划入侵希腊 ································ 282

   第 14 节　科林斯希腊代表大会 ···································· 283

第 19 章　薛西斯一世入侵希腊 ·· 285

   第 1 节　薛西斯一世的大军 ·· 285

   第 2 节　薛西斯一世的舰队 ·· 288

   第 3 节　达达尼尔海峡架桥 ·· 289

   第 4 节　波斯大军穿过色雷斯 ······································ 291

   第 5 节　希腊人退守塞萨利 ·· 292

   第 6 节　希腊联盟军队取得胜利 ···································· 294

   第 7 节　温泉关 ·· 296

   第 8 节　阿提密西安之战 ·· 297

   第 9 节　温泉关前的薛西斯一世 ···································· 299

   第 10 节　温泉关战役形势反转 ····································· 302

   第 11 节　列奥尼达一世及三百勇士被杀 ····························· 304

   第 12 节　温泉关战役的寓意 ······································· 305

第 20 章　萨拉米斯海战和普拉蒂亚决战 ································ 307

   第 1 节　萨拉米斯的希腊舰队 ······································ 307

   第 2 节　雅典的撤退 ·· 310

   第 3 节　薛西斯一世攻占雅典 ······································ 313

   第 4 节　迪米斯托克利传信薛西斯一世 ······························ 317

   第 5 节　萨拉米斯海战 ·· 320

   第 6 节　战争结果 ·· 324

第 7 节　薛西斯一世撤退 326
　　第 8 节　波斯舰队撤离希腊 328
　　第 9 节　雅典人和斯巴达人的争执 329
　　第 10 节　希腊人从科林斯进军 330
　　第 11 节　战前冲突 331
　　第 12 节　普拉蒂亚战役 332
　　第 13 节　希腊人占领波斯营地 334
　　第 14 节　米卡尔战役 335

第 21 章　意大利和西西里岛的希腊人 337
　　第 1 节　意大利的毕达哥拉斯学派 339
　　第 2 节　锡巴里斯的毁灭 342
　　第 3 节　意大利民主制度的建立 343
　　第 4 节　麦西尼的建立 345
　　第 5 节　叙拉古僭主盖洛 345
　　第 6 节　迦太基人入侵西西里岛 347
　　第 7 节　埃特纳的建立 349

第 22 章　提洛同盟的起源 353
　　第 1 节　塞斯托斯围城战 353
　　第 2 节　保萨尼阿斯在拜占庭 354
　　第 3 节　反保萨尼阿斯哗变 356
　　第 4 节　反雅典阴谋 357
　　第 5 节　比雷埃夫斯加固防御 359

第 6 节　提洛同盟起源 ······ 360

第 7 节　反波斯帝国战争 ······ 361

第 8 节　保萨尼阿斯叛国 ······ 361

第 9 节　保萨尼阿斯之死 ······ 362

第 10 节　迪米斯托克利权威的衰落 ······ 363

第 11 节　阿里斯提德的改革 ······ 364

第 12 节　迪米斯托克利在亚细亚和他的死亡 ······ 364

第 23 章　雅典帝国的建立 ······ 367

第 1 节　阿里斯提德之死 ······ 367

第 2 节　雅典攻占斯库罗斯岛 ······ 368

第 3 节　欧利米登之战 ······ 369

第 4 节　纳克索斯岛叛乱 ······ 371

第 5 节　雅典人在色雷斯 ······ 371

第 6 节　伯罗奔尼撒半岛局势 ······ 373

第 7 节　斯巴达地震与希洛人起义 ······ 375

第 8 节　亚略巴古受到抨击 ······ 377

第 9 节　西蒙受到放逐 ······ 378

第 24 章　雅典全盛时期 ······ 379

第 1 节　提洛同盟和它的财产 ······ 379

第 2 节　"长墙"的兴建 ······ 380

第 3 节　雅典与科林斯及埃伊纳岛的战争 ······ 382

第 4 节　维奥蒂亚的战争 ······ 383

- 第 5 节　雅典征服维奥蒂亚 ··················· 385
- 第 6 节　埃伊纳岛的陷落 ······················· 385
- 第 7 节　斯巴达平息希洛人起义 ··········· 386
- 第 8 节　雅典人在埃及战败 ··················· 386
- 第 9 节　西蒙的最后一战 ······················· 389
- 第 10 节　埃维亚岛的叛乱 ····················· 390
- 第 11 节　雅典征服埃维亚岛 ················· 390
- 第 12 节　《三十年和约》 ······················· 391

第 25 章　和平时期：伯里克利和雅典帝国 ··············· 393
- 第 1 节　无所不能的伯里克利 ··············· 393
- 第 2 节　人民法庭的报酬 ······················· 395
- 第 3 节　国家救济 ··································· 397
- 第 4 节　伯里克利大兴土木 ··················· 398
- 第 5 节　雅典娜普罗玛琪斯 ··················· 399
- 第 6 节　修昔底德被放逐 ······················· 403
- 第 7 节　雅典帝国的疆域 ······················· 403
- 第 8 节　安菲波利斯和图里殖民地 ······· 404
- 第 9 节　萨摩斯岛的叛乱 ······················· 407

第 26 章　伯罗奔尼撒战争的爆发和起因 ··············· 409
- 第 1 节　斯巴达人的感受 ······················· 409
- 第 2 节　维奥蒂亚和迈加拉的积怨 ······· 410
- 第 3 节　科林斯和克基拉 ······················· 411
- 第 4 节　科林斯与克基拉的战争 ··········· 413

第 5 节　克基拉向雅典求助 ································ 414

第 6 节　雅典与克基拉结盟 ································ 415

第 7 节　西波塔之战 ······································ 416

第 8 节　波提狄亚的反叛 ·································· 417

第 9 节　斯巴达决定参战 ·································· 419

第 10 节　斯巴达提出要求 ································· 420

下册

第 27 章　伯罗奔尼撒战争早期至伯里克利去世 ············ 425

第 1 节　伯罗奔尼撒联盟 ·································· 425

第 2 节　雅典的资源 ······································ 427

第 3 节　双方的盟友 ······································ 428

第 4 节　斯巴达入侵阿提卡 ································ 430

第 5 节　阿提卡遭到掠夺 ·································· 431

第 6 节　战争的性质 ······································ 433

第 7 节　驱逐埃伊纳岛人 ·································· 433

第 8 节　斯巴达第二次入侵阿提卡 ·························· 435

第 9 节　阿里斯提乌斯的厄运 ······························ 437

第 10 节　波提狄亚陷落 ··································· 438

第 11 节　伯里克利去世 ··································· 439

第 28 章　从伯里克利去世到普拉蒂亚的陷落 ·············· 441

第 1 节　普拉蒂亚前的阿希达穆斯二世 ······················ 442

第 2 节　普拉蒂亚攻城战 ·································· 443

- 第 3 节 阿卡纳尼亚军事行动 …… 444
- 第 4 节 弗尔米奥的海战 …… 444
- 第 5 节 莱斯博斯岛的反叛 …… 446
- 第 6 节 米提利尼围城战 …… 449
- 第 7 节 米提利尼的陷落 …… 449
- 第 8 节 公民大会上的争论 …… 450
- 第 9 节 第二次米提利尼人争论 …… 451
- 第 10 节 莱斯博斯岛的命运 …… 452
- 第 11 节 普拉蒂亚突围战 …… 453
- 第 12 节 普拉蒂亚投降 …… 453

第 29 章 斯法克蒂里亚岛和代里恩 …… 455

- 第 1 节 狄摩西尼在埃托利亚 …… 456
- 第 2 节 奥尔匹之战 …… 457
- 第 3 节 狄摩西尼在皮洛斯 …… 457
- 第 4 节 封锁斯法克蒂里亚 …… 460
- 第 5 节 议和失败 …… 462
- 第 6 节 斯法克蒂里亚封锁延期 …… 463
- 第 7 节 克里昂前往皮洛斯 …… 463
- 第 8 节 斯法克蒂里亚失守 …… 465
- 第 9 节 克基拉二次暴动 …… 467
- 第 10 节 布拉西达斯攻打色雷斯 …… 468
- 第 11 节 布拉西达斯在迈加拉 …… 469
- 第 12 节 代里恩之战 …… 470

第30章 布拉西达斯在色雷斯：《尼西亚斯和约》……473

第1节 布拉西达斯行军到色雷斯……473
第2节 司奇欧涅的反叛……475
第3节 克里昂前往色雷斯……477
第4节 《尼西亚斯和约》……480

第31章 休战期……483

第1节 斯巴达与阿尔戈斯的决裂……483
第2节 雅典的政策……484
第3节 亚西比德的阴谋……488
第4节 阿吉斯二世在阿尔戈斯……488
第5节 雅典人的远征……489
第6节 曼丁尼亚之战……491
第7节 米洛斯岛的陷落……492

第32章 雅典人远征西西里岛……493

第1节 西西里岛动乱……493
第2节 公民大会前的辩论……496
第3节 筹备远征……497
第4节 断肢的赫尔墨斯像……499
第5节 亚西比德陷入危机……500
第6节 众将领的计划……503
第7节 雅典召回亚西比德……504
第8节 亚西比德在斯巴达……506

第 9 节　围城开始 ·· 506

第 10 节　雅典的胜利 ·· 508

第 11 节　吉利普斯进入叙拉古 ······································ 509

第 12 节　尼西亚斯向雅典求助 ······································ 511

第 13 节　叙拉古海战 ·· 512

第 14 节　狄摩西尼在叙拉古 ·· 514

第 15 节　港口大海战 ·· 515

第 16 节　雅典人从陆上撤退 ·· 516

第 17 节　撤退中的重重灾难 ·· 517

第 18 节　尼西亚斯投降 ·· 518

第 19 节　雅典大将的命运 ·· 519

第 33 章　四百人会议的解体 ·· 521

第 1 节　雅典的枯竭 ··· 522

第 2 节　雅典决定与斯巴达开战 ····································· 522

第 3 节　雅典遭到背叛 ··· 524

第 4 节　斯巴达人与吕底亚总督提沙费尔尼斯结盟 ····················· 526

第 5 节　罗得岛叛变 ··· 527

第 6 节　亚西比德与雅典寡头派勾结 ································· 529

第 7 节　皮桑德在雅典 ··· 530

第 8 节　雅典寡头发动政变 ··· 531

第 9 节　雅典国内的政治谋杀 ······································· 531

第 10 节　萨摩斯岛的起义中止 ······································ 532

第 11 节　四百人会议夺取雅典政权 …… 533

第 12 节　雅典召回亚西比德 …… 534

第 13 节　雅典内乱 …… 536

第 14 节　埃雷特里亚海战 …… 536

第 15 节　四百人会议的倒台 …… 537

第 34 章　伯罗奔尼撒战争结束 …… 539

第 1 节　达达尼尔海峡战役 …… 539

第 2 节　昔齐库斯之战 …… 541

第 3 节　徒劳的和谈 …… 543

第 4 节　亚西比德连战连胜 …… 544

第 5 节　亚西比德回到雅典 …… 545

第 6 节　小亚细亚总督小居鲁士 …… 547

第 7 节　诺提昂之战 …… 547

第 8 节　卡利克拉提达斯在亚细亚 …… 548

第 9 节　雅典面临窘境 …… 551

第 10 节　对众将领的弹劾 …… 553

第 11 节　吕山德和小居鲁士 …… 555

第 12 节　阿戈斯波塔密之战 …… 556

第 13 节　雅典屈服 …… 558

第 35 章　斯巴达在希腊的暴政 …… 561

第 1 节　吕山德在希腊的暴政 …… 562

第 2 节　军事统治者和"十人执政官" …… 563

第3节	波斯帝国蚕食亚细亚	564
第4节	雅典建立寡头政体	565
第5节	三十僭主的暴政	568
第6节	处决特拉门尼	569
第7节	比雷埃夫斯之战	570
第8节	雅典的无政府状态	570
第9节	斯巴达征服伊利斯	572
第10节	库纳克萨之战	572
第11节	斯巴达与波斯帝国交战	578
第12节	阿格西劳斯登上王位	578
第13节	阿格西劳斯二世启程前往亚细亚	580
第14节	阿格西劳斯二世在亚细亚节节胜利	581

第36章 推翻斯巴达霸权的种种尝试 ………………… 585

第1节	底比斯与斯巴达开战	586
第2节	公元前403年以后的雅典	586
第3节	吕山德被杀	589
第4节	基那敦的阴谋	590
第5节	柯罗尼亚之战	592
第6节	尼多斯之战	593
第7节	斯巴达霸权在亚细亚的瓦解	594
第8节	科农重建长墙	594
第9节	斯巴达与波斯帝国的阴谋	597

第 10 节　安塔西达斯与提里巴左斯结盟 ··· 598

第 11 节　《安塔西达斯和约的结果》 ··· 600

第 37 章　西方的希腊人 ·· 601

第 1 节　西西里岛的战争 ·· 602

第 2 节　迦太基干涉西西里岛事务 ·· 603

第 3 节　希梅拉的陷落 ··· 604

第 4 节　阿克拉加斯陷落 ·· 609

第 5 节　叙拉古僭主狄奥尼修斯 ·· 610

第 6 节　狄奥尼修斯与迦太基的第一次战争和第二次战争 ··················· 612

第 7 节　意大利南部希腊殖民地居民的不幸 ······································ 615

第 8 节　狄奥尼修斯与迦太基的第三次战争和第四次战争 ··················· 617

第 9 节　迪翁入侵西西里 ·· 617

第 10 节　迪翁被杀 ·· 620

第 11 节　蒂莫莱翁解放西西里 ·· 622

第 12 节　意大利南部希腊殖民地人的战争 ······································· 623

第 38 章　斯巴达霸权末期 ··· 625

第 1 节　曼丁尼亚之围 ··· 626

第 2 节　哈尔基季基同盟 ·· 626

第 3 节　底比斯内乱 ·· 627

第 4 节　菲比达斯攻占卡德墨亚 ·· 628

第 5 节　哈尔基斯人战争 ·· 629

第 6 节　暗杀底比斯军事长官 ··· 630

第 7 节　解放底比斯 ·· 631

第39章 底比斯起义 ·········· 633

第1节 佩洛皮达斯 ·········· 633
第2节 伊巴密浓达 ·········· 634
第3节 斯福德里阿斯对雅典的企图 ·········· 636
第4节 阿格西劳斯二世中止作战 ·········· 637
第5节 纳克索斯岛之战 ·········· 638
第6节 夭折的和约 ·········· 640
第7节 雅典与斯巴达和解 ·········· 641
第8节 克莱奥梅布罗图斯一世入侵维奥蒂亚 ·········· 641
第9节 留克特拉战役 ·········· 643

第40章 底比斯称霸希腊 ·········· 647

第1节 留克特拉战役后的斯巴达 ·········· 647
第2节 费莱的杰森 ·········· 648
第3节 谋杀费莱的杰森 ·········· 650
第4节 混乱的伯罗奔尼撒半岛 ·········· 650
第5节 麦加罗波利斯的建立 ·········· 651
第6节 伊巴密浓达在伯罗奔尼撒半岛 ·········· 653
第7节 麦西尼亚的建立 ·········· 654
第8节 雅典与斯巴达结盟 ·········· 655
第9节 伊巴密浓达在科林斯地峡 ·········· 655
第10节 佩洛皮达斯在塞萨利 ·········· 656
第11节 "无泪之战" ·········· 656

- 第12节 佩洛皮达斯在苏萨 ········· 658
- 第13节 伊巴密浓达在阿哈伊亚 ········· 659
- 第14节 《科林斯和约》 ········· 660
- 第15节 佩洛皮达斯之死 ········· 662
- 第16节 伊巴密浓达第四次入侵伯罗奔尼撒半岛 ········· 663
- 第17节 曼丁尼亚之战 ········· 665
- 第18节 伊巴密浓达阵亡 ········· 665

第41章 从曼丁尼亚之战到腓力二世首侵希腊 ········· 667

- 第1节 阿格西劳斯二世驾崩 ········· 667
- 第2节 同盟战争爆发 ········· 670
- 第3节 同盟战争结束 ········· 672
- 第4节 马其顿人 ········· 673
- 第5节 马其顿王国历代国王 ········· 674
- 第6节 腓力二世的青年时期 ········· 675
- 第7节 腓力的性格 ········· 677
- 第8节 腓力执政 ········· 677
- 第9节 腓力二世攻占安菲波利斯 ········· 678
- 第10节 腓利比的建立 ········· 680
- 第11节 福基斯与底比斯的争端 ········· 681
- 第12节 福基斯人攻占德尔斐 ········· 682
- 第13节 "神圣战争"爆发 ········· 682
- 第14节 腓力二世在塞萨利 ········· 684

第 15 节　帕加塞之战 685

　　第 16 节　腓力二世在温泉关 685

第 42 章　腓力二世和狄摩西尼 687

　　第 1 节　腓力二世与奥林索斯的争执 688

　　第 2 节　狄摩西尼的早年生活 689

　　第 3 节　奥林索斯的毁灭 692

　　第 4 节　《菲洛克拉底和约》 693

　　第 5 节　腓力二世征服福基斯 695

　　第 6 节　马其顿王国在伯罗奔尼撒的影响 697

第 43 章　希腊自由时代的终结 699

　　第 1 节　腓力二世在伊庇鲁斯 699

　　第 2 节　狄摩西尼的《三论腓力》 701

　　第 3 节　佩林托斯和拜占庭围城战 703

　　第 4 节　福基翁解救拜占庭 704

　　第 5 节　埃斯基涅斯在德尔斐 706

　　第 6 节　腓力二世攻占埃拉蒂亚 707

　　第 7 节　维奥蒂亚的战争 708

　　第 8 节　喀罗尼亚战役 709

　　第 9 节　雅典投降 710

　　第 10 节　科林斯代表大会 711

　　第 11 节　谋杀腓力二世 712

第 44 章　亚历山大大帝 ·················· 715

第 1 节　亚历山大大帝的成长时期 ·················· 715

第 2 节　"伙伴骑兵" ·················· 718

第 3 节　亚历山大大帝进攻底比斯 ·················· 719

第 4 节　亚历山大大帝计划入侵亚细亚 ·················· 721

第 5 节　格拉尼库斯河之战 ·················· 723

第 6 节　戈尔迪之结 ·················· 730

第 7 节　伊苏斯之战 ·················· 733

第 8 节　提尔城 ·················· 737

第 9 节　亚历山大大帝进入埃及 ·················· 739

第 10 节　高加米拉之战 ·················· 741

第 11 节　亚历山大大帝进入巴比伦 ·················· 744

第 12 节　大流士三世之死 ·················· 747

第 13 节　帕尔梅尼奥和菲罗塔斯 ·················· 750

第 14 节　亚历山大大帝进入印度 ·················· 753

第 15 节　亚历山大大帝离开印度 ·················· 758

第 16 节　希腊与亚细亚的融合 ·················· 758

第 17 节　兵变 ·················· 761

第 18 节　亚历山大大帝驾崩 ·················· 762

专有名词英汉对照 ·················· 767

第1章
希腊的地理环境

拨开历史的重重迷雾,当第一次看到自称是"希伦人"①的种族时——尽管和古罗马人一样,我们更习惯称他们为"希腊人"。他们居住在巴尔干半岛的南部。在远古时期,他们多半从亚细亚而来,四处漂泊,偶然流浪至巴尔干半岛。对于他们的来历,虽然我们可以作出推测,但这些推测都难以证实。

巴尔干半岛的脊梁由一条巨型山脉构成。巨型山脉的名称众说纷纭。这条巨型山脉始于阿尔卑斯山脉,自北向南,形成了一条分水岭,横亘在自西流入亚得里亚海、自北向东汇入多瑙河和自南向东汇入爱琴海的众多河流之间。巨型山脉的最南端是品都斯山脉。构成巴尔干半岛主体部分的是一片宽广的方形地带。品都斯山脉就是从这片方形地带无畏地跨入地中海的。品都斯山脉有众多山嘴和支脉,形成了一片广阔的山地地区。山地地区绵延二百五十多英里。它最南端的岬角接近北纬36°。

在这片巴尔干半岛向南部延伸的土地上,希腊文明的曙光最早出现。希腊人是这片土地上的首批居民,也是这片土地真正的子孙。虽然自高卢至科尔基斯的每个海岸都遍布着希腊城市,但在这些城市中,希腊人的身份不过是外地人和旅居者。在戒备森严的堡垒里,或在从先前占有者手里赢来的一席沿海地带中,希腊人维持着自己摇摇欲坠的统治。

---

① 祖先神希伦(Hellen)的后裔。

第1节 希腊半岛

"希腊半岛"——如果我们可以这样命名巴尔干半岛的南部突出地带——地域并不广阔。它和苏格兰差不多大①。希腊半岛和苏格兰的相似之处不止局限在面积上。希腊半岛和苏格兰几乎都四面环海;两地的海岸线都参差不齐,有数不清的海湾和河湾;两地都被大大小小的岛屿包围;两地的地表土壤都不太肥沃;最重要的是,两地都多山地。和苏格兰一样,在希腊半岛,目光所及之处均是小山丘。整个半岛上,山与山之间的距离不超过十五英里。希腊三处平原面积的总和不到希腊半岛地表总面积的六分之一。

第2节 希腊的高山

一座座高山赋予了希腊独特的性格。希腊的高山并不因高度而引人注目。希腊最高的山峰奥林匹斯山的高度还不到一万英尺,但异常荒芜、崎岖和贫瘠。锐利且荒芜的石灰岩山峰和山脊矗立在希腊南部明净而干燥的空气中,格外引人注目。希腊高山的山顶不会常年积雪,它们的轮廓也没有因森林的覆盖而显得柔美,一切都显得清晰而生硬。此外,众多陡峭的悬崖和难以逾越的沟壑构成了山谷之间的重重屏障。希腊境内的高山海拔多在三千到七千英尺之间,因而悬崖沟壑形成的屏障远比这些高山有效得多。从一地到另一地的通行路线少且难走。在悬崖峭壁底部或险峻峭拔的峡谷间,小路蜿蜒盘旋。因此,各个部落都相安无事。大家都清楚彼此的要塞。而在多数情况下,只要有一群死士严密防守,这些要塞就很难被攻破。这种地形特色造就了希腊独立小群落的社会结构。

---

① 苏格兰(Scotland)的总面积是两万九千八百平方英里;现存的希腊王国(The Kingdom of Greece)——含基克拉迪群岛(Cyclades)和塞萨利(Thessaly)——共计两万四千九百平方英里;阿尔巴尼亚南部地区(Southern Albania),即古伊庇鲁斯(Epirus),共计四千到五千多平方英里。——原注(译者按:在1832年的伦敦会议上,英、法、俄主导建立了希腊王国。1888年《君士坦丁堡公约》签订后,希腊王国获国际认可,正式脱离奥斯曼土耳其帝国。1924年,君主制被废,希腊第二共和国建立。)

希腊的地形千岩万壑,层峦叠嶂,结构错综复杂。高山的走向毫无章法可言,让我们想起脊椎上的根根肋骨、海星向外辐射的腕、蜘蛛网上交错盘结的蛛丝。山脉随心所欲地延伸,或陡然转成直角走向,或分裂成平行的支脉,然后再次连接;高耸的山脊看似要绵延千里,却突然断裂,止于海浪拍打的峭壁。自然的震颤撕裂出幽深狭仄又始料不及的峡谷,切开了原本连绵起伏的山峦。在这一处,高地河谷一度迷失在丘陵之中,导致河水无法自然流出;而到了另一处,海水沿着曲曲折折的裂缝攀援而上,直至深山。一切毫无系统、秩序和规律可言。

尽管希腊高山的顶峰总是荒芜凄凉,但古时候的山嘴和山坡地带也曾有过森林的踪迹。希腊北部的皮立翁山和帕纳塞斯山都曾覆盖着广阔的梣木①、山毛榉和松木,而伯罗奔尼撒半岛的阿卡狄亚曾以其漫山遍野的橡树林闻名于世。总体而言,这片土地的森林并不繁茂,也没有像德意志和英格兰那样构成原始屏障——广袤而人迹罕至的林地——野性只存在于希腊的悬崖峭壁间,而不在它的森林里。

帕纳塞斯山

① 俗称"白蜡树"。

第3节　希腊的河流

一地山脉的特点决定了其河流的特点。平缓的坡地和宽广的平原孕育出适宜通航的河流，岩石和沟壑却造就了难以通行的急流。希腊的河道短，从山上倾泻入海的水流湍急。因此，船无法在这些河中航行。这些河流不仅无用，还会作恶。在冬季灌满雨水后，这些河流就变成汹涌危险的洪流，一路扫除自己入海的障碍，并常常冲毁下游河段的耕地。希腊的河神人头牛身——这一形象的寓意显而易见——将牛的莽撞蛮力和人类恶作剧时的心思缜密合二为一，正如洪流中的河水展现出的样子。希腊有四五条较长的河流。一年四季，这些河流都向大海注入巨额水量。希腊境内最大的河流是阿科洛厄斯河。

穿过伊庇鲁斯和埃托利亚重重幽暗的峡谷，希腊河流之王阿科洛厄斯河一路疾行一百多英里，在科林斯湾入海口的对面隐匿了踪迹。与阿科洛厄斯河相比，希腊第二大河流佩纽斯河更有名。佩纽斯河带走了希腊境内唯一的大平原——塞萨利平原的水分。此外，阿尔斐俄斯河是希腊唯一一条冲破阿卡狄亚的崇山峻岭，最终汇入爱奥尼亚海的河流。希腊境内的其他河流虽然在神话故事中小有名气，但充其量是冬季的激流。在一年中有两季，这些河流咆哮入海；而其他两季，它们则是涓涓细流，勉强连接起一处处孤立的小水坑；有时，这些河流甚至完全枯竭直到消失。在夏季，干涸的河床分外显眼。通常，这些河流的河床是希腊徒步旅行者们唯一的路径。

第4节　希腊的湖泊

由于高地山谷的河水无法自然排出，河水就会积聚形成湖泊。希腊境内的湖泊无一例外都是这样形成的。伊庇鲁斯的约阿尼纳湖、维奥蒂亚的科派斯湖和阿卡狄亚的斯廷法利斯湖都是很好的例证。如果不是因为地处石灰岩地区，这些湖泊的水量将会无止境地增长——这也是所有石灰岩地区的普遍现象。湖泊中的水如果在地表上找不到出口，就渗入地下，形成所谓的"吞咽口"。希

约阿尼纳湖

腊人称其为"βάραθρον"或"έvανλος",即"裂缝"之意。在低洼的河谷处,水流将再次出现。如果"吞咽口"堵塞,那么湖水将越积越多,最终淹没整个山谷。如果自然力或人力拓展湖泊,那么整片水域很可能完全干涸。在奥尔霍迈诺斯[1],古时的历代君王掘出一条长达四英里的水道。水道直通埃维亚海峡。从此,宽广的科派斯湖成了郁郁葱葱的草地。然而,在废弃了几个世纪后,水道已经阻塞不通。时至今日,科派斯湖已经变成辽阔的沼泽地。

第5节　希腊的海岸

在希腊境内,尽管能通航的河流很少,但海湾的数量数不胜数。海水深入希腊内陆。几乎陆上的每片区域都能获得海水。数不清的内陆水湾遍布希腊全境。

---

[1] 希腊神话诸多故事的发生地,是一个位于希腊维奥蒂亚的古老城邦,现为著名考古遗址。

科林斯湾就是其中最大的一个。希腊的海岸线参差不齐。地处陆地深处的塞萨利和阿卡狄亚与最近的海岸线相距不过四十英里。

希腊各个海湾的纵深发展产生了惊人的结果：希腊虽然仅有伊比利亚半岛地表面积的十分之一，但其拥有与伊比利亚半岛上的西班牙和葡萄牙同样漫长的海岸线。

第6节 希腊的气候

希腊多山地海岸，虽然地处南方，但气候相对温和。希腊地表的主要类型是高地。山地的高度缓解了夏日的炎热。不仅如此，海风几乎能吹到希腊的每个角落，为希腊带去凉爽和清新的空气。因此，与那不勒斯①相比，虽然塞萨利更靠南一些，但气候像伦巴第②一样温和。麦西尼亚最南端的平原地区是希腊境内唯一能见到近似亚热带植被的区域。与现在的气温相比，希腊古时候的气温可能更温和。因为人类将森林砍伐殆尽，而森林可以均衡降水，抵御干旱。因此，希腊人认为，宜人的气候弥补了希腊天然贫瘠的土壤。他们还指出，希腊优良的地理位置恰好避开了北部的严寒气候与南部的炎热气候。

第7节 希腊的主要分区

希腊大致可分为三大区域。三大区域彼此以地峡为界。第一个区域包括塞萨利和伊庇鲁斯。这个区域处在希腊北部边境和马利亚湾及安布拉基亚湾之间。在北纬39°，马利亚湾和安布拉基亚湾切入希腊半岛，将希腊半岛的宽度缩小到六十五英里。

第一个区域以南广阔的区域是希腊的中部地区。后来的地理学家称其为"希腊"，以此将它与伯罗奔尼撒半岛及北部岛屿区分开来。希腊的中部地区包

---

① 意大利西南部港口城市。
② 意大利北部城市。

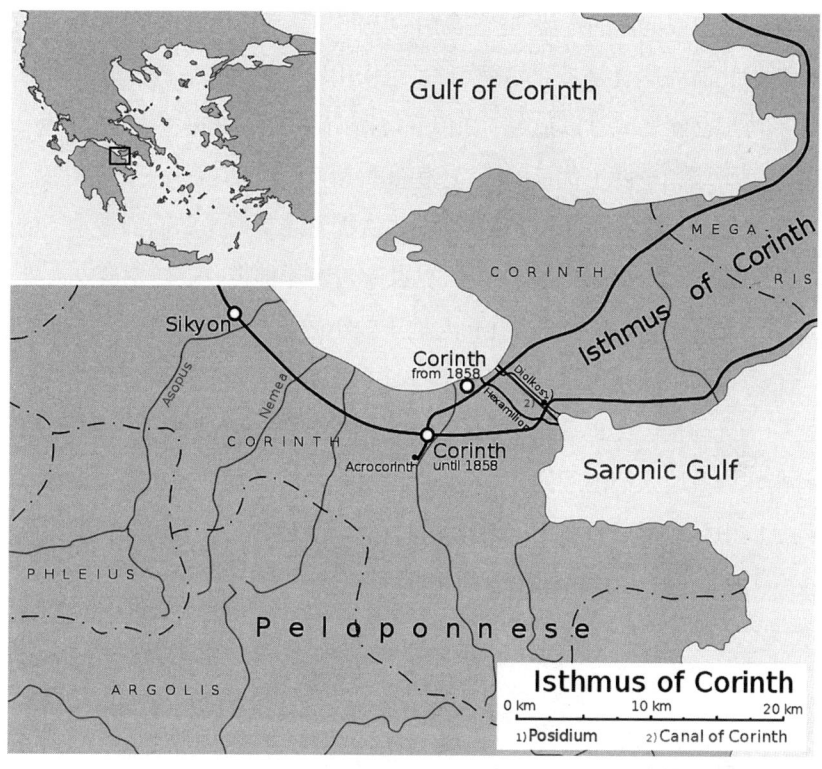

科林斯地峡位置示意图

含以下地区：阿卡纳尼亚、埃托利亚、多利斯、洛克里斯、福基斯、维奥蒂亚、阿提卡和麦加利斯。

科林斯地峡以南是伯罗奔尼撒半岛。这个多山的半岛仅通过一条三点五英里的低洼海岬与希腊中部相连。

第8节 伊庇鲁斯

巍峨的品都斯山脉将希腊北部分为大小不一的两个部分。位于西面部分的是伊庇鲁斯。伊庇鲁斯的居民来自不同的种族，说着不同的语言。因此，伊庇鲁斯人常被排除在希腊人之外。然而，随着时间的推移，伊庇鲁斯人耳濡目染，渐渐吸收了希腊文化和文明。伊庇鲁斯由一系列的高山和峡谷构成。随着品都斯山脉支脉向南或向西的走势，这些高山的走向与品都斯山脉或平行、或垂直。伊庇鲁斯的北部海岸全是悬崖峭壁。塞罗尼安山脉临海耸立。伊庇鲁斯南部的海岸则不再那么险要或难以逾越。在伊庇鲁斯南部，展现在人们眼前的是一片狭小的海滨平原和一两个优良的港口。伊庇鲁斯有三个部族——查奥尼亚人、铁斯普洛托伊人和莫罗西安人。莫罗西安人占据着品都斯山脉西部坡地下的内陆山谷；查奥尼亚人和铁斯普洛托伊人则共享着海岸地带——莫罗西安人处于崎岖不平的北部地区，铁斯普洛托伊人处于较小的南部海滨地带。伊庇鲁斯仅有的一处重要地点就是古时神殿所在地多多纳。多多纳地处莫罗西安族领地内群山之间一处与世隔绝的高地峡谷上。宙斯的女祭司们隐蔽在橡树丛中，接受来自希腊境内各地人们的问询。伊庇鲁斯的对岸是修长而崎岖的克基拉岛。克基拉岛上的山脉和伊庇鲁斯上的山脉走向一致，看起来更像是伊庇鲁斯山脉中的一支，只因大海狭长手臂的阻隔，才和同伴分离开来。

第9节 塞萨利

塞萨利地处品都斯山脉东侧。与伊庇鲁斯相比，塞萨利的地貌截然不同。塞萨利没有被山脉切割成不同的区域，而是由群山环绕成一片宽广的中部平原。北部的坎布尼安山脉将塞萨利和马其顿分隔开来。坎布尼安山脉垂直于品都斯山脉，一直延伸到临海的奥林匹斯山。奥林匹斯山是希腊境内最高的山。山峰云雾缭绕，居住着远古时代的众神们，凡人不得靠近。奥林匹斯山的山肩一直向南延伸，与马格尼西亚山脉非常接近。马格尼西亚山脉是塞萨利的东部壁垒，其中最高山峰是奥萨山。奥萨山与奥林匹斯山之间是狭窄的坦佩谷。传说，奥萨山和奥林匹斯山曾是一道连续的屏障，但海神波塞冬用三叉戟将奥萨山与奥林匹斯山劈开，从而开辟了塞萨利内陆水源流往爱琴海的出口。坦佩谷风景如画。谷内全长四点五英里的山中狭道淹没在植被之中，而灰色石灰岩犹如堡垒般守护着坦佩谷的边界。佩纽斯河奔流在坦佩谷之中。整个塞萨利平原的水源都汇聚于此。夏季的酷热也阻挡不住佩纽斯河的激流。在奥萨山以南，马格尼

坦佩谷

西亚山脉紧邻大海向前延伸。皮立翁山耸立其中，山上林木茂密。皮立翁山是希腊境内第二高峰。被浪花拍打的塞披亚斯岬是马格尼西亚山脉的尽头。诸多海岛——斯奇亚托斯岛、伊科斯岛及其他岛屿沿着马格尼西亚山脉的走向散落在大海上。

第10节 弗提奥提斯

在塞萨利的南部边境，矗立着俄特里斯山[①]。俄特里斯山高五千英尺。与北面的坎布尼安山脉一样，俄特里斯山也和品都斯山的走向垂直。俄特里斯山距马格尼西亚山脉南端不到两英里。接着，一条海峡截断了俄特里斯山的去路。这条海峡就是帕加塞湾的入海口。帕加塞湾地处皮立翁山西麓，直通远在内陆的

---

① 该名称含有"眉毛"之意。——原注

"阿尔戈"号

伊奥尔科斯。伊奥尔科斯是塞萨利最古老的避风港。据说,闻名于世的"阿尔戈号"①就是在伊奥尔科斯建造的。帕加塞湾以西的区域构成了弗提奥提斯地区。弗提奥提斯是古希腊最早的生活所在地之一,还是神秘始祖希伦和特洛伊英雄阿喀琉斯共同的故乡。一条小型山脉——由纳萨修斯和泰坦纳斯两山构成——将弗提奥提斯和塞萨利平原分隔开来。只有厄尼普斯河穿越群山,一路向北汇入佩纽斯河。弗提奥提斯的其他河流都流入了帕加塞湾。

由于四面环山,塞萨利就有了自己的小天地。肥沃的坡地和绿草如茵的浸水草甸上散布着大大小小二十多个城市,而各个城市间错综复杂的关系书写出

---

① 船名,以其建造者阿尔戈斯(Argus)得名。在希腊神话中,伊阿宋(Jason)同一众英雄乘坐该船从伊奥尔科斯(Iolcos)出发,前往科尔基斯(Colchis)寻找金羊毛(Golden Fleece)。

希腊历史上最难以捉摸的篇章之一。塞萨利境内的要地有三处：法萨罗地处塞萨利平原南部边角；费莱坐落于群山脚下——正是这些群山将塞萨利与弗提奥提斯和帕加塞湾分开；拉里萨是其中最大的城市，位于佩纽斯河中游地区，拥有塞萨利最丰饶的土地。

塞萨利广受赞誉的不是麦田，而是牧场。浸水草甸上喂养的牛群备受赞誉；草甸上的马匹更是为人称道。这些马是著名的塞萨利骑兵们的坐骑，而塞萨利骑兵正是希腊人在战场上唯一的王牌。塞萨利唯一的缺点就是地势低洼易受水患。冬季暴雨过后，佩纽斯河不能尽快地带走雨水，导致大片积水区域的出现。大量积水留在奥萨山山嘴的低地里。雨停后，洪水退至塞萨利平原两处最低洼的地方，形成了包贝湖和尼森尼斯湖。之后，这两个湖便渐渐消退，直到来年冬季河水泛滥时再被灌满。

奥萨山

第11节 埃托利亚、阿卡纳尼亚和西部列岛

俄特里斯山以南是希腊第二大区域。这片区域北倚马利亚湾和安布拉基亚湾,南靠埃伊纳岛和科林斯。

自俄特里斯山往东,巍峨的品都斯山脉变得复杂起来。先前连绵一线的山脉断裂成四散的山岭。提弗瑞斯图斯山系位居山岭中央,是品都斯山脉所有支脉的起点。品都斯山脉东南的两条支脉造就了埃托利亚崎岖不平的地形。埃托利亚远离希腊文明的主体。与希腊文明主体的发展水平相比,埃托利亚落后

埃伊纳岛

阿卡纳尼亚出土的货币

二三百年。直到希波战争期间，埃托利亚部落仍然全靠劫掠为生，外出时总是携带武器，并食用生肉。阿科洛厄斯河——我们之前提到的伊庇鲁斯境内的河流——下游河段将埃托利亚与阿卡纳尼亚分离开来。虽然同属高地，与埃托利亚相比，阿卡纳尼亚却显得不那么粗野闭塞。阿卡纳尼亚的海岸有很多避风港湾，最著名的当属安布拉基亚湾。安布拉基亚湾和塞萨利的帕加塞湾极其相似，都是内陆海。穿过一英里宽的狭窄的海峡便到了安布拉基亚湾，亚克兴角几乎占据了整个海峡。过了海峡后，安布拉基亚湾变得开阔起来，延伸到了阿卡纳尼亚和伊庇鲁斯间的内陆地区，全长达二十英里。安布拉基亚湾的末端是安非罗基亚的亚哥斯部落。这支部落和阿卡纳尼亚人极其相似。在距亚哥斯部落几英里外的北部海岸上，矗立着安布拉基亚地区一个重要的城邦。这个城邦是科林斯的殖民地。城邦中的居民曾将伊庇鲁斯人从最南端的角落驱逐出去。阿卡纳尼亚的海岸边有很多岛屿。南端的埃基那德斯群岛渐渐被阿科洛厄斯河沉积的泥滩吞没。阿科洛厄斯河从上游带来大量淤泥，在河对岸堆积出许多岛屿。莱夫卡斯岛、伊萨卡岛和刻法勒尼亚岛散落在远方海面上。三个岛屿是一条水下山脉的三仞顶峰，岛上满是岩石。在莱夫卡斯岛，即所谓"白岛"，随处可见灰色石灰岩的悬崖峭壁。曾经，一条沙岬将莱夫卡斯岛与阿卡纳尼亚大陆连接。但随着运河的开凿，莱夫卡斯岛由半岛变成岛屿。伊萨卡岛是一个狭窄崎岖的水下高山的

伊萨卡岛

山顶。伊萨卡岛仅凭一点闻名于世——漂泊多年的奥德修斯的家乡就是这里。刻法勒尼亚岛是三个岛屿中最大的一个,正对着科林斯湾入口处。岛上较为宽阔,足以容纳四个城市。海岸边还有不少肥沃地带。

第12节 斯佩尔凯俄斯河流域和温泉关

在构造上,提弗瑞斯图斯东段的山脉比朝埃托利亚方向及其西段的山脉要规整的多。东段的两条主要山脉轮廓分明。第一条由伊蒂山及其相连山丘构成,靠近马利亚湾和埃维亚海峡。伊蒂山构成了该山脉的西翼,且拥有最高的山峰。伊蒂山的斜坡和相对的俄特里斯山坡间的逼仄地带就是斯佩尔凯俄斯河流域。斯佩尔凯俄斯河的上游居住着伊纳斯人,马利斯人则居住在斯佩尔凯俄斯河河口狭窄的海滨平原上。马利斯以东是卡利兹罗莫山的悬崖峭壁。卡利兹罗莫山是伊蒂山的分支,紧邻大海巍然耸立。因此,在大海和摇摇欲坠的岩石间,仅有一条羊肠小道可供一辆马车通行而过。这里形成了海岸边狭窄小径的最高点，即温泉关。在温泉关，列奥尼达一世率领斯巴达勇士浴血奋战，与势不可当的波斯大军展开了持久战。温泉关因而能永载史册。过了温泉关，山脉和海岸的距离渐渐拉开。山名不再叫"伊蒂山"，而是依次有了"克尼米斯""普托昂"和"麦撒披姆"等名字。过了麦撒披姆后，山脉走势越来越低。到了卡尔基斯和埃夫里普峡谷的正对面，山势渐趋平坦，直到消失。

第13节 洛克里斯

卡利兹罗莫山与埃维亚海峡之间的区域就是洛克里斯人的居所。居住在克尼米斯山下的洛克里斯人有时被称为"希波克尼密德安人"；而根据他们居住的主要城镇的名称，人们也可以称他们为"欧帕提安人"①。居住在更远处的南部

温泉关

---

① 地理学家将洛克里斯人（Locrians）错误地分为两个部族：希波克尼密德安人（Hypocnemidian）和欧帕提安人（Opuntian）。这两个名称其实指同一个部族，没有区别。——原注

西塞隆山

和科林斯湾岸边的奥佐利亚-洛克里斯人则属于不同的部族,须加上限定词"奥佐利亚",以示区分。

第14节 帕纳塞斯山和德尔斐

与伊蒂山及其支脉走向平行的是希腊中部的另一大山系。帕纳塞斯山、赫利孔山及西塞隆山是该山系中最主要的三个高山。这条山系沿着科林斯湾海岸延伸,但离海岸的距离远不如伊蒂山离马利斯海湾那样近。这条山系中最高的山是帕纳塞斯山。帕纳塞斯山海拔八千英尺,拥有庞大的山体。帕纳塞斯山山体向四周扩张。在东部的福基斯和正对帕纳塞斯山西部坡地的奥佐利亚-洛克里斯之间,帕纳塞斯山构筑了一条难以逾越的屏障。帕纳塞斯山是希腊全境最中心的山峰。山顶的视野极其开阔,塞萨利、阿卡狄亚、科林斯湾入口和阿提卡南部高山的景色尽收眼底。帕纳塞斯山南面一处隐蔽的地方就是伟大的德尔斐神殿的所在地。希腊人将德尔斐神殿奉为整个世界的中心。神圣的气息笼罩在这处神秘的洞穴①周围,洞穴内怪石嶙峋。洞穴的底部是崎岖的峡谷。德尔斐神殿是阿波罗的神力所在。德尔斐神殿或许不是希腊最恢弘的神殿,但一定是希腊境内敬奉阿波罗最重要的神殿。

第15节 维奥蒂亚的高山、多利斯、福基斯和维奥蒂亚

过了帕纳塞斯山后,福基斯山脉一路向东,直到赫利孔山。虽然海拔达五千七百英尺,但赫利孔山并不如帕纳塞斯山宏伟崎岖。赫利孔山以点缀在东部坡地上令人垂涎欲滴的果园和温润甘洌的泉水而著称。传说,幽深的阴翳绿林正是缪斯女神最爱去的地方。

德尔斐神殿

---

① 德尔斐神殿中女预言家的圣所。据说,女预言家端坐洞穴之中,朝圣者于洞穴外问询,洞穴中的地下裂缝会散发出的奇特气体。

赫利孔山的支脉延伸至东部，成了西塞隆山的山脊。连绵起伏的西塞隆山是希腊中部山系的一部分。但西塞隆山的走向不再沿着科林斯湾一线，而是转向内陆，横亘在南部的阿提卡和北部的维奥蒂亚之间。

伊蒂山、克尼米斯山和普陀昂山雄踞一方，帕纳塞斯山、赫利孔山和西塞隆山则在另一方傲然挺立。希腊境内的第二大平原就处在这两方中间。这个平原包含基菲索斯河和阿索波斯河两河流域，自西北至东南，全长近三十英里，宽度则两英里到十英里不等。基菲索斯河流域生活着三个不同的部族。伊蒂山山脚的基菲索斯河源头处居住着多利亚人的小部落。他们分为四个村落。基菲索斯河中游流经福基斯人的土地。福基斯人的城镇散落在基菲索斯河两岸的坡地赫利孔山的支脉延伸至东部，成了西塞隆山的山脊。连绵起伏的西塞隆山是希腊中部山系的一部分。但西塞隆山的走向不再沿着科林斯海湾沿线，而是转向内陆，横亘在南部的阿提卡和北部的维奥蒂亚之间。

伊蒂山、克尼米斯山和普陀昂山雄踞一方，帕纳塞斯山、赫利孔山和西塞隆山则在另一方傲然挺立。希腊境内的第二大平原就处在这两方中间。这片平原包含基菲索斯河和阿索波斯河两条河，自西北至东南，全长近三十英里，宽两英里到十英里不等。基菲索斯河流域生活着三个不同的部族。伊蒂山山脚的基菲索斯河源头住着多利亚人。他们分为四个村落。基菲索斯河中游流经福基斯人的土地。福基斯人的城镇散落在基菲索斯河两岸的坡地上。此外，基菲索斯河流域以南的崎岖地带、帕纳塞斯山的诸多支脉，一直到科林斯湾，都属于福基斯人的领地。然而，福基斯人的核心地带位于基菲索斯河流域。只有这片核心地带的土壤足够肥沃，可以维系众多人口的生计。穿过福基斯人的土地，由于受到南面克尼米斯山支脉的阻隔，基菲索斯河变得狭窄起来。最狭窄的地方不过两英里宽。这个几乎可以被称为关隘的地方就是维奥蒂亚第一个城镇喀罗尼亚的所在地。和希腊北部的温泉关一样，喀罗尼亚也是抵御北方入侵者的天然屏障。背靠喀罗尼亚的是广阔的维奥蒂亚平原。维奥蒂亚平原一分为二，一边是基菲索斯河流域，另一边是阿索波斯河流域。维奥蒂亚平原富饶肥沃，土壤富含多种矿物质，是希腊境内物产最丰富的地方。就城邦数量和规模而言，维奥蒂亚的城市数量及其规模几乎和塞萨利不相上下。七大七小十四个城市①组成了所谓的"维奥蒂亚联盟"。团结一致的维奥蒂亚联盟与纷争不断的塞萨利人形成了鲜明的对比。因此，总体来看，维奥蒂亚联盟更强，而塞萨利人总是显得很弱。奥尔霍迈诺斯主宰着基菲索斯河流域；底比斯则占据着阿索波斯河流域。在早期，奥尔霍迈诺斯是维奥蒂亚最重要的城市；但自7世纪起，底比斯异军突起，成为维奥蒂亚的主宰。

阿索波斯河顺利汇入大海，基菲索斯河和其他小河流则流入广阔而多沼地的科派斯湖。除了在地下和埃维亚海峡沟通连接的"吞咽口"，科派斯湖没有任何天然的湖水出口。虽然奥尔霍迈诺斯的历代国王早前费尽心思，利用人工隧道抽干了湖中沼地，但科派斯湖仍然是维奥蒂亚的祸根。科派斯湖淹没了哈利阿图斯和奥尔霍迈诺斯的诸多牧场。此外，它的沼地蒸发的湿气还笼罩着整个维奥蒂亚平原，使空气变得粘稠厚重。夏季，四周的高山将湖水温热的蒸汽团团围住，维奥蒂亚的气候因而变得酷热难当。而到了冬季，维奥蒂亚地表雾霭沉沉，没有阳光，寒冷得超出邻近地区的人们的想象。与维奥蒂亚不同，阿提卡高地微风和煦。难怪阿提卡的高地居民认为正是因为维奥蒂亚的严酷气候才让居住在那里的人无趣、沉闷且愚蠢。尽管如此，这片土地上还是造就了仅次于荷马的希腊早期诗人赫西奥德、最伟大的抒情诗人品达和希腊最高贵的爱国者伊巴密浓达。

实际上，西塞隆山和帕尔涅山这两条山脉是相连的。它们横亘在半岛上，朝着大海向正东和正西延伸。在山脉的最西部，巍然耸立着一个叫"吉安尼亚"的高山。吉安尼亚山成为科林斯湾和埃伊纳岛间唯一的屏障。吉安尼亚山面朝科林斯地峡和伯罗奔尼撒半岛而立。在它的最南端，吉安尼亚山陡然从五千英尺下降到海平面，眺望着伯罗奔尼撒半岛上离其最近的高山奥涅乌姆山。两山相距约六英里。吉安尼亚山和奥涅乌姆山之间有一块低洼的海岬。海岬宽三点五

---

① 七个大城市是：底比斯（Thebes）、奥尔霍迈诺斯（Orchomenus）、特斯匹伊（Thespiae）、塔纳格拉（Tanagra）、哈利阿图斯（Haliartus）、柯罗尼亚（Coronea）和列巴狄亚（Lebadea）；七个小城市是：科帕亚（Copae）、法赖（Pharae）、密卡利苏斯（Mycalessus）、阿克拉菲温（Acraephium）、安西登（Anthedon）、喀罗尼亚（Chaeronea）和普拉蒂亚（Plataea）。——原注

英里,即科林斯地峡。吉安尼亚山两侧各有一条小道供人攀爬而过。一条在科林斯湾,另一条在埃伊纳湾。在科林斯地峡处,两条小道最终交汇。

第16节 阿提卡和麦加利斯

西塞隆山和帕尔涅山的山脚构成了三角形山地。三角形山地朝着正南方深入大海。在东西两侧,这片山地分别受到埃伊纳湾和爱琴海的冲刷。这片山地就是阿提卡①,所谓的"滨海之地"。阿提卡虽然不是希腊境内最丰饶的地方,但一定是全希腊最有名的地方。彭忒利科斯山和伊米托斯山构成了阿提卡的脊梁,但也有不少小山丘从四面八方横穿到这片土地上。阿提卡地形多坡地,土壤层薄,产出极少且水源匮乏。在夏季,除了基菲索斯河,阿提卡境内的所有河流都会逐渐萎缩、干涸直至消失。但阿提卡微风和煦,空气干爽清新。在阿提卡

阿提卡

---

① 源自希腊文"ἀκτή",意为"断裂的海岸"。——原注

迈加拉出土的黄金制品

境内,两处肥沃的滨海平原弥补了高地的贫瘠。其中一处便是西部边角的色利亚平原,另一处是环绕着雅典的平原——雅典平原。雅典平原由阿提卡境内唯一的一条常流河基菲索斯河灌溉。

叫麦加利斯的小地方,取名自该地的一个城镇迈加拉。实际上,麦加利斯是阿提卡的一部分,它被分离出来并不是由于自然边界的影响,而是由于政治原因。这个城镇包含西塞隆山和吉安尼亚山的坡地。10世纪时,多利亚人入侵,才将麦加利斯从阿提卡分离出来。

第17节 埃维亚岛、科林斯地峡和伯罗奔尼撒半岛上的高山

谈及伯罗奔尼撒半岛前,笔者有必要介绍一下伟大的埃维亚岛。埃维亚岛

就好像防波堤一般，挡在洛克里斯、维奥蒂亚和阿提卡的前面，将它们与开阔的爱琴海隔离。在阿提密西安海峡外，埃维亚岛上一个巨大的山脊继续拉伸着俄特里斯山脉的长度。埃维亚岛的临海处都是悬崖峭壁，没有一处港口；但岛内则完全不同，不仅有肥沃的滨海平原，还有数不清的海湾，以供船安全的停靠。卡尔基斯和埃雷特里亚地处埃维亚岛隐蔽的东部地带。这两个欣欣向荣的商业城市因活跃的殖民活动而闻名于世。卡尔基斯面对着埃夫里普海峡。埃夫里普海峡是一条只有四十码宽的狭窄通道，从维奥蒂亚大陆上架一个小桥即可通行而过。

地理学家斯特拉博①得意地将伯罗奔尼撒半岛称作"希腊的要塞"。对入侵者而言，伯罗奔尼撒半岛拥有整个希腊最深入和最坚固的防线。伯罗奔尼撒半

埃维亚岛出土的货币

---

① 斯特拉博（Strabo，约公元前64年—约24年），希腊地理学家、哲学家、历史学家，生活于罗马共和国向罗马帝国过渡时期的小亚细亚地区。

地理学家斯特拉博

岛的风貌和希腊北部地区大不相同。在伯罗奔尼撒半岛与希腊中部之间，科林斯湾和埃伊纳湾形成一道壁垒。这道壁垒造就了两地截然不同的山地系统。在陆上，连接伯罗奔尼撒半岛和麦加利斯的地峡并没有形成通道。科林斯地峡不过是一小块海岬平地，最高处海拔不过两百英尺。因此，很久以前，在地峡上架桥或是开凿运河就成为工匠们的夙愿。

赋予伯罗奔尼撒半岛独特形态的两条山脉相互垂直。第一条山脉紧靠北部海岸，是滨海的阿哈伊亚和高地上的阿卡狄亚间的分界。这条山脉中最长的是埃里曼托斯山，最高峰是海拔七千七百英尺的库勒涅山。这条山脉没有全称，我

冥王哈得斯

们可以称之为"北阿卡狄亚山脉"。在这条山脉中一个山峰的南部斜坡的最高处,有希腊境内唯一重要的瀑布,即神秘莫测的斯堤克斯瀑布①。斯堤克斯瀑布从悬崖峭壁上倾泻而下,再坠入万丈深渊。希腊人对此极其惊叹并充满了敬畏。传说,斯堤克斯河一直流入冥界,成为冥王哈得斯的河,即冥河。与北阿卡狄亚山脉中段呈垂直分布的,是伯罗奔尼撒半岛上的第二大山脉。这条山脉呈南北走向。在向西流入爱奥尼亚海、向东流入爱琴海或消失在阿卡狄亚高原石灰岩狭缝的众多河流间,这条山脉成了天然的分水岭。这条山脉的中段被称为"米

---

① 在希腊神话中,"斯堤克斯"既是神名,也是河名。据说该河为人间和冥界的界限。据希腊历史学家希罗多德称,斯堤克斯河发源于伯罗奔尼撒境内的科林西亚(Corinthia)附近。

纳拉斯山",南段是塔吉图斯山。塔吉图斯山的最高峰也是伯罗奔尼撒半岛上的最高山峰;塔吉图斯山的最高峰比库勒涅山稍高,海拔七千九百英尺。伯罗奔尼撒半岛第二大山脉一直向大海延伸。这条山脉末端的峭壁就是崎岖的泰纳伦海角,也是伯罗奔尼撒半岛的最南端。

米纳拉斯山和塔吉图斯山以东的一条山脉与它们呈平行走向。并且在重要性上,这条山脉并不亚于它们,与它们相距十到十五英里。这条山脉的高峰是帕尔铁尼昂山和帕尔农山。帕尔农山高达六千四百英尺。和塔吉图斯山一样,帕尔农山有一条长长的岬角直伸入海,即玛勒亚海角。玛勒亚海角上到处是悬崖峭壁且狂风阵阵,长期令希腊水手们胆战心惊。

分别在三个不同的地点,三条横向山脉分别在三处将米纳拉斯山-塔吉图斯山与帕尔铁尼昂山-帕尔农山这两大山脉相连。这三条山脉截断了两大主山脉间高地河谷自然入海的通道。腓尼乌斯①、斯廷法利斯湖和曼丁尼亚②的高地

腓尼乌斯出土的货币

---

① 古时阿卡迪亚(Arcadia)的一个东北部城市。
② 古时阿卡迪亚(Arcadia)的一个城市,为古希腊历史上两次重要战役的发生地。

空洞因此形成。它们唯一的排水方式就是通过"吞咽口",将水排到爱琴海上游的坡地上。

第18节 科林西亚、阿尔戈利斯和拉科尼亚

　　伯罗奔尼撒半岛有七大分区。第一分区始于东北部,地处科林斯地峡,山丘低矮。但从科林斯地峡开始,地势越来越高,渐渐高耸为北阿卡狄亚山脉。科林斯是位于科林斯地峡一处高地的城镇。城镇周围的丘陵地区也属于科林斯。西锡安在科林斯西面,距科林斯几英里。西锡安的范围包含小河阿索波斯①河谷。科林西亚②和西锡安尼亚③上游的坡地由彼时尚弱小的两个城邦把控。夫利阿斯和克里奥奈两城仅分别占据着丘陵中的两处洼地。

　　夫利阿斯和克里奥奈以南一条东西走向的山脉形成了阿尔戈利斯的边界。该地分为两个部分:一部分是面积不大的滨海平原,离爱琴海不远,也是阿尔戈斯的所在地;另一部分是一个半岛,地处阿尔戈斯以东。半岛面积宽广,足以承载三个大型城市:埃皮达鲁斯、特罗曾和赫尔米翁。这三个城市独立于阿尔戈斯之外,充满生机和活力。埃皮达鲁斯对岸,距塞隆尼克湾几英里外,是崎岖不平的埃伊纳岛。一直以来,埃伊纳岛上都生活着一群勇敢无畏和乐于进取的水手。他们将自己狭小的家园变成了整个希腊最大的商贸市场。

　　拉科尼亚地处阿尔戈利斯以南,帕尔农山将其一分为二。塔吉图斯山则是拉科尼亚境内的主要高山。在帕尔农山和大海之间,是高低不平的山地,不宜居住。但在帕尔农山和塔吉图斯山之间的山谷,荷马称之为"低洼的斯巴达"的埃夫罗塔斯盆地就大不相同了。埃夫罗塔斯盆地谷物丰饶,随处可见葡萄园,盛产桑葚,可以称得上是整个伯罗奔尼撒半岛最肥沃的地区。在盆地中部的四处小山

---

① 与维奥蒂亚的阿索波斯河同名。——原注
② 希腊地理分区之一,地处伯罗奔尼撒半岛东北部,包含科林斯(Corinth)及周边的地区。
③ 地处伯罗奔尼撒半岛北部,包含古希腊城邦西锡安(Sicyon)周边的地区,现属于希腊伯罗奔尼撒半岛大区的科林西亚州。

岗上，分布着稀稀落落且毫不设防的斯巴达城镇。所有拉科尼亚居民都要向斯巴达人俯首称臣。

第19节 麦西尼亚、伊利斯、阿哈伊亚和阿卡狄亚

塔吉图斯山的诸支脉巍峨挺拔且植被茂密，将拉科尼亚与伯罗奔尼撒半岛西南角的麦西尼亚隔开。与拉科尼亚一样，麦西尼亚的海滨地带多是岩石，中部则是平原。与埃夫罗塔斯盆地相比，麦西尼亚境内的帕米索斯河谷更肥沃。麦西尼亚正南面的林木和果实均具有热带性。在希腊其他地方，这些林木和果实根本无法培育成熟。麦西尼亚的要塞伊索姆山高耸在帕米索斯河谷上。在伯罗奔

伊索姆山

尼撒半岛多山的沿海地区，有西海岸唯一的一处优良港口，即皮洛斯湾。皮洛斯湾成名于伯罗奔尼撒战争①，在本世纪的纳瓦里诺海战②中更是声名鹊起。

一条叫"内达"的小河将麦西尼亚和伊利斯分离开来。伊利斯分为三处。一处是介于内达河和阿尔斐俄斯河间的特普利亚。在特普利亚，阿卡狄亚的山丘向西伸展。不少离乡背井和颠沛流离的部族幸存者将特普利亚作为避难所。另一处是皮萨提斯。皮萨提斯平原沿着阿尔斐俄斯河北岸铺展。皮萨提斯平原土地丰腴，是举办盛大的奥林匹亚竞技会的圣地。最后一处才是我们常说的伊利斯，它涵盖了埃里曼托斯山西部坡地及其支脉福罗厄山。伊利斯牛羊成群。人们居住在分散的村庄里，对希腊日常的城市生活一无所知。早期的伊利斯人征服了近邻皮萨提斯和特普利亚。虽然皮萨提斯和特普利亚多次反抗，却一直处于伊利斯人的统治之下。伊利斯虽然海岸线很长，但没什么港口，只有片片沙丘和片片潟湖。这也是伊利斯尽管拥有广阔的沿海地区，却鲜有人成为水手的原因。伊利斯最西面海角十二英里处是札金索斯岛。札金索斯岛上的高山都是莱夫卡斯岛和刻法勒尼亚岛上山脉的延续。

伊利斯的东北部一直向东延伸至西锡安边界。此处就是阿哈伊亚。在科林斯湾和阿卡狄亚北部山脉的双面挤压下，阿哈伊亚在夹缝中生存。阿哈伊亚每一处散落的海滨平原上都坐落着一个城镇。大型山脉向南的支脉将山谷与山谷彼此隔离。因此，对阿哈伊亚人来说，海上通行比陆上更便捷。与总是内讧且纷争不断的希腊其他地区不同，阿哈伊亚人是一个团结的民族，由一个古老的联盟将彼此联合在一起。

最后要介绍的是伯罗奔尼撒地区的阿卡狄亚。阿卡狄亚地处伯罗奔尼撒半岛中央，是伯罗奔尼撒半岛唯一没有入海口的地方。阿卡狄亚分为两区。东部由三个高处洼地构成，在米纳拉斯山和帕尔铁尼昂山之间。在描述伯罗奔尼撒半岛山系时，我们已经介绍过东部地区。在这些孤立的山谷中，最南端的山谷

---

① 公元前431年到公元前404年，交战双方分别为雅典率领的提洛同盟和斯巴达率领的伯罗奔尼撒联盟。
② 指1827年10月20日发生于希腊独立战争期间的一次海战。皮洛斯湾即如今的纳瓦里诺湾（Navarino Bay）。

最关键。在这个山谷中，双子城曼丁尼亚和提基亚纷争不断、兵连祸结，在希腊史上尤为引人注目。但双子城是阿卡狄亚诸城邦中规模最大且文明程度最高的城邦。伯罗奔尼撒半岛境内最大河流阿尔斐俄斯河的支流流经阿卡狄亚西部的各个地区，形成了若干河谷。众多上游的小型山脉将这些支流彼此隔离。但在赫里亚，诸多支流从四面八方流淌而来汇聚此地。赫里亚是阿卡狄亚最西端的城市，俯瞰奥林匹亚平原。经河流冲刷，赫里亚形成一片崎岖不平的高原地带。海拔约两千英尺。在这片高原上，树木繁茂的山丘此起彼伏，还居住着若干小部落。这些部落中有些自己建造城镇，有些则散落在偏远的乡村。这些部落异常珍视自己的独立自足，不愿和相邻部落建立更密切的联盟。生活在这片高原上的部落是整个伯罗奔尼撒半岛最贫穷和最落后的居民。很早以前人们就发现，这片高原上的人们成群结队地背井离乡，去环境更好的地方充当雇佣兵。

第20节　基克拉迪群岛和克里特岛

正对着希腊东海岸，爱琴海上隆起许多岛屿，这些岛屿曾是埃维亚岛和阿提卡岛上向大海延伸部分的山脉的顶端。如今，这两条山脉已经淹没在大海之中。安德罗斯岛、特诺斯岛和米科诺斯岛是埃维亚岛的延续，但相互分离。喀俄斯岛、基斯诺斯和塞里弗斯岛则是发端于阿提卡上苏尼昂角的三个小岛。再往南，两条山脉交错在一起，难以分辨。在纳克索斯岛和帕罗斯岛，这两条山脉最终汇合。纳克索斯岛和帕罗斯岛也是整片群岛中最重要的两个岛屿。因为这片群岛环绕着提洛岛，所以希腊人称其为"基克拉迪群岛"[1]。在希腊人心中，提洛岛的地位仅次于阿波罗的圣地德尔斐。基克拉迪群岛以南是斯波拉得群岛，意为"分散的事物"。斯波拉得群岛由一系列火山岛构成，包含米洛斯岛、锡拉岛、塞摩洛斯岛，以及稍远的阿斯提帕雷亚岛和卡尔帕索斯岛。斯波拉得群岛和基克拉迪群岛都是"漂浮在大海上的山顶"。它们的海拔可达两千或三千英尺。接着，陡坡急转直下，沉入海底。所有岛屿都有种植葡萄的传统。几乎所有岛屿上

---

[1]　"Cyclades"意指"环绕成圆形的岛屿"。

都有安全的港口。这些港口吸引着早期小心谨慎的海员们从一个海岛航行到另一个海岛，自此一路向前，不知不觉就来到了亚细亚。

最后，我们来到了狭长的克里特岛。克里特岛如同一条巨大的防波堤横亘在爱琴海，一面眺望昔兰尼和阿非利加，另一面朝向基克拉迪群岛。在地理风貌上，克里特岛可谓是真正的希腊海岛：自中部高峰伊达山开始，诸多山脉将克里特岛切割成数不清的山谷。岛上的独立城镇多达四十多处。除了史前的米诺斯王朝时期，岛上的城镇或许从没有结成过政治联盟。城镇间总是处于令人不齿的连年内战中。历史上，岛外克里特人的形象总是唯利是图的雇佣兵，并且在雇主们看来，这些雇佣兵大多都是叛徒。

第2章

希腊民族起源

第1节 最早的居民

曾经,无论是大陆还是岛屿,平原还是山地,希腊的土地上都居住着一群蛮荒的小部落。这些部落常年处于战争和混乱之中。他们在希腊生活了很长一段时间。但他们究竟从何处而来,却没有留存下任何传说或记载。所有的证据都使我们相信,这群部落是从欧罗巴的东部及东北部来到了希腊。其中有些人沿着达达尼尔海峡和爱琴海岸跋涉千里,最终来到了希腊;而有些人则是在群岛间毫不费力地穿行,最终抵达希腊。这些群岛连接着小亚细亚和希腊之间的港口。对于向西探险的航海者而言,无论他们是多么的笨拙和保守,这条路线都是一条无比便利轻松的航线。因为穿行在这片水域,岛屿间距不过一小时航程。口头传说和他们在地表或地下留下的痕迹都极其有限。因此,对这群远古居民的生活,我们所知甚少。部落居民饲养着成群的牛羊,以原始的方式耕作土地,熟知特定金属的用法——尤其是铜和金。此外,他们还掌握了基本的航海知识。然而,由于部落间战乱不断,对海上或陆上贸易,他们一无所知。部落的村庄都建在内陆,因为居住在海岸边常常会受到邻近海盗的袭击。选取内陆住点时,部落居民常常综合考虑自己的长处,显得非常谨慎。部落要塞往往耸立在偏远的山丘或崎岖不平的高原上。要塞四周的石墙粗糙原始却巨大结实,所用石料均未打磨。石墙不用砂浆,而是直接用石料堆砌而成。部落崇拜的是至高无上的宇宙力

宇宙主神宙斯

量——这位神明没有名字。在最高的山上，人们建造祭坛，以示供奉和崇拜。虽然当时的部落还没有建造神殿和神像，但这些神灵有时以巨石或神树的形象出现。在当时，那些和宇宙主神宙斯一起统领世界的众神们尚未出现。

在这种状态下，社会的发展长期停滞。部落间战争不断，难以积聚财富，而财富正是所有文明之源。战争中的土地——尤其是肥沃地区——频繁地在部落间流转；而羊群和牛群总是受到偷袭者的威胁。因此，部落的人们过着粗野拮据的生活。他们既没有欲望也没有机会累积财富。漫长的岁月便这样流逝着,直到希腊原始居民的到来。在此之前,希腊的土地上没有任何民族演变和文明发展的迹象。很久以后,"希腊人"这一名字才为人们所知并被接受,而由此发展起来的希腊文明则前所未有——这是世界上最具天赋的民族独一无二且无与伦比的创造。

第2节 皮拉斯基时代

希腊人最初的记忆和幻想将我们带回到了那个朦胧模糊的年代。当时,皮拉斯基人占据着这片土地。神秘的皮拉斯基人的脚步不仅留在欧罗巴的希腊地区,而且遍及意大利和小亚细亚地区。希腊神话体现了希腊人对远古历史的认知。在神话中,与皮拉斯基民族同名的英雄皮拉斯古有时是阿尔戈斯的国王,有时又在塞萨利居住。不仅如此,阿提卡和阿卡狄亚的居民也宣称是皮拉斯基人

阿卡狄亚的居民

的后裔，而达达尼尔海峡海岸地区和爱琴海东北部的岛屿上都保留着浓厚的皮拉斯基传统，甚至连意大利地区南部的麦撒披亚人和奥诺羯利亚人也与皮拉斯基人同根同源。"皮拉斯基"这一名称流传如此广泛，而历史上宣称与皮拉斯基人有亲缘关系的部落之间差异又如此之大。因此，确切地说，"皮拉斯基"这一名称指代的不是一个民族，而是一个时代。这些皮拉斯基人祖先依稀存在于后世的记忆里。

遍布希腊的古坟荒冢和山顶祭坛，以及史前要塞的巨石城墙和无名古迹，无不是皮拉斯基人在希腊土地上存在过的证明。如果非要说在历史上，皮拉斯基人曾和希腊人有亲缘关系，那么连皮拉斯基人自己都无从考证。睿智的希腊史学家都认为，希腊人的祖先曾是皮拉斯基人中的一支。由于受到特定文明的影响，这支皮拉斯基人的分支最终演变成了独立的希腊民族。我们称之为"希腊民族"，是因为在传说中，他们和塞萨利的希伦及其子孙关系密切。雅典传说中提到伊奥尼亚人曾经一度和皮拉斯基人共同居住在阿提卡。然而，如果事实果真如此，那么虽然他们居住在同一地区，但彼此间的种族差异却仍然极其显著。此外，直到5世纪，带有皮拉斯基名字的残存的种族仍然散居在希腊土地上。毫无疑问，利姆诺斯岛和斯库罗斯岛的岛上居民、马其顿海岸的克雷斯特人及达达尼尔海峡–奥林匹斯山一线的山地人都是"野蛮人"。希腊人虽然难以理解这些"野蛮人"的语言和习俗，但和他们彼此相邻生活了好几个世纪。在不断的接触交往中，希腊人对"野蛮人"的影响潜移默化。在文明的差异上，与雅典文明和埃托利亚文明间的差异不同，这些野蛮部族和希腊人的区别不在于同类文明内部开化与否。它们更像是底比斯文明和吕底亚文明，是两种截然不同的文明。

因此，如果以"皮拉斯基人"来笼统地涵盖居住在爱琴海地区的所有史前种族，那么我们必然会得出以下结论：那些长期带着皮拉斯基名字的部落不一定和希腊原始居民有血缘关系。这些部落之所以能作为独立民族幸存下来，原因就在于他们并不属于刚刚崛起的希腊民族中的一员。不难看出，当时，原始居民的数量和种族极具多样性，但最终，他们中的绝大多数融合成了一个独立的民族。

在希腊的很多地区，当地传说都宣称本部落的祖先不是外地人，而是"土生土长"的本地人；他们的祖先都是邻近山林水泽中仙女和众神的孩子，诞生于这片土地。然而，多数希腊人都曾亲眼目睹过人口的往来迁移。

第3节 种族融合

在当时的爱琴海地区，不同部落的人们不断地搬迁流动。显而易见，某些不断搬迁的氏族是"野蛮人"。传说，色雷斯人曾居住在福基斯①。而在麦加里德，

色雷斯人

---

① 见《伯罗奔尼撒战争史》，第2卷，第29章，第3节。修昔底德（Thucydides）著。——原注

弗里吉亚人

卡里亚人建造了自己的众多城市。其他氏族的异邦特质并不明显。譬如四处漂泊的莱勒格斯人。虽然莱勒格斯人居住在爱琴海两岸,并和亚细亚的弗里吉亚人同根同源,但在西方,人们还是认为莱勒格斯人和希腊人祖先的种族有亲缘关系。其他氏族部落——譬如米尼埃伊人和特莱博埃人——虽然随后融入了部落联盟,消失在人们的视线之中,但也都属于希腊民族。只有极少数像阿卡狄亚人那样的氏族才能宣称,自古以来,他们的祖先就生活在希腊这片土地上。从皮拉斯基时期直至6世纪,他们一直耕作着同样的山谷,信奉着同样的神灵。

但在当时,名垂青史的希腊民族尚未出现,而在这之后生活在希腊的群体也尚未形成。无论是多利亚人和伊奥利亚人,还是伊奥尼亚人和阿哈伊亚人,他们都还没有出现。虽然确实有一些部落间的亲缘关系更密切,但还没有统一的名字来区分不同的群落。当周围的一切都显得陌生而充满敌意时,人们也就不会在意彼此细微的差别了。"希腊人"和"野蛮人"间的民族情感界限尚不分明。与异族间的交流相比,不同希腊部落间彼此融合的程度不见得更深厚。

第4节 希伦及其子孙

根据最可信的传言,在你争我夺的部落混战中,一个伟大的家族最终崛起。这个家族既是统治者,也是大一统者。他们就是塞萨利人希伦的子孙。希腊人惯于用具体的人类形象来代指某段历史时期及事件,因此,他们将率先打破皮拉斯基时期混乱状态的伟绩归功于一位叫希伦的王子,希腊也由此得名。据说,最终团结起来的宗族都是希伦的后裔。他们是埃俄罗斯族、多洛斯族、伊翁族和阿开俄斯族。

毫无疑问,最神秘的是希伦的儿子,即英雄安菲克堤翁。据说,是安菲克堤翁首先教会了部落间彼此和平共处。他创立了旨在确保邻近氏族间相互贸易和共同防卫的组织"近邻同盟"。关于希伦的四大神秘后裔,还有很多传说值得关注。伊翁族似乎代表了所有从小亚细亚漂洋过海而来的海上部落联盟。伊翁族生活在卡里亚人、伊特鲁里亚人及其他异族附近,大致占据着希腊的岛屿和沿海地区。多洛斯族代表着北部山区的部落——他们是这些四处漂泊的部落中最后抵达希腊的一支,居住在马其顿和伊庇鲁斯地区的高地上。阿开俄斯族和埃俄罗斯族都是典型的希腊种族,构成了希腊民族的主体。他们分散居住在自塞萨利至马塔潘角的半岛上。其中,阿开俄斯族的子孙更显骁勇善战和雄心勃勃。正是阿开俄斯族的子孙建立了首批强大的城邦,并承担了希腊首次远征的使命。在无名的皮拉斯基部落中,埃俄罗斯族声名远播。事实上,后期来到希腊的居民如果既不是伊奥尼亚人,也不是多利亚人或阿哈伊亚人,那么就会宣称埃俄罗斯是自己的祖先。此外,声名显赫的塞萨利人、埃托利亚人、福基斯人和维

雅典城遗址

奥蒂亚人的始祖都是埃俄罗斯。据说,所有相对落后蒙昧的希腊部落也都是埃俄罗斯的族人。其中著名氏族如科林斯、奥尔霍迈诺斯、麦西尼和斯巴达的原始居民也同属埃俄罗斯族。

传说,在希腊土生土长的希伦的子孙构建了部落的统一。而与此同等重要的是另一组故事,讲述了自东方而来的异族英雄的传说。希腊最引以为傲的三个城市——阿尔戈斯、雅典和底比斯——都将它们的建立归功于来自东方的王公。

第5节 达纳俄斯、刻克洛普斯和卡德摩斯

伊纳科斯河流域是伯罗奔尼撒半岛上最古老的人口聚集中心之一。在伊纳科斯河流域,皮拉斯基人的一支部落将他们的要塞拉里萨建在海滨高地上。之

后，阿尔戈斯境内城邦阿哈伊亚的奠基人达纳俄斯到了拉里萨。在传说中，达纳俄斯是埃及人。但据我们所知，埃及的本地人从不会定居海外。因此我们可以断定，有关达纳俄斯的神话传说代表的是腓尼基人的移民定居的历史，而非埃及人的。据说，达纳俄斯和西顿的贝卢斯、亚述的尼诺斯非常相似。显然，达纳俄斯所受的影响并不具有埃及特质。据说，自达纳俄斯以来，历任国王就将阿尔戈斯变成伯罗奔尼撒半岛文明的中心。其中一位国王教会原始部落使用马匹和双

亚述的尼诺斯与他的妻子

雅典城的缔造者刻克洛普斯

轮战车，而另一位国王从东方引进了首批石匠，并传授阿哈伊亚-皮拉斯基人粗削石①的使用方法。在达纳俄斯家族分崩离析时，他们各自建造了山地城镇梯林斯和迈锡尼。在《荷马史诗》中，英雄时代的迈锡尼甚至比阿尔戈斯还要伟大。

与达纳俄斯家族的故事截然不同的是另一组故事。这组故事讲述了雅典城的缔造者刻克洛普斯家族的传奇故事。很久以前，异族部落零星地散落在阿提卡土地上。后来，自认与希腊伊奥尼亚家族有亲缘关系的克拉纳欧-皮拉斯基人与当时显然还是野蛮部族的人混血融合。据说，和达纳俄斯一样，刻克洛普斯也是埃及人。来到希腊的"法勒鲁姆湾上游的平原后，刻克洛普斯就定居在了祭坛形状的岩石上，即后来的雅典卫城。之后，刻克洛普斯的后人崛起，逐渐在

---

① 指开采后未经加工的石块。

阿提卡的小部落里崭露头角。经过漫长的岁月，他们最终吞并了所有的小部落。这支异族的历代国王教会了皮拉斯基臣民敬拜海神波塞冬和女神雅典娜。海神波塞冬赐予阿提卡马匹，女神雅典娜在阿提卡种植橄榄树，橄榄树的培育为雅典带来了第一笔财富。刻克洛普族接纳了伊翁族。正如希罗多德所言："雅典人变成了伊奥尼亚人。"因此，与阿尔戈斯的阿哈伊亚人一样，刻克洛普族国王统治的不再只有皮拉斯基人。之后，刻克洛普族制服或驱赶邻族的野蛮部落。最终，一位国王脱颖而出，统一了阿提卡所有部落——共十二支，建立起一个以雅典为首的独立城邦。这位完成统一大业的国王就是忒修斯。忒修斯是伟大而神

海神波塞冬与妻子安菲特里忒

忒修斯战胜半人马

秘的刻克洛普斯家族最后一位继承人。忒修斯是一位极其接近真实历史的重要人物。因此，后世的雅典人将忒修斯作为雅典城真正的缔造者。与刻克洛普斯及其记载不明的后世子孙相比，雅典人更崇拜忒修斯。他们认为忒修斯更担得起"民族英雄"的称号。

第6节　腓尼基人和他们对希腊人的影响

在维奥蒂亚平原上，还流传着一位东方异乡人的传说。之后，这位东方异乡人成为一个伟大城市的创建者。腓尼基人卡德摩斯四处漂泊，寻找他丢失的妹妹欧罗巴。在神明的指引下,卡德摩斯来到迪尔斯泉水和阿俄尼亚草原①,建造了一个举世闻名的城市底比斯。卡德摩斯向邻里传授采矿的技艺,并教他们阅读和书写。因此,某些传言称最早的希腊字母就被称为"卡德摩斯字母"。卡德摩斯还是一支王族的祖先。他的子孙们因世世代代都笼罩在不幸与厄运之中而闻名。虽然灾祸不断,底比斯也不止一次沦陷于异族仇敌之手,但卡德摩斯家族稳固的地位一直持续到了大动乱时期。当时,多利亚人大举入境,希腊所有低地城邦纷纷易主。

毫无疑问,所有记叙东方英雄定居希腊的传说都具有一定的真实性。真相就是,在与腓尼基人的交往中,希腊本土的蛮族居民越来越文明。早在史前时期,腓尼基人的大船就已经环绕爱琴海岸航行,建立起一个伟大的商人国度。腓

卡德摩斯

---

① 据传希腊诗人卡利马科斯(Callimachus)是首位将维奥蒂亚(Boeotia)称为"阿俄尼亚"(Aonia)的人。阿俄尼亚(Aonia)主要用于诗歌及文学作品中,指代赫利孔山(Mount Helicon),即缪斯女神们的居所,距底比斯不远。

腓尼基人的航船

尼基人这支乐于冒险进取的种族英勇向前,沿着塞浦路斯和小亚细亚一路来到基克拉迪群岛和希腊大陆。为了寻找天然原料,他们航遍每一处海岸,攀越每一座高山。在拉科尼亚和克里特岛海岸,腓尼基人打捞出能制造极其珍贵的紫色染料的贝壳;在萨索斯,他们发现了银。之后,他们便在萨索斯到处开采挖掘。所到之处,满目疮痍。在没有矿产资源的土地上,腓尼基人就和当地居民展开贸易往来,用东方织布机织出的精细织物和黎凡特精炼锻造的金属换取谷物、奴隶、木材和粗野的希腊本地人能制造的其他商品。为了确保交通的便捷,在地理位置优越的岛屿和海岬上,腓尼基人还建造了守卫森严的作坊。通常,腓尼基人不会远离海岸。但底比斯城建立的传说似乎至少证明了一点:腓尼基商人也会无畏地深入内地,而他们的定居点甚至会距海岸远达十二至十五英里。沿海地带随处可见腓尼基人的贸易站。与希腊的西部海岸相比,在东部海岸,腓尼基人口更密集。甚至在遥远的伊庇鲁斯和科林斯湾的偏远地区,这群无处不在的腓尼基商人都留下了到过那里的确凿证据。总而言之,腓尼基人最坚固的据点往往都设在岛屿上——尤其是克里特岛。腓尼基人经常出没于克里特岛。克里特岛一些城镇的名字一看便知其与东方民族渊源深厚,譬如,伊蒂诺斯、莱班和阿拉都斯。拉科尼亚对岸的基西拉岛是紫色渔业①的中心,完全受腓尼基人掌控。此外,腓尼基人还控制着基克拉迪群岛中的米洛斯岛以及爱琴海最北端的萨索斯岛。

很早以前,希腊人就开始尽可能地仿造腓尼基人带到希腊的货物。希腊人从这些西顿②商人手中购买的金银饰品、青铜器皿、青铜铠甲、彩绘花瓶和陶土人物成了希腊最早期生产制造的基本模型。腓尼基人的技艺来自埃及。因此,希腊人间接地获取了埃及的技艺。由此可见,埃及对希腊的影响清晰可见。直到几百年后,希腊人才最终摆脱了腓尼基人僵硬保守的风格。

货币上的腓尼基人

---

① 指上文提到的捕捞能制造紫色染料的贝壳的产业。
② 西顿(Sidon)为古时腓尼基港口城市,位于现今黎巴嫩的贝鲁特(Beirut)以南约二十五英里处。

第7节 腓尼基诸神

在希腊，腓尼基人留存的印记不仅限于技术和手工艺品。他们还深刻地影响着希腊的宗教。希腊人对皮拉斯基、粗野的自然神力和神兽神石的原始崇拜已经开始改变，并加入了新的神灵。腓尼基人将阿佛洛狄忒和赫拉克勒斯加入到希腊形象模糊的本地神灵里。女神阿佛洛狄忒象征着丰饶和繁育，男神赫拉克勒斯则代表着艰辛劳作。阿佛洛狄忒演变自东方的亚斯他录，而赫拉克勒斯

赫拉克勒斯

阿佛洛狄忒

则由东方的麦尔卡斯变化而来。在希腊神话中,阿佛洛狄忒从腓尼基的基西拉岛对面的大海里飘然诞生,而赫拉克勒斯则出生在腓尼基城市底比斯。

在东方,人们对亚斯他录的崇拜表现在极其淫秽的祭典仪式上,而亚斯他录身上的肉欲色彩一直保留在希腊女神阿佛洛狄忒身上。因此,与其说阿佛洛狄忒是爱神,不如说她是情欲的保护神。麦尔卡斯原本是提尔城的守护神,是创造和文明的化身,但希腊人将他变成了不辞辛劳的英雄。赫拉克勒斯不仅将希腊土地上的野兽和盗贼一扫而空,而且有引流筑路的丰功伟绩。

第8节　早期希腊的海上远征

对于腓尼基人垄断爱琴海海上贸易的时间长度,我们无法得知。但可以确定的是,早在公元前13世纪,希腊人已经开始涉足海上。在可靠的史料中,我们能找到的希腊人最早的遗迹就是古埃及第十九王朝时期的一位法老麦伦普塔①树立的一块石碑。石碑上面记录了阿哈伊亚人和第勒尼安-皮拉斯基人的海盗船队是如何不断地侵扰掠夺三角洲的沿岸地区的。与之相似,和希腊人有关的记录还有另一个由法老拉美西斯三世树立的石碑。这处石碑上也有达那俄斯人

法老拉美西斯三世

---

① 麦伦普塔(Merneptah,生卒年不详),古埃及第十九王朝时期的第四任法老,公元前1213年至公元前1203年在位。

迦太基遗址

和铁乌克洛伊人[①]突袭海岸的记载。我们能断定的是，在独占爱琴海地区数百年后，腓尼基人先是在与希腊船队的竞争中不断失败，之后则被完全驱逐出希腊海域。在荷马所处的时代，在希腊海岸上，腓尼基人的船队已经声名远扬。然而，到了公元前8世纪末，腓尼基人就不再航行到爱琴海，而是龟缩在黎凡特本土及意大利和西班牙两地海域。因为在这些地方，腓尼基的大殖民地迦太基确保了他们在贸易上长期的垄断地位。

第9节 史前其他外族对希腊的影响

很难说希腊半岛上是否有腓尼基人以外的其他外族势力的影响。希腊的史

---

① 虽然有不少文章都证明这群人并不是希腊的阿哈伊亚人（Achaeans）和达那俄斯人（Danai），但更多人认为他们就是希腊人。——原注

前城市如迈锡尼、梯林斯及奥尔霍迈诺斯的巨石墙和穹形顶看起来既不像腓尼基人的作品,也不像希腊本土人的创造。同样难以解释的还有从这些地区遗迹中出土的许多物件的来源。这些物品或许可以追溯至小亚细亚某个早期与希腊人有过交往的独立文明中心。值得注意的是,有关阿尔戈斯人的传说讲述了一群从弗里吉亚来到希腊的王公的故事。这些王公虽然来到希腊的时间远远晚于达纳俄斯家族,但也建立了一个强大的王国。帕罗普斯是这个家族的祖先。这个家族并没有将都城设在阿尔戈斯的旧城中,而是设在了较新的迈锡尼。迈锡尼深处内陆地区,地处阿尔格娅山的坡地上。我们可以肯定的是,自帕罗普斯开始,原本没有全称的半岛开始被叫作"伯罗奔尼撒半岛"。帕罗普斯的孙子阿伽门农鹤立鸡群。当时,阿伽门农的国家国力强大到足以联合希腊境内的所有城邦,开启对抗特洛伊的著名的远征。我们无法确定的有关这个伟大家族的传说是否说明希腊曾和弗里吉亚有过真正的往来,也很难确定小亚细亚和叙利亚土地上的赫梯帝国是否对希腊的艺术、文化和宗教产生过影响。进一步的深入研究或许能阐明这项课题,但就目前而言,人们做出任何所谓权威的声明都是不明智的。

第 3 章

《荷马史诗》和英雄时代的希腊人

第1节 《伊利亚特》和《奥德赛》

关于希腊进入信史时代前的历史研究，我们能通过古迹碑刻、考古发掘、现存旧俗和无穷无尽的神话传说——对此我们必须极其谨慎——来进行。凭借这些研究，我们可以一窥古希腊人的生活方式。然而，如果说这些希腊的史前研究亮起了点点微光，那么以荷马命名的不朽名篇则迸发出了耀眼的光芒。与这耀眼的光芒相比，那些微光不过是一片漆黑。

《伊利亚特》和《奥德赛》都是长篇史诗，讲述了一场大战中的两个事件。诗中写道，迈锡尼国王阿伽门农是当时希腊境内最伟大的君主。希腊各小城邦的贵族都集结在他麾下，辅佐他远征亚细亚。铁乌克洛伊人普里阿摩斯的儿子帕里斯诱拐了阿伽门农的弟弟墨涅拉俄斯之妻海伦，并将海伦带到父亲普里阿摩斯的特洛伊城。之后，为了惩戒引诱者帕里斯，希腊人驶向特洛伊并围攻特洛伊长达十年。但以上并不是《伊利亚特》要讲述的全部战争内容。"阿喀琉斯是弗提奥提斯国的王子，也是整个希腊最英勇和俊美的希腊人。但他傲慢固执，和国王阿伽门农仇隙颇深。阿喀琉斯一度退出战争，在自己的营帐内抑郁沉思。直到希腊人被迫撤退到海岸边，特洛伊王子赫克托耳杀死了他的挚友普特洛克勒斯，阿喀琉斯才从狂怒中奋起，一路对赫克托耳穷追不舍，最终将赫克托耳杀死，并将特洛伊人困在城内。"以上就是《伊利亚特》的内容梗概。虽然诗中有

帕里斯诱拐海伦回到特洛伊城

很多离题的地方,但毫无疑问,阿喀琉斯的狂怒是《伊利亚特》的主题。暴怒驱散之际,也是故事结束之时。与《伊利亚特》相似,《奥德赛》讲述了攻陷特洛伊后,凯法洛尼亚人的国王——伊萨卡岛的奥德修斯——因暴风而偏离了回家的航线。在茫茫大海上漂泊数年后,奥德修斯最终重返故土,夺回王位,并在成群的求婚者中挽救了自己的妻子。

上世纪①的学者一直都在争论是否确有荷马其人;《伊利亚特》和《奥德赛》是否出自同一作者之手;诗中的每一首诗是否可以独立成篇;荷马的诗篇是写于亚细亚还是欧罗巴;成书日期是公元前14世纪还是公元6世纪;编辑者和注

---

① 此处指18世纪。

释者是否或多或少地篡改了诗篇内容。对于这些问题，我们不必自寻烦恼去详尽地回答。《荷马史诗》的内在逻辑足以证明各个诗篇构成了有机统一体。《荷马史诗》并不是创作于不同时期的各诗篇拼凑而成的作品。或许《伊利亚特》的各篇章之间，或《伊利亚特》与《奥德赛》的衔接处有一些不一致的地方，但历经三代学者孜孜不倦的研究努力，这个领域的成果还是少之又少。或许在原诗完成后，该史诗中又增加了内容，但《荷马史诗》绝不是才智品位各异的一群诗人共同创作的产物，也不是他们所作的一系列孤立故事拼凑而成的作品。

我们必须承认，目前并没有与荷马有关的传记或记载。但尽管如此，我们仍然可以理智地认为是一位杰出的天才作家创作了《伊利亚特》和《奥德赛》。或许我们也该承认，直到创作完成很久后，《荷马史诗》才能成书。我们必须切记，

荷马与他的侍从

在书写出现前,"吟诵史诗者"凭借的是自己超强的记忆力。因此,两部作品中不免有添补和疏漏的地方。篡改文本的情形或许真的存在,但也不能因而就全盘否定《荷马史诗》作为希腊史前珍贵权威材料的地位。但确认《荷马史诗》的成书年代至关重要。在将其作为研究希腊早期生活的权威史料前,我们必须指出,《荷马史诗》的确年代久远。毫无疑问,在公元前6世纪时,《荷马史诗》就已经存在。但至少有一位当代学者①试图将《荷马史诗》的成书日期推迟到伯里克利

---

① 见弗雷德里克·阿普索普·佩利(Frederick Apthorp Paley)《伊利亚特》的前言部分。——原注

和雅典全盛时期。尤须指出的是，公元前7世纪末期涌现的一系列诗歌显然都是对《伊利亚特》和《奥德赛》的增补和续写。由于都是围绕着特洛伊的故事而展开，并构成了一个完美整体，这些作品因而被称为"循环史诗"。但在风格上，循环史诗和它们的创作原型大不相同。不幸的是，这些史诗都已经失传。因此，我们无法详细地考察其中的内容，只知道这些史诗都是刻意创作的产物，用以填补《伊利亚特》和《奥德赛》之间的空白，并为《荷马史诗》提供恰当的前言和后记。希腊文学的传统是将莱斯克斯和阿克提努斯及其他史诗诗人放置在公元前800年到公元前650年。虽然该日期可能大致准确，只是我们却无从考证。但无

伯里克利

论这些"循环史诗"创作于什么时候，它们的作者一定是将《荷马史诗》作为创作的标准和样本的。

第2节 《伊利亚特》和《奥德赛》的成书年代

内在证据才是推定《伊利亚特》和《奥德赛》成书年代的可靠标准。多利亚人征服伯罗奔尼撒半岛，伊奥尼亚人和伊奥利亚人定居亚细亚海岸昭示着希腊信史时代的开始。在荷马的诗篇中，所有这些大事件都毫无痕迹。当然，就算荷马生活在那个时代，并在经历过那些大事件后才开始创作诗歌，他也完全没有必要过多地描述那些事件。但只言片语总会留下些蛛丝马迹，以示荷马本人对发生的一切有所了解。在远古时代，一位不谙世故的诗人要想面向一群毫无甄别力的听众吟唱，除非有敏锐的历史意识和考古知识，否则总会存在时代错乱。在文字出现的时代，博学而谨慎的作家普布利乌斯·维吉利乌斯·马罗时常沉迷

普布利乌斯·维吉利乌斯·马罗

于运用时代错乱的手法。在刻画环境时，希腊的悲剧作家虽然力求精确再现历史原貌，但也总是会暴露出自己所处时代的些许特征①。难道只有荷马能幸免于此？或许在史诗中，荷马重构了早已经不复存在的希腊政治地理版图。到了荷马生活的时代，这些部落和城市的格局已经全部发生了变化。值得注意的是，"荷马的希腊地图与之后该区域的地图相差很大，难以想象荷马勾勒的希腊地图仅仅是后期加工杜撰的产物。"②譬如，在史前，迈锡尼并不是重镇，因此，著者就不太可能会将它作为国家的所在地。在长达四十八章的鸿篇巨著中，谁才会在编年史开始之后，仅仅提到一次多利亚人和伊奥尼亚人，而提到阿哈伊亚人却达七百一十四次？在描述特洛伊地区的战事时，谁又能不给出之后特洛伊地区将成为希腊领地的暗示——而这也是历史上唯一能吸引听众的事件？虽然诗中对这些事件都未提及，但现在普遍的说法是，《荷马史诗》的创作是为了鼓舞那些自称是阿伽门农后人的首领们，使他们在日后与特洛伊人的战争中不屈不挠。因此，很难相信《伊利亚特》和《奥德赛》创作于公元前11世纪的大迁移后期。然而，在荷马进行创作时，特洛伊战争早已成为历史。因此，他可以自由地用自己想象的花朵来点缀历史。荷马并非作为一个亲历者来记录历史，而是站在远观者的角度审视历史。正如荷马自己常常抱怨的那样，荷马生活的时代已经堕落了，全然丧失了先人们的英勇无畏——而这也是荷马在诗中所歌颂的。《荷马史诗》中的一切都显得极不真实：众神幻化成人形行走在人间；英雄单枪匹马就能让整个军团溃不成军。

《荷马史诗》真正且独特的价值就是它呈现在我们眼前的希腊社会的生活画面。虽然场景或许有些理想化，但毋庸置疑的是，《荷马史诗》真实再现了多利亚人迁移前总体的时代特征。对于远古时代的诗人而言，虽然荷马会依据想象创作情节和人物，但生活的社会环境是无法篡改的。如果剔除那些魔幻的或

---

① 显而易见的例子有索福克勒斯（Sophocles）的《俄狄浦斯王》（*Oedipus the King*），第六百九十五行。在该剧中，特洛伊战争前的二三十年，伯罗奔尼撒半岛（Peloponnesus）就已经是多利亚人（Dorian）的领地了。此外，欧里庇得斯的《阿尔克提斯》（*Alcestis*），第二百八十五页。在该剧中塞萨利人（Thessalians）移居佩纽斯河（Peneus）流域的时间提前了不少。——原注

② 见爱德华·奥古斯塔斯·弗里曼（Edward Augustus Freeman）的《欧洲历史地理》（*Historical Geography of Europe*）。——原注

《亚瑟王之死》

超自然的情节,那么如《亚瑟王之死》①、《尼伯龙根之歌》②和《罗兰之歌》③之类的英雄罗曼司④作品都将是研究它们的作者所处时代思想和习俗的珍贵的权威史料。作者或许会美化当时的道德规范和行为准则,但决不会令作品与这些道德规范和行为准则相矛盾。荷马也是如此:荷马虽然刻画的人物形象更高大英勇,远胜与他同时代的常人,但描绘的社会状态仍然是听众们习以为常的。

第3节 荷马时代的希腊民族

在荷马生活的时代,希腊境内部落众多,彼此同宗同族,但尚未形成一个统

---

① 英国英雄史诗。
② 德国英雄史诗。
③ 法国英雄史诗。
④ "罗曼司"是一种文学形式。

一的民族称谓。"希腊人"这一名称还不适用于弗提奥提斯的居民,也不用来指代整个希腊民族。同样,也没有相关的词汇"野蛮人"来指代非希腊民族的人。如果要指代希腊全境的人,人们通常会称他们为"阿哈伊亚人"。当时,阿哈伊亚人是希腊最显赫的部落。此外,人们有时也会称他们为"阿尔格娅人"和"达那俄斯人",但仅适用于阿伽门农国王的部族,并且使用频率极低。值得注意的是,阿哈伊亚人和达那俄斯人正是埃及纪念碑上提到的希腊入侵者的名字。

《荷马史诗》中最显要的城邦值得简略地提一下。帕罗普斯的孙子阿伽门农是最伟大的君主,当属同辈中的翘楚。阿伽门农国王统治着阿尔戈利斯,但不住

阿伽门农

在阿尔戈斯。阿伽门农国王住在"富饶的迈锡尼",一个矗立在阿尔戈斯平原的山丘上的新城市。毫无疑问,伯罗奔尼撒半岛北部及东部地区大都奉阿伽门农国王为宗主。在阿伽门农国王的属国中,狄俄墨得斯统治着老城阿尔戈斯及周边的小片区域。作为阿伽门农国王的弟弟和心腹,墨涅拉俄斯的王国包含拉科尼亚及麦西尼亚东部地区。皮洛斯的涅斯托耳统治着考寇涅斯人,而涅斯托耳的城邦包含麦西尼亚东部和伊利斯南部地区。伊利斯北部地区是无足轻重的伊庇安人的王国。在科林斯地峡的另一端,最有名的城邦要数《伊利亚特》中的英雄阿喀琉斯统治的弗提奥提斯。底比斯的卡德摩斯人和奥尔霍迈诺斯的米尼埃伊人也举足轻重;伊萨卡岛国王奥德修斯统治的西部岛屿中的刻法勒尼亚岛人同样至关重要。在《伊利亚特》中,一些日后强大起来的希腊城邦居于次要地位。科林斯和雅典尤其显得无关紧要。显而易见,当时并不存在迈加拉、拉里

狄俄墨得斯与维纳斯

阿喀琉斯

萨、德尔斐和奥林匹亚这样的地方。基克拉迪群岛还不属于希腊；但克里特岛上都是希腊人，罗得岛上也有大量希腊人。这两处的人口形成了希腊种族的前哨。当然，我们不必深究《伊利亚特》里国王的名字和个性；但我们有充分的理由相信，《伊利亚特》中描绘的国家状态再现了荷马时代的既存现实。

第4节 《荷马史诗》中的国王

正如修昔底德①欣喜地注意到的那样,荷马的王国都是"有明确特权的父系君主制国家"②。王族总是众神的后代,拥有天赐的神力。因此,荷马这样歌咏阿伽门农国王的权杖:"赫菲斯托斯为宙斯锻造它;宙斯将它赐予信使赫尔墨斯,以转交给驯马者帕罗普斯;而帕罗普斯又将它交给人类的引路人阿特柔斯;

赫菲斯托斯

---

① 修昔底德(Thucydides,约公元前460年—约公元前400年),雅典历史学家、将军,著有《伯罗奔尼撒战争史》(*History of the Peloponnesian War*)。
② 希腊原文为"Πατρικαὶ βαδιλεῖαι ἐπὶ ῥητοῖς γέραδι"。见修昔底德《伯罗奔尼撒战争史》,第一章,第十三页。——原注

堤厄斯忒斯

弥留之际,阿特柔斯将它交给拥有成群牛羊的堤厄斯忒斯;接着,堤厄斯忒斯又将它传到阿伽门农。阿伽门农因而可以统领一众岛屿和阿尔戈斯全境"。和近代不同,王权并不总是严格的世袭制。如果有足以胜任的成年子嗣,王位则由父传子。而如果国王驾崩之际,子嗣尚在襁褓之中,或是继承王位者极其无能,那么王位将由国王的兄弟或其他近亲接任。如果国王年事已高,无法履行职责,那么往往在他有生之年,他就将王位交到继承者手中。如果老国王不这么做,很可能会遭到众怒而被驱逐下台。

国王将得到部落敬奉的一个王宫、一大片土地和额定的税收。这些所得都用于王国运作，与王族的祖业严格区分开来。国王的角色分为三类：首领、祭司和法官。作为首领，国王统领部落所有重要的征战——怯战的国王会让人无法容忍。国王身披黄铜铠甲，乘坐一辆由钦点护卫驾驶的轻型战车身先士卒；装备相似的贵族侍奉在国王左右；自由民们尽力武装自己，步行在后。当时还不存在骑兵——无论是埃及同时代的碑刻，还是荷马的诗篇中，都没有与骑兵有关的记载。

作为法官进行审判的时候，国王坐在集市当中，元老则坐在他的两旁，听取臣民们的各种案件。国王作出的决断并不是依据法律——因为当时法律还不存在，而是依照公认的权利和公正的准则。先是原告陈述事件，并请证人出席；然后元老们各抒己见；最后，国王站起身来，手握权杖宣布裁决。

作为祭司，国王是臣民与上天的天然媒介。国王象征着部落的统一，并代表部落祭祀上天。虽然也有其他祭司，但还没有祭司阶层。和普通人一样，在和平和战争时期，其他祭司都做着平常的事情。其他祭司往往服务于特定的神灵，居住在神殿里或资助者的圣地上。

国王的领地不大，拥有的贴身侍从也很少，更没有华服锦衣将他和贵族们区别开来。有时，国王会监察土地上的劳作与收割，有时会亲自做木工或打铁。荷马时代的希腊人和我们自己古斯堪的纳维亚的先祖①一样，都非常尊重手工技艺。

工匠技艺的衰落发生在后世。如果说国王是自己领地的管家，那么王后就是王宫的管家，管理着衣橱和食柜。在《奥德赛》中，最动人的一个片段就是一位公主忙于监管侍女们清洗王宫里的脏衣污布。王室尊严并没有因为参与平民的辛勤劳作而折损半分。

第5节 《荷马史诗》中的贵族和普通民众

在《荷马史诗》中的城邦里，国王以下就是贵族。和最高统治者一样，贵族

---

① 现今英国人的祖先盎格鲁-撒克逊人（Anglo-Saxon）来自北欧大陆，即古斯堪的纳维亚地区。

常被称为"βαδιλῆes①"。贵族由王室的年轻一代及部族的大地主组成。国王召集贵族共议国家要事。国王虽然听取贵族的意见,但并不一定会接受执行。一位明智的国王会意识到自己的王权来自于全体臣民的忠诚,而非个人的体力和财力。因此,在和贵族们意见相左时,国王总是很小心谨慎。一旦国王和议事者做出决定,全体自由民就会被召集到集市。贵族宣布自己的观点,国王则颁发政令。人群或以高声喝彩支持决议,或以静默表示不满。当时并不存在政治特权。

自由民的主体是在自己农场里耕作的小地主。但当时已经形成了一个没有土地的阶级——佣工。他们受雇于人,在别人的地产上劳作。吟游诗人、先知和医师组成了职业阶层。他们名声在外,自由地在国与国之间迁移。徒步旅人一路享受热情款待。他们的需求也全部得到满足——无论是在神还是人的眼中,虐待他们都是最阴暗的罪行之一。公众娱乐简单而健康。其中尤以体育竞技最突出,古希腊人常常乐在其中。希腊的奴隶制众所周知。国王和贵族都拥有相当数量的奴隶。这些奴隶或是战俘或是买自国外。但奴隶的数量不多。当时,由于蓄奴而引发的种种问题还没有出现。社会还没有堕落到那种地步。当时,奴隶似乎受到优待。主人和奴隶间的关系也常常是最亲密融洽的。

社会生活的全景不可缺少家庭生活。当时,家庭已经成为基本的社会组织单位。一夫一妻制非常普遍。只有特洛伊人和其他异族人才有一夫多妻的存在。当时,社会已经形成了女性美德的至高理想标准。英雄的妻子姐妹进入了公众视野,并深受尊重和爱戴,同希腊史上与世隔绝的女性相比,在生活中,她们的影响力越来越大。

虽然社会上所有阶层的人都同甘共苦,但《荷马史诗》中却充斥着一股浓厚的贵族腔调。这种贵族腔调表现在对贵族出身的重视;表现在战场上贵族单枪匹马就能击退一众平民的气势;表现在对人民大众插手政治事务时的反感。忒耳西忒斯是《伊利亚特》中一位民众领袖。在《伊利亚特》中,他尖酸刻薄且品行卑劣,因为莽撞无理而遭受严酷的鞭打。但荷马对贵族和富人的宴会大肆歌颂。

---

① 希腊文,意为"贵族"。——原注

第6节　荷马时代的道德精神

在审视和思考希腊史前社会的诸多优点时，我们不能忘记希腊社会普遍存在的想法：强权即正义。再高贵的首领也对掠夺弱小邻国习以为常；就连名门望族对待孤儿寡妇的手段也极其粗野蛮横；国王的特权常用来满足私欲；海盗横行。去问一位海上航行的陌生人是海盗还是商人甚至都不算是对他的侮辱。杀人事件屡见不鲜，只有被杀者的亲属会愤恨不已。而罚金用来抚慰被杀者的亲属，算作是弥补失去亲人的代价。战争中鲜有仁慈宽恕：被屠杀的敌人的尸体将遭受各种形式的侮辱虐待。活人献祭虽然不是很普遍，但还是存在。只有少数罪责——如虐待祈祷者、情节严重的伪证或是谋杀近亲——才被认为是真正的冒犯众神。

其实，荷马描绘的不是黄金时代，而是他所处时代理想化的政治和生活图景。《荷马史诗》的确切创作年代我们无从推断，但可以这样说，《荷马史诗》出现的时间远早于任何希腊人的文学创作时间。与后世作品相比，《伊利亚特》和《奥德赛》的精彩卓绝在于它们古朴的思想和表达方式，因而才能独树一帜、与众不同。

第 4 章

古希腊的宗教

人们通常认为,是荷马和赫西奥德——一位出生较晚,历史地位相对较低的诗人——在各自的作品里汇集并构建了古希腊的宗教体系。希罗多德写道:"是他们明确了众神间的关系,确定了众神的姓名,界定了众神的特质品性和职责所在,并描绘了众神的模样。在他们之前,一切都是模糊一片。"据此我们可以了解到,在公元前5世纪,人们认为荷马和赫西奥德确立了众神神话传说的标准体系,之前纷繁复杂的本地神信仰由此开始同化。这种观点十分可信。

第1节 希腊的原始宗教及诸神的多样性

希罗多德继续写道,在皮拉斯基时代,希腊居民常常在山顶向天空之神献祭;之后,天空之神演化为宙斯。皮拉斯基时代的希腊人还信奉众多无名无姓的自然神,并总称这些神为"神选者①"。关于这种纯粹自然崇拜的状态是否真实存在过,我们无从考证。在我们初次接触希腊宗教时,希腊宗教就已经混杂了很多元素。希腊宗教中确实存在自然崇拜,但也融合了许多其他宗教体系。其中有低级的物神崇拜。人们崇拜牲畜、石头或神树,以及从天而降的陨石。崇拜神化的先人也非常普遍。此外,经研究发现,当时希腊的宗教信仰虽然还混沌不明,

---

① 希腊文 "θεοi"。——原注

头戴麦穗的得墨忒耳

但已经融入了腓尼基人强大的异族宗教元素。在希腊原始宗教体系中,我们还不知道的其他民族或许也留下了印记。

不同部落崇拜的神大相径庭。有时,不同部落崇拜着同一位神,却为该神取了不同的名字;有时,两位性格迥异的神却叫同一个名字。费加里亚马首人身的得墨忒耳和艾留西斯头戴麦穗的得墨忒耳毫无关联;而阿卡狄亚的宙斯和克里特岛的宙斯则天差地别;有酒神狄俄尼索斯,也有冥神狄俄尼索斯;主宰着大海的波塞冬是伊奥尼亚人的守护神,与曼丁尼亚让世界地动山摇的波塞冬除了名字相同,并无相似之处。越深入探究地方部落神话,我们就越会发现,是荷马及其后世传承的文学传统赋予了希腊众神特定的形态和特征。此外，在引入外来神时，希腊人总是无所顾忌地将新神等同于本土的神。譬如，在得知小亚细亚伟大的自然女神后，希腊人究竟是将她叫作"赫拉""阿耳忒弥斯"还是"阿佛洛狄忒"就全凭意愿。我们熟知"以弗所人的狄安娜"，但难以想象是什么样的机缘巧合让阿卡狄亚纯贞的女猎人阿耳忒弥斯成了亚细亚崇拜的"万物之母"①。

狄安娜

---

① 以弗所（Ephesus）为古希腊城市，地处伊奥尼亚（Ionia）海岸，位于今土耳其塞尔丘克（Selçuk）西南三公里处，该城因附近的阿耳忒弥斯神殿（Temple of Artemis）（约建成于公元前550年）而闻名于世；狄安娜（Diana）为希腊女神阿耳忒弥斯（Artemis）的罗马名，是希腊神话中野生动物、狩猎、植物、贞洁和生育女神。

冥王劫持珀耳塞福涅

在远古时期，部落众神的表层融合很可能是希腊人民族意识觉醒的结果之一。阿卡狄亚人如何才学会用邻族女神得墨忒耳的名字来称呼自己的守护神"德斯波茵娜"；埃彼道鲁斯人如何将本地神奥克塞西亚与珀耳塞福涅变成一个神；克里特人又是如何确认自己崇拜的布里托玛耳提斯就是得墨忒耳。对于以上问题，我们无法全部考证。但在远古时期，确实有众多地方神进行融合，变成数量有限且形象明确的神。

到了荷马时期，众神的身份越来越明确，而《荷马史诗》刻画的众神性格与

人物关系成为后世神话的范本。就连在《荷马史诗》中,众神的性格也不完整。但在长篇巨著《神谱》中,赫西奥德填补了《荷马史诗》的空白。《神谱》不仅勾画了众神谱系,还概述了宇宙起源。

第2节 希腊宗教的特点

当然,无论从哪种层面来看,荷马和赫西奥德都不是希腊神话的创造者。他们仅仅是将希腊民族精神化为文字,编撰整理成典籍。在形形色色的幼稚、恐怖或邪恶的信仰中，希腊人构筑起奥林匹亚宗教的完美体系。在古希腊人的聪明才智下，山林河流的众神人格化。古希腊人将自己对牲畜奇石的崇拜、腓尼基人残忍荒淫的异教以及弗里吉亚人纵酒狂欢的总体崇拜融合成一个完美而复杂的整体。

第3节 奥林匹亚众神

我们发现，《荷马史诗》中的众神及其继承者们组成了一个与俗世相似的政体。宙斯是主神和众神之父。正如凡人君主统领着贵族们一样，宙斯主宰着他的姊妹弟兄和子女。与阿伽门农国王在特洛伊之战前集结各国王侯一样，宙斯也召集众神议事，颁布法令。众神也像凡人中的大人物们一样纵酒狂欢，尽享声色犬马。众神虽然永生不死，拥有超凡的美貌、神力和学识，但也不过是"放大的凡人"。他们拥有所有的人类情感，有好有坏。众神会妒忌、好色和愤怒，也会陷入尔虞我诈和阴谋诡计。总的来说，众神不过是崇拜他们的希腊人放大版的复制品。原始民族的众神总是折射着民族性格。反映在民族神话里的希腊精神就是对美好崇高形态的热爱。埃及和亚述或许崇拜着奇特的半人半兽；北部的野蛮人或许崇拜着魔鬼和妖怪；但希腊人崇尚人性之美的极致。

在荷马时代，希腊宗教仍然处于原始阶段。对于众神的失德行为，崇拜者不会感到震惊。随着道德伦理的发展，在后世，人们开始为众神的行为感到羞耻，并因此开始解释众神的行为，或以讽喻的方式为众神开脱。但在《伊利亚特》和《奥德赛》中，我们已经能觉察到宗教开始与道德关联起来。伪誓、弑亲、压迫异乡人或拒绝祈求者会引发神怒，或许还会改变隐藏在诸神背后的力量。这股力量神秘莫测却好善厌恶。

第4节 雅典娜和阿波罗

在奥林匹亚众神里，最典型的要数雅典娜和阿波罗了。他们虽然不代表自然

雅典娜

神力，但象征着人性完美的极致。雅典娜代表战胜一切混乱的超群才智。她是女战神，将生于地面且胆敢推翻造物主的巨人们全部清除。她还是艺术和手工的守护神。艺术和手工使人类远离野蛮，并为人类带去美好和舒适。她教农夫种植橄榄，教织工使用梭子。作为城市生活的守护者，雅典娜鼓励雄辩和忠告。虽然

阿波罗与阿尔忒弥斯

大多数天神都沾染着腓尼基人的纵欲或原住民的粗鄙等恶习,但雅典娜卓尔不群。她极其纯净贞洁。她是不受肉欲支配的绝对理智,是智慧尽善尽美的化身。

阿波罗代表理想人性的另一面——与理性相对的道德和感性。他是音乐和诗歌的守护神,而音乐和诗歌都能提升和激发人的灵魂。他拥有预言的天赋——洞见未来的直觉恰恰来自于灵感勃发的人。和雅典娜的信徒不同,阿波罗的信徒不受敏锐的理性洞察力指引。一股通灵之力让阿波罗的信徒超脱肉身,并将超凡的见识注入他们体内。最重要的是,阿波罗是净化之神,拥有治愈身心的力量。阿波罗不仅能抵御疾病,还能免除良心不安的祈祷者的罪过,使他们远离污秽和罪责,净化他们的心灵。作为预言者、治愈者和具有灵性的歌者,阿波罗代表除雅典娜卓尔不群的理智外的其他完美人性。

希腊众神无处不在。不仅每一个山林每一条河流都有特定的神灵居住,就连日常生活中的各种职业也都由众神分管监督。无论播种还是收获,动土还是远航,战争还是宴会,人们如果没有事先通过祭品或奠酒来安抚劝解合适的神灵,那就不仅是对众神的不敬,还会招来不幸。宗教制裁是出于娱乐放松的目的,也是基于生活辛劳和责任的需求。因此,诸如戏剧演出和体育竞技等公众娱乐活动虽然如今看来并不具有宗教意味,但在希腊,却由众神直接掌管。希腊悲剧就是发展于敬拜狄俄尼索斯的合唱舞蹈和朗诵仪式;而源于古时对某位神明或英雄功绩的缅怀,人们创建了希腊竞技会。

狄俄尼索斯与阿里亚德娜

第5节 奥林匹亚竞技会

作为希腊生活的典型特征之一,在这里,我们有必要简单阐述下众多的竞技会。希腊人深信,在祭拜众神时,展现人体的力量和美将会受到上天的格外垂青。因此,以众神的名义来进行体育竞技变得制度化。在科林斯,为祭奉波塞冬,人们举办地峡竞技会;而在德尔斐,人们举办皮提亚竞技会则是为了阿波罗。但在所有竞技会中,在阿尔斐俄斯河沿岸伊利斯的沙滩上举办的竞技会是规模最大的。人们举办这场竞技会向至高无上的奥林匹亚神宙斯致敬。起初,

人们向奥林匹亚神宙斯致敬

在奥林匹亚竞技场，人们只能观看赛跑。伊利斯和皮萨提斯的年轻人聚集在奥林匹亚竞技场，赛跑一段约二百码的距离，只为夺取一只野橄榄编织的简单花环。逐渐的，越来越多人知道奥林匹亚竞技会。最初，参赛选手仅仅来自于伯罗奔尼撒半岛各个地区，但不久之后，整个希腊的参赛选手都开始出现。竞技会中项目的数量和种类也逐渐增多。最终包含的项目有：跑步、摔跤、拳击、跳远、投环、枪术及骑术和战车竞技。自公元前776年起，获胜者的姓名和祖国都被细心地保存在官方名册里。最后，奥林匹亚节日成了历史学家估算历史日期最好的依据。奥林匹亚竞技会每四年举办一次。因此，"奥林匹亚年"包含四十八个月。但将四十八个月作为日期单位太长，极不方便。希腊时代还没有出现统一的日期计量方法，"奥林匹亚年"因而得到公认。而公元前776年则成了历史年表的初始日期。奥林匹亚竞技会的获胜者仅仅从裁判手中领取一只花环——花环由阿尔提斯宙斯圣园①中剪下的橄榄枝编织而成。但获胜者所属城邦会迫不及待地向这些获胜者赏赐奖品、荣誉和特权。在奥林匹亚竞技会中跑步或战车比赛的胜者的家乡，他们的地位甚至远高于多数地方官员。

希腊民族最典型的特征就是，他们认为这场体育盛事极其重要。因此，如果城邦交战遇上比赛月份，那么城邦之间就会"神圣"地休战，让所有希腊人都能成为参赛者。在这个圣洁的月份里，伊利斯领地变得极其神圣。任何武装力量介入奥林匹亚竞技会都会招致亵渎神明的罪过。在历史上，没有什么比奥林匹亚竞技会期间武装介入比赛更让希腊人恼火的了。

第6节　神示所德尔斐

与竞技会相比，希腊的神示所并不能很好地折射出希腊人独一无二的民族性格。其他民族常常通过献祭、占卜、抽签或问询祭司和先知来预见未来。而希腊的神示所之所以引人注目，是因为神示所的存在阐明了希腊思想的发展历程。

---

① 阿尔提斯（Altis），源于对"伊利斯（Elis）"一词的误写，后者原意为"小树林"，因为该地植被茂密，尤其多橄榄树和悬铃木。阿尔提斯内建筑众多，排布相对杂乱，其中最重要的建筑要数赫拉神殿（Temple of Hera）、宙斯神殿（Temple of Zeus）及一处敬奉宙斯的大祭坛。

莱巴底亚

曾有人称:"神示所源于我们对存在于自身周围的无形灵魂的信仰——这几乎是所有种族所共享的观念。之后,神示所与超自然神力和阿波罗的名字紧密结合,进而表现出自然崇拜与巫术魔法的奇特融合。再后来,对神灵的非道德和自然主义观念被理想道德化的意识取代,而神示所折射出了这种改变。从某种意义上说,德尔斐神明,即阿波罗成了希腊良知的化身"①。早些时候,希腊人似乎习惯于在森林深处或群山之间寻找一处荒野而壮观的地方,使自己更接近众神。在多多纳,宙斯通过橡树林低吟的风声告诉问询者答案;在莱巴底亚,人们进入一条长长的地下洞穴,再沿着阿刻戎河进入一条幽暗的峡谷来向已逝先知的灵魂问询;而在提洛岛,人们则会站在火山裂隙边向神明问询。

---

① 见弗雷德里克·威廉·亨利·迈尔斯(Frederic William Henry Myers)的《古典研究》(Classical Studies),第八页。——原注

正如奥林匹亚是体育竞技的故乡，在希腊众多神示所中，德尔斐独一无二。它是神示所中完美的典型。德尔斐坐落在荒凉而孤寂的帕纳塞斯山的褶皱处。四周的岩石呈圆形将它环绕在中间。神力聚集在悬崖的一处洞穴中。深邃的裂缝中散发一股恶臭的气息，令呼入臭气的人精神恍惚。阿波罗的女祭司端坐在裂缝上方的三脚架上，沉醉在这股气息中，飞快地吟唱着充满预言的疯狂的词句。女祭司的话被记录下来，转换成六音步诗句①，之后再被传达给问询者。起初，人们来到德尔斐仅仅为了预测将来，但不久后，问询的内容就开始涉及人类生活的方方面面。洞穴前的神殿里布满了希腊各个部落信徒供奉的祭品，甚至还有异族野蛮部落国王的献祭。政客们也前来与阿波罗商讨自己的政见。据说，莱克格斯②和梭伦③都获得了阿波罗的应允。使者们就战争与和平的要事来寻求意见。还有最重要的：殖民者前来询问移民的方向，以及定居在哪里才能获得最大利益。譬如，希腊世界的名城昔兰尼和拜占庭的选址就是听从了迁徙之神阿波罗的指引。我们大可相信，大多数预言都是明智且有效的。在与来自各地旅人不断的谈话中，祭司们获取了各地风土人情的知识——这是他人无法企及的。如果问题太难，那么阿波罗就会用陈腔滥调或晦涩难懂的谜语来搪塞。众所周知，在克罗伊斯和皮洛士的事例中，阿波罗就闪烁其词且极不诚恳。

与道德有关的言辞或许是神示所最具价值的格言警句。这些神谕表明了希腊人在明辨是非之路上的成长，展示了光明和净化之神阿波罗所代表的当代思想的最高境界。其中最典型的要数斯巴达的格劳科斯的故事了。格劳科斯曾询问阿波罗，能否将已逝朋友委托给自己的财产扣留而不转交给这个朋友的继承人，并且还不用因此受罚。阿波罗回答道："如果那人许下的是伪誓，那么他可以留下钱财；但伪誓者及其后代将遭受可怕的报复。"之后，格劳科斯恳求阿波罗宽恕自己的问询，但女祭司大喊道："拿这样一个问题来试探阿波罗，这和已经私吞了黄金一样邪恶。"格劳科斯的祈求受到了严惩。最终，他和他的所有族人

---

① 六音步诗句（hexameter），指一行诗中包含六个音步，为古希腊及拉丁语史诗中常用的格律形式，如《伊利亚特》《奥德赛》中均使用六音步。
② 莱克格斯（Lycurgus，约生活于公元前8世纪），据传是斯巴达军事改革的立法者。
③ 梭伦（Solon，约公元前638年—公元前558年），雅典政治家、立法者及诗人。

尝到了恶果。其他神谕常被引用来反复灌输以下思想：仁慈地对待被征服者，尊重奴隶的生命，严格地履行条约，恭敬地侍奉父母，伤害弱者时须赔偿以及其他道德义务。这些道德认同都彰显了一个民族道德主体的进步。但悲哀的是，有时，神谕是当时最高尚思想的代表；而有时，它又沦为闪烁其辞和毫无意义的陈腔滥调。与其让问询者带着谜题离开，还不如保持缄默。

神谕的自相矛盾也是整个希腊宗教体系的特征。如果说宗教有时能激发高尚的思想，那么有时也会陷入无知幼稚和道德败坏的泥沼当中。

第 5 章

大移民运动

在希腊编年史中，如果我们能划一条界限来区分神话传说时代和信史时代开端时期，那么这条界限就一定是大移民时期。5世纪，日耳曼人侵袭罗马帝国，开启了现代欧洲的崭新时代。与此相似，多利亚人和其他部族入侵希腊中部和南部地区成了希腊历史新时代的首个里程碑。

对大移民之前的希腊，我们并不熟悉。当时，城邦的边界大不相同；不少名城尚未建立；注定消亡的部落却占据着要地；随处可见异族王室；还不存在希腊人和野蛮人的区别。雅典还不是要地，而迈锡尼却是一个帝国所在地的希腊，我们无法理解；对阿哈伊亚元素无处不在而多利亚元素还没出现的希腊，我们也备感陌生。

但随着大移民的结束，我们马上认出了自己熟悉的希腊。在即将成为自己永久家园的地区，部落定居下来，并呈现出鲜明的特征。拥有神族血统的古老王室家族已经消逝。在社会和政治上，希腊人飞速发展，形成一个我们熟知的民族，即公元前4世纪和公元前5世纪时伟大的希腊人的祖先。

第1节 塞萨利人、维奥蒂亚人和多利亚人

促使希腊部落四处迁移的原始动力来自北方。接着，这场迁移席卷了希腊南部和东部。这场迁移始于塞萨利人入侵佩纽斯河流域。当时，塞萨利人不过

货币上的塞萨利士兵

是一个尚武的无名部落,居住在伊庇鲁斯高地的多多纳附近。他们穿过品都斯山脉的重重关隘,涌入日后以他们部落名称命名的大平原,即塞萨利平原。大平原上先前的部落要么被击溃奴役,要么被驱赶到了希腊中部。在四处流浪的部族中,通过战争,有两支部族找到了他们新的家园。阿尔奈阿人原来居住在阿皮达努斯河和厄尼普斯河沿岸的南部低地。之后,他们穿过温泉关,四处驱赶洛克里斯人,并在基菲索斯河流域征服了奥尔霍迈诺斯的米尼埃伊人。接着,阿尔奈阿人一路向南,将底比斯的卡德摩斯人全部驱逐出底比斯。此后,阿尔奈阿人征服的平原地区有了统一的名称。维奥蒂亚成为基菲索斯河和阿索波斯河诸多盆地共同的名字。在此之前,这片土地由不同的种族占领。过了两代人后,维奥蒂亚人试图穿越西塞隆山,将阿提卡收入囊中。但他们的国王克桑托斯与代表雅典利益的弥兰忒斯单打独斗。之后,雅典放弃阿提卡。在新的土地上,维奥蒂亚人以联盟的形式保持着民族统一。联盟中的城市一律平等。随着时间的推移,底比斯越来越强大。在联盟的十三个成员中，底比斯占据着绝对的优势地位。奥尔霍迈诺斯的米尼埃伊居民虽然被征服，但并没有被入侵者斩尽杀绝。起初，奥尔霍迈诺斯虽然并未加入维奥蒂亚联盟，但还是依赖联盟而存在。

塞萨利人驱逐的第二支部落是多利亚人。多利亚人的早期历史模糊不清且不值一提。在荷马时代，几乎没有人知晓这支部落的名字。之前，多利亚人一直居住在品都斯山脉的西部坡地。在入侵者塞萨利人的驱逐下，多利亚人穿过俄特里斯山，曾一度定居在斯佩尔凯俄斯河流域和伊蒂山山肩地区。但对他们来说，斯佩尔凯俄斯河流域和伊蒂山山肩地区的土地太过狭窄。过了一代人后，多利亚人整体南迁，以寻求更宽广的家园。只有小部分多利亚人留守在伊蒂山山谷。传说，他们首次出发就穿过了科林斯地峡。接着，多利亚人首领叙洛斯与提基亚国王埃克摩斯交战。之后，伯罗奔尼撒半岛的城邦联盟击退了叙洛斯。但叙洛斯的子孙们重整旗鼓，最终收获了更大的成功。

我们得知，多利亚人联合相邻的埃托利亚人一起攻城略地，并将埃托利亚港口诺帕克特斯作为基地。联合的部落大军穿过科林斯湾，然后一路向前，在伯罗奔尼撒半岛登陆，并强攻至平原地区的西部海岸。接着，他们又来到伊庇安人的土地。之后，这片土地更名为"伊利斯"和"皮萨提斯"。埃托利亚人止步于此，而多利亚人继续深入伯罗奔尼撒半岛的南部和东部地区，接连攻陷了麦西尼亚、拉科尼亚和阿尔戈利斯，摧毁了皮洛斯的考科奈斯王国以及斯巴达和阿尔戈斯的阿哈伊亚人城邦。

第2节　伯罗奔尼撒半岛上的多利亚人

毫无疑问，在传说中，人们将多利亚人的连年征战浓缩为一代人的征服战争。在讲述叙洛斯的三位孙子特米诺斯、阿里斯托得摩斯和克瑞斯丰忒斯是如何抽签决定伯罗奔尼撒半岛的土地划分，并分别将阿尔戈斯、斯巴达和麦西尼亚划为自己的领地时，多利亚人不过是在掩盖这样的一个事实：三支多利亚军队曾先后占领过这些地区。麦西尼亚很有可能是第一个被攻占的地区，而阿

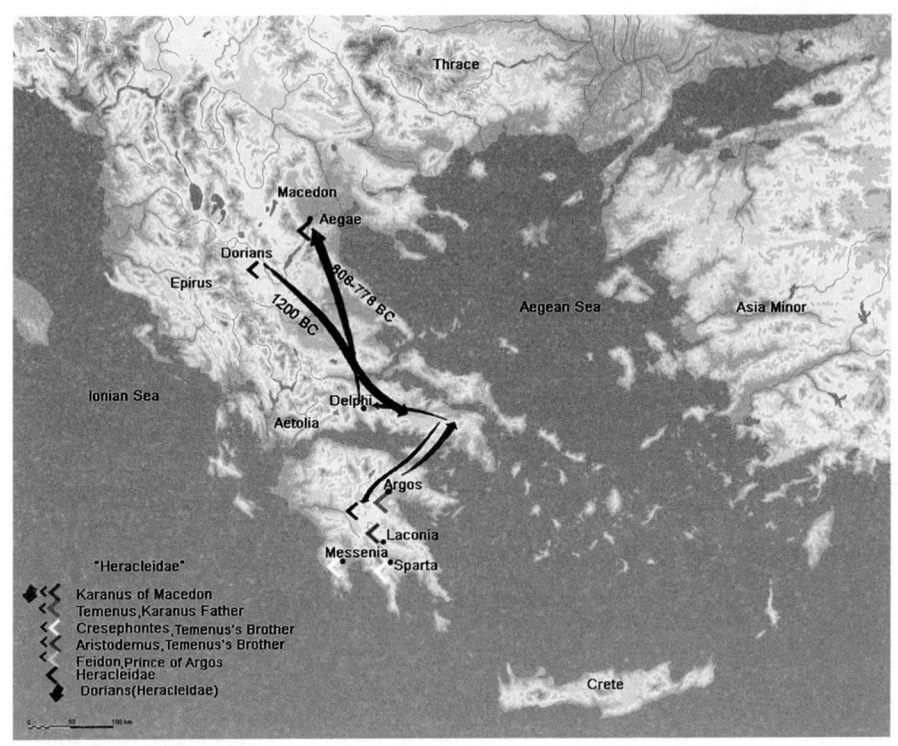

特米诺斯家族的征服路线示意图

尔戈斯则是最后一个。传说，这个伟大的城市长期抵抗。直到驾崩时，特米诺斯仍然没有得到阿尔戈斯。然而，对多利亚人征服这些土地的细节和日期，我们一无所知。

在多利亚人征服的土地上，有些人留了下来，臣服于多利亚人；有些人则乘船逃往大海彼岸。在阿伽门农国王的孙子提撒美诺斯的领导下，阿尔戈利斯最勇敢刚毅的阿哈伊亚人在失去希望的情况下退居北部地区，定居在科林斯湾沿岸的多个城市中。一直到当时，这些城市一直都是埃吉亚雷斯伊奥尼亚部落的居住地。伊奥尼亚人的处境因此恶化，于是便逃往身在阿提卡的族人那里避难。在阿卡狄亚群山和大海之间，多利亚人重新建造了新的阿哈伊亚，并定居在伊奥尼亚人建造的十二个城市里。

阿卡狄亚崎岖的山地是伯罗奔尼撒半岛上唯一一处免受多利亚人入侵的地

区。阿尔戈斯陷落三四十年后，特米诺斯的后裔们率领着渴望土地的新战团向北部和西部进发。伊奥尼亚的城市西锡安、夫利阿斯、埃皮达鲁斯和特罗曾纷纷失陷。就连难以接近的，用以保护科林斯伊奥利亚人定居点的卫城也无法阻止雄心勃勃的阿勒忒斯①。不久后，征服者从科林斯越过地峡，攻打阿提卡。虽然在征服阿提卡时遭受挫败，但他们至少成功地夺取了阿提卡西部地区。迈加拉由此成为多利亚新兴城邦的首府，世世代代都被用来遏制雅典。自埃皮达鲁斯出发，经过一段十五英里的短途航行后，多利亚人来到埃伊纳岛，并在埃伊纳岛定居下来。起初，埃伊纳岛是埃皮达鲁斯的附属国，后来成了一个独立的社群。埃伊纳岛的商业高度繁荣。

第3节 多利亚人及其历代国王

在入侵他人领地时，多利亚人首领与多数其他王室一样，即常胜部落的首领总是宣称自己是神的后裔，鼓吹赫拉克勒斯是其始祖，同时还会宣称自己并非多利亚人，而是阿哈伊亚人。我们无法断定这支粗野的北方入侵者是否由异族的且文明程度更高的国王领导。某些迹象表明，每个城邦都有这三支多利亚部落的名字，即西利斯人、帕姆庇洛伊人和迪曼人。这些现象表明：入侵部落起源于混血人种。如果帕姆庇洛伊人恰如其名所示，是追随着多利亚旗帜的"混杂人群"②，而西利斯人——源自首位赫拉克勒斯族的国王叙洛斯的名字③——曾是阿哈伊亚首领的家仆，并且当时正是西利斯人领导了入侵战争，那么入侵者身上的纯正多利亚血统就根本不如想象中的那样重要了。

一方面，多利亚人入侵希腊极有可能大大阻碍了希腊文明的进程。因为这

---

① 阿勒忒斯（Alētes，生卒年不详），希波忒斯（Hippotes）之子，祖先为多利亚人，是赫拉克勒斯（Heracles）第五代子孙。传说，阿勒忒斯打败了科林斯人（Corinthians），并占领了科林斯（Corinth）。
② 帕姆庇洛伊人（Pamphyli）为西锡安人（Sicyonian）的一支部落，该部落名源于帕姆菲路斯（Pamphylus），后者为埃吉弥奥斯（Aegimius）之子，是品都斯山（Mount Pindus）脚下多利亚人（Dorian）的国王，曾和赫拉克勒斯的后裔一起入侵伯罗奔尼撒半岛。
③ 在希腊语中，"西利斯人"为"Hylleis"，而"叙洛斯"为"Hyllus"。

是一个更贫穷野蛮的民族取代了一个更富庶文明的民族。新的多利亚建筑取代了史前的城邦遗迹。这些遗迹都表明希腊曾非常富有。希腊当时所拥有的财富是后世无法企及的。另一方面，多利亚人入侵也为希腊增添了活力和强烈的道德感。纵观多利亚人的历史，在希腊人中，他们一直都是最健壮结实的一群人。多利亚人尤其崇拜奥林匹亚众神中最纯洁、最高贵和最具希腊精神的阿波罗。出于对阿波罗的独特崇拜，多利亚人也是最有道德感的希腊人。

第 6 章

希腊在亚细亚的殖民地

多利亚人、埃托利亚人、塞萨利人和维奥蒂亚人的入侵引发了希腊的动荡和人口迁移。这些动荡和人口迁移注定会给希腊半岛及以外地区带去深远的影响。当时,一个庞大的群体四处流浪,寻找新的家园。战败部落的残余遍布所有高山和海角。为了免受奴役之苦,这些人逃离原来的居所,在希腊的偏远角落安身立命。多数情况下,在与征服者签署协定后,被征服者都能安然离开。而在其他地区,风暴来临前某些部落就逃离到尚未被征服的亲属处避难。到处是漂泊不定和随波逐流的人。

逐渐地,这群来自希腊各地的人开始航海东行。因为希腊北部由野蛮耐寒的种族统治,所以他们不敢往北去;而希腊西部则是一片只有腓尼基人才能航行通过的神秘海域。希腊的东部是小亚细亚,是这群希腊移民熟知的土地。希腊移民曾和小亚细亚的部落交战过,也曾和他们有过贸易往来。希腊人深知小亚细亚是一片肥沃的土地。这片土地远远好于希腊本土贫瘠的山地。

我们可以确定,希腊半岛上的居民和对岸小亚细亚人的往来由来已久。公元前13世纪,在阿哈伊亚人掠夺埃及三角洲时,吕西亚人和其他小亚细亚西南的部落就跟随着阿哈伊亚人的船队一起行动。在达那俄斯人侵扰拉美西斯三世的臣民时,特洛伊地区的铁乌克洛伊人和达达尼亚人也是同谋。早在希腊人梦想定居亚细亚之前,荷马的诗篇中就保留着一些希腊人和铁乌克洛伊人敌对的模糊记载。在掌握航海术并发现了欧亚两大洲间基克拉迪群岛上的天然桥梁后,如果希腊人还能忍住不去对岸的小亚细亚,那才是莫名其妙。

第1节 小亚细亚

小亚细亚是一片宽广的中部高原,而高原下是开阔的海滨平原,由此构成了人们津津乐道的"缝制在华服上的不同材质的流苏"。和希腊一样,爱琴海在小亚细亚的海滨都是海湾、港口和海岬,但有成片的肥沃平原和山谷——这是崎岖的希腊土地无法媲美的。在希腊人到来的时候,中部高原是赫梯人辽阔疆域的一部分,而海岸地带则由不同部落占据。铁乌克洛伊人和弗里吉亚人的领地在达达尼尔海峡以北;吕西亚人的领地地处最南端;卡里亚人和莱勒格斯人的小部落则散落在迈安德河流域、赫穆斯山脉和凯斯特河流域及这三处地方前的岛

赫梯人

屿上。这些部族拥有自己独特的文明形态，但也并非和希腊文明泾渭分明。其中某些部族盛行一夫多妻制，而某些部族则盛行一妻多夫制——二者都是希腊人深恶痛绝的习俗。绝大多数部族都崇拜一位至高无上的自然女神。她是所有生灵的母亲和养育者。某些地方的希腊人称她为"阿耳忒弥斯"——譬如以弗所；或"赫拉"——譬如萨摩斯岛；或"阿佛洛狄忒"——譬如尼多斯"Cnidus"。但事实上，这位自然女神和希腊众神毫无关联。对希腊人而言，与色雷斯人和赛西亚人相比，铁乌克洛伊人和卡里亚人并不是完全陌生和野蛮的部族；他们与埃及人也不一样：埃及人拥有的是一种希腊人难以理解的不同的文明形态。或许铁乌克洛伊人和卡里亚人与希腊人并不是互为异族，而是近亲——近到他们愿意和希腊人混血通婚并汲取希腊文明的大部分内容。

因此，在塞萨利、维奥蒂亚、伊奥尼亚和阿哈伊亚被驱逐的部落决心定居小亚细亚。因为他们最熟悉这片土地，也最善于揣测这片土地的优势和劣势所在。有三股入侵部落，每支部落都从异族那里获得了大半资源。

第2节 伊奥利亚移民

第一股移民自称"伊奥利亚人"。伊奥利亚人的主体包括逃离希腊北部的部族，从塞萨利人手中逃脱的马格奈泰斯人和米尼埃伊人，以及逃离奥尔霍迈诺斯人的卡德摩斯人和洛克里斯人。他们的故土都被维奥蒂亚人占领。自称"阿伽门农国王后人"的首领也率领着阿哈伊亚人混迹其中，因为多利亚人将阿哈伊亚人驱逐出了伯罗奔尼撒半岛。或许正是因为这群人混合的特征，"伊奥利亚"这一含有"斑驳"意思的名字才被创造出来。这种情况并非没有可能。之后，"伊奥利亚"才成了指代促使移民活动的原始居民的统称——这些部族之前并无关联。据说，伊奥利亚冒险者起航的港口是奥利斯，临近埃维亚海峡的埃夫里普。因此，偶尔会有传闻称维奥蒂亚是伊奥利亚在小亚细亚的发祥地，而小亚细亚正是移民者们的定居地。

这支远行的先驱们最初的登陆点是富饶的莱斯博斯岛。他们将之前名为

"皮拉斯基人"的原住民驱逐了出去,在海岸地带建立起五个欣欣向荣的城市。其中以米提利尼为首。之后,这些城市就成了大陆上新定居点的根据地。

第二股移民主要由洛克里斯人组成。据说,他们的首领克利乌斯和马劳斯是阿伽门农王室子弟。洛克里斯人在卡伊枯斯河河口密细亚登陆,夺取了当地的一个城市,并将其改名为"库麦"。从此,库麦成了伊奥利亚人在亚细亚最大的移民地。库麦城市人口仅次于米提利尼。随着新移民的涌入,城镇逐个建立。莱斯博斯岛对岸形成一条绵延不断的伊奥利亚城邦带。在特洛伊地区以北,从阿索斯和安坦德罗斯登陆的冒险者们必须得苦战一番才能获得土地。在和平定居前,这些冒险者被迫同好战的铁乌克洛伊人或达达尼亚人长期鏖战。最终,希腊人将原住民驱赶到伊达山深处,占据了海滨地区。在达达尼尔海峡入口处与士麦那海湾之间,伊奥利亚人共建立了三十多个城市。然而,除了米提利尼和库麦,其他城镇无足轻重。除马格尼西亚外,所有的伊奥利亚城镇沿着海岸紧密相连。马格尼西亚离海岸约三十英里,地处赫穆斯河中游地区,由塞萨利被流放的马格奈泰斯人建立。

第3节 伊奥尼亚移民

第三股移民来自不同的据点。他们侵袭了伊奥利亚以南卡里亚人及莱莱格人的土地。第三股移民主要是伊奥尼亚人。阿哈伊人从伯罗奔尼撒半岛北岸驱逐出去的部落和多利亚人从埃皮达鲁斯、特罗曾及夫利阿斯驱逐出去的各个部落组合到了一起。这些部落的人被人们统称为伊奥尼亚人。这些流亡者原本在阿提卡的族人处避难,但贫瘠的阿提卡半岛无法长期维持他们的生计。在阿提卡流亡的还有其他部落的残余部分——来自北方的卡德摩斯人、埃维亚人和福基斯人,以及来自伯罗奔尼撒半岛的皮洛斯人。其中一些人定居在了阿提卡半岛上。在忒修斯的子嗣相继离世后,弥兰忒斯的皮洛斯家族甚至一度统治雅典。然而,多数人加入移民的队伍,融入伊奥尼亚人。有时这批移民的首领是雅典王公贵族,有时则是被流放的伯罗奔尼撒半岛上的部落族长。伊奥尼

希罗多德

亚移民和伊奥利亚移民的不同之处在于：伊奥尼亚移民的军事性更强，而伊奥利亚移民则民族性更强。据说，入侵亚细亚的伊奥尼亚人并不会带上妻儿。他们是一群决不会拖家带口的冒险者。因此，经过最初的战斗后，伊奥尼亚人在被征服者中娶妻。在当地，他们和卡里亚人及莱勒格斯人随意通婚。希罗多德写道："那些宣称自己来自雅典普里塔尼昂且拥有最纯正希腊血统的伊奥尼亚人忽略了以下事实：他们的祖先先屠杀了卡里亚女人的父辈，然后又娶了她们作为妻子。"因此，从一开始，亚细亚的伊奥尼亚殖民者体内就流淌着亚细亚人或非希腊的人血液。在很大程度上，这使他们成为希腊人中最不顽强且最好奢华的一个群体。

密细亚和特洛伊地区的伊奥利亚入侵者通过岛屿相对稀少的路线穿过了爱琴海。而从阿提卡出发的伊奥尼亚人则穿过了基克拉迪群岛。不少伊奥尼亚移民在这些岛屿定居下来，他们必然会发现岛上散居的伊奥尼亚人，而这些散居的伊奥尼亚人看似早已融入了卡里亚人、克里特人和莱勒格斯人血统。新来的移民改变和影响着岛上的人口结构。之后，几乎所有岛屿的人都将移民首领称作"殖民地开拓者"，并将阿提卡当作自己的故土。

一波又一波的伊奥尼亚移民不断到来。从基克拉迪群岛一直到空旷的希俄斯岛、萨摩斯岛、米马斯半岛及肥沃的凯斯特河流域和迈安德河流域，都有他们的身影。在福西亚以北临近伊奥利亚的库麦的地方，雅典的菲罗吉尼斯率领着一群混血人居住在这里。其中，福基斯人占绝大多数。再往南，以埃维亚人为主体的移民占据着希俄斯岛。希斯提阿伊亚的安菲克罗斯率领移民打败了岛上的卡里亚人和莱勒格斯人，并要求他们发誓不再返回希俄斯岛，然后允许他们安全离开。在萨摩斯岛，普罗克勒斯领导着从埃皮达鲁斯逃出的伊奥尼亚人。普罗克勒斯对当地人更仁慈。之后，他的追随者和当地人融合成一个整体。雅典国王科德洛斯的儿子涅琉斯攻占了迈安德河河口的区域。涅琉斯非常残暴，屠杀了居住在米利都周围的所有卡里亚人。因此，有传言称，与其他伊奥尼亚人相比，米利都人受原住民血统影响的程度要低得多。以弗所主宰着凯斯特河流域，正如米利都主宰着迈安德河流域。以弗所是科德里德的安德鲁克里斯建立的一个希腊城市，与古老的卡里亚人定居点相邻。以供奉伟大的自然女神的神殿为中心，人们建立了卡里亚古城。新来的伊奥尼亚人称这位女神为"阿耳忒弥斯"。之后，希腊人和原住民融合到了一起。

第4节 伊奥尼亚城市

历经几代人后，在北部的福西亚和南部的米利都之间，崛起了十个伊奥

以弗所遗址

尼亚城市。加上两个岛屿城邦希俄斯岛和萨摩斯岛，伊奥尼亚城市的总数达到十二个。虽然出身和族群不同，但对伊奥尼亚波塞冬的崇拜足以将它们联合起来。供奉波塞冬的圣殿设在米卡里山上。人们将这个圣殿称为"帕尼欧尼翁"。接着，宗教联合促进了政治关系。一个松散的联盟由此形成。此后，各地代表就聚集在帕尼欧尼翁商讨国家事务。但直到5世纪，不同城镇间的民族差异仍然存在。在伊奥尼亚，人们仍然说着四种不同的方言。①

第5节　多利亚移民和克里特岛

在向亚细亚大迁徙的队伍中，并非只有被征服的希腊部族。不久之后，征

---

① 第一种方言流通在萨摩斯岛（Samos）；第二种方言流通在希俄斯岛（Chios）和厄里特赖（Erythrae）；第三种方言流通在以弗所（Ephesus）、科洛奉（Colophon）、勒贝达斯（Lebedus）、特奥斯（Teos）、克拉左美奈（Clazomenae）和福西亚（Phocaea）；第四种方言流通在米利都（Miletus）、迈乌斯（Myus）和普里恩（Priene）。——原注

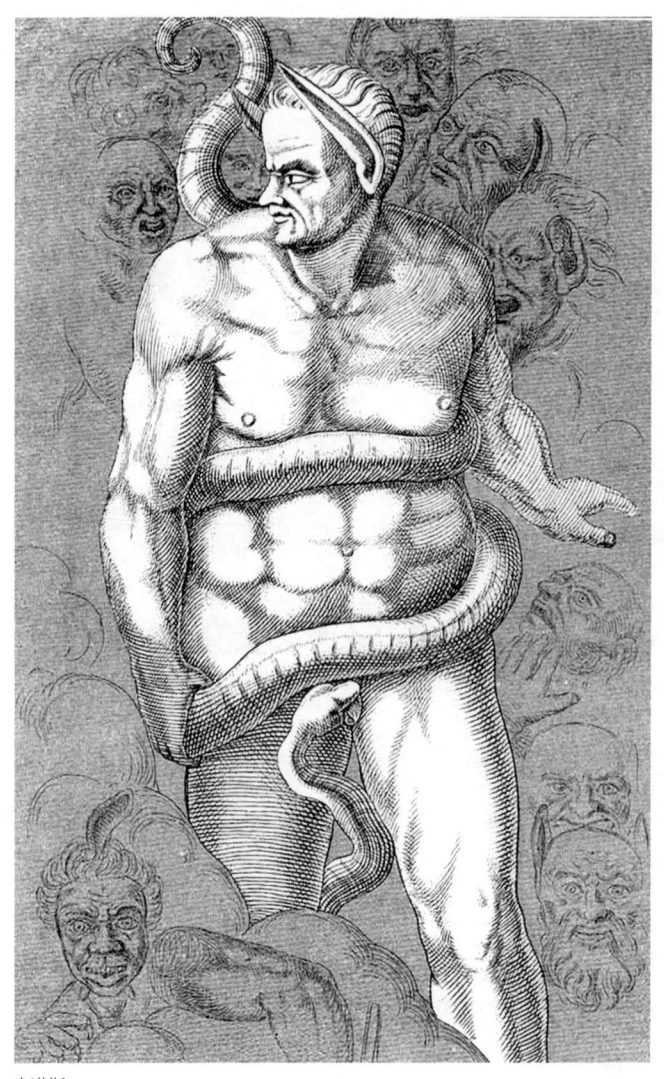

米诺斯

服者们也开始横渡爱琴海。伯罗奔尼撒半岛上的多利亚人纷纷离开他们的新家园,向外派出大批殖民者。在多利亚殖民者中,最大的一支队伍到了克里特岛。如果传说可信,那么在很久以前,米诺斯曾在克里特岛建立了一个强大的王国。但在克里特岛上,不同种族的人松散分布。在岛上的一角,已经出现了一小队多利亚人。刚刚到来的多利亚殖民者并没有受到广泛的抵抗。多利亚人对岛上其他种族实施农奴制。在严格军纪的组织之下，阿哈伊亚人和卡里亚人——或许还有腓尼基人——自行组成一众农奴中的军事贵族。

第6节 小亚细亚的多利亚人

在斯波拉得群岛中的米洛斯岛和锡拉岛上，来自拉科尼亚的多利亚人建立了殖民地。两个岛上的人和多利亚人的臣民混血融合。这些臣民都是拉科尼亚人。多利亚人将他们带在身边并允许他们参与殖民。遥远的东部是广阔的罗得岛。在爱琴海亚细亚区域内的岛屿中，罗得岛是唯一与莱斯博斯岛面积差不多的岛。来自阿尔戈斯的三支殖民队伍就定居在罗得岛。他们建立了林都斯、伊阿利苏斯和卡美努斯。在卡里亚的西南角，两个半岛向大海延伸。在这两个半岛上，拉科尼亚人建立了尼多斯，而特罗曾人建立了哈利卡尔纳索斯。最终，一

米洛斯岛出土的货币

哈利卡尔纳索斯遗址

直到离哈利卡尔纳索斯半岛稍远的科斯岛上都有来自特罗曾的移民定居。科斯岛、尼多斯、哈利卡尔纳索斯和罗得岛上的三个城市结成了所谓的多利亚六城。在特里欧庇昂地岬，多利亚六城的居民们共同敬奉着阿波罗。在权力形式和组织形式上，多利亚六城与伊奥尼亚同盟有着细微的相似之处。而伊奥尼亚同盟共同敬奉的是帕尼欧尼翁的波塞冬。正如北方规模稍大的殖民地被人们称作"伊奥尼亚"和"伊奥利亚"一样，人们将多利亚六城和它们周边一些次要的多利亚定居点统称为"多利斯"。这些定居点包括：孟多司和尼叙洛斯等。

第7节　塞浦路斯的希腊人

对塞浦路斯最东端希腊殖民地建立的确切时间，我们难以断定。在习惯上，人们认为是特洛伊战争的英雄们在塞浦路斯建立了定居点。但我们推测，直到小亚细亚被占领后，希腊人才来到了塞浦路斯。当然，希腊人移民塞浦路斯的时间也有可能在更早的时期。通过研究史料，人们发现塞浦路斯希腊人使用的书写形式借鉴了东方。与任何其他希腊人的分支相比,塞浦路斯希腊人的书写都更原始。其他希腊部落都使用"卡德美亚字母"①。对于塞浦路斯人使用的复杂音节,希腊人根本就不会采用,因为多数希腊人更熟悉简洁的腓尼基符号。无论如何,可以肯定的是,早在公元前8世纪,希腊人就深深地扎根在塞浦路斯。当时,塞浦路斯岛上的亚述征服者就提到了属国中的几位希腊国王。在塞浦路斯岛上,希腊的殖民地主要有萨拉米斯、帕福斯和库里昂。为夺取统治权,希腊殖民地与腓尼基老城阿马苏斯、基蒂翁、戈尔戈斯和泰麦修斯间纷争不断。希腊城镇的创建者血统各异。其中我们听过的有英雄埃阿斯的弟弟——萨拉米斯

埃阿斯

---

① 卡德美亚字母(Cadmeian alphabet)的名称源自其创造者卡德摩斯(Cadmus)。据说,是卡德摩斯将腓尼基字母引入希腊,希腊字母由此而来。希罗多德(Herodotus)认为卡德摩斯生活在公元前2000年。

的透克洛斯率领的阿哈伊亚人、阿尔戈斯人、拉科尼亚人，甚至还有来自伯罗奔尼撒半岛内陆的阿卡狄亚人。种族的融合表明：在时间上，塞浦路斯的殖民期和小亚细亚的殖民期重合，因为在此之后，许多种族就完全退出了海上远征。

  对于发生在希腊半岛上的民族迁移和亚细亚海岸上的殖民活动的时间，我们很难确定。但可以肯定的是，这些民族迁移和殖民活动持续了相当长的一段时间，历经数代人。后世希腊人编制的用以推算年代的族谱毫无价值。因此，根据这些族谱作出的种种推测自然对编年史毫无用处。如果一定要界定移民时期的时间跨度，那么我们可以说：从公元前1100年到公元前950年，这段时间见证了希腊人大举移民的历史。

第 7 章
伯罗奔尼撒半岛上的多利亚人和莱克格斯律法

在多利亚人移民后三百多年时间里,伯罗奔尼撒半岛的历史模糊不清。编年史也含糊其辞且极不准确。直到第一个奥林匹亚年①的出现,希腊人才有了准确的纪年。但在此之后,希腊的历史仍然存在着巨大的不确定性。直到公元前6世纪,希腊的历史才开始真正清晰地进入我们的视野。对于在此之前的希腊两百年历史,我们唯一了解的就是斯巴达人、阿尔戈斯人、麦西尼亚人和科林斯人的历代国王,并且其中的多数对我们而言仅仅就是一个名字而已。其他人的故事则完全不可信。但对一个国家来说,毫无疑问,最先被人记住的一定是王室族谱。虽然这些族谱有时与正史相悖,但也并不是毫无用处。

第1节 阿尔戈斯同盟

在伯罗奔尼撒半岛上,率领族人入侵该岛的赫拉克勒斯族的首领们建立了三个大型的多利亚城邦。其中,阿尔戈斯长期占据关键地位。如果再加上附属城邦,那么阿尔戈斯几乎统治着伯罗奔尼撒半岛的整片东海岸地带。特米诺斯的后裔——阿尔戈斯人占据着伊纳科斯海滨平原及上游的坡地。在伊纳科斯海滨平原和坡地上,部分古老的阿哈伊亚居民似乎被赐予了公民身份。因为除了三

---

① 公元前776年。——原注

阿尔戈斯出土的狼头货币

支多利亚部落——西利斯人、帕姆庇洛伊人和迪曼人,阿尔戈斯人还有第四支部落,即似乎拥有阿哈伊亚血统的希尔尼西亚人。阿尔戈斯城外的群体既有多利亚人,也有非多利亚人。他们都臣服于强大的阿尔戈斯的统治。实际上,其中许多部落都是阿尔戈斯的附庸,与阿尔戈斯休戚相关。譬如,小镇奥尼伊的阿哈伊亚人部落和库努里亚的伊奥尼亚人部落就都是阿尔戈斯的附庸。库努里亚地处帕尔农山和大海间崎岖的海滨地带。这片地区一直延伸到玛勒亚海角,还包含着基西拉岛。但也有些城邦与阿尔戈斯联系不太紧密。譬如埃皮达鲁斯、特罗曾、夫利阿斯、克里奥奈和西锡安这样的新兴多利亚城邦。这些地区的征服者都来自阿尔戈斯,必定对故乡还怀有敬意。和这些城邦相似的还有曾名噪一时的阿哈伊亚人城市迈锡尼。在小山坡上,迈锡尼默默无闻地存在了很长时间。

第2节 斐冬国王

对我们而言,阿尔戈斯早期的九位国王只是些名字而已。所有流传下来的有关他们的事迹不过是一系列模糊不清的传奇故事。这些故事讲述了他们与斯巴达族人的多次战争,听起来似乎是对发生在公元前6世纪和公元前7世纪时真实战争的回顾。第一位除姓名外还留下丰富事迹的阿尔戈斯君主是斐冬国王。在斐冬继承王位时,由于多利亚寡头统治对君权的侵蚀,阿尔戈斯王权早已逐渐衰微。斐冬国王依靠武力推翻了寡头统治,并摆脱了所有束缚自己的律政。之后,他开始拓展阿尔戈斯的疆域。斐冬国王不仅让西锡安及其他多利亚邻邦沦为阿尔戈斯的附属国,还将重镇科林斯和埃伊纳岛纳入自己的领地。当时,科林斯和埃伊纳岛成了希腊南部最大的集市和海港。斐冬国王野心勃勃,企图将整个伯罗奔尼撒半岛都变成阿尔戈斯的附庸。他镇压斯巴达人,率兵进入伯罗奔尼撒半岛西部支援反叛伊利斯的皮萨提斯人,并支持皮萨提斯人举办奥林匹

斯巴达人

亚竞技会的主张。在历史上,斐冬国王这些事迹是我们发现的首次关于希腊信史的记载。此外,斐冬国王还是一位立法者。他对称重和计量都设立了新的标准,并几乎得到了希腊多利亚城邦和伊奥利亚城邦的普遍认可。斐冬国王命令他的埃伊纳封臣锻造了第一批银币。在爱琴海西岸,锻造银币还是第一次出现。据说,在阿尔戈斯的赫拉神殿,斐冬国王进奉了粗制货币的样币。之后,圆形的欧宝和德拉克马取代了这种长形银币。后来,斐冬国王战死沙场——这也是他谋求帝国大业道路上的首败。

虽然代表着阿尔戈斯君主名义的统治一直持续到了公元前6世纪甚至公元前5世纪,但实际上,在斐冬国王的儿子继位后,阿尔戈斯王权立刻退回到了之前微不足道的地位。斐冬——这个伟大的国王统治的唯一永久性结果就是瓦解了多利亚人在阿尔戈斯的寡头统治。因此,与其他多数地区相比,阿尔戈斯早日实现民主的可能性大大增加了。

虽然我们对斐冬国王了解不少,但令人惊讶的是,他的事迹年代不详。希罗多德史书的原文告诉我们,斐冬国王协助皮萨提斯人举办的奥林匹亚竞技会为第八届[①],即公元前748年的那届。然而,也有其他史料将斐冬国王的统治年份大大推前。总而言之,斐冬国王应于公元前675年到公元前665年在位。如果连一个国家当时最显赫的国王的统治年份都无法确定,那么就很难说该国的通史记录已经开始。

在阿尔戈斯主宰伯罗奔尼撒半岛的时候,麦西尼亚和拉科尼亚正沿着相反的方向发展。起初,两国只是处于敌对状态,但之后就陷入生死较量当中。

第3节 麦西尼亚和拉科尼亚

和在阿尔戈斯时一样,多利亚征服者没有将麦西尼土地上的原住民全部驱

[①] 很可能希罗多德(Herodotus)的原文存在抄写错误。斐冬国王的奥林匹亚年(Olympiad)是第二十八届,而不是第八届,即公元前668年,而不是公元前748年。有关斐冬国王钱币的记载尤其印证了这个观点。希腊铸币约在公元前680年到公元前650年。这个时间也是埃伊纳(Aeginetan)金属硬币的最早铸造时间。——原注

埃夫罗塔斯河

逐出境或赶尽杀绝。传说,特米诺斯的弟弟及麦西尼首任多利亚国王克瑞斯丰忒斯赐予那些尚未移民的皮洛斯人、考寇涅斯人和阿哈伊亚人完整公民权。克瑞斯丰忒斯国王本人迎娶的并非他自己的族人,而是邻国一位阿卡狄亚国王的女儿。克瑞斯丰忒斯国王的反民族倾向激起了多利亚人的反叛。他自己也遭到谋杀。但是克瑞斯丰忒斯国王之子埃皮托斯成功为父亲复仇,不仅杀死了叛乱者首领波吕丰忒斯,还给这片土地带来了安宁。在埃皮托斯及其后人的统治下,多利亚人、考寇涅斯人和阿哈伊亚人完全融合。因此,麦西尼亚虽然由赫拉克勒斯族的家族统治,但几乎没有保留什么多利亚城邦的特征。

在拉科尼亚,情形则截然不同。定居在斯巴达周边埃夫罗塔斯河流域的多利亚入侵者实力很弱,并且他们夺取的土地也很小。这片土地北靠阿卡狄亚山地,以南则是阿哈伊亚要塞阿米克勒。正如菲迪尼①隔断了罗马人去往台伯河流

---

① 拉丁姆(Latium)古镇,位于罗马(Rome)北部约八公里处的萨拉里亚大道(Via Salaria)上,介于罗马和台伯河(Tiber)之间。

域的路，阿米克勒距这批多利亚入侵者的首府不过三英里，完全挡住了他们前往埃夫罗塔斯河流域的路。斯巴达人采用的政体与一般的政体不太一样：他们实行双王统治，名为"亚基亚德世系"和"欧里庞提德世系"的两个部族的王室共享王位。在双王制度诞生之初，他们就纷争不断。据说，斯巴达人最初的部落首领阿里斯托得摩斯驾崩后，他留下一对双生子。神谕说道："须立二王，长者为尊。"对该传说，现代的史学家并不认可。他们力求证实真实的历史情形，但并未取得成果。双王并存体现了征服者多利亚人与被征服者阿哈伊亚人的民族融合，也有可能只是表明了有两支不同的多利亚部落——一支定居在埃夫罗塔斯河流域，另一支则定居在厄努斯。上述推测或许正确，但无法得到验证；双王制很有可能真实存在，但我们难以解释它的成因。

第4节　多利亚诸城邦的多样性

与阿尔戈斯和麦西尼的多利亚人相比，在拉科尼亚，斯巴达的多利亚人的软弱和孤立使他们能保持更强的民族认同感。斯巴达的多利亚人不够强大。此外，他们的人数也不够多。斯巴达的多利亚人很难征服和融合他们的邻邦。因此，他们被迫寸土必争。斯巴达的多利亚人面临的情形与不列颠的盎格鲁人和撒克逊人相似。由于无法一击横扫不列颠岛并征服岛上的所有人，盎格鲁和撒克逊人只得保留自己原有的语言和习俗，在不列颠岛上缓慢推进，逐步扫除岛上的不列颠人。因此，斯巴达人并没有受到拉科尼亚原有居民的影响。与此相似，希腊的阿尔戈斯人和麦西尼亚人正如现代欧洲的法兰克人和伦巴第人，他们都是强大的部族。对他们来说，开疆拓土并不太难。用不了多长时间，他们要么同化多数被征服者，要么深受被征服者的影响。

所有权威人士一致认为：早期的斯巴达既软弱又混乱。他们的领土从未拓展；两王室素来不和；与多利亚近邻阿尔戈利斯和北部的阿卡狄亚人兵祸不断，导致民众日益不满。伟大的立法者莱克格斯出现时，斯巴达正是此番情形。莱克格斯拯救斯巴达于危难之时，并率领斯巴达走向征服整个伯罗奔尼撒半岛之路。

第5节　莱克格斯和莱克格斯立法

虽然同其他早期的伟人一样，当代作家将莱克格斯简化成了神话中的人物，但我们无需质疑莱克格斯的真实存在。莱克格斯出身王室，大致生活在公元前800年。我们大抵可以接受这样的传说，即莱克格斯是欧里庞提德家族欧诺摩斯国王的次子。侄子哈里劳斯还在襁褓中时，为了避免谋权篡位的嫌疑，莱克格斯将自己流放，远离斯巴达。莱克格斯游历了希腊、亚细亚、埃及甚至更远的地方，最终在哈里劳斯成年后归来。当时，莱克格斯饱经世事且充满智慧，而斯巴达却深陷困境。双王间分歧不断，都企图摆脱律政约束然后实施专制统治。哈里劳斯甚至被称为希腊的众"僭主"之一。与此同时，一场灾难性的战争正在迫近。提基亚的阿卡狄亚人让斯巴达遭遇了有史以来最大的挫败。斯巴达一个国王被囚禁，数以百计的斯巴达俘虏成了在高地农场上劳作的奴隶。

莱克格斯游历埃及

莱克格斯向民众阐述治国理念

据说在危难之时，斯巴达人已经做好任何牺牲的准备——只要能保全城邦。斯巴达人将目光转向了莱克格斯。因此，当莱克格斯来到集市——身后紧随着二十八位最有智慧且最高贵的公民向民众阐述自己的治国理念时，获得了斯巴达人的高度认同。据说，莱克格斯的新规遭到少数人的强烈抗议，并引发打斗和骚乱。在骚乱中，莱克格斯的一只眼睛遭到袭击并失明。但经过一段时期后，莱克格斯的新规最终获得人们的认可。

我们虽然很难确定莱克格斯的新规究竟包含什么内容，但还是能获取一些笼统的信息。在执行所谓的莱克格斯法规时，莱克格斯的后世子孙曾撰写了执行报告。通过仔细研究这些残存的报告，我们可以知道莱克格斯律法的部分内容。譬如，我们可以肯定的是，莱克格斯并没有禁止将法律用文字记录或刻在铸币上。人们曾据此推算莱克格斯生活的具体日期。在推算出来的最晚的日期中，书面法规和流通钱币出现的时间都还没有超过一百年。莱克格斯不可能对希洛人①立法，因为只要斯巴达还是局限在埃夫罗塔斯河上游的贫困小国，就不存在农奴的问题；莱克格斯也不可能制定监察制度，因为监察制度首次出现是在麦西尼亚战争期间；莱克格斯也不可能实行平分财产的制度。但传说总是乐于将早期律法的种种规定归功于一位立法者。对希腊人来说，将莱克格斯视为斯巴达每项独特的国家制度的制定者，不过是阐明了同一历史趋势。正如我们自己的祖先认为，是阿尔弗雷德国王②创造了陪审制，并将英格兰划分为不同的郡。

斯巴达奴隶主与他的希洛奴隶

---

① 古希腊时期斯巴达人的奴隶。
② 阿尔弗雷德国王（King Alfred，约于847—899），约871年至886年间为威塞克斯国王（King of Wessex），约886年至899年间为盎格鲁－撒克逊国王（King of the Anglo-Saxons）。

第6节 莱克格斯的"大公约"

莱克格斯律法的主要目的是界定城邦各个组成部分的地位。斯巴达——如同荷马时代的其他希腊城邦一样——拥有国王和贵族组成的议事会及自由民组成的公民大会。当时,贵族们似乎正试图剥夺国王的特权,而国王们则竭力摆脱所有律法制度。与此同时,公民大会似乎开始谋求更大的权利,而不再甘于仅仅默许所有提议。在简明扼要的"大公约"里,莱克格斯要求斯巴达人"为宙斯-希伦乌斯①和雅典娜-希伦尼亚②建立神殿;以三十人为单位组建部落和选区;建立包括两位国王在内的吉罗西亚会;要经常在巴比卡和纳西昂之间集

莱克格斯的演讲

---

① 指作为新建国家守护者的宙斯。
② 指作为新建国家守护者的雅典娜,常与智慧、技艺和战争联系在一起。

会；民众须拥有决定权"[①]。关于宙斯和雅典娜的特殊崇拜有什么政治寓意，我们不得而知，此前斯巴达唯一信奉的神灵只有多利亚的阿波罗。"大公约"其他条款表述得更明确。古老的政治形态变得系统化：贵族议事会转变成由选举出的三十位长者组成的议事会，而双王总在其中；自由民的公民大会在公共事务的实施中发挥切实作用，当吉罗西亚会产生分歧时，公民大会会投出决定性的一票。因此，法律的总体趋向是通过削减贵族议事会的人数并将选民限定在年长者来遏制贵族议事会的任性妄为。国王不能再肆无忌惮地颁布法律谋取私利，并作为一名独立成员加入吉罗西亚会。民众虽然只能表达不满，而不足以干预政治，但还是感受到律法的权威。从没有人指责莱克格斯是民主主义者。对于部落，我们不知道莱克格斯的新政有过什么影响。但无论如何，并未废除古老的西利斯人、帕姆庇洛伊人和迪曼人的部落划分。各选区非常神秘。我们无法得知它们究竟是按家庭还是按地区为单位划分选区，只知道每个部落包含十个选区。

第7节　吉罗西亚会和公民大会

吉罗西亚会即长老大会由三十位长老组成，每位长老代表一个选区。毫无疑问，国王们理所当然也是成员，代表着各自家族所属的选区。其他长老都由选举产生。长老实行终身制。因为直到六十岁才具备成为长老的资格，所以长老们的平均任期并不会太长。和之前的贵族议事会一样，长老们充当国王所有公共事务决策的顾问。然而，长老大会的优势在于：国王仅代表自己发声，不再无所不能。当时，所有事务都由多数人决定。

在斯巴达，自由民的议会被称为"公民大会"。公民大会由三十岁及以上的公民组成。公民大会每月在厄努斯溪谷、巴比卡和纳西昂之间的桥上举行。在荷马时代，古希腊广场上的人们只能靠喊叫来表达赞成或反对，如今的斯巴达人集会尽管在法律上享有一席之地，也只能通过欢呼来表决。这种决策的不确定

---

① 详细注解见伊夫林·阿博特（Evelyn Abbott）《希腊史》，第1卷，第200页。——原注

亚里士多德（右）与柏拉图

性导致人们必然会将大权放到主持议会的官员的手中。在遇到诸如从众多候选人中选举一位元老或地方官之类的情形时，情况更是如此。正如亚里士多德所言："这方案太过幼稚。"我们甚至可以确定，在某些选举中，选举官被关进一间民众看不到的房间内，被迫评出最大的呼声，而实际上他根本就没有听到这些呼声。接着，一切便尘埃落定。这种方法很可能是一位心怀叵测之人想出来的。议事会将吉罗西亚会通过的争议性议题交给民众讨论。诸如宣战、缔结和约及罢免国王等重大事件都是公民大会的议题。除非受到主持官员的邀请，否则公民大会的人都不能说话。值得注意的是,这一特征也存在于罗马的公民会议。在信史时期,监察官们主持公民大会;而在莱克格斯的时代,必然是国王和长老们召集集会,正如他们在荷马时代的广场上所做的那样。

第8节 双 王

希罗多德简明扼要地将新律法赋予国王的特权总结如下:在和平时期的所有宴会、祭典和酒席上,国王均列最高席,享用双份食物;每月发放两次谷物和葡萄酒类给国王——就肉类而言,国王通常都能获得城邦中任何祭祀动物的脊肉;穿戴动物毛皮也是国王们的专属特权;国王还是地神宙斯-拉西第蒙纽斯和天神宙斯-乌诺斯的世袭祭司;国王须挑选前往神示所问询的使者,还须委派处理外事的领事。此外,国王有权嫁出孤女,也可以准许没有子嗣的人领养男孩;在战时,国王永远都是总指挥官;军队前进,国王先行;军队归城,国王殿后;一百名精挑细选的勇士保护着国王的安全;国王可以发动对抗任何敌国的远征;任何企图改变国王意图的斯巴达人都将受到诅咒;在田野里,国王可以随意征用牛羊。在国王驾崩的时候,"女人们敲打着定音鼓绕城而走,而一旦听到声响,每户的一男一女便穿上丧服,并剪掉头发。骑手带信到拉科尼亚。丧葬时,大批臣民及奴隶从斯巴达各地蜂拥而至,加入市民痛哭游行的队伍。"

因此,在莱克格斯的律法里,斯巴达国王坐享一国荣誉特权,贵为最高祭司,并在战时统领军队。国王已经成为一名世袭政府官员,而不再是一国君主。

如果莱克格斯的改革仅止于此,那么之后的斯巴达或许不会如此声名远扬。有限王权和类代议制政府本身都是好事。对饱受无政府状态下乱世之苦的民众来说,有限王权和类代议制政府使他们获得极大的解脱。但有限王权和代议制政府都不足以构建一个伟大强盛且战无不胜的军事城邦。使莱克格斯在所有立法者中独树一帜的并非他在政治方面的立法,而是在社会方面的立法。

斯巴达人贫穷粗野且四面受敌。为了生存,他们一直全副武装。为了生存,斯巴达人不得不厉兵秣马，时刻备战。斯巴达的敌人近在咫尺，离其边界不过一日行程。为了确保在战争中取得全胜，莱克格斯决意牺牲一切公共和个体利益。他要实现斯巴达所向披靡、战无不胜这个唯一的目标。为达目的，莱克格斯将整个斯巴达的社会制度变成冷酷可憎的战争机器。对斯巴达公民来说，从童年开始，他们的身体与灵魂就被攥在这台机器的手心中。这台机器将纠缠他们的一生，直到他们无法作战才肯放手。这台机器就是著名的"斯巴达磨砺教育"，即训练和纪律。莱克格斯虽然不是它的创造者，但是它的完善者。

第9节 斯巴达人的军事训练、社会制度和家庭生活

幸运的是，莱克格斯面对的是一群原始蒙昧的民族。任何集聚了一定物质财富或思想文化的种族都不会忍受他的制度，哪怕片刻。然而，斯巴达人是一群粗鲁和近乎野蛮的人。他们还保留着一些低级文明形态的作风——仅存在于虚构作品中的婚姻形式，譬如，武力抢夺新娘和男女分离用餐，以及可恶的一妻多夫制。直到进军伯罗奔尼撒半岛后，多利亚人才首次进入文明的疆域。可以说，在历史上，与莱克格斯军事训练模式最接近的要数夏卡·祖鲁①引入祖鲁族的奇特军纪了。

自从斯巴达人降生起，国家就开始接管他们。婴儿们被带到长者们面前，由他们决定这些婴孩的命运：如果婴儿身体健康，就被送回父母手中抚养；如果身体孱弱，就被带走，扔进塔吉图斯山任其自生自灭。在七岁时，男孩就离开父母，来到公共训练营。在公共训练营里，男孩们开始经历构成他们一生的种种磨砺。他们赤脚行走；无论冬夏，只被允许穿一件单衣；夜晚被迫睡在自己从埃夫罗塔斯河河床采摘来的灯芯草堆上。男孩们还要自己做饭和照顾自己。人们刻意配给他们少量且难吃的食物，以此来磨炼他们打猎或窃取食物的能力。可以肯定的是，这些男孩常常通过偷盗邻近菜园和储藏室的食物来填饱肚子，

---

① 夏卡·祖鲁（Chaka Zulu，约1787—1828），1816年到1828年在位，祖鲁王国（Zulu Kingdom）最具影响力的君主之一。

斯巴达男孩

但被抓住后就要面临惩罚。"惩罚的理由不是因为盗窃,而是因为愚蠢笨拙被抓住"。对男孩们来说,任何软弱或抱怨的表现都是重罪。反复的鞭笞、拷打和忍饥挨饿造就了斯巴达人对痛感难以置信的麻木和迟钝。每个人都听过这样的故事:一位饥不择食的年轻人偷了一只狐狸当晚餐并将它藏在衣内。后来,他的同伴来了,使他难以脱身。然而,这位年轻人宁肯让狐狸撕烂自己的胃也不愿让它逃脱背叛自己。

吉姆诺派迪亚盛会上的斯巴达男孩

针对斯巴达男孩的训练几乎都是体育和军事性质的。唯一可以提升审美的活动就是合唱。在一年中，最重要的事就是参与吉姆诺派迪亚盛会，即斯巴达的竞技会。在竞技会上，斯巴达男孩和同龄人进行音乐、舞蹈、跑步和摔跤比赛。

年满十八岁的斯巴达少年叫"麦勒埃伦"。年满二十岁时，他们叫"埃伦"①，意为年轻人。到时，他们从训练营转入兵营。从此以后，公共食堂便将成年男子登记在册。公共食堂形成了斯巴达独特的生活图景。这些公共食堂由十五位男子负责，一有空缺就有新成员补齐。所有的食堂均属公办，口粮固定。所有公民，只有年满六十时，才可以在家用餐，并且按惯例要求伙食一致。所有成员须按月上交食物。一日三餐主要包括大麦、奶酪、无花果及难以下咽的"黑汤"。据说，"黑汤"还是拉科尼亚的特色菜。只有在祭祀时，人们才能吃到肉食。

---

① 埃伦（Eiren）为小队队长和教官，在城邦长老的监督下教导儿童。

斯巴达女孩接受的军事训练与男孩接受的军事训练类似，但没有那么苛刻。女孩不用离开母亲，但要组成班级，参与赛跑、摔跤及其他体育锻炼，达到身强体健。在比赛时，女孩不穿衣服，可以供男孩随意观看。可想而知，这种训练形式必将培养出一批体态丰盈且举止粗俗的顽皮姑娘。如果说斯巴达男子的妻子和女儿不仅在形体和精力上，而且在勇气和能力上都胜过其他希腊女子，那么反过来说，她们也完全缺乏一切谦逊端庄和独特的女性情绪体验。

在男子三十岁和女子二十岁时，他们便到了适婚年龄。如果到了适婚年龄还未成婚，并且尚未担负起为国育儿的责任，那么他们就会受到严惩。然而，婚姻

斯巴达女孩

并不会结束男子的兵营生活。他们住的地方仍然离妻子很远。只有在不需要参加共同就餐、操练场训练或体育场活动时,他们才能偷偷出来与妻子约会。数月后,男子才能自立门户,并和妻子生活在一起。但就算到了这个时候,男子仍然必须在公共食堂用餐。对斯巴达人来说,婚姻是出于对国家的义务,而非自由结合。因此,斯巴达人的婚姻并非神圣不可侵犯也就不足为奇了。

第10节 斯巴达军制

一切对个人自由的限制都旨在达到一个目的:让他成为一名优秀的士兵,身强体壮且冷酷麻木。毫无疑问,结果正如他们的预期。正如一位同时代的人讽刺地说道:"斯巴达人的一生如此不幸,难怪他们情愿战死沙场。"然而,斯巴达人的百战百胜与其归功于他们的组织,倒不如说是得益于他们不屈不挠的勇气。在其他希腊城邦,奔赴战场的士兵都是未经训练的民众。总指挥官发号施令,再由一名传令官大呼小叫地将命令传达给人们。斯巴达人的训练组织严密,军官层级严明。军队分为所谓的"莫拉"和方阵纵列——与现代的营和连相对应。自上而下,军队由一系列的军官统领。在最上层,军事长官或团长统率莫

斯巴达军队的装备

拉；在最底层，指挥官，即士官长率领手下的二十五人。国王的命令依次传达到诸位军事长官及其他军官，并且速度极快。因此，斯巴达军队的运作速度快而精准——这是其他希腊军队无法比拟的。既组织严密又骁勇善战，这就是他们常胜的原因。

一旦出征战场，斯巴达人的生活反而惬意起来：口粮增加，军纪相对松懈，甚至还可以围着营火说玩笑话。这些都是为了让他们期待战争，而不是迷恋和平时期。

第11节 监察官

以上就是莱克格斯律法的主要特征。莱克格斯驾崩后，训练形式很可能有了不少改进。虽然希腊人深信他们一直坚守着莱克格斯律法，但我们可以肯定，在随后的岁月里，莱克格斯的律政体系多次变更。最大的改变在于监察制度的引入——这一制度原本并不在莱克格斯的政治体系内。监察官们首次出现在麦西尼亚战争时期。监察制度出现的主要起因——如我们所读到的那样——在于国王们在战场上的频繁缺席。顾名思义，监察官主要扮演的是监察人或治安法官的角色，但不久后，他们就成了政府部门玩忽职守的大臣。监察官一共有五人，由公民大会选举产生，任期一年。在此期间，他们是部落的管理人员。他们接待外来使者，召集会议，并担任会长。与罗马的护民官一样，在斯巴达，监察官可以自由处置公民大会。监察官们可以不受吉罗西亚会或公民大会的约束。他们可以不经任何法律程序，随意对任何人实施逮捕、囚禁和罚款。就连国王也任由监察官们处置。他们囚禁了克莱奥梅尼一世[①]，强迫阿里斯顿[②]和不孕的妻子离婚。在历史上，曾有两位监察官陪同国王亲征。国王的权威因而一直处于监察官们的监督之下。斯巴达国王几乎有名无实。因此，我们可以说，斯巴达有二

[①] 克莱奥梅尼一世（Cleomenes I，约公元前545—公元前490），斯巴达国王，属亚基亚德世系（Agid line），约公元前519年到公元前490年在位。

[②] 阿里斯顿（Ariston，生卒年不详），斯巴达国王，属欧里庞提德世系（Eurypontid line），约公元前550年继位。

王及五位不负责任的独裁者。公民大会荒唐的选举形式让监察官们可以随心所欲地选择来年自己的继任者，由此确保——除非发生特殊情况——他们方针政策的一脉相承。

　　莱克格斯驾崩后，他构建的大型机器究竟是如何运作的？接下来，是时候让我们揭晓这一切了。

第8章

斯巴达在伯罗奔尼撒半岛霸权地位的确立

第1节 斯巴达征服拉科尼亚

在莱克格斯律法的武装和组织下,斯巴达迈向不断征服之路。莱克格斯实施改革时,哈里劳斯①国王当政。在哈里劳斯国王驾崩前,斯巴达已经开始进攻并征服了一些阿卡狄亚弱势部落。这些阿卡狄亚弱势部落居住在埃夫罗塔斯河源头的埃格伊斯地区。几年后,铁列克洛司国王攻占了阿米克勒。阿米克勒是一个地处斯巴达门户的阿哈伊亚城市,恰好堵住了多利亚人进军埃夫罗塔斯河流域的路。在之后的五十年内,除了东海岸的库努里亚人,所有拉科尼亚居民都并入斯巴达,成了斯巴达的臣民。从提基亚边境山地到马塔潘角和坞勒业海角的最南端,都属于斯巴达的疆域。

第2节 庇里阿西人和希洛人

出于我们未知的原因,对被他们征服的不同地区的人,斯巴达人采取了不同的管理措施。其中,某些地区仅仅成了斯巴达的属邦,保留了原有的风俗和某

---

① 哈里劳斯(Charilaüs,生卒年不详),公元前8世纪早期的斯巴达国王,莱克格斯的侄子和受监护人。

沦为农奴的希洛人

些自治的权力,而其他地区则被完全镇压摧毁。较受斯巴达人青睐的地区的居民成了所谓的庇里阿西人,居住在位于斯巴达中心的多利亚人群落的周围;而那些不幸地区的部落居民则成了希洛人。希洛人这一称谓来自一个海岸城市希洛斯。希洛斯曾顽强抵抗斯巴达的入侵,最终给自己招来不幸。通过对其他部落的征服,斯巴达人成了一片广袤疆域的主人。在这片疆域的众多人口中,他们自己只占一小部分。在人们看来,庇里阿西人的人数是斯巴达人的三倍,而希洛人则更多。

庇里阿西人的情形不算太糟。他们唯一的义务就是进献定额的贡品,并派遣一支重装部队前往斯巴达军队。因此,历经历史变迁,庇里阿西人对其宗主斯巴达人都忠心耿耿。希洛人则截然相反:他们彻底沦为农奴。斯巴达人将希洛人束缚在土地上,并占有了希洛人的土地。作为土地所有者,斯巴达人居住在首府，过着兵营生活，并获得土地产出的固定份额。虽然法律禁止斯巴达人以个人的名义将耕作土地的希洛人贩卖为奴，但斯巴达群体可以任意处置农奴。监察官们可以不经审判就屠杀希洛人。据说，甚至还存在叫"克里普提"的暗探组织。克里普提的任务就是巡视斯巴达全境。任何胆敢公然表达不满或煽动邻人造反的希洛人都是政府怀疑的对象，而克里普提则会秘密处决他。希洛人虽然并非一直处于主人们的监视下，也不会因交纳过高的租金而饥寒交迫，但任由统治者们肆意妄为，并且毫无政治权利可言。因此，他们一直担惊受怕地生活着。希洛人因而对斯巴达人恨之入骨也在情理之中。只要时机合适，他们总会奋起反抗。尽管如此，斯巴达人根本就没有将希洛人的憎恨放在眼里。在战时，斯巴达人还会让希洛人带上武器奔赴战场充当轻装部队。我们没有听过任何有关希洛人在战场上不顾斯巴达人军纪约束的传闻。

斯巴达古城

第3节 第一次麦西尼亚战争

在对拉科尼亚的征服尚未结束时,斯巴达便开始进攻他们西面的邻邦。这个邻邦是住在塔吉图斯山以外肥沃的麦西尼亚山谷中的一个混合族群。他们由多利亚人、考寇涅斯人和阿哈伊亚人组成。根据某些传说,这场战争的起因是偷牛。在两个原始部落的边境地区,偷牛事件常常发生。还有人说这场战争始于阿耳忒弥斯-利姆纳提斯神殿中一场突发的骚乱。在混乱中,斯巴达国王铁列克洛司被杀。阿耳忒弥斯-利姆纳提斯神殿刚好地处拉科尼亚和麦西尼亚的交界地带。在阿耳忒弥斯-利姆纳提斯神殿中,拉科尼亚和麦西尼亚享有同等的祭祀的权力。

麦西尼亚战争前后持续了九十多年。在战争期间,双方曾有过长时间的休战。因此,麦西尼亚战争可以分为两个阶段。第一次战争大约爆发于公元前743年,而第二次战争大约在公元前645年结束。

不幸的是,对麦西尼亚战争期间的历史,我们没有可信的连续性描述的史料。现存的唯一一份当时的记录就是斯巴达诗人提尔泰奥斯[①]的残篇。在提尔泰奥斯的残篇中,他告诫国人要在第二次麦西尼亚战争中不屈不挠,并鼓励他们传承"他们父辈的父辈"在第一次麦西尼亚战争中的英勇精神。保萨尼阿斯[②]从编年史作家迈伦[③]和史诗作家赫里亚努斯[④]处收集到的含有细节的材料并没有多大价值。这些作家都生活在公元前3世纪,距他们描述的历史已经相隔五百多年。此外,在史实叙述上,他们互相矛盾。譬如,迈伦将阿里斯托梅尼当作第一次麦西尼亚战争时期斯巴达伟大的民族英雄,而赫里亚努斯则坚称阿里斯托梅尼的远征发生在第二次麦西尼亚战争期间。然而,第一次麦西尼亚战争和第

---

① 人们普遍认为提尔泰奥斯是居住在斯巴达的雅典人,但该传说似乎毫无历史价值。——原注
② 保萨尼阿斯(Pausanias,约110年—180年),旅行家、地理学家,生活在2世纪的罗马,著有《希腊志》(Description of Greece)。
③ 迈伦(Myron,生卒年不详),约生活于公元前3世纪,曾记载第一次麦西尼亚战争,其具体作品名不详。
④ 赫里亚努斯(Rhianus,生卒年不详),古希腊诗人、文法学者,克里特岛(Crete)人。据说,赫里亚努斯曾为奴隶,后接受良好教育,并致力于文法研究。

女孩拯救阿里斯托梅尼

二次麦西尼亚战争相隔了五十年！毫无疑问，赫里亚努斯充分发挥了自己诗人身份的便利。而因为斯巴达人从不记录自己战争的历史，所以迈伦只好在麦西尼亚人的民谣中寻找答案。与此相似的是，我们可以想象，如果我们完全相信蒙茅斯的杰弗里①和亚瑟王的传奇故事，那么盎格鲁-撒克逊人②征服大不列颠的历史又将被如何书写呢？流传下来的故事告诉我们，虽然麦西尼亚人作战异常勇猛，但斯巴达人还是百战百胜——这显然是不可能的！

在传奇故事中，我们能提取的真相就是战争始于斯巴达人进军塔吉图斯山山脊。斯巴达人攻陷了麦西尼亚人的安菲亚堡垒，并将该堡垒作为基地。此后，

---

① 蒙茅斯的杰弗里（Geoffrey of Monmouth，约1095年—1155年），神职人员，为英国历史编纂学的发展作出重要贡献，著有《不列颠诸王纪》（*The History of the Kings of Britain*），其中以亚瑟王（King Arthur）的故事最有名。

② 盎格鲁-撒克逊人（Anglo-Saxon），原居西欧，自5世纪开始定居大不列颠岛（Great Britain），为现代英国人的直系祖先。

斯巴达人不断袭击麦西尼亚的开阔区域，长期封锁麦西尼亚人的城镇。经过两场悬而未决的战争后，麦西尼亚人放弃了次要的堡垒，将兵力集中在地处中心位置的伊索姆山。伊索姆山有麦西尼亚人最坚固的要塞，也是他们最神圣的圣殿所在地。与此同时，帕米索斯平原任由斯巴达人宰割。虽然伊索姆山有悬崖峭壁且城墙坚固，但作为一直处于守势且坐以待毙的麦西尼亚人，他们的处境必将每况愈下。虽然麦西尼亚首领阿里斯托得摩斯将女儿作为人祭献给麦西尼民族神宙斯-伊索米提斯，但无济于事。战争和饥荒使阿里斯托得摩斯跟随者的数量锐减。坚守要塞十二年后，阿里斯托得摩斯在绝望中自刎身亡。公元前723年，伊索姆山陷落不久，麦西尼亚的抵抗也随之瓦解。

战争结束后，大多数麦西尼亚贵族背井离乡。其中一些贵族加入了前往意大利利基翁的殖民队伍，还有一些则退居伊奥尼亚。绝大多数人滞留，成了斯巴达的庇里阿西人。与其他庇里阿西人相比，麦西尼亚的庇里阿西人似乎遭受了更不合理的待遇。他们必须向斯巴达征服者缴纳土地产出的一半作为租金。

第一次麦西尼亚战争结束后，斯巴达发生了两次危机。第一次危机起源于战场上，斯巴达国王一再缺席，致使公务处理受到耽搁。直到任命监察官后，这种情况才停止。斯巴达人委派高级官员行使高高在上的君主的职能。但在战争结束后，赫拉克勒斯族无法摆脱监察制度。新任"监工"们继续手握重权。泰奥彭波斯国王的妻子曾取笑泰奥彭波斯国王给儿女留的特权越来越少。据说，泰奥彭波斯国王答道："越有限才能越长久。"第二次危机就是连年战事使斯巴达年轻人的数量越来越少，导致斯巴达适龄女性找不到同等出身的男性，嫁给了庇里阿西人。战后，斯巴达人认为斯巴达女性和庇里阿西人结婚生下的子女非法，并将他们的子女冠以"处女之子"的称呼。"处女之子"的意思就是"私生子"。这些年轻人数量众多，团结在一位叫"法兰图"的人周围，密谋推翻莱克格斯律法。但他们的阴谋还未实施就被发现。斯巴达人没有对异父兄弟血债血偿，而是迫使他们集体离开拉科尼亚。公元前708年，在德尔斐神谕的指引下，私生子们前往意大利。法兰图成为伟大富庶的塔林敦的创始人。

占领麦西尼亚后,斯巴达开始接触伯罗奔尼撒半岛西部事务。不久之后,斯巴达就和伊利斯结盟,并因而成了皮萨提斯人的敌人。皮萨提斯人一直反抗着伊利斯人,力图确保他们的自治的权利。斯巴达还开始蚕食阿卡狄亚西部,并占领了该地区南部边境城市费加里亚。与此同时,斯巴达似乎还陷入了与提基亚及其他阿卡狄亚城邦的争端当中。

然而,大约在公元前675年到公元前660年间,阿尔戈斯的斐冬国王企图称霸整个伯罗奔尼撒半岛,斯巴达人因而面临危机。据我们所知,阿尔戈斯与斯巴达的首次争端发生在公元前669年。当时,斯巴达大军企图入侵阿尔戈利斯,却在海希亚溃不成军。如果我们所掌握的有关斐冬国王的年份可信的话,那么就在次年,即公元前668年,阿尔戈斯军队出现在了伯罗奔尼撒半岛西部,首次击败了斯巴达人和伊利斯人联军,并协助皮萨提斯人举办了奥林匹亚竞技会。

第4节 第二次麦西尼亚战争

大约正是在这个时候,斯巴达人突然发现自己的麦西尼亚的属邦正奋起反抗。斯巴达打了败仗,激怒了北方边境的山地居民。接着,所有人都开始武装反抗斯巴达人。麦西尼亚人拥护阿里斯托梅尼为首领。阿里斯托梅尼是一位年轻的英雄。在赫里亚努斯的史诗中,所有不可思议的英勇之举都和他有关,并被一再重述。在赫里亚努斯的史诗中,我们可以读到他手刃了三百敌人;他夜访斯巴达,虚张声势地在雅典娜神殿悬挂了一块盾牌;他三次入狱,但总能逃脱;他一度被投进所谓的"克阿达斯",即斯巴达处决犯人的大坑,但又毫发无损地逃脱,接着,又通过岩石间的一道地下裂缝找到了出路。

第二次麦西尼亚战争持续多年,看似会以麦西尼亚赢得自由而结束。斯巴达人四面受敌。除了麦西尼亚人,他们还要和阿尔戈斯及其属邦作战。此外,还有一支由奥尔霍迈诺斯国王阿里斯托克拉特率领的阿卡狄亚部落联盟军队与他们为敌。在盟邦中,斯巴达只能寄希望于科林斯人和伊利斯人,而科林斯人正迫

战斗中的阿里斯托梅尼

切地试图摆脱阿尔戈斯的霸权,伊利斯人则一直与邻邦皮萨对立[1]。因此,斯巴达陷入水深火热也就不足为奇了。斯巴达人亲眼目睹治下埃夫罗塔斯河流域惨遭蹂躏。在旷野进行的交战中,他们至少大败过一次。然而,莱克格斯创立的制度坚不可摧。斯巴达人虽然战败但从未被征服。他们坚持不懈直到形势扭转。在最黑暗的时候,提尔泰奥斯的诗歌让斯巴达人斗志昂扬。在提尔泰奥斯的诗中,他歌颂道,忠诚之魂和军人荣耀最终必将战胜造反农奴们的一时冲动和盟邦们出于忌妒的分裂行径。最终,对抗斯巴达的联盟土崩瓦解。阿尔戈斯的斐冬国王战死沙场;阿卡狄亚的阿里斯托克拉特国王背弃盟军,撤回了自己的军队,盟军因而一败涂地;阿里斯托梅尼被赶上埃拉的山地堡垒,正如第一次麦西尼亚战争中的阿里斯托得摩斯被幽禁在伊索姆山。此后,阿里斯托梅尼坚守埃拉。在斯巴达人的封锁松懈时,他就伺机突袭。然而,阿里斯托梅尼的突袭无济于事。经过十一年的抵抗后,麦西尼亚人终于结束了垂死挣扎。斯巴达人凭

---

[1] 见乔治·格鲁特(George Grote)《希腊史》,第2章,第434页,注释3。——原注

借云梯强攻进入埃拉。幸运的是，剩余的麦西尼亚驻军安全撤离。传说，是麦西尼亚人的叛变致使要塞失守，但战败方总是乐意这样自我安慰。毫无疑问，埃拉显然早就在劫难逃。阿里斯托梅尼流亡到罗得岛，并长眠在了罗得岛。他部下的官员大多在阿卡狄亚找到了新家。公元前645年，麦西尼亚人的主体沦为希洛人，在斯巴达的脚下俯首称臣，直到二百多年后才敢有所图谋。

直到几年后，麦西尼亚战争才真正结束。阿卡狄亚人投石砸死了奸诈的阿里斯托克拉特国王，废除了阿里斯托克拉特国王家族的王位。他们和皮萨提斯人共同发起反抗，进行最后一搏。公元前644年，阿卡狄亚人和皮萨提斯人甚至攻占了奥林匹亚。他们不顾伊利斯和斯巴达的虎视眈眈，举行了竞技会，但不久就遭到伊利斯和斯巴达的猛烈进攻。皮萨提斯人沦为伊利斯的属民长达五十年。公元前581年，皮萨提斯人起义。他们的宗主伊利斯借机将皮萨提斯城夷为平地。

当时，斯巴达将目光转向了阿卡狄亚和阿尔戈利斯。在第二次麦西尼亚战争之后的一个世纪内，伯罗奔尼撒半岛的历史不过是斯巴达人不断蚕食并完全征服半岛的故事。然而，斯巴达的节节胜利不再伴随着拉科尼亚领土的扩张。此后，战败者沦为属邦，战时须唯斯巴达马首是瞻，斯巴达对这样的结果已经心满意足。斯巴达人也从不插手战败国的内务。因此，对战败国来说，斯巴达霸权并不是负担。甚至可以说，斯巴达霸权丝毫没有干扰到希腊人心中根深蒂固的"自治"欲望。

提基亚最先遭受斯巴达的打击。提基亚拼死反抗的结果就是为其公民赢得了有利条件。在向斯巴达臣服后，提基亚公民完全享有地方事务的管理权。提基亚成了斯巴达攻陷阿卡狄亚中部和阿尔戈利斯的作战基地。对阿卡狄亚人屡屡战败的细节我们所知不多。与和阿卡狄亚的战争相比，斯巴达和阿尔戈斯间战争的历史更有名。自斐冬国王驾崩后，阿尔戈斯元气大伤。当时，科林斯已经完全独立。在奥萨戈拉家族历代僭主的统治下，西锡安脱离了阿尔戈斯，并逐步崛起达到强盛。在公元前7世纪以前，就连阿尔戈利斯半岛上的埃皮达鲁斯都完全拥有自治权。因此，在与斯巴达的竞争中，阿尔戈斯失去了优势。但阿尔戈斯极力坚持，直到公元前547年，才最终丢失拉科尼亚沿岸地区的库努里亚。公元前547年爆发了著名的三百勇士之战，胜者的奖励就是阿尔戈斯外围的提里亚地区。传说，战争极其激烈血腥，最终仅有两名阿尔戈斯人和一名斯巴达人幸存下来。阿尔戈斯人匆忙回国传达他们胜利的消息，却忽略了唯一幸存的斯巴达人。斯巴达人欧特律阿戴斯留在了战场上，将被屠杀的阿尔戈斯人的手臂当成战利品堆砌起来。因此，参战的每个民族都认为自己是赢家，为此争执不休。直到一场会战结束，斯巴达人大获全胜后，结果才尘埃落定。在战场上，欧特律阿戴斯自刎而死。作为三百勇士中唯一逃脱战争厄运的人，他为此感到耻辱，不愿重返斯巴达。此后，库努里亚完全由斯巴达掌控。阿尔戈斯遭受重创，在之后的整整三十年里都无力反抗斯巴达人。

公元前6世纪上半叶，伯罗奔尼撒半岛北部结成反多利亚联盟。当时，他们似乎是唯一能减缓斯巴达完全征服伯罗奔尼撒半岛速度的因素。公元前660年到公元前650年，通过起义，科林斯和西锡安推翻了多利亚人的寡头统治，将伊奥尼亚的僭主们推上王位。根据创立者姓名，人们称这两大王族为库普塞罗斯家族和奥萨戈里德家族。在政策上，库普塞罗斯家族和奥萨戈里德家族都极力反对斯巴达。直到公元前582年，科林斯的库普塞罗斯王族被推翻，而大约到了公元前560年，西锡安的王族也被推翻。直到当时，在伯罗奔尼撒半岛北部，斯巴达才建立起和中南部地区一样的霸权地位。在僭主们被流放后，科林斯和西锡安加入拉科尼亚同盟，并成为拉科尼亚同盟坚定的支持者。当时，只有阿尔戈斯成了伊纳科斯河流域的一个小国，阴郁沉闷、远离世事且伺机而动。伯罗奔尼撒半岛上的其他地区都臣服于斯巴达的霸权统治。

这就是两个世纪连年战乱和莱克格斯律法的共同成果：一支不足十万人的斯巴达军团成功让整个伯罗奔尼撒半岛上的城邦俯首称臣。

第 9 章

海外大殖民时代

第1节 移民起因和腓尼基贸易的衰落

公元前8世纪和公元前7世纪不仅是斯巴达在伯罗奔尼撒半岛建立霸权的时期，也见证了希腊绝大多数地区移民热的复兴。希腊首次大移民始于多利亚人入侵伯罗奔尼撒半岛的时候。然而，在公元前8世纪和公元前7世纪，移民的起因发生了变化。移民不再是外部压力下被迫做出的选择，而是内部扩张将移民送出海外。公元前11世纪的人口大迁移颠覆了史前希腊城邦的父权体制。君权的日益腐朽和寡头集团的崛起是大迁移后一百年的主要特征。因为寡头集团治国无方，所以希腊的有志之士难以忍受国内的生活，而渴求逃离到一个更自由的国度。出身低微的有钱人和穷困潦倒的上层阶级都无法参与政事，因而准备远走他国。在逃离暴政和压迫的渴求上，下层阶级的人们同样迫切。但如果时机尚不成熟，那么下层人民就只好通过暴动来发泄这股情绪。

希腊人逐渐成为具有冒险精神的水手。与此同时，长期垄断地中海东部贸易的腓尼基人由于国内屡屡遭到重创，已经无力继续向海外扩张。公元前9世纪，亚述帝国扩张到幼发拉底河，并自此与腓尼基针锋相对。

公元前8世纪，大港口麻烦不断。公元前742年，历经三年封锁围攻后，亚述国王提革拉·毗列色三世最终占领阿拉杜斯。之后，亚述国王撒缦以色五世武

提革拉·毗列色三世

力迫使提尔继续向自己效忠,但提尔一直试图摆脱他的钳制。公元前726年到公元前681年,在萨尔贡二世和西拿基立统治亚述期间,提尔和西顿虽然不断反抗,但屡屡失败,只能继续俯首称臣。公元前680年,亚述国王以撒哈顿将西顿洗劫一空,然后夷为平地。长期一来,腓尼基人和希腊人共同把持海上重要贸易路线,而上述战争弱化了腓尼基人对这些路线的把控。到了公元前7世纪,腓尼基人完全被驱逐出爱琴海和爱奥尼亚海。

第2节 哈尔基季基半岛上的殖民地

最早兴起移民热的希腊城市要数伊奥尼亚的两个海港——卡尔基斯和埃雷特里亚,它们都坐落在埃维亚海峡戒备森严的港口地区。卡尔基斯地处埃夫里普,面朝北方;埃雷特里亚与卡尔基斯间是十二英里肥沃的平原地带。埃雷特里亚以南是基克拉迪群岛。卡尔基斯和埃雷特里亚的殖民热源于由财富建立起来的寡头政治。伊奥尼亚城邦似乎总是陷入财阀当政的局面,而希腊其他地区的寡头政治总是以出身为基础。卡尔基斯和埃雷特里亚第一批移民涌入的地区是爱琴海的西北角。在爱琴海的西北角,一个半岛从马其顿大陆伸出,分裂成三个海岬向大海深处伸展。人们将这个半岛称为"哈尔基季基半岛"。哈尔基季基半岛既有海岬和海湾,也有高山和海滨平原。杂糅的地貌结构和希腊地区如出一辙。不仅如此,当地岩石中银矿储藏丰富。因此,埃维亚人——他们长期在自己的海岛上开采铜矿——也热切希望前往哈尔基季基半岛,开采银矿,而他们也具有这样的能力。

公元前8世纪上半叶,卡尔基斯和埃雷特里亚一共在哈尔基季基半岛的三个海岬建立了三十多个城镇。由于当地的殖民者大部分都是哈尔基斯人,这个半岛因此得名。在定居点中,其中一些仅仅是矿区居民点,而另一些则成了区域辽阔的重要城镇。其中之一就是建立在帕勒涅半岛上的埃雷特里亚殖民地芒德。芒德位于三个海岬最西端,也是山地最少的。一直以来,芒德都凭借富饶的葡萄园闻名于世。卡尔基斯最大的殖民地是特恩农和谢尔米列。大概来说,埃雷特里亚人倾向于在哈尔基季基半岛西部发展,而卡尔基斯建立的城镇则占据了哈尔基季基半岛的中部和东部地区。哈尔基季基半岛的原住民是皮拉斯基人。总体上,他们和希腊殖民者相处融洽。当埃维亚人在哈尔基季基半岛定居一段时间后,来自其他地区的殖民者开始拓展殖民领地。在色雷斯海岸和阿索斯山的东北部,安德罗斯岛上的伊奥尼亚居民建立了不少城镇。在帕勒涅半岛上的埃雷特里亚人聚居地以北地区,多利亚-科林斯人建立了波提狄亚这个重要城市。

第3节 米利都、昔齐库斯和锡诺普

如果说卡尔基斯和埃雷特里亚是希腊人在欧罗巴的殖民先驱,那么米利都则是希腊人在亚细亚的殖民先驱。短短几个世纪就足以让伊奥尼亚人在吕底亚

米利都遗址

和卡里亚海岸建立的定居地成长为生机勃勃的大城市，而这些城市又成为随后众多殖民地的母邦。米利都是地处迈安德河河口的一个港口城市，它率先引领海上扩张。公元前8世纪早期，米利都王室就已经消亡。米利都陷入财阀统治。米利都公民唯一追求的就是财富，而远洋航行是致富的捷径。米利都的海上商人数量庞大。在国内，他们结成了所谓的Aeinautae，即永不离水的人。因为埃维亚人向爱琴海西北扩张，所以米利都人首批移民选择的方向就是爱琴海的东北角。米利都人一路跨越位于特洛伊地区的伊奥利亚人定居点，企图占据达达尼尔海峡和通往黑海的路线。腓尼基人早已占据了此地。腓尼基人在兰普萨库斯①的作坊需要他们开通前往马莫拉海域的航线，而腓尼基的船队早就深入帕夫拉戈尼亚和科尔基斯偏远地区。为了争夺海峡地区贸易的垄断地位，米利都人和腓尼基人势必爆发争端，但其中的细节我们不得而知。米利都人作战的基地是

① 今拉普塞基。

他们的首个定居点昔齐库斯。昔齐库斯地处一个半岛最狭窄的颈部地区。这个半岛一直延伸到马尔马拉海。

在达达尼尔海峡站稳脚跟后，米利都人继续向北和向东扩张。原来，人们只知道有一片神秘的海域叫埃克西诺斯，即不好客的海。传说，埃克西诺斯海岸上曾发生过数不尽的奇迹和冒险，但不久之后，希腊作坊就开始在这里聚集。随着海岸上越来越多的港口被人们了解，这片大海更名为"黑海"。起初，看似是黑海取之不尽的渔业资源吸引着希腊人前往，但不久后，在黑海周边，人们又发掘出其他珍稀的资源。在黑海多山的南部海岸地区，原木、铁矿、铜矿和铅丹资源都极其丰富。黑海平坦的北部海岸地区是一大片适合谷物种植的土地。这片土地面积之广就连对肥沃的迈安德河流域司空见惯的伊奥尼亚人都叹为观止。之后，在科尔基斯，人们发现了金矿。此外，人们自乌拉尔开辟出一条贸易路线。这条贸易路线一直延伸到麦奥提克湖畔，我们如今称这片湖为亚速海。公元前8世纪中叶到公元前7世纪末期，黑海成了米利都人的海域。在帕夫拉戈尼亚最突出的海角上，富庶的锡诺普取代了先前古老的亚细亚人定居点，成为小亚细亚北部的集市。其他米利都作坊四处发展，在博斯普鲁斯海峡到科尔基斯之间连绵不断。锡诺普建立还不到百年，就在东方的桌形岩石上建立了欣欣向荣的下属镇特拉比宗。在多年以后，特拉比宗注定要取代锡诺普，成为黑海的贸易中心。

第4节　奥德索斯、奥尔比亚和潘提卡彭

与在亚细亚的移民相比，希腊人在爱琴海东岸野蛮的色雷斯人间的移民要艰难得多。然而，公元前7世纪，在色雷斯的殖民还是开始了。一段时间后，一个由五个城镇联合的"五城"——奥德索斯、卡拉蒂斯、托米、阿波罗尼亚和墨森布瑞亚——在多瑙河河口与博斯普鲁斯海峡黑海入口间崛起。其中，前四个城镇都是米利都的殖民地。

在多瑙河的以北地区，希腊探险者发现了俄罗斯南部地区的平原。当时，这

赛西亚人

片平原正处于游牧民族赛西亚人的统治下。赛西亚人是一群居住在帐篷和马车里的民族。他们在草原地带四处游荡,带着他们的羊群和牛群,居无定所。对于希腊人的到来,他们毫无异议。因为他们拥有广阔的土地,也从未想过要善用海岸的湾地和潟湖。他们向希腊殖民者出售牛皮和来自北方部落的黄金和皮草,

来换取希腊殖民者的金属制品、布料织物、亚麻制品和葡萄酒。希腊人开始耕作土地时,他们也并不反对。希腊人将第聂伯河和布格河下游河谷地区变成世界上最大的小麦种植地。某些赛西亚人深受希腊人影响,也开始关注耕种。这片土地上的主要城镇有地处第聂伯河河口的奥尔比亚,位于连接黑海和麦奥提克湖海峡处的潘提卡彭，以及希腊文明最后的前哨塔奈斯[①]。塔奈斯远在东北方，在顿河的入海口。以上所有城市都是米利都的殖民地。

第5节 色雷斯、迈加拉、卡尔西登和拜占庭

在米利都人大力发展的地方，伊奥尼亚其他城邦总是小心翼翼地跟随在后。福西亚是唯一向黑海派遣殖民者的城邦。直到公元前566年，福西亚才建立了殖民地阿米苏斯。然而，在爱琴海的东北部及马尔马拉地区，米利都的众邻邦建立了若干要镇。在马尔马拉海色雷斯海岸，萨摩斯岛建立了佩林托斯。在临近奈斯托斯河河口的地方，克拉左美奈建立了更大更富有的阿布德拉。而同样位于色雷斯但更偏东一些的马若涅亚则是希俄斯岛的殖民地。帕罗斯岛上的居民占领了腓尼基要塞萨索斯。凭借着萨索斯丰富的银矿资源，帕罗斯岛岛民在萨索斯建立起一个欣欣向荣的城邦。

然而，希腊人在欧罗巴建立的迈加拉才是最接近米利都成就的多利亚城邦。公元前7世纪，迈加拉基于出身而建立起的寡头统治蠹政，导致人民纷纷移民海外。在比提尼亚，迈加拉人建立了阿斯塔科斯和卡尔西登，之后又占领了位于博斯普鲁斯海峡的要塞拜占庭——此处地理位置绝佳。德尔斐的神谕嘱咐殖民者们要在"盲人之城的对岸建城"。

这一神谕折射出希腊人的洞察力，他们更愿意占领卡尔西登对岸看似无足轻重的位置。多年后，迈加拉人找到了从拜占庭通往黑海的路，并在色雷斯建立了墨森布瑞亚。而在陶鲁斯-切尔松尼斯，即克里米亚，迈加拉人建立了赫拉克里亚-克森尼索。两千五百年后，和塞瓦斯托波尔一样，赫拉克里亚-克森尼索也闻名于世。此外，迈加拉还有一个欣欣向荣的殖民地，名字也是赫拉克里亚，位于黑海岸边的比提尼亚。

---

① 顿河三角洲地带的希腊古城。

第6节 西方的殖民地和哈尔基斯人

就在爱琴海和黑海逐渐被一圈希腊城市包围时，在西方，沿着爱奥尼亚海，一场同等规模的殖民运动同步进行。对于希腊人从什么时候开始前往西西里岛和意大利其他地区，我们还难以断言。甚至在《奥德赛》里，我们似乎都能看到关于西方土地的模糊信息。传说，坎帕尼亚的库迈是意大利地区的第一个希腊城市。早在公元前11世纪，库迈就已经建立。这个日期也许有误，因为所有城市的创建日期都不会早于公元前8世纪中叶。不过，与其他爱奥尼亚海以外的城市相比，库迈确实建立得更早。或许在公元前800年，库迈就已经存在了。

正如在色雷斯的殖民运动一样，在西方，卡尔基斯和埃雷特里亚仍然是殖民的先驱。为了寻求贸易机会，他们的船队绕过玛勒亚海角和马塔潘角，一路向北来到希腊西部海岸。伊庇鲁斯对岸的克基拉由埃雷特里亚殖民者建立。克基拉的建立是这一历史时期的第一个标志。仅需几小时就可从克基拉航至意大利后跟处[①]的阿皮几亚角，随后，沿着卡拉布里亚海岸向前的航线就清晰可见了。

在被希腊人发现的时候，意大利和西西里岛主要由若干部落占领，即麦撒披亚人、奥诺羯利亚人、西舍尔人和西西里人。希腊人含糊地将这些人看成是自己的远亲，即所谓的皮拉斯基人。然而，意大利和西西里岛的偏远地区由更陌生的部族占领。迦太基的腓尼基人占据着西西里岛最西部地区；自称腊舌纳的神秘民族——希腊人称其为泰勒尼人，而罗马人称其为伊特利亚人——出现在意大利北部和中部的部分地区。

第7节 纳克索斯、叙拉古、卡塔拉、莱昂蒂尼和赞克勒

在冒险定居意大利和西西里岛海岸前，希腊人应该早就熟知这片土地。或

[①] 意大利地区呈长靴状，阿皮几亚角位于长靴的后跟处。

许是经过慎重的权衡比较后,哈尔基斯人才选择将库迈建在意大利地理环境最优越的那不勒斯海湾。但长期以来,库迈都孤立在北方。首批城市群没有建在坎帕尼亚海岸,而是建在奥诺羯利亚和西西里岛海岸。第一个有确切建造年份的城市就是西西里岛上的纳克索斯城①。纳克索斯是一个介于埃特纳山和大海之间的城市。公元前735年,在纳克索斯,所有西西里岛殖民者的先驱——卡尔基斯的提奥克勒斯——建造了"指引者阿波罗"的祭坛。次年,即公元前734年,科林斯的阿基亚斯因科林斯寡头统治引发的骚乱而遭流放在纳克索斯以南五十英里处,阿基亚斯发现了一处绝佳的海港。在奥提伽岛上,阿基亚斯还建立了伟大的多利亚城市叙拉古。不到十年时间,在叙拉古和纳克索斯之间,哈尔基

纳克索斯城出土的货币

---

① 注意区分这里的纳克索斯(Naxos)城与基克拉迪群岛(Cyclades)中最大的岛屿纳克索斯岛(Naxos)。

麦西尼遗址

斯人建立了卡塔拉和莱昂蒂尼,迈加拉人则建立了殖民地迈加拉-希布利亚。之后,哈尔基斯人和库迈人占领了西西里海峡的最佳港口。这个港口后来演变成赞克勒港,即日后我们熟知的麦西尼①。

第8节　锡巴里斯、克罗顿、塔林敦、洛克里和利基翁

与此同时,在奥诺羯利亚,另一群殖民地崛起。处于中心位置的是姊妹城市锡巴里斯和克罗顿。它们都由伯罗奔尼撒半岛以北的阿哈伊亚移民建立。对于这些阿哈伊亚人背井离乡的原因,我们一无所知。对于他们的故土在之前或

---

① 赞克勒意为"长柄镰刀",取义于其港口形状。公元前5世纪早期,利基翁(Rhegium)的安纳克西拉斯(Anaxilas)更其名为"麦西尼",以纪念希腊城市麦西尼(Messene)。

之后是否充满相似的移民热情，我们也不知道。然而，克拉提斯肥沃低地里的锡巴里斯和微风阵阵的拉西尼安海岬上的克罗顿都是强壮的阿哈伊亚人的据点。锡巴里斯和克罗顿经过发展最终繁荣起来。位于内陆的奥诺羯利亚人部落成了它们的属民。锡巴里斯和克罗顿建立起的小国自伊奥尼亚海延伸到第勒尼安海，恰好横穿意大利地形的足背区域。意大利东岸的锡巴里斯又在西岸建立了劳斯和波塞冬尼亚；同样地，克罗顿也建立了帖日纳和特米萨。

在意大利地区的其他殖民地中，塔林敦的建立日期要追溯到斯巴达私生子暴动——上文我们已经讲过。洛克里被称为"伊壁犀斐里"，用以区分它的母邦。洛克里的建立也是由于希腊中部洛克里斯人内部不和的结果。利基翁面朝西西里海峡对岸的赞克勒。利基翁人口的主要来源是麦西尼亚流亡者。在伊索姆山陷落和阿里斯托得摩斯死后，他们纷纷逃亡海外。塔林敦、洛克里和利基翁三地人口众多且生机勃勃，但塔林敦一枝独秀，甚至可以匹敌锡巴里斯。锡巴里斯衰落后，塔林敦成为意大利地区的首屈一指的希腊城市。除了上述提及的三个城市，在奥诺羯利亚和卡拉布里亚海岸上，还散落着其他希腊殖民地。因此，意大利南部的整片区域有"大希腊"之称。

与此同时，西西里岛北部和南部的希腊殖民地正向西扩张。来自罗得岛的多利亚人在杰拉安家，而在正对阿非利加的海岸上，来自迈加拉塞利纳斯的多利亚人安定下来。在西西里岛面朝意大利的海岸正中间，赞克勒的哈尔基斯人建立了希梅拉。在叙拉古建立一百年后，西西里岛南端建起卡马里纳。不久后，在杰拉，人们建立了阿克拉加斯，即阿格里真托。随后，阿克拉加斯超过杰拉，成了西西里岛上第二大城市。直到公元前6世纪末期，除了西部的迦太基人要塞利利俾和德雷帕纳姆，以及当地人的城市塞杰斯塔还保持独立，希腊殖民地已经将西西里岛团团围住。西西里岛东部的西舍尔人和西部的西西里人都成了希腊人的属民。而他们奥诺羯利亚的亲人则早就沦为锡巴里斯人和克罗顿人的属民。叙拉古独自统领着若干西舍尔部落。它的影响力远及西西里岛内陆地区。[①]

[①] 文中未给出的西西里岛希腊殖民地的建立时间：公元前690年，杰拉（Gela）建立；公元前648年，希梅拉（Himera）建立；公元前628年，塞利纳斯（Selinus）建立；公元前599年，卡马里纳（Camarina）建立；公元前580年，阿克拉加斯（Acragas）建立。——原注

阿克拉加斯

在意大利南部希腊殖民地和西西里岛的希腊殖民地上,希腊人财富的来源都是所占处女地上的原始产出,而不是商业或制造产业的成果。梅塔蓬图姆的谷物、锡巴里斯的羊毛、克罗顿的木材和沥青、阿克拉加斯的原油、叙拉古的马匹和塔林敦的渔场都因其产生的巨额财富闻名希腊世界。西方富翁的财富远远超出了希腊母邦财阀寡头们的想象。譬如,鼎盛时期的锡巴里斯可能是世界上最大的希腊城市。锡巴里斯的富有阶层们对奢华享受的麻木为希腊故土的人们提供了取之不尽的好故事。在规模或繁盛程度上,米利都或许是东方殖民地中唯一能与西方殖民地匹敌的城市。无论是阿尔戈斯和雅典,还是底比斯和西锡安,与锡巴里斯相比,都显得穷困潦倒。

第9节 福西亚人和科林斯人

意大利和西西里岛外围的两批西方殖民地值得一提。第一批殖民地都是由伊奥尼亚的福西亚人建立。这群冒险进取的商人并不关注本土的海域,反而将目光投向遥远的西部世界。他们毫不胆怯地与腓尼基人和伊特利亚人竞争,沿着欧罗巴海岸一路向前探索,直到直布罗陀海峡。在西班牙南部港口塔提苏斯的贸易及与居住在罗纳河附近的凯尔特人的贸易为福西亚人带来巨大财富。约公元前600年,福西亚人立志建立一个安全通往西班牙地区的驿站。在罗纳河河口最东部,他们建立了马西利亚①。经过与当地人的多次斗争,马西利亚终于稳固建立,成了加泰罗尼亚和普罗旺斯沿岸一系列小作坊的中心。其中,最重要的作坊要数伊波利亚。

直布罗陀海峡

---

① 马赛的旧称。

凯尔特人

第一批高卢的殖民地都由福西亚建立，第二批殖民地则全由科林斯建立。在爱琴海和西西里岛，科林斯偶尔建立一些殖民地。在前文中，我们已经提到波提狄亚和叙拉古。然而，科林斯将主要精力放在希腊的西北海岸及意大利对岸的伊利里亚之滨。科林斯无论是在寡头统治时期，还是在僭主库普塞罗斯倒台之际，这些地方的殖民地都在持续扩张。公元前708年，在克基拉，早期的埃雷特里亚殖民地涌入大批科林斯人。这批科林斯人跟随着被流放的前寡头统治者刻西克拉提斯来到克基拉。在阿卡纳尼亚沿岸，科林斯人建立的一个个戒备森严的港口城镇将当地人纷纷驱逐到山地。这些港口城镇中——它们是唯一一批遭遇希腊蛮族武力攻占的希腊殖民地——有索利安姆、阿力西亚、阿斯塔科斯和安纳克托里安①。科林斯还从阿卡纳尼亚人手中夺走靠近海岸的莱夫卡斯岛。之后，科林斯人占据莱夫卡斯岛。此外，科林斯还征服了伊庇鲁斯最南端地区。该地区自此成了安布拉基亚②的领地。最终，在遥远的北部的伊利里亚，科林斯和克基拉联合建立了阿波罗尼亚和埃庇丹努斯。

---

① 位于今亚克兴。
② 古希腊城市，现称"阿尔塔"，距安布拉西亚湾（Ambracian Gulf）约十一千米。

第10节 科林斯和克基拉的竞争

虽然阿卡纳尼亚的殖民地始终与科林斯联系紧密,并遵循科林斯的政治领导,但克基拉从一开始就与科林斯背道而驰。或许是克基拉居民中的埃维亚人成功将克基拉与科林斯疏离开来,并拒绝对科林斯效忠。无论如何,克基拉建立四十年后,在伊利里亚和意大利地区,它成了科林斯贸易方面的劲敌,并陷入和母邦科林斯的战争之中。据希腊历史学家称,科林斯和克基拉的首次海战爆于公元前664年。克基拉独立近一百年后,僭主佩里安德征服克基拉。然而,佩里安德驾崩后,克基拉永远地摆脱了科林斯的控制,之后成为科林斯的死敌。

僭主佩里安德

昔兰尼遗址

第11节 昔兰尼

关于希腊的殖民活动，还有一处须做介绍——阿非利加北部海岸。传说，直到公元前7世纪，利比亚才被发现。但该传说纯属无稽之谈。因为在史前时期，阿哈伊亚人早就和利比亚人结盟袭击过埃及。然而，对腓尼基人的恐惧使希腊人直到公元前7世纪中叶才开始在利比亚建立殖民地。接着，迫于来自伯罗奔尼撒半岛的被流放者们的压力，基克拉迪群岛中的锡拉岛上的多利亚居民逃到克里特岛对岸的土地。历经重重磨难，他们终于完成了德尔斐阿波罗的天命，即"在利比亚建立一个盛产羊毛的城市"[①]。昔兰尼就是他们远航的成果。在昔兰尼，移民和当地人自由融合。与其他希腊殖民地的居民相比，在昔兰尼，人们

---

① 据希罗多德（Herodotus）所称，埃萨尼欧斯（Aesanius）之子，锡拉岛（Thera）国王格瑞乌斯（Grinus）曾拜访德尔斐神殿，并举行大祭。神谕指引格瑞乌斯在利比亚建造一个新城。

相处得更融洽。昔兰尼的利比亚人推举锡拉岛首领亚里士多德为王。亚里士多德还获得王姓"巴蒂"。他的家人和当地人通婚。他的战友也纷纷效仿。因此,昔兰尼有一半的希腊血统。昔兰尼成了巴卡和攸斯皮德斯的母城——两个偏向西部的城市。整整两百年,昔兰尼一直繁荣昌盛。国王位置由父传子。王室姓名在当地的"巴蒂"和希腊的阿凯西劳斯间交替着。昔兰尼牛羊成群,盛产谷物和罗盘草——这种罗盘草是希腊世界绝无仅有的。

第12节 埃及的希腊人

史前的希腊人已经知道埃及的存在。埃及的碑文上记载着三角洲地区阿哈伊亚人的后裔,《荷马史诗》中也回响着埃及人的声音。然而,几百年来,希腊和埃及尚未建立贸易联系。埃及人就好像古时候的日本人,对西方商人完全采取闭关锁国的政策。只有腓尼基人能在尼罗河河口进行贸易活动。直到埃及衰落,法老们的帝国分崩离析,成为独立的公国,并常常臣服于埃塞俄比亚和亚述国王的霸权统治之下时,米利都人才冒险接近三角洲地区,和当地人展开危险的贸易往来。直到二十六代王朝①的法老再次统一埃及,埃及才有了安全的交通路线。当时,亚述已经衰落,而埃及再度强盛。瓦西布拉·普萨美提克一世②是第一个利用从伊奥尼亚人和卡里亚人中挑选的雇佣兵而让帝国再次崛起的赛斯时期法老。瓦西布拉·普萨美提克一世拥有雇佣兵的人身权,并让他们自由出入尼罗河卡诺皮克河段的一个集市。米利都人和其他来自小亚细亚的商人争相来到这个新兴的商业中心,并将它命名为"瑙克拉提斯"。

不久,瑙克拉提斯就成长为一个欣欣向荣的希腊化城市,成为众多探险者前往埃及的起点。从埃及,探险者们带回远古时代的古董和不计其数的石碑。这些古董和石碑令希腊人困惑不解。因为对存在超过五六百年的历史,希

---

① 约为公元前664年到公元前525年,亦称"赛斯时期"(Saïte Period),是古埃及最后一个本土王朝,标志着古埃及后期(Late Period of ancient Egypt)的开始。
② 瓦西布拉·普萨美提克一世(Wahibre Psamtik I,生卒年不详),公元前664年到公元前610年在位,为古埃及二十六代王朝时期法老。

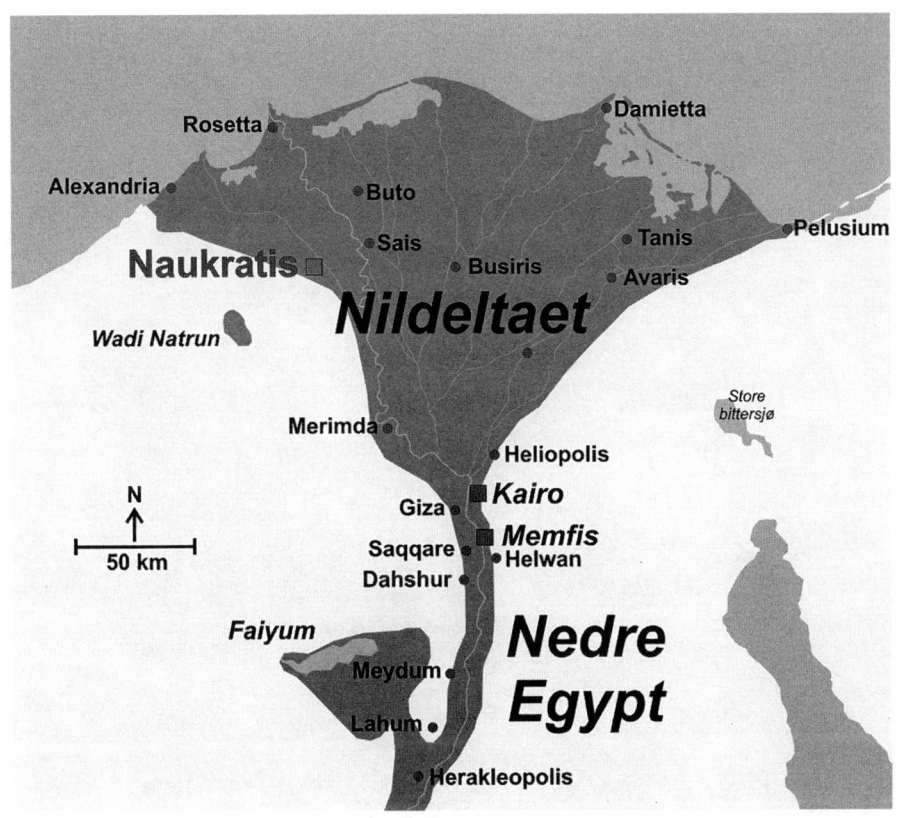

尼罗河三角洲地区及瑙克拉提斯位置示意图

腊人毫无概念。毫无疑问，埃及在希腊人心中留下很深的烙印。因此，只要是古代的事物，希腊人就认为它的根源必然是埃及。该信念使之后希腊的历史观极其混乱。

第13节 希腊殖民地的特点

务必谨记，与我们所处时代的殖民地相比，希腊殖民地完全不同。希腊的海外移民构建了新的国度。对于故乡，他们除了有子女般的崇敬和某种荣誉感外，别无其他。与此相反的例子屈指可数。科林斯是唯一对它的殖民地保有权威的存在。曾经，科林斯甚至每年都派地方官前往波提狄亚，而通过一个商业联盟，

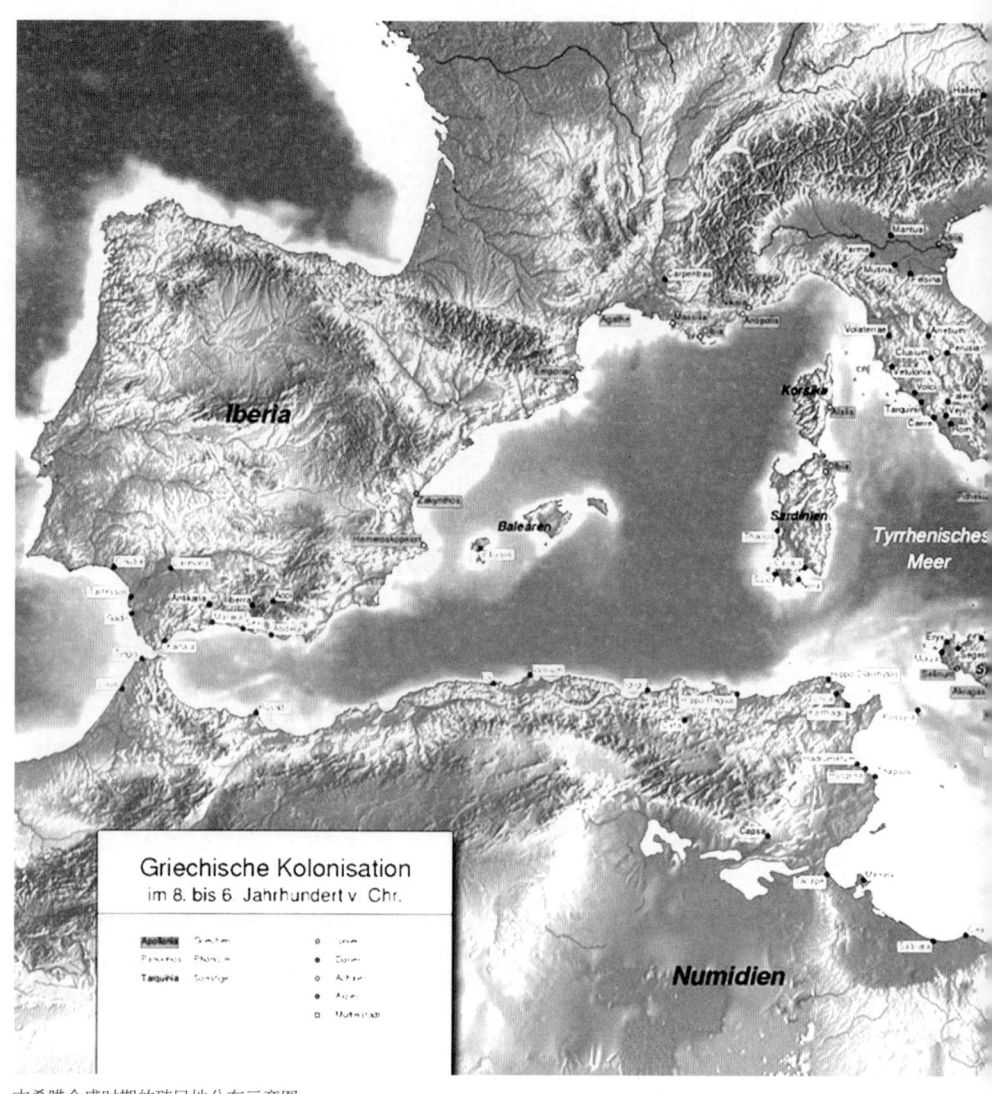

古希腊全盛时期的殖民地分布示意图

它的阿卡纳尼亚殖民地则和科林斯联系紧密。然而，多数情况下，母邦和子邦仅由情感纽带维系。殖民地政治发展的前景往往和母邦规定的方向背道而驰。这种情况实属正常，因为正是对国内不满的人才会远走海外寻求新的家园。然而，也是由于这个原因，导致殖民地的政体很不稳定。没有古老的当地传统让人们安定下来，而人口中总是包含着不同部族。其中，具有煽动性和冒险精神的大有

人在。因此,殖民地的伟大在于它们的炫目灿烂,而非坚不可摧。殖民地的权力总会遭遇骤变直至彻底的土崩瓦解。追逐财富是殖民者的唯一目标。因此,在殖民地,构成希腊本土城邦公民性格的硬性政治纪律荡然无存。与希腊本土的爱国热情相比,在殖民地,个人利益远占上风。

第14节 殖民地和神示所的关系

在之前的章节里，我们已经谈到德尔斐神示所在整个希腊文明中扮演的重要角色。对于"oekist"，即一群殖民者的官方首领而言，他们总是习惯去迁徙之神阿波罗处寻求指引，以找到最易定居的城镇。有时，神谕很晦涩；有时，神谕的结果则是毁灭性的。譬如，在奇努普司，神谕指引着斯巴达的多里阿斯及其追随者建立了一个殖民地，而此处离迦太基太近，难以确保安全。经过战争中毁灭性的打击后，多里阿斯终于放弃尝试。然而，通常来说，阿波罗的旨意都很敏锐切实。德尔斐的祭司能接触到无数来自各地的朝圣者，拥有从朝圣者中获取地理信息的极大便利。毫无疑问，这一便利是他人望尘莫及的。因此，即将成为殖民者的人不过是在和训练有素的移民服务机构打交道，而不是他们想象中的先知。在他们的想象中，这些先知在问询中绝对万无一失。不过，神示所对殖民地的选址的确眼光独到。它声望极高也就不足为奇了。因此，神谕灵感是洞见和常识的完美结合。正是祭司们对于实际知识的掌握，才使他们可以在希腊土地上身居要位，而该优势则是他们通过其他途径永远无法获得的。

第10章

僭主时代

在公元前7世纪和公元前6世纪，几乎所有希腊城邦都经历了一段内乱和冲突时期。这种内乱和冲突的症状之一就是上一章提到的海外大移民。剧变不仅发生在小亚细亚和西西里岛上的殖民地城邦，也发生在欧罗巴更古老的希腊城市。殖民地和母邦的变革虽然起因不尽相似，但结果相同。因为旧有政体正在消亡，所以在稳固的政府形成前，必然会经历几十年的骚乱和内战。动乱时代多以"僭主政治"的建立而终结，即权力由一位违律且专制的君主把持。

第1节 "僭主"的含义

希腊人眼中的"僭主"仅仅是统治者获取权力的方式，而不是他行使权力的方式。僭主并没有暗指令人厌恶的自我堕落或政治上的治理不当。毫无疑问，不少"僭主"都具有很多优秀品质。他们行使权力也是出于维护国家利益的考量。"僭主"一词仅仅指统治者享有不受限制的专制权力，而僭主权力的获得方式也不是通过律法这一途径。严格来说，一旦国王废除所有对自己权力的限制，实行独裁统治，那么他就成了一名"僭主"。因此，我们称阿尔戈斯的斐冬国王为僭主，尽管他是古老王室赫拉克勒斯家族的合法继承人。在危难之际，人们推举的拥有绝对权力的独裁者也是"僭主"，尽管他的上位是国家意愿的结

庇塔库斯

果——米提利尼的庇塔库斯就是这样登上王位的。在这些情形下,正是获取权力的反常手段和它的不受约束性,才为权力持有者赢得了这个不光彩的称号。但在绝大多数情况下,无论是世袭还是通过选举,这些僭主都无权登上自己占据的王位。有时,他是一位军事冒险家,有时则是一位野心勃勃的贵族。最普遍的情形是,他是受到寡头政治压迫的最下层民众的守护者和首领。然而,无论他的权威来自何处,也不管他如何行使权威,只要他的地位违背律法,并且权力无限,他就是僭主。

第2节 寡头们的崛起

在摆脱旧式父权体制下的国王后，多数希腊城邦在政治走向上表现出些许共性。在绝大多数情况下，王权转交到世袭寡头手中。有时，古老王室的直接继承人相继离世。组成议事会且限制上任国王权威的亲王们和首领们并不会在自己人中选出一位继承王位，而是将王权瓜分，并将权力转交给自己的后代。于是，君主曾经拥有的特权成为少数大家族的私人财产。在其他情况下，虽然王位一直延续存在，但君权渐渐被大家族们剥夺，君主则成了寡头们的傀儡，仅仅在宗教庆典或国家盛会时作为官方的代表。这种"国王"的地位与祭司或享受公共津贴的人员相当。该情形甚至延续至公元前5世纪。

第3节 寡头政治治理不善

贵族世家联系紧密的寡头政治集团将王权逐渐瓜分，但很少能持续把控王权数载。通常，寡头政府压榨民众且管理不当，并且各大家族间的世仇无休无止，他们从未赢得旧有父权体制下的国王们所拥有的尊重和敬畏。君主制的优势在于它存在的年代久远，而当君主制被寡头政治取代时，新政府没有传统可以依循，只能自生自灭。寡头家族通常只占人口的一小部分。然而，对于普罗大众而言，王室家族的毁灭总是彻头彻尾的不幸。每个城邦的大家族都遭受这样的控诉，即他们唯我独尊、滥用职权且对下层人民无恶不作。先前的国王总是试图权衡各个阶级臣民间的利益关系，而他们的继任者却完全为少数人的利益服务，对其他阶级的权利熟视无睹。在统治阶级与被统治阶级为非同姓血缘时，寡头统治的压迫性表现得更明显。譬如，在伯罗奔尼撒半岛北部城邦中，多利亚贵族就对阿哈伊亚人或伊奥尼亚人作威作福。然而，就连在没有种族仇恨的地方，统治者与被统治者间的关系也总是不尽如人意。

第4节 科林斯的僭主们

科林斯很好地诠释了一个希腊城邦是如何从王权统治历经寡头统治和民众冲突而走向僭主统治的。和多数伯罗奔尼撒的城邦一样,科林斯被一群多利亚人征服,但多利亚人没有将先前的伊奥利亚居民驱逐出去,而仅仅让他们低人一等。阿勒忒斯国王曾是赫拉克勒斯族王子,也是这些入侵者的领袖。阿勒忒斯国王的子孙在位数百年,但在公元前750年,君主统治因寡头集团的阴谋而遭废黜。两百多个多利亚家族都自称是巴齐斯的后裔——阿勒忒斯家族早期王室成员之一,夺取并占有了国家政权。他们一直掌权约九十年。在这期间,纷争和骚乱从未中断。为了躲避巴齐斯家族的恶政,一批又一批的科林斯人离开,在远方建立了殖民地。譬如,克基拉和叙拉古都是一位和本国寡头集团政见不合的杰出公民移居海外而建立的。最终,民愤爆发,瓦解了统治阶级的统治,导致科林

科林斯出土的货币

斯迅速陷入混乱。这次起义由一位叫"库普塞罗斯"的人领导。库普塞罗斯的母亲来自巴齐斯家族，父亲厄提翁则是下层庶民。由于是混血后代，库普塞罗斯自然无法参与政事，而体内的巴齐斯家族血液让他愤恨自己的无能。于是，当科林斯城内民愤沸腾的时候，库普塞罗斯趁机一马当先，武力推翻了巴齐斯家族。作为科林斯僭主，库普塞罗斯在位三十年，在人民中声望很高，甚至无需武装军队来保护自己的安危，地位极其稳固。对于寡头余孽，库普塞罗斯表现得冷酷无情。不少寡头遭到屠杀，有些则被流放，而所有寡头都需缴纳重税。然而，对于刚刚摆脱混乱状态的民众而言，库普塞罗斯很受欢迎。与无政府状态相比，他的独裁统治要好得多。虽然库普塞罗斯征收的税额巨大，但税款的用途——特别是库普塞罗斯向德尔斐阿波罗进献的丰盛祭品——无可厚非。库普塞罗斯的官廷让整个科林斯城都熠熠生辉。库普塞罗斯驾崩后，他的儿子佩里安德继位。除了与库普塞罗斯本性中的专横如出一辙外，佩里安德还完全继承了他父性格中阴暗邪恶的一面。佩里安德出身显贵，完全忘记了父亲威望的来源。对科林斯人而言，佩里安德是一位冷酷的主宰者。在雅典卫城上，佩里安德建立了一所堡垒性质的官殿。他的身边围绕着一群外国雇佣军，而雇佣费用支出来源于他对本国公民的苛捐杂税。然而，佩里安德统治的最糟糕之处是他对臣民私生活的干预。为了孤立民众，佩里安德禁止一切社交活动。他关闭了竞技馆，以防年轻人聚会；并禁止公众宴会，而公众宴会正是多利亚人城市生活的一个突出特征。佩里安德的密探遍布民间，以侦察企图推翻他统治的各种阴谋。一旦有人太过富有或太受欢迎，佩里安德就会将他驱逐出国，或未加审判就将他直接处决。据传，佩里安德是从米利都暴君色拉西布洛斯处学来的暴政。据说，在佩里安德继任后不久，他就派人前往色拉西布洛斯处咨询治国良方。色拉西布洛斯没有书面回答他，却领着科林斯信使来到一片玉米地，随后绕着玉米地走了一圈。一旦发现有比其他株玉米长得高的一株，他就和随从们将那株玉米剪掉。信使如实向佩里安德禀报了色拉西布洛斯的所作所为。佩里安德对此心领神会。只要发现某人的财产或影响力盖过他人，就认为他有成为反叛领袖的可能，佩里安德就会冷酷地彻底摧毁他。这些谋杀行动和对恶意侮辱民众而偶发的奇思异想的沉迷让佩里安德成为全希腊人最深恶痛绝的人。佩里安德的私人生活糟糕透顶。妻子因他而薨逝，他和唯一幸存的儿子嫌隙颇深。他的儿子亦先他而亡。因此，佩里安德驾崩后，王位由他的一位侄子继承。然而，佩里安德富丽堂皇的奢华宫殿，供养的成群诗人和艺术家，以及他的强硬统治与精细政策，都使他从当时的诸多君主中脱颖而出。蕴含佩里安德人生观的简略词句还使他成为希腊"七贤"之一。佩里安德征服了埃皮达鲁斯和埃伊纳岛，收复了克基拉，历经四十年一直大权在握。然而，他一生的主要成果就是科林斯今后再也不能接受僭主统治。佩里安德肆意妄为的暴力行径和对百姓征收繁重的苛捐杂税，尤其是他对臣民的恶意侮辱，都让科林斯人铭记百年，致使科林斯人成为僭主统治一贯的反对者。他的侄子，继任者普撒美提科斯继位还不满一年，就被阴谋杀害。当时，科林斯正遭受斯巴达人入侵，而科林斯人却将斯巴达人当成了解救者。正是斯巴达人让科林斯人永远地摆脱了库普塞罗斯家族的统治，也让科林斯人一直对斯巴达人感激不尽，并成为斯巴达人永远的盟友。

第5节 短命的僭主政治

当时，库普塞罗斯家族作为僭主统治国家的起起伏伏的故事特别典型。整个希腊都在上演着相似的故事。在众多城邦中，广受欢迎的领袖将人民从寡头统治的水深火热中解救出来。而继任他权力的后代们滥用权力，不久就被人民罢黜王位。在多数情况下，僭主传承到第二代就会被推翻；而少数情况下，一代僭主的人生起伏就足以展现整个崛起、兴盛和瓦解的沧桑故事。西锡安是唯一一个僭主持续统治超过百年的城邦。王位父子相传直到第四代。然而，对僭主们而言，西锡安的情形格外有利。奥萨戈拉家族代表伊奥尼亚人起身反抗多利亚人。更重要的是，这个家族的成员既有能力也很节制，从未像其他多数城市的统治者一样，出现过有辱僭主身份的暴行。尽管如此，他们最终还是衰落。之后也未出现追随者。在迈加拉，一位僭主忒阿根尼的故事就足以包含科林斯三代人或西锡安四代人所经历的变迁。在雅典，庇西特拉图家族统治了两代；在

残暴的法拉里斯对犯人施以铜牛之刑

叙拉古,代诺麦奈斯的三个儿子一共才在位二十年。没有一个城邦曾建立过接近永恒的王朝的统治。

我们决不能断然认为只有民主领袖才渴望僭主政治。阿格里真托的法拉里斯或许是他所代表的阶级中最残暴的一个,而他就是一个寡头统治者。在担任地方官期间,法拉里斯利用职权成功夺取最高权力。库迈的阿里斯托得摩斯是一位杰出的将军,从伊特利亚人的侵略中挽救了自己的城邦。前文提到的阿尔戈斯的斐冬国王是一位世袭君主。在摆脱一切律法约束后,斐冬国王拥有绝对的权力。不过,在绝大多数情况下,僭主政治是寡头统治走向民主政治的必经之路，是一个城邦要摆脱世族统治必须付出的沉重代价。从这个方面考虑，僭主统治也不能说完全有害。僭主统治粉粹了寡头统治的蛮横自傲，结束了寡头间无尽的仇怨，并且教会他们要和本国民众平等相处——尽管所谓的平等仅仅意味着他们要同等地为一位僭主效力。历经僭主统治的国家就不会再陷入家族寡头统治这一更糟糕的政体当中。

如果我们继续探究这些僭主们的内政措施，就会发现他们的政府有很多值得肯定的地方。只有在被罢免的寡头集团们的陈腔滥调中，所谓的僭主才会骄奢淫逸。然而，僭主们大兴土木的目的常常是出于国家利益的考虑。他们为此建设公共工程。独裁者的财政方针就是竭尽全力让穷困阶级安定下来，为他们寻找由富人出资的雇佣机会——我们所处时代的政客也很熟悉这种计谋。值得注意的是，僭主们最先公开支持文学艺术。他们的统治时期通常都伴随着思想文化的蓬勃发展。

僭主们与国外势力联系密切。佩里安德是吕底亚国王的亲密盟友；佩里安德的继任者的埃及化名字——普撒美提科斯——同样昭示着他与赛斯时期法老们的紧密同盟关系。萨摩斯岛的波利克拉特斯与埃及的雅赫摩斯二世共进退。色雷斯下属小国切索尼的米太亚德和邻近野蛮部落的王室通婚。庞西特拉图"通过获取斯特律蒙河附近土地上的人力和财力让自己强大起来"，即通过色雷斯的雇佣兵和黄金壮大自己。简言之，僭主们教会了自己的臣民与"野蛮人"和平相处的方式。这种联系的主要结果就是促进了贸易的迅速增长。

所有流传下来的关于僭主的事迹都蒙上了被罢免的寡头们的仇恨。因此，我们必须谨慎对待有关僭主穷凶极恶的故事。诚然，在僭主中，有不少冷酷残忍且贪得无厌之徒。然而，一旦我们想到，是他们将人民从水深火热中解救出来，那么用四五十年的僭主统治换取远离寡头统治的永久自由似乎也是值得的。

第11章

阿提卡早期历史

雅典在正史中举足轻重的地位势必会给人们留下一种印象,即早期的雅典必定也是一个重要城邦。事实上,情况恰恰相反。直到公元前6世纪,雅典还一直居于次要地位。雅典的历史晦涩而无趣。然而,之后的辉煌让雅典不再默默无闻,并指引着人们追溯它兴盛的根源。

在前文中,我们提到过:在维奥蒂亚人和多利亚移民时期,大量来自北方及伯罗奔尼撒半岛的流亡者涌入阿提卡。然而,多数流亡者又移居亚细亚,建立了伊奥尼亚的众多城市。因此,当流亡者们离开后,阿提卡又恢复悄无声息的境况。伊奥尼亚移民为这一动荡时期留下的唯一痕迹,就是日后雅典的许多世族大家都从他们身上追根溯源——虽然他们只在这片土地上做了短暂停留。极有可能在大移民后,阿提卡的皮拉斯基人才完全希腊化。在传说中,雅典国王"接纳伊昂进入自己家族"。该故事仅仅意味着来自伯罗奔尼撒半岛的伊奥尼亚人将阿提卡人纳入了希腊民族。

第1节 雅典君主制的终结

移民纷纷离开后,雅典的历史才明晰起来,王位从古老的刻克洛普族传到来自伯罗奔尼撒半岛的一个流亡家族手中。传说,在阿提卡受到北方侵略时,来

科德罗斯的牺牲

自皮洛斯的考寇涅斯人弥兰忒斯孤军奋战，对抗着维奥蒂亚人的国王克桑托斯，并将克桑托斯杀死。年迈无子的雅典国王堤摩忒斯将弥兰忒斯推上王位，以示感激。大约三十年后，多利亚人入侵，吞并了科林斯，又从阿提卡夺去迈加拉，然后兵临雅典城下。据神谕宣称，如果雅典国王死于入侵者之手，那么雅典就会永不陷落。因此，雅典国王科德罗斯乔装成农民前往多利亚人营地，并杀死了他见到的第一个多利亚人。之后，他就死在第二个多利亚人手中。多利亚人入侵失败后，雅典人深切缅怀这位忠于雅典的国王。但科德罗斯国王的儿子和继任者梅东并没有完全继承父亲的权力。此后，王权受到两位新立官员的限制，即执政官和军事长官。执政官主要分管国王的内务，军事长官则扮演着总指挥官的角色。

科德罗斯家族保留着名义上的终身国王制，将王位一直传到第十二代。但据我们所知，公元前752年，国王终身制遭到废除。执政官成为国家行政首脑。此后，每十年在王室家族成员中选举一次，选举出来的人成为国王，而军事长官的地位仅次于国王。

即便如此，在公元前8世纪，和其他多数希腊城邦一样，阿提卡也历经了与之类似的政体发展历程。起初，最高行政官人选仅限于科德罗斯国王的后裔；但大约在公元前710年，最高行政官人选范围开始涵盖所有的阿提卡贵族。贵族阶级每位成员都可以担任上述三大要职。三十年后，又增设了六名执政官。九名执政官每年选举一次。雅典政体开始具有典型的寡头政治色彩。

就寡头政治的特点而言，雅典与其他地方没有什么不同。治理不善的情形很普遍，而执法公正的原则横遭践踏。非贵族的自由民毫无治国权力，并且总是遭受统治阶级中飞扬跋扈的成员们无法无天且肆意无礼的对待。

大约自公元前7世纪中叶开始，阿提卡的历史开始清晰连贯。我们发现，政府中有九位官员——如今都称为"执政官"；还有以集会地，即战神阿瑞斯之山

阿提卡遗址

命名的叫"亚略巴古"的议事会。亚略巴古议事会的成员全是贵族，包含所有前任执政官们。亚略巴古具有历任执政官的选举权，且一直掌控后者行事——因为寡头政体从不会信任自己的执法官。此外，亚略巴古还拥有裁决谋杀罪的权力①。在九名执政官中，为首的称为"首席执政官"，决定统治年份的命名，对国家享有名义上的统治地位；位居第二的大执政官扮演着宗教领袖和国家元首的角色；居第三位的军事长官主管战事，是总指挥官；其余六人合称"司法执政官"，分处各行政部门。除了谋杀，其他事务都处于六人的管辖之内。

第2节 阿提卡派系

世袭贵族以下是普通民众。自早期开始，普通民众就被分为"Geōmori"和"Demiurgi"，即"农民"和"工匠"。然而，该划分方式太过笼统，之后就失去了意义。直到公元前7世纪，真正的划分方式才逐渐具有地域特点。一切事务须由如下派系决策：帕狄阿斯区、狄阿克里亚区和帕拉利亚区，即分别对应平原地区、山地地区和海岸地区。平原派是富有的贵族地主，占据着阿提卡低地两处肥沃的地带，即色利亚平原和雅典平原。海岸派地处阿提卡西部的沿海一带，当地的居民以打渔和贸易为生，形成了中等阶层，处在阿提卡北部贵族地主和东部狄阿克里亚区人——山地居民中间的位置。山地派占据着内陆干旱的丘陵地区，当地的居民多以放牧为生，形成了阿提卡最粗野和贫穷的阶层②。

第3节 赛昂叛乱

书面记载中的第一次阿提卡骚乱爆发在公元前7世纪末期。赛昂家世显赫，曾在奥林匹亚竞技会上获胜，友人及追随者众多。在赛昂与迈加拉僭主式阿根尼之女成婚后，摆在赛昂眼前的就是继续岳父的僭主之路。赛昂坚信寡头

---

① 一直以来，关于亚略巴古（Areopagus）是否代表原始的首领议事会，存在很大争议。——原注
② 人们如果想致力于研究诺克拉里（Naucraries）、三一区（Trittyes）、氏族（Phratrys）及其他阿提卡（Attic）原始人群划分等枯燥且晦涩的问题，可见相关纯粹政治历史记载。——原注

雅典卫城

政府无能,无法得到人民大众的支持,因而决定奋力一搏以取而代之,成为雅典的僭主。在约定当天,赛昂的同伙联合迈加拉的一支雇佣军攻占了雅典卫城。然而,赛昂根本没有花心思去笼络民心。因此,当雅典政府竭力集结所有兵力将赛昂及其叛军围堵在要塞时,大多数民众都左右观望。主谋赛昂连夜遁逃,但他的追随者不久就因饥饿而被迫投降。在雅典娜的祭坛前,赛昂叛军像祈求者般端坐,向围城者大开城门。坐镇的执政官麦加克勒斯劝诱赛昂叛军离开雅典娜圣殿,并许诺会饶他们一命。然而,赛昂叛军一离开卫城,麦加克勒斯就立即下令将他们处死。因此,麦加克勒斯及其后代所属的阿尔克迈翁家族一直背负着渎神和伪誓的污名。后来,要将这一"被诅咒的家族"逐出雅典的呼声就时有发生。

赛昂失败后,贵族寡头统治与被压迫人民间的矛盾日益激化。两股矛盾源头并存:正如之后的罗马平民一样,长期以来,雅典人民生活窘迫——造成该情形的原因一方面是政府治理不善,另一方面是收成不好。此外,武断不公的惩罚将人民推入绝境。没有人能预见审判的结果,因为执政官总是随心所欲地更改裁决。因此,全民呼吁政治改革,并希望颁布法律对罪行及惩罚做出一些界定。最终,贵族让步,同意了公民的诉求。公元前621年,执政官德拉古立法规定:地方官的选举权交到公民大会手中,公民大会成员包含所有能自备全套铠甲的公民。

同时,德拉古建立了一个由四百零一位议员组成的议事会。议事会成员多数来源于公民大会。该议事会取代了亚略巴古议事会的部分职能。然而,下层人民仍然被排除在公民大会之外,而整个雅典依旧负债累累且内讧不断。德拉古还颁布了一部书面法典。后来,某位雅典人感叹道:"德拉古法典看似是用鲜血而非墨汁写出的。"贵族极有可能选择保留了实施严刑的权力,而每项罪行都是从重处罚。据说,德拉古几乎为每项罪行都定了死罪。对此,我们也没有必要完全相信。德拉古法典中一段关于谋杀罪减罪的残章流传到我们手中。残章中写道:非故意杀人者不能被当成人人得而诛之的逃犯,而应交由国家保护,直到非故意杀人者能对受害者家人做出补偿;如果谋杀未发生在市集、竞技会和节日庆典时,而杀人者却被发现,并被受害人的亲属杀死,那么杀死他的人即犯了谋杀罪。

无论德拉古法典的实质影响是什么,它并没有缓和困扰雅典的种种弊病。在德拉古法典颁布几年后,雅典依旧乌烟瘴气。

第12章

梭伦和庇西特拉图

第1节 梭 伦

德拉古发布法令几年后,雅典陷入与迈加拉的长期混战当中。这场混战僵持不下。雅典国内的纷争一方面因新法的实施而难以平息,另一方面又因损失惨重、指挥不善的战争而日益激化。雅典寡头政府已经无力应付西面小型城邦的事实足以印证它的衰微。萨拉米斯岛原本完全处在雅典庇护下,距阿提卡海岸不到一英里,当时也落入迈加拉人手中。因为雅典没有战船可以抗衡迈加拉强大的海军部队——这支海军部队为迈加拉建立了众多殖民地。

正是在与迈加拉战争的生死关头,雅典人首次听到梭伦的名字。梭伦出身贵族,为人正直且极具人格魅力。人们很少像敬重梭伦一样敬重其他贵族成员。梭伦擅长演讲和雄辩,还是一位诗人。与提尔泰奥斯在斯巴达吟诵的战歌一样,在毫无希望的战争中,梭伦振奋人心的诗句鼓舞着雅典人坚持不懈。他吟唱道:"当我被指认出是将萨拉米斯岛拱手让人的一员时,我宁愿自己是一位来自福莱甘兹罗斯岛或西基诺斯岛①的人,也不愿是一位雅典人。"其中讽刺的意味显而易见,而战争继续进行。梭伦本人成了远征的首领,带领着雅典军穿越迈加拉人对萨拉米斯海峡的封锁,快速登陆萨拉米斯岛,成功赶走迈加拉驻兵。

---

① 两个岛都是基克拉迪群岛中的非著名岛屿。——原注

梭伦

　　梭伦率领雅典军直奔迈加拉城门下,甚至一度攻占了尼塞亚港。战场的形势起起伏伏。不久,雅典又陷入被动防御的局面。然而,雅典人从未忘记士兵诗人梭伦的英勇事迹,坚信梭伦会成为雅典的救星。如果梭伦有过把控政治的意愿,那么他很有可能成为阿提卡的僭主。然而,梭伦忠诚护国,没有政治野心。

　　斯巴达的调停结束了雅典与迈加拉多年的战争。雅典还获得了萨拉米斯岛的永久所有权。传说,梭伦改写了《伊利亚特》中的诗句。在梭伦改写的诗句中,大意是:萨拉米斯岛的埃阿斯将特洛伊海滩的船停泊在雅典的船队旁,而此举立刻赢得斯巴达人的支持。对于该传说,我们不必过分信赖。关于该传说真实性的争论毫无价值,因为梭伦并不是个会伪造诗篇的人。不久,在代表德尔斐神示所对抗压迫者的事件中,梭伦表现突出,因此赢得了全体希腊人的赞赏。长期以来,克律塞和西尔拉的福基斯人攻击并伤害前去问询阿波罗的朝圣者们。梭伦站在被伤害的朝圣者一方,号召人们发起对抗福基斯人的圣战运动。接着,梭伦联合西锡安僭主克利斯提尼,成功征服克律塞和西尔拉。克律塞和西尔拉因亵渎神灵而遭受毁灭,可谓罪有应得。

第2节 雅典的债务问题

约公元前595年,雅典自赛昂叛乱起就存在的内部矛盾日益激化,达到顶峰。在这些矛盾中,最让民众不满的就是雅典的债务问题,并由此引发了危机。虽然对那些自己拥有土地,并足以自备全套铠甲的自耕农,德拉古法令赋予他

梭伦与雅典贵族

们一些权利，但对更下层人民的生活来说，德拉古法令毫无益处。下层人民没有自己的土地，作为卑微的佃农耕作贵族的土地。这群不幸的"农奴"——如果他们生活在中世纪的欧罗巴就会有这样的称呼——深陷债务当中。依据德拉古法令，如果他们拖欠债务，就很可能被当成奴隶卖掉，因为债权人获得的唯一担保就是债务人及其妻子儿女的人身自由。

阿提卡面临穷困阶级即将全部消亡的风险，而迈加拉战争似乎让雅典陷入绝境。每天都有镣铐捆绑的欠债人被拖行到吕底亚或埃及的奴隶市场。显而易见，雅典要么面临毁灭，要么就掀起一场血雨腥风的革命。

出于对自己内部谋权篡位所引发恶果的担忧，贵族阶级转而将权力移交给梭伦。梭伦的正直人尽皆知。无论穷人还是富人都认为他是雅典唯一正直的人，只有他才能阻止冲突的发生。如果我们的编年史准确的话，那么在公元前594年，梭伦被选举为执政官，肩负起为雅典起草新律法的使命。

第3节 "解除负担法"

梭伦法令的第一部分旨在缓解负债者们悲惨的境况。他禁止借款时以借债者的人身做担保。梭伦不仅废除了所有已经签订合约的借贷，还取消了任何形式的未偿债务。由于当时情况不容乐观，所以梭伦的举措也是出于无奈。同时，梭伦对有钱人所能拥有的土地设定上限，并且限定他们只能收取少量借款利息。政府取消了所有面向下层公民的收款，无论是税收还是罚金。以上这些措施有效改善了雅典的处境。刚刚得到解放的负债者们扩充了公民的队伍。雅典的日益繁荣让人们相信，这样的债务危机再也不会发生了。

梭伦的另一项革新措施必然会改善雅典的经济状况，尽管它的效果并不直观。当时，雅典的钱币都是依据流通于伯罗奔尼撒半岛或维奥蒂亚地区的斐冬标准铸造。梭伦彻底改变了该标准。雅典铸币自此采用优波克标准，而大型商业城市卡尔基斯和埃雷特里亚采用的也正是优波克标准。梭伦的改革使雅典的货币能和邻邦富裕的伊奥尼亚的货币进行交换。然而，与埃伊纳或底比斯

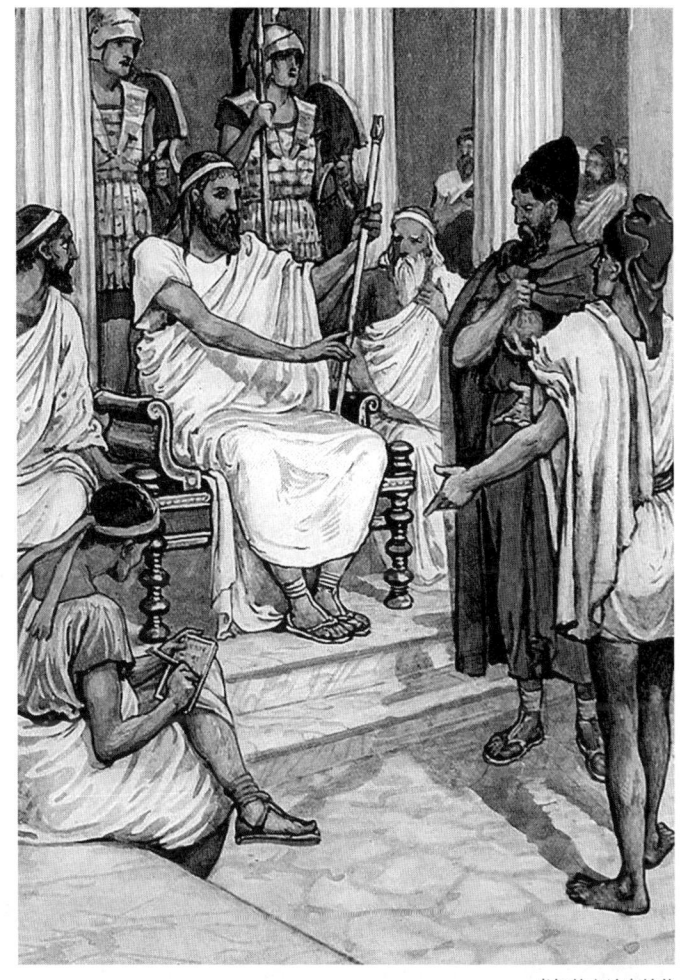

睿智的立法者梭伦

的交换就变得复杂了。无论从政治层面还是经济层面来看,梭伦的改革都是明智之举。

新式钱币的一德拉克马仅重六十七点五格令①,铸成的银币重四德拉克马,而旧钱币的一德拉克马约重九十二格令,若按旧钱币单位铸造四德拉马克银币,就相当于如今二德拉克马的两倍多。

① 重量单位,等于0.00143磅或0.0648克。

第4节 梭伦法令

与经济改革相比,梭伦的政治改革要重要得多。梭伦的法令是雅典所有政治自由的起点。后来的雅典人深感它的重要性,因而将雅典所有早期法律的制定都归功于梭伦。与此类似的是,斯巴达人将所有法律的制定都归功于莱克格斯。梭伦具有正义和自由的灵魂,是人民的挚友。但同时,梭伦又是一位贵族,对政府的民主治理方式深恶痛绝。梭伦的目标就是要制定一部这样的法律:赋予下层民众管理公共事务的最终决定权,但不允许他们干涉事务的细节;受非贵族阶级中最富有人群的强力要求,贵族们继续执政,但不再随心所欲,且必须为全民的利益服务。

在梭伦之前,雅典似乎已经有根据财富划分阶级的做法。或许早在德拉古时期,他就采用了这样的做法,但目的仅为收税。而梭伦决定将这种划分方式作

梭伦为雅典书写法律

骑士级

为政治体制而非单纯的经济体制。梭伦废除了所有贵族出身享有的特权,用"财权政治"取代了"贵族政治",将财富作为参政的资格标准,而不是原来的出身。在梭伦的四个阶级中,第一阶级称为五百麦斗级,顾名思义,该阶级包含所有土地年收成等于或超过五百麦斗的公民。第二阶级是骑士级,涵盖所有年收成在三百麦斗到五百麦斗之间的公民。第三阶级是双牛级,即公牛所有者,包括所有年收成超过一百五十麦斗,但少于三百麦斗的公民。最后是第四阶级,即日佣级,包括所有年收成少于一百五十麦斗的公民。

财产评估仅包含地产,不包括商业收益或囤积财富。因此,想要成为前三阶级,商人和工匠必须投资等量的土地。

该举措将多数贵族置于五百麦斗级和骑士级。阿提卡的自耕农主体成了双牛级，而所有的工匠几乎都是日佣级。然而，不少富商购买了土地。部分富裕的自耕农与五百麦斗级和骑士级混合在一起。我们也可以想象得到，一些破产的贵族成员则堕落成了日佣级。

因此，当梭伦将执政官职务限定在五百麦斗级当中时，实质上，他是赋予贵族以最高执政权。其他次要官职骑士级和双牛级即可担任，但日佣级完全被排除在公共事务之外。作为补偿，日佣级无须缴纳任何税务。战争发生时，日佣级成为轻装步兵，双牛级则是重装步兵，而骑士级担当骑兵。

梭伦改革的主要目的是调整执政官与亚略巴古及议事会与公民大会的关系，他发展了德拉古草拟的路线。执政官们继续保留着他们原有的职能，但之后执政官们的任命将会是选举和运气共同作用的结果。四个等级分别推选十位候选人，再从这四十位候选人中抽签选择九位执政官。设立该选举制度或许是为了消除政府间的派系：所有入选者都属于同一政治派系的可能性极低。任职结束时，执政官们将经受一项公众考核，以此对自己任期内的所有行为负责。

第5节 议事会

亚略巴古给德拉古建立的议事会让出一些职能。与之前相比，德拉古建立的议事会承担了更明确的政治职能。譬如，向公民大会提出预案，或接待使者。该议事会不再有德拉古规定的第四百零一位成员，今后仅保留四百位。其中的一百位由各个部落选举产生。

我们可以将梭伦的议事会比作罗马议事会，而亚略巴古经梭伦改革后，亚略巴古的职能和罗马审查制度相似。亚略巴古肩负监督雅典道德的责任：它自行裁决免责或过问任何一位公民的公共或私人生活。亚略巴古如果认为某位公民的行为可憎，那么还可对其处以罚金甚至没收财产。荒淫放荡、傲慢无礼及无所事事的人都是亚略巴古惩戒的对象，而惩罚力度不亚于任何一项违法行为。除了这项管辖范围极大的监督权力，亚略巴古还有审判所有故意杀人罪的职能。该职能是亚略巴古自古有之的。据阿提卡传说，在阿瑞斯因杀害波塞冬之子哈利罗俄提斯而受指控时，亚略巴古就有了这样的职能。与之前一样，法庭从前任执政官里征募成员，仍然是贵族影响的中心，因为多数执政官是从古老家族里选举出来的。毫无疑问，亚略巴古的主要目的是遏制某些公民的任何不法行为。这些公民会煽动人心，企图建立僭主政治。

第6节　公民大会

梭伦发现，公民大会——雅典的公众集会涵盖所有足以自备全副盔甲的公民，而日佣级则因此被排除在公民大会之外。立法者梭伦改变了公民大会的性质，将所有阶级，甚至最穷困的阶级都纳入了公民大会的范畴。公民大会具有的最重要的新职能——按亚里士多德所言——就是"确保民主制的主体地位"，即公民大会拥有了审判所有执法官及调查所有执法官任期内一切行为的权力。因此，公民大会就确保执政官们的权力受限于民，并要求他们在任期内密切注意自己肩负的对选民的责任。我们因此得出这样的结论，即公民大会还拥有签署条约或宣战的最高决定权，以及对议事会提交的措施是否认可的最终投票权。这些权力是梭伦所能允许的民主化的极限。他从未想过要将行政或立法权转交给公民大会。

总而言之，梭伦法令规定，城邦将交由人民认可的贵族管理；城邦的道德监督委托给了亚略巴古；议事会指引着外交和内政方针的制定，而公民大会对整个政府的运作起到有效而间接的统领作用。梭伦宣称，自己已经赋予了民众足够的权力。他既未欺骗民众，也未过度放权给民众。对富裕和有地位的人，梭伦极其谨慎，以免他们遭受不公。两个阶级都得到了保护。梭伦绝不允许一个阶级去侵扰另个一阶级。

第7节　梭伦的各项法律

除了在政治方面制定的法律，梭伦的立法体系还包含为数众多且各式各样的普通法。这些法律涵盖生活的各个方面，基本废除了之前德拉古的法典。其中少数法律值得一提。首先，梭伦赋予无子女公民立定遗嘱自行处理财产的权利。之前，在公民死后，所有财产均由亲属继承，财产所有者也无法从继承者手中有转移财产。梭伦放松了原来父亲对儿子的严苛的控制；禁止父亲随意剥夺儿子的继承权；甚至规定那些没有传授儿子有用谋生技能的父亲无权在年老时得到儿子的赡养。还有不少限定开支的法律，旨在引导亚略巴古抵制铺张浪费。外邦人只要郑重宣誓不再效忠故土，而对雅典尽忠，那么就可以取得雅典公民资格，还可以从事贸易活动。整个立法体系中最引人瞩目的或许要数剥夺公民权的强制措施。该措施的实施对象是那些在内乱时中立的公民。梭伦畏惧的正是这样一群胆小谨慎的中立者们，他们对公共精神的打击将是毁灭性的。此外，对于易于滋生僭主政治的冷淡漠然的土壤，他们的贡献也功不可没。

梭伦的法律刻在木制的棱锥体上，即所谓的木柱。其中有些是三面的，有些是四面的，均有一人高。希波战争前，木柱一直屹立在雅典卫城上。战争爆发时，为安全起见，木柱被移到萨拉米斯之后，人们又将木柱放到了公民大会会场。120年，在普卢塔赫时期，木柱的一些残片仍然能看到。

第8节 梭伦远游

关于梭伦晚年的传说有很多。据我们所知，为了摆脱那些催促他增补法律条款人士的纠缠，梭伦自我流放了十年。梭伦游历广泛，远达塞浦路斯、埃及和小亚细亚。梭伦所到之处都流传着他的绝顶智慧和敏捷过人的传说。在塞浦路斯，梭伦复建了生机勃勃的索里城。据说在吕底亚，他拜谒了克罗伊斯国王。在看到金碧辉煌的东方宫廷时，他无动于衷。当克罗伊斯国王问梭伦谁是世界上最幸福的人时，他以为会听到自己的名字。然而，梭伦首先提到了一位光荣战死沙场的雅典公民。这位雅典公民默默无闻但受人敬仰。随后，梭伦又提到两位阿尔戈斯的年轻人——他们在尽孝时与死神不期而遇。梭伦的回答当即触怒了克罗伊斯国王，但这位国王也由此认识到"死亡之时，幸福之始"的道理。不幸

梭伦与克罗伊斯国王

的是,有关这次会面的传说年代错乱,不太可能真实发生。这个传说仅仅是一则道德寓言。希腊人惯于用这种道德寓言阐释人世的幸福无常。

第9节 内乱再起

当梭伦重返雅典时,他失望地发现,虽然自己的法令对统治成员的约束可谓公平公正且天衣无缝,但仍然不足以让雅典秩序井然。平原派、海岸阶级和高

米太亚德

地阶级仍然斗争不断。早在公元前582年，一位叫达玛西阿斯的执政官非法延长了自己一年的任期，最终被武力罢免；平民百姓一旦尝到弹劾执法官的甜头，就迫切地想要谋取更多权利；贵族仍然渴望回归昔日的寡头统治；商人们发现，仅以土地作为区分公民等级的评估标准阻碍了自己参与公共事务的应得权利。没有人满腔热忱地捍卫梭伦的法令，因为该法令未能使所有人满意。

在平原上，贵族们以莱克格斯和科林斯僭主的一位族人米太亚德为首。海岸的商人们则以阿尔克迈翁家族的麦加克勒斯为首。这个麦加克勒斯正是那位杀害赛昂追随者的麦加克勒斯的孙子。高地上的穷人以一位年轻气盛的人为领袖。这位领袖出生在希腊城市的一个寡头家庭,时刻准备大义灭亲,成为一位蛊惑民心的政客。最让梭伦悲伤的是,这位冒险者领袖正是自己的同系亲属——希波克拉底之子庇西特拉图。晚年,立法者梭伦一直忙于徒劳地警告人们:对雅典的民主来说,雅典人正"脚踩狐狸的足迹",而毫无疑问,人们追随这样一位雄心勃勃的年轻人是在为僭主政治开路。

第10节 庇西特拉图崛起

梭伦斥责这些蛊惑和煽动人民伎俩的努力徒劳无功。当庇西特拉图使人民相信自己的性命正受到平原派雇佣杀手的威胁时,虽然议事会反对,但公民大会仍然为庇西特拉图选出一支由五十个棍棒兵组成的卫队。不久,棍棒兵拥有了更致命的武器,人数也大大增加。一夜之间,雅典人发现卫城里到处都是棍棒兵的踪迹。七十二年后,雅典又重现赛昂当年的景象;但时过境迁,与赛昂不同的是,庇西特拉图得到人民的强烈拥护,而他的对手却在此刻正分裂成两个敌对的阵营。麦加克勒斯离开了雅典;米太亚德接受了色雷斯一支蛮族部族的邀请——这支蛮族部落急需一位骁勇善战的首领。之后,米太亚德离开雅典,接任色雷斯的首领职位。没有遇到任何抵抗,庇西特拉图就成了雅典的僭主。在公元前558年去世时,梭伦虽然德高望重且功勋卓著,但仍然是一位专制君主的臣民。在去世前的最后几个月,梭伦没有遭受被压迫的痛苦,因为庇西特拉图对他非常恭敬。但这位老者闭门不出,拒绝任何人的宽慰。梭伦毕生的努力似乎都功亏一篑了。

庇西特拉图是一位既有能力也很节制的统治者。他竭尽所能,致力于改善穷困阶级的物质生活条件,因为正是穷人赋予他力量。庇西特拉图也没有屠杀或驱逐富人。然而,他温和的举措反而令海岸阶级和平原派的人联合起来罢免他。流亡的麦加克勒斯和贵族莱克格斯领导了起义,将庇西特拉图驱逐出雅典。然而,雅典的诸多派系并没有学会智慧地处理事务。人们学不会和贵族们通力合作。盛怒之下的麦加克勒斯和莱克格斯与前任僭主庇西特拉图订立叛国协议。海岸阶级同意加入高地阵营以对抗平原派，由此确保庇西特拉图的归来。所需方式极其简单，仅凭一句话——这在当时非常普遍，却又不同寻常。麦加克勒斯找到一位叫"佩阿"的高大威武的女人。佩阿身披戎装，驾着马车来到雅典城前，宣告雅典的守护女神雅典娜已经幻化为人形，要求雅典恢复庇西特拉图的统治。人民当即服从，打开城门。僭主庇西特拉图再次成为雅典的主人。正如希罗多德所言，如果上述故事属实，那么雅典人并不是希腊最聪明的，反倒应该被授予轻信易骗奖章。六年来，麦加克勒斯一直和庇西特拉图团结一致。在庇西特拉图与阿尔克迈翁的女儿成婚后，他们的联盟更加牢固。但最终他们还是发生了争执。麦加克勒斯率领着他的追随者再次加入平原派阵营。经过短暂挣扎后，庇西特拉图再次被逐出阿提卡。他退到色雷斯，积聚人力财力，等待雅典派系给他第三次行动的时机。

十年时间内，庇西特拉图一直等待时机成熟，与阿提卡高地上的党羽保持着联系，并时刻寻求能助他一臂之力的人。终于，在公元前535年，庇西特拉图登陆阿提卡，自立为追随者的首领。随行的还有一支阿尔戈斯雇佣军团和一群被莱格达米斯流放的纳克索斯岛人。雅典军队赶到庇西特拉图的登陆点马拉松。在帕勒涅半岛，雅典军队与庇西特拉图的军队摆开阵形。战争一触即发。但庇西特拉图起初按兵不动。当雅典军队解散阵形，开始午餐时，庇西特拉图突然发动进攻。几乎不费吹灰之力，庇西特拉图就将雅典军队彻底击溃。庇西特拉图的儿子们骑马追赶着逃兵，大声向他们宣称只要解散回家就可以避免惩罚。此后，雅典人的首领们发现自己已经被追随者们遗弃，也不再作无谓抵抗。再次进城时，庇西特拉图已经根本不必使用武力。

第11节　庇西特拉图的统治

与以前相比，庇西特拉图更加严厉谨慎，但并没有实施更高压的统治。庇西特拉图虽然总是力图让本族成员领导众执政官，但仍然算是继承了梭伦法令的精神。唯一对民众造成额外负担的便是强征百分之五的收入所得税。这些税收

罗马帝国皇帝哈德良

将用于加固和装点雅典城,而不是积聚个人财富或满足个人享乐。庇西特拉图对本邦宗教的资助尤其显著:他使雅典城守护女神的节日——泛雅典娜节更加盛大;设立一个新的节日以向狄俄尼索斯表达敬意。此外,庇西特拉图开始兴建献给奥林匹亚神宙斯的神殿。这个神殿规模宏大。直到六百七十年后的罗马帝国皇帝哈德良[①]统治时期,该神殿才修建完成。庇西特拉图让各地文人校正荷马诗篇的传说或许是无稽之谈,但可以确定他让文人们集结在自己的宫廷。庇西特拉图主张的外交政策是维持和平。他强化与希腊及小亚细亚幸存的僭主家族间的同盟关系。但与此同时,他又与斯巴达交好,而斯巴达正是伯罗奔尼撒半岛地区僭主政治的宿敌。

在距他首次占领雅典三十三年,第三次占领雅典八年后,庇西特拉图安然离世。庇西特拉图的儿子希庇亚斯和希帕克斯继承了王位。与其他兄弟国王不

---

① 哈德良(Hadrian,76—138),罗马帝国皇帝,117年到138年在位。

希帕克斯被杀

同,他们和谐共处。数年来,他们一直保持着父亲庇西特拉图的仁道专制统治,仅在外交政策上更加大胆冒险。因为长期与底比斯不和,普拉蒂亚城离开维奥蒂亚联盟。普拉蒂亚迫切渴望雅典的保护,最终如愿以偿,然而,同普拉蒂亚的结盟使庇西特拉图家族与北方诸邻邦大战一场。希庇亚斯和希帕克斯最终获胜。他们对雅典的统治看起来将会长久和顺利地维持下去。然而不久以后,一场灾难的发生改变了雅典历史的轨迹。

希帕克斯的私生活很不检点。在一场关乎贵族世家名誉的风流韵事中,希帕克斯声名狼藉。但希帕克斯之后公然侮辱对手以示报复。希帕克斯发泄怒火的对象是吉菲瑞安人哈尔莫迪乌斯。哈尔莫迪乌斯怒不可遏,密谋杀害希庇亚斯和希帕克斯。哈尔莫迪乌斯与友人阿利斯托吉顿伙同其他少数势力,预谋在泛雅典娜节时袭击希庇亚斯和希帕克斯。由于判断失误,他们发动突袭的时间过早。在希庇亚斯还没有出现时,他们就杀死了希帕克斯。护卫当场杀死了哈尔莫迪乌斯，并将其他党羽全部逮捕然后处决。阿利斯托吉顿死前遭受了严刑拷打。希庇亚斯向他逼问所有密谋者的姓名，但毫无所获。希庇亚斯这种无所顾忌和公报私仇的行为间接推翻了雅典的僭主政治。因此，直到雅典共和时期，哈尔莫迪乌斯和阿利斯托吉顿的名字仍然令民众敬畏，尽管他们根本不值得得到相应的尊敬。

第12节　克利斯提尼在德尔斐

兄弟希帕克斯被杀，自己也是死里逃生，这些经历让希庇亚斯怒火中烧。因此，他改变了整个执政的体系。在雅典城内，希庇亚斯布满雇佣军。一旦怀疑有人对自己不满，他就立刻将其处决。他随意提高税收，并实施了一系列令人恼火的举措，让雅典人绝望不已。因此，人民开始公然发动起义。海岸阶级先前的首领麦加克勒斯的儿子——阿尔克迈翁家族的克利斯提尼流亡归来，但他领导的反抗起义很快就失败了。希庇亚斯的雇佣军扑灭了克利斯提尼率领的起义。但在此之后，克利斯提尼开始动用外交手段。他在德尔斐备受爱戴。在德尔斐，他慷慨解囊，重建了大火后的神殿，因而令祭司们感恩戴德。受克利斯提尼鼓动，在斯巴达前来问询阿波罗时，德尔斐的女祭司拒绝回应，除非"雅典解放"。一系列诸如此类的回答令迷信的斯巴达人只得遵从神意，采取行动。斯巴达人抛弃与庇西特拉图的往日情谊，入侵阿提卡。斯巴达人的首次入侵遭到希庇亚斯的塞萨利骑兵的拼死抵抗。之后，斯巴达果敢有谋的克莱奥梅尼国王亲征。克莱奥梅尼国王打败了希庇亚斯，并将他幽闭在雅典城。雅典卫城原本经受得住长期围困，但造化弄人，斯巴达人粉粹了希庇亚斯的计划。希庇亚斯的子女们在被秘密送出阿提卡时，被斯巴达人抓获。为了保全子女性命，希庇亚斯愿意投降。希庇亚斯只要求自己和子女能安全前往亚细亚。斯巴达人同意了希庇亚斯的要求。在希庇亚斯统治的第十七年，他带着家人和雇佣军从雅典撤离，乘船驶往特洛伊地区的西革翁寻求避难所。西革翁是一个小城。庇西特拉图早就预料到会发生这样的灾祸，因而多年前就将西革翁收到自己手中。希庇亚斯在西革翁安定下来,作为领主归顺了波斯国王,并伺机重回雅典。希庇亚斯的图谋与他的父亲庇西特拉图四十年前在埃雷特里亚时的所作所为如出一辙。与此同时,雅典恢复了共和制。一个新的时代即将到来。

第13章

亚细亚的希腊人和吕底亚王国

直至公元前7世纪初，亚细亚的希腊人仍然在继续着他们开拓殖民地的旅程，并且从未受到来自内陆的阻碍。在亚细亚北部，伊奥利亚人将铁乌克洛伊人和密细亚人从海滨地带逐出。在亚细亚南部，伊奥尼亚人和卡里亚人暂时妥协，常常联合起来远征。其中一次远征发生在公元前656年。时任埃及法老为普萨美提克一世①。在亚细亚中部，吕底亚王国地处赫尔姆斯河和凯斯特河上游流域，位于古老的赫梯帝国的最西部。统治吕底亚王国的是一群王室后代。他们的始祖是某位亚细亚神明。希腊人将这位神明等同于赫拉克勒斯。世代以来，吕底亚的历代国王与海滨的希腊近邻并无嫌隙，并且乐于充当一条巨大贸易链上的中间人。这条贸易链穿过吕底亚都城萨迪斯，将以弗所和米利都与幼发拉底河和亚述连接起来。

第1节 亚细亚希腊人的特点和利兰丁战争

在亚细亚，希腊人经历了与他们的欧罗巴同胞相似的政治改革。唯一不同的是，他们的寡头政治不是建立在出身之上，而是建立在财富之上。在建立之初就存在混血通婚的城市中，这种情况的产生也是不可避免的。接着，亚细亚

---

① 普萨美提克一世（Psamtik I，生卒年不详），古埃及法老，公元前664年至公元前610年在位。

的情形和欧罗巴如出一辙：僭主出现，横扫寡头们的专断统治。到了公元前7世纪，在伊奥尼亚和伊奥里斯，部分城邦仍处于苟延残喘的寡头统治之下。一些城邦受僭主统治，还有一些城邦则在僭主被肃清后，转为民主政体。希腊人普遍认为，伊奥尼亚人和他们的邻邦居民虽然都是一流的商人，却是全希腊最差劲的士兵。虽然他们的冒险和开拓殖民地的丰功伟绩无人匹敌，但他们本身并

莎孚与阿尔凯奥斯

不骁勇善战。欧罗巴的希腊同胞指责他们懒惰奢靡,认为亚细亚气候温和慵懒,加之早期希腊殖民者与卡里亚人通婚,混入了东方人的血液,从而使伊奥尼亚人及其邻邦居民变得衰弱不堪和意志消沉。伊奥尼亚和伊奥里斯的文明和奢华程度远远超出并早于希腊本土。他们的音乐和抒情诗歌独具特色。莱斯博斯岛

泰利斯

女诗人莎孚深情地歌颂爱情,其他希腊诗人根本无法媲美;莎孚的同乡阿尔凯奥斯赞誉美酒和佳人的诗篇及其政治诗都远近闻名。特奥斯的阿纳克里翁不过是位生性轻浮的酒色之徒,可以说是伊奥尼亚人最坏的典型,但他的歌声却使他声名远扬。正是在小亚细亚土地上,哲学——文明自觉的产物和公民道德衰退的标志——最早在希腊人中兴起。起初,哲学以一种相对无害的形式出现。它探究自然现象,思索生命与创造的物质基础。在哲学家中,有的人认为空气是第一性,有的人认为火是第一性,也有的人认为水是第一性。米利都的泰利斯是早期哲学家中最有名的。他乐于思索，具有非凡的实践能力。他为亚细亚的希腊城市联盟拟定了一项规划。如果当时该规划加以实施，那么这些城市就会免于多次灾难的侵袭。虽然爱琴海并不宽广，但亚细亚的希腊人和欧罗巴的希腊人之间的政治交往并没有想象中的那么频繁密切。首次将亚细亚希腊人和欧罗巴希腊人连接起来的大事件就是利兰丁战争①。名义上，利兰丁战争是发生在卡尔基斯和埃雷特里亚间的一场争夺两地交界处莱拉斯平原的战争；实际上，它是两个派系间的一场商业战争。每个派系由商业利益联合在一起。埃雷特里亚得到了米利都的协助，卡尔基斯则得到了萨摩斯岛的支持。利兰丁战争席卷

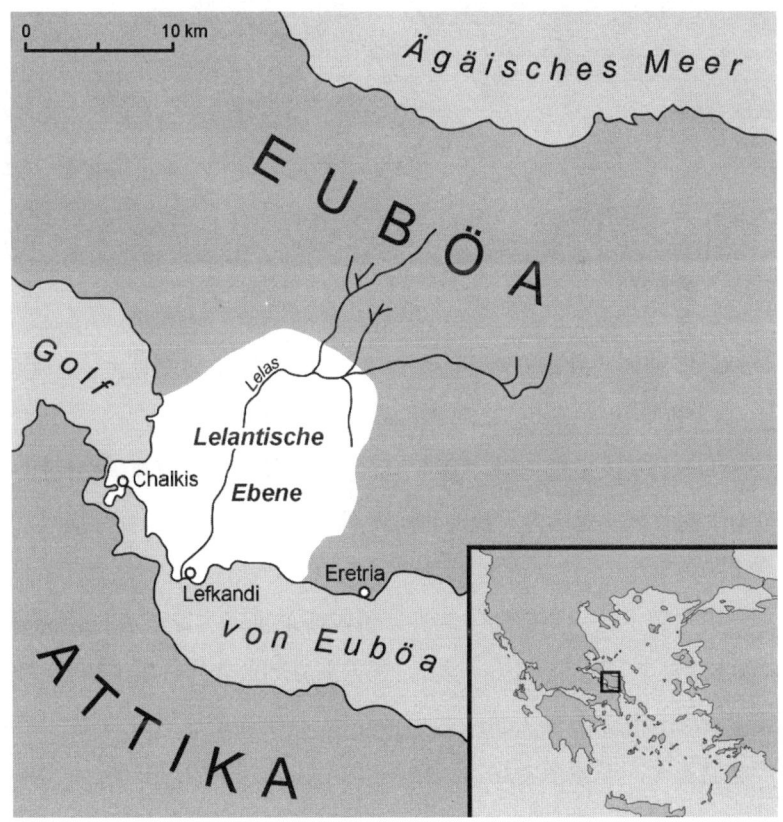

利兰丁战争发生区域示意图

---

① 约发生于公元前700年。——原注

盖吉斯杀害坎道勒斯

爱琴海亚细亚和欧罗巴整片海岸地带①。在西方,卡尔基斯占了上风,但在亚细亚,萨摩斯岛从未撼动过米利都的商业主宰地位。

大约到了公元前685年,亚细亚希腊人一往无前奋力开拓殖民地,并且不受外力干扰就能平息国内不和的时代突然终结。吕底亚国王咄咄逼人的对外政策登上历史舞台。

美尔姆纳达伊家族的一位贵族盖吉斯杀害了古老王室的最后一位国王坎道勒斯,篡夺了吕底亚王位。之后,盖吉斯立刻放弃前任国王的和平政策,转而袭击沿海的希腊城市。吕底亚人勇猛好战,是全亚细亚最好的骑手。在战场上,伊奥尼亚人毫无还手之力。战争演变成攻城战。盖吉斯虽然在士麦那和米利都遭到挫败,但攻占了科洛奉。正在攻城略地时,一场危机将盖吉斯召回国内,让

---

① 在两个派系中,很可能一方是卡尔基斯、萨摩斯岛、塞萨利和科林斯,而另一方是埃雷特里亚、米利都和埃伊纳,但细节不详。——原注

伊奥尼亚人免受吕底亚攻击三十年。由于受到了一群未知部落的追赶,来自北方的一支蛮族西米里族人被迫攻入小亚细亚。西米里族人一路烧杀抢掠,所向披靡。希腊城市锡诺普和亚细亚当地的弗里吉亚王国均被彻底摧毁。盖吉斯虽然实力雄厚,但最终无力拯救他的王国,只能臣服于亚述国王亚瑟巴尼帕尔。几年后,盖吉斯开始反抗亚述。在吕底亚失去亚述的保护后,西米里族人几乎毁灭了吕底亚。盖吉斯战死沙场。赫穆斯河流域惨遭掠夺。公元前660年,西米里族人攻陷了萨迪斯①除堡垒外的其他地区。

盖吉斯的继任者阿底斯在位多年后,最终摆脱了西米里族人。危机消除后,阿底斯再次实施他的父亲盖吉斯的政策——袭击希腊人。阿底斯占领了普里恩。然而,西米里族人再次拯救了伊奥尼亚人;约公元前627年,西米里族人再次入侵。他们在最西部的突袭使富庶的伊奥利亚小镇马格尼西亚沦陷。因此,阿底斯不得不折返,去捍卫自己王国的边境。

亚瑟巴尼帕尔

———
① 古吕底亚王国的首都。

第2节 吕底亚和米利都间的战争

阿底斯的继任者——儿子萨杜阿铁斯①和孙子阿利亚特②——继续实施着袭击希腊城市的政策。尤其对伊奥尼亚要塞米利都，吕底亚的袭击更加频繁。虽然米利都人在战场上被轻易击败，但他们的城墙是吕底亚骑兵难以逾越的。我们了解到，阿利亚特决定通过断绝粮草让米利都人屈服。每到仲夏时分，在谷物和水果开始成熟的时候，阿利亚特就发兵米利都边境，在军乐的伴奏下，毁坏谷物和果树。在多年千方百计的突袭后，阿利亚特派遣特使进入米利都。特使发现，米利都人正在纵酒狂欢；他们的黑市兴盛，丝毫不受城外破坏的影响。直到此时，阿利亚特才意识到：如果自己没有船队，那么这个海港城市就永远不会忍饥挨饿。阿利亚特与米利都缔结和约，转而袭击其他易攻的城镇。阿利亚特将希腊城市士麦那收入囊中，但内陆地区才是他伟大征服的目的地。在内陆地区，他征服了弗里吉亚、比提尼亚以及克孜勒河上游所有土地。在克孜勒河，阿利亚特遇到了同样野心勃勃的米底军队。在与米底国王西拉克拉里斯打成平手后，阿利亚特与西拉克拉里斯达成和约，将克孜勒河作为两国的分界线。公元前568年，阿利亚特驾崩，被葬在一个巨大的陵中。陵是阿利亚特晚年时下令在萨迪斯平原修建的。

第3节 克罗伊斯

其实，阿利亚特的儿子克罗伊斯是美尔姆纳达伊家族中最强大的。他的海岸征服计划连连获胜。他的先辈们从未达到这样的成就。在统治之初，克罗伊斯就攻陷了伊奥尼亚第二大城市以弗所。伊奥尼亚城邦彼此猜忌，难以结成对抗克罗伊斯的联盟。因此，其他城邦之后纷纷被迫归顺克罗伊斯。之前，米利都成功抵御了克罗伊斯的父亲阿利亚特的入侵，然而在当时，由于激烈的内乱，米

---

① 公元前622年到公元前610年在位。——原注
② 公元前610年到公元前568年在位。——原注

克罗伊斯

利都衰败不堪。当时,米利都刚刚摆脱一位僭主——色拉西布洛斯的统治。色拉西布洛斯是前文中提到的佩里安德的友人和谋士。米利都人为了重获自由而庆祝,后来却内讧不断。下层人民与寡头统治者们竞相实施的东方式残暴行为让整个希腊世界震惊不已。在打谷场上,暴民用梿枷将富人家的子女鞭笞至死;富人们则将囚徒们活活用沥青煤烧死。其他城邦根本不指望能得到米利都的援助。在大陆上,伊奥尼亚和伊奥利亚的各个城市纷纷陷落,臣服于克罗伊斯,并

克罗伊斯展示他的财富

开始向克罗伊斯进贡。克罗伊斯甚至一度梦想造船袭击希俄斯岛、莱斯博斯岛和海上的其他岛屿。

面对岛屿国家的强大舰队,以及本国士兵对海战的一无所知,克罗伊斯不得不放弃他的想法。但毫无疑问,在大陆上,自达达尼尔海峡至克孜勒河,克

罗伊斯所向无敌。作为领主收获的大量贡品和源源流入萨迪斯的商业利润——当时亚细亚和西方的重大贸易路线都完全掌握在吕底亚人手中——让克罗伊斯异常富有。克罗伊斯的富有程度远远超出了希腊人的想象。一系列的传说故事都讲述着克罗伊斯的无尽财富和唯我独尊。其中最有名的要数他和梭伦的会面——前文我们已经讲过该故事。

克罗伊斯绝不是冷漠的东方人，而是希腊文明的狂热崇拜者和支持者。最令人熟知的就是克罗伊斯对希腊神阿波罗的崇拜。无论是在米利都附近的布朗奇达伊的阿波罗神殿，还是远在福基斯的德尔斐神殿，克罗伊斯都毫不吝啬地供奉各种奇珍异宝。克罗伊斯也很乐意在宫廷接待希腊人，并不辞辛苦地帮助爱琴海对岸的大型城邦。他和斯巴达的联盟关系甚好，常常赠予斯巴达丰厚的黄金。

然而，就在克罗伊斯看似处于财富和权力的巅峰时，东方渐渐阴云密布，成为克罗伊斯和他的希腊臣民毁灭的先兆。

第14章

波斯帝国的崛起

公元前620年到公元前520年，东方世界发生了前所未有的急剧变革。该变革影响广泛，对希腊历史产生的直接影响前所未有。这一百年见证了五个大国的覆灭——亚述帝国、米底、巴比伦、吕底亚和埃及，以及第六大国①的崛起——它不仅吞并了所有臣服于它的土地，并且兼并了东西方大大小小的地区。在第六大国的征服过程中，某些地区首次被载入史册。最终，这个第六大国与希腊人正面碰撞。在居住在印度河和爱琴海之间土地上的所有民族的武力支持下，这个来自东方的第六大国的"大帝"一路向前行军。如同先辈们对付亚细亚的希腊人一样，他现在开始对付欧罗巴的希腊人。然而，在萨拉米斯海峡和普拉蒂亚平原地带，他的宏图伟业遭遇挫败。希腊得救了，欧罗巴文明的未来也得到保全。西方彻底击溃了东方入侵者。接下来的一千一百年内，东方征服者逼近达达尼尔海峡并将巴尔干半岛收归亚细亚王国的危机②再没有出现过。

直到公元前6世纪，与希腊人一直保持长期联系且不容小觑的东方强国只有我们已经提到的吕底亚。

---

① 指波斯帝国。
② 公元前480年，萨拉米斯海战爆发；620年，波斯皇帝库思老二世（Khosrow）起兵围攻君士坦丁堡（Constantinople）。——原注

第1节 尼尼微①的衰落

吕底亚以外就是庞大的亚述帝国。三百年来，亚述帝国一直是亚细亚最强大的国家。希腊人和历代亚述君主间的接触屈指可数。涉及希腊历史的一件大事发生在公元前708年：塞浦路斯各希腊小国纷纷臣服于征服者萨尔贡二世。虽然臣服于亚述帝国的仅仅是塞浦路斯的外围城市，但亚述帝国的国力和财富早

萨尔贡二世

---

① 亚述帝国首都。

奢侈傲慢的"萨尔丹纳帕勒斯"

就为希腊人所知。与战无不胜的"尼努斯"和奢侈傲慢的"萨尔丹纳帕勒斯"有关的疯狂传说都被保留下来①,证实了历代亚述君主在同时期的希腊人心中留下的深刻印象。公元前7世纪末期,尼尼微的厄运最终到来。一系列成功或部分成功的起义使亚述帝国渐渐失去外围土地,并削弱了亚述军队的实力。反叛的属民联合北方蛮族合力攻打日益衰败的亚述帝国。在他们的夹击下,尼尼微终于土崩瓦解。细节我们不得而知。我们只知道,流传下来的希腊传说讲述着这样的故事:兵临城下时,亚述帝国最后一任君主收齐自己所有的财富和神像,带上妻儿,到宫廷外点燃的巨大柴堆上一齐葬身火海,以免胜利者夺得任何战利品。一位东方暴君因愤怒和绝望而发狂——这样的故事不无真实之处。然

---

① "尼努斯"是基于普通希腊文言系统而创造的尼尼微人(Ninevites)同名英雄;"萨尔丹纳帕勒斯"是真实姓名"Assur-bani-pal"的误写。——原注

尼尼微遗址

而,无论故事真假,我们知道,没有经受可怕的血流成河与生灵涂炭,亚述帝国就销声匿迹了。

拿波坡拉撒和西拉克拉里斯这两个小国的国王①领导发动了对尼尼微的攻击。尼尼微陷落后,他们获利颇丰。拿波坡拉撒是反叛的巴比伦总督,强占了亚述帝国的南部和西部地区。西拉克拉里斯是米底人的国王,攻占了亚述帝国的北部和东部。与拿波坡拉撒和他更富盛名的儿子尼布甲尼撒二世有关的故事,我们不再赘述。虽然在叙利亚、伊拉姆和埃及,他们节节胜利,所向披靡,但这些事件与我们讲述的希腊史没有多少关系。

米底人的情形则不同。他们是一个新的种族,并组建了新的王国。对我们来说,他们十分重要,因为米底人正是所谓的波斯帝国的真正缔造者。然而,早期的希腊人更习惯称他们为"米底人"。米底人将与希腊人爆发激烈冲突。米底

---

① 拿波坡拉撒原是亚述帝国管辖的下巴比伦地区的总督。在亚述帝国衰落之际,他重建了巴比伦,史称"新巴比伦王国",拿波坡拉撒成为新巴比伦王国的首任国王,公元前626至公元前605年在位。

人是庞大的雅利安人中的一支。雅利安人从东北方一个叫"巴克特利亚"的地方迁徙而来,移居到亚述帝国的边境地区。雅利安人中不同的氏族彼此联合,散落在里海与印度洋之间的伊朗高原上。在一些地区,他们驱逐先前的居民——处于低级文明形态的图兰族部落;还有一些地区,他们则居住在其他族群中间;而在其他地区,他们则与当地人混血通婚。这群入侵者最南处的部落就是波斯人,由某位不知名的阿契美尼斯国王的后裔统治。靠近北方的氏族部落就是米底人。他们孱弱分裂且离群索居。直到公元前7世纪末期,西拉克拉里斯将米底人联合起来,形成了紧凑的君主政体。与波斯人相比,米底人和先前土地上的居住者融合得更密切,并且很大程度上沿用了先前居民们的习俗和宗教。波斯人虽然精力更旺盛,但更粗野,人口也更少,居住在厄立特里亚海岸边的山地中,因而免于与他族混血融合。波斯人是一支贫穷但坚毅的部族。他们是身着粗糙皮衣的牧羊人和庄稼人。与居住在平原地带更富有的居民相比,他们居住的土

尼布甲尼撒二世

波斯人

地显得贫瘠和崎岖。组成这个部族的十支部落分散而居。唯一的联系就是他们都臣服于阿契美尼德王室。波斯人从巴克特利亚带来的宗教将他们松散地联合在一起。

第2节 米底人和波斯人的宗教

当米底人和波斯人共同的祖先居住在阿姆河边时,他们信奉一种叫"拜火教"①的宗教。该宗教的命名源于大圣人和传道者琐罗亚斯德。据说，正是琐罗亚斯德让国人开始皈依拜火教。拜火教的信仰按二元对立的体系构建，它认为人世间所有的道德和肉体变化，都起因于两位彼此敌对的神明间的无休止争斗。奥马兹德是"智慧与光明之神，至尊至善，是完美、活力、才智、成长和美的主宰"。他是宇宙的创始者，力争用智慧和仁慈来统领万物。

然而，奥马兹德的努力一直受到邪恶之神阿里曼的阻碍。阿里曼是"黑暗、恶意、犯罪、恶行和丑陋之神"。在一位虔诚的波斯人的一生中，他要长期坚定

琐罗亚斯德

---

① 又称琐罗亚斯德教。始于古代波斯，由琐罗亚斯德创立，宣扬一神论，认为世界上存在光明与黑暗之间的永恒斗争。中国史书称其为"祆教"。

地抵御阿里曼及其所有罪恶的行径,并竭尽全力分辨出奥马兹德的旨意。为了达到目的,人们在巍峨的高山上向奥马兹德献祭,而不是在神殿或圣殿中。在高山上,为了向光明之神表达敬意,圣火长明不灭。与波斯人相反,米底人曲解了拜火教。他们不去帮助奥马兹德,而是试图去安抚阿里曼和他的随从天使。因此,米底人的宗教变成了某种"恶魔崇拜"。他们的拜火教祭司假装通过献祭和咒语来驱逐恶灵。

尼尼微瓦解后,米底人西拉克拉里斯建立的帝国自巴克特利亚边界一直延伸到吕底亚在克孜勒河的前线地带。经过与阿利亚特未分胜负的战争后,西拉克拉里斯莱最终确定了对克孜勒河地区的所有权。在西拉克拉里斯和与他同时代的伟大的巴比伦国王尼布甲尼撒二世驾崩多年后,他们的后代遇上一位让他们的帝国支离破碎的征服者。巴比伦和波斯的交界处是伊拉姆。长期以来,伊拉姆都是波斯西部近邻巴比伦的属邦。显而易见,在尼布甲尼撒二世驾崩后,伊拉姆落入米底人西拉克拉里斯的继任者阿斯提阿格斯的手中。当时,伊拉姆正处于阿契美尼德王室一位成员的统治下。伊拉姆的阿契美尼德王室与在波斯

阿斯提阿格斯

居鲁士二世

统治的同名王室并非属于同一世系。然而，统治伊拉姆的家族宣称和波斯古老的王室是近亲。该家族应该是多年以前从波斯迁徙进入伊拉姆的。"波斯古老王室的阿契美尼斯将王位传给他的儿子泰斯帕斯，然后传给他的孙子居鲁士一世，再然后传给曾孙冈比西斯，最后传到他的玄孙居鲁士二世"。当时，居鲁士二世居住在苏萨，以米底人阿斯提阿格斯封臣的身份统治苏萨。

关于居鲁士二世的传说，众说纷纭。令人失望的是，对居鲁士二世的真实历史，我们所知甚少。希腊人坚信居鲁士二世是米底人阿斯提阿格斯的外孙。某个预言称，米底国王将会受到自己强大无比的孙子的威胁。因此，为了防止预言成真，米底人阿斯提阿格斯将他的女儿嫁给了波斯的一位中级官员。然而，据我们所知，居鲁士二世的父亲冈比西斯是在位国王，并非中级官员。关于居鲁士二世和阿斯提阿格斯有亲缘关系的证据并不存在。

第3节 居鲁士二世崛起

公元前549年，米底和巴比伦正处在交战当中，伊拉姆国王却从背后突袭宗

阿斯提阿格斯被五花大绑,献给居鲁士二世

主国巴比伦。阿斯提阿格斯战败。之后,他的军队兵变,将阿斯提阿格斯五花大绑献给居鲁士二世。毫无疑问,征服者居鲁士二世是具有王室血统的雅利安人,并且属于和米底人近亲的种族——这正是让米底人归顺于他的现实原因。米底人成了居鲁士二世的追随者,而非臣民。权力转换的唯一标志就是帝国所在地

从米底古城埃克巴坦纳①转移至伊拉姆境内的苏萨。希腊人看不出其中的任何区别,因而仍然称这个强大的亚细亚国家为米底,仿佛阿斯提阿格斯仍然在位统治一样。

---

① 埃克巴坦纳(Ecbatana),米底(Media)的古老城市,现位于伊朗西部。

初战告捷后，曾效忠米底人的封臣转而效忠居鲁士二世，其中包括居鲁士二世在波斯的亲属。接着，居鲁士二世推翻了米底人尚未征服的民族的统治。二十年来，居鲁士二世不断东征西讨，所向披靡，拓展着他的帝国疆域。

第4节 居鲁士二世与克罗伊斯之战

居鲁士二世建立起的帝国极其危险。因此，最容易受到他威胁的三个国家组成联盟。吕底亚的克罗伊斯、巴比伦的纳波内地乌司和埃及的雅赫摩斯二世自此联合起来。尼尼微陷落后，吕底亚、巴比伦和埃及战争频繁。对居鲁士二世

纳波内地乌司

的共同畏惧结束了三国间的连年征战。据说，除了巴比伦和埃及，克罗伊斯一度希望将斯巴达人拉入自己的阵营，因为他本人也是斯巴达的最佳盟友。无论克罗伊斯指望希腊军队支援自己的故事是真是假，可以确定的是，踏上战场时，克罗伊斯斗志昂扬，因为希腊神谕断言他必将获胜。多年以后，克罗伊斯进献的丰厚的金锭器皿仍然摆放在德尔斐神殿，以示他对西方神明和神谕的无限敬意。我们得知，在吕底亚大使问询时，阿波罗回应道："克罗伊斯如果穿过克孜勒河，就会击垮一个强大的帝国。"克罗伊斯不曾想过，这句谨慎说出的神谕不仅适用于居鲁士二世的帝国，也同样适用于自己的国家。公元前546年，克罗伊斯这位吕底亚国王最终向居鲁士二世宣战。吕底亚所有兵力和归顺于克罗伊斯的地处克孜勒河和爱琴海间的所有部落率先侵入卡帕多西亚。

第5节 克罗伊斯的倒台

居鲁士二世的领土一直向西延伸，切断巴比伦与吕底亚的联系。这样，居鲁士二世就能阻止自己的两位大敌联合。埃及人太过遥远，很难快速前来支援。因此，克罗伊斯只好孤军奋战。居鲁士二世暂且将纳波内地乌司搁置一边，全力应对克罗伊斯。在卡帕多西亚的普泰里亚地区，两军交战，血流成河，但胜负未定。这场战争与六十多年前西拉克拉里斯和阿利亚特交战的情形十分相似，并且发生在同一地点。战争过后，居鲁士二世的军队后退数英里。克罗伊斯损失惨重，疲于追击，认为战事已经结束。因此，克罗伊斯解散联盟，率军返回，决心集结一支更强大的军队再奋力一搏。居鲁士二世虽然一时受挫，但尚未战败。当听到吕底亚已经解散武装的消息时，居鲁士二世转而对克罗伊斯围追堵截。居鲁士二世一路穷追猛打，速度之快让克罗伊斯措手不及。在吕底亚都城——吕底亚最坚固的堡垒萨迪斯城前，克罗伊斯被迫迎战，而已经解散的盟军队伍根本无法及时支援克罗伊斯。克罗伊斯寡不敌众，最终溃败，被迫自困于萨迪斯城内。围城仅十四天后，一场突袭就让萨迪斯意外陷落。希腊流传着很多关于克罗伊斯命运的传说。传说，胜者居鲁士二世宣判用火刑处决克罗伊斯，但当火焰熊

克罗伊斯被带到居鲁士二世面前

熊燃起时,居鲁士二世回顾起人类命运的沧桑起伏,后悔自己下了这样残忍的命令。当人力无法阻止火焰的燃烧时,据说,是阿波罗前来解救曾向德尔斐神殿敬奉了丰厚祭品的克罗伊斯——一场突如其来的大雨浇灭了燃烧的柴堆。居鲁士二世虽然不断拖延,但还是不得不对阶下囚克罗伊斯宽大处理。

　　一个强大富庶的国家就这样在鼎盛时期轰然倒塌,强烈地震撼了希腊人的心灵。从未有过的重大灾难就这样在希腊人的眼前上演。他们也从未见识过这样戏剧性的突然来到的结局。在克罗伊斯身上，希腊人的"报应论"——傲慢自大和过分繁荣后，必然紧随着不可避免的因果报应——得到了充分的说明。

人们由此编造出无数故事，将克罗伊斯的自信、财富、勇气、慷慨和抱负与他突然而彻底的失败形成鲜明对照。因此，克罗伊斯真实性格的轮廓和他真实命运的细节被模糊夸大地流传下来。透过围绕着克罗伊斯传奇故事的迷雾，我们仍然能辨认出克罗伊斯本来的面貌。

第6节 波斯人征服伊奥尼亚

吕底亚覆灭后，伊奥尼亚和伊奥里斯的希腊人开始与居鲁士二世直接接触。米利都人曾经归顺居鲁士二世，享受着与克罗伊斯统治时期类似的半独立状态。其他沿海城邦则全力抵抗居鲁士二世，力争夺回自己的自由。虽然斯巴达人拒绝援助，但这些沿海城邦还是得到了好战的卡里亚人和吕西亚人的支持。而在帕克提亚斯，还有一位吕底亚首领试图呼吁刚刚被征服的同胞们起身反抗。居鲁士二世不满足于仅仅征服几个反叛的城镇，决心实现宏图大业。他亲自率兵攻打巴比伦。居鲁士二世留下一支军队交由一位叫玛扎列斯的米底人贵族统领，让他完成对小亚细亚的征服。玛扎列斯平定了吕底亚的反抗，接着攻打伊奥尼亚人，攻占并洗劫了普里恩，并将整片迈安德平原夷为平地。然而，在紧要关头，玛扎列斯突然离世。军队由一位叫"哈尔帕哥斯"的米底人接替掌管。在罢黜阿斯提阿格斯时，哈尔帕哥斯功勋卓著，深受居鲁士二世信任。哈尔帕哥斯包围了福西亚和特奥斯。福西亚和特奥斯的居民绝望之余，从海路逃亡，前往遥远的海岸，远离居鲁士二世的势力范围。特奥斯人来到了色雷斯的阿布德拉。不久，阿布德拉就成为爱琴海北岸最大的城市。福西亚人一路航行到遥远的西方，在科西嘉岛的一处港口阿拉利亚登陆，并试图与岛上居民展开贸易往来——与两百年前他们的伊奥尼亚近亲和西西里岛打交道的方式如出一辙。然而，阿拉利亚对科西嘉岛的意义远不如纳克索斯岛对西西里岛的意义。在与迦太基和伊特鲁利亚联合海军徒劳地对抗五年后，福西亚人只得放弃阿拉

叙埃雷出土的货币

利亚。其中一些福西亚人向北航行，加入了马西利亚古老的福西亚人殖民地。马西利亚地处高卢。随着该次迁徙，高卢人口激增，日渐重要起来。在波塞冬尼亚以南的卢卡利亚沿岸，其他福西亚人建立了一个新的城镇，取名"叙埃雷"，即韦利亚。

　　亚细亚其他希腊城市并没有表现出这样孤注一掷千方百计摆脱波斯枷锁的决心。历经一系列糟糕至极的联合对抗后，他们向哈尔帕哥斯打开城门。岛上居民的反抗和大陆居民的反抗一样徒劳，莱斯博斯岛、希俄斯岛、以弗所和士麦那都承认居鲁士二世是他们的宗主。只有萨摩斯岛在僭主波利克拉特斯的统治下保持独立。波利克拉特斯拥有爱琴海东岸最强大的海军。居鲁士二世还没有舰队，波利克拉特斯因而希望能保留自己的岛屿及制海权不受侵扰。对希腊来说，萨摩斯岛的独立并不是一桩好事。萨摩斯岛的海盗船让整片爱琴海东岸敬畏不已，成为继米利都之后的海上霸主。波利克拉特斯以掠夺抢劫为生，并因此兴盛起来。波利克拉特斯总是宣称他制定了一项规则，即不加区分地抢劫所有人，因为他发现，与原封不动地保存财物相比，自己的友人们在重获被偷走的财富时会更加心存感激。

哈尔帕哥斯对亚细亚希腊人采取的政策并不苛刻。希腊人须每年缴纳贡品，并在君主下令时提供武装军队。希腊诸城市的内部政府都维持原状。由僭主统治的城邦继续由原僭主统治；民主制的城邦依然维持民主制；而寡头统治的城邦与完全自治自主时别无二致。

波利克拉特斯

第7节　居鲁士二世攻占巴比伦

在伊奥尼亚和伊奥利亚军队的支持下，哈尔帕哥斯征服了多利斯的希腊人，以及希腊人的野蛮邻邦卡里亚和吕西亚。与此同时，在上亚细亚，即亚细亚高地，居鲁士二世开疆拓土。经过一系列的战役后，居鲁士二世将帝国疆域拓展到印度和广阔的帕米尔高原中部边境。居鲁士二世的势力甚至渗入遥远的亚细亚东北地区，征服了许多居住在鞑靼边境的野蛮的塞克人。公元前538年，居鲁士二世回头攻打巴比伦。他横渡底格里斯河，在对阵战中击败了纳波内地乌司国王。几天后，巴比伦第二大城市西巴拉也因背叛而陷落。

之后，巴比伦不战而降，走向终结。巴比伦国王带着残余军队仓皇而逃，但遭到围追堵截，成为阶下囚。此后，居鲁士二世在迦勒底亚、美索不达米亚和叙利亚建立起不容置疑的统治权威。

巴比伦陷落

居鲁士二世被马萨格泰人俘虏

第8节 居鲁士二世驾崩

当时,如果居鲁士二世发动军队攻打埃及似乎也在情理之中。公元前546年,埃及是唯一一个曾团结一心对抗他的国家。然而,我们从未听说过居鲁士二世对埃及的征战。与此相反,居鲁士二世人生的最后九年看似相对平静。但可以肯定的是,居鲁士二世仍然在向东进发,占领了印度河上游地区以及阿姆河以外的广阔地带,即索格底亚纳和克兰斯米亚。最后,公元前529年,居鲁士二世领兵攻打马萨格泰人。马萨格泰人是一支游牧部落,居住在索格底亚纳外,现在

居鲁士二世被杀

的西伯利亚以南地区。在与马萨格泰人交战时,年迈的居鲁士二世被杀。他的军队折返归国,将居鲁士二世的遗体带回并葬在了帕萨尔加德,即阿契美尼斯王室的陵墓之中。

居鲁士二世是伟大的东方征服者的典范。显而易见,他英勇无畏、不屈不挠

且足智多谋。更为人称道的是,居鲁士二世从未染上残忍或屠杀的恶名,而在尼布甲尼撒二世或阿提拉①的征战中,这种暴行比比皆是。然而,居鲁士二世更像一位将军,而不是一位管理者。他完全可以将亚细亚纷繁的部落集结成一支战

---

① 阿提拉(Attila,约406—453),自434年至453年为匈人(Huns)的统治者。匈人为4世纪至6世纪生活在亚洲中部、高加索地区及欧洲东部的游牧民族。

巴比伦守护神米罗达

无不胜的军队，却从不费心去将各个部落组建成为一个系统的帝国。因此，每个地区都潜伏着颠覆的倾向。他们等待时机，一旦统治松动，便伺机一搏。和自己的米底人近亲一样，居鲁士二世没有忠诚于自己种族的古老信仰。他并不全心全意地崇拜奥马兹德，而是从他伊拉姆臣民处学会了膜拜其他神明。其中，他对巴比伦守护神米罗达的崇拜最狂热。

第9节 冈比西斯征服埃及

居鲁士二世的继任者是他的儿子冈比西斯。冈比西斯是一位残暴鲁莽却强势的僭主。毫无疑问，与居鲁士二世相比，冈比西斯的统治相形见绌。在他统治的八年①中，给人们留下的主要记忆就是对埃及和它的属地的征服。

当冈比西斯率军攻打埃及法老雅赫摩斯二世时，腓尼基和塞浦路斯纷纷向他投降。因此，冈比西斯集结起一支由腓尼基人、塞浦路斯人和伊奥尼亚人组成的强大舰队，来支援他的陆上军队。在贝鲁西亚一场决定性战役中，他击垮了刚刚继任父亲雅赫摩斯二世法老位的普萨美提克三世。成千上万的希腊雇佣兵都

波斯军队围攻贝鲁西亚

---

① 公元前529年到公元前521年。——原注

普萨美提克三世被俘

在埃及人的军队里服役,但这些雇佣兵在冈比西斯的大军面前不堪一击。欧罗巴的希腊人对此印象深刻且异常沮丧,因为他们担心自己不久便会遭遇和亚细亚希腊人相同的命运。埃及不需要第二次攻打就向冈比西斯投降。接着,利比亚人及其近邻,即昔兰尼和巴卡的希腊殖民者纷纷臣服于冈比西斯。

在埃及,冈比西斯逗留了很久,渐渐臭名昭著。从某种程度上说,他大可以通过自己对埃及神明的狂热崇拜来安抚埃及人。与父亲居鲁士二世一样,冈比西斯更偏爱多神崇拜[①]。然而,冈比西斯的臣民们对他越来越深恶痛绝。冈比西斯狂热地将军队浪费在远征上。对国内贵族和朝臣,他凶横残暴且猜疑心重。一旦贵族和朝臣有叛国嫌疑,就性命不保。因此,在国内,冈比西斯树敌众多。

---

① 所有关于冈比西斯对抗埃及神明的圣战运动都是无稽之谈。——原注

第10节　冈比西斯自杀

居鲁士二世还有一个儿子，叫柏德斯[1]。虽然柏德斯是冈比西斯的同胞兄弟，但冈比西斯对他心怀怨恨。在远征埃及之前，冈比西斯命人秘密杀害了柏德斯。然而，这次暗杀只有少数人知道。巧合的是，一位野心勃勃的拜火教祭司戈麦提斯和被杀害的柏德斯样貌相似。戈麦提斯因而决心利用这个机会。戈麦提斯深知民众对冈比西斯怨恨颇深，便声称自己就是失踪的柏德斯，以此谋夺王位。一场支持戈麦提斯且席卷波斯、米底及所有邻近地区的大规模起义由此开始。冈比西斯从埃及起兵镇压。但在公元前521年，在穿越叙利亚时，他深感起义范围太大，因而灰心丧气，自刎而死。

拜火教祭司和冒名顶替者戈麦提斯以柏德斯之名统治了波斯数年。然而，他做贼心虚，再加上他迫不及待地搜查并杀害所有熟知柏德斯的人，因而引发了不少流言蜚语。

接着，在只有六名亲随的帮助下，叙司塔斯配的儿子大流士——另一位波斯王室的王子，揭露了冒名顶替者戈麦提斯的阴谋，通过夜间的一次突袭，大流士在斯奇塔奇欧特斯城堡将他杀死。大流士登上波斯王位，史称大流士一世。

第11节　大流士一世

大流士一世所属的阿契美尼斯家族与在伊拉姆统治的居鲁士二世和冈比西斯所属的家族并不属于同一支。大流士一世的祖辈在波西斯[2]占统治地位。三代以来，他们和同族分支伊拉姆人泾渭分明。因此，冈比西斯的臣民并不希望看到前任统治者的继承人大流士一世也就情有可原了。整个波斯分崩离析，陷入空前的混乱。在分别号称代表纳波内地乌司和西拉克拉里斯的后裔的带领下，

---

[1] 希腊人称他为士马特斯（Smerdis）。——原注
[2] 古代希腊人将伊朗高原西南部，靠近波斯湾东岸的地带称为波西斯，这是波斯（Persia）一词的起源，之后该地名随着波斯人的扩张而扩大了指代范围。

大流士一世

巴比伦和米底宣告独立。亚美尼亚、帕提亚①、萨兰吉亚和几乎所有东方地区纷纷效仿。当地叛乱没有发生时,地方管辖者总不愿意过分依赖中央政权。然而,大流士一世天赋异禀——甚至胜过居鲁士二世。在东方,建立新帝国远比重建已经支离破碎的旧帝国容易。通过不懈努力和持续战斗,大流士一世终于成功地击垮了将波斯东部地区肢解的八位冒名顶替者,并肃清和摧毁了不服从自己

① 又名安息。

的地方总督。在混乱期,吕底亚总督欧洛台曾对萨摩斯岛僭主波利克拉特斯暗施诡计。波利克拉特斯视财如命,但他的财物都取之有道。欧洛台捎信给波利克拉特斯说自己打算逃离大流士一世的统治,并恳请波利克拉特斯将他和他的财物安全地带入萨摩斯岛。大约在公元前520年,在岸边等待接见所谓腰缠万贯的逃亡者欧洛台时,波利克拉特斯被绑架带入内陆,并被钉死在十字架上。在爱琴海,波利克拉特斯的舰队曾横行一时;他曾成功抵御斯巴达人;在居鲁士二世统治时期,他仍然维持独立;他的财富仅次于克罗伊斯。然而最终,他就这样不光彩地结束了自己的一生。

公元前516年,在掌控了自己的疆土后,大流士一世开始大刀阔斧地重组波斯。在大流士一世重组后,人们才首次确切地称波斯为"波斯帝国",因为大流士一世的前辈们不是波斯王,而他们对该地区也没有民族信仰。大流士一世不仅是波斯的世袭首领,也是一位狂热的拜火教徒,同时还是米底人和他们的法师所宣扬的低劣邪佞教义的死敌。大流士一世称这些教义为谎言,并追查该教义在波斯盛行时所埋下的种种罪恶。他写道:"所有我做的一切都是在奥马兹德的帮助下完成的。奥马兹德助我一臂之力的原因在于我不信异教、不信谎言也不信僭主。"然而,虽然大流士一世与前辈的宗教传统决裂,并重组了管理体制,但无论从哪方面来看,他都是波斯的真正传人。大流士一世继续定都苏萨,即居鲁士二世在伊拉姆的家,而并没有将宝座挪到他土生土长的波斯波利斯或帕萨尔加德。

第12节 行省制

大流士一世重组波斯帝国后,波斯帝国的体系采用行省制。他的领地不再是纷繁复杂的附庸国和完全归顺的地区,而是将波斯帝国全境分成了二十三个行省。每个行省由一位总督、一位军事指挥官和一位皇家文书管理。每个行省对所有事务都享有充分的权威,唯一不能做的就是在领地内调兵遣将,因为该特权极具危险性。将军受君主命令,但必须自己寻求各行省军队的生存维护支出。皇家文书尤其被委以重任。他必须向君主上报两位同僚——总督和军事指挥官的行为举止,并且总督的所有命令都得经由文书处理。这三股权力的相互制约就将所有事务的决定权交到了君主手中。只要君主勤于政务且足够机智,就能让这种体系井井有条。当时,波斯帝国的附庸国就处于行省的直接领导下。虽然附庸国的内部制度原封未动,但也要被迫严守总督的号令。似乎总督就是君主本人。在大流士一世的新体制下,波斯帝国空前繁荣。他小心翼翼呵护的成果尤其体现在财政税收的急速增长上——该情形令大流士一世欣喜不已。波斯人因而津津乐道:"居鲁士二世拥有仁父之魂,冈比西斯拥有宗主之魂,而大流士一世拥有商人之魂。"

第 15 章

大流士一世和希腊人：伊奥尼亚人的反抗

在重组完波斯帝国，并且国内已经平静安定后，像先辈们一样，大流士一世开始醉心于向外征服。当时，波斯帝国的南北边境不是荒漠草原，就是茫茫大海，但波斯帝国以东和以西的土地都值得征服。大流士一世的第一次远征是向印度进发。他不仅征服了整片"五河流域"，即现在的旁遮普，还在印度河上游建立了一支舰队，并命该舰队驶出下游河口，沿厄立特里亚海海岸和阿拉伯半岛海岸行驶，随后，舰队恰好行至苏伊士附近。大流士一世的海军将军——希腊人卡律安达的西拉克斯记述了这次冒险之旅。

然而，约公元前510年，大流士一世将目光转向西方。得知一支远征军正准备穿洋过海来到欧罗巴后，希腊人惊恐万分。亚细亚海岸最后一个独立的希腊岛屿萨摩斯岛已经落入大流士一世手中。面对波斯帝国的入侵，萨摩斯岛继任波利克拉特斯的僭主迈安得里乌毫无还手之力。然而，在第一次穿过博斯普鲁斯海峡后，大流士一世并没有攻打希腊，而是投入了一场毫无益处的战争。在接受了海岸地区希腊城镇和赫布鲁斯河流域无数色雷斯人部落的俯首称臣后，大流士一世并没有向马其顿和塞萨利的方向前进，而是转向了荒野的北方。大流士一世穿过巴尔干半岛，来到多瑙河，并将舰队以浮桥的形式停泊在多瑙河上。接着，他号令军队穿过多瑙河，来到俄罗斯南部草原凄凉无树的蛮荒之地。

据说，大流士一世要打击的敌人是塞西亚人。起因在于：在米底人西拉克

战斗中的塞西亚人

拉里斯统治期间,塞西亚人曾入侵亚细亚。而大流士一世此举就是为了一雪前耻。这支草原上的游牧民族并不打算在战场上与大流士一世针锋相对。塞西亚人将牛群赶入内陆,接着尾随波斯大军,却不发动攻击。长达两个多月的时间内,大流士一世都在杳无人烟的土地上穿行,寻找可望而不可即的敌人。最终,大流士一世对塞西亚人实在束手无策,而军队补给也即将用完,并且人困马乏,大流士一世只好下令撤退。然而,塞西亚人却在此时穷追猛打,抓住了所有的掉队者和因运输工具缺乏而患病被弃的士兵。大流士一世安然无恙地回到了多瑙河。虽然不像其他俄罗斯大平原的入侵者那样多灾多难和狼狈不堪,但这场一事无成且半途而废的远征还是让大流士一世懊恼不已。

第1节　米太亚德和浮桥

幸运的是,大流士一世找到了自己的船队。和他离开时一样,船上补给充足。随着大流士一世离开的时间越来越长,很多希腊船长密谋放弃军职,驾船回家。因为大流士一世音信全无,所以他们想当然地以为大流士一世早就抛尸荒野。就算没有被杀害,但没有了浮桥和食物,再加上横亘在前的不可逾越的河流,大流士一世也多半会一命呜呼。色雷斯的僭主——雅典人米太亚德是大流士一世穿过达达尼尔海峡后委派的新封臣之一。米太亚德决意离开。如果不是遭到米利都僭主希斯提埃伊欧斯的阻拦,米太亚德很可能带领整个舰队离开。希斯提埃伊欧斯指出,伊奥尼亚城镇的统治者和大流士一世的利益休戚相关:一旦波斯帝国陷落,每个希腊城镇都必然会发生暴乱。因此,浮桥完好地保留了下来。大流士一世和他的军队通过浮桥安全抵达色雷斯。希斯提埃伊欧斯因而受到大流士一世的赏识也在情理之中。他还成了波斯帝国君主的议事官之一。

希斯提埃伊欧斯深受大流士一世器重。大流士一世坚持让希斯提埃伊欧斯永远留在宫廷内,定居在远离故土的苏萨。然而,希斯提埃伊欧斯郁郁寡欢,绞尽脑汁想要重回伊奥尼亚。

希腊人保护大流士一世的浮桥

在远征塞西亚后,大流士一世回国时,给麦加巴佐斯留下八万士兵,令他驻守并征服色雷斯,然后竭力向西扩张波斯帝国边境。麦加巴佐斯不辱使命。他攻占了佩林托斯和其他不愿臣服的希腊城镇,征服了海岸的色雷斯人、斯特律蒙河下游地区的潘奥尼亚人,并直逼马其顿边境。马其顿国王阿明塔斯一世没有做任何武力抵抗。他象征性地献给大流士一世土壤和水,以示效忠。马其顿自此开始向波斯帝国纳贡。随着它的归顺,波斯帝国的疆域直逼塞萨利,即一般意义上所谓的希腊边境。看起来,波斯帝国的下一步军事行动似乎就是入侵希腊,而波斯军队进攻希腊城邦时战无不胜。所有希腊人都害怕波斯帝国的入侵,因为一旦波斯帝国入侵,那么他们必然被征服。然而,事实并非如此:直到近二十五年后,大流士一世的大军才强攻坦佩谷,来到塞萨利平原。

第2节　波斯人在纳克索斯岛

在麦加巴佐斯威胁到大陆上的希腊人的时候,吕底亚总督阿尔塔弗涅斯发动了对岛上的希腊人的远征。当时,基克拉迪群岛中最大、最丰饶和人口最多的纳克索斯岛正暴乱横行。远在国外的希斯提埃伊欧斯的女婿阿里斯塔格拉斯以摄政王的身份统治着米利都。他希望通过赢得这些岛屿来博得大流士一世的信任。阿里斯塔格拉斯劝说大流士一世授予自己发动对纳克索斯岛远征的权力。之后,他得到了一支拥有两百艘船的舰队的指挥权。他将用这支舰队完成他的征服目标。然而,阿尔塔弗涅斯不信任这位米利都人,认为应该让波斯贵族麦加巴特担任自己的副指挥官。而麦加巴特和阿里斯塔格拉斯一样脾气火爆。在舰队起航前,麦加巴特和阿里斯塔格拉斯因为一件私事发生了激烈的争执。

在争执中,麦加巴特占了下风,因而怀恨在心。为了报复阿里斯塔格拉斯,他派人送信给纳克索斯岛,透露了这次远征的消息。因此,当波斯舰队到达时,纳克索斯岛戒备森严且物资储备充足。阿里斯塔格拉斯未能如愿以偿攻占纳克索斯岛。阿里斯塔格拉斯曾在萨迪斯和苏萨许诺保证此次远征一定成功,他甚至愿意倾其所有确保行动万无一失。他智穷力竭,准备孤注一掷。正在此时,阿里斯塔格拉斯收到希斯提埃伊欧斯的传信。希斯提埃伊欧斯请求阿里斯塔格拉斯务必想尽一切办法让自己重回故国，如果有必要，甚至可以煽动伊奥尼亚起义。关于这次传信有个离奇的传说。据说，希斯提埃伊欧斯非常害怕密探发现他写给阿里斯塔格拉斯的信，因而剃光了手下一位奴隶的头发，将信隐秘地纹在了奴隶的头上。之后，他派这位奴隶去了米利都。当奴隶的头发再长出来时，希斯提埃伊欧斯便派这位奴隶去米利都，并带口信说奴隶的头发该剃了。

第3节　伊奥尼亚反抗波斯帝国

希斯提埃伊欧斯和阿里斯塔格拉斯的个人愿望与当时大众的期望相符合，因为任何时代的任何一个希腊城邦都力主自治独立。由于受到城邦僭主的影响，民众才默认了波斯帝国的统治。而如今，僭主自己公然起来反抗波斯帝国，米利都当然欣然追随。阿里斯塔格拉斯所做的不仅仅是反抗波斯帝国，他宣称自己放弃了专断权力，重新受人民委托担任执政官。之后，他发动了一场对抗伊奥尼亚沿岸所有僭主的长期征战：米利都人所到之处，起义运动紧随其后，当地统治者不是被杀害就是被驱逐。阿里斯塔格拉斯不仅宣告内部自由，还倡导外部自由。一时间，起义运动似乎前景大好。亚细亚的希腊人——自拜占庭到吕西亚边境所有城镇全部对波斯帝国宣战。阿里斯塔格拉斯这次行动的成功不止于此。他亲自前往爱琴海西岸，开始煽动更古老的希腊各个城邦。在斯巴达，阿里斯塔格拉斯无功而返，因为斯巴达人关心的地域仅限于伯罗奔尼撒半岛。斯巴达人发动的唯一一次海上进攻对象是萨摩斯岛的波利克拉特斯，但结果并不理想。因此，斯巴达人并不想重蹈覆辙。斯巴达国王克莱奥梅尼告诉阿里斯塔格拉斯"发疯了才会提议让斯巴达攻打远在三个月航程之外的苏萨君主"，并劝他早早回国。然而，雅典以完全相反的方式接待了阿里斯塔格拉斯。正在崛起的海上强国雅典流淌着伊奥尼亚血液，是人们公认的希腊第二大海上强国。出于伊奥尼亚子邦对母邦的感召和将波斯人驱出城门之外的渴望，以及乐于证明自己新近组建的海军的实力，雅典人迫不及待地听从了前僭主阿里斯塔格拉斯的

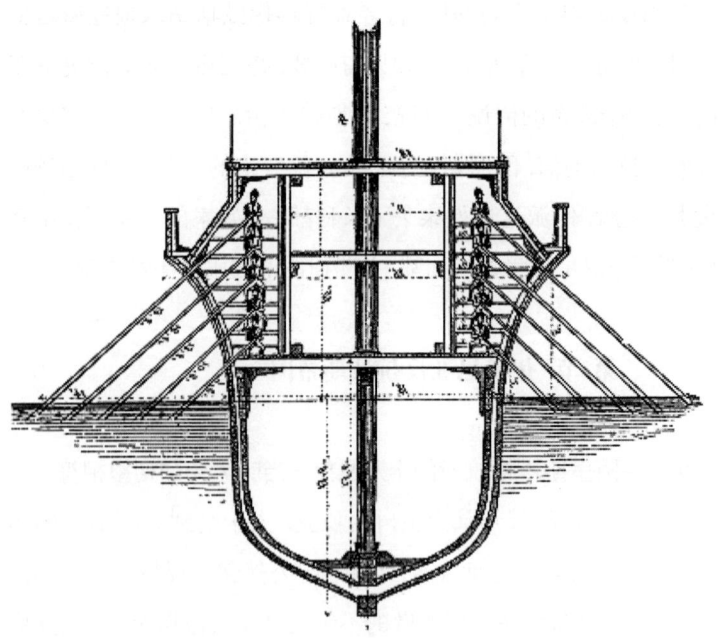

古希腊战舰工作示意图

提议,并拨派给阿里斯塔格拉斯一支二十艘船组成的舰队。出于和米利都自利兰丁大战时就结下的盟友关系,埃雷特里亚人又额外增援了五艘船。

第4节 萨迪斯遭到洗劫

阿里斯塔格拉斯的舰队刚刚抵达以弗所,邻近城镇的征兵就加入了这支舰队,并合力对萨迪斯的发动了一场大胆的突袭。萨迪斯是吕底亚行省所在地,也是小亚细亚地区波斯帝国的权力中心。希腊人将阿尔塔弗涅斯驱逐进城堡要塞,洗劫并焚毁了萨迪斯。此举大错特错。与波斯帝国相比,希腊人的这次袭击对吕底亚人产生的影响更恶劣。大城萨迪斯遭到洗劫,而当地最神圣的母神[①]神殿被烧毁——这让当地人震怒不已。当地人武装起义反抗希腊人,加入了阿尔塔弗涅斯的队伍。公元前499年,当希腊人开始向大海撤退时,所有村民都向

---

① 小亚细亚神话中的女神,自然之母的象征。

他们进攻，接着就是追击战。希腊人损失惨重。船队抵达时，希腊军队狼狈不堪，之后便被解散。返回时，雅典人和埃雷特里亚人全都垂头丧气。洗劫萨迪斯的后果是灾难性的：它促使苏萨宫廷积极行动起来。大流士一世加倍武装自己的军队，发誓不仅要报复那些暴动的臣民，而且要对爱琴海以外鲁莽行事的城邦还以颜色，因为这些城邦妄图插手亚细亚事务，而此举让大流士一世暴怒不已。但在当时，人们还没有理清所有事情的全部含义。伊奥尼亚人依然乐于听闻吕底亚行省首府被毁的消息。

当时，除了阿马苏斯的腓尼基殖民地，绝大多数卡里亚部落，塞浦路斯的所有城市，希腊人和蛮族人都加入了伊奥尼亚人的阵营。

为了对抗希腊叛乱者，大流士一世不仅召集了所有西方行省可支配的军队，还发动了腓尼基和西里西亚属民的全部海军力量。船队和陆军首先袭击的是最孤立和最外围的反叛地塞浦路斯。在海上，伊奥尼亚人和塞浦路斯人联合打败了腓尼基海军舰队。然而，腓尼基海军舰队之前留在海岸地区的陆军完全击退了塞浦路斯陆军。这场战争后，塞浦路斯随之投降。

第5节 波斯人入侵伊奥尼亚

接着，波斯军队向这次起义的始作俑者步步逼近。三支陆军从小亚细亚中部高原挥师而下，开始掠夺沿岸地区。第一支陆军接连洗劫了达达尼尔海峡和马尔马拉海沿岸各城市。第二支陆军从萨迪斯发兵进攻希腊联盟最中部的城镇，并攻占了库麦和克拉左美奈。多数伊奥尼亚人绝望地隔岸观火，不敢贸然发起第二次陆上进攻。第三支陆军进入卡里亚，但在连胜两场战争后，在佩达苏斯战役中，被卡里亚和米利都人彻底击败。佩达苏斯战役是阿里斯塔格拉斯仅有的一次胜利。然而，当时他已经完全丧失信心，对自己轻率发动的进攻深感绝望。阿里斯塔格拉斯召集所有米利都人，提议全体移居别处——正如四十年前他们的特奥斯和福西亚亲族所做的一样。虽然米利都人拒绝了该提议，但阿里斯塔格拉斯却执意保全自己。因此，他集合亲随和家仆，弃国而逃。正如特奥斯人在邻近阿布德拉的地方建立了新定居点一样，阿里斯塔格拉斯向色雷斯海岸航行，希望建立一个新的定居点。公元前497年，阿里斯塔格拉斯在米尔启诺司登陆，随即和自己的跟随者一起全部被蛮族伊多尼安人杀害，因为阿里斯塔格拉斯进犯了伊多尼安人的领地。

　　此次反抗行动的煽动者希斯提埃伊欧斯最终来到伊奥尼亚时，看到的就是这样的情形。希斯提埃伊欧斯对大流士一世的影响并不如他想象中的那样强大。叛乱爆发时，大流士一世也没有派他去镇压。疲惫不堪地度过三年后，叛军主力终于被打败。当时，在萨迪斯，大流士一世终于为希斯提埃伊欧斯找到了事情做。

　　来到萨迪斯后，希斯提埃伊欧斯的计划破产，成了总督阿尔塔弗涅斯嘲讽的对象。阿尔塔弗涅斯说道："鞋子是你缝的，阿里斯塔格拉斯不过是借来穿上了而已。"阿尔塔弗涅斯对自己计划的了如指掌让希斯提埃伊欧斯惊恐不已。他逃到了希俄斯岛，加入了叛军。但他发现，作为一位前任僭主和大流士一世的亲信，自己深受怀疑。没有哪个城市愿意如他所愿将他推上领袖地位。希俄斯岛人甚至一度囚禁了他；米利都也不承认这位旧主。幸运的是，莱斯博斯岛人最终给了希斯提埃伊欧斯八艘船，允许他驶往达达尼尔海峡，并委派他重新组织当地城镇里的反抗活动，因为这些城镇又重新效忠旧主。希斯提埃伊欧斯没有去达达尼尔海峡，而是驻扎在拜占庭。他向过往博斯普鲁斯海峡的商船征收昂贵的通行费，不再热心攻打波斯人。

　　与此同时，距离战争结束的日子越来越近。阿尔塔弗涅斯舍弃了所有小型城镇，集中所有陆上兵力攻打伊奥尼亚的心脏地区米利都。同时，一支强大的腓尼基人舰队在特里欧庇昂岬绕行，并在迈安德河口对面抛锚停下。在仍然怀有自信并对重获自治抱有一线希望的九个城市，伊奥尼亚人和伊奥利亚人联合起来发起了最后一搏。在米利都前的拉德小岛上，伊奥尼亚人和伊奥利亚人停泊的三百五十三艘三层桨战船与波斯帝国的六百艘大船对峙。让雅典人颜面扫地的是，在伊奥尼亚人和伊奥利亚人与波斯帝国殊死一战时，居然没有一艘雅典船去帮助他们的盟友。

第6节 拉德之战

希腊联军将舰队交由一位叫"狄俄尼索斯"的将军指挥。狄俄尼索斯是福西亚的少数幸存者之一。漂泊回乡后,在废墟上,他又重新建立起一个微不足道的城市。狄俄尼索斯是一位优秀的船长。手下恪尽职守,但他的高度警惕性和严格的纪律激怒了萎靡不振的伊奥尼亚人。伊奥尼亚人不再遵从他的命令,而他背后并没有属于自己城市的强大海军部队做后盾。随着波斯人一再延迟攻击的时间,伊奥尼亚人的防备渐渐松懈。因此,当波斯人最终来袭时,伊奥尼亚人仓促排兵布阵,匆忙应战。

公元前496年的交战当天,各族人表现得千差万别。萨摩斯岛人最先逃跑,行为慌张,看似不是懦弱畏惧,而是背信弃义。不久,莱斯博斯岛人也投降了。虽然盟友不可信,其他船纷纷弃战而逃,但希俄斯岛人仍然坚持作战,直到自己的船多数沉没或被攻占后,才向波斯帝国屈服。

拉德之战产生了决定性的结果。遭遇重创的战败舰队解散逃离。因此,每个城市都孤立无援,只好坐以待毙。米利都最先陷落。阿尔塔弗涅斯在米利都城前安营扎寨,经过旷日持久的围城战后终于攻下米利都。阿尔塔弗涅斯烧毁了米利都,将城中居民贬为奴隶。阿尔塔弗涅斯的打击全面而彻底。此后,米利都再也没有恢复往日的荣光。伊奥尼亚城市中的第二大城以弗所迅速投降,成功化解了波斯帝国的暴怒。然而,米利都的陷落让雅典人深感悲痛与自责。当他们意识到自己让最好的盟友在波斯人面前自生自灭时,就再难抑制住悲伤与耻辱。公元前495年,悲剧诗人普律尼科司创作了一部叫《米利都围城记》[①]的戏剧。在该剧上演时,整个剧场的人纷纷落泪。创作者普律尼科司被罚款一千德拉克马,因为他再次唤起了这个沉痛的话题。

米利都屈服后,轮到萨摩斯、希俄斯岛和米提利尼面对波斯军队。经过或多或少的抵抗,这些城市逐个投降。然而,它们的命运虽然艰难,但远不如米利都悲惨。它们没有遭到毁灭性的打击。萨摩斯、希俄斯岛和米提利尼被迫缴纳重

---

① 希腊文为"Μίλήτον ἄλωσίς"。——原注

税。城内居民被遣往亚细亚，但之后并没有发生大规模的毁坏和屠杀行为。波斯帝国允许萨摩斯、希俄斯岛和米提利尼继续保留内政自由。值得注意的是，对伊奥尼亚僭主们的表现，波斯人表示不满。出人意料的是，他们更支持民主政体。最后，在马尔马拉海继续负隅顽抗的零星城镇也接连屈服。在马尔马拉海，希斯提埃伊欧斯度过了人生中的最后两年。在最后两年里，他过着危险的海盗生活，让波斯人和希腊人苦不堪言。公元前494年，在靠近阿塔内斯附近的一场小型遭遇战中，希斯提埃伊欧斯落入阿尔塔弗涅斯手中。阿尔塔弗涅斯立即将希斯提埃伊欧斯一剑刺死。阿尔塔弗涅斯的行为令大流士一世十分不满，因为大流士一世仍然对保全了多瑙河上浮桥的希斯提埃伊欧斯心存感激。当时，除了少数逃往西方的亡命之徒，大流士一世的所有臣民都重新向他归顺。

第7节 起义失败的原因

历经六年断断续续的战争后，伟大的伊奥尼亚起义就此落幕。这场战争的进程让人们清醒地意识到三个事实。第一，希腊城邦难以组合成一个紧密的联盟。在战争中，城与城之间彼此妒忌和狭隘的爱国主义情感足够阻碍他们进行有效的协同合作。只要自己的城市欣欣向荣，人们便对整个希腊民族的命运漠不关心。简而言之，希腊同盟能够团结一致的唯一条件就是某个足以威慑其余城邦的强邦出现。之后出现的提洛同盟①就是很好的例证。某些时候，希腊诸城邦虽然实现了完整的同盟，但完全自治的愿望十分强烈。因此，同盟中所有弱小的成员都会暗自希望同盟破裂，借此摆脱为首城邦的霸权统治。第二，波斯帝国的军事机器运作得缓慢而低效。为镇压一个行省内的叛乱城镇，波斯帝国打了一场为期六年的战争。只有在波斯帝国君主亲自出马后，才能迫使手下所有总督和指挥官迅速行动并忠于职守。反之，在亚细亚的波斯官员则总会产生懈怠倾向，难以持续抗敌。第三，拉德之战后，

---

① 公元前478年由雅典主导建立的希腊城邦同盟，始建目的是对抗波斯帝国，于公元前404年在斯巴达指挥官吕山德（Lysander）的命令下解散。

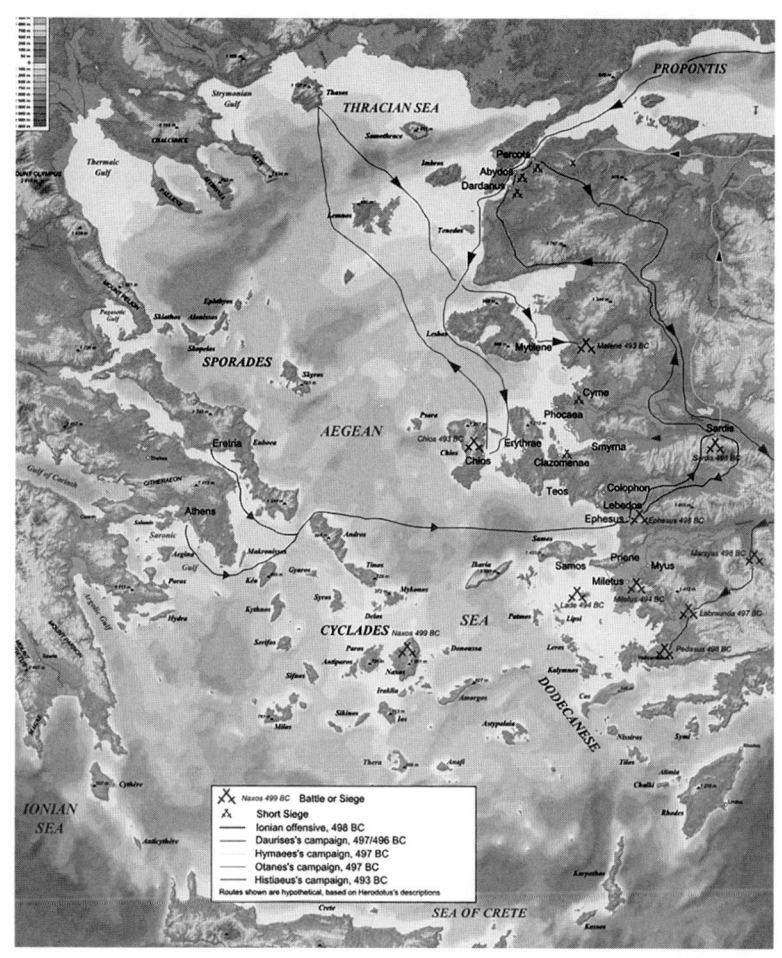

伊奥尼亚起义主要事件示意图

战事的迅速结束表明：要攻打希腊世界，舰队远比陆军重要。当制海权转入波斯帝国手中，每个岛屿或半岛城邦便陷入孤立。抵抗也会随之瓦解。虽然意义不同，但在伊奥尼亚起义结束的若干年后，在波斯帝国和欧罗巴希腊人之间爆发的更大规模的战争中，我们将会看到历史重演。

大流士一世并没有忘记雅典和埃雷特里亚在洗劫萨迪斯中扮演的角色。当叛乱臣民再次归顺时，大流士一世决意加紧惩戒更远地区的敌人。传说——虽然不是确有其事，但大意如此——在每次宴会时，波斯国王吩咐他的司酒官重复三次这样的话："主人,记住雅典人。"大流士一世以此防止自己忘却萨迪斯之辱。

平定伊奥尼亚叛乱次年,大流士一世开始筹备惩戒雅典人的远征。公元前492年,来自苏萨的马多尼乌斯担任指挥官。他派出一支船队沿爱琴海北岸行驶,自己则带领一支陆军经大海与罗多彼山脉支脉间的一条大路与船队同向而行。然而,天眷雅典。一场飓风让阿索斯半岛崎岖的海岸上布满了波斯三百艘帆船的残骸碎片。几天后,与野蛮的色雷斯部落的一场恶战极大地削弱了马多尼乌斯的陆军力量。马多尼乌斯虽然最终获胜,但还是中断了行军,不敢向前进发。攻打雅典人的计划只能再推迟一年。

波斯帝国的首次远征已经到达了欧罗巴希腊沿岸。在谈及这次远征的结果前,我们有必要阐明该地的形势。

第 16 章

雅典崛起

在欧罗巴的希腊众多僭主中,庞西特拉图的儿子——希庇亚斯是最后一个倒台的。甚至在他被驱逐前,斯巴达人攻打僭主们的热忱就已经开始消退。斯巴达人毫不费力地将雅典的统治者赶下台来。当科林斯陷落时,由一支僭主联盟领导的反多利亚运动早就偃旗息鼓。在彻底摧毁希庇亚斯时,斯巴达人消灭了一个有力的同盟,仅仅是出于宗教上的顾虑。但斯巴达人不久就发现,这个所谓的顾虑不过是一位不择手段的政客和唯利是图的祭司精心策划的结果。当贿赂神谕的丑闻公之于世时,阿波罗在斯巴达必然臭名昭著。人们再也不会像旧时那样一心一意地遵从他的旨意。

当斯巴达国王克莱奥梅尼撤军时,雅典重获自由。在庞西特拉图家族的铁腕统治下,古老的派系似乎并没有吸取教训。雅典立刻爆发内讧。对抗的双方是刚刚流亡归来的首领——阿尔克迈翁的克利斯提尼和提桑德的儿子伊萨哥拉斯。事情的起因仅仅是两个强大贵族间的私人恩怨。然而,这场私人恩怨不久就发展成一场政治夺权的斗争。当伊萨哥拉斯组织了一支新的寡头党派强化自己的力量时,克利斯提尼立刻担当起人民大众领导者的角色。希罗多德说:"克利斯提尼与民主政治为伍,而在此之前,所有权力主体都将民主政治排斥在外。"

庞西特拉图家族三十年的统治粉碎了原属于古老王室的权力和影响,削弱了雅典寡头政治的势力。此外,民主情绪渐渐高涨。在僭主统治下,所有人都是平等的，尽管这种平等仅仅意味着平等的奴役身份。因此我们不难发现，伊萨哥拉斯召集的是一支已经日薄西山的力量，而支持克利斯提尼的是正在崛起的大多数。公元前509年，寡头党派被轻而易举地打败，不得不外逃。支持民主政治的人占领了雅典。

第1节 克莱奥梅尼国王占领雅典

为了打败克利斯提尼，伊萨哥拉斯马上召集外援，全然不顾此举将给雅典招来的灾祸。他火速赶往斯巴达，煽动与自己私交甚密的克莱奥梅尼国王用武力将克利斯提尼赶出雅典。克莱奥梅尼国王认为这项任务易如反掌。因此，他既没有召集斯巴达国民军队，也没有去找唯斯巴达马首是瞻的众多伯罗奔尼撒城邦的军队，仅仅带上几百名随从，就亲自带头发兵雅典。克莱奥梅尼国王先派使者劝说雅典人"驱逐被诅咒的家族"，说阿尔克迈翁祖辈残杀赛昂同谋者的血腥罪恶早就亵渎了神明。克莱奥梅尼国王想要败坏阿尔克迈翁家族的克利斯提尼的名声，使雅典公民不再追随他。克利斯提尼如果不是高估了斯巴达军队的战力，那么就是决意竭尽全力不让克莱奥梅尼国王有开战的理由。克莱奥梅尼国王的使者一到，克利斯提尼立刻撤出雅典。雅典人群龙无首，也不清楚自己与敌人的实力，因而向克莱奥梅尼国王和伊萨哥拉斯打开了城门。之后，克莱奥梅尼国王的亲随驻守在雅典卫城内，而寡头伊萨哥拉斯自命为"执政官"。通过一场弄虚作假的人民选举，伊萨哥拉斯鼓动他的党羽推翻了新的民主法令。公元前508年，伊萨哥拉斯宣告雅典的"四百人会议"解散，取而代之的是他自立的三百位寡头组成的议会。与此同时，民主派的七百个家族被逐出雅典，加入流亡在外的克利斯提尼的队伍。

第2节 克莱奥梅尼国王投降

同时，雅典人开始有时间清点克莱奥梅尼国王的侍卫数量，并估算伊萨哥拉斯本地党羽的实力。结果,在短短几小时内,一场突然自发的暴动就打破了伊萨哥拉斯的寡头统治。伊萨哥拉斯和他的党羽逃到了雅典卫城。雅典卫城是克莱奥梅尼国王唯一能帮他坚守的地方。四百人会议再次集结并行使之前职能,召回克利斯提尼和所有流亡在外的雅典人,然后发动阿提卡所有武装力量围攻雅典卫城。雅典卫城内人口众多,并且没有粮食储备。因而在几天后,驻守雅典卫城的军队就几乎弹尽粮绝。不久,他们被迫无条件投降。雅典人不愿看到斯巴达人为此展开报复并开战,因而饶恕了克莱奥梅尼国王和他的重装步兵的性命,并允许他们安全离开。克莱奥梅尼国王成功将伊萨哥拉斯混入他的军队,但伊萨哥拉斯的其他党羽都落在了雅典人手中。寡头们妄图利用外来势力摧毁雅典国民法令的丑恶行径让雅典人震怒不已。因此,他们将为数众多且身居要职的寡头全部处决,将其他有罪党羽全部流放。

第3节 雅典人和阿尔塔弗涅斯

返回斯巴达后,对雅典人保全自己性命的做法,克莱奥梅尼国王丝毫没有感激之情。事实上,他对雅典人只有憎恨。雅典人践踏了他的自信,使他蒙羞而归。克莱奥梅尼国王全力以赴组织第二次更大规模的远征,希望一雪前耻。不久,这个消息就传到了雅典。斯巴达军队中队伍众多。除克莱奥梅尼国王外,戴玛拉托斯国王也加入了指挥。同时,克莱奥梅尼国王命令所有伯罗奔尼撒附属城邦将军队派往科林斯地峡,但没有告诉他们远征的目的地。战争一触即发,令雅典人惊恐万分。他们随即派使者前往萨迪斯,请求总督阿尔塔弗涅斯和大流士一世的援助。然而,阿尔塔弗涅斯向雅典使者提出了十分苛刻的条件。阿尔塔弗涅斯想象不出,在大流士一世和雅典这个异邦的人民之间,除了主人与臣民的关系,还能有什么其他联系。

因此,除非雅典人献上土和水表示臣服,承认波斯帝国是它的宗主国,否则阿尔塔弗涅斯拒绝在军事上援助雅典人。雅典使者心中充满了对斯巴达的恐惧,因而接受了阿尔塔弗涅斯的条件,并以雅典之名许诺效忠大流士一世。

雅典人向波斯人献上土和水表示臣服

但在回到雅典时，他们惊讶地发现，雅典城内民怨沸腾。不论处境怎样绝望，除了单纯的与波斯帝国结盟，雅典人从未想过要臣服于波斯帝国。雅典使者与阿尔塔弗涅斯的约定被解除，条约也遭到否定。此后，该雅典使者和他的随从名誉扫地。

若不是因为还有一位弱小盟邦——维奥蒂亚小镇普拉蒂亚的协助，雅典很可能就这样全然孤身迎战伯罗奔尼撒半岛联盟的袭击。在之前的章节中，我们已经讲过庇西特拉图家代表雅典保护了普拉蒂亚人免受近邻底比斯人的攻击。当时，这个同盟关系仍然存在。然而，雅典与普拉蒂亚的友谊引起底比斯的敌意。当克莱奥梅尼国王调集兵马时，维奥蒂亚联盟认为是时候召回他们桀骜不驯的成员了。接着，底比斯人联合了卡尔基斯的哈尔基斯人。卡尔基斯是埃维亚地区的海上重镇，非常忌妒正在崛起的商业和海事强邦雅典。此外，当时，雅典正取代并超越旧有市场，成为爱琴海中部的商业中心。因此，卡尔基斯有意借机摧毁这个城市。克莱奥梅尼国王与维奥蒂亚人、哈尔基斯人一拍即合。三方约定：只要斯巴达军队一过科林斯地峡，维奥蒂亚人和哈尔基斯人就立刻从阿提卡北部包抄雅典。

第4节　克莱奥梅尼国王入侵阿提卡

于是，胜利在望的克莱奥梅尼国王率军穿过麦加里德，来到艾留西斯平原。到达艾留西斯平原后，伯罗奔尼撒半岛联盟才终于知道此次集结的目的——一个让许多人深恶痛绝的目的。当时，克莱奥梅尼国王提出一个比推翻雅典民主法令更邪恶的计划，公然宣誓要让他的好友伊萨哥拉斯成为阿提卡的僭主。

一直以来，斯巴达奉行的政策就是驱逐所有僭主。毫无疑问，克莱奥梅尼国王此举是对该长期政策的正式否决。和克莱奥梅尼国王联合指挥的戴玛拉托斯国王自然十分愤怒，坚决反对克莱奥梅尼国王的提议，并得到了多数盟友的支持。雅典人已经将全部兵力集中在色利亚平原的东部边缘地区，此时却发现伯罗奔尼撒半岛联盟军队按兵不动。当时，伯罗奔尼撒半岛联盟乱作一团。科林斯人回想起在库普塞罗斯王室统治下遭遇的种种不幸，率先拒绝参与这场为了在雅典重建僭主统治的战争。许多小城邦表达了相同的意愿，并得到了戴玛拉托斯国王的强力支持。最终，在激烈争执过后，伯罗奔尼撒半岛联盟瓦解。盟军纷纷回国。克莱奥梅尼国王被迫重返斯巴达，没有尝到复仇的滋味。

当雅典军队聚集在色利亚平原的东部边缘地区时，在毫无抵抗的情况下，维奥蒂亚人和哈尔基斯人劫掠了阿提卡的东北部城镇。然而，伯罗奔尼撒半岛联盟一撤退，雅典人就匆忙向北进发，抵挡维奥蒂亚人和哈尔基斯人的突袭。雅典人首先攻击的是哈尔基斯人。当听到底比斯人正向海岸赶来支援哈尔基斯人的消息时，雅典人横在两军之间，各个击破。在一天之中，雅典人打了两场战役。早上，雅典人袭击了维奥蒂亚人，并彻底击败了他们，俘虏了七百人。接着，雅典人穿过埃夫里普，来到埃维亚岛。下午，他们与哈尔基斯人对峙，并再次获胜。

第5节 雅典人占领卡尔基斯

第二次交战至关重要。卡尔基斯落入雅典人手中。将实施严苛寡头统治的希波博塔家族驱逐出城后，雅典人将没收的地产分成四千个农场，然后赠予雅典的穷人。卡尔基斯是雅典众多军事殖民地[①]中的第二个。雅典人对被征服的领地进行"抽签分地"。

虽然卡尔基斯的下层人民仍能安然无恙地居住在雅典新住民中间，但卡尔基斯事实上已经变成雅典属地。卡尔基斯所有政治权力都掌握在永久驻守在该地的军事殖民者手中。人们很快就将这种情形与罗马人的"殖民地"体制作比较。在牵制刚刚征服的意大利时，罗马人发现这种体制非常有效。

第6节 克利斯提尼

与克利斯提尼相比，没有哪位政治家享受过同样的天时地利，也没有哪位政治家更会利用自己的时机。上台不久，克利斯提尼就完全重建了雅典法令。政治改革的意愿似乎与生俱来就流淌在克利斯提尼的血液中。克利斯提尼的名字就取自他的祖父，即西锡安的克利斯提尼。西锡安的克利斯提尼因重组家乡体制而闻名于世。克利斯提尼的弟弟希波克拉底则是另一位更伟大的改革者伯里克利的外祖父。

克利斯提尼的改革具有深远意义，长久地影响着雅典后世的历史进程，为所有后继立法者奠定了坚实的基础。因为这些立法者的构想切合当时的实际需要，并能灵活适时地采取新政策，改革旧政策，朝着阿里斯提德[②]、伯里克利和其他政治家制定的民主方向发展。由全体公民组成的议会，其权威至高无上——这一思想正是新法的基石。一旦人们认为这一思想理所应当，那么这

[①] 第一个发生在大约公元前487年，雅典从迈加拉人手中夺得萨拉米斯，然后抽签分地。该史实仅保留在铭文中。——原注
[②] 阿里斯提德（Aristeides，公元前530—公元前468），雅典政治家，有"正义之士"的美誉，因在希波战争中的表现而为后人铭记。

希波克拉底

个议会主体发展出的所有新职能都是该议会拥有无上权力这一原始理念的必然结果。

克利斯提尼从雅典最简单的要素开始改革。他重新划分了公民的地域及部族。当然，克利斯提尼不能干涉远古的宗族联系，即共享一个灶台、祭坛、墓地和节日的宗族彼此发誓互援互助。然而，克利斯提尼决心要解散比宗族单位更大的组织。无论是部落排外主义还是地方保护主义，都不能阻止雅典人融合为一个兼容并蓄的整体。

之后，克利斯提尼废除了四支古老的伊奥尼亚部落的名字。人们认为这四支部落是伊翁的神秘四子的后代。他们姓名很奇特——霍普里斯、该列昂、阿尔伽戴司和埃依吉科列乌司。取而代之的是取自阿提卡历代国王和英雄名字的十支部落：开克洛皮斯、潘狄俄尼斯、埃雷特埃斯、爱吉斯、阿卡马提斯、希波提欧蒂斯、安蒂阿契斯、爱安提斯[①]、莱昂蒂斯和奥诺伊斯。新部落里的人要敬奉部落的同名庇护者，而不用假装是该庇护者的后人。作为开克洛皮斯[②]部落的成员并不意味着和人身蛇尾的国王[③]有任何联系；所有崇拜埃阿斯的人也不一定都是萨拉米斯人的后代。新部落的构成单元是地方性的，由村社组成。村社是一个小镇或教区——按英国人的说法。在某些情况下，它的起源可以追溯到古老的阿提卡城市或小镇，譬如拉姆诺斯、司菲都斯和艾留西斯。忒修斯将它们联合为统一的雅典城邦。有时，村社是某个氏族的定居地，是某位祖先真正或有名的子孙后代的家园。埃凯勒德和斐赖就是埃凯勒斯和菲立乌斯子孙的定居点。与此相似的是，在撒克逊人居住的英格兰地区，奥丁顿镇就是奥达[④]子孙的定居地。毫无疑问，如果克利斯提尼当时将十个相邻的山地村社分给安蒂阿契斯部落，或将十个海岸村社分给开克洛皮斯部落，那么他就重走了山地、平原和海岸这一古老地域划分的老路。因此，他采取了全然相反的方法。除了一个或至多两个部落外，克利斯提尼在每个山地、平原和海岸地区都穿插了一个部落的一组村社。因此，在山地、平原和海岸三地，各部落的利益均等。因此，西北的欧伊诺耶、中部的亚格拉和最东南部的亚兹尼亚同属希波提欧蒂斯部落。雅典分为八个村社，分属六个不同的部落，而在郊区，其余的四个部落分别有代表的村社。这项计划非常周密有效。因此，在阿提卡历史上，地方组织扰乱城邦的事件再也没有发生。几年后，人们很难想象东北的村社联盟曾归属狄阿克里，或西南的村社联盟曾归属帕拉利。村社中的村社长和本地法官具体负责处理本地的行政和审判事务，而部落成为处理所有城邦事务的单位。

---

① 爱安提斯的部落名或许是为了表明萨拉米斯，即埃阿斯的故土已经完全成为阿提卡不可或缺的一部分，因而雅典可以将萨拉米斯的英雄当作自己的英雄。——原注
② 开克洛皮斯（Cecropis）的族名与神话中的一位国王开克洛普斯（Cecrops）的名字相似。传说，开克洛普斯为雅典的创建者及首任国王，形象通常为半人半蛇或半人半鱼。
③ 这里指国王开克洛普斯（Cecrops）。
④ 奥达（Odda，生卒年不详），9世纪德文郡的郡长，因在878年的辛尼威特战役中率领自己的西撒克逊军队战胜维京人大军而名垂后世。

克利斯提尼

克利斯提尼划分的村社和部落几乎涵盖了阿提卡所有自由人，甚至还涉及尚未获得完全自由的诸多民众。他不仅赋外邦人选举权，甚至连奴仆都有了选举权。奴仆阶级由奴隶组成。他们不和自己的主人住在一起，拥有自己的财产，但不是完全自由的。当然，成为公民后，这些奴仆摆脱了他们所有的障碍，拥有了和他们之前所侍奉的主人同等的地位。正如克利斯提尼所设想的一样，这群新公民扩充了民主政治的军队力量。昔日的奴仆和自己分列同一部落——有时甚至是同一村社。这样的情形对古老的寡头家族打击着实不小。但我们发现，城邦的实力和活力并没有因刚刚取得选举权人们的涌入而有所削减。对一个即将争夺希腊霸权的城市而言，有成千上万乐意尽忠的士兵的加入绝对是一件好事。

克利斯提尼进行的部落整编是议事会重组的基础。此后,议事会将由五百人组成。其中的五十位成员选自各个部落。因此,此后,梭伦的四百人会议完全消失。议事会构成了一个永久的协商主体,担负着商讨所有公众事务的义务,并负责向由所有公民组成的公民大会传达处理公众事务的建议,供公民大会最终投票表决。这些建议本身不具有任何效力,只有当公民大会认可后才正式生效。从这个层面来看,该体制和罗马共和国的"元老院决议"不同。依照惯例,罗马共和国的元老院决议拥有独立的权力。在罗马共和国,元老院实际上是一个与公民大会同等协作的权力机构。

除了预先审议机构,雅典议事会还为公民大会推举会长。人们将一年分成十个周期,每个周期包含三十五天或三十六天。十个周期对应十个部落。每个周期按照抽签的方式轮流由其中一个部落的议员来负责。一个周期称为"一个部团期",持续任职的五十位议事会议员组成执政团。执政团居住在一个叫"普里塔尼昂"的公共建筑里,由城邦负责它的开支。因此,执政团成员总是能及时到场,随时准备在最短的时间内充当议事会委员。每个部团期分成五组,每组由十个人负责。这十个人充当会议主持。在七天的光荣任期内,议事会和公民大会的所有会议都由这十人主持。人们每天在这十人中选举一位出来作为会议主持,即雅典五百人会议的主席。在主席的二十四小时任期内,他既是议事会主席,也是公民大会的会长。每天早晨黎明时分,拥有短暂的至高权力的主席就将雅典卫城和国库的钥匙及雅典城邦的大印交到他的继任者手中。

通过大规模增加享有完全公民资格的名额,克利斯提尼大大扩充了公民大会的人数。因政治目的而集会时,这个机构被称为"公民大会",而处理审判事务时,它又被称为"赫利亚",即陪审法庭。公民大会的人数越来越多,特权也越来越大,而它干预城邦内所有事务的机会也越来越多。之前执法官随心所欲地不定期召开会议的惯例被打破。取而代之的是,每个部团期内,都特定一天召开公民大会会议。因此,人们可以确保一年内召开的会议不少于十次。不仅如此,当特殊危机发生时,议事会或统兵官也有权召开会议。这些额外会议召开的次数越来越多,直到公元前5世纪,每个部团期内,会议的次数增加到四次。虽然日常例会的次数已经增加，但人们还是保留了特殊情况下额外开会的惯例。

据我们所知，在公元前5世纪，公民大会已经可以处理各种事务。公民大会接待外来使者，经过慎重讨论后，对战争、和平、结盟和签订条约种种问题做出决定。年末，公民大会还要听取效忠雅典的每位地方官的管理综述。公民大会既能通过全民适用的新法作为法令的补充，也可以在特殊时期颁布特殊法令。通过投票，公民大会对财政税收享有全部的权力。公民大会还可以向有功公民或外邦人给予荣誉和奖赏。简而言之，当时，就是这个民主政体掌控着政府行政和立法的各个部门，并以另一种形式和名称，即赫利亚完全支配着整个城邦的司法职能。在提案介绍人，即雅典五百人会议的主席和大会的特权主持们发言完毕后，在座的任何一位公民都有权站起身来，走上讲坛，面对民众发言。这份极其宝贵的言论自由权是雅典人最骄傲的。拥有言论自由的权利使绝大多数雅典公民成了演说家。因此，雄辩的权利和能力并不限于雅典城中的任何一个特定阶级或职业。当然，公民大会有一群自己偏爱的和有名望的演说家，这些人甚至可以被称作"职业雄辩家"。然而，在雄辩家高谈阔论时，他们的演说也可以被任何一位农民或工匠打断。这些劳动人民出于热情、义愤或鲁莽，情绪分外激动，不吐不快。糟糕的演讲往往会在喊叫声和嘘声中戛然而止——这是人群让夸夸其谈者和令人厌烦者安静下来的方式，因为公民大会更讲求生动活泼，而不是刻板严肃。在有重要辩论的日子里，整个普尼克斯①便会挤满人。而当议程枯燥乏味时，常常只能看到三三两两的人聚集在普尼克斯。如果去普尼克斯的人太少，会议主持便会派出奴隶们。奴隶们手持一条沾满红漆的绳子，为的是赶走邻近街道上游手好闲的人。而任何试图逃避绳索和会议且沾染了红漆的人都将被处以罚金。因此，即使是沉闷的一天，公民大会中也会发生有趣的事情。

赫利亚和公民大会一样，或许全由具有完全公民身份的人组成，或至少是由年满三十周岁的所有具有完全公民身份的人组成。与公民大会相比，赫利亚

---

① 普尼克斯，雅典的一座小山，是古代雅典人民经常集会的地方。

普尼克斯

的历史并不显眼。克利斯提尼规定赫利亚的功能包括听取地方官决议的上诉，以及审判侵害国家利益的罪行，譬如叛国罪。私人案件依然在执政官或地方官处初审，而亚略巴古依然保留杀人案的审判权和公民生活的总体监察权。或许不是在克利斯提尼的有生之年，而是在公元前5世纪初期，赫利亚分成了多个人民法庭。后世通常将这些法庭的建立归功于梭伦，但当我们追溯梭伦时代所用的名称时，可能指代的是整个赫利亚，而不仅仅是其中的一部分。后来，雅典有十大法庭。每个法庭都由上百名宣誓过的陪审官组成，名为"赫利斯特"或"迪卡斯特"①。裁决案件时，人民法庭抽签决定主审。而六位初级执政官，即司法执政官抽签决定人民法庭的主持人选。这些精心设计的措施就是为了预防贿赂和恐吓的发生。因为直到最后一刻，罪犯才知道哪位执政官是主审，哪位迪卡斯特会是自己案件的陪审官，所以他就不能对他们施加压力或贿赂他们。此外，人民法庭人数众多，贿赂由此变得相当困难。因此，雅典的公正或许会受偏见或党派纷争而扭曲，但几乎从未因更粗劣的贪污受贿方式而败坏。在这点上，雅典法庭比古罗马法庭好得多。罗马共和国末期的法庭腐败成风。

---

① 古雅典法庭的审理官。

讨论完公民大会和赫利亚后，我们需要谈谈地方官制度。在庇西特拉图家族的僭主统治时期，梭伦复杂的执政官选举方式已经沦为一纸空文。所有任职官员几乎都是由庇西特拉图家族肆意提名的。

克利斯提尼将选举权交到刚刚发展起来的公民大会手中。此后，公民大会不仅是主要地方官的投票选举者，还是他们的评判者。需要记住的是，早在德拉古时期，雅典就已经盛行过相似的组织形式。但在德拉古时期，公民大会的规模要小得多，仅仅包含能自备全套铠甲的富人阶级。直到克利斯提尼时代，民主政体才真正地对官员们具有压倒性的绝对影响力。克利斯提尼的这个安排的结果旨在强化亚略巴古的权力。当时，执政官都是公民大会直接选出的名人、要人。而在离职后，这些退下来的执政官就会进入亚略巴古，由此强化了亚略巴古的人际影响力。

在新法令的首部草案中，共和政体下的军事组织保持不变。军事长官或第三执政官仍然是总指挥官，下面是四位统兵官，代表之前的四个古老部落。但几年后①，克利斯提尼对部落的重新规划延伸至军事领域。克利斯提尼此举的结果是：雅典军队分成了十个势均力敌的军团。为适应这个变化，统兵官的数量增加到十位。每位统兵官带领一支部落的重装步兵。这些统兵官位居军事长官之

重装步兵

---

① 在新发现的亚里士多德的著作中，提到的这项补充立法的日期自相矛盾。年代可能是在公元前504年或公元前501年。——原注（译者按：此处亚里士多德著作指《雅典政制》）

下。在很大程度上，他们似乎从一开始就限制了军事长官的权威。作为由人民选举的独立官员，统兵官并不像军事长官所希望的那样，完全处于他的控制之下。军事长官似乎必须将统兵官当作永远的作战参谋。关于统兵官和军事长官的选票同样有效的情形，我们仅发现了一次。

第7节 陶片放逐法

关于克利斯提尼法令还有一点值得深思，即不同寻常的陶片放逐法。大党派领导者们的私人和政治竞争是雅典的祸根。这种竞争致使庇西特拉图家族遭到谋权篡位，也曾在克利斯提尼和伊萨哥拉斯对立及庇西特拉图家族被驱逐城外时显现。改革者克利斯提尼想找出一种解决方法，避免今后再发生类似的情况。在体面的流放制度中，克利斯提尼最终找到了答案，即陶片放逐法。克利斯提尼规定，在任何政治危机时刻，都须召开特别会议。在会上，人民可以选出任何一位危及雅典安全的人。如果六千选票——选票写在陶器碎片上——都投入了某名政客的投票箱中，那么这名政客就要被流放十年。放逐并不意味着对被放逐者有任何刻意的私人或政治品格上的诋毁。被放逐者没有失去公民权利，财产也不会充公。当强制远行结束后，在重返雅典城时，他仍然拥有和离开时一样的财产和地位。流放不是为了惩罚他，而是作为一种解决政治僵局的方式，或是为了转移一个暂时威胁到城邦利益的人，又或是为了转移一个诚实但不明智的政客对民众施加的个人影响。如果我们仔细考查被放逐人员名单，就会发现，名单中不仅有拥护庇西特拉图家族回归的希帕克斯①和被怀疑在伯里克利心中播撒专制思想且过度狂热的达蒙，还有毫无过错的阿里斯提德——仅仅因为他坚持不懈地反对受人民当时拥护的迪米斯托克利。西蒙和美利西阿斯的儿子修昔底德也曾遭受放逐——在公民大会上，他们的政策和伯里克利的相左。然而，克利斯提尼忘记了一点：城邦中可能会存在两股以上的势力，并且政策彼此对立。采用近百年后，陶片放逐法最终被废止。人们发现，如果同时存在

---

① 与被哈尔莫迪乌斯杀死的僭主同名，并非一人。——原注

亚西比德

两股以上派别,而他们的争斗引起混乱时,陶片放逐法就无能为力。譬如,在公元前418年,陶片放逐法的特别审判开庭,目的是在作战派领袖和主和派领袖间做出选择。亚西比德和尼西亚斯联合起来,对煽动民心的第三股极端民主派领袖希帕波鲁斯投了反对票。因此,这两位政见不合的政客仍然能将雅典分裂成两股敌对势力。这次阴谋败露后,陶片放逐法遭到废止。

第8节 新法令的影响

以上就是克利斯提尼法令的要点。这部法令的确立标志着雅典强大的开始。到当时为止,克利斯提尼法令是最彻底的民主立法方案,并具有庞大政治学实验的性质。在此之前,希腊城邦从未有过这样一部法令,即赋予公民整体以无限支配国家事务的权利。与梭伦仅仅赋予公民的有限特权,即选举地方官们和在其任期结束后问责官员的权利不同,当时的公民大会几乎享有雅典城邦内外所有决策的支配权,并且还享有最高司法权。寡头政治的坚定拥护者曾预言,所有事务交由没有经验和反复无常的人民大众手中将会导致雅典的急速毁灭。然而,在实施民主制后,雅典反而迸发出无限活力。在希腊城邦中,这样的情形前无古人,后无来者。一个曾被看作二流城邦的小城,既偏离商业贸易主道,又在国际政治中无足轻重,突然之间就崛起为一个伟大的海上军事强邦,并开始了征服之旅。雅典的重装步兵单枪匹马就足以对抗并打败东方国王的常胜军;在引导希腊联合舰队战胜共同的敌人后,雅典的三层划桨战船在海上建立起毋庸置疑的霸主地位,而曾经名噪一时的科林斯海军和埃伊纳岛海军根本不敢与它争锋。与此同时,由于文学艺术兴盛,雅典一跃成为希腊的文化和商贸中心。雅典的文艺天才不会因无处不在的政治利益变得急功近利,而是以此为踏板步入更高的境界。雅典文学与艺术的全盛期恰恰也是雅典这个城邦的鼎盛期。

雅典在公元前5世纪的光辉历史和发生在公元前6世纪末期的政治改革究竟有多大关联?毫无疑问,人们总是轻易夸大二者间的联系,而忘了二十多年前战胜波斯人对整个希腊民族的深远影响。雅典也毫不例外。然而,萨拉米斯海战前的史料记载足以证明,早在决胜东方入侵者之前,雅典就已经开始走上强大之路。在实施新法令的艰辛历程中,当邻邦联合起来试图遏制它崛起时,我们看到了雅典精神的显现。正是这种精神让雅典在后来击退了波斯人,并建立起海上帝国。

第 17 章

马拉松战役前的希腊

第1节 雅典和埃伊纳岛之战

盟邦战败后,维奥蒂亚联盟虽仍负隅顽抗,但节节败退。底比斯派人去德尔斐问询阿波罗,得到的神谕是"向最亲近的人请求援助"。显而易见,该神谕不适用于底比斯的近邻柯罗尼亚或塔纳加拉,因为它们已经效力于维奥蒂亚联盟。因此,底比斯人猜测该神谕暗示他们与埃伊纳人结盟。毫无疑问,神谕确实是这个意思。需谨记的是,根据古老的神话,"底比"和"埃伊纳"是姐妹。她们是河神阿索波斯的两个女儿。因此,她们的后人是"近亲"。于是,底比斯向强大的埃伊纳岛派出使者,寻求援助。

卡尔基斯曾一度忌妒雅典的商业,现在这种忌妒正加倍影响埃伊纳岛。卡尔基斯陷落后,雅典就可能成为埃伊纳岛的竞争对手。然而,在吞并埃维亚商业重镇后,埃伊纳岛更加势不可当。如果我们再补充一条,即作为多利亚人分支的埃伊纳人鄙视着自己的伊奥尼亚近邻,而寡头们又憎恶着民主政治,那么我们就不难理解埃伊纳人的心态。埃伊纳人仍然拥有希腊埃维亚地区最大的海军,并决定在雅典崛起并强大之前加以利用。于是,埃伊纳人开始劫掠法勒鲁姆和阿提卡西部的沿海村社,而这些袭击令雅典船队无力抵抗。公元前506年,凭借这些举措,埃伊纳人消除了维奥蒂亚人的战争压力。

与此同时，克莱奥梅尼国王回到斯巴达。他虽然再次失败，却发现自己还能鼓动国人对抗雅典。斯巴达人默认失败的责任应由戴玛拉托斯国王承担，因为是他通过了一项"今后双王不得同时外出并在同一军队领兵作战"的法令，并否决了克莱奥梅尼国王入侵雅典的计划。此外，斯巴达人召集了整个伯罗奔尼撒半岛联盟的各个代表在斯巴达组成代表大会。显而易见，斯巴达人认为，虽然在随意发出的指令面前，伯罗奔尼撒半岛联盟拒绝进军雅典，但是经过争辩和讨论，他们或许可以说服盟邦重新考虑自己的决定。斯巴达人还采取了一个奇怪的举动，即召回在西革翁避难的希庇亚斯，并提议让他重返僭主地位。在得知伊萨哥拉斯的党羽已经不能帮助他们后，斯巴达人又寄希望于残存在雅典的庇西特拉图家族坚定的支持者。或许在斯巴达人的协助下，这些人可能会再次行动，打破新兴民主政体的统治。对于被斯巴达人逐出雅典的旧怨，希庇亚斯既往不咎。他来到代表大会，加入了克莱奥梅尼国王的队伍，希望通过游说说服各个盟邦。然而，科林斯人顽固不化，而伯罗奔尼撒半岛联盟的多数成员倾向于不再干涉雅典内政。当发现无论怎样都说服不了盟邦后，希庇亚斯只好满怀厌恶地重返他在特洛伊地区的流放地。此后，希庇亚斯放弃了坐收希腊内政冲突渔利的尝试，开始力争获取萨迪斯的总督阿尔塔弗涅斯的信任。早在公元前508年，阿尔塔弗涅斯就对雅典心怀不满。原因在于雅典以一种非常粗暴无礼的方式否定了归附波斯帝国的条约。当听到雅典前任僭主希庇亚斯的阴谋后，雅典人试图平息这位被激怒的波斯大人物的怒火。然而，阿尔塔弗涅斯宣称："只有雅典人重新接受希庇亚斯，并向大流士一世献上土和水表示臣服，才能确保自己的安全。"公元前505年，雅典人明白与波斯帝国和解已经不再可能。此后，他们放弃了与波斯帝国和解的尝试，任凭自己滑入波斯帝国数量众多的敌人名单中。

在麦加巴佐斯大军缓慢穿过色雷斯和马其顿向希腊进发时，冒犯波斯帝国的后果看起来是致命的。然而，雅典人没有放弃视若珍宝的政治体制，而是决心勇敢面对挑战。

第2节 斯巴达和阿尔戈斯之战

由于伯罗奔尼撒人拒绝为满足克莱奥梅尼国王的私欲而摧毁雅典,斯巴达代表大会没有取得令克莱奥梅尼国王满意的结果。在此之后,雅典人摆脱了他们最惧怕的敌人。斯巴达的主和派以戴玛拉托斯国王为首,并且受到监察官们的青睐,而监察官们担心克莱奥梅尼国王会复辟古老王室赫拉克勒斯族的统治。于是,斯巴达人和他们的盟友不再是雅典的敌人。当我们再次听闻斯巴达国王参与雅典事务时,已不再带有敌意,而是出于友善。极有可能是因为约公元前505年的斯巴达正和阿尔戈斯殊死一战,伯罗奔尼撒诸邦才在某种程度上保持了中立[①]。在斐冬国王时代,他们的城市曾拥有霸权地位。阿尔戈斯人从未忘记这点。当时,阿尔戈斯人享有科林斯地峡境内的所有土地。因此,阿尔戈斯人抓住了斯巴达被盟邦孤立的大好时机。然而,阿尔戈斯人无法匹敌斯巴达人,反而转攻为守。克莱奥梅尼国王很快就攻入阿尔戈利斯。从西部攻打阿尔戈斯失败后,克莱奥梅尼国王迫使埃伊纳人和西锡安人向他提供船,并在梯林斯附近登陆。在梯林斯附近,克莱奥梅尼国王发现阿尔戈斯人正占领着一个地处阿尔戈斯都城和大海间的叫"赛皮亚"的防御阵地。然而,阿尔戈斯人格外粗心,疏于防范,很快便被打得落花流水。事情还没有完:多数逃兵在英雄阿尔戈斯的圣林附近避难,却被斯巴达大军团团包围。克莱奥梅尼国王原本可以接受他们的投降,获得任何自己认为合适的释放条件,但他选择施以暴行——在希腊历史上,这是极其罕见的。

克莱奥梅尼国王命士兵堵住所有出口,接着放火烧林。除了抽剑自杀,没有一位阿尔戈斯人逃脱火场。罹难者包含战败的六千士兵——阿尔戈斯三分之二足以自备武器的公民。如果愿意,那么克莱奥梅尼国王也能占领阿尔戈斯,但他转身回国,仅仅强行攻入阿尔戈斯城墙外的赫拉神殿,庆祝自己大获全胜,并在赫拉神殿庄严献祭。在献祭中,一旦祭司抗议,克莱奥梅尼国王就对他们施以鞭

[①] 交战日期尚不确定。有人认为战争早在公元前517年就已发生,还有人认为直到公元前493年战争才爆发。不过,战争发生在公元前505年左右似乎更可信。——原注

刑。当克莱奥梅尼国王返回斯巴达因行为不当而遭质疑时；他向监察官们给出的答案很怪异，称德尔斐神谕预言他要"摧毁阿尔戈斯"。当他发现阿尔戈斯就是自己战后烧毁的那片树林的名字后，克莱奥梅尼国王才意识到自己见证了预言的实现。因为在赫拉神殿前进行的祭祀仪式不太顺利，所以他才立刻回国。无论信服与否，监察官们都不再对他批评指责。这场战争的主要意义在于将阿尔戈斯带离希腊政治舞台三十多年。剩下的阿尔戈斯人目睹了自己的属地奥尼伊、克里奥奈和迈锡尼的反抗成功，并沦落到和自己的农奴抢夺生计的地步。农奴们起身反抗，并和阿尔戈斯人激烈交战多年。

第3节 雅典人远征萨迪斯

我们现在必须重回雅典。这个城邦虽然已经摆脱斯巴达的威胁，但当时正与底比斯和埃伊纳岛交战。此外，与波斯帝国的战争也迫在眉睫。不幸的是，有

底比斯遗址

关雅典与底比斯和埃伊纳岛交战的细节我们一无所知，但结果必然不是以雅典的失败而告终的，因为在公元前500年，反抗的伊奥尼亚人派阿里斯塔格拉斯前往雅典请求支援时，雅典还拨出一支二十艘船的舰队远征小亚细亚沿海地区。也正是这场雅典和埃雷特里亚人及米利都人合作的远征洗劫了萨迪斯，因而令大流士一世勃然大怒。或许是因为和埃伊纳岛交战的结果起起伏伏，所以在此以后，雅典没有再支援其东方亲族。不然，我们实在找不出雅典放弃伊奥尼亚人的理由。当雅典人正忙于国内斗争时，雅典的敌人也忙于本国的战事。普律尼科司的戏剧《米利都围城记》淋漓尽致地表现了雅典人的所作所为。直到看到该喜剧时，雅典人才意识到伊奥尼亚起义失败对他们的深刻影响。

然而，六年来，小亚细亚地区的起义让波斯人无暇顾及爱琴海以外的土地，而这个短暂的喘息时期对雅典来说是极其珍贵的。在这个时期，在自由民主的城市氛围中成长起来的一代人崛起，而雅典城内僭主政治和煽动性的党派争斗逐年减少。毫无疑问，发生在公元前510年到公元前490年的历史事件对雅典格外有利。与希庇亚斯和伊萨哥拉斯所作所为有关的记忆足以让人们完全摒弃寡头政治或僭主政治，而斯巴达的暴力干涉也让人们联想到雅典的自主独立和民主政治此刻正遭受外来武装的威胁。最终，与埃伊纳岛的长期战争将雅典从先前的党派争斗中摆脱出来。持续的紧张状态促使雅典逐渐成为海上强国。

不止在雅典，全希腊有见识的人都将雅典的繁荣归功于克利斯提尼的法令。希罗多德写道："在这一系列的事态发展中，民主政治的优越性不言而喻。因为当雅典身处僭主统治时，在战争中，它的公民和邻邦的公民一样不幸。然而一旦获得自由，他们就是最好的士兵。显而易见，为主人工作时往往很懈怠，而为自己的自由而战时，每个人都斗志昂扬。"

公元前510年到公元前490年是雅典强大的培训时期。之后的半个世纪历史才让我们真正意识到这一时期的意义和重要性。雅典在这个时期产生的三位伟人的性格和立场完美诠释了该时期历史发展的深远影响。

如果西蒙之子米太亚德生在之前的一代，那么他要么孜孜以求僭主政治，要么就会成为令人厌恶的寡头政治的坚定拥护者。

第4节　米太亚德在雅典

　　米太亚德出生于阿提卡最古老的家族之一埃埃阿喀得斯族。传说，米太亚德是萨拉米斯人埃阿斯的后裔。西蒙的财富和影响力非常大。因此，在庇西特拉图家族统治雅典时，他遭到放逐。而在更无所顾忌的希庇亚斯掌权时，他惨遭暗杀。米太亚德逃出雅典以免厄运再次降临到自己身上，并在色雷斯成功继承了一笔神秘遗产。三十年前，与米太亚德同名的叔叔成了一个叫"多隆科伊人"的小蛮族部落首领，居住在达达尼尔海峡沿岸。多隆科伊人不堪邻邦的战争之苦，听取了德尔斐神谕的旨意，选择一位希腊人做首领。老米太亚德不仅统治着多隆科伊人，还在多隆科伊人的帮助下征服了色雷斯的不少希腊小城。因此，他一度既是多隆科伊人的首领，也是统治卡尔迪亚及其希腊邻邦的僭主。拥有双重身份的老米太亚德的继承者是他的两个侄子，而更出名的是与他同名的米太亚德。早在大流士一世远征赛西亚时，米太亚德就已经引起了我们的注意。正是他竭尽全力劝说大流士一世的希腊属民拆毁多瑙河浮桥。伊奥尼亚起义时，米太亚德积极投入。公元前499年，在赶走伊姆罗兹岛和利姆诺斯岛的波斯驻军后，他和雅典同乡联合，帮助他们在被征服的岛屿上建立起第三大军事殖民地。然而，公元前497年，当大流士一世再次收复达达尼尔海峡附近的城镇时，米太亚德被迫逃离他在色雷斯的小王国。接着，腓尼基海军一直对米太亚德的舰队穷追不舍，一路横穿爱琴海。在虎口脱险后，米太亚德终于安全抵达雅典，并且庆幸不已。雅典人对米太亚德在伊姆罗兹岛和利姆诺斯岛事务上的尽心尽力深表感激，因而不久后就选举他为当年的十位统兵官之一。前任僭主和古老寡头家族成员能入选民主政体的最高官职证明了两件事。其一，克利斯提尼法令深入雅典人内心，因此，成长于这种环境中的雅典人深信在任何内讧面前，民主政体都是无懈可击的，甚至连最专横的僭主后代也无法动摇克利斯提尼法令的根基，即使他是雅典城邦中最主要的执法官之一也不能撼动。其二，米太亚德本人必然也具有构成阿提卡突出的民族性格的特质，即审时度势，相时而动。从一位独立的君王到一位共和国的官员，并深受民众

迪米斯托克利

爱戴，这样的事迹的确是一个奇迹。尽管如此，米太亚德毕竟没有受到克利斯提尼法令的熏陶。因此，雅典人从未将米太亚德当作自己人，虽然他有诸多优秀品质。米太亚德从未像同时代雅典的其他两位杰出年轻人一样，成为雅典真正的英雄和捍卫者。

这两位年轻人就是莱西马库斯之子阿里斯提德和尼奥克列斯之子迪米斯托克利。阿里斯提德和迪米斯托克利都出身于平凡的中产阶级家庭。迪米斯托

阿里斯提德

克利甚至不全是阿提卡血统。他的母亲是卡里亚人。因此,阿里斯提德和迪米斯托克利都是各凭所能,通过民主政治所谓"有才华者前途无量"的允诺才出人头地。不过,除了年纪和出身,阿里斯提德和迪米斯托克利截然不同。阿里斯提德赢得雅典人的信任靠的是他本人有雅典民族性格中最缺乏的品质。与他相反,迪米斯托克利的成名是因为他身上最大限度地糅合了雅典性格中最好和最坏的品质。

第5节 阿里斯提德

莱西马库斯的儿子展现了两个伟大而优秀的品质。阿里斯提德非常公正高尚,天生冷静沉着且头脑清醒。而雅典民主政体正缺乏这两个优秀品质。雅典人的弱点就是行动鲁莽,并且容易在大是和大非,权宜之计和深谋远虑的问题上冲动行事。因此,在多次经验教训中,他们学会尊重这样一位从不受激情和偏

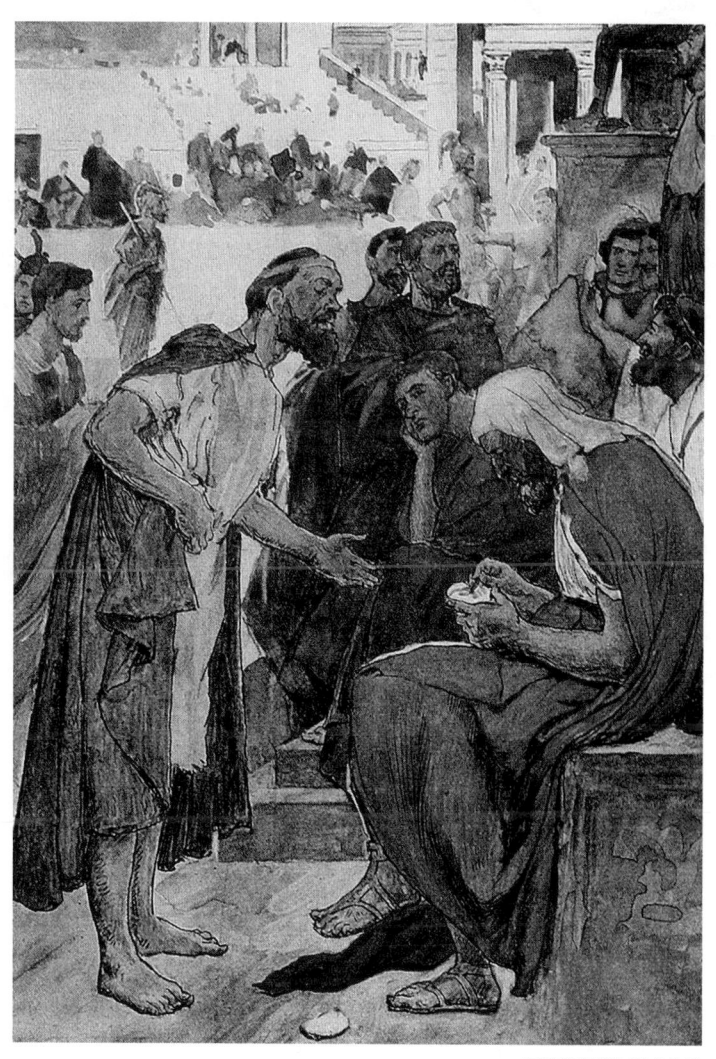

阿里斯提德与雅典公民

见所感染,并且总是站在荣誉与正义一边的人。然而,在完全赢得雅典人的信任前,阿里斯提德不得不经历一个艰难的考验时期。他的提议总是遭受讥讽。他还一度因强烈反对人民认可的政策而惨遭陶片放逐。所有人都听过一个故事:当时,一位心怀偏见且愚昧无知的投票者大声说出了放逐阿里斯提德的理由是自己厌恶了阿里斯提德被叫作"正义者"。无论故事真实与否,这个传闻凸显了人性的卑劣狭隘和愚蠢妒忌心理,而这种心理也是阿里斯提德在自己地位无可撼动前不得不逾越的。

第6节 迪米斯托克利

尼奥克列斯的儿子的性格全然不同。在迪米斯托克利的天赋异禀面前,阿里斯提德备受尊敬的天资才干相形见绌。在德行方面,迪米斯托克利也无法与阿里斯提德匹敌。雅典人民族性格中的善与恶似乎都在迪米斯托克利的身上体现得淋漓尽致。在人们知道的希腊所有政治家中,迪米斯托克利的灵活机智和超凡脱俗无人能敌。修昔底德曾说,要论鲁莽冲动,没有谁能比得上迪米斯托克利。他总能在最短的时间内找到最好的权宜之策,而且他总是料事如神。迪米斯托克利的成功并不在于他的深思熟虑,而在于他先天才思敏捷。在效忠雅典的同时,迪米斯托克利的聪明大脑为自己获取利益发挥了作用。如果说他爱国,那么他的爱国热情不过是自私自利的放大。他的祖国只是他满足个人私欲的必要前提条件。最重要的是,在金钱问题上,迪米斯托克利无比腐败,他将政治变成一种交易。父亲留给他三塔连特[①]的遗产。雅典的政治生涯突然终结时,他已经拥有九十多塔连特。这笔巨额财产主要是通过收受外邦贿赂而来。在被逐出雅典后,迪米斯托克利立刻投靠了波斯人,死前还领受着薛西斯一世的俸禄。这个事实充分说明他不过是位毫无原则的投机分子。毫无疑问,希腊性格中所有的阴暗面都体现在了他的身上——自私自利、阳奉阴违、反复无常、嫉贤妒

[①] 古代的一种计量单位,可用来记重量或作为货币单位,表示等重的黄金或白银,曾经在中东和希腊等地区广泛使用。

能，以及驱使着人们不择手段地获取财富的爱慕虚荣。不过，在迪米斯托克利的缺点被雅典人发现之前，他所立下的功劳也是无人能及的。早年时期，尽管他效力雅典是为了自己，但对雅典的贡献也非常大。因此，没有哪位政治家——即便是伯里克利——能超越他。

第7节　设防比雷埃夫斯

迪米斯托克利一举成名于雅典与埃伊纳岛一触即发的战争。公元前493年，在担任执政官时，迪米斯托克利说服雅典人加固比雷埃夫斯，并将比雷埃夫斯作为雅典的海军军械库。在此之前，雅典人的港口一直是露天海港法勒鲁姆。法勒鲁姆唯一的优点是离雅典近——是大海离雅典最近的地方。之前，比雷埃夫斯不过是一个崎岖荒芜的半岛，无人设防，也没有开发利用。迪米斯托克利发现了这个半岛的容量。在他的鼓动下，比雷埃夫斯建起围墙，成了雅典的海军基地。比雷埃夫斯有一个大港和两个稍小的港。港口水深足以承载大型船，而港口入口处很窄，用链条和吊杆就可关闭。因此，敌人很难攻入比雷埃夫斯。虽然比雷埃夫斯离雅典较远，达四英里，并不像法勒鲁姆海湾一样尽收雅典人眼底，但无论是从安全性和承载量考虑，还是从商业用途上考虑，比雷埃夫斯的优越性都是不可比拟的。因此，比雷埃夫斯立即取代了法勒鲁姆。短短几年时间，比雷埃夫斯就发展成一个举足轻重的城市，也是全雅典最具民主精神的公民的大本营。因为在比雷埃夫斯，人们容易谋生，既可以在船上帮工，也可以从事与制造航海生活必需品相关的小行当，所以，雅典没有土地的阶级纷至沓来。不久，在比雷埃夫斯设防成为雅典政治中一个突出因素。新港口建立后发生的一系列事件无不显示出这个城市海军实力的重要性。

第8节　大流士一世威胁希腊

公元前493年，时值迪米斯托克利担任执政官。波斯帝国小亚细亚行省的总督终于完全腾出手来。伊奥尼亚起义最后的阵痛已经结束，波斯皇帝如今又能派出军队，重新发起被起义耽搁的向西部进军的行动。

为了给立刻归顺且不做任何抵抗的城邦一个机会，大流士一世派传令官前往希腊的每个城市，要求它们按惯例进献"土和水"以示效忠。火烧萨迪斯后，雅典人不敢奢望大流士一世能优待自己。然而，雅典此次拒绝大流士一世的方式不再那么激烈。雅典人将这位不幸的传令官投进巴拉森，即罪犯容身的大坑里，让传令官自己从坑中取土。据说，此举是迪米斯托克利煽动的结果，而该行为也像他的作风。更让人意外的是，一向冷静自持的斯巴达人做出了相似的举动。波斯皇帝竟如此轻视希腊首屈一指的城邦斯巴达。这种轻视令斯巴达人义愤填膺。他们将传令官投进井里让他取水。这两个不计后果的公然反抗表明，这场战争将会是波斯帝国和希腊两个最坚定的城邦间的殊死较量。然而，在希腊的其他城市，波斯帝国的号召没有遭遇相似的回应。不少城市鄙夷地赶走了传令官，但也有不少城市宣誓效忠波斯帝国。其中，最引人注目的是埃伊纳人——或许是因为他们对雅典的深恶痛绝，以及对大流士一世的由衷惧怕。

第9节　克莱奥梅尼国王与戴玛拉托斯国王的争吵

埃伊纳岛的归顺引发了意想不到的结果，即雅典和斯巴达的和解。听到斯巴达人采取的政策后，雅典人不计前嫌，派人前往斯巴达，并呼吁斯巴达人阻止埃伊纳人对希腊自由追求的背弃。雅典人的呼吁并不是无济于事。在之后与阿尔戈斯的交战中，以及与戴玛拉托斯国王的长期激烈争吵中，克莱奥梅尼国王早已忘却对雅典的震怒。对埃伊纳人的举动，克莱奥梅尼国王深表遗憾，而戴玛拉托斯国王恰恰相反。亲自前往埃伊纳岛后，克莱奥梅尼国王在埃伊纳岛宣称他的目的就是要武力阻止一切危害希腊利益的叛逆企图。鉴于戴玛拉托斯国王的私下忠告，埃伊纳人对克莱奥梅尼国王的威吓置若罔闻，而克莱奥梅尼国王只好愤愤不平地回到了斯巴达。回国后，克莱奥梅尼国王立刻发动了一场蓄谋已久的针对同僚和仇敌戴玛拉托斯国王的政变。克莱奥梅尼国王指控戴玛拉托斯国王是私生子,而在戴玛拉托斯国王请求去德尔斐阿波罗问询时,受贿的神谕回答道,戴玛拉托斯国王并非阿里斯顿国王真正的子孙。戴玛拉托斯国王因而遭到罢黜。在这场阴谋中,克莱奥梅尼国王的同伙莱奥提基德斯取代了戴玛拉托斯国王的位置。戴玛拉托斯国王逃亡亚细亚,和大流士一世冰释前嫌,赢得了大流士一世的信任。此后,克莱奥梅尼国王和每一位斯巴达人都一直在担忧戴玛拉托斯国王会率领一支波斯军队归来,而正是这种恐惧让斯巴达人更加坚定地对抗波斯帝国。

有了一位言听计从的同僚后,克莱奥梅尼国王突袭了埃伊纳岛。当时,克莱奥梅尼国王看起来势不可当,埃伊纳人因而未作抵抗就投降了。克莱奥梅尼国王迫使埃伊纳人与雅典和解。为了以防万一,他还从埃伊纳岛带走十名最高级别的官员作为人质,转手交给雅典人羁押。因此,两年后,当米底大军来到阿提卡的土地上时,便不再有后方敌对势力分散雅典的防御力量了。

第10节 波斯帝国攻打阿提卡

之前,我们已经谈到,在公元前492年,马多尼乌斯对希腊的远征是怎样在阿索斯山的岩石边功亏一篑,以及色雷斯部落是如何拼死抵抗的。波斯帝国第二次集结军队和船队花了一年半的时间。公元前490年夏天,一切准备就绪。腓尼基和伊奥尼亚供应了六百艘战舰,而在塔尔苏斯,我们早已经听说过的吕底亚总督之子阿尔塔弗涅斯调集了西部行省的各个陆军军团。米底人达提斯从苏萨带来了一支在远东培训过的精良部队。联军中包含希腊人在内的三十六个民族。他们或来自伊奥尼亚,或来自位东方鞑靼地区,甚至来自荣①。他们或许就是人们眼中的千军万马。联军也不乏向导。除了很多的希腊流亡者,和联军一同前往希腊的还有年迈的希庇亚斯。这场远征也是希庇亚斯最后一次带领敌军攻打故国。他寄希望于夺回他早已失去的僭主统治。在

---

① 日本地名。

雅典，庇西特拉图家族还有不少坚定的拥护者。因此，希庇亚斯对与他们的合作抱有很大的希望。

直到公元前490年夏末，远征军才得令启程。根据大流士一世的命令，波斯帝国要征服所有没有向它进献水与土的希腊人，尤其要将埃雷特里亚人和雅典人捆绑到大流士一世面前，因为他们穿越爱琴海且烧毁了萨迪斯，辱没了大流士一世的皇威。

# 第 18 章

从马拉松战役到薛西斯入侵

第1节 波斯人占领埃雷特里亚

公元前492年,马多尼乌斯船队在色雷斯海岸战败。达提斯和阿尔塔弗涅斯接受了这个教训,直接从基克拉迪群岛横穿爱琴海。他们装备精良,使岛上居民惊恐不已。多数岛屿迫不及待地向大流士一世献上土和水。在拒绝向波斯帝国臣服后,纳克索斯岛人在山顶避难,将自己的城市拱手让给了波斯大军。显而易见,纳克索斯岛人早就忘了十二年前,他们曾成功抵御麦加巴特和阿里斯塔格拉斯。在经过神圣的提洛岛时,波斯人不仅没有洗劫该岛反而对它以礼相待。接着,波斯大军便来到埃维亚岛,在离埃雷特里亚不远处登陆,而埃雷特里亚正是波斯人此行的首个目标。埃雷特里亚城中居民惶惶不安。虽然卡尔基斯的雅典"军事殖民者"前来相助,但埃雷特里亚人还是不敢开战。埃雷特里亚人将自己禁闭在城墙内。然而,让所有热爱自由的希腊人灰心丧气的是,该城遭遇内部不满者背叛。仅仅被围城六天后,所有埃雷特里亚公民就都成了囚徒。将囚徒们捆绑上船后,达提斯和阿尔塔弗涅斯一路沿埃夫里普航行至阿提卡。希庇亚斯带领着他们来到马拉松平原。该地是希庇亚斯和他的父亲登陆的地方。五十年前,他们在此登陆,取得最后一场对战雅典的大胜利。但有一点我们无法确定:波斯指挥官们究竟是像庇西特拉图之前那样穿过布里勒撒山的诸多支脉直接进军

菲利皮季斯

雅典,还是在将雅典大军吸引到阿提卡的东北边境后,起兵包围雅典船队,然后在雅典无兵把守时,再发动了进攻。

无论如何,第二种方案都有事实为证——残留在雅典的若干叛徒向希庇亚斯许诺,一旦时机成熟,他们就会在彭忒利科斯山顶高举一面光亮的盾牌作为信号。

埃雷特里亚的突然陷落让雅典一片骚动。他们不想投降,但没有胜算。第一步就是向斯巴达请求急速支援。用了两天时间,跑步健将菲利皮季斯带着消息一路飞奔到斯巴达,而他跑过的距离是一百五十多英里。当时盛传,在菲利皮季斯困顿疲乏的时候,他登上了阿卡狄亚最后一座山的山顶,埃夫罗塔斯河谷将他与最终目的地斯巴达分割开来;突然,潘神出现在菲利皮季斯面前,说着有关雅典振奋人心的消息,接着就消失了。然而,菲利皮季斯此行并没有产生立竿见影的效果。斯巴达人很诚恳地愿意作战,但不幸的是,消息抵达时恰逢一个盛大节日的前夕。斯巴达人极其尊奉传统。在满月前,他们不敢行动。直到战争过了最重要的五天后,斯巴达人才起兵出征,而此时雅典的危机已经解除。

第2节 波斯人入侵阿提卡

我们已经提到,公元前490年,米太亚德是十位统兵官之一,而他的级别、军事经验和对波斯帝国的憎恨都让他在同僚间更引人注目。在听到波斯大军登陆的消息后,雅典的军事长官卡利马科斯便召集战争委员会,决定雅典军队究竟该主动出击,还是固守在雅典城内被动防守。米太亚德选择了铤而走险,但他的五位副官反对这个主张。人们始终记得,在那场决定雅典自由的军事会议上,当投票者似乎要反对他的决定时,米太亚德庄重起身,恳请执政官、军事长官和拥有总指挥和最终决定权的卡利马科斯站在勇敢的一方,并指出贻误战机就是给城中叛徒机会,而及时行动将会赢得意想不到的胜利。展望胜利的时刻看似是如此的绝望,但米太亚德的热情赢得了军事长官卡利马科斯的支持。接着,雅典大军向马拉松进发。

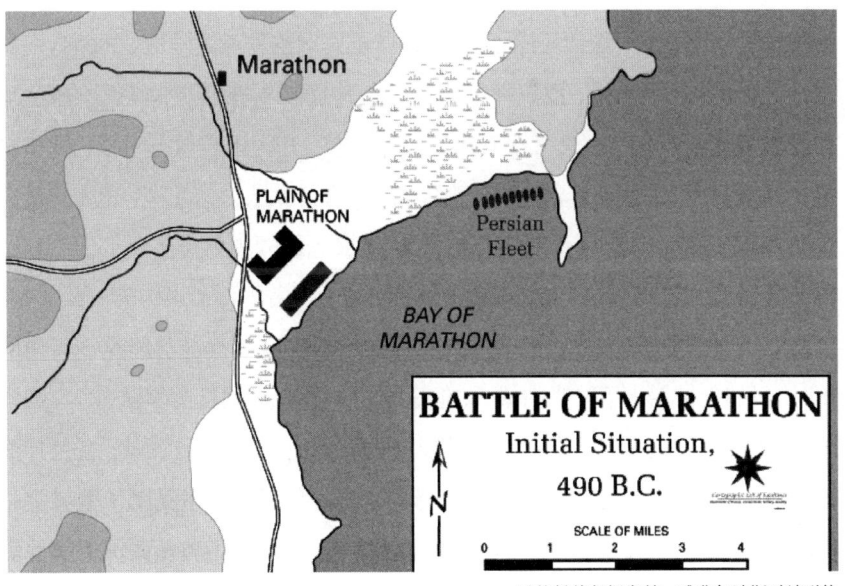

马拉松战役爆发前,雅典与波斯对峙形势

即将开战的地点是一片荒芜的开阔平原,长六英里,宽不过两英里,地处彭忒利科斯山支脉和大海之间。该地有一处优良的港湾,恰好为波斯军队的大量船提供了充足的停泊空间。然而,并不是所有从海滩到平原的路线都畅通无阻。该地有两处沼泽地。偏北的一处沼泽绵延整整一英里,介于山地和大海之间。两处沼泽地间就是波斯军队的所在地。在波斯军队的对面,雅典人在山地陡峭的坡地扎营,驻守着从平地通往雅典的两条大路。雅典军队的大本营设在一处圣地上。自古以来,这处圣地就是赫拉克勒斯的祭祀地。此地还便于雅典军队俯瞰波斯军队动态。除了众多奴隶组成的轻装部队,雅典人还集结了近九千名重装步兵。而当雅典人抵达马拉松时,出人意料的是,从小镇普拉蒂亚派来了一千多名任由他们调遣的重装步兵。这股兵力大大增强了雅典军队的战斗力。雅典曾两度武装支援普拉蒂亚,使它免受维奥蒂亚联盟的吞并。而今,出于感激,这个小小的城邦全部出动,在雅典人与波斯帝国毫无希望的战争中,和雅典人共命运。在任何历史时期,这份感恩回馈都极其罕见,尤其是在希腊。

第3节 马拉松战役

米太亚德很有可能预料到波斯人会首先攻击他驻守的阵地。然而一连四五天,波斯军队按兵不动。或许波斯人在等待希庇亚斯在雅典的党羽的信号。米太亚德决定先发制人。他秘密安排各部队就位,并为进攻做好准备。雅典军队排成一字阵,中央兵力单薄,不过几队人,而两翼纵队兵力众多,并且是重装部队。军事长官卡利马科斯统领右翼;阿里斯提德统领由莱昂蒂斯部落和自己所在部落安蒂阿契斯部落构成的薄弱的中部兵力;而普拉蒂亚人构成左翼。接着,米太亚德一声令下,全军从山上奔跑而下。在抵达波斯营地前还有一英里的距离时,虽然斜坡增大了冲锋的威力,但这样长的距离必然打乱军队阵形。或许和所有排成一线并仓促进军的部队一样,侧翼反而跑到了中间。因此,在包抄波斯军队前,雅典军队应该是排成了新月形。达提斯和阿尔塔弗涅斯未曾料到雅典军队会在此时发起进攻。当时,波斯骑兵似乎还在船上,准备从西部突袭雅典,

雅典人突袭波斯军队

而其余的军队正准备上船。不过，他们并没有在雅典军队面前放松戒备。虽然米太亚德发动突然袭击，但波斯军队还是能在营地前排兵布阵。波斯人和塞克人占据光荣的中心位置，而附庸部落的军队组成了两翼。然而，当突袭来临时，一切都还没有准备完毕。起初，当雅典人从山上奔腾而下，来到开阔地突袭十倍于己的波斯军队时，波斯军队以为雅典人疯了。但当波斯军队发现一群手执长矛的人拼尽全力从一英里外的山上奔涌而下，而他们自己还在仓促布阵时，他们才终于认识到雅典人的疯狂中还有战术的存在。

第4节 雅典人取得胜利

人们无法预测这场决定性突袭的结果。一直以来,波斯人总是打败希腊人。雅典人必然也意识到此举不过是孤注一掷。然而,雅典人并没有退却,他们也得到了回报。雅典两翼的重装纵队一举攻破了波斯大军。波斯军队像羊群般不堪一击。轻装的东方人被冲得四处逃窜,并被希腊全副武装的重装步兵蹂躏践踏在脚下。波斯军队右翼被驱逐进海滩北部的沼泽。很多人命丧此地。其余的部队和左翼部队逃到了船上,并拼命划向大海。在战线中部,战争的胜负一度悬而未决。本土波斯人开始击退阿里斯提德率领的薄弱中部阵线。然而,雅典两翼转而支援阿里斯提德的阵地。当波斯军队发现自己两翼受袭时,只好放弃战斗,和同伴们一样向大海撤退。与此同时,波斯军队的多数船都在海上,而在

雅典人冲锋

雅典人与波斯军队在海滩展开激战

快速撤离的军队上船后,其余船抛锚起航。当时,海滩边正发生着一场恶战。雅典人努力抓住剩下的船,波斯军队则竭力推船入海。在海滩上,军事长官卡利马科斯倒下了,诗人埃斯库罗斯的哥哥塞尼格鲁斯也牺牲了。在奋力想要抓住刚出浅滩的一艘桨帆船的船尾旗杆时,塞尼格鲁斯还被砍掉了双手。最终,战斗以波斯船队的逃脱告终,但雅典人还是俘获了余下的七艘船。

就在这时,在彭忒利科斯山顶,光亮的盾牌被雅典叛徒们高高举起。他们曾对希庇亚斯许诺,一旦时机成熟,便会给出攻城的信号。达提斯和阿尔塔弗涅斯看到了山顶的盾牌,虽然已经大败,但他们还是毅然决定准备实施预先商定的计划。然而,米太亚德也看到了山顶的信号,并猜出了其中的含义。因此,在绕行阿提卡南部后,当波斯船队出现在法勒鲁姆附近时,却发现刚刚还在马拉松作战的雅典人已经快速行军回城,并整队做好了在雅典南面城外的坡地上再次作战的准备。从海上很容易就看到列阵的雅典军队。率领着一支溃败惶恐的残兵败将,达提斯和阿尔塔弗涅斯不敢再冒然登陆。他们只好掉过头来,驶回亚细亚,完全放弃了远征计划。波斯军队中的埃雷特里亚囚徒被带到苏萨,来证明大海对岸的希腊人并不是完全没有受到惩罚。大流士一世对埃雷特里亚囚徒比预料中的更加仁慈，并在伊拉姆赐予他们土地。埃雷特里亚囚徒的后代长期在此繁衍生息。

与马拉松战役中的杀戮相比，战役中产生的精神力量的影响要大得多。波斯军队阵亡六千四百人。对于一支十万人的军队而言，这个损失并不算惨重。在雅典军队中，除了部分普拉蒂亚人和轻装奴隶被杀，还有一百九十二名重装步兵牺牲。雅典在胜者的尸骨上建造起三个巨大坟冢，其中最大的一个埋葬着雅典的重装步兵。在这个坟冢上，雅典竖起十根石柱。每根石柱代表着一支部落，上面铭刻着阵亡者的名字。

第5节　战争胜利的精神内涵

对于波斯人而言，这场战役没有什么特别之处。伟大的大流士一世的军队已经经受过更惨痛的失败，一切都会恢复如初。对雅典人而言，他们的胜利昭示着一个新的启示。和所有希腊人一样，他们习惯性地以为波斯人所向披靡，因而直面波斯军队时，雅典人甚至是在期待着某些灾难的发生。雅典人前往萨迪斯的不幸的远征就证实了该观点，而只有在捍卫他们无比珍视的自由时，他们才有勇气奋力一搏。因此，当雅典人直面危险时，却发现危险远不如自己料想的那么大。毫无疑问，雅典人的心理发生了巨大变化。雅典人用东方征服者来衡量自己，却发现无论是个人对个人，还是军队对军队，他们都远胜波斯人。赶走庇西特拉图家族后，历经种种不幸和争斗，才让雅典人做出了这样的惊人之举，而这场胜利恰好在此时到来。马拉松战役赋予雅典人极大的自信，并鼓舞着他们乐观地面对之后的薛西斯一世入侵的考验，然后又为争取海上帝国的地位而无畏地作战。

马拉松战役给希腊政治带来的直接影响难以估量。如果雅典人在马拉松战败，那么毫无疑问，自古以来就与斯巴达和雅典敌对的维奥蒂亚、埃伊纳岛、阿尔戈斯及其他希腊城邦都会臣服于波斯帝国。我们也不能确定斯巴达人是否能

马拉松战役胜利的消息传到雅典

在伯罗奔尼撒半岛成功抵抗波斯军队。因此,希腊的自由取决于米太亚德勇敢的决定和勇于献身、不忘初衷的雅典军队。

我们已经提到,所谓的愚蠢迷信阻碍了斯巴达人及时加入马拉松战役。当满月这个重要的日子到来时,斯巴达人确实派出了两千公民,以及按照惯例跟随的庇里阿西人和希洛人分队——一支足以向米太亚德提供最大支援的强大军队。然而,他们虽然只用了三天就行军一百五十英里,但还是来迟了。看到战场上波斯军队横尸满地后,正如希罗多德所言,斯巴达人强迫自己不去赞赏雅典人和他们的功绩,然后起兵回国。

第6节 米太亚德攻打帕罗斯岛

马拉松战役的结果就是将这位勇敢预言胜利并最终赢得战争的人推上任何

奄奄一息的米太亚德

一位雅典人都难以想象的高度。不幸的是,米太亚德选择了挥霍良机。不久,他就来到公民大会前,许诺只要给他七十艘船和一支接应的陆军,并任由他调遣,他就会让雅典获得巨额财富和利益。人们盲目地投票赞成。然而,米太亚德转而对帕罗斯岛居民公报私仇。在没有宣战的情况下,米太亚德便航行到这片肥沃的岛屿并登陆,要求帕罗斯岛人上交一百塔连特作为归顺波斯帝国的罚金,因为帕罗斯岛人和其他岛上居民一样有罪。敲诈被拒绝后,米太亚德继而围攻帕罗斯城。米太亚德的所有努力都白费了。接着,他开始担心得知他失败消息的雅典人的反应。于是,他竭尽全力贿赂得墨忒耳的女祭司,希望欺瞒雅典。然而,当在夜里外出密会女祭司时,米太亚德受到了惊吓。仓皇逃跑时,他不小心被木桩伤到了大腿,导致残废。当军队回到了雅典时,米太亚德近似海盗行为的远征令雅典人极其不满。而更让人们气愤的是,他滥用了民众的信任。米太亚德虽然因溃烂的伤口奄奄一息,但还是被抬入法庭接受了赫利亚的审判。对他发起控诉的就是伯里克利的父亲科桑西普斯。科桑西普斯坚决要求立即对米太亚德执行死刑。然而,考虑到米太亚德对马拉松战役的贡献,人们只对他罚款五十塔连特以示惩戒。米太亚德至死都没能缴付这笔罚款,因为几天后他就离世了。后来,米太亚德之子西蒙缴纳了罚款,尽力帮父亲恢复了声誉。因此,一位似乎要在希腊事务中扮演重要角色的人就这样突然离场,而该事件仅仅发生在他取得丰功伟绩的寥寥数月后。马拉松战役最终让米太亚德名垂青史。

第7节 大流士一世驾崩

毫无疑问,意外地在马拉松溃败后,大流士一世一旦手中无事,就会再次集结一支更强大的军队。事实也确实如此,首战告败大大激怒了大流士一世。大流士一世并没有因为失败重新考虑摧毁雅典的目的是否妥当,而是决定亲自率领全部波斯军队攻占雅典。然而,公元前487年,埃及爆发叛乱,迫使他不得不引兵前往埃及。在任命自己最偏爱的儿子薛西斯与自己协同作战后,大流士一

薛西斯

世便出发征讨叛军。大流士一世在远征途中驾崩。他的统治期长达三十六年[1]。

在大流士一世统治后期，虽然骚乱不断，并且远征赛西亚也无功而返，但这些问题都不足以让我们低估大流士一世。大流士一世保存并缔造了一个看似正处于分崩离析前夕的盛极一时的帝国。他显示出卓越的管理才能，而这份才能是任何东方征服者都无法企及的。此外，他还是一位慷慨的将军。作为一位东方君主，大流士一世可以说代表了节制、公正和仁慈。虽然大流士一世的儿子充分体现了一个波斯帝国独裁者应有的残暴和傲慢，但在大流士一世的身上，这些缺点都没有。大流士一世驾崩后，阿契美尼德王朝的扩张最终结束。在一个东方国家，一切都取决于最高统治者的秉性。在随后的两个世纪里，波斯帝国受到了诅咒。继任者不是僭主就是懦夫。他们渐渐毁坏了先辈构建的优良的管理体制。确实，在大流士一世驾崩后直到亚历山大大帝入侵波斯帝国间的漫长岁月中，除了这种精巧的体制，没有任何事物能保全波斯帝国。

第8节　克莱奥梅尼离世

与此同时，埃及战争和大流士一世的驾崩让希腊能够在波斯入侵后消停十年——这段时间至关重要。其间，在雅典与埃伊纳人的第二次大战中，雅典将自己变成了一个占据绝对优势的海上强国。克莱奥梅尼国王倒台后，他实施的反埃伊纳岛政策也随之终结，由此引发了雅典与埃伊纳人的第二次大战。显而易见，公元前490年，克莱奥梅尼国王贿赂德尔斐神谕以诽谤戴玛拉托斯国王的事情终于真相大白。事情败露后，克莱奥梅尼国王只得像不久前才被他诋毁的同僚一样，被迫离开斯巴达。然而，没有比在波斯帝国避难以伺机复仇更让克莱奥梅尼心满意足的了。进入阿卡狄亚后，克莱奥梅尼开始在当地的众多城市缔结反斯巴达联盟。此举大获成功，令斯巴达监察官们惊恐不已。因此，监察官们提出，只要克莱奥梅尼返回斯巴达，就让他重回王位。克莱奥梅尼接受了这个条件，又回到了斯巴达。然而，数月之后，他却神秘死亡了。克莱奥梅尼一向举止怪

---

[1] 公元前521年到公元前486年。——原注

异，监察官们借口称他发疯，将他当作胡言乱语的疯子关在牲畜棚里。一天，人们发现克莱奥梅尼已经死亡，身上全是可怕的刀具乱刺的伤口。虽说他是自杀而死，但联想到他与监察官们的关系，他的死因明显可疑。终其一生，克莱奥梅尼都展现出他的活力和能力。但他性格反复无常且顽固不化，因此他的天赋并没有给他带来最终的胜利。值得注意的是，他是最后一位与监察官们势均力敌的斯巴达国王。在国家事务中，与监察官的欲望相比，他使自己的个人意愿起到了更重要的作用。

第9节 雅典与埃伊纳岛的第二次战争

克莱奥梅尼一死，埃伊纳人就宣称自己的人还被作为人质关在雅典。莱奥提基德斯曾与克莱奥梅尼一道前去雅典交送囚徒。虽然他亲自去雅典恳求释放人质，但雅典人还是拒绝了。雅典的行为令人无法接受，而在此之后引发的行为更是对两国关系的公然挑衅。一支埃伊纳海军在苏尼昂角附近伺机等待，俘获了一艘载有来自雅典神使的大船。此举引发了雅典和埃伊纳岛的战争，以及之后的争夺塞隆尼克湾统治权的激烈海战。雅典人试图煽动埃伊纳岛内讧，因而与一位叫"尼科德罗莫辛"的民众领袖勾结，图谋推翻埃伊纳岛的寡头统治，而此时所有多利亚城镇都处于该寡头统治之下。在没有外援的情况下，雅典还难以独自应付埃伊纳船队。因此，雅典派人前往科林斯请求援助。自古以来，科林斯就是埃伊纳岛的宿敌。科林斯人没有公开参战，却以每艘五个德拉克马的荒唐价格向雅典出售了二十艘战舰，以示支援。在预定的当天，尼科德罗莫辛掀起民主起义，并试图抓捕埃伊纳岛首领。然而，尼科德罗莫辛等待的雅典船队来得太迟，而他的追随者已经彻底溃败。随之而来的是可怕的大屠杀。七百名民主派分子在投降后被残忍处死。次日，雅典一支拥有七十艘大船的强大舰队赶来，并在海战中打败了埃伊纳海军。但在靠近海岸时，他们发现没有接应的人，因为尼科德罗莫辛的党羽已经被肃清。

当时，埃伊纳岛向阿尔戈斯寻求援助，也获得了类似雅典从科林斯获得的非

埃伊纳岛上的城市遗址

正式支援。克莱奥梅尼曾使阿尔戈斯经历了一场浩劫。这时，阿尔戈斯实力弱小，还不能和一流强邦公开作战。然而，还是有一千名阿尔戈斯人志愿加入埃伊纳军队，而阿尔戈斯政府也没有反对。不久，雅典人再次发动对埃伊纳岛的袭击。虽然雅典军队海战告捷，并几乎杀死了所有阿哥斯志愿军，但毫无疑问，雅典舰队也损失惨重，因而被迫撤退，回到比雷埃夫斯。在随后的战事中，双方均有胜负。雅典和埃伊纳岛的海岸地带都曾遭到劫掠，但双方的损失都不算惨重。

第10节 抽签选举执政官

正是在这场交战中，一项重要的政治变革引入雅典法令。它势必会在某种程度上改变克利斯提尼的规划。直至公元前487年，每年选举的执政官都是全民选举的结果。毫无疑问，他们是雅典权力最大的行政官员。但在公元前487年，执政官不再由选举产生。此后，执政官由抽签决定。这种安排并不是梭伦先前所设想的，即各个部落需选出四十位候选人，再由抽签决定最终人选。当时，选举不再有预先选举候选人的环节，而是完全取决于机缘巧合。然而，这项措施并不像看上去那样疯狂。事实上，仍然只有富有的"五百麦斗"阶级才有资格任职。因此，一位由富人幕后支持和操纵的贫民根本没有机会担任执政官。再者，抽签的范围并不是雅典全民，而只限于候选人之间。我们可以这样认为，任何一位勤奋负责、不计回报且主动自荐的人，应该也同样具有政治热情和公益精神。所谓的"入职审查权"的审核过程确保了候选者不会是臭名昭著的恶人。该审核调查候选人的性格、人品及过往经历，而那些声名狼藉的人将被除名。再加上当时的政府已经和先前不同，执政官不再受到新兴统兵官特权的牵制，也不再受公民大会膨胀权力的束缚。任何一位才智平平、廉洁正直并有决断力的人都能自如地履行执政官的职责。在变革后，位高权重的人一度继续面临着抽签带来的风险。事实上，只有具有一定地位的政客才能参与竞争。只有具有相当大的胜算才能鼓舞那些自尊自信的人参与进来。直到执政官对下层阶级开放，无足轻重的人也开始成为候选人时，执政官才沦为国家之船的艏饰像^①，而真正的管理权转入统兵官手中。

由于执政官的降格选举，统兵官——仍然由民众直接投票选举——坐收渔利。作为投票者选择的代表，统兵官自然被认为比执政官们更有份量，而当时的执政官不过是随机产物。譬如，不要指望十位能力出众的军事长官会听从一位对战事一无所知的军事长官的命令。因此在不久后，统兵官开始具有一些执政官特有的职能。他们取得了召集公民大会的权力，并已经习惯于在取得公民大会正式批准前，就着手处理与外邦的关系。当执政官们沦为陪衬时，统兵官组成类似内阁的部门。在公民大会持续而充满妒忌的控制下，统兵官管理着城邦的主要部门。

---

① 装饰船头的人像。

第11节　迪米斯托克利和海军

与埃伊纳岛胜负未卜的持久战引发了雅典的不满，进而促使雅典发动了企图在数量上碾压埃伊纳海军的一次强力袭击。迪米斯托克利就是这场袭击的发起人。在此之前，他曾发起比雷埃夫斯设防计划。恰好在这一年，雅典意识到公有财产拉夫里翁银矿大有盈余。这处宝藏价值二百塔连特。当时，雅典正准备以最原始的方式分配银矿，许诺每一位成年的雅典人将得到十德拉克马。然而，迪米斯托克利在公民大会中站起身来，大胆提议这笔财富不应该被下发给人民，而应该全部投入到建造新战船中，直到雅典舰队战船达到两百艘为止。迪米斯托克利口若悬河，说服民众放弃了个人利益，接受了他的远见卓识。很快，船的龙骨造好了。而在造船的速度和进度上，富有的公民展开竞争。造船行动被迫成为他们的一种"礼拜仪式"。

第12节　阿里斯提德遭到放逐

三年的不懈努力使雅典海军规模增加到原来的三倍。不久，迪米斯托克利就能在比雷埃夫斯港巡视雅典舰队了。在数量上，这支舰队足够匹敌埃伊纳岛和科林斯的联合舰队。将雅典全部精力都投入海上的政策并不是没有遭到反对。在雅典城邦内，以举足轻重的阿里斯提德为首的一股重要势力认为海上霸权短暂多变且不可预测。因此，牺牲雅典的一切去构建这样一个优势地位显得很不明智。他们说道，与重装步兵的勇猛相比，对国家而言，海军实力显得不够坚实稳定；而在迪米斯托克利竭力推崇下，雅典将会涌入大量外来人口和习俗，为雅典带来腐败和软弱的成分。虽然矿产有盈余，但公款的大量支出和当时开始征收的苛捐重税都让谨小慎微的雅典公民惊恐万分。阿里斯提德试图阻止这种趋势，并不断质疑经手公职人员的钱财去向。阿里斯提德成功证实了数起挪用公款的案例。据说，挪用公款的罪行甚至牵涉到迪米斯托克利本人。最终，两位政客和他们所支持的政策的斗争越来越激烈，只能借助陶片放逐法解决争

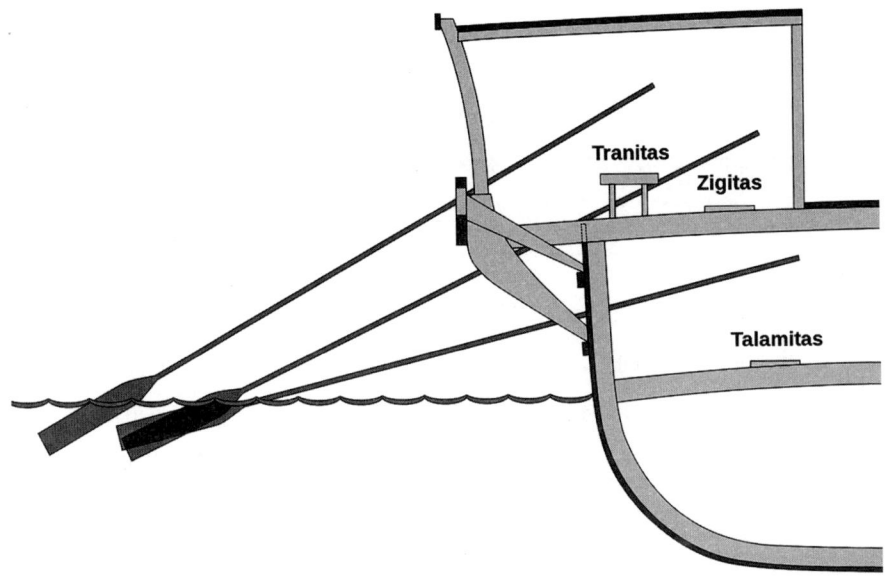

三层划桨战船工作示意图

端。经过绝大多数人裁定,阿里斯提德被流放。公元前483年,这位稳健保守政策的拥护者被流放出境。

到了这个时候,迪米斯托克利终于可以放开手脚,指挥雅典的前进方向,并且不会遇到任何反对。在他的指引下,海上的建造工程如火如荼地进行着。虽然在十年前,比雷埃夫斯还不过是一块荒芜的陆岬,但十年后,比雷埃夫斯已经发展成一个欣欣向荣的城市。航海业和商业盛行。在政治事务中,比雷埃夫斯的人口举足轻重。比雷埃夫斯成为雅典民主宣传的沃土,既反对旧有特权阶级的贵族教条,又反对固步自封的外交政策。在两百艘三层划桨战船建造完成后,雅典已经拥有所有希腊城邦中最强大的海军。而就在此时,东方再次升起阴云。在波斯帝国,年轻的薛西斯一世继位已经五年,并且成功镇压了埃及叛乱。直到弥留之际,这场叛乱还在困扰着大流士一世。薛西斯一世可以随心所欲地发动举国兵力攻打任何一个敌人。在波斯帝国的传统中,人们一向认为征服外邦是波斯帝国君主最崇高和最光荣的使命。薛西斯一世也深受该传统的影响。就个人能力而言,薛西斯一世其实是平庸之辈。白皙威武的面孔和身形使他看起来是人中龙凤，但一切不过是虚有其表。他才智平庸且品行不端。就性格而言，他不过是内眷抚育出来的东方暴君。在他身上，看不到丝毫大流士一世当年的风采。薛西斯一世虚荣奢华、懒散易怒、暴躁凶残，容易受侍臣和女眷的影响，绝不愿意将自己的神圣躯体置于战争的险境当中。看起来，薛西斯一世似乎根本不可能名垂青史。然而，虽然软弱无能，但薛西斯一世毕竟位高权重。即使没有好的行动借口，他的虚荣心也不会让他忍受甘于落后于父亲的成就。好战的臣民期待着薛西斯一世能引领他们走上新的征程。而让大流士一世溃败的仇敌就在薛西斯一世的面前，等待他前去惩戒和复仇。此外，斯巴达的前任国王戴玛拉托斯和其他爱琴海外的流亡者挤满了他的宫廷，他们不断指出希腊土地上存在的弱点及分裂。因此，傲慢的暴君薛西斯一世发动对希腊人的著名战役也就不足为奇了。

第13节　薛西斯一世计划入侵希腊

希腊传说赋予薛西斯一世远征许多引人注目的细节。它们的可信度无需质疑。但以下的事件更毋庸置疑。公元前481年春天，整个波斯帝国都在为入侵爱琴海以外的土地蠢蠢欲动。薛西斯一世宣布他将亲自率兵。整个方案与达提斯和阿尔塔弗涅斯相对保守的计划完全不同。不仅西方的行省，甚至连亚细亚内陆最偏僻的区域都要派出部队远征希腊。在黎凡特地区，处在薛西斯一世统治下的每个海边城镇都须提供一定数量的战船。达达尼尔海峡和色雷斯地区的城市须最大限度地收集各种武器装备和军需品。一时间，整个波斯帝国到处都是备战的场景。为了寻找开战借口，薛西斯一世派遣传令官去希腊要求他们敬奉土和水。此时，战争的谣言必然已经传到希腊。不过，波斯帝国并没有派人去雅典和斯巴达。十年前，波斯信使在两地受到的残暴待遇让波斯人懊恼不已。波斯帝国向其他城邦派出了传令官，而这些传令官并非无功而返。

第14节 科林斯希腊代表大会

面对一触即发的波斯帝国的入侵,希腊人罕见地团结起来。在斯巴达主导伯罗奔尼撒半岛时,"泛希腊联盟"的构想就有了苗头。当时,作为波斯帝国重点打击的两个城邦之一,斯巴达更有充足的理由让同盟者紧密地联合在它周围。雅典也更有理由集结一支联盟来对抗入侵者。然而在当时,雅典不仅同盟寥寥,而且仍然处于和埃伊纳岛的持久战中。因此,迪米斯托克利和提基亚的一位叫"奇列欧斯"的人联合起来,召集希腊绝大多数城邦代表如期举行会议,也就不足为奇了。公元前481年夏末,在斯巴达的带领下,这些城邦代表齐聚科林斯地峡。这次集会的规模远远超出持悲观态度者们的预期。毫无疑问,一线强邦阿尔戈斯和底比斯没有参会。阿尔戈斯与斯巴达有宿怨。底比斯妒忌正在崛起中的雅典。然而,几乎所有大陆地区的城邦代表都在指定日期出席了会议。从北部的坎布尼安山脉——与波斯属地马其顿接壤的最后一片希腊自由地,到最南端的马塔潘角,除阿尔戈斯和底比斯外,其他所有希腊城邦都响应了号召。如果不是遇到生死攸关的危机,像雅典和埃伊纳、塞萨利和福基斯、提基亚和曼丁尼亚这样的宿敌也不会暂时忘记彼此间的宿怨,而记起他们都是希伦之子,都热爱自由。迫于波斯帝国入侵的压力,彼此才有了和解的可能。有些城邦带着誓死抵抗的决心参加会议,有些城邦则面对强敌妄自菲薄。然而,就连妄自菲薄的城邦也不敢贸然无视这次召唤。

大会的第一步就是调解成员间的宿怨。大会说服了埃伊纳、雅典及其他城邦暂时将彼此的敌意搁置一边。第二步就是呼吁所有城邦支援爱琴海彼岸的希腊外围地区。这个想法本该取得比实际预想更好的结果。然而,克里特人以德尔斐神谕劝阻的旨意作为借口拒不参与。克基拉人虽然承诺支援,但他们的海军出发时间晚,半路出现拖延。因此,在战争危机解除后很久,克基拉人才抵达战场。叙拉古的大暴君盖洛最慷慨,许诺会提供两万名重装步兵和两百艘三层划桨战船支援战场,但开出了荒唐的条件。盖洛要求必须由他担任整支联盟军队的最高统帅,而他自己也很清楚,出于自尊,斯巴达必然会拒绝这个要求。显而易见,盖洛从未想过要去支援爱奥尼亚海彼岸的人,因为当时他正面临来自阿非利加迦太基人强势入侵的威胁。迦太基人此举很有可能是为了配合薛西斯一世攻打希腊的计划。

虽然确定如今只能依靠他们自己,但在离别前,希腊各城邦代表还是决定发表一则大无畏的宣言。因此,他们公布了一则严正声明:任何一个未经武力抵抗就臣服薛西斯一世的城邦,在战争结束后,都将面临所有其他盟邦的联合袭击。袭击所得战利品的十分之一将被进献给德尔斐的阿波罗。

当时已经是晚秋,天气不允许波斯帝国在公元前481年发动战争。毫无疑问,危机将会在来年春天到来。在希腊同盟的眼前,是为期四个月的焦虑的等待。在等待当中,各个城邦急不可耐地想要确定未知的将来。因此,他们不断地求助于德尔斐神谕。然而,令阿波罗名誉扫地的是,他一再"偏袒他国",站在了薛西斯一世的一边。毫无疑问,德尔斐人一直深知外邦情形,已经充分意识到薛西斯一世的实力,并预见了他的获胜。总之,神谕告诉斯巴达人,"就算他们有公牛或狮子的力气也无法阻止波斯人,结果必然是斯巴达或某位斯巴达国王的消亡"。雅典得到的回应更让人灰心丧气,"雅典将通体腐烂——紧跟叙利亚战车而来的火与剑将摧毁帕拉斯①之城"。不过,神谕还补充了一条,令人们聊以自慰,即"木质的围墙里将是安全的所在,神圣的萨拉米斯将会毁灭人类的子孙"。阿尔戈斯接受了所谓的"龟缩壳内"的建议。在自私孤立的政策影响下,阿尔戈斯静观其变。

在希望与恐惧之间,公元前481年到公元前480年的冬天匆匆过去。在随之而来的春天里,希腊的人们开始备战。

---

① 指智慧女神雅典娜,雅典的守护神。

第19章

薛西斯一世入侵希腊

第1节 薛西斯一世的大军

早在公元前481年春天，薛西斯一世就命东部边远行省的部队开始行动。同年秋天，波斯帝国的所有陆军都在预定地点——卡帕多西亚的克利塔拉平原会合。在召集大军时，除了个人尊严，薛西斯一世无暇顾及其他。他的追随者必须配得上自己的伟大。当薛西斯一世奔赴战场时，他认为自己的所有臣民理应人人参与，并且认识到其中的风险。因此，薛西斯一世不仅要求那些骁勇善战的民族派出部队，而且要求每个部落，无论大小和强弱，只要在波斯帝国疆界之内，都要派出部队参与远征。因此，他的军队更像是一个民族博物馆，而不是用来征服他国的高效的军事机器。虽然他手下的波斯人个个英勇忠诚，但与波斯人并肩作战的是毫无作战经验的无用的游牧民族。这些游牧民族是从世界尽头被拖拽而来的半赤裸野蛮人，以及那些违背本人意志去征服手足的亚细亚希腊人。希罗多德的书中完好地保存着薛西斯一世大军名册。该名册内容证实了希腊人的话。希腊人夸口自己面对的是武装而来的整个世界，但与此同时，该名册也解释了为什么那个似乎是奇迹的事件也是极有可能发生的。毫无疑问，在薛西斯一世的大军中，除了他自己的十万拥有"不死之身"的护卫及其他本土波斯人，还有众多不可多得的分部。巴克特利亚马匹和塞克射手还算能被委以重用；而吕

埃塞俄比亚人

西亚人和卡里亚人按希腊方式武装自己,并且之前已经和希腊人在战场上针锋相对。然而,波斯军队中还有不会使用金属或不懂铠甲功用且为数众多的野蛮人。譬如,我们读到,"远在埃及之外的埃塞俄比亚人身穿豹皮,手拿棕榈叶中茎做成的弯弓,而箭头是用锋利碎石作为尖端的芦苇。此外,还有用羚羊角或有节疤的木棍做的长矛。披挂上阵前,他们将身体涂成半白半红"。除了一根套索和一柄长刀,沙加迪亚骑兵没有任何其他武器。利比亚人的武器不过是用火烧硬尖端的木棍。高加索山区的野蛮部落试图用木帽保护头部,但身体上没有采取任何保护措施,使用的进攻性武器仅仅是短镖和小刀。不难想象,在一条狭窄的希腊关隘前,这些半裸的野蛮人与希腊重装步兵短兵相接时,是多么的无用。事实上，这些野蛮人比无用更糟糕。他们拉长了行军路线，消耗了大量军需品。到了冲锋陷阵的时刻，这些因素必然会削弱常备军的力量。

薛西斯一世究竟率领了多少兵卒参战，我们很难确定。兵卒们善战或不善战，或者干脆漠不关心。传说夸大其辞，称兵卒人数多达五百万，少则也称有近八十万人——只要我们还记得薛西斯一世敦促武器装备时的精力充沛和他筹备战争所花的时间，这个数字也不是完全没有可能。然而，想想这支大军的质量，其数量也就相对无足轻重了。

在克利塔拉集结后，波斯大军就向西往萨迪斯进发。公元前481年冬天，波斯大军抵达萨迪斯。公元前480年春天来临时，波斯军队到达邻近的吕底亚和伊奥尼亚城镇。正是在这期间，波斯营地发现了希腊人的间谍。薛西斯一世认为让整片爱琴海地区得知波斯大军的全部人数对自己有百利而无一害。因此，他

波斯军中的轻装步兵

波斯军中的盾牌兵和标枪兵

没有杀死间谍们,反而引导他们参观军队驻地的每个角落。接着,薛西斯一世释放了希腊间谍,好让他们告知希腊人他们所见到的一切。

第2节 薛西斯舰队

公元前480年年初,波斯陆军和海军会合。舰队安全绕过特里欧庇昂岬,在萨摩斯岛抛锚停泊。与在陆上招募兵马相比,薛西斯一世在海上的征募一样严苛细致。每支薛西斯一世疆土内的海上民族都被迫倾尽所有——甚至像埃及人这样毫无海事经验的民族也竭尽所能。舰队中最值得信任的要数腓尼基城市的战船。提尔、西顿和阿拉杜斯的国王纷纷亲自上阵,一马当先。他们的战船总计三百多艘。埃及人、塞浦路斯人、西里西亚人和小亚细亚的希腊人贡献了九百多艘战船。因此，整支波斯舰队共计一千二百多艘战船。此外，还有为数众多的交通船和运输船。在每艘三桨战船上，除了有当地船员，还有一支注定服务于海事的三十人的波斯士兵分队。

第3节　达达尼尔海峡

在船队和陆军最终上路前，薛西斯一世还下令实施两项恢弘但无用的工程。在他看来，这两项工程将有利于波斯大军的行军进程。为了不让自己的船在阿索斯山暴风雨盛行的海岬遭受类似十二年前马多尼乌斯遭遇的灾难，在连接阿克特半岛和哈尔基季基大陆的多沙地峡上，薛西斯一世凿通了一条运河。这条运河让船队少行了几英里，但耗费了极大的人力物力。第二项工程更加无用。为了让波斯大军直接从亚细亚进入欧罗巴，而不用将时间耗费在乘船穿过达达尼尔海峡上，薛西斯一世下定决心要在达达尼尔海峡上架起桥梁。

波斯军在达达尼尔海峡上架起桥梁

六百七十四艘商船按两列并排停泊，用粗缆绳紧紧系牢。在塞斯托斯附近的欧罗巴海岸与阿拜多斯之上的亚细亚高山间，六百七十四艘商船形成两条长度不及一英里的桥梁。船上以连绵的厚木板做地面，上面填进泥土，而舷门的两边都竖起高高的临时围栏，防止马匹和运货牲畜看见大海。两座桥建成没多久就被一场暴风毁坏。为了维护自己的权威，薛西斯一世随即下令将设计该桥的技师们全部斩首。如果传言可信，那么薛西斯一世还命人鞭笞难以驾驭的大海

薛西斯一世下令鞭笞大海

薛西斯一世在达达尼尔海峡

三百下,并将锁链抛入桀骜不驯的海水。重建桥梁的官员吸取了前人的教训,加固了栓扣的力度,建造出的桥梁更持久,足足抵抗了九个月的风雨。在这座桥上,波斯陆军呈纵列行进。薛西斯一世坐在亚细亚海岸的大理石王位上,注视着绵延不断的波斯大军进入欧罗巴。目睹这样的景象,就连这样一位暴戾的君主都不免心生感慨。有感于人类共同的命运——整支大军中无人能活过百年,薛西斯一世不禁失声痛哭。

第4节 波斯大军穿过色雷斯

过去三年里,在色雷斯海岸四处,包括琉刻-阿克特、图洛迪札、多里斯卡斯和埃翁,波斯帝国搜集到了巨额军需品,保证西进行军的物资充足。在多里斯卡斯,薛西斯一世举行了海陆军的大阅兵。整支舰队在他眼前分列航行而过,而陆军则按照原始方法计数:首先圈定一块土地——这块土地容纳的人数恰好为一万人。接着，所有部队逐个进入圈地进行计数。从多里斯卡斯出发后，薛西斯一世加快进程。抵达属地马其顿的边境后，亚历山大一世麾下的所有陆军都加入了薛西斯一世的大军。在山地上，薛西斯一世的运输队遭遇了狮群的袭击。当时，欧罗巴该地的狮群数量众多，但如今已经完全消亡。与此同时，波斯舰队横渡阿索斯山上的运河，绕过卡尔西狄克半岛上的两个海岬，最终在塞尔马[①]与陆军会合。塞尔马就是后世著名的塞萨洛尼卡。在塞尔马，薛西斯一世将高耸的奥林匹斯山尽收眼底。当时，奥林匹斯山是横亘在他与塞萨利平原间的唯一屏障。在薛西斯一世的军营里有阿勒瓦斯大家族被流放的塞萨利王储。从塞萨利王储的口中，薛西斯一世了解到即将与他短兵相接的首批自由希腊人的秉性。

第5节　希腊人退守塞萨利

　　薛西斯一世横渡达达尼尔海峡的消息刚传到希腊，一年前的各城邦代表就再次在科林斯集结。最先受到波斯大军攻击的塞萨利人毫不迟疑地说出了自己的条件。塞萨利人将自己的整支陆军都交由同盟军调遣，条件是希腊南部必须提供足够的支援，否则他们坚决不孤身抗敌。如果没有军队前来支援塞萨利人，那么他们绝不会孤军奋战，而是会和薛西斯一世缔结任何条款。希腊联盟绝不会将土地富饶且人口众多的塞萨利平原拱手让于波斯人。因此，希腊联盟火速集结了一万重装步兵和数量众多的海军部队组成先遣队。由于任务重大，因此，迪米斯托克利被任命为雅典军的指挥官，斯巴达的尤安奈图斯则担任全陆军的总指挥。他们在地峡上船，绕过苏尼昂角，经过埃夫里普，在弗提奥提斯的哈勒斯上岸。船队就停在哈勒斯，封锁了埃维亚岛与大陆间的海峡。佩纽斯河流域，塞萨利各城市的所有军队——其中还包含他们闻名于世的令人生畏的骑兵——加入了联盟军。接着，整支军队向关隘坦佩谷进发。坦佩谷是佩纽斯河入口处一条狭窄的山中小径。自马其顿而来的大路由此穿行而过。此处是小股军队阻

[①] 意为"温泉"。

薛西斯一世横渡达达尼尔海峡

隔一支更强大军队的绝佳地点。不过,这里也有不利之处:几乎所有位置都有可能被侧翼包抄。在坦佩谷扎营不过数日,希腊人就收到了来自亚历山大一世的密信。亚历山大一世虽然是波斯帝国的封臣,但心系希腊。密信内容大致说明了薛西斯一世不仅会走大路,还会走从马其顿西部延伸到戈恩诺斯及其他塞萨利西北部城镇高地上的山路。如果上述地点被突破,那么坦佩谷小径里的军队就必须被迫撤退,并很可能在塞萨利平原被数以万计的波斯大军包围,踩在脚下。从战略上看,事实确实如此。然而,危险尚未迫近,在塞萨利边境试图表现出拼死抵抗的政治意图则太过明显。假如有了因为前线未做彻底抵抗就立刻抛弃盟友的先例,那么就很难说撤退到何地才是尽头,而联盟国的信心也必然会荡然无存。尽管如此,尤安奈图斯及其同僚似乎勇气尽失。还没等到波斯大军发动袭击,他们就仓惶解散营地,抛弃了自己的塞萨利战友,匆匆退到哈勒斯,然后乘船返回科林斯地峡。

自然而然,塞萨利人和它所有附属部落——马格尼西亚人、马利斯人、伊纳斯人和多洛普斯人——立即向薛西斯一世献上土和水。在被攻打之前就快速投诚还不算太晚,这足以平息薛西斯一世的怒火。

第6节　希腊联盟军队取得胜利

当远征军无功而返时，科林斯爆发了长时间的激烈争吵和相互指责。当时，威胁已经到了希腊中部，近在咫尺。更糟糕的是，传言底比斯及它在维奥蒂亚联盟的属地已经准备效仿塞萨利人——并非像塞萨利人一样出于恐惧，而是出于对邻邦雅典深深的厌恶，以及粉碎这一新兴崛起力量的意愿。科林斯希腊代表大会上唯一的疑虑就是下一个保卫点是定在温泉关还是科林斯地峡。如果地点选在科林斯地峡，就必须像牺牲塞萨利一样，牺牲雅典、福基斯和埃维亚岛。因此不难预见，即将进军扎营的地点必须得更远一些——即使某些伯罗奔尼撒人不愿在离家很远的地方作战。于是，希腊人决定在波斯人穿过塞萨利前，派出一支陆军攻占并坚守温泉关，并且调遣一支舰队守卫埃维亚海峡。所幸的是，在重新起兵前，薛西斯一世在塞尔马逗留了很久。因此，上述计策能够实施。一支二百七十一艘船组成的舰队——其中雅典的船就多达一百二十七艘——绕过埃夫里普，在塞隆尼克湾集合。舰队由斯巴达人欧利拜德斯指挥，因为科林斯人和埃伊纳人都不愿在雅典海军将领手下任职，虽然雅典为舰队贡献出了目前为止数量最多的船。而除了斯巴达人，雅典人也同样不愿屈居其他任何人之下。欧利拜德斯为人心胸狭隘且无比固执。如果不是他能干的下属迪米斯托克利百般引导，欧利拜德斯接连不断的愚蠢失误和异想天开早就让希腊的远征目标毁于一旦。陆军全部由斯巴达国王列奥尼达一世统帅。哥哥克莱奥梅尼溘然长逝后，列奥尼达继承了王位，史称"列奥尼达一世"。与舰队相比，陆军到温泉关行经的路程要远得多，召集分部所花的时间也更长。因此，这场行动存在极大的风险。或许在希腊联盟军到达温泉关前，温泉关已经掌控在波斯人的手中了。更糟糕的情况是，当时正值斯巴达人庆祝自己伟大的卡尔涅亚祭①前夕。斯巴达人面临着和十年前相同的困扰，对在神圣节日行军心存顾忌。正因为此，在马拉松战役时，他们才来得太迟。列奥尼达一世无法带出拉科尼亚全部兵力，只能依靠自己的亲随。列奥尼达一世意识到此行凶险异常。此外，"斯巴达必然消亡或某位

---

① 一种类似奥林匹亚竞技会的活动。

列奥尼达一世

斯巴达国王必然消失"的预言不断在他耳边回响。他没有选择通常伴随他左右的三百年轻勇士作为贴身护卫,而是选取了同等数量且已经有儿子的人赴战。这样,就算全军覆灭,这些家庭还后继有人。列奥尼达一世带着这支小队人马立即启程,随行的还有希洛人部队。在所有的斯巴达远征中,这些希洛人都伴随主人左右,人数大概是公民人数的七八倍。在前进路线中的阿卡狄亚城镇上,列奥尼达一世又集结了约两千多名重装步兵。在科林斯地峡,科林斯人、夫利亚西亚人和迈锡尼人共计七百人加入了他的队伍。有了这支军队后,列奥尼达一世突然兵临底比斯城下。当时,底比斯还未投靠波斯人。由于底比斯人毫无抵抗的准备，列奥尼达一世威慑在位的寡头统治者，并从底比斯的士兵中抽出四百人的部队。这些底比斯士兵虽然根本无心应战，但为了忠诚于自己的同胞，他们还是作为人质效忠于列奥尼达一世。然而，一直以来率先反对底比斯集权政策的城市特斯匹伊自行组织了一支七百人的重装步兵。此后的军事行动证明，至少维奥蒂亚人是忠于希腊事业的。列奥尼达一世认为手下的军队不过是伯罗奔尼撒半岛联军的先头部队，自此日夜兼程，奋勇向前，最终在波斯人穿越塞萨利前就赶到了温泉关。在温泉关，福基斯和奥普斯的洛克里斯人部队加入列奥尼达一世的队伍。此时，列奥尼达一世统领的士兵人数增加到近一万人，足以占据温泉关这个狭窄的山中小径。捍卫希腊中部的第一步已经成功执行，但此举无济于事，因为伯罗奔尼撒联军的主体部队姗姗来迟。很难说该延误仅仅是由于拖延迟缓、疏忽大意或宗教顾虑。毫无疑问，与其他动机相比，自私自利在其中起到了主要作用。

第7节 温泉关

作为列奥尼达一世的据点，举世闻名的温泉关地处大海与卡利兹罗莫山悬崖间的狭窄平地上。卡利兹罗莫山是伊蒂山脉的众多支脉之一。温泉关西面是窄小的马利斯平原。马利斯平原背部以东就是洛克里斯和福基斯的海岸地区。由于山脉与大海之间的地带收缩，这个山中小径更加狭窄，最窄处仅能通过一辆马车。温泉关从马利斯边一侧的阿索波斯河延伸到洛克里斯的小村庄阿尔卑尼，全长约两英里。地处中部的温泉让这个山中小径因此得名。温泉前方的平地延伸数弗隆①。得墨忒耳神殿因而有了容身之处。这个神殿的所在地也是先前近邻同盟议事者集会的地方②。该地的后方是一道古老的围墙。这道围墙是福基斯人为抵抗塞萨利邻邦的入侵而建的。当时，围墙已经部分毁坏，使它成为希腊人抵御的西北入侵者的最容易突破点。于是，列奥尼达一世和他的军队在此处

---

① 英国长度单位，一弗隆等于八分之一英里。
② 在温泉关的最西端，临近安特拉的地方，还有一处温泉和道路的狭窄处，此处被称为"伪温泉关"（the False Thermopylae）。——原注

安营扎寨。他们的右边是约五英里宽的海峡。海峡的另一边就是埃维亚岛的重重山脉。列奥尼达一世营地的左侧是无法攀缘的岩石高地。某些岩石高达八百英尺，成了悬崖峭壁。温泉关崎岖不平，整个关隘上没有一条从山上通往海岸的道路。不过，在温泉关的马利斯一端以外的特拉基斯，有一条曲折的路线，蜿蜒通过内陆一个称为"阿诺佩亚"的山脊，通往希腊后方的阿尔卑尼。这条小路就是温泉关能够折回的唯一路径。通过这条小路，人们无需大费周章，多日行军，绕行伊蒂山脉中的谷地。为了保卫这条小路，列奥尼达一世将整支福基斯盟军安置在山上，由他的伯罗奔尼撒军队把守温泉关。

第8节　阿提密西安之战

与此同时，欧利拜德斯和联军舰队在阿提密西安海岬扎营。阿提密西安海岬地处远在温泉关以北的埃维亚海峡。因此，波斯舰队要经过列奥尼达一世的据点而攻击联军舰队的尾部就不太可能。出于毫无海战经验的波斯人的本能，薛西斯一世看起来从未想过手下的舰队能为自己的陆军部队探路，或是可以从后方攻打希腊军队。实际情况是，波斯陆军在为波斯舰队探路。直到波斯后卫部队挫败塞尔马城门的十二天后，波斯舰队才开始向南航行。顺着马格尼西亚的崎岖海岸一路航行，波斯舰队抵达塞比亚斯海角，即皮立翁山突然断裂为波涛拍打的海岬处。波斯舰队就在此地停留。沿着狭窄的海滩，战船一字排开。其他船——七艘吃水深的船——在无港的海岸抛锚停泊。午夜时分，东北方向突如其来的暴风侵袭着异常拥挤的船阵，一切陷入混乱之中。一些船长试图向开阔的大海航行，而其他船长竭尽全力在早已拥挤不堪的卵石滩上停泊。暴风持续了三天，摧毁或损坏了薛西斯一世的大部分战船。崎岖的海岸以北数英里，船骸遍布。波斯军备名册上因而划去了不少船的名字。与此同时，希腊人安全地停泊在希斯提阿伊亚，声称玻瑞阿斯①前来支援亲人，毁坏了薛西斯一世的舰

---

① 据一则怪异的神话中记录，玻瑞阿斯是古代雅典国王的近亲。——原注（译者按：玻瑞阿斯是希腊神话中的北风之神）

玻瑞阿斯

队。据说，暴风完全粉碎了波斯舰队。然而，希腊人发现波斯舰队的数量仍然是自己的四倍。伯罗奔尼撒的海军将领们随即准备退回科林斯地峡，在埃维亚海峡处重新增补兵力。诱使欧利拜德斯留下来的唯一理由是迪米斯托克利的一笔巨额贿赂。精明的政客迪米斯托克利刚刚从埃维亚岛诸城市收获三十塔连特的好处。只要希腊舰队留守阿提密西安，埃维亚岛的城市就能获得庇护，因而他们最不愿看到的就是希腊舰队的离开。转送给欧利拜德斯三分之一的好处后，迪米斯托克利将剩下的收入囊中。在此期间，波斯的海军将领恢复了舰队的秩序。他们派出两百艘船前往埃维亚岛东部海岸，想要包抄该岛南端，并阻塞埃夫里普出口，然后准备用余下的船队摧毁阿提密西安的希腊人。在埃维亚海峡处，一天的海战胜负未分。然而，次夜来到的第二次暴风跟之前的暴风一样可怕。暴风不仅毁坏了薛西斯一世在塞萨利港口阿佩泰的舰队，还波及已离开港口的海军。这支海军正驶往坚硬多石的埃维亚岛东部海岸。在吉里斯都斯的岩石上，暴风将这支海军击得粉碎。看起来，诸神似乎正齐心协力地将波斯船队数量减少到与希腊舰队相当的数量。之后，又是两天悬而未决的海战。弱势一方的希腊坚守住了阵地。波斯军队仍然数量众多，难以击破。虽然薛西斯一世将船排成巨大的新月阵形，企图包围希腊联军，但薛西斯一世遭遇的损失远比他打击的船要多得多。雅典战船总是冲在最前面。与它的同盟相比，雅典遭受的损失更大。不过，在战争的第三天，一支五十三艘三桨战船的后备军适时赶到埃夫里普，维持住了雅典船队的数量。到现在为止，阿提密西安没有发生什么大事。直到第四天，一艘手划船由南迅速赶来。船上是雅典人阿布罗里克斯，他从马利斯海岸带来了希腊陆军传达给自己舰队的消息。阿布罗里克斯从温泉关带来的消息是惨痛的，导致希腊海军将领立刻撤退。

第9节　温泉关前的薛西斯一世

当薛西斯一世的大军涌入俄特里斯山关隘并进入马利斯平原时，他们暂停下来，发现温泉关已经被占。摆在薛西斯一世面前的有两个选择：要么强行入关；要么转入内陆，接着沿经过多利斯的高地道路行军，就能像反抄坦佩谷一样反抄温泉关。走内陆线路意味着耗费多余时日，而且会失去与波斯舰队的联系。因此，薛西斯一世决定攻打福基斯围墙，并一举摧毁该地自以为是的守卫者。

温泉关战役有诸多传说，但都真假参半。传说的真实性也并没有讨论的价值。多数传说宣扬斯巴达人的视死如归，以及对斯巴达国王惯于将勇气作为必胜之子这一信念的困惑。我们得知，当波斯密探首次来到温泉关前时，密探们并没有看到斯巴达人在壁垒后畏畏缩缩，而是漫不经心地游荡，梳理着自己的长发，或是沉迷于锻炼之中。薛西斯一世嘲笑他们是一群不敢应战的疯子。依附于波斯宫廷的流亡在外的前斯巴达国王戴玛拉托斯解释道，斯巴达人的心不在焉其实是孤注一掷和下定决心的标志，而绝不是愚蠢的表现。薛西斯一世听到这样的解释，仅仅付之一笑。在等待疯子恢复神智的片刻后，薛西斯一世终于恼羞成怒，派出了整支米底和伊拉姆的军队，命令他们"活捉这些自以为是的人，并带到波斯帝国君主面前来"。

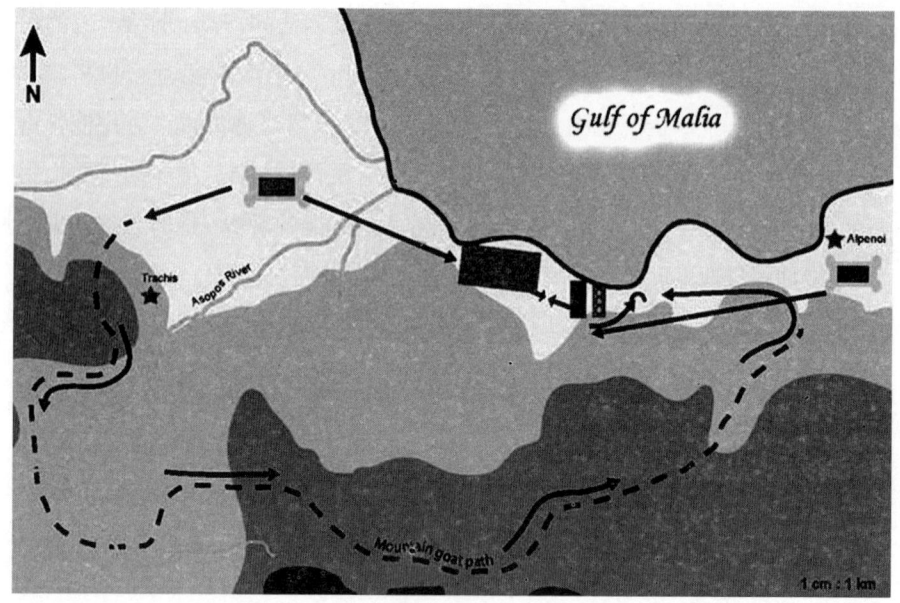

温泉关战役示意图

列奥尼达一世必然已经意识到，随着日子一天天地过去，曾经许诺的伯罗奔尼撒半岛援军迟迟不来，而他此刻执行的是一项不可能完成的任务。即使他能守住关卡，甚至是阿诺佩亚之上的两侧小路，他也仍然无法阻止薛西斯一世向更西部的关隘进发。身为斯巴达人，他坚守着眼前的指令，而不去想之后的结果。此时，列奥尼达一世已经修复福基斯围墙，将围墙作为自己的最后一道防御屏障。与此同时，他仍然把守着围墙前最狭窄的关口。列奥尼达一世将手下分成若干支小队，每队分守一处险要之地，因为在大海与悬崖之间只能容纳几艘三桨战船，其余战船只能作为后备船。

米底人信心满满而来，一路奋勇向前，直到排成一条长龙。他们阵线的宽度与希腊人相当。突袭随之而来。不久，这些亚细亚人就被打得落花流水。短兵相接时，看起来和十年前的马拉松战役一样，手持飞镖短刃，轻装上阵的东方人根本无法对抗全副铜制铠甲且手持锋利长矛的重装步兵。米底人就在自己国王的眼皮底下作战，并不打算轻易放弃。米底人一再发起进攻，遭受的却是一次又一次可怕的杀戮。薛西斯一世以为米底人的一再失利是由于勇气不足。

因此,他召回米底人,派出自己的护卫,即精挑细选的拥有"不死之身"之称的一万波斯士兵。然而,虽然波斯护卫作战英勇,但波斯第二纵队的损失比米底人构成的第一纵队更加惨重。夜晚随之降临。次日清晨,波斯军队再次发动进攻,因为薛西斯一世已经出离愤怒,决心在没有想出其他方案之前,以兵力优势耗竭希腊人。但列奥尼达一世在每队疲惫之后,就从后备军里重新调出兵力替换。这样,他几乎不费一兵一卒就守住了阵地。列奥尼达一世面前的大路

波斯军队攻打温泉关

上遍布着亚细亚人的尸体，目光所及之处都是波斯军官们竭力用鞭子将意志消沉的士兵赶回战场作战的场面。当时，好言相劝已经无法鼓动波斯士兵铤而走险，穿过恶臭阵阵的关隘。次日傍晚，波斯军队无法从前面攻陷温泉关已经显而易见。波斯军队的整场入侵陷入僵局。虽然损失的兵力仅占薛西斯一世大军的一小部分，但希腊人这次钳制的精神作用巨大。如果仅一万希腊人就足以让薛西斯一世陷入绝境，那么随时可能赶来的希腊全境十五万大军一旦前来支援，又将会引发怎样的结果？对薛西斯一世而言，幸运的是，伯罗奔尼撒半岛城镇离温泉关太远，并没有及时收到最新的战事消息。因此，列奥尼达一世也就没有得到希腊同胞的及时支援。当时，在斯巴达，士气极其低落，而在温泉关，士气极其高涨。

第10节　温泉关战役形势反转

在第二次交锋后的一天夜晚，一位叫厄菲阿尔特的马利斯人来到垂头丧气的薛西斯一世面前，主动提议要为波斯人指路。通过一条蜿蜒曲折的小径绕过阿诺佩亚高地，前往温泉关后方。厄菲阿尔特提出的交换条件是一大笔黄金。奇怪的是，此前从没有人找寻过这条路，尽管特拉基斯的每位居民都知道它的存在，而薛西斯一世此时已经在这里逗留了六天。薛西斯一世当下接受了这位叛徒的提议。午夜时分，总督海达尔尼斯带着薛西斯一世的"不死之身"护卫起兵，前去探路。直到破晓前的最后一刻，厄菲阿尔特才将波斯人带到福基斯军扎营的山脊，即列奥尼达一世派出的驻军两翼所在的地方。福基斯人漫不经心地在该地放哨。在福基斯人醒来时，千万只脚在橡树林的枯枝败叶上发出窸窸窣窣的声响变得震耳欲聋，他们顿时惊慌失措。福基斯人没有坚守，而是向后撤退，在卡利兹罗莫山山巅列阵防御起来。然而，海达尔尼斯全然不顾福基斯人的阵势，快速领兵向前进发。次日清晨，温泉关的希腊人灰心丧气地看到波斯纵队首领正从后方的山上直冲而下。

没有时间商讨，也不需要商讨，因为答案显而易见：希腊军如果不想完败，

列奥尼达一世在温泉关向神灵献祭

就必须马上撤离。接着,列奥尼达一世一生的巅峰时刻来临。身为斯巴达国王和希腊大军的前锋首领,列奥尼达一世觉得自己绝不能有辱使命。他得到的命令要求他镇守温泉关,此外他别无二心。温泉关就是他的阵地。他让阿卡狄亚和科林斯辅军撤离。阿卡狄亚和科林斯辅军并不受斯巴达铁一般的军纪和荣誉的束缚,从无望的战场上撤离也并非一种耻辱。然而,列奥尼达一世不敢舍弃四百底比斯人。他心知肚明,在心底里,这些人都是叛徒,因此他也没有理由释放他们。特斯匹伊人出人意料地自愿留下作战。对列奥尼达一世而言,特斯匹伊人的留下当然再好不过。加上他自己的三百斯巴达人及希洛人,在最后一搏中,列奥尼达一世领兵近四千人。

第11节 列奥尼达一世及三百勇士被杀

温泉关第三天的作战方式和先前的大不相同。不同于之前等待对方发动袭击,而自己则手握强大的后备军,列奥尼达一世此时决意在海达尔尼斯围攻自己之前先发制人。于是,当波斯人像之前那样如潮水般涌来时,列奥尼达一世来到了温泉关的稍宽处,并引兵深入温泉关中部。接着,希腊人折回并突然再次来到福基斯围墙处。由于兵力越来越分散,希腊人损失惨重,但他们将成百上千的波斯士兵抛入大海。双方纵队反复交锋。多数人死于踩踏而不是葬身剑刃之下。不久,列奥尼达一世遇害。但在他尸身之上,作战更加激烈。薛西斯一世的两位兄弟及两位叔父纷纷下马参与混战。当时,海达尔尼斯和"不死之身"护卫从阿尔卑尼赶来,而幸存的希腊人几乎已经精疲力竭。他们的长矛

温泉关的列奥尼达一世

断了，刀剑变得迟钝，盔甲也已经无法蔽体。然而，在撤退到路旁的一处小山丘时，希腊人发起最后一搏，直到自己战死在不敢近身的波斯军队的箭镞和镖枪之下。只有底比斯人夺路而逃。初对峙时，底比斯人就畏缩不前并即刻投敌。他们被带到了波斯营地，打上了薛西斯一世的烙印，成了他的奴隶。得知底比斯人是被迫应战，而且准备在波斯军队临近时就归顺后，薛西斯一世就立刻释放了他们。

第12节 温泉关战役的寓意

温泉关战役就这样结束了。在这场战役中，近四千希腊人和两万多波斯人丧生。然而，它的影响不能仅仅用惨死的人数来衡量。温泉关战役真正的意义在于它在伟大的薛西斯一世及其军队心中留下的印象。薛西斯一世最终开始怀疑自己的无所不能，而他的自信正是他的勇气之源。没有了勇气，薛西斯一世将会是最孱弱的暴君。他的士兵自此开始畏惧希腊人，而这种畏惧实属夸大。希腊只有一位列奥尼达一世，而斯巴达不过是诸多城邦中的一个。然而对于波斯手持矛枪的士兵而言，每位希腊人都是无所顾忌和将生死置之度外的英雄，心中只有无尽的杀戮。在正面交战中，这样一位对手即使单枪匹马也远胜自己。要想取胜，只有依靠数量优势。薛西斯一世的大军中也有不少英勇善战之人。在随后的战役中，这些人也非常勇猛。但在温泉关战役后，他们再也没有之前与波斯军队作战时的那种优越感了。毫无疑问，波斯军队的改变对希腊人是幸运的。因为只有一位列奥尼达一世，而希腊人各级将领中还有很多软弱无能、见利忘义和自私自利的领导者。他们的无能低效被环绕在温泉关英雄周围的荣耀掩盖，没能让波斯军队见识到。

不过，当时的希腊人并不能断定温泉关战役对波斯军队的精神意义。仅从军事意义上看，这场希波战争正是以一场灾难开始。一位斯巴达国王，同时也是主战派的灵魂人物，已经倒下。希腊联盟军的先锋已经支离破碎。波斯军队已经攻破希腊最坚固的阵地。当时，波斯大军正涌入基菲索斯河平原，并将和所有归顺波斯帝国的维奥蒂亚城市联合起来。希腊舰队被迫从埃维亚海峡撤回，而希腊人也无法预见撤离的终点将止于何处。简而言之，在当时的希腊，没有人能说出温泉关战役的意义所在。实际上，温泉关战役巨大的精神意义已经远远超出它在军事及政治上造成的损失。

第20章

萨拉米斯海战和普拉蒂亚决战

第1节 萨拉米斯的希腊舰队

伯罗奔尼撒人的懈怠和自私不可原谅,不仅葬送了列奥尼达一世,剥夺了他期待中的援军,而且在阿提密西安一战中再次显现。在噩耗来临的当晚,为了避免无路可退,欧利拜德斯不得不拔锚起航。他退回到埃夫里普,只留下迪米斯托克利和一支雅典海军殿后。绕过苏尼昂角后,欧利拜德斯便停泊在雅典对面的萨拉米斯湾。据说,在撤离过程中,这位雅典海军将领忙于在埃维亚海域附近的岩石上涂写各种字眼,为的是呼吁波斯舰队中的伊奥尼亚人不要毁坏自己祖先的土地。如果传言属实,那么欧利拜德斯此举或许旨在让薛西斯一世对自己的伊奥尼亚臣民心生疑虑,而不是劝导伊奥尼亚人倒向自己。欧利拜德斯必然很清楚,伊奥尼亚人不会放弃胜利而投入失败的怀抱。

由于希腊海军的撤离,埃维亚人发觉自己打点迪米斯托克利的贿赂只不过让自己苟延残喘了数日。埃维亚人的领导者们在希腊同盟舰队的埃维亚人船上避难,与他们的同盟共命运,而埃维亚岛上的城镇却和薛西斯一世进行和解。

在希腊大陆上,独立之战蒙受重创。清理完温泉关后,薛西斯一世开始长驱直入。他兵分两路。一路走他强行攻入的关隘,另一路则在内陆行进。这条路经多利斯和基菲索斯河上游流域,更迂回曲折,是薛西斯一世先前未曾涉足过

波斯军中的巴比伦弓箭手与亚述步兵

的。拒绝归顺的福基斯人被迫逃入山地,眼睁睁地看着自己所有的城镇被波斯人洗劫一空,而福基斯人的宿敌塞萨利人就是波斯人心甘情愿的忠诚向导。奥普斯的洛克里斯人和掌控维奥蒂亚城镇的多数寡头与福基斯人背道而驰,选择立刻归顺薛西斯一世。而薛西斯一世也表现得非常慷慨大度,乐意将他们纳入自己的大军。仅有普拉蒂亚、特斯匹伊和哈利阿图斯不愿向波斯人投降,而不得不独自承担爱国热忱的后果。哈利阿图斯遭到彻底毁灭,而其他地区的居民距离波斯军队较远,尚有时间逃离。特斯匹伊人虽然在温泉关战役中损失惨重,但坚守自己的民族使命不动摇,前往科林斯避难。普拉蒂亚人退居到他们的故交雅典,决意和十年前一样,与雅典共命运。

由于薛西斯一世已经兵临维奥蒂亚,因而他的先头部队随时都有到达西塞隆山关隘脚下的可能,而雅典人将首当其冲最先受到威胁。毫无疑问,必须要捍卫阿提卡的陆路:如果温泉关失守,那么想要封锁自北而来并且在雅典交汇的四条捷径无疑是疯狂的举动。眼下只有三个选择:其一,归顺薛西斯一世;其二,加固城墙以抵御围攻;其三,效仿特斯匹伊人,放弃雅典城逃往伯罗奔尼撒半岛。每种选择都有它的鼓吹者,甚至就连第一种,即最耻辱的选择也一样。然而,在危难时刻,迪米斯托克利口若悬河。他指出雅典投降无望,因为雅典正是薛西斯一世的眼中钉和肉中刺。迪米斯托克利的演讲激起民众对这一愚蠢提议的鼓吹者,一位被称作"雄辩家西尔希洛斯"的愤慨。我们得知,这位叛徒当场被乱石砸死。迪米斯托克利极力反对固守雅典堡垒的绝望的举动。他诡辩说,

波斯军中的迦勒底步兵

雅典是几百年来的神圣之地。他指出自己创建的舰队才是人们真正的希望和安全所在。在舰队里，人们才能找到德尔斐神谕所提到的"木墙"，即所谓的灾难之日里唯一的避难所。

第2节 雅典的撤退

不做任何抵抗就舍弃自己民族供奉的神殿和祖先墓冢，需要无限的爱国热忱。对雅典人来说，这种舍弃困难无比，尤其在胜负未定的时刻。虽然困难，但迪米斯托克利还是鼓动同胞将一切都赌在舰队上，有计划地撤离阿提卡和雅典。他将老人、妇女和儿童安置在安全地点，将熟悉阿提卡海峡海域的男人们分派到各个船上。毫无疑问，迪米斯托克利的计划是唯一可行的方案。温泉关战役的经验表明，薛西斯一世的陆军很可能在科林斯地峡处败退。在科林斯地峡，波斯军队将直面伯罗奔尼撒半岛的整支大军，而不是寥寥的一万士兵。当时，如果波斯海军攻陷科林斯地峡，而波斯陆军再随后登陆，那么之前的灾难将会再次上演，而且规模将会更大。但如果希腊军队能击退薛西斯一世的舰队，并阻止他们去援助波斯陆军，那么战争局势就又在希腊人的掌控中了，因为科林斯地峡没有像温泉关那样供两翼陆军行动的区域。在阿提密西安的战役表明，一支战船数量相对较少的希腊舰队完全可以对波斯舰队进行侵扰和挑衅。并且在阿提密西安的战役中，希腊人仅仅派出不到一半的兵力。因此，迪米斯托克利坚信不断猛攻波斯军队的海上力量是取胜的唯一希望。对雅典、希腊甚至全世界来说，幸运的是，迪米斯托克利的巧舌如簧赢得了同胞们的信任。他们接受了迪米斯托克利的建议。

然而，并不是所有雅典人都相信这位雄辩家的话。一小部分顽固分子坚持认为能拯救雅典的"木墙"，即雅典卫城的栅栏，于是在栅栏里画地为牢，指望神明的援助。不过，多数民众开始举家搬迁，将轻便的货物转移到安全地点。多日以来，每条闲置的船都加紧将背井离乡的人运送到塞隆尼克湾。和雅典颇有故交且商业往来密切的特罗曾被选为避难所。特罗曾热情友好的公民不仅好

萨拉米斯遗址

心地接纳了雅典逃难者，还从公共收入中拿出巨额津贴援助雅典人。还有些雅典人撤退到埃伊纳岛，少数来到萨拉米斯，但多数前往更遥远和安全的伯罗奔尼撒半岛避难。据说，在登船首日，雅典卫城里消失的圣蛇让撤离的人群悲伤不已——这预示着雅典娜和她的现世使者已经放弃雅典和她们的崇拜者。或许，迪米斯托克利如果愿意，那也能想出解释这一奇事的托辞。在背井离乡前的最后时刻，通过一项针对所有流亡在外的雅典人的补偿法案，雅典人呼吁这些流亡者在雅典危难时刻回城并帮助自己的骨肉兄弟。在这个法令的众多受益者中，地位最显要的要数阿里斯提德，他也准备加入舰队。四年前，阿里斯提德遭放逐后，一直退隐于伯罗奔尼撒半岛。雅典军职一恢复，他先前的影响力就随之归来，而他也绝不会在危险时刻放弃这种影响力。

当人们在比雷埃夫斯和法勒鲁姆的码头登船撤离时，薛西斯一世的大军正向南匆匆穿行在维奥蒂亚的平原地带。在此之前，西塞隆山的关卡必然已经掌

迪底玛遗址

控在波斯军队手中。波斯军队的主力直逼雅典。一支数量庞大的分遣队向西进军，攻占德尔斐。德尔斐不计其数的神殿珍宝足以诱使入侵者前往。对于破坏希腊世界最壮观的圣殿将会给希腊人的民族情感带来怎样的打击，波斯人毫不知情。然而，这次远征毫无结果。关于结局有种种真假难辨的传说。据我们所知，帕纳塞斯山关隘的巨石铺天盖地地滚落下来。不少亚细亚人因此殒命。而在即将攻陷德尔斐的圣地时，一股惶恐不安降临而来。波斯军队被莫名的恐惧包围，转而纷纷退回维奥蒂亚平原。德尔斐人认为是阿波罗幻化成人形拯救了自己的神殿。然而，伊奥尼亚起义时，在布朗奇达伊，当阿波罗"珍爱的迪底玛处所"[①]被同样的敌军洗劫时，他表现得无比漠然。

---

① 迪底玛是伊奥尼亚海岸的一个古希腊神殿，属于名城米利都。阿波罗为该神殿的主神之一。公元前494年，迪底玛遭波斯军摧毁。

无论如何,德尔斐的珍宝完好无损。它们得以保存的事实挽救了这个神谕降临之地的声誉。公元前481年,德尔斐神谕显示,希腊应向波斯投降。于是,德尔斐神谕的可信度一落千丈。

第3节 薛西斯一世攻占雅典

阿波罗的神殿毫发无伤。而在雅典卫城里,智慧女神的居所却遭遇了截然相反的命运。波斯军队的先头部队纷纷在雅典集结。进城之后,他们却发现雅典城中空空如也,只留下少数狂热分子坚守在卫城的木栅栏后。这批狂热分子负隅顽抗。最终,一支波斯部队爬上阿格劳洛斯神殿下的悬崖峭壁,由云梯爬入

雅典卫城神殿遗址

薛西斯一世纵兵毁坏雅典卫城

城内。在雅典娜神殿里,他们屠杀了驻守的残余雅典军队。薛西斯一世决心用雅典惩一儆百,因为这个城市让他的父亲和他本人长期蒙羞受辱。薛西斯一世背离了波斯帝国的惯例,不仅火烧所有私人住宅,还将卫城上的神圣建筑夷为平地。此举似乎是为了将雅典公民和庇佑雅典的诸神完完全全地从这处古老的要塞驱逐干净。薛西斯一世的毁坏极其彻底,所到之处一片狼藉。被他摧毁的许多雕塑仍然埋葬在残墙断垣之下。时至今日①，这些雕塑才被我们的探险者挖掘出来，重见天日。

在雅典公民的众目睽睽之下，雅典被摧毁。因为希腊舰队仍然停留在萨拉米斯，所以在雅典燃烧的熊熊火焰清晰可见。当时，在阿提密西安作战的舰队壮大起来。来自希腊各地的海军分队纷纷加入这支队伍。西锡安人的部队规模已

残墙断垣之下的雕塑重见天日

---

① 指19世纪。

经翻倍。希腊西部海岸的科林斯殖民地的船也最终来到。然而，除了雅典，其他城市并没有全力以赴。譬如，埃伊纳岛仍然将半数以上的战船放在国内，以确保战败时能护卫自己的安全。科林斯仅仅向希腊联盟海军提供了四十艘船。雅典虽然在阿提密西安损失惨重，但仍然提供了近半数的船只。停泊在萨拉米斯湾的三百七十八艘船中，有一百八十艘三桨战船来自雅典。

在名义上，斯巴达的欧利拜德斯仍然是全军总指挥，但无能的他将每件要事的决定权都交到了争吵不断的战争委员会手中。然而，各地海军部队将领的意见天差地别。科林斯人阿第曼图斯和多数伯罗奔尼撒人提议撤退到科林斯地峡，和陆军协同作战。当时，希腊联军中的陆军兵力已经壮大起来，并开始修建横贯大海的城墙以捍卫半岛。摇摆不定的欧利拜德斯倾向于这种方案。然而，迪米斯托克利决意采取的路线是先发制人，即一旦波斯舰队在阿提卡海域现身，就立即对他们发动进攻，不让波斯军队有攻打希腊后方的机会。埃伊纳岛和迈加拉的海军将领坚决维护迪米斯托克利的主张，因为萨拉米斯的据点能保卫他们自己的城市。一旦希腊联军撤退到科林斯，他们的城市便失去了保护。波斯舰队的出现让争执达到顶峰。当时，波斯舰队已经绕过苏尼昂角，出现在法勒鲁姆港。争论无果后，不少伯罗奔尼撒人准备拔锚起航。就在此时，迪米斯托克利力压欧利拜德斯，在午夜召开了海军将领的最后会议，言辞分外激烈。阿第曼图斯命令"无家可归的"迪米斯托克利闭嘴服从决定。但迪米斯托克利回答道，自己作为一位坐拥一百八十艘战船的海军大将，大可率性而为，随意挑选自己的领地。迪米斯托克利发誓道，如果伯罗奔尼撒人退回到科林斯地峡，那么雅典海军将独自离去，并带上特罗曾的逃亡者，驶往意大利地区，在意大利建立一个新的雅典城。迪米斯托克利的话让欧利拜德斯非常不安。之后，他就置身事外。黎明破晓前，战争委员会决心坚守阵地，在萨拉米斯海峡开战。

选定的战场是内陆的一片水域。这片水域的北部构成了萨拉米斯海峡。阿提卡纵深曲折的海岸线主要面对的就是崎岖参差的萨拉米斯岛。阿提卡和萨拉米斯岛之间是一大片海域，萨拉米斯岛东西两侧的绵长海岬向希腊大陆延伸，将原本的海湾变成了一个海峡。萨拉米斯岛海域的东部入海口是萨拉米斯镇，也是希腊舰队的停泊处。在海峡远处的阿提卡海岸转角处，波斯舰队停泊在法勒鲁姆港。一旦波斯军队和希腊联军按这种阵形对垒，希腊联军的东部出口就几乎被堵死。然而，他们还是完全有机会从西部出口撤退到迈加拉和科林斯。

第4节　迪米斯托克利传信薛西斯一世

当时，迪米斯托克利急于促成波斯军队和希腊联军的交锋。因此，他转而依靠自己性格中机智却鲁莽的一面。夜间，他派出一位心腹——一名亚细亚奴隶前往波斯营地。这名亚细亚奴隶给薛西斯一世带信道，雅典海军大将迪米斯托克利急于向薛西斯一世效忠。同时，他还透露道，希腊指挥官们正准备趁夜幕撤退。因此，薛西斯一世如果想粉碎希腊联军，就必须加紧攻占艾留西斯湾的两处入口，否则希腊联军舰队将会从西部逃走。借此，迪米斯托克利为自己准备好后路——无论战争的结局是什么。如果如他所愿，波斯军队发动袭击，那么他渴望的战争便会发生，而胜利也可能随之到来。但如果薛西斯一世拒不发兵，那么希腊联军便有可能偷袭波斯军队致胜。无论结果如何，对迪米斯托克利来说，都是有百利而无一害。

事态的发展正如阴谋家迪米斯托克利所料。薛西斯一世担心希腊联军逃跑，决定发起进攻。拂晓前，波斯战船从法勒鲁姆港鱼贯而出，加速向北和向西航行，准备完全包围希腊舰队据点。薛西斯一世甚至下令陆军前往艾留西斯湾东南出口处的小岛普西塔列阿。这样，波斯军队就能抓捕任何一条试图登陆该岛的希腊船。显而易见，这样的措施是过度防御。在随后发生的战役中，薛西斯一世此举显得荒唐可笑。波斯舰队的逼近让希腊联盟的海军将领再次陷入犹疑。到了此时，不少伯罗奔尼撒人仍然没有舍弃之前的潜逃计划。与此同时，波斯海军新月阵形的两角正在步步逼近和收缩。希腊联军已经不可能再撤退。夜色降临时，流亡的阿里斯提得斯来到雅典联军中，宣布他刚刚找到了最近的摆脱波斯军队战船的突破口。这个消息得到逃兵们的确认。据逃兵们说，萨拉米斯海峡已经完全被封锁。一场迫在眉睫的恶战必将在次日发生。

卡里亚的阿尔特米西亚一世

虽然经历了战争和海难的消耗，但薛西斯一世仍然拥有近一千艘船。薛西斯一世包围希腊海军的阵势让他深信，希腊海军一旦战败便意味着毁灭。波斯海军无比兴奋，因为将要在薛西斯一世的眼前作战。在埃癸阿琉斯山可以俯瞰海湾的斜坡上，波斯人搭起一个华丽的御座。薛西斯一世坐在御座上，周围是王侯将相，同时还配有抄写员。这些抄写员将记录下之后战役中作战英勇的士兵的名字和事迹。除了哈利卡尔纳索斯①孀居的卡里亚的阿尔特米西亚一世②，没有人胆敢质疑薛西斯一世的作战策略。

---

① 古希腊城市，位于今土耳其博德鲁姆（Bodrum）。
② 阿尔特米西亚王后生活在公元前5世纪左右，为古希腊城邦哈利卡尔纳索斯的希腊王后，在其夫离世、其子尚幼时继位，约公元前484至公元前460年在位。因哈利卡尔纳索斯属于阿契美尼德帝国的卡里亚（Caria）行省，所以后世称其为卡里亚的阿尔特米西亚一世（Artemisia I of Caria）。

卡里亚的阿尔特米西亚一世亲自率军参与波斯帝国的远征，并且多次表现出她的深谋远虑和先见之明。对薛西斯一世来说，卡里亚的阿尔特米西亚一世的深谋远虑和先见之明原本是极其宝贵的。卡里亚的阿尔特米西亚一世建议在参与海战前先攻打科林斯地峡。然而，对她的建议，薛西斯一世置之不理，也没有人敢忤逆圣意。

被波斯军队遗弃的两艘船分属利姆诺斯岛人和特诺斯岛人。加上这两艘船，希腊海军的战船已经增加到三百八十艘。当时，希腊海军已经无路可退。因此，对每个人来说，这场战争都将是生死之战。十五年前拉德战役中萨摩斯岛人的行为已经无法复制，怯懦的船长再也没有机会悄然逃往外海。雅典人和埃伊纳人组成了作战主力，已经做好应战准备。伯罗奔尼撒人虽然曾想过避免正面交锋，但当下开战已经在所难免，因此也无意懈怠。将领们都费尽心思用暗示希腊胜利的预言和神谕鼓舞士气，甚至将萨拉米斯守护者埃阿斯及其近亲的雕像放在甲板上，似乎想将他们当作首领，再现特洛伊神话时代希腊与亚细亚的古老战役。然而，和希腊联军士气同等重要的是他们即将在此作战的海域的特点。

萨拉米斯海战之前，迪米斯托克利向神灵献祭

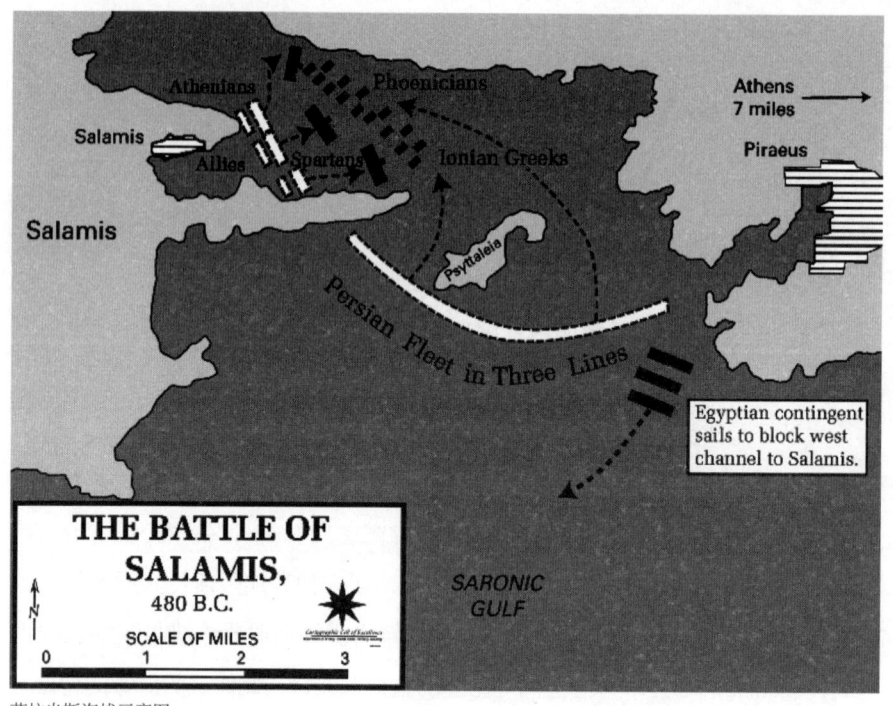

萨拉米斯海战示意图

这片海域中能够行船的海面封闭而狭窄,并且有很多礁石、海岬和小岛。因此,薛西斯一世并不能充分发挥他的数量优势。同时,波斯军队缺乏航海技术,对当地地形不够熟悉,导致早在开战前就发生了过度拥挤、触礁和其他小事故。

次日,双方发现彼此已经列阵完。在希腊联军一方,雅典海军居左翼,埃维亚人和埃伊纳人居中,科林斯人和其他伯罗奔尼撒分队居右翼。总指挥欧利拜德斯率领来自拉科尼亚的十六艘船也居右翼。在波斯军队中,腓尼基人正对雅典人,居右翼;西里西亚人和帕姆庇洛伊人居中;伊奥尼亚人居左翼。

第5节 萨拉米斯海战

当天天气恶劣,西南风刮过海面,波涛汹涌。虽然天气恶劣,但薛西斯一世的舰队还是首先发起进攻。由于在狂风和怒潮中划行,再加上过度拥挤,导致波斯舰队缓慢而艰难地向前行进。希腊人一度踟蹰不前,紧紧依靠在岸边和锚泊地。接着,一位雅典三桨战船司令官——帕勒涅半岛的阿弥尼俄斯突然冲出阵形,朝一艘西顿船撞了过去。其他船纷纷效仿追随。不久,战争就席卷了整片萨拉米斯海峡。海面上到处是拥挤混乱的各色帆船。它们彼此周旋,寻求撞击的时机。其他船陷入了近身战,由于距离过近,根本无法操纵航行。双

萨拉米斯海战,希腊舰队与波斯舰队交战

萨拉米斯海战场景之一

方毫无战术可言。此战的胜负靠的是诸多海军下属卓绝的航海技术和坚定的决心，而不是他们的海军将领。不久，战况变得清晰：作为异邦人的波斯军队并没有占据上风。然而，出于因己方数量众多而产生的信心，波斯军队不至于仓皇失措，并且他们的候补船正奋力加入阵形，以替换受损战船。就连多数希腊人认定会当逃兵的伊奥尼亚人也积极参战，全力以赴。海战持续了数个小时。双方丝毫没有松懈的迹象，而薛西斯一世端坐在埃吉阿列斯山上，抄写官们伴随左右。薛西斯一世密切注视着海湾波澜壮阔的战争场景，目睹并记录下双方诸多英勇事迹。然而，战场终于开始明显地向南方和东方转移。若干波斯船从阵形中败退下来，受损严重。战船或上岸，或沿着海岸漂流而下。其余船逐渐陷入混乱，无助地簇拥在一起，只能采取守势。最终，波斯军队意识到自己损失惨重。在试图登上一艘雅典船时，薛西斯一世的哥哥——担任总指挥的阿里阿比格涅斯跌落大海。当夜幕即将降临时，破败不堪的波斯舰队摇摇晃晃地缓慢驶回阿提卡海岸，在前来支援的波斯陆军那里避难。雅典人和埃伊纳人截获了波斯舰队尾部的众多战船,并乘胜追击。更圆满的是,阿里斯提得斯从萨拉米斯调来部分雅典重装步兵登船,让他们在普西塔列阿上岸,击垮了在普西塔列阿登陆的波斯分队。波斯舰队的溃败已经将这支波斯分队置于完全孤立的绝境。

阿里阿比格涅斯受伤,跌落大海

第6节 战争结果

萨拉米斯海战就这样结束了。仅从战船的损耗来看,我们发现薛西斯一世的舰队缩减了近二百艘战船,而希腊人的战船只少了四十艘。因此,虽然希腊联军的这次胜利至关重要,但绝非一场压倒性的胜利。波斯军队的兵力还是希腊

萨拉米斯海战获胜后,希腊军民庆祝胜利

人的两倍多。不过,战败方波斯军队已经完全丧失斗志。腓尼基人指责由于伊奥尼亚人的懈怠才使他们战败;而伊奥尼亚人自认已经属于失败的一方,只想尽快结束战斗。薛西斯一世对波斯舰队大失所望,开始认为大海存在诸多不确定的因素,根本不值得自己耗费圣心。同时,薛西斯一世也意识到,如果自己不再是爱琴海的霸主,那么绕行到达达尼尔海峡处浮桥的漫长归途将会危险重重。一旦薛西斯一世不再自信,他对自己人身的珍视就会占据上风。他的朝臣也看出事态端倪,纷纷迎合圣意。

在希腊方面,士气的逆转可谓天翻地覆。当初追随迪米斯托克利的少数派起先并没有想到最后的胜利。绝大多数人——甚至是雅典人——也认为此战不过是孤注一掷、破釜沉舟之举。很多人是被迫作战,因为根本没有后路可退。他们已经别无选择。以微小代价赢得了这场胜利使希腊人士气大振。在此后的海战中,希腊人异常勇猛,毫无畏惧。除了先发制人,他们别无他想。雅典人最高兴也最受鼓舞,他们赌上了一切。他们的将领是唯一一位自始至终都坚信胜利的人。他们也有充分的理由认为胜利几乎完全是自己争取来的。虽然海军将领会议确实将勇气勋章颁给了一位埃伊纳人,并奖励了欧利拜德斯,但他们的私心骗不了别人。雅典和迪米斯托克利才真正享有拯救了整个希腊的荣耀。

第7节　薛西斯一世撤退

战后数日,薛西斯一世继续表演着不屈不挠的戏码。波斯陆军开始从主体大陆修建一条宽广的防波堤。看起来,薛西斯一世决心用陆军而不是海军来赢得萨拉米斯。然而,薛西斯一世此举不过是用来掩盖他的真实意图:他已经下定决心打道回府。作为此次远征的主要支持者,马多尼乌斯仍然希望此行取得圆满成功,并为薛西斯一世提供了一个可信的理由。马多尼乌斯说道,雅典是薛西斯一世这次打击的主要对象,既然雅典现在已经成为烟雾腾腾的废墟,那么入侵希腊的目的已经达成,收尾的小事可交给次要人物来处理了。因此,薛西斯一世大可返回苏萨,只需留下一位总督,让他带领足够的兵力完成征服希腊的使命即可。薛西斯一世迫不及待地接受了马多尼乌斯的建议。他吩咐马多尼乌斯大可随心所欲地挑兵选将,并宣布带领余部归国的意图。据说,来自迪米斯托克利的密信加紧了薛西斯一世撤离的步伐。迪米斯托克利又派出他的奴隶亲信前往希腊大陆,给薛西斯一世报信。迪米斯托克利密信的大

波斯军中的巴克特利亚步兵

意是,迪米斯托克利本人已经竭尽全力劝说希腊大将推迟摧毁达达尼尔海峡浮桥的行动,但毫无疑问,该行动不久就会开始。事实上,正是迪米斯托克利提议采取这次行动,但欧利拜德斯认为此举太过鲁莽,并且阻止任何此类情况的发生。

于是,马多尼乌斯选出波斯军队中的精兵良将——包括薛西斯一世贴身护卫在内的所有波斯人、米底人、塞克人和巴克特利亚人部队,以及其他民族的小部人马。其余波斯大军都随薛西斯一世回国,重走穿过维奥蒂亚、塞萨利和马其顿的漫长的行军路线。阿塔巴兹①带领六万精兵殿后,在掩护主力部队到达达达尼尔海峡后,留下来威慑马其顿人,并保持马多尼乌斯与亚细亚的联系。据说,波斯人的归途无比艰难。军备物资已经不足。季节已经转入深秋。痢疾和色雷斯的严寒大大削减了波斯军队的战斗力。在这种情形下,薛西斯一世抵达阿拜多斯。他发现浮桥已经被暴风摧毁,因而只能乘船通行。乘着渡船,波斯陆军缓慢通过达达尼尔海峡。在无比消沉沮丧的心境下,他们跟随薛西斯一世回到萨迪斯。

第8节 波斯舰队撤离希腊

与此同时,在薛西斯一世启程回国时,波斯舰队已经撤离雅典港口。败北的舰队伴着夜色而行,悄然无声地向达达尼尔海峡航行。早在波斯陆军抵达阿拜多斯前,波斯舰队就先行到达,保护这条通道免受希腊人的袭击。接着,部分舰队——显然是腓尼基人的海军部队——驶往故土;而西方的部队则在伊奥利亚的库麦港过冬。由于仍然对波斯军队心存余悸,希腊的海军将领没有继续追击波斯舰队。希腊联军心满意足地驶往邻近的基克拉迪群岛,强迫岛上居民放弃对波斯帝国的效忠。只有安德罗斯岛人起身反抗,而他们的土地则惨遭蹂躏。帕罗斯岛人和其他岛屿居民暗中向迪米斯托克利行巨额贿赂,轻而易举地得到了迪米斯托克利与其他同盟将领的谅解。希腊联军中的海军将领庄严肃穆地来到科林斯地峡,瓜分了萨拉米斯的战利品,并向希腊神明进奉了丰厚祭品——其中还包括当初宣扬投靠波斯帝国的德尔斐阿波罗。之后,各地海军将领解散,纷纷回国。

公元前480年到公元前479年的冬天漫长无比。近半年后双方才重启了军事行动。马多尼乌斯将军队撤离到极北之地。军队主力驻扎在塞萨利的城镇中。马多尼乌斯的维奥蒂亚联盟们镇守着西塞隆山边境的北部地区,因此,阿提卡

---

① 阿塔巴兹(Artabazos,公元前480—公元前455),为薛西斯一世第二次入侵希腊时的将领之一,约于公元前480到公元前455年效忠波斯帝国(Achaemenid Empire)。

就没人占领了。阿提卡的空虚令雅典人鼓足勇气,重回被摧毁的城市,并将特罗曾的家人接回雅典。然而,就在开始重建被毁坏的房屋时,雅典人收到一条警告。这条警告告诉他们危险并没有结束。

公元前479年早春时分,亚历山大一世出现在雅典人当中。他捎带着马多尼乌斯的消息。波斯人迫切希望将雅典人从希腊联盟中分离出来。他们向雅典人提出条件。这些条件是波斯帝国君主从未屈尊向其他任何同盟提过的。只要雅典人不再抗争,他们不仅可以完全保持独立,而且可以兼并任何临近雅典的土地。不仅如此,薛西斯一世还将提供一大笔财物供雅典重建神殿和住房。如果雅典人拒绝,那么当战争来临时,波斯军队将会再次攻占雅典。然而,在经历萨拉米斯一战后,雅典人在最黑暗的时刻都坚守着自己的使命没有动摇,而此刻更没有可能轻言放弃了。雅典人语含挑衅地赶走了亚历山大一世,并坚忍地等待着战争的时机。

第9节 雅典人和斯巴达人的争执

马多尼乌斯言出必行。公元前479年的春天来临时,他的军队从塞萨利如洪流般向南进军。接着,由于维奥蒂亚部队的加入,波斯军队人数激增。波斯军队翻越西塞隆山,来到色利亚平原。雅典人一直希望他们伯罗奔尼撒半岛的同盟军会从科林斯地峡全力赶来,帮助他们镇守西塞隆山的关隘,对抗波斯军队。然而,斯巴达人仍然没有放弃他们在科林斯前筑墙的老把戏,而此时围墙已经成为一个坚固的堡垒——也是斯巴达的防线。由于没有出现一支能够捍卫阿提卡的重装步兵,雅典人只好再次将家人送上船,逃往特罗曾和萨拉米斯。刚好在薛西斯一世入侵雅典十个月后,马多尼乌斯再次出现在雅典废弃的城墙前,未经任何抵抗就占领了雅典。由于当时孤立无援,雅典人狂怒不已。他们派出特使前往斯巴达,谴责同盟们的自私行径,并试图驱使斯巴达人行动起来。雅典人暗示亚历山大一世的提议仍然有效。如果得不到援助,雅典很可能被迫接受波斯帝国的条件。这个威胁让斯巴达的监察官们暗暗改变了心意,但斯巴达人还是决心向雅典人掩盖自己内心的不安。在回应雅典人前,借口斯巴达当时正在庆祝盛大节日雅辛托斯节①,斯巴达人拖延了数日。

第10节 希腊人从科林斯进军

接着,监察官们集结了五千名斯巴达人——斯巴达内可用兵力的一半以上,任命列奥尼达一世的侄子保萨尼阿斯为指挥官,并趁夜色向北进军。因此,当雅典使者获准接见斯巴达人时,他们惊奇地发现斯巴达军队早已经行军到科林斯地峡。斯巴达军队得到的命令是往更远处进发。庇里阿西人的五千重装步兵跟随着雅典使者踏上归程。不久,整个伯罗奔尼撒地区都在行军。所有唯斯巴达马首是瞻的城邦纷纷涌向科林斯。接着,史无前例的大规模武装出现在希腊的土地上,并向迈加拉和艾留西斯进发。在艾留西斯,希腊大军中又加入了从萨拉米斯海峡而来的八千雅典重装步兵。然而,出乎希腊人意料的是,马多尼乌斯并未出现。原来,在希腊大军逼近时,这位总督派出一支骑兵侦查队前往迈加拉城外后——波斯军队可及的最西端,就撤离雅典。马多尼乌斯特意摧毁了躲过首次波斯军队侵略灾难的神殿和城墙,并将公元前480年冬季刚刚开始兴建的全新房屋夷为平地。之后,他领兵越过了进击中的雅典大军的前线,经过西塞隆山,在阿索波斯河河谷驻扎下来。马多尼乌斯在维奥蒂亚南部平原宣战。马多尼乌斯的营地四周由一条土制的墙包围,全长十弗隆②。墙外是一条河流。营地正对着普拉蒂亚。从迈加拉和伯罗奔尼撒半岛延伸到维奥蒂亚的两条大路就在普拉蒂亚的此处交汇。希腊人驻扎在山上。他们不敢下到平原地带,而平原上到处都是马多尼乌斯布下的众多骑兵。在波斯军队和希腊联军驻扎好后,波斯人还威胁着前往麦加里德和从科林斯湾到科林斯地峡的关卡。同样,无论马多尼乌斯向上述哪个方向行军,希腊人都可以非常方便地从自己驻扎的山地发动对马多尼乌斯的袭击。两军对峙一段时间后,都期望对方能首先发动决定性的攻击。马

---

① 纪念美少年雅辛托斯(Hyacinthus)的古斯巴达节日。在夏初举行,为时三天。
② 相当于两千二百零一米。

多尼乌斯铭记着温泉关一战，打定主意不从山地袭击希腊人。保萨尼阿斯虽然是位勇猛果敢的人，但缺乏军事判断力和先发制人的能力，并担心自己军队的士气不足。

当时，希腊联军人数已经激增到十万余人。其中近四万士兵都是装备全副黄铜铠甲的步兵。这样的装备是亚细亚军队无法企及的。然而，仍然有很多希腊部队正在路上。希腊军日夜期盼着伊利斯人和曼丁尼亚人，而他们的到来至少增援了五六千名重装步兵。对于马多尼乌斯的兵力，我们无法轻易估算出来。但包括他的希腊同盟在内，他的兵力至少是保萨尼阿斯的两到三倍。

第11节 战前冲突

几天后，马多尼乌斯派出几支骑兵前往被希腊联军占据的较平缓的坡地，想要惹恼希腊联军，诱使他们向前行军。在希腊联军驻扎地中部，波斯骑兵和希腊联军发生了激烈的遭遇战，但波斯骑兵彻底溃败。马希提战死在希腊联军营内，他是整支骑兵的指挥官。

这场胜利让保萨尼阿斯斗志大增。他带领更多希腊士兵来到平原上。既然波斯骑兵并不是坚不可摧，那么最初对他们的恐惧也就烟消云散了。于是，希腊联军一路向西挺进，在距西塞隆山二点五英里外的一处小山丘停下来，排成一字阵形。此地处于普拉蒂亚前方和格尔格费亚喷泉后方。斯巴达人镇守离山最近的右翼；其余伯罗奔尼撒人驻守中部；而雅典人防守离平原最远的左翼。在这样的情形下，波斯军队和希腊联军以阿索波斯河为界，对峙了十天。然而，希腊联军无法忍受波斯骑兵骚扰。波斯骑兵总是停在希腊联军取水的喷泉前，有时则会来到希腊联军两翼，截断来自迈加拉护卫兵运送来的军备物资。保萨尼阿斯仍然举棋不定。胆怯使他决定将军队撤退到靠近普拉蒂亚的地区。保萨尼阿斯选定的目的地水源充沛，并且拥有坡地，使他们不易受到波斯骑兵的突袭。于是，希腊联军趁夜色撤退。然而，这场行动大错特错。中部的伯罗奔尼撒人匆忙起兵，但并没有在选定的位置停下，而是在希腊联军后方一英里外的地方止

普拉蒂亚战役前保萨尼阿斯向众神献祭

住脚步。斯巴达人一直拖到将近天亮才起兵。一支大队的指挥官固执己见,不相信撤退的命令。直到保萨尼阿斯本人亲自劝说,他才起兵。雅典人则等待着斯巴达人撤离后,自己才撤退。因此,天明时,波斯军队发现希腊联军中部已经消失不见,而两翼正朝普拉蒂亚的崎岖处撤退——两翼间并无任何连接。

第12节 普拉蒂亚战役

马多尼乌斯认为自己时机已到,带着人马冲上前去。他根本没有考虑列阵作战,只是匆忙行军,妄图在希腊联军占据有利地形前抓住他们。希腊联军似乎已经注定失败,但绝望赋予保萨尼阿斯勇气。他带领余部冲在前面——一万斯巴达和拉科尼亚的重装步兵、一千五百名提基亚的阿卡狄亚人、三万五千名希洛人和其他轻装部队。接着,保萨尼阿斯派人告诉雅典人,自己已经打算迎战,随后就向蜂拥而来的波斯追兵猛冲过去。在波斯军中,波斯人冲在前面,而其余部队正从营地匆忙赶来,场面因此非常混乱。波斯人将柳条编织的大型盾牌摆在阵前,开始拉弓射箭。然而,还没等射出几只箭,希腊联军就排山倒海般猛攻过来。希腊士兵翻过盾牌屏障,开始利用刀剑长矛近身作战。恶战持续了近半个小时。马多尼乌斯精挑细选的士兵坚守着自己的阵地。然而,波斯军队的短刀和棉布短袍根本敌不过斯巴达人结实的长矛和全身的盔甲。波斯军队开始向河边败退,与前来支援自己的后方大军纠缠在一起。马多尼乌斯被石块砸死。因为没有军官替代他的位置,所以整支波斯大军陷入一片混乱。殿后的阿塔巴兹带领手下的四万士兵安全撤退到通往西北的大路上。阿塔巴兹日夜兼程,全速行军。在波斯军队败退的噩耗传开前,他安全来到塞萨利,并最终抵达亚细亚。毫无疑问,他的身后还有不少其他散落的部队。然而,波斯军队的主力撤退到阿索波斯河对岸戒备森严的营地,还在做困兽之斗。

希腊军列成军阵与波斯军交战

希腊军打败波斯军

与此同时，在希腊联军最左翼的位置，雅典人与波斯军中维奥蒂亚部队展开激战。他们彼此单独作战。直到维奥蒂亚人发现己方主力已经彻底溃败时，这场激战才结束。接着，维奥蒂亚人放弃作战，撤退到底比斯。雅典人并没有追击维奥蒂亚人，而是来到波斯营地。在波斯营地，雅典人发现斯巴达人正试图破营而入。当时，希腊中部军队也赶了过来，但来得太迟，已经错过这场战役的重头戏。除了一匹走散的底比斯马，希腊中部军队没有看见一个波斯士兵。靠着这匹马，希腊联军捕获了行军中的迈加拉人分队，并杀死了这六百人，之后又放了这匹马。

第13节 希腊人占领波斯营地

在坚不可摧的波斯营地栅栏外，希腊联军和波斯军队爆发了激战。经过这场激战，雅典人和提基亚人终于攻入波斯营内。其他希腊部队蜂拥而至。接着，波斯人的抵抗土崩瓦解了。波斯士兵束手就擒，毫不抵抗，任凭宰割。在波斯营地中，每个角落的尸体都堆积成山。直到希腊联军筋疲力竭，这场屠杀才最终结束。希腊人获得了极其丰厚的战利品。其中包括波斯军官的金银器皿、奢侈物件和精美挂饰，还有成群的奴隶和妃妾。就连波斯军官们嵌饰的兵器和铠甲都价值不菲。波斯营地中还有不计其数的马匹、骆驼和骡子。这样的战利品是希腊人之前从未得到过的。

普拉蒂亚战役的作战方式和取胜方式有违常理。双方的用兵手段甚至比因克尔曼战役①中的还要拙劣。但毫无疑问，这场胜利是决定性的：希腊联军仅仅损失一千三百人，而波斯军队全军覆没。除了向北逃往达达尼尔海峡的残兵败将，波斯大军所剩无几。接下来，希腊联军开始严惩希腊的叛徒。普拉蒂亚战役结束后不久，希腊联军便向底比斯进军，并围堵底比斯。不久，底比斯被迫投降。底比斯的寡头首领被公开处决，以示惩罚。底比斯在维奥蒂亚联盟中的领导地位被剥夺。这个领导权一度转移到塔纳格拉②手中。其他波斯同盟纷纷投降，没有耗费一兵一卒。

在普拉蒂亚战役当天，还有一场重要战役在爱琴海另一面爆发。就在希腊联军向维奥蒂亚进军时，一支由一百一十艘船组成的联合舰队在埃伊纳岛集结，由斯巴达国王莱奥提基德斯和雅典的科桑西普斯率领。这支舰队的目的是在亚细亚海域转移波斯军队的注意力，并密切监视波斯舰队余部。当时仍然有三百艘波斯船停泊在伊奥尼亚海岸。此外，希腊此举意在激起亚细亚的希腊人——尤其是埃伊纳岛上的居民——起身反抗波斯帝国的统治，因为希腊同盟的舰队近在咫尺。

第14节　米卡尔战役

于是，希腊人到达提洛岛。在提洛岛，他们收到来自萨摩斯岛密使积极支援的许诺，并得知希俄斯岛已经爆发起义。这个消息让希腊人勇气倍增，他们继续

---

① 因克尔曼战役（Battle of Inkerman）发生于1853年到1856年克里米亚战争（Crimean War）期间，交战双方为英、法、奥斯曼帝国联军和俄罗斯帝国的"帝国军团"（Imperial Russian Army）。
② 古希腊城市。

英勇向前，搜寻波斯舰队。希腊人发现，波斯舰队停泊在离米利都不远的米卡尔海岬。从萨迪斯派来的一支强大的波斯陆军就驻扎在波斯舰队附近。与保萨尼阿斯在普拉蒂亚战役中的迟缓怯懦截然不同，莱奥提基德斯和科桑西普斯行动迅猛果断，决定立刻发起袭击。他们登陆上岸后就直奔波斯大营。波斯军队前来迎战。在海岸上，双方爆发漫长的战争。最终，波斯军队撤退到自己坚固的营地中。在波斯营地，双方爆发了第二次激战，但这次持续时间不长，因为雅典人和科林斯人与逃离的波斯军队一道进入波斯营地的大门。波斯士兵继续四散开来，逃往山地。波斯军队的营地和岸边的三百艘船全被战胜的希腊人收入囊中。希腊人损失严重，但波斯军队损失更惨重。不少波斯逃兵被当时公然反叛的米利都人劈成两半，而米利都人当时正包围着波斯人逃离的关隘。

波斯在伊奥尼亚地区的霸权就此告终。这场战役爆发后，所有岛屿不再效忠薛西斯一世，而多数大陆城镇也有了向它们效仿的胆量。薛西斯一世回到苏萨，不仅没有赢得他觊觎的新领地，反而失去了一处行省的大部分区域。

第21章

意大利和西西里岛的希腊人

虽然早在公元前7世纪,希腊城邦的书面历史记载就变得相当连贯,但有关西西里岛和大希腊①殖民地的文字记载直到公元前6世纪末才变得不那么支离

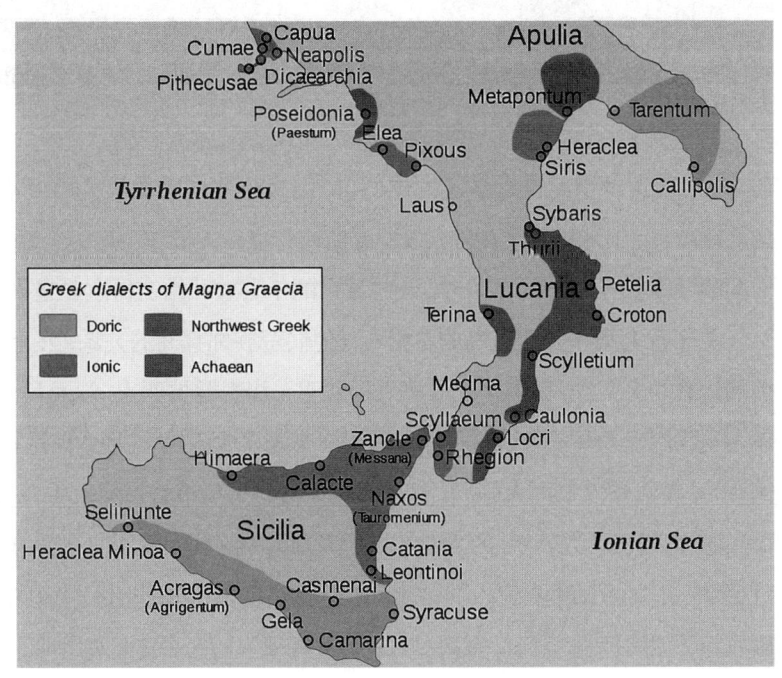

西西里岛和大希腊殖民地分布示意图

---

① 该名称来自罗马人,用来指代意大利南部海岸地区。

奥诺羯利亚人

破碎。出现这种情况也是情理之中的事，因为这些城市的早期历史不过是单调的人口增长、土地扩张及内陆部落间的纷争。直到人口与土地完全稳定，有闲暇时间顾及增长扩张外的事情时，这些城市的年鉴才开始变得重要起来。

  关于意大利和西西里岛的希腊人与他们蛮族邻邦间的关系，公元前5世纪以前的记载少之又少。其中一处的奥诺羯利亚人和麦撒披亚人，以及另一处的西舍尔人及西西里人并没有给这批希腊移民者带来多少困扰。然而，在这些孱弱部落的背后，赫然屹立着两大强国。这两大强国日后将与希腊人陷入生死决战。直到公元前5世纪初，希腊城邦的兴起才激起希腊人与这些民族间的战争。直到公元前5世纪末期，尚武的塞贝里人部落才开始游荡到意大利中部地区，并开始阻断大希腊城邦领地的扩张。之后，撒姆尼人或卢卡利亚人的名字才开始出现。

第1节 意大利的毕达哥拉斯学派

对意大利南部希腊殖民地的希腊人来说,发生在公元前6世纪的最重要的事件要数有关毕达哥拉斯兄弟会的奇特故事。毕达哥拉斯是一位杰出的哲学家。他虽为萨摩斯岛人,却选择定居在意大利。毕达哥拉斯学派的教义诡异古怪——包含诸如灵魂转世和数字神秘意义的信条。然而,他的学说纳入了道德修持和宗教狂热的成分。因此,毕达哥拉斯门徒众多。这些追随者组建了社会团体,并宣誓在处理世俗事务及传播毕达哥拉斯哲学思想时彼此协助。任何一

毕达哥拉斯

毕达哥拉斯学派

位成员的加入都须经受漫长的考察期。此外，这个团体层级分明。新人须经过层层考验方能入会。这个兄弟团体可以说和我们今日的共济会极其相似。然而，毕达哥拉斯学派并没有保留这个团体应有的互助仁慈和哲学生活的特性，不久便开始介入政治。毕达哥拉斯学派培育出所谓的氏族制度情感，并且对非理性大众心怀鄙视。没过多久，在意大利南部希腊殖民地的城市里，该学派便扮演着一个组织有序的党派角色。他们的据点就在克罗顿。克罗顿是哲学家毕

达哥拉斯本人的定居地。不少领袖人物都是他的门徒。毕达哥拉斯学派所到之处都支持寡头政治。毕达哥拉斯的教义太过晦涩,吸引不了无知的民众,并保有上层阶级对无产者们的鄙视。正如发生在克罗顿的事情一样,毕达哥拉斯兄弟会把持着地方行政和公共事务,支持新入会的贵族政府,将民主力量排除在权力之外。

第2节 锡巴里斯的毁灭

处于毕达哥拉斯学派统治下的克罗顿陷入与富庶的邻邦锡巴里斯的战争当中。相比于希腊城邦间的战争,这场战争规模更大,结局更惨。克罗顿和锡巴里斯都召集自己的同盟,并让本土的意大利臣民武装起来。据说,锡巴里斯起兵三十万,克罗顿则发兵十万。毫无疑问,人数有夸大之嫌,但这也显示出大希腊城市的规模和富有。在毕达哥拉斯的追随者中,著名运动健将麦洛是杰出人士。

麦洛

他指挥克罗顿军队，战胜了锡巴里斯军队。锡巴里斯僭主铁律司及其成千上万的部下均在战役中丧生。被征服的锡巴里斯城沦入克罗顿手中。克罗顿军队无条件地驱逐全城居民，并瓜分了锡巴里斯的土地。流亡的锡巴里斯人四处漂泊，其中大多数人来到第勒尼安海上的劳斯和司奇多洛斯，即锡巴里斯的古老殖民地。这个伟大城市的毁灭让整个希腊世界无比震惊。听到消息时，就连遥远的米利都人都开始哀悼，因为米利都人与锡巴里斯的贸易关系紧密且源远流长。制作服饰时，米利都人习惯织入富裕的锡巴里斯牧羊人生产的羊毛。

第3节　意大利民主制度的建立

对被征服城市的冷酷无情最终导致了克罗顿毕达哥拉斯学派的毁灭。寡头们自行瓜分了锡巴里斯的领土，拒不分配给无产的民众。此举引发了暴动。这场暴动与罗马爆发的某些耕地危机十分相似。在一位叫"赛昂"①的人的领导下，民众拿起武器，起身攻打这些傲慢的哲人。民主制就此成功确立。之后，毕达哥拉斯兄弟会遭遇残酷迫害。历经数起流血事件后，毕达哥拉斯兄弟会最终被粉碎。相似但相对温和的运动也困扰着其他意大利南部的希腊殖民地城市。作为一种政治力量，毕达哥拉斯主义最终灭亡。然而，作为一种哲学思想，毕达哥拉斯主义仍然长期活跃在意大利地区。据说，直至公元前376年，塔林敦伟大的立法者阿基塔斯②仍然试图在自己的政府管理体系中融入毕达哥拉斯原理。

和希腊其他母城一样，在某个历史时期，意大利和西西里岛的多数城邦都历经了某位僭主的统治。早期最有名的暴君之一就是阿克拉加斯的法拉里斯③。他原本是一位地方官，利用职权便利获取了众多委托人和公务人员的支持，最终夺得统治者宝座。

---

① 请注意与前文同名的雅典起义者赛昂（Cylon）区分。
② 阿基塔斯（Archytas，公元前428年—公元前347年），古希腊哲学家、数学家、天文学家、政治家及战略家，为柏拉图好友。
③ 法拉里斯（Phalaris，约公元前570—公元前554），阿克拉加斯僭主。

阿基塔斯

　　法拉里斯的残暴罄竹难书，就连佩里安德也不会做出将敌人放进铜牛内活活烤死的暴行，而法拉里斯就是这个刑法的始作俑者。在位十六年后，这位暴君被人民起义赶下台。然而，法拉里斯的倒台并不是阿克拉加斯僭主统治的终结。忒勒马科斯是杀死法拉里斯的领袖，他的子孙们直到公元前475年还在阿克拉加斯实施着专制统治。

第4节 麦西尼的建立

利基翁希腊殖民城市的安纳克西拉欧斯也是一位拥有强权和野心的僭主。他的主要壮举就是公元前493年通过攻占对岸的赞克勒,以谋取对西西里海峡的绝对控制。安纳克西拉欧斯煽动萨摩斯岛人抢占赞克勒。伊奥尼亚起义时,这些萨摩斯岛人从亚细亚逃来。当萨摩斯岛人大功告成时,安纳克西拉欧斯袭击了萨摩斯岛人,并粉碎了他们,为赞克勒人复仇。接着,安纳克西拉欧斯让自己手下的殖民者们建立这个城市,并将赞克勒更名为"麦西尼",以此纪念流淌在利基翁人中的麦西尼亚血液。因此,西西里海峡边的大港成了多利亚人的城市,而不再属于伊奥尼亚人。

第5节 叙拉古僭主盖洛

然而,西方最伟大的两位专制者是代诺麦奈斯的两个儿子——叙拉古的僭主盖洛和希罗。盖洛和希罗原本是杰拉统治者希波克拉底手下的官员。而当他们的首领在战争中被杀后,盖洛在军队的帮助下成为希波克拉底的继任者。五年后,被民众驱逐出城的叙拉古寡头党派向盖洛求助。公元前485年,盖洛让寡

叙拉古出土的货币

盖洛凯旋

头们重返家园,并将叙拉古据为己有。盖洛在叙拉古定居,将杰拉转给自己的弟弟希罗统治。盖洛为叙拉古在西西里岛霸权的建立奠定了基础。在此之前,阿克拉加斯和杰拉似乎更具战略价值。盖洛扩张叙拉古的手段与古时的亚述君主极其相似。他占领卡马里纳,并迫使所有居民移居到他的新都城叙拉古。不久后,盖洛又攻占迈加拉、希布利亚和其他周边地区。在将所有下层人民都作为奴隶变卖后[①],他又将富有公民移居到叙拉古。人口的剧增或许会让叙拉古规模更大也更富有,但此举引发了将来无尽的麻烦。因为毫无疑问,原居民和新居民总是纷争不断。然而,或许盖洛考虑到他们的分歧只会让自己更强大。盖洛修建了新城墙,加固叙拉古的城防,并建造了不少公共建筑美化这个城市。盖洛的绝对支配权覆盖西西里大部分区域。只有麦西尼、阿克拉加斯、希梅拉和塞利纳斯处于他的权力范围之外。此外,他手握一支数量巨大的雇佣军——这也是僭主

---

① "因为他认为最下层社会的人民是最难相处的"。——原注

政治的必要配置。雇佣兵人数众多，因此，当希腊人在薛西斯一世入侵期间请求支援时，盖洛能够提供两万重装步兵、八千骑兵和轻装部队，但条件是希腊人让他做总指挥。值得铭记的是，希腊联盟很理智地拒绝了该要求，没有将自己置于毫无原则可言的僭主手中。

第6节 迦太基人入侵西西里岛

对盖洛来说，薛西斯一世入侵希腊的当年春天，即公元前480年春天也是危机重重。迦太基人似乎因为叙拉古的壮大而心生畏惧。此外，在内讧的处理上，西西里岛上的希腊殖民者颇具地道希腊式的鲁莽轻率。他们居然召唤异邦人来援助自己。据说，薛西斯一世也催促迦太基人发动攻击，以防希腊人在意大利和西西里的殖民地援助希腊。无论如何，可以确定的是，迦太基人第一次大规模入侵西西里岛的时间与温泉关战役和萨拉米斯战役的时间重叠。在西西里岛的北岸，迦太基最高行政长官哈米尔卡一世登陆。迦太基军队人数众多，是由来自地中海西部地区所有部落组成的一支野蛮雇佣军队。据说，人数多达三十万。接着，哈米尔卡一世围攻了最近的希腊城市希梅拉。当盖洛攻打他时，哈米尔卡一世恰好在希梅拉设营。盖洛集结了自己所有兵力，并联合了他的挚友——阿克拉加斯的统治者塞隆。盖洛率领近六万大军，勇敢地袭击了迦太基营地。当天的战争非常血腥，胜负长期未分。然而，盖洛最终从截获的信件得知，哈米尔卡一世正在等待骑兵支援。盖洛将自己的一支骑兵伪装成迦太基军队，派他们绕行到迦太基营地背后。在关键时刻，这些所谓的友军袭击了哈米尔卡一世的后方部队，并使他们陷入一片混乱。此举最终决出胜负。迦太基执政官战死沙场。迦太基军队四散而逃，绝大多数被屠杀和俘虏。实际上，哈米尔卡一世的军队全军覆没。战胜迦太基后不久，西西里岛迎来和平时期，此后的七十余年里，再也没有一支阿非利加军队胆敢登陆西西里岛海岸。

在人们仍然对盖洛从迦太基手中拯救西方希腊人记忆犹新时，他却身患水肿驾崩。公元前478年，希罗继承盖洛的统治权，接管盖洛的军队，史称"希罗一

希罗一世

世"。希罗一世和前任僭主盖洛一样勇猛能干。在希罗一世统治期间,最重要的事件就是他击败了长期威胁意大利地区希腊人的蛮族势力。这个蛮族造成的威胁和迦太基对西西里岛上希腊人造成的威胁十分相似。长期以来,伊特利亚人对希腊商人及殖民者在第勒尼安海北部定居的企图怨恨不已。五十年前,即公元前540年,历经殊死搏斗后,伊特利亚人成功阻止了小亚细亚的福西亚人在科西嘉岛定居。公元前474年,伊特利亚人采取攻势,集结了一支强大的舰队围攻了地处意大利地区希腊最北部的殖民地库迈。库迈人向希罗一世请求援助。希罗一世随之率领一只海军部队匆匆赶来,并彻底击败了伊特利亚人。机缘巧合的是,公元前5世纪的遗物流传到了我们的手中——获胜者向德尔斐阿波罗进奉的一只原装伊特利亚人头盔。头盔上面的文字仍然清晰可见。

第7节 埃特纳的建立

在西西里岛,希罗一世扩张着盖洛留给他的疆土。希罗一世和阿克拉加斯的塞隆之子斯拉塞德尔斯闹翻,并成功将他驱逐,还吞并了他的土地。这次征服让希罗一世成了整个西西里岛的主人——除了该岛的最西部与最东北部。希罗一世决定建立一个新城让自己流芳百世,并按照盖洛移民叙拉古的方式行动起来。希罗一世迫使伊奥尼亚城市卡塔拉的居民移居到莱昂蒂尼,将空城作为新城的选址。在卡塔拉原地,希罗一世以俯瞰该城的山峦为名,将它命名为"埃特纳",并让一万殖民者定居在此。这些定居者大都选自他的雇佣兵。他对自己的成就心满意足。因此,当他的双轮战车在奥林匹亚竞技会意外获胜时,他命令传令官宣称他的名字为埃特纳的希罗,而不是叙拉古人。

叙拉古的胜利者希罗一世

公元前468年，历经十年繁荣昌盛的统治后，希罗一世驾崩。由此，叙拉古最激烈的内讧开始。他的弟弟色拉西布洛斯与他的儿子爆发了统治权之争。这场争端赋予叙拉古人民自主的时机。动乱过后，原居民与希罗一世的雇佣军用武力摆平了他们间的所有嫌隙与不和。最终，僭主一方惨遭失败。色拉西布洛斯被围堵在奥提伽岛——叙拉古的一个岛屿，被迫投降，并按协定退居意大利。然而，色拉西布洛斯的离去并未结束内讧。叙拉古城中的原居民、被迫由盖洛移民到叙拉古定居的卡马里纳人和其他民族，以及僭主们从希腊各地邀请而来的异乡人和众多回乡重申自己财产所有权的流亡者——他们的权利分歧非常大，导致彼此根本无法达成和平协定。西西里其他城镇内的暴动也非常普遍。一旦失去了希罗一世的铁腕统治，僭主的支持派和反对派便互相开战。多年的暴动和内战后，西西里岛上希腊殖民地的居民才最终彼此妥协。获胜的是民主派。通过归还每个城市应有的完全自治权，以及恢复被代诺麦奈斯子孙驱逐的流亡者的公民身份的方式，民主派庆祝自己的胜利。希罗一世的雇佣军中的幸存者仅被允许定居在麦西尼。卡塔拉再次被原居民征服，恢复了先前的名字。卡马里纳也从尘埃中崛起，百废待兴，力图恢复到僭主统治前的状态。接下来的四十年是西西里岛历史上最繁盛的时期。西西里岛上居民遭遇的困境似乎激起了他们的斗志，就好像波斯战争激起了他们希腊同胞的无限能量一样。西西里岛的财富和繁荣令人惊讶不已。表现在艺术上的文化成就发展得最迅猛。公元前5世纪中叶，毫无疑问，西西里岛的希腊殖民地居民走在同时代希腊人的前列。直到菲迪亚斯[①]在希腊本土出现后，希腊本土的艺术成就才达到与它的殖民地同样的水准。在政治事务上，西西里岛的希腊殖民地居民仍然坚守民主制。直至公元前5世纪末，一系列灾难的发生又让他们倒退到一位专制君主的铁腕保护下。然而，六十年来，在民主政府的统治下，西西里岛欣欣向荣。对这样一个拥有混合多元的居民的城市来说，民主制最合适。

意大利的希腊人从没有像他们西西里岛上希腊殖民地的同胞那样，完全沉

---

① 菲迪亚斯（Pheidias，约公元前480—公元前430），希腊雕塑家、画家及建筑师，其创作的位于奥林匹亚（Olympia）的宙斯雕像为"古代世界七大奇迹"之一。

菲迪亚斯

沦于僭主统治。西西里岛暴君被驱逐时，少数城市——譬如利基翁——似乎也摆脱了专制统治。在这个时期，意大利南部希腊殖民地发生的主要事件要数希腊人首次遭到挫败。公元前473年，即伊特利亚人在库迈战败的次年，塔林敦人和利基联合攻打强大的埃普基人部落，希望扩张希腊殖民地疆域。然而，他们遭到灾难性的反击。全军大部分都被杀死。希罗多德写道："在我这个年代①，从没有发生过像这样对希腊人的可怕屠杀，仅利基翁人就有三千人丧生，而塔林

---

① 指公元前5世纪。

敦人的死伤人数更多。"这次战败不过暗示着更大灾难的开始。六十年后,塞贝里人部落开始着手截断大希腊地区城邦的边界。不过在当时,和西西里岛的希腊殖民地城市一样,意大利南部希腊殖民地的城市发展迅速,走向民主。

第22章

提洛同盟的起源

第1节 塞斯托斯围城战

米卡尔战役后,伯罗奔尼撒的海军将领们认为,在爱琴海,截至目前的所有军事打击已经让波斯人无力进一步发动海上军事行动。然而,科桑西普斯和雅典人并不这么想。在起义的伊奥尼亚城市中,他们壮大了自己的舰队力量,一路驶往北方,开始袭击达达尼尔海峡沿岸的波斯驻军。他们发现虽然那座著名的浮桥已经完全被暴风摧毁,但临近的城镇仍然有波斯重兵把守,而当地居民还不敢轻举妄动。给雅典人带来最大麻烦的要数塞斯托斯。公元前479年,雅典人整个秋季都在塞斯托斯前安营扎寨。直到饥肠辘辘的波斯驻军连夜逃往色雷斯山区,并被当地人杀死时,雅典人才占领了塞斯托斯。只有当地总督阿塔提克斯落入雅典人手中。雅典人将阿塔提克斯钉死在十字架上。这种处决的确有违希腊风俗,但此举是为了报复阿塔提克斯之前在普罗忒西拉奥斯神殿犯下的恶意亵渎罪。之后,雅典人驶回雅典。希腊联盟就此解散。

普拉蒂亚战役和米卡尔战役的结果让薛西斯一世惶惶不安。此后,薛西斯一世不再派兵驻守色雷斯海岸及其他边远地区的城市——虽然这些地区仍然处于他的掌控之中。尽管如此,在达达尼尔海峡以外的地区,波斯帝国的势力仍然根深蒂固,并没有立刻土崩瓦解。还需要多年的征战才能解除波斯帝国

西蒙

对这些要塞的控制。公元前478年,伯罗奔尼撒人筹备了一支二十艘船的小型舰队,之后又加入雅典的三十艘。这支舰队由斯巴达摄政王保萨尼阿斯统领。保萨尼阿斯是普拉蒂亚战役中获胜的指挥官。在前往黎凡特支援塞浦路斯的希腊城市反叛后,保萨尼阿斯驶往北方,围攻了波斯帝国在色雷斯的要塞拜占庭。与公元前479年遭遇围城的塞斯托斯一样,拜占庭也负隅顽抗。然而,到了秋天,拜占庭总督——一位薛西斯一世的亲属——投降。希腊舰队得以在拜占庭过冬。

第2节 保萨尼阿斯在拜占庭

保萨尼阿斯虽然能力平平,但野心勃勃。普拉蒂亚大捷给他带来的荣誉和财富完全让他晕头转向。他将这场战争的胜利完全归功于个人,并以个人的名义——而不是希腊联盟的名义——在德尔斐供奉了一个三足鼎,以纪念这场胜利。在斯巴达时,保萨尼阿斯就公然对拮据繁复的生活方式表示不满。一旦离开故土,他的奢侈傲慢和鲁莽暴力就变得更让人难以忍受。虽然他品行不端,但起初也不会有人怀疑这些素质将最终驱使他背叛整个希腊。然而,保萨尼阿斯确实最终背叛了希腊。占领拜占庭后,保萨尼阿斯秘密释放了一些囚犯,并让他们带信给薛西斯一世,说他甘愿将希腊拱手奉上,并作为属邦效忠薛西斯一世。条

女祭司与三足鼎

件是确保他物资充足，并且承诺将薛西斯一世的女儿许配给他。简而言之，保萨尼阿斯的目的就是要成为全希腊的僭主。并且他已经充分做好成为波斯人的奴仆的准备——虽然正是他本人亲手铲除了波斯帝国的军队。

薛西斯一世丝毫没有察觉这位傲慢自大的摄政王的真正意图，反倒对保萨尼阿斯的示好欣喜不已。薛西斯一世将自己的财物交由这位斯巴达人任意处置，并嘱咐保萨尼阿斯"夜以继日地努力完成使命，断不要因为缺少金银和军队而退却，因为一切都将任由他支配"。保萨尼阿斯如果能保持冷静，就真的成了希腊的威胁。然而，当他收到薛西斯一世的来信后，他的行为举止愈发肆无忌惮。人们也开始怀疑他的真正意图。他的身边围绕着众多的外来雇佣兵，不仅干涉王族事务，而且对待同盟的态度也越来越武断专横。就连东方暴君也没有他咄咄逼人。不久，他的言行举止就传到斯巴达，触怒了监察官们。他们立刻授权发出一道召回令，并指派一位叫"多尔西斯"的海军将领取代保萨尼阿斯的职位。

第3节 反保萨尼阿斯哗变

在多尔西斯抵达拜占庭之前，形势已变得十分危急。斯巴达舰队的士兵已经不愿听从指挥官的命令，并归顺雅典首领阿里斯提德和西蒙。某日清晨，一位来自萨摩斯岛的船长首先发出哗变信号。他奋力划向保萨尼阿斯的战舰，并恶意冲撞上去。当保萨尼阿斯愤然谴责他时，却听到这样的回答："速速回家，要不是因为对普拉蒂亚一战还记忆犹新，保萨尼阿斯早就该得到他应有的惩罚。"这个回答使保萨尼阿斯勃然大怒，但他无力还击。在希腊舰队中，伯罗奔尼撒的船只占少数，而雅典和哗变的亚细亚希腊人的船的总数是自己的三倍。这位未来的僭主就这样被剥夺了一切权力，并被召回斯巴达，因叛国罪被审判。有关希腊舰队继任者的命令也无人理睬。希腊舰队只承认阿里斯提德是他们的海军大将。

保萨尼阿斯的疯狂举动加速了一场不可避免的巨变发生。显而易见，斯巴达已经不能继续佯装成希腊联盟舰队的指挥者了。斯巴达的海军分队兵力不及舰队总兵力的十分之一。此外,斯巴达海军的航海技术并不出色。在阿提密西安海战和萨拉米斯海战中,斯巴达的海军将领几乎让希腊联军毁于一旦。我们也将看到,对斯巴达,雅典人并没有心存感激。亚细亚的希腊人都是伊奥尼亚人。他们更愿跟随自己的雅典亲人,而不是斯巴达的多利亚人。此外,阿里斯提德和西蒙的个人魅力远胜保萨尼阿斯。一位刚正不阿,另一位英勇慷慨。阿里斯提德和西蒙赢得了军心。因此,权力的转移也在情理之中。

第4节 反雅典阴谋

当哗变的斯巴达舰队对拜占庭的围攻如火如荼时,希腊也恰好度过了境内的政治危机。普拉蒂亚战役和米卡尔战役之后,雅典人开始着手重建他们被摧毁两次的城市。他们拓展了原先在城墙外的大片土地,并计划建造一条比之前更稳固的防线。雅典人在这项工程中投入的巨大精力激起了邻邦的妒忌。以埃伊纳岛为首的不少城邦送密信到斯巴达。密信的大意是雅典正在加固极具威胁性的防御工程,并催促监察官们设法中止该工程。斯巴达人早已对雅典在最近战事中表现出来的实力和决心警觉起来。或早或晚,斯巴达人怯懦保守的政策势必和这个积极躁动的海上强邦发生冲突。因此,斯巴达人认真倾听同盟们的抱怨,并决心进行干涉。完全阻止雅典设防会让斯巴达人羞愧不已。于是,他们派出一个使团敦促雅典,说这项工程毫无必要且不合时宜。斯巴达人声称,万一波斯帝国再次来袭,伯罗奔尼撒半岛以外地区的坚固城墙反而会给波斯军队提供一处危险的据点。同时,斯巴达人表示,如果雅典人被迫再次撤离阿提卡,那么他们愿意在科林斯地峡内为雅典人提供一处安全的港湾。这个请求不仅无益,而且明显是出于敷衍。然而,雅典人当时处境危险,不敢断然拒绝。雅典城墙才建了一半,到处是缺口和裂缝。

迪米斯托克利机智巧妙地化解了这次危机。在他的建议下,雅典的公民大会回应道,他们会即刻派使者前往斯巴达商议此事。迪米斯托克利在两位同僚的陪同下,全权处理此事。他立刻出发,并向监察官们传达了此行的目的,但他的

迪米斯托克利出使斯巴达

同伴按照预先的安排推迟了行程。在同伴到达前，迪米斯托克利无法开始谈判。与此同时，阿提卡的全体民众，无论男女老少，都在不分昼夜地修建城墙。因为雅典老城的废墟里材料充足，所以筑城速度惊人。之后，建造者的仓促在粗糙的施工中显现出来。墓碑石、神殿的圆形石柱及各种精磨的大石块都在城墙中清晰可见。两位姗姗来迟的雅典使者到达斯巴达时，雅典已经全城设防。同时，有关雅典此举的谣言也传到了监察官们耳中。然而，迪米斯托克利成功平息了言论。他宣称，雅典什么也没有做，对此人们大可放心。他甚至劝说斯巴达派人亲自打探虚实。斯巴达特使一到雅典，就受到礼遇，但被扣押下来作为人质，以保迪米斯托克利及其同僚的安全。数月过后，雅典的城墙已经可以抵御一次围城，而迪米斯托克利也改变了口吻。他毫无畏惧地承认了雅典设防的事实。虽然斯巴达人对此懊恼不已,但时机已过,他们只好接受这个不可避免的事实,任由雅典自行决断。这起事件再加上之前反保萨尼阿斯的哗变足以让雅典和斯巴达分道扬镳——虽然此前他们曾联合打败了波斯帝国。

第5节 比雷埃夫斯加固防御

雅典老城的城墙完工时,迪米斯托克利说服雅典人拓展自己的防御系统。在他的影响下,公民大会投票同意在比雷埃夫斯和邻近的慕尼契亚港周围再建一

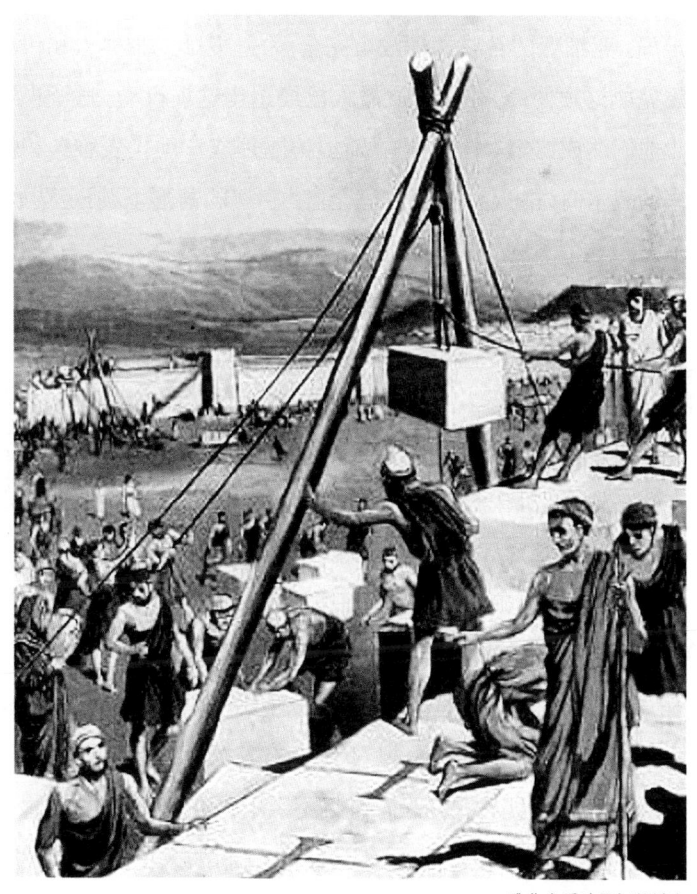

雅典人重建毁坏的城市

道堡垒。这项工程比刚刚建成的雅典城墙还要艰巨,并且耗资更多。这道堡垒达十四英尺到十五英尺厚,并且与希腊的大多数要塞不同。通常,希腊的要塞以碎石做内里,而这道堡垒全由毛石堆砌。到当时为止,它们是希腊最坚固的军事建筑。城墙护卫的巨大港口内可以承载数百艘船。港内宽广的开阔地带可以容纳阿提卡大部分居民。不久,比雷埃夫斯的人口数量激增,远胜雅典老城。一直以来,比雷埃夫斯都是商人和海员阶层的首选之地。当时,比雷埃夫斯更是成了被商机吸引到阿提卡的众多外籍居民的主要聚居地。毫无疑问,如果不是出于对雅典卫城历史悠久的岩石的敬仰,那么比雷埃夫斯或许将取代雅典成为都城。

在拜占庭,希腊联盟舰队的控制权被转到雅典人手中。该事件必然会引发极其重要的后果。情势本就危急,再加上雅典首领行事干练,最终将意外变成定局。亚细亚的希腊人还没有完全解放。因此,雅典人和伊奥尼亚同胞正一心想完成这项使命。伯罗奔尼撒人已经退出这项行动。眼下也不会出现第三方阻止他们达成协定。于是,阿里斯提德顺理成章地代表雅典和伊奥尼亚城邦就未来的战术商讨协定。在双方完全自由自愿的情形下,协定达成了。这些协定成为未来雅典帝国建立的基础。

第6节 提洛同盟起源

上述协定中生效的主要条款规定,各城邦须提供船和钱财以备将来和波斯帝国开战。此外,未经同盟成员同意,任何城邦不得擅自退出同盟。阿里斯提德的刚正不阿众所周知。因此,各城市需要承担的义务的多寡由他评估。我们得知,阿里斯提德确定的战争总开支为每年四百六十塔连特,部分以船抵付,部分以钱币支付。虽然金额看起来相当庞大,但需谨记的是,除了伊奥尼亚和伊奥利亚城镇,所有基克拉迪群岛的岛屿、哈尔基季基半岛的殖民地及达达尼尔海峡两岸解放了的城邦都须分担。因此,被分担后,金额也就不多了。之后的经验表明,该数额还可以大幅提高,并且不至于成为重负。同盟的最西端是埃维亚岛诸城,最东端是拜占庭。然而,成员不久就将大大增加。经同盟各成员商定,同盟的共同财产将被置于神圣的提洛岛——提洛同盟因此得名。各城邦代表须每年前往同一地点商讨战事需求。同盟会议各项协定的执行权交到雅典人手中。此外，雅典人还担负任命官员的责任。之后，负责收集同盟各种物资的官员被称为"司库官"。司库官负责收集同盟各种物资。每年春天，司库官代表雅典人驶往爱琴海各沿岸，收集同盟成员捐赠的物资。物资数额不等，少至卡利耶或阿纳斐上交的几德拉克马，多至米利都或阿布德拉上交的巨额塔连特。

第7节 反波斯帝国战争

提洛同盟的成立完全是出于军事考虑。它的唯一目的就是将波斯人从众多固守的边缘要塞中驱逐出去。从这个层面上看，提洛同盟大获成功。提洛同盟首战就击败了色雷斯沿岸城镇的波斯驻军。然而，留名青史的军事行动仅有一个，即在西蒙领导之下的雅典人的埃翁包围战。埃翁地处斯特律蒙河河口要塞。波斯总督波博古特负隅顽抗，远超希腊人的想象。当波博古特的军事补给最终耗尽时，他像传说中的萨尔丹纳帕勒斯①一样，召集家人，并将所有财富都放在巨大的柴堆上，付之一炬。历经九年到十年战争后，雅典及其同盟成功将波斯人彻底赶出欧罗巴，并将波斯领地限定在小亚细亚的内陆地区。除了特洛伊地区和伊奥利亚最北部城镇间的小部分土地，整个海岸线地区都获得自由。所有城镇无一例外地加入提洛同盟。随着新成员的加入，原同盟成员的贡献金额或许会随之减少，至多只需保持原定每年需缴纳的四百六十塔连特不变即可。雅典还没有利用优势将自己变为帝国的意图。雅典人急于证明自己的种种行动都是出于公正和无私。

第8节 保萨尼阿斯叛国

当爱琴海外提洛同盟的实力与日俱增时，欧罗巴希腊的政治走向却相对太

---

① 据希腊作家克忒西阿斯（Ctesias）在《波斯志》（*Persica*）中的记载，萨尔丹纳帕勒斯为亚述（Assyria）的最后一任国王，生活于公元前7世纪，为人贪图享乐。需注意的是，《波斯志》已亡佚，书中记载或与真实历史有出入。

平无事。在斯巴达，保萨尼阿斯从拜占庭回来后就因叛国罪被审判。然而，或者是因为他叛国的通信用词极其谨慎，又或者是因为监察官们不想将事情闹大，他最终被无罪释放。无论如何，他有了劣迹，因而再也没能被重用。虽然已经被贬为庶民，但他还是没有停止和薛西斯一世的阴谋。保萨尼阿斯驶回东方，再次和小亚细亚的总督们暗中联系。他拥有一笔任凭自己处置的财富，再加上希腊城邦间一直存在分歧，这些因素使他觉得自己仍然有成功的希望。在拜占庭，他身居高位。雅典人不得不干涉他，并武力将他驱逐出境。接着，保萨尼阿斯又到了特洛伊地区，并以同样的热情继续着自己的阴谋。最终，斯巴达政府将他召回国内，让他接受第二次审判。他自信地接受了挑战。然而，当他重返斯巴达时，竟没有人敢控诉他。因此，虽然他的同胞对他处处回避和怀疑，但保萨尼阿斯依然逍遥法外。这种社会集体放逐驱使他开始计划更激烈的报复。他与希洛人密谋，并企图激起拉科尼亚农奴集体暴动和对多利亚寡头的屠杀。当有领袖出现时，希洛人总是乐于起身反抗。保萨尼阿斯立刻收获了大批追随者。监察官们虽然获得了他阴谋的蛛丝马迹，但拿不出确凿可信的证据。然而不久后，在机缘巧合下，他们掌握了实证。

第9节　保萨尼阿斯之死

保萨尼阿斯有一位知道他所有秘密的亲信奴隶。一天，保萨尼阿斯派他送信给总督阿塔巴兹。这个奴隶觉察到，所有被派往亚细亚的送信人没有一位回来过。这个发现诱使他打开信件。在信的附言中，他发现保萨尼阿斯写道，势必要将送信者处死。毫无疑问，这个发现引导他向斯巴达政府说明了一切。为获得指证叛国者的证明，监察官们设下一个圈套。监察官们让这个奴隶前往泰纳伦海角避难，并安排两位监察官藏在近处。保萨尼阿斯匆忙赶到马塔潘角训斥他的送信人，而躲藏起来的监察官们从听到的谈话中获得保萨尼阿斯的大量罪证。当保萨尼阿斯从拜占庭返回斯巴达时，监察官们便发布逮捕令。之后，官员们开始抓捕他。经过雅典一间神殿时，保萨尼阿斯看到监察官们和他们的随从正向他赶来。做贼心虚的保萨尼阿斯仓惶躲进神殿避难。监察官们没有将保萨尼阿斯从祭坛拖拽出来,而是下令将门堵上。保萨尼阿斯——这位前任摄政王因而被饿死。据说,保萨尼阿斯的生母最先接近神殿并帮助执法官们砌墙堵门。多日后,保萨尼阿斯奄奄一息。监察官们下令打开神殿,将这位濒死之人抬了出来,以免玷污神殿。公元前469年,普拉蒂亚战役的获胜者就这样离世,丧心病狂的傲慢和野心葬送了他的性命。

第10节 迪米斯托克利权威的衰落

保萨尼阿斯的死亡让一位更具天赋的人——迪米斯托克利名誉扫地。与爱慕虚荣的摄政王保萨尼阿斯相比,这位天才人物对希腊的贡献要多出十倍。在最后几年,迪米斯托克利在雅典的声誉一日不如一日。他毫无道德原则可言的才智更适合动乱的时代,而不是风平浪静的时期。当危机过去后,他的过失就会凸显出来,引起同胞的注意。事实上,虽然迪米斯托克利的政治图谋从不尊重真诚和善意,但这些原因还不至于让他完全陷入孤立。然而,他的公然腐败就不可饶恕了。众所周知,无论何时何地,迪米斯托克利总是抓住一切时机收受贿赂。以下就是个典型的例子。一次,迪米斯托克利和阿里斯提德公开辩论。迪米斯托克利自我吹嘘道:"一位政治家最首要的品质就是能预见并挫败公敌的阴谋。"而阿里斯提德答道:"一位政治家另一个优秀且必须的品质就是要两袖清风。"该驳斥的结果是毁灭性的。对迪米斯托克利来说,他确实很不幸。他总被拿来和阿里斯提德做比较。阿里斯提德的诚实正直超出多数希腊人,而迪米斯托克利恰好低于希腊人的平均诚实水平。

此外,迪米斯托克利的恶趣味之一就是不断向雅典人提起他的功绩——这是维持大众好感最坏的方式,因为不断的重复会让听众反感[①]。

[①] 《雅典政制》中有关迪米斯托克利在公元前463年对抗亚略巴古的阴谋不可能发生,因为他早被驱逐流放了。——原注(译者按:《雅典政制》为亚里士多德著作)

第11节　阿里斯提德的改革

也有可能，迪米斯托克利的影响力减弱是因为他的政治对手们不再像波斯战争前那样强烈地反对宪法中的民主改革。萨拉米斯之战的结果令最保守的政客们相信，雅典的未来在海上，雅典的真正实力取决于自己的水手们。反对海军扩张的旧敌阿里斯提德构建了提洛同盟——没有什么比这更能体现保守派观点的转变。据说，在阿里斯提德晚年时期，他建议将阿提卡的全部人口集中在雅典，而若在十五年前，他本人必然会反对此举。

约公元前471年，政治党派纷争已近白热化，不得不再次诉诸陶片放逐法，即十二年前给阿里斯提德带来致命一击的权宜之计。不过，这次的受害者是迪米斯托克利。他被驱逐出境，在阿尔戈斯安家。在阿尔戈斯，保萨尼阿斯紧锣密鼓地通敌，并告知迪米斯托克利自己正积极策划危害希腊自由的阴谋。出人意料的是，迪米斯托克利严词拒绝与他同流合污，语气非常坚定，不过他也没向别人透露保萨尼阿斯的计划。保萨尼阿斯死后，监察官们缴获了这位叛徒的书信，发现了保萨尼阿斯与迪米斯托克利通信的蛛丝马迹，但并没有找到迪米斯托克利参与阴谋的证据。不过，雅典人试图将这位流放在外的政治家送上法庭，并派人去阿尔戈斯将他带回雅典。迪米斯托克利选择逃跑，而不去正面面对自己的政敌。他来到了克基拉，然而，全希腊追捕他的声音此起彼伏，迪米斯托克利根本找不到安身之地。公元前466年，迪米斯托克利不得不去波斯、亚细亚的土地上避难。

第12节　迪米斯托克利在亚细亚和他的死亡

在雅典，迪米斯托克利的所有的荣光一去不复返。无奈之下，迪米斯托克利转投宿敌，恳求波斯帝国君主的庇护。薛西斯一世刚刚驾崩不久，迪米斯托克利恳求的对象是薛西斯一世的小儿子阿尔塔薛西斯。史称"阿尔塔薛西斯一世"。在苏萨，迪米斯托克利的名字令人闻风丧胆。因此，他的自愿效忠让波斯人欢欣

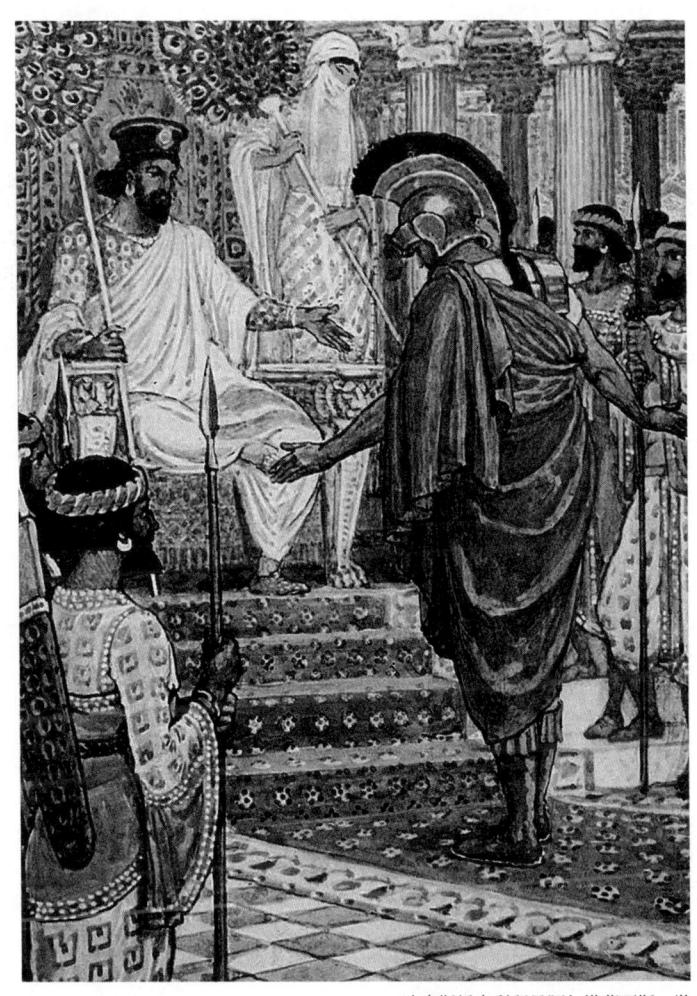

迪米斯托克利拜见阿尔塔薛西斯一世

鼓舞。据说,阿尔塔薛西斯一世欣喜若狂,在夜晚睡梦中连叫了三声"雅典人迪米斯托克利已经为我所用"。阿尔塔薛西斯一世对迪米斯托克利恩宠有加。对迪米斯托克利降服希腊的计谋,他洗耳恭听,并派迪米斯托克利携带巨额财产前往小亚细亚。此外,阿尔塔薛西斯一世还分配给迪米斯托克利丰厚的税收收益,表示对他的支持,并让他成为马格尼西亚的僭主。在马格尼西亚,迪米斯托克利威风八面,他的家人和他在阿提卡的朋友聚集起来,想方设法瓜分他的财产。波斯帝国政府曾没收他八十塔连特,但这笔钱财不过是九牛一毛。刚刚参政时，迪米斯托克利的私人财产还不到三塔连特。在马格尼西亚统治若干年后，迪米斯托克利瞌然长逝，丝毫没有兑现当初向阿尔塔薛西斯一世许下的诺言。或许，他从未想过危害雅典，只想在流放中享受异邦蛮族的赡养，安度自己的晚年。如果他真的想实施阿尔塔薛西斯一世的阴谋，那么毫无疑问，他将给希腊自由带去毁灭性的打击。他没有履行诺言，并不是因为力不从心，而是因为他无意为之。或许，目睹雅典海上力量的迅速扩张曾给他的晚年生活带来慰藉，因为他正是雅典海上力量唯一的奠基人。

# 第23章

雅典帝国的建立

第1节 阿里斯提德之死

迪米斯托克利遭驱逐并远离雅典政治舞台三年后，他的劲敌阿里斯提德离世。阿里斯提德的存在超越了政党和派系，他的离世因而使每个阶级都悲痛不已。民主主义者们还记得阿里斯提德构建提洛同盟的功不可没和他晚年的政治改革；老一辈的阿提卡党派还记得他的早年事迹。虽然关于阿里斯提德死于赤贫的传说不足为信，但可以确定的是，参政多年，他并没有多拿雅典一枚银币。雅典再没有出现过像他一样的人。虽然之后的雅典出现了诸多有才干的政治家和真正的爱国者，但再没有培育出这样一位集品行端正、克己奉公和高超实践才能于一身的人。

阿里斯提德的离世将西蒙推到了雅典政治舞台的中心。然而，身为米太亚德的儿子，虽然西蒙慷慨无私且正直诚实，但他的位置仅仅止步于政党领袖，还不能赢得所有公民同胞的信任。贵族精神深深根植于西蒙心中。他的行为举止常常引起民主党派的怀疑，尤其是他对斯巴达的敬仰与崇拜，以及他竭力让雅典与斯巴达成为友好睦邻的努力。这些行为必然对他危害极大。雅典人从不相信一位偏爱拉科尼亚习俗且崇尚拉科尼亚法令的人会是一位好的政治领导。尽管如此，还是有不少对他有利的因素。他首次出现在公众视线中就是因为孝心——他还清了父亲米太亚德的所有债务罚款；其次，在他的得力支持下，阿里斯提德建立提洛同盟；再次，在击败色雷斯的波斯驻军时，他表现突出——这场战争也是他首次担任雅典军队的最高首领。此外，他在雅典的生活也是致力于赢得民心。西蒙的庭院和花园都对公众开放。他对同族的贫困成员施以援手，为他们提供免费饭食。我们甚至可以确信的是，西蒙常常带着一队衣着考究的奴隶出行，如果遇到衣衫褴褛的公民，他就会命随行奴隶和该公民交换服装。然而，慷慨大方并没有为西蒙赢得所有民众的信赖，只是赢得他们的赞许。

西蒙的政治图谋全在东方世界。在他看来，雅典必须小心避开与欧罗巴希腊世界的所有纠纷，完全致力于与波斯帝国作战方面，并巩固自己的海上同盟。他希望雅典对斯巴达持善意态度，甚至在必要时，协助斯巴达维护陆地上的优势地位。作为回报，西蒙希望斯巴达能对雅典以礼相待，并引导斯巴达承认雅典的海上霸主地位。对斯巴达人的盲目崇拜使西蒙忘记斯巴达人的心胸狭隘与自私自利，并寄望于斯巴达人能公正平等地成为自己的同盟——而这远不是斯巴达那些迟钝沉闷的利己主义者们能做到的。

第2节　雅典攻占斯库罗斯岛

在西蒙的政治领导期间，雅典的海上远征活动从未止步。公元前470年，雅典进攻并占领了斯库罗斯岛。斯库罗斯岛上的居民属于多洛普斯族。他们终日干着海盗的勾当，令往来的商人不堪其扰。毫无疑问，对希腊来说，将他们驱逐是一件幸事。斯库罗斯岛作为军事殖民地由一群雅典人占领。定居斯库罗斯岛时，雅典人并不是作为一个独立的群体存在，而是作为没有放弃故土公民权利的外围地区公民存在。在斯库罗斯岛发现的巨型骨架充分满足了雅典人的迷信心理。

据称，该骨架是远古时代阿提卡英雄忒修斯的骨架。传说，忒修斯在流亡中死于该岛。雅典人欢天喜地将骨架带到雅典，并建造了一个与英雄同名的神殿，即忒修斯神殿。

斯库罗斯岛

第3节 欧利米登之战

对雅典来说，更重要的是几年后西蒙领导的远征。这场远征旨在解放仍处于波斯帝国控制下的吕西亚和潘菲利亚。西蒙带着三百艘战舰从尼多斯出发，向东行驶。这批战舰由雅典和伊奥尼亚共同提供。西蒙将波斯驻军从法瑟里斯和其他地区驱逐出去。后来，他得到消息称正有一支舰队集结起来要对抗他。指挥该舰队的总督还没有得到腓尼基人的支援。因此，为了避免开战，他退居到欧利米登河，而河边正驻守着一支人数众多的波斯帝国陆军部队。西蒙决定在援军到达前放手一搏。他追到欧利米登河，迫使他的敌人在狭窄的河道里开战。而在河道中，雅典人高超的航海术根本没有用武之地。尽管如此，西蒙还是大获全胜。当战败的波斯人的战舰搁浅，试图在陆军的支援下解救自己时，西蒙命令重装步兵上岸，在海滩获得第二次胜利。他的好运气和娴熟战术让他再次

西蒙指挥的舰队

获胜。转战海上后,西蒙截获了前来支援的八十艘腓尼基战船,并在塞浦路斯海岸摧毁了其中的绝大多数。

西蒙的节节胜利完全瓦解了波斯帝国的海军力量。直到六十年后,希腊海域才再次出现一支异邦舰队。与此同时,法瑟里斯和邻近的其他希腊城镇都加入提洛同盟。解放亚细亚希腊人的战争自此告终。

在名义上,雅典人和伊奥尼亚人在拜占庭缔结联盟时的目标已经实现。当时,希腊各个城邦已经摆脱波斯帝国的统治。因此,提洛同盟丧失了存在的合理性,波斯帝国已经不具威胁性。毫无疑问,对波斯帝国进一步的军事打击劳民伤财。此外,提洛同盟的继续存在赋予雅典向盟友征税和发号施令的权力。毫无疑问,该情况与全希腊"自治"的意愿相悖。在危难时刻,亚细亚和爱琴海各希腊城邦将权力转交到雅典手中,但并不想长期如此。危机过后,它们便筹划着退出提洛同盟,想要自己主持国内事务。

第4节 纳克索斯岛叛乱

基克拉迪群岛中最富有的岛屿城市纳克索斯岛首先宣布退出提洛同盟。纳克索斯岛的公民或许还记得，他们曾在公元前501年击退过波斯人。当下，他们自己又可以自立自强了。同年，欧利米登战役爆发。纳克索斯岛宣布自己计划退出提洛同盟。如果严格依照平等自愿的原则，那么雅典应该允许这位桀骜不驯的盟友退出。然而，雅典根本没有这样的打算。雅典的伟大和强势与提洛同盟首领的地位紧密相关。因此，雅典的政客们从未想过解散提洛同盟。当纳克索斯岛宣布退出时，雅典舰队立刻包围纳克索斯岛。围城多日后，纳克索斯岛上的居民最终被迫投降。纳克索斯岛受到的惩罚是城墙被毁、战船被没收及缴纳重税。

雅典的盟友们如今才意识到，对它们来说，加入提洛同盟是找到了一位女主人，而不是一位领导者。此外，尤其是和雅典相比，提洛同盟内不少成员的懈怠削弱了提洛同盟整体的海军实力。多数城市——尤其是没有海军传统的小地方——渐渐习惯以每年交纳稍多钱物的方式来扩充自己船队的数量。雅典欣然接受了他们的提议。本应该由这些城镇提供的战船如今由雅典战船取代，但维护经费还是由这些城镇提供。因此，雅典政府能够拥有更多战船。如果仅靠阿提卡税收支持，那么雅典所能维持的战船数量明显会少很多。起初，或许西蒙和他的追随者支持此举时并无二心。他们心中所想无外乎就是让雅典拥有更多战船，因为雅典的效率远胜过它的盟友。实质上，这种通力合作的体制赋予了雅典完全掌控权，而将它的盟友们变成纯粹的纳贡者。

第5节 雅典人在色雷斯

削弱纳克索斯岛两年后，即公元前464年，又一个强大的海上城邦爆发叛乱，抗击雅典霸权。自古以来，萨索斯人就占据着萨索斯岛对岸色雷斯大陆的一片沿海地带。这片地域让萨索斯人垄断了斯特律蒙河流域的全部贸易活动，

马其顿人

并且将潘加欧斯山丰富的金矿资源收入囊中。然而，攻占埃翁后，雅典人竭力将埃翁发展成色雷斯的商贸中心。雅典人甚至派出两支数量众多的远征军进入内陆，意在强占斯特律蒙河的下游地区。一处叫"九道"的地方正是斯特律蒙河的入海口。虽然河口较宽，但仍能架桥。雅典人攻占斯特律蒙河下游地区，将九道作为精挑细选的堡垒地址。然而，当地的色雷斯部落紧密地团结在一起，誓死还击雅典人。因此，雅典的两次陆上攻击均告失败。其中，发生在公元前465年的第二次大规模溃败对雅典是一次巨大的灾难。莱格罗斯手下的一万远征军中，一半以上战死沙场。或许正是因为这次雅典的挫败，萨索斯人才敢提出退出提洛同盟。萨索斯人希望能在雅典再次入侵前拯救色雷斯贸易。萨索斯人不是孤军奋战，他们还召集了希腊大陆的色雷斯人和马其顿人，并派人前往斯巴达，试图劝说监察官们对雅典宣战。开战的借口就是雅典这个叛徒城邦正企图夺走邻邦的自主权。斯巴达人正妒火中烧，愠怒不已。阿提卡势力的持续扩张让他们异常警觉，并考虑向萨索斯人提供援助。就在斯巴达人要宣战的时候，一场意想不到的灾难让斯巴达人不得不转移视线。因此，萨索斯人只能全靠自己。在雅典的强压下，萨索斯人自身的强大实力让他们足足抵抗了两年。然而，由于没有外援，萨索斯人最终的失败不可避免。最终，萨索斯人被迫向西蒙投降。然而，西蒙的大军早就兵临萨索斯城下了。像纳克索斯岛一样，萨索斯人被重罚。他们不但失去战舰和堡垒，而且要交付巨额赔款。更让人恼怒的是，萨索斯最终失去了和色雷斯的贸易关系，而雅典人全权接手色雷斯的贸易。

第6节 伯罗奔尼撒半岛局势

直到围攻萨索斯，雅典十四年或十五年来一直太平无事。出现此情形一部分得益于西蒙的政策，另一部分得益于伯罗奔尼撒半岛的局势。保萨尼阿斯倒台后，斯巴达国内困境重重。斯巴达的宿敌阿尔戈斯最终从三十年前克莱奥梅尼国王的打击中恢复过来。公元前468年，阿尔戈斯开始奋发图强，并重新收回自己在近邻中的主宰地位。阿尔戈斯的一次远征最终摧毁了迈锡尼。这个地处山

迈锡尼遗址（一）

迈锡尼遗址（二）

地的阿哈伊亚小城邦曾历经历史的沧桑浮沉。迈锡尼最近一次出现在历史上是派出一支小分队前往普拉蒂亚，与阿尔戈斯的自私冷漠形成了鲜明对照。公元前468年，迈锡尼命运终结，只留下一圈空荡荡的巨石城墙，孤零零地躺在小山坡上。阿尔戈斯人此举不久就触怒了斯巴达人。战争随之爆发。众多阿卡狄亚城邦纷纷支援阿尔戈斯。斯巴达人打了两场硬仗——一次在提基亚前与提基亚人和阿尔戈斯人针锋相对，一次在迪帕伊耶斯与除曼丁尼亚人外的阿卡狄亚全军对抗。出于对提基亚的憎恶，曼丁尼亚人选择依附自己的旧主斯巴达。在两次交战中，斯巴达人全部取得胜利。阿尔戈斯只能再次陷入先前的阴郁冷漠中。阿卡狄亚人再次归顺斯巴达。这次战役结束不久，萨索斯人就向斯巴达提议进攻雅典。阻止斯巴达人步伐的是发生在公元前464年的大地震。

第7节 斯巴达地震与希洛人起义

伯罗奔尼撒半岛地区从未遭受过这样巨大的冲击。地震最强的地区是埃夫罗塔斯河流域。地面分裂成道道深沟；可怕的滑坡侵袭着塔吉图斯山坡地。在斯巴达城镇内，到处都是倒塌的房屋和神殿。人口伤亡众多。这次灾难让希洛人铤而走险发动起义。保萨尼阿斯的阴谋失败后，希洛人一直饱受怀疑和压迫，因而随时准备孤注一掷。麦西尼亚地区团结一心，多数拉科尼亚地区也纷纷效仿。虽然有庇里阿西人的支持，但斯巴达人还是难以平定叛乱者们，因为叛乱者们将大本营设在了古老的麦西尼亚要塞和圣域所在地伊索姆山。

雅典对萨索斯的围攻结束时，斯巴达人仍然忙于和反叛臣民进行殊死搏斗。当时，处于声誉与权力顶峰的西蒙目睹了自己敬仰的城市所遭遇的一切。西蒙开始说服雅典人忘记旧怨，拯救这个曾和他们分享波斯战争荣光的城邦。他问道："难道你们愿意看到希腊跛掉一条腿，而雅典全身而退并且坐视不管吗？"西蒙的请求遭到雅典反斯巴达派的激烈反对，反斯巴达派的领袖是厄菲阿尔特和伯里克利。他们早就因为与西蒙的敌对而引人注意。然而，最终慷慨无私但极不明智的决策占了上风。雅典派出四千重装步兵支援斯巴达。这支陆军厄运连连。攻打伊索米山时，他们遭到巨大失败。斯巴达将失败归因于雅典军队的图谋不轨而不是运气不佳。因此，斯巴达人开始粗暴地对待雅典盟军，最终将雅典盟军赶了回去，并且毫无感激之意。斯巴达唯一言明的就是雅典盟军的帮助无济于事。这样粗鲁无礼和不知感恩的行径使雅典的反斯巴达派有充分的理由反对西蒙的提议，并为他们获取了在公民大会上前所未有的权力。

当时，西蒙已经不能随心所欲左右雅典的政策。各项事务的处置开始转到他人手中。无论在外交还是内政上，这些人的政见都与西蒙相左。厄菲阿尔特和伯里克利进而与所有和斯巴达交恶的城邦结盟，开始在国内修改法令。厄菲阿尔特和伯里克利决心进一步发展克利斯提尼引入雅典政体中的民主思想。有关索福尼达斯的儿子厄菲阿尔特的事迹，我们知道的很少。尽管厄菲阿尔特曾以公认的雅典反斯巴达派领袖崭露头角，但他的仕途注定夭折。因此，我们很少见到关

伯里克利与雅典公民

于他为人处事的记载。厄菲阿尔特看似是一位能言善辩且充满激情的演说家，实际还是一位极端的民主主义分子。伯里克利则是一位截然相反的重要人物。他是科桑西普斯的儿子。公元前489年，科桑西普斯指控过米太亚德，并在米卡尔战役、塞斯托斯战役中获胜。伯里克利的母亲具有阿尔克迈翁血统。伯里克利为人沉稳古板、冷静自持且高傲自大——这个性格出现在作为受人欢迎的大党派领袖身上显得很奇怪。然而，他与克利斯提尼的关系，以及存在于他的家族与西蒙家族间的敌对促使他拥护民主事业。此外，他所致力的外交政策受到民众的赞许。伯里克利希望继续迪米斯托克利的宏图伟业，所以不顾斯巴达人的敏感怀疑，继续拓展雅典四面八方的权力范围。他已经做好放弃与波斯帝国作战的准备。当时，波斯帝国已经构不成威胁，而他却竭力筹划提洛同盟的强化与扩张，充分利用提洛同盟在爱琴海东西两岸的势力。西蒙心怀希腊，而伯里克利心中只有雅典。然而，伯里克利狭隘的政策更适合时局。

伯里克利为人严肃且出身高贵。无论是崇拜他的朋友还是厌恶他的敌人都将他比作宙斯，无一例外。伯里克利寡言少语，生活隐秘僻静。除非是在重大公众场合，否则人们很少看到他。他的雄辩更具威力，但不是每天都有机会听到，因为他总是克制自己，只有在重大事件发生时才发表演说。他更适合受到同伴的敬仰而不是爱戴，因为他的政策契合了时代精神，所以他受到民众的格外偏爱。

第8节　亚略巴古受到抨击

厄菲阿尔特和伯里克利设定的第一个目标就是削弱亚略巴古的权力。自希波战争以来，这个权力实体就成为保守派和亲拉科尼亚派的大本营。虽然依照法令来说，亚略巴古并不具有任何重要的政治实权，但它在希波战争期间表现出的爱国热情让它颇具影响力。此外，亚略巴古是雅典唯一一个成员终身任职的政治团体，并且对人们的选票不负责任。这些因素本身就足够让亚略巴古具有保守倾向——如同我们这个时代①的上议院②一样。

厄菲阿尔特率先抨击亚略巴古。他选择西蒙在外作战且协助斯巴达镇压反叛希洛人的时机。在激烈争执过后，通过了一项剥夺亚略巴古自古以来就拥有的监察权的法规，厄菲阿尔特成功让亚略巴古沦为仅保有故意杀人罪审判权的法庭。作为将法律的监管权从这个古老机构移交到人民手中的标志，厄菲阿尔特将卫城上刻有梭伦法律的石碑搬下来，竖立在普里塔尼昂前的集市上。亚略巴古的特权被"五百人议事会"、公民大会和人民法庭瓜分。各法庭接管了公民私生活的道德监察权，而"法律捍卫者"承担了捍卫法令的职责。在公民大会，这些官员都拥有荣誉席位。一旦有背离法令基本原则的法律议案出现，他们都可以行使否决权。

---

① 指19世纪。
② 指英国议会的上议院（upper house）。其成员多为勋爵，由神职贵族（Lords Spiritual）和世俗贵族（Lords Temporal）组成。

从战争中归来时，西蒙对自己不在场时发生的一切出离愤怒。事实上，他企图按法律程序废除厄菲阿尔特颁布的法令。西蒙的举动让事态陷入危机。在混乱之中，人们不得不诉诸陶片放逐法。

第9节 西蒙受到放逐

投票结果对西蒙不利。西蒙因而惨遭放逐。不久后，对雅典最伟大将领的不义之举遭到一位过分狂热且行事鲁莽的西蒙友人的报复。厄菲阿尔特在家中遭遇暗杀。虽然无人指控西蒙本人，但可以确定的是，必然是他的党羽做出此事。这次谋杀的直接结果就是让伯里克利成为民主派唯一的领袖。

不久，伯里克利的对外政策就让雅典陷入内乱。伯里克利与阿尔戈斯和塞萨利结盟。阿尔戈斯和塞萨利长期与斯巴达不和，因此又与斯巴达联盟，斯巴达联盟的冲突也就在所难免。伯里克利与迈加拉达成的紧密联盟更是直接激怒了科林斯，而科林斯正是斯巴达联盟中最强大的成员之一。在与科林斯的战争中，迈加拉惨败，在雅典的保护下寻求一线生机。在维奥蒂亚，伯里克利也激起了维奥蒂亚寡头的敌意。他积极支持当地民主党派，而当时维奥蒂亚的多数城市都是寡头政治。民主党派的出现就是为了推翻寡头统治。伯里克利的这些挑衅行为让战争的爆发不可避免。

公元前458年，风暴来袭：科林斯人与埃伊纳人结盟。自公元前5世纪早期开始，埃伊纳人对雅典的妒忌就一直存在。科林斯人还与埃皮达鲁斯的多利亚亲族结盟。这次结盟缘于一个事实，即一支由两百多艘雅典船组成的舰队刚刚被派往埃及，以继续完成西蒙援助伊纳鲁斯国王①反叛波斯帝国的行动。科林斯、埃伊纳岛和埃皮达鲁斯的结盟得到斯巴达的暗中支持，但由于斯巴达还在镇压希洛人起义，分身乏术，因此没有向雅典宣战。

---

① 伊纳鲁斯国王（King Inarus，生卒年不详），公元前460年，在雅典盟友的支持下反叛波斯人。据传，伊纳鲁斯于公元前454年遭波斯人处决。

第24章

雅典全盛时期

第1节 提洛同盟和它的财产

自帝国建立以来与希腊本土敌人的首次重大海战爆发时,雅典采取了两项重要举措。第一项必然是确保自己免受大海引发的不测,即将提洛同盟的核心财产从提洛岛转移到雅典①。萨摩斯岛人指出这个神圣岛屿所处位置容易受到攻击,因而将巨额财产转移到雅典。萨摩斯岛人如果更警觉些,就不会提出这样的建议。在雅典从"霸权"到帝国的路上,毫无疑问,萨摩斯岛人的建议帮助雅典又进了一步。将提洛同盟的共同财产从神圣的提洛岛迁走,此举模糊了提洛同盟原本的宗教和爱国属性。将存放地选在雅典则似乎是提洛同盟成员在向他们强大的保护者雅典进奉贡品。不久,雅典人就认为提洛同盟财产是自己的私有财产。对这笔财产的支取也纯粹是为了满足阿提卡的需求,和其他同盟成员的安康福祉并无关联。关于对提洛同盟财产的挪用和私吞,伯里克利和他的党羽义正严辞且理由充分。他们辩护道,雅典一度完全掌控着战争的全局,而其他城市实际上都已经放弃他们自己的使命:希俄斯岛、莱斯博斯岛和萨摩斯岛是唯一向同盟舰队提供船的成员,而其他同盟成员均将自己的战舰用于贸易。一直以来,雅典以最大的热情持续与波斯帝国作战,并投入大量财

---

① 一些人认为转移的时间是在公元前455年或公元前454年。

力。因此,就算雅典擅用了提洛同盟共同财产的盈余,也不过是在弥补自己先前的损失。此外,毋庸置疑的是,雅典完美地践行了提洛同盟的使命,不仅解放了薛西斯一世奴役下的所有希腊臣民,而且如今正让波斯帝国在埃及的行动举步维艰——波斯帝国再也无力对抗希腊了。如果说提洛同盟以较少的支出完成了初衷,那么这份功劳也应当归之于雅典。这份提洛同盟财产的盈余是雅典应得的奖励。

第2节 "长墙"的兴建

公元前458年发生的第二件大事就是雅典著名的"长墙"开始动工兴建。这项工程是受迈加拉的启发,尽管性质相同。迈加拉的工程规模要小得多。和迈加拉结盟后,通过建立两道城墙,雅典人将离海不过一英里的山地老镇和尼塞

雅典动工兴建"长墙"

兴建"长墙"

亚港连接起来,以确保两地间的安全通行。迈加拉人的"长墙"全长仅有七斯塔蒂亚①。而在雅典,自法勒鲁姆至比雷埃夫斯有两段全长分别为三十五斯塔蒂亚和四十斯塔蒂亚的城墙。旧城与海岸间全长四英里。修建这些城墙的伟大构想只会出于一个目的,即防止在陆上作战时遇到异常强大的敌军。一定是因为雅典人畏惧斯巴达武力干涉雅典,才实施了这些巨大的工程。"长墙"修建完毕

---

① 古希腊的长度单位。各地每斯塔蒂亚长度不一致。在雅典,一斯塔蒂亚约等于一百八十五米。

建成后的"长墙"

后,雅典、比雷埃夫斯和法勒鲁姆形成一种巨大而坚固的三足鼎立态势。中间地带相当广阔,足以容纳阿提卡全部人口,甚至还能容纳他们的牲畜前来避难。若干年后,第二道城墙修建完毕。第二道城墙紧靠第一道城墙,与第一道城墙平行,一直延伸到比雷埃夫斯。这两道城墙让雅典也与它的港口的联系更加安全。即使法勒鲁姆城墙被攻破,从雅典到比雷埃夫斯依然畅通无阻。

发生在塞隆尼克湾的两场恶战拉开雅典与科林斯及埃伊纳岛战争的序幕。第一场海战地点在临近阿尔戈利斯海岸的开克斐勒亚岛附近。在这场战争中,双方基本打成平手。

第3节 雅典与科林斯及埃伊纳岛的战争

但当双方舰队在埃伊纳岛对岸再次交会时,雅典人获得了压倒性的胜利。至少七十艘科林斯和埃伊纳岛的船落入雅典人手中。在这场胜利中,最不可思议的部分就是雅典的二百艘战船当时还在埃及。因此,事实上,雅典以不到一半的兵力就战胜了被公认为"希腊第二"和"希腊第三"的海上强国科林斯和埃伊纳岛的联盟。

　　第二场战争过后,雅典人登陆埃伊纳岛,并以全部重装步兵围攻埃伊纳岛。科林斯人决定全力以赴拯救自己的同盟,并决定攻打迈加拉以转移雅典的视线。根据科林斯人的推测,雅典人的全部军力不是在埃及,就是在埃伊纳岛。因此,除非雅典人解除对埃伊纳岛的围攻,否则将无力派出兵力应战。但雅典人不可战胜的精神让科林斯人意想不到。因为适龄作战的男性均在国外,所以雅典决定征召未满入伍年龄或早已超过退役年龄的男子参战。米隆尼德斯率领全由男孩和老年男子组成的军队奔赴战场,解救迈加拉。米隆尼德斯处于守势,击退了科林斯的袭击。虽然伤亡并不惨重,但科林斯人接着就退回国内。迈加拉因此得救。然而,当战败的科林斯人得知打败自己的军队的真正成员时,来自同胞公民的奚落和嘲笑让他们难以忍受。于是,科林斯人再次前往迈加拉,实施报复。米隆尼德斯再次出战。当时,或许他已经得到迈加拉军队的增援,这场战争胜负分明。科林斯人彻底溃败,伤亡惨重。科林斯军队主体被逼入四周都是围墙的绝境。在乱箭之下,他们仅有一人幸存。为了表示对自己公民参战勇气的肯定,雅典认为这些战役的重要性仅次于马拉松战役。为纪念这些战争取得的成就,雅典人在克拉梅科斯竖立起纪念柱。纪念柱上写着:以此纪念在雅典攻陷塞浦路斯的同年,在埃及、腓尼基、阿尔戈利斯、埃伊纳岛和迈加拉阵亡的士兵[①]。

第4节　维奥蒂亚的战争

　　纪念柱上的碑文残片保存了下来,以唤起雅典人对雅典全盛时期光荣事迹的记忆。与此同时,第二场战争在希腊中部爆发。交战双方是福基斯人和维奥蒂

---

① 阿尔戈利斯的战役是雅典人对哈利埃伊斯(Halieis)的突袭,以失败告终。雅典人在塞浦路斯和腓尼基战役的胜负则取决于他们前往埃及的伟大远征。——原注

亚联盟。维奥蒂亚的寡头统治集团对雅典深恶痛绝。因此,看起来福基斯人是在为雅典而战,而维奥蒂亚很可能会加入科林斯和埃伊纳岛的阵营。在这场战争中,福基斯人进攻并占领了福基斯以北的小部分地区。在前文中我们已经提到,这片地区居住着遗留下来的四支多利亚人社群,而其他多利亚人则入侵了伯罗奔尼撒半岛。战败的多利亚人向斯巴达乞求援助,因为斯巴达是所有血脉相连的城邦的天然保护者。当时,在与希洛人的长期作战中,斯巴达人已经开始取得进展。虽然伊索米山还没有收回,但斯巴达人认为自己有义务去支援同胞。斯巴达人全力筹措了一支由拉科尼亚和伯罗奔尼撒联盟成员组成的部队。他们乘船穿过科林斯湾,前往维奥蒂亚。部队共计一万一千人。维奥蒂亚,这支部队又加入底比斯人及其盟友的阵营,并一路行军到福基斯。在彻底击败福基斯人,并将他们逐出多利斯后,以斯巴达人为首的部队打道回府。然而,他们的归途需要经过迈加拉的领地。到达迈加拉边界后,他们被禁止通行。对于在维奥蒂亚出现一支斯巴达军队,雅典人满腹狐疑,认为战争已经在所难免,因而下定决心立刻直面危机,所以这支部队再次加入科林斯人的阵营。雅典人从阿尔戈斯调集一千重装步兵,从塞萨利获得大量马匹,并从迈加拉、普拉蒂亚和雅典派出所有兵力。雅典军队驻守在从维奥蒂亚到科林斯地峡间的关隘前方。据说,虽然不少雅典寡头团体一直向斯巴达人示好,但并没有出现叛国者。雅典军队一过边境,流放中的西蒙立刻出现在雅典军中,恳请作为志愿者代表自己的部落参战。统兵官拒绝了西蒙的请求。然而,在此之前,西蒙还是恳求自己的友人务必在战争中以身作则,以证明他们的党派中并无叛徒。双方军队在塔纳格拉相遇,接着就是一场恶战。战争一时难以决出胜负,但就在激战时,塞萨利骑兵抛弃了自己的盟友,雅典人因而战败。在西蒙的友人中,至少一百人战死沙场,用自己的英勇无畏证明了所谓的保守党叛国根本是无稽之谈。斯巴达人从不擅长乘胜追击。劫掠麦加里德后,他们的指挥官——斯巴达摄政王尼科梅德斯①洋洋自得,接着穿过当时无人设防的吉安尼亚山关隘,回到伯罗奔尼撒半岛。

---

① 保萨尼阿斯的儿子——幼王普莱斯托莱克斯(Pleistoanax)统治斯巴达时,尼科梅德斯任斯巴达摄政王。——原注

第5节 雅典征服维奥蒂亚

当时,雅典政策的最后一步是将斯巴达和维奥蒂亚联盟加入敌对名单。如果不迅速行动起来,那么维奥蒂亚和伯罗奔尼撒半岛全军集结时,就是雅典溃败的时候。当务之急的第一步就是要结束雅典党派的长期斗争。在塔纳格拉之战中,西蒙所在党派的英勇表现赢得了雅典人的信任。伯里克利本人建议撤销对他的劲敌西蒙的放逐令。接着,战争还没有到来,米隆尼德斯就率领雅典全军突袭维奥蒂亚。这次突袭出人意料,因为冬天还没有结束。虽然当时没有科林斯和斯巴达的援助,但在阿索波斯河流域的奥诺斐塔的底比斯人和维奥蒂亚城市的支持者们还是与雅典入侵者正面交锋。然而,在激烈交战后,底比斯人战败了,维奥蒂亚因而完全暴露在雅典征服者的铁蹄之下。米隆尼德斯一路势如破竹。维奥蒂亚每个城市中都有一个对寡头集团深恶痛绝的党派。这些民主制的支持者加入雅典人。接着,维奥蒂亚的所有城市纷纷打开城门,甚至连寡头党派的中心城市底比斯也落入了雅典人手中。接着,米隆尼德斯在每个城市建立起民主政体,并将各城市政府转交到当地拥护雅典民主制的政党手中,而这些城市的世族大家多数选择流亡国外。

看起来,维奥蒂亚联盟似乎已经解体。雅典分别同每个城邦签订条约。不管怎样,所有城市——无论大小——完全自主权有了保障,而底比斯在该地的主导地位被完全摧毁。维奥蒂亚落入雅典手中时,奥普斯的洛克里斯人也摆脱了寡头政体,并将本国的一百位大家族成员关押在雅典做人质。与底比斯交战的福基斯人也乐意加入雅典联盟。因此,仅此一役,雅典就成为陆上强国。雅典疆域远到伊蒂山地区。此外,在每个城邦,雅典都拥有一支党派的支持。这些党派认为自己在本国的主导地位与雅典的胜利休戚相关。

第6节 埃伊纳岛的陷落

与此同时,围攻埃伊纳岛的行动已经接近尾声。虽然在希腊大陆上军事行动不断，但雅典人丝毫没有放松对埃伊纳岛的封锁。历经九个月的等待后，埃伊纳驻兵的补给终于开始短缺。伯罗奔尼撒半岛除增援埃伊纳岛三百重装步兵外，没有给出任何其他援助，而埃伊纳岛本土资源已经快要消耗殆尽。作为雅典的宿敌，埃伊纳岛不得不向雅典求和，而条件就是要摧毁城墙，交出战船，并作为朝贡成员加入提洛同盟。

第7节 斯巴达平息希洛人起义

虽然斯巴达看似毫不关心伯罗奔尼撒半岛以外盟友们的遭遇，但在对伯罗奔尼撒半岛内部事务的处理上，其努力终获成功。十年叛乱后，希洛人终于陷入绝境。残余的希洛人被围困在伊索米山，最终与斯巴达达成协定：希洛人可以离开，但条件是永远离开伯罗奔尼撒半岛。当时，在杜尔密德的率领下，一支雅典舰队正在劫掠麦西尼亚海岸地区，战败的叛乱者被带上雅典战船。不久，杜尔密德就攻占了埃托利亚海岸的诺帕克特斯镇。杜尔密德将流亡的麦西尼亚人和他们的家人安置在诺帕克特斯镇，将诺帕克特斯镇作为雅典在科林斯湾的前哨阵地。

虽然攻占了伊索米山，但这场胜利似乎不足以让斯巴达迅速恢复实力，更不要说争夺希腊大陆的霸权地位。在接下来的三年中，斯巴达从未强攻麦加里德或攻打雅典。斯巴达甚至无力保卫伯罗奔尼撒半岛，不得不眼睁睁看着自己在捷修姆的海军武器库被烧毁。得知西锡安和埃皮达鲁斯的多利亚属地被劫掠时，斯巴达仍然束手无策。斯巴达甚至无法阻止特罗曾与阿哈伊亚沿海城市公然加入雅典联盟。似乎阿尔戈斯一国就足够牵制住斯巴达，而雅典可以无所顾忌地开疆拓土。

第8节 雅典人在埃及战败

如果不是一场可怕灾难的介入，那么人们将无法知道雅典开拓疆域的尽头

孟斐斯遗址

止于何处。公元前454年,一支强大的雅典远征军再次进入埃及,这支舰队至少由二百艘战舰组成。雅典海军前往埃及协助伊纳鲁斯国王对抗波斯帝国。迈加比佐斯率领波斯军队入侵埃及,并且兵力异常强大。在波斯帝国历史上,这次入侵埃及的规模前所未有。雅典舰队沿着尼罗河逆流而上,行军到孟斐斯。由于离海洋太过遥远,在撤退时,雅典舰队被截断后路,最终和他们的埃及同盟一起被围困在普洛索披提斯岛。尼罗河的一条支流环绕着这个小岛。迈加比佐斯绕道而行,徒步登上小岛。紧接雅典军队和波斯军队展开殊死搏斗。在烧毁波斯人的船后,雅典军队的主力部队全被屠杀。由于雅典幸存者们负隅顽抗,波斯人只好宽恕了他们。七零八落的少部分亡命徒穿过沙漠来到昔兰尼,将战败的消息带到了雅典。

公元前452年年底,希腊的交战双方陷入僵局。在西蒙的斡旋下,斯巴达和雅典及它们各自的盟友即计划达成五年的停战协定。而科林斯拒不承认雅典新边界的举动让和谈不了了之。因此,基于当下诸多城邦间的实力对比,协商的结果仅是休战。该情形标志着雅典权力的高峰。在麦加利斯、维奥蒂亚、洛克里

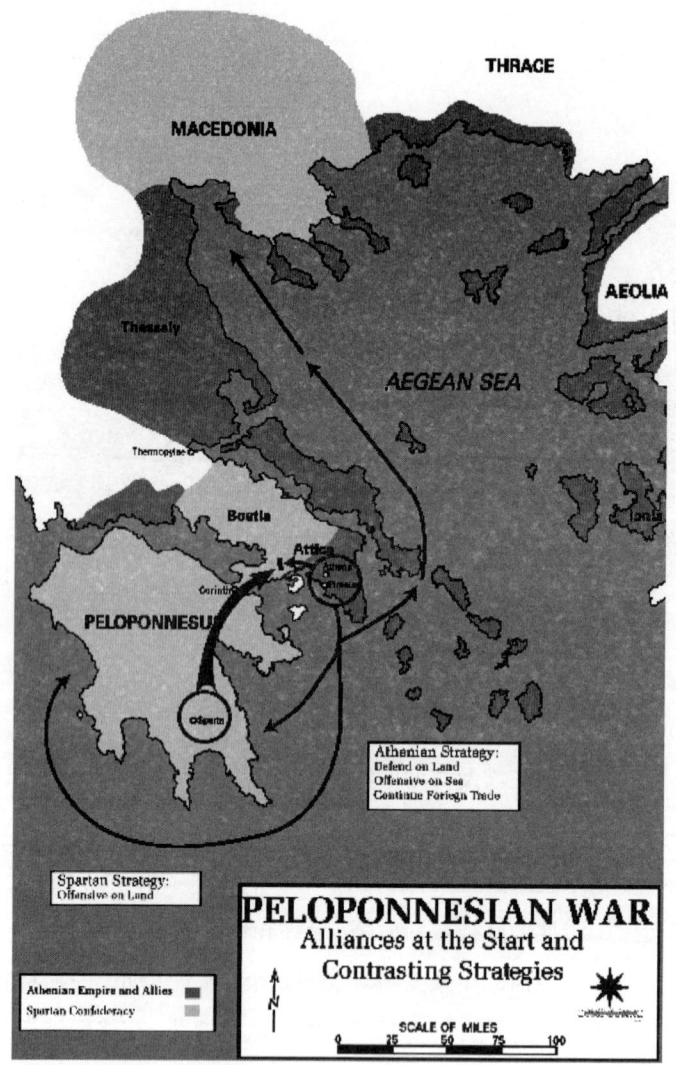

斯巴达与雅典控制的地区示意图

斯、福基斯、阿哈伊亚和特罗曾,雅典的影响占据主导地位。阿尔戈斯是雅典坚定的盟友。在陆地上,雅典的版图与斯巴达不相上下;而在海上,从埃伊纳岛到拜占庭,爱琴海及马尔马拉海的所有城市纷纷臣服于雅典①。

---

① 在伊奥利亚,阿德拉米提乌姆海湾(Bay of Adramyttium)的地区中断了雅典联盟在亚细亚构建的连续阵线。——原注

第9节 西蒙的最后一战

从与斯巴达的战争中解脱出来后，雅典人开始为在埃及的战败复仇。西蒙再次回到雅典，重获大权。西蒙发现，要说服自己的同胞为普洛索披提斯大屠杀复仇易如反掌。接着，他获得一支拥有两百艘船的舰队，并且得到准许，可以随心所欲地攻打波斯帝国的任何一处土地。西蒙决心突袭塞浦路斯地区仍然效忠阿尔塔薛西斯一世的腓尼基各城市。因此，西蒙围攻了基蒂翁。在基蒂翁城前驻兵时，西蒙突然染病倒下，并深感自己大限将至。然而，在弥留之际，西蒙下达的指令让雅典两次大获全胜。腓尼基舰队前来解除基蒂翁之围，却在萨拉米斯港的临近地区战败。不久后，腓尼基的一支陆军也在海岸彻底失败。之后，痛失首领的雅典远征军回国，不再攻打亚细亚。

西蒙的意外早逝——他仍处于壮年时期——让他再没有机会看到接踵而来的灾难已经开始降临到他的祖国。雅典陆上帝国瓦解的速度与它建立的速度一样迅猛。像维奥蒂亚人这样的宿敌永远不会轻易忠诚于雅典；在各地建立起的民主政府也越来越失去民心。这些民主政府让人深恶痛绝。维奥蒂亚的爱国人士认为它们就是雅典的傀儡。此外，民主政府治国无方且面目可憎。最终在公元前447年，在维奥蒂亚北部城市，反对民主党派的叛乱爆发了。所有流亡在外的寡头集团迫不及待地回国加入叛乱者的队伍，并将大本营设在奥尔霍迈诺斯。雅典人派出一支不足一千人的重装步兵给杜尔密德，以支援维奥蒂亚的民主人士。然而，当杜尔密德沿着地处哈利阿图斯和科洛奈阿之间的科派斯湖湖畔向前行军时，遭遇了寡头政府军队的突袭。寡头政府军队以绝对的数量优势彻底击败了雅典军队。杜尔密德本人战死沙场，而他的几百士兵成了俘虏。为了挽救他们的性命，雅典人不得不与获胜者签订条约，承诺自此不再干涉维奥蒂亚内政。当支持雅典的民主党派纷纷从各个城市被驱逐出国时，雅典也只得袖手旁观，而维奥蒂亚各个城市的旧制再次回归，寡头政体复辟。底比斯重获维奥蒂亚联盟管理者的旧职。洛克里斯立刻效仿维奥蒂亚，宣布脱离雅典的掌控。

第10节 埃维亚岛的叛乱

事态发展远没有停下。一直以来,埃维亚岛的各个城市在提洛同盟中显得寡言少语且恭顺驯服。但在当时,它们认为解除与雅典关系的时机已经来到。希斯提阿伊亚、埃雷特里亚、斯塔拉、卡利斯托及埃维亚岛上的其他城市也一同起义。情况已经非常危急。伯里克利亲自带领一支陆军匆匆赶到,希望重新征服埃维亚岛。然而,还没有登陆,伯里克利就被召回。因为雅典收到一则灾难性的消息:迈加拉也已经反叛。迈加拉当初自愿加入提洛同盟,有了同盟的援助才免于在科林斯的强攻下陷落。然而,背信弃义的迈加拉人不仅断绝了与雅典的关系,而且突袭并屠杀了迈加拉城内的全部雅典军队。聊以慰藉的是,迈加拉港口尼塞亚仍然处于雅典掌控之中。科林斯、埃皮达鲁斯和西锡安纷纷出力援助他们反叛的多利亚亲族。雅典的不幸不止于此。与斯巴达的五年停战协定马上就要到期,而不祥之兆就是伯罗奔尼撒半岛正在为开战做准备。这个担忧不无道理。雅典的困境就是斯巴达的时机。五年一过,斯巴达立刻宣战。

公元前446年的春天,斯巴达年轻的国王普莱斯托莱克斯和他的监护人克里安得里达率领一支强大的军队从伯罗奔尼撒半岛出发,进入麦加里德,准备攻打阿提卡。抵达艾留西斯时,斯巴达大军突然停住,又在几天后返回国内。不久,谣言四起,传言说贿赂发挥了作用。斯巴达将领贪赃枉法早就臭名昭著。因此,以下传言很可能属实:伯里克利与斯巴达人暗中交易,向克里安得里达行了巨额贿赂,很有可能还同时向普莱斯托莱克斯国王行贿,条件就是让他们为此次远征的失败寻找借口。至少可以确定的是,伯罗奔尼撒大军一回国,监察官们就逮捕并审问了普莱斯托莱克斯国王和他的监护人克里安得里达。普莱斯托莱克斯和克里安得里达均获罪并被流放。

第11节 雅典征服埃维亚岛

危机过后,伯里克利率领五十艘船和五千重装步兵,匆匆赶到埃维亚岛。

雅典军队的主力——无论是陆军还是海军——都留在雅典城内，以防科林斯或伯罗奔尼撒半岛的袭击。伯里克利带着雅典军队大获全胜。他重新逐个夺回所有城镇，直到征服整个埃维亚岛。最后，伯里克利在埃维亚岛设立了第二个军事殖民地，以强化雅典从陆上对埃夫里普全境的控制。这一军事殖民地的土地是雅典从希斯提阿伊亚被流放的寡头手中夺来的。

第12节 《三十年和约》

然而，埃维亚岛仅仅是雅典注定要收回的众多失地中的一个。不利条件太过强大，就连伯里克利本人一想到继续战争都不免望而却步。他将雅典准备和谈的消息传到斯巴达，并承诺放弃陆上帝国的霸权。当雅典发现谈判可行时，便派出一支由卡里亚斯带领的使团与斯巴达监察官们协商。雅典使团满足了斯巴达及它的盟友在陆上的所有要求，交战双方因此达成《三十年和约》。雅典承认斯巴达在伯罗奔尼撒半岛的霸权，而斯巴达承诺不干涉提洛同盟的事务；所有边远城邦——譬如阿哈伊亚和特罗曾——与雅典的结盟关系全部废除。雅典在尼塞亚及某些外围要塞的驻军纷纷撤离。迈加拉和维奥蒂亚成为自由自治的城邦，并加入斯巴达联盟。总而言之，根据我们得知的情况，这场和谈的条件就是雅典放弃一切陆上霸权，而只要不触动自己的海上霸权，雅典别无他求。

《三十年和约》达成后不久，雅典又完成了另一项重要协定。既然西蒙已经去世，雅典国内就没有人希望与波斯帝国继续无休止的战争。雅典因为在埃及大败，伤亡惨重，所以也不会再发动陆上袭击。而在海上，波斯帝国已经失去一切。因此，在斯巴达成功完成和谈任务的卡里亚斯又被派往苏萨，向阿尔塔薛西斯一世提出和约条件。雅典人的虚荣自负让后人对此次和谈胡编乱造。传言卡里亚斯对波斯人恶意敲诈。甚至还有更离谱的传言杜撰道，卡里亚斯让波斯人做出不再向位于博斯普鲁斯海峡尽头的库阿尼恩礁岩以西及吕西亚的克里顿尼亚角派出战舰的承诺。但事实上，双方并没有达成官方协定。卡里亚斯回国后遭到控诉。他的罪名是在协商中故意出错。雅典人与小亚细亚总督们签订合作协议，从而实现了妥协。雅典人及其盟友放弃对波斯边境的攻击。波斯总督在内陆安然处之，不再企图收回海岸地带。尽管如此，向波斯帝国君主进贡的名册上还是出现了波斯帝国失地伊奥尼亚和卡里亚的名字。波斯帝国正伺机重新夺回一切。

第 25 章

和平时期：伯里克利和雅典帝国

虽然雅典与斯巴达在公元前445年缔结的《三十年和约》注定维持不了甚至一半的时间，但确实让希腊有了十四年相对和平的时期。《三十年和约》终止的战争并没有带来各个权力的平衡。和约不过是承认斯巴达继续拥有陆上霸权，而雅典帝国仅限于海上。孰强孰弱还不分明。唯一可以肯定的是，希腊尚未建立持久的和平。然而，一旦考验过彼此的实力后，雅典与斯巴达就会发现争夺主导权的决战将会漫长而让人疲惫不堪。因此，它们并不急于重新陷入敌对状态。只有通过长达十四年的积怨，才会让雅典与斯巴达再次针锋相对。

第1节 无所不能的伯里克利

在雅典，这十四年恰恰是伯里克利权力与影响力的顶峰时期。虽然他的政策时常遭遇敌对意见，声望也一时受损，但实际上，伯里克利是这个时期雅典的首席大臣。既然西蒙已死，那么当时也没有人可以与伯里克利匹敌了。在保守党派中，唯一能与伯里克利分庭抗礼的是美利西阿斯的儿子修昔底德，但显而易见，修昔底德的才能与权力处于劣势。在民主党派中，自从厄菲阿尔特被杀后，也没有人能与伟大的领袖伯里克利平起平坐。事实上，在雅典事务中，伯里克利占据主导地位。他的政敌毫无顾忌地称他为"僭主"来影射他的外貌、举止和言谈与庇西特拉图如出一辙。

修昔底德

在对内政策上，对亚略巴古的改革开始后，伯里克利更加大刀阔斧。他力图实现所有雅典机构的民主化，废除一切对公民大会行政权及人民法庭司法权的约束。在伯里克利有生之年，这些政策的效果并没有立竿见影，因为民众习惯追随他的脚步，而政令的颁布也是顺乎民意。只要公民大会一直由一位领袖引领，纯粹民主政体的真正效用就很难显现出来。在伯里克利去世后，公民大会开始受到多方势力的影响。政客们虽说才能一般，却意见相左。"全民投票式政府"

的缺陷日渐显现。一些坚定或动摇，开战或求和的决定总是在混乱中表决通过。政令的颁布完全取决于一时的冲动。

第2节　人民法庭的报酬

伯里克利的首项措施是执政官的完全平民化。公元前456年，执政官对双牛级阶层开放。在此之前，该职位仅限于富裕阶级。不仅如此，不久后，就连收入达不到双牛级的人也可以成为候选人。唯一保留下来例行公事的程序就是，当候选人抽中签登记时是作为双牛级，而不是日佣级。

伯里克利政策最显著的特点就是，法律规定贫困阶级参与国家事务时会得到补助。伯里克利不仅鼓励那些对公共事务有兴趣的人参与政事，而且希望每位公民都加入公民大会和法庭中去。而吸引大众注意力最直接的方式就是从国库中拿出钱财资助他们。早在公元前5世纪，克利斯提尼就设立了赫利亚，作为雅典的最高法院。赫利亚又可以分为更小的权力机构，即人民法庭。该转变或许是案件数量激增的结果。执政官渐渐失去信誉，人们不再乐于将诉讼送到六位初级执政官处审理，人民法庭由此设立。伯里克利和厄菲阿尔特几乎剥夺了执政官所有的司法权后，人民法庭的任务就艰巨了。然而，需要法庭裁决的官司的数量激增，必然是因为提洛同盟成员国渐渐形成将案件交到雅典审判的习俗。雅典附属盟友间的法务纠纷交由同盟首领雅典定夺，这也是情理中的事。然而，不仅如此，所有雅典人作为原告或被告的案件最终看起来都是大案要案——即使是同城公民间的案件。这些案件都必须转由最高法庭处理。案件数量庞大，使那些身为陪审员的公民不堪重负。他们为此付出了大量的时间和耐心。到头来，他们发现自己整年的精力都耗费在了人民法庭。然而，通过向审理官支付报酬的方式，伯里克利改变了事态的发展。因此，该职位不再令人们避之不及，而是让所有人求之不得。起初，支付的金额为一欧宝[①]——看似很少，但对一位贫穷的雅典人来说已经相当丰厚。后来，该报酬又涨到三欧宝，与重装步兵的日收

[①] 古希腊银币。

首席大臣伯里克利

入相当。自此，人民法庭几乎成了不少雅典公民的永久居所。尤其对于那些过了服兵役年龄的贫困公民来说，没有哪项义务能够凌驾在充当陪审员之上。四十年后，民主派的领袖开始支付公民大会和人民法庭报酬——这也是伯里克利思想的进一步发展。

雅典的民主人士自吹自擂道，通过补助的方式，法律和政治的知识已经深入全体公民内心,而雅典的政治智慧已经远远超过希腊其他国家。在一定程度上来说,此番话不假,但政治事务或诉讼案件的教育影响有它的局限性。让人不得不怀疑的是,在这样的国家里,每个人都渴望成为职业政客和法官,并且有国家为个人的抱负付费,但是否真的就能治理有方呢?伯里克利的政敌将他立法的结果总结如下:这项立法让雅典人变得无所事事、喋喋不休和唯利是图。他们抱怨道,伯里克利的法令让人们过度地将时间花费在普尼克斯和法庭周围的闲逛上;它让每位雅典人都去训练自己公众演说或诉讼辩解的能力;它诱使雅典人认为履行最基本的公民义务必须得到报酬——而这些义务本应被看作神圣的职责,而非有偿行为。或许,伯里克利的政敌更在理。虽然伯里克利鼓励业余时间参政议政的法令大大提高了民众的政治智慧,但这项法令给雅典带来的灾难远胜福祉。

第3节 国家救济

补助穷人的体制并没有止步于公民大会和人民法庭。伯里克利还将它带入生活中的其他领域。在公共节日时,国家将分发众多的救济与款项,而伯里克利是这些法令的创立者。据说,这些法令源于伯里克利和西蒙的对抗:保守派富有的政客西蒙总是向民众开放他的庭院和花园的大门,并且对与他同属一个村社的人提供免费食宿。伯里克利的个人收入不允许他这样大规模贿赂大众。据说,他从国库中拿钱笼络人心,而不是直接从自己的腰包中取出钱来。据记载,伯里克利曾多次提议将公款划拨出来用于节日庆典。这样,当节日来临时,穷人们不仅可以观看节日盛会,而且还能用公款购买荤食和美酒。然而,到了罗马时代,这项政策已经腐化,仅仅用来满足君主的施舍与享乐。有关这些拨款及其他类似的体制,最糟糕的就是钱财并不源于阿提卡国库,而是源于提洛同盟的成员国。如果没有盟友积聚的供奉品,那么这样大额的分发根本不可能实现。

第4节 伯里克利大兴土木

接着,伯里克利发现了另一项消耗国库的方法,并且同样有效,即提洛同盟的共同财产可以用来加固并美化雅典。我们已经提到伯里克利在雅典上城与比雷埃夫斯之间修建的第三条长墙。然而,在他用石块和砂浆修建的众多建筑中,这次尝试不值一提。与长墙相比,由伯里克利兴建的装点雅典的恢宏公共建筑更重要。在这些建筑中,有些矗立在雅典的平坦地带。譬如,位于雅典卫城东南方悬崖底的奏乐厅。奏乐厅是演奏音乐的地方。据说,它的屋顶是仿照薛西斯一世宽大而华丽的营帐修建的。其他建筑都在比雷埃夫斯,其中有高大的谷物大厅和谷物交易市场。谷物交易市场是商人的交易所。甚至在雅典城外,在拉姆诺斯、艾留西斯和苏尼昂角,伯里克利都兴建了宏伟的神殿。然而,伯里克利建造的最重要的建筑位于雅典卫城。在雅典卫城最西端只有一条斜坡可以通行的地方,建筑师姆奈西克里建造了雅典卫城山门。仅卫城山门一项工程就耗费两千塔连特。卫城山门包含一段宏伟的大理石台阶。大理石宽七十英尺。两列石

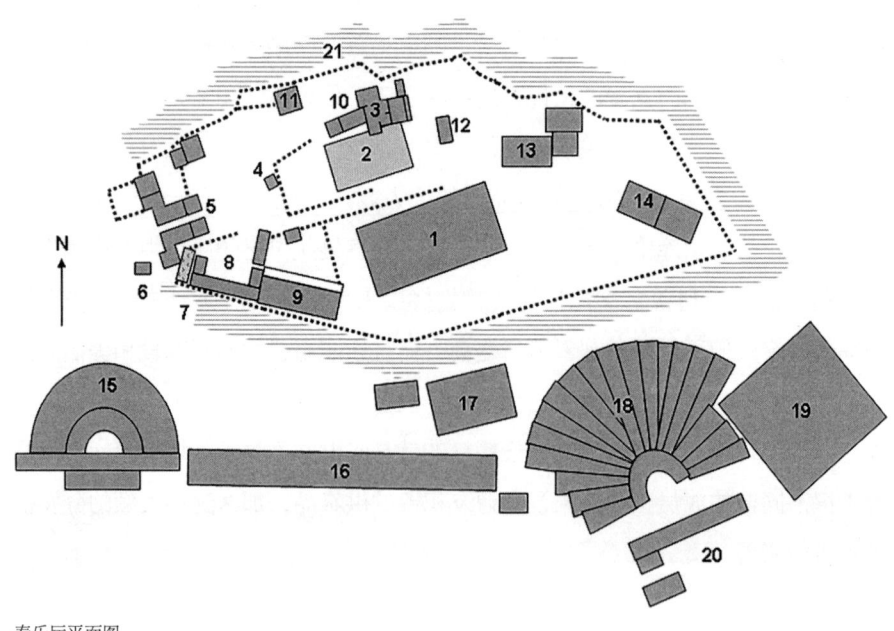

奏乐厅平面图

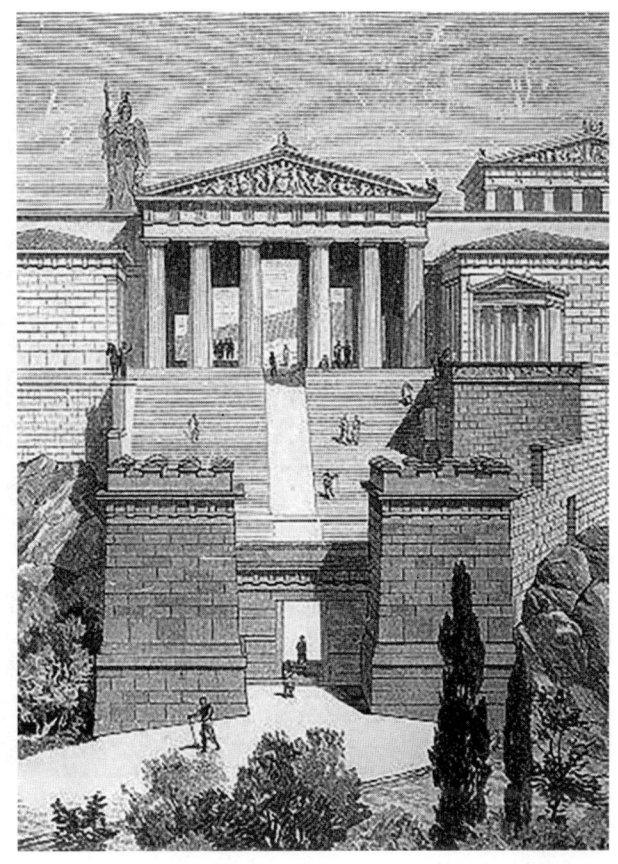

卫城山门

柱位于台阶两侧。访客经过这些台阶进入雅典卫城。在正中的石柱两侧,是突出的侧厅。侧厅沿着悬崖边缘伸展。侧厅的石柱稍小一些。两厅之间是正中的阶梯。北部侧厅有举世闻名的画廊。自建造之初起,该画廊就被伟大的画家波吕格诺图斯的湿壁画覆盖了。

第5节　雅典娜普罗玛琪斯

穿过卫城山门后,就看到了雅典娜普罗玛琪斯[①]的巨型青铜雕塑。雅典的

[①] 意为"战斗在前线的雅典娜"。

帕台农神殿遗址

守护女神全副武装，一手拿矛，一手拿盾，双臂向前伸展。这尊伟大的雕像是菲迪亚斯的作品，高五十英尺，而底座又为她加高二十英尺。雕像的头部已经和神殿的屋顶一样高。在遥远的海上，人们就能看到雅典娜头盔上的金质羽毛。因此，雅典娜普罗玛琪斯雕像也为水手们提供了埃伊纳湾举世闻名的地标。

雅典娜普罗玛琪斯雕塑的不远处矗立着伯里克利兴建的最宏伟的建筑——闻名遐迩的帕台农神殿。帕台农神殿虽然不是雅典卫城上最受尊重和爱戴的神殿，却是最宏大和最壮丽的神殿。

在附近的厄瑞克修姆神殿里，有古老而神圣的雅典守护神木雕、被波斯人砍下后又重生的神圣橄榄树以及象征雅典娜存在的一条活着的蛇。然而，虽然帕台农神殿不能产生迷信和令人敬畏的气息——像它周围的建筑那样，但对每位雅典人来说，帕台农神殿象征着它所在城市的帝王风范。帕台农神殿金碧辉煌的装饰的资金全部来自雅典附属同盟的进贡,而帕台农神殿内就是积聚供奉财物的宝库。正是这些财物让雅典强大富庶。提洛同盟每个成员向雅典进贡财物的数量都被刻在了墙外。帕台农神殿的建筑出自伊克蒂诺之手,而雕塑和浮雕均出自菲迪亚斯之手。在神殿东西两方的山墙上,这位伟大的雕刻家精心雕刻了一组表现雅典娜诞生及雅典娜与波塞冬战斗的图像。不仅如此,在九十二个圆形石柱柱顶上方或屋顶边缘下方的方形空间上,菲迪亚斯还刻满了众多独立的故事画,表现远古英雄与亚马逊人及半人马怪物交战的场景①。此外,在帕台农神殿外围柱廊的内侧,菲迪亚斯在上半部分墙体上刻画了一系列优雅形态的人物,再现了泛雅典娜节日时的庆典场景:在最盛大的节日当天,祭祀、执法官们

厄瑞克修姆神殿遗址

---

① 出自希腊神话。

帕台农神殿的雕塑

及雅典的侍女和骑士纷纷向雅典娜表达自己的敬意。在至少四千平方英尺的面积上，都覆盖着这位不知疲倦的雕刻家的作品。帕台农神殿的后半部分被称为"后殿"，是雅典财物的保险库，而前半部分才是真正的神殿。帕台农神殿存放着菲迪亚斯最光彩夺目的作品：巨型雅典娜雕像由象牙和纯金锻造而成，而非大理石或青铜。单单是雅典娜的黄金战袍就重四十塔连特[①]。她的铠甲上还镶嵌着价值连城的宝石。然而，与艺术价值相比，这尊雕像纯粹的货币价值根本不值一提。毫无疑问，这尊雕像是远古伟大雕刻家菲迪亚斯的杰作。除了若干年后菲迪亚斯在奥林匹亚山上雕刻的大型宙斯像，整个希腊没有任何雕像能与这尊雅典娜雕像相提并论。如果说伯里克利违背了国际道德准则，将提洛同盟的共同财产为雅典私自使用，那么无论如何，人们必须承认的是，被伯里克利挪用的财产总算用来做了一件高尚的事。

---

① 相当于九千七百五十磅。——原注

第6节 修昔底德被放逐

直到反对伯里克利政策的党派完全被肃清,伯里克利政治变革的最后措施才得以实施。我们前面提到,西蒙死后,保守派和亲斯巴达派的领导权落入亲族美利西阿斯的儿子修昔底德的手中。对于伯里克利的所有提案,修昔底德都强烈反对。集会时,修昔底德让自己的追随者们坐在一起,用他们的齐声呼喊和训练有素的掌声来弥补数量上的不足。然而,正是这种成群结队的方式向政敌暴露了他们在选票上的绝对劣势。民主派嘲弄他们为"少数派",并且因自己明显拥有的多数席位而深受鼓舞。修昔底德义正严辞地谴责伯里克利的所有举措,宣称伯里克利让雅典蒙羞,因为伯里克利诱导雅典将希腊公用的财物据为己有。全世界的人都知道,只有专制城邦才会将同盟的财物用来补助自己的穷人,并修建神殿和丰碑装点自己的街道。"当雅典成千上万地花费提洛同盟的财物,为雕塑镀金,为神殿雕刻时,雅典与轻浮而虚荣的妇人没有两样,都用来路不明的珠宝打扮自己"。然而,修昔底德的攻击无济于事。伯里克利一如既往地答道:"既然雅典阻挡了波斯帝国的入侵,那么它就有权使用提洛同盟的财产。"伯里克利刻意避开以下事实:伯里克利掌权以来,所有对抗波斯帝国的军事行动已经全部取消。民主派与修昔底德喋喋不休的争吵一直持续到公元前443年。通过陶片放逐法,修昔底德坚持不懈却毫无成果的对抗最终结束。强势的一派投票将他流放。此后,伯里克利再页没有遇上强大的对手。

在伯里克利的指引下,雅典的外交政策就是积极扩张领土。然而,在希腊大陆地区,雅典不敢轻举妄动。因为一旦雅典在希腊大陆扩张领土,便会直接引发与斯巴达或底比斯的战争。

第7节 雅典帝国的疆域

当时,提洛同盟的组织体系已经完备。提洛同盟成员包含所有小亚细亚沿海城市，从地处比提尼亚博斯普鲁斯海峡外的阿尔塔纳，一直延伸到吕西亚的卡尼德纳。在欧罗巴，雅典的纳贡者从拜占庭到埃尼亚，沿着色雷斯和卡尔基斯海岸绵延不绝。除了多利亚小国米洛斯和锡拉，爱琴海上的所有岛屿都是提洛同盟的成员。甚至以上地区以外的若干城市也加入了提洛同盟。位于遥远的克里米亚的尼姆法尤姆和西里西亚的西伦德里斯都是雅典的盟友，更不用说埃雷特里亚或埃伊纳岛了。雅典废墟中挖掘出来的贡品清单上共有二百四十九个城市，仅有三个城邦——莱斯博斯岛、希俄斯岛和萨摩斯岛不愿用钱折合原先分派的船队，因而仍然保留了海军。根据财务用途，剩下的二百四十六个城市分为五组，即色雷斯区、海岛区、达达尼尔海峡区、伊奥尼亚区和卡里亚区。征税船定期驶向爱琴海和达达尼尔海峡周围，从每个城市收定额的贡品。最终，这些贡品都将上交到司库官手中，并存放在雅典卫城里。所谓的定期会议也似乎完全取消了。就算有会议也不过是例行公事，除了雅典代表参与便再无他人。在伯里克利时期，每年贡品总额近六百塔连特。唯一用于提洛同盟的支出就是维护六十艘在爱琴海巡航的雅典战舰。因此，虽然巨额进贡财产用于雅典的国家救济、节日庆典和公共建筑，但很可能雅典卫城还是积聚了至少九千七百塔连特的财富。

每过四年，各城市须缴纳的数额都要重新计算一次。总体来看，评估还是相当公正合理的。即使是像埃伊纳岛或纳克索斯岛这样与雅典结过怨的城市，也和那些更温顺的属民交纳差不多的数额。事实上，这些同盟成员并不是嫌赋税过重，只是向雅典交税的现实让他们怨恨不已。

第8节　安菲波利斯和图里殖民地

我们前面提到，公元前446年，平息埃维亚岛的叛乱后，伯里克利在当地建立了军事殖民地。伯里克利还在其他地区设立了相似的雅典公民驻防地，其中以米太亚德的世袭领地色雷斯最特别。然而，这些定居点的设立并不是伯里克利拓展雅典影响力的唯一方式。真正意义上的殖民地都设立在精挑细选的地方。地处帕夫拉戈尼亚的阿米苏斯和锡诺普之所以日渐壮大，就是因为在雅典的指引下，成群的移民被分派到这些地方。公元前466年，位于斯特律蒙河上的恩尼亚何多依遭到了雅典军队的灾难性打击。公元前437年，雅典第三次占领恩尼亚何多依，并加固设防。当时，色雷斯人已经无力驱逐定居者们，而哈格农成为新城安菲波利斯的殖民地开拓者。在安菲波利斯的人口中，雅典人数量不多。然而，城市创建者的国籍使安菲波利斯成为雅典名义上的子城。与安菲波利斯类似的还有位于遥远的西方的殖民地。该殖民地的地位与安菲波利斯同样重要。七十年来，地处埃普基海岸的锡巴里斯城一直荒无人烟，而幸存的锡巴里斯家族的人都散居在意大利地区。伯里克利将这些锡巴里斯家族的人召集起来，又加入相当数量的雅典移民及众多的伊奥尼亚人和其他希腊人，在锡巴里斯古城的废墟旁建立了新城。不少名人参与了锡巴里斯的殖民活动。其中有历

安菲波利斯

普罗塔哥拉与樵夫

史学家希罗多德、哲学家普罗塔哥拉及雄辩家利西阿斯。不久后,拥有古老锡巴里斯族血统的公民和自东方而来的殖民者发生了争执。拥有古老锡巴里斯族血统的公民妄图建立寡头政体的行动遭到镇压。公元前443年,为了表明锡巴里斯已经易主,获胜者将锡巴里斯更名为"图里"。

第9节 萨摩斯岛的叛乱

在公元前445年之后十四年的和平期内，伯里克利的统治仅仅遭受过一次重要战役的干扰。这场战争始于萨摩斯岛的叛离。萨摩斯岛是提洛同盟中三个保留海军的城邦之一，而萨摩斯岛保留海军是为了不至于像它的邻邦一样完全沦为雅典的附属。萨摩斯岛和米利都存在领土争议。在该争议提请雅典裁决后，雅典人将土地划给了米利都。然而，萨摩斯岛的寡头不愿放弃领地，并一直坚持不懈。接着，雅典派出一支四十艘船组成的舰队进入萨摩斯岛港口。舰队指挥官是伯里克利。他迅速镇压当地寡头政府，在萨摩斯岛建立民主政体。接着，伯里克利带走一百名人质，将他们遣送到雅典的军事殖民地利姆诺斯岛。雅典的高压政策激起了萨摩斯岛人的民族仇恨。萨摩斯岛残余的寡头成员引来吕底亚总督皮苏特尼斯的支援，推翻了新建的民主政体，并宣布退出提洛同盟。接着，萨摩斯岛匆匆派出几艘船驶往利姆诺斯岛，解救困在利姆诺斯岛的人质，并由此与雅典开战。纳克索斯岛和萨索斯的前车之鉴并没有让萨摩斯岛人望而却步。他们自信可以夺回完全的自治权，并呼吁其他提洛同盟的成员加入他们的阵营，反抗雅典。然而，在所有提洛同盟成员中，只有拜占庭无畏地宣告自己脱离提洛同盟，直面雅典的暴怒。

萨摩斯岛人起义的消息一传到雅典，雅典就派出一支远征军攻打萨摩斯岛。远征舰队由六十艘船组成，共有十位指挥官。其中，伯里克利为总指挥。诗人索福克勒斯也是指挥官之一。雅典远征军穿过爱琴海，在特雷吉亚岛附近与萨摩斯岛舰队交锋，并打败了他们。不久后，伯里克利从雅典、希俄斯岛和莱斯博斯岛补充兵力，集结了一百二十五艘船，将萨摩斯岛从海陆两处团团封锁。然而，有消息称吕底亚总督皮苏特尼斯已经派出腓尼基舰队。这个谣言诱使伯里克利分派出一半兵力前往吕西亚海岸，以监视腓尼基舰队的靠近。萨摩斯岛人抓住时机，大胆地从港口派出七十艘船，与前来封锁的雅典海军部队交锋，并彻底打败这支雅典海军部队。十四天来，萨摩斯岛人都掌握着海上控制权，因而能够派出信使祈求多方援助，尤其是斯巴达人的支援。然而，不久后，雅典的增援兵力就从四面八方赶来。萨摩斯岛再次被封锁。萨摩斯岛人展开了殊死搏斗。虽然当时最负盛名的技师亚提蒙为伯里克利建造了许多新型的攻城器械，但萨摩斯岛人还是在防御中大获全胜。九个月过去后，萨摩斯岛人终于确信没有人前来支援自己，被迫投降。与纳克索斯岛和萨索斯一样，萨摩斯岛人不仅被迫拆毁城墙，交出战船，还要交纳一千塔连特的赔款。奇怪的是，雅典人不再强迫萨摩斯岛成立民主政府，而是保留了寡头政体。惩戒萨摩斯岛的消息一出来，拜占庭立刻宣布投降。

萨摩斯岛人向斯巴达发出的求救信息几乎引发了欧罗巴希腊的全面战争。监察官们召集盟友举行大会。不少城邦都认为攻打雅典的时机已到。然而，科林斯说服了斯巴达政府要保持克制。据说当时，斯巴达的附属同盟也在蠢蠢欲动，而毫无疑问，支援萨摩斯岛是对附属成员叛离宗主国行为的鼓励。希腊境内再次爆发战争并不是萨摩斯岛造成的，而是一系列其他积怨作用的结果。

第26章

伯罗奔尼撒战争的爆发和起因

第1节 斯巴达人的感受

直到萨摩斯岛发生叛乱时，斯巴达各盟友的观点还是倾向于继续保持与雅典的和平。然而，不久后，天平开始向反对派倾斜。引发这种情绪变化的原因很多。就斯巴达本土而言，在公元前445年停战时期成长起来的新一代已经登上历史舞台。对于公元前464年大地震后艰难困苦的岁月，这些年轻一代早就忘记了。他们也忘记了之后的希洛人叛乱。此外，持续多年的和平时期足以让斯巴达恢复实力，并再次巩固他们自古以来在伯罗奔尼撒半岛地区的霸权。年长一代曾对雅典人企图进入科林斯地峡恐惧过，但年轻一代已经感受不到这种恐惧。由于雅典建立了帝国，导致在内心深处，几乎每一位斯巴达人都对雅典心存嫌隙。虽然雅典失去了陆上霸权，但其光芒仍然让松散的伯罗奔尼撒联盟黯然失色。对任何能与斯巴达匹敌的希腊城邦，斯巴达都忌妒不已，并急于与它大战一场，决出胜负。值得记住的是，在斯巴达，训练和法令存在的目的只有一个，即提高战争效率。然而，十几年来，斯巴达人没能参与任何一场战争。不过，还有一些外在因素的进一步影响才迫使行动迟缓的斯巴达人决定立刻作战。斯巴达人需要外力作用来驱使自己采取决定性的一步。

第2节　维奥蒂亚和迈加拉的积怨

不少斯巴达的盟友一直对雅典忿忿不平。对于雅典曾主宰维奥蒂亚十年这件事，底比斯人从没有忘记，他们渴望复仇。此外，底比斯对岸就是普拉蒂亚。普拉蒂亚曾与底比斯同属维奥蒂亚联盟，而今却成了雅典的前哨，意味着雅典的势力范围已经突破西塞隆山①。与底比斯不同，迈加拉人对雅典怀有的是新仇。雅典永远不会原谅迈加拉人在公元前446年的叛乱，以及他们背信弃义对雅典驻军的大屠杀。公元前445年，虽然雅典被迫与迈加拉及其他斯巴达盟友达成和解，但雅典还是第一时间与迈加拉敌对起来。雅典以逃亡奴隶和边境处争议土地的问题为借口，挑起与迈加拉的争执。接着，雅典以迷信的借口为自己的真实动机做掩护。这种借口是希腊外交惯常使用的，即指控迈加拉人亵渎神明。因为迈加拉人耕作的边境土地是进献给得墨忒耳的。最终，作为该罪的惩罚，雅典的所有港口和集市都不再向迈加拉商人开放。同时，雅典还迫使自己的盟友采取相同的措施。对雅典的多利亚邻邦迈加拉来说，雅典的这些行为令自己深受伤害。一直以来，迈加拉都是依靠海上贸易活动，他们的贸易遍及东西各地。雅典禁止迈加拉停靠任何提洛同盟成员的港口，该命令一下就让迈加拉损失了一半的贸易。整个迈加拉城因此萧条破败。迈加拉一再派出特使，乞求斯巴达逼迫雅典人撤销这项可憎的法令。然而，这些乞求一度被无视。

离迈加拉不远，还有一个城邦。它的境况可能引起了斯巴达的不满。多年来，曾与雅典匹敌的埃伊纳岛一直都是伯罗奔尼撒联盟的成员。然而，在斯巴达衰弱的日子里，埃伊纳岛被迫成为雅典的属地，并加入提洛同盟。虽然埃伊纳岛不能派遣官方使者，但毋庸置疑的是，埃伊纳岛的多利亚寡头集团竭力想告知监察官们自己的不幸处境，并私下乞求斯巴达将自己从雅典的束缚中解救出来。尽管如此，迫使斯巴达和雅典重新作战的主要起因既不是底比斯，也不是迈加拉和埃伊纳岛。受情势所迫，公元前439年还在极力倡导和平的科林斯势必会成为战争的主要鼓吹者。

---

① 普拉蒂亚位于西塞隆山以北。

第3节 科林斯和克基拉

我们已经提到,和其他希腊城邦相比,科林斯殖民地对母邦的依赖性较强。在科林斯建立的一系列希腊西海岸的殖民地中,除一处外,全都处在科林斯的控制下。安布拉基亚、莱夫卡斯岛、安纳克托里安及其他殖民地都和母邦科林斯联系紧密。他们共同建立起一个商贸和政治联盟。在联盟内,货币可自由兑换,并且各成员一直资源共享。科林斯是联盟中的主导者,而其殖民地也乐于追随它的领导。然而,科林斯以北的一个殖民地总是特立独行。自建立之初起,克基拉就对母邦科林斯充满敌意。经过苦战后,克基拉终于在公元前7世纪独立。僭主佩里安德曾再次让克基拉俯首称臣,但在佩里安德离世后,克基拉又一次脱离了科林斯联盟。克基拉位于科林斯至塔林敦和叙拉古的贸易路线

科林斯遗址

当中,常常拼尽全力干涉科林斯的贸易活动。因此,科林斯和克基拉自然而然成为死敌。

在伊利里亚海岸以北不远处,有一个城市埃庇丹努斯。与"埃庇丹努斯"相比,这个城市日后的名字"都拉基乌姆"更广为人知。克基拉人创建了这个城市。然而,依循希腊传统,仍然由一位科林斯人——赫拉克勒斯族的菲利乌斯——作为埃庇丹努斯的正式开拓者。公元前435年,埃庇丹努斯陷入严重的内乱。和当时的每个希腊城邦一样,埃庇丹努斯爆发了寡头政府与民主派的激烈内战。民众最终将寡头集团驱逐出境。寡头集团成员因而逃到邻近的伊利里亚部落的陶兰提依人处避难。接着,寡头集团成员又煽动陶兰提依人攻打埃庇丹努斯。陶兰提依人将埃庇丹努斯的民主派围困在城内。埃庇丹努斯的民主派因为无法进行耕作,所以陷入极大的困境。因此,埃庇丹努斯的民主派乞求克基拉人支援自己,因为克基拉人离他们最近,并且和他们有亲缘关系。然而,克基拉政府拒不干涉党派争执,因而不准备提供支援。埃庇丹努斯人突然想到自己和科林斯也有某种关系,因为作为殖民地,埃庇丹努斯的开拓者就是科林斯人。因此,既然克基拉拒不提供援助,埃庇丹努斯人便派使者前往母邦科林斯请求援助。科林斯人很高兴能抓住时机联合克基拉的近邻,以此给克基拉制造麻烦。如果埃庇丹努斯加入科林斯的贸易联盟,那么克基拉给自己造成的损失将会大大降低。于是,科林斯人热情接待了埃庇丹努斯的使者,并承诺会尽快提供支援。科林斯人不仅装备一支小型舰队——在船上为埃庇丹努斯提供了一支驻军,而且还邀请移民加入埃庇丹努斯日渐减少的人口中去,并向移民保证自己会提供保护。到达埃庇丹努斯后,这支远征军极大地增强了埃庇丹努斯的抵抗力量。但同时,科林斯此举也引起克基拉的愤怒。克基拉人对科林斯人进犯自己的海域愤愤不平,并决心通过武力解除科林斯与埃庇丹努斯的同盟关系。于是,克基拉派出由四十艘船组成的舰队从海上封锁埃庇丹努斯,并与埃庇丹努斯的寡头成员及陶兰提依人结盟。

第4节 科林斯与克基拉的战争

克基拉的行为必然引发战争。科林斯人迎接了挑战。科林斯派出三十艘船,又从莱夫卡斯岛和安布拉基亚的殖民者中召集部队,同时还获得了迈加拉的支援。被雅典截断东部贸易后,迈加拉人迫切希望开辟西部贸易市场。公元前435年年底,在科林斯人阿里斯提乌斯的率领下,一支由七十五艘战船组成的联合舰队启航出海,前往解除克基拉对埃庇丹努斯的封锁。

在亚克兴角附近,克基拉舰队与科林斯联合舰队交火。迎战的八十艘克基拉战船彻底击败了科林斯联合舰队,而克基拉人只损失了十五艘战船。同日,埃庇丹努斯投降。埃庇丹努斯人同意被流放的寡头集团回国,而科林斯驻军成了战俘。

这次战败让科林斯暴怒。科林斯立刻投入复仇的准备中。整个公元前434年,科林斯人都在强化并装备自己的舰队。公元前433年春天,科林斯人已经拥有九十艘战船。科林斯人还请求他们的附属盟友准备船队,并从盟友处获得了

古希腊战船

三十八艘战船。虽然克基拉拥有全希腊第二大海军和至少一百二十艘三桨战船，但加上迈加拉的十二艘战船和伊利斯的十艘战船后，科林斯舰队的战船数量已经足够压倒克基拉。

第5节 克基拉向雅典求助

在此之前，克基拉人一直置身于希腊政治事务之外。就连薛西斯一世入侵这样的危机都无法使克基拉关注玛勒亚海角以外的事。然而，当风暴逼近时，克基拉人被迫四处寻找盟友。希腊西部的所有海上城邦都与科林斯结盟，而克基拉对岸的意大利并没有强大的战舰力量。除了雅典，克基拉找不到有实力帮助自己的强邦。苦苦搜寻后，克基拉人极不情愿地决定加入雅典联盟，并因此放弃了完全独立自主的地位。到当时为止，他们一直保持完全自主独立，并引以为傲。公元前433年早春，克基拉人派出使者出访雅典，征询雅典是否愿意与他们结成攻守同盟。得知克基拉的行动后，科林斯立刻派出使者前往雅典，试图劝说雅典人不要支援克基拉。因此，克基拉使者出现在公民大会前请求雅典援助时，科林斯的使者也出现在公民大会上，公然反对雅典和克基拉结盟。

修昔底德为我们保存了此次双方使者的发言梗概。虽然修昔底德用的是自己的语言，但也基本重现了辩论时双方的论点。修昔底德很有可能就在现场。克基拉人的恳求完全基于雅典人的切身利益。他们承认雅典人并无道德义务帮助自己，但他们指出，自己拥有全希腊第二大海军，而一旦科林斯打败了他们，那么这支海军可能随时成为雅典的敌人。克基拉人还宣称，在不久的将来，雅典和伯罗奔尼撒联盟的战争必然会爆发，而科林斯恰是伯罗奔尼撒联盟的中坚成员。克基拉人接着问道，在战争到来的那天，雅典是愿意看到克基拉舰队站在雅典一方，还是站在伯罗奔尼撒联盟一方。对于和自己结盟便会引发与科林斯及斯巴达战争的说法，克基拉人宣称，结盟的结果将会恰恰相反，因为雅典和克基拉的海军如果联合起来，那么必然强大无比，而伯罗奔尼撒人根本不敢轻举妄动。

与克基拉人大谈利害关系不同，科林斯使者的回应更高瞻远瞩。科林斯人指出，克基拉的政策一贯自私自利且虚伪狡诈。因此，克基拉全然不顾希腊的整体利益及对母邦应有的敬意。在对埃庇丹努斯一事的处理上，克基拉完全是出于恶意妒忌。如果说哪个城邦想要恳求雅典的友谊，那么必然就是科林斯。科林斯不仅在过去大力帮助雅典①，而且就在几年前，科林斯曾竭力阻止斯巴达在萨摩斯岛叛乱时对雅典宣战。几年前，科林斯捍卫了一个城邦惩罚自己属邦的权力。而如今，科林斯期望雅典能够一样。如果克基拉人的要求得到满足，那么伯罗奔尼撒联盟必然就会扶持下一个提洛同盟的反叛成员了。对于战争不可避免，以及就算克基拉不制造开战借口，不久也会出现其他借口的说辞，科林斯人宣称，除非雅典发出挑衅，否则科林斯人根本没有攻打雅典的意图，而多数伯罗奔尼撒联盟成员也持有相同的观点。

第6节　雅典与克基拉结盟

使者们陈述完毕后，雅典的雄辩家接着辩论起来。他们一直争辩到第二天。伯里克利的演说最终决定了公民大会的投票。这位伟大的政治家已经下定决心：既然战争迟早会来，那么他便站到克基拉人一方。在伯里克利的建议下，雅典与克基拉结成防御同盟。当克基拉面临攻击时，雅典有义务支援克基拉。作为保证，雅典派拉西第蒙纽斯带领一支有十艘船的小分队前往克基拉海域巡航，而拉西第蒙纽斯正是伟大的西蒙的儿子。

毫无疑问，雅典的行为先犯了错。实际上，雅典与克基拉的结盟是对科林斯的宣战，而科林斯舰队正准备驶往克基拉。在斯巴达所有的盟友中，科林斯最应受到雅典的礼遇。并且雅典要安抚科林斯很容易，因为科林斯与雅典的贸易并没有冲突。就算战争真的不可避免，雅典这样专横的行动和突然开战仍然非常不明智，并且显然违反了《三十年和约》的精神。作为盟友，克基拉过去的所作所为并不能保证它在将来可以值得信任。克基拉总是纯粹地自私自利。事

---

① 此处指公元前509年克莱奥梅尼国王入侵阿提卡，以及公元前489年埃伊纳岛战争等。——原注

实上，在随之而来的争斗中，它给予雅典的帮助极少。在二十八年的战争中，玛勒亚海角从未出现过一艘克基拉的战船，而这些战船本应去协助雅典维持它在爱琴海上的帝国。

第7节 西波塔之战

虽然充分意识到了雅典与克基拉结盟的含义，但科林斯仍然坚持惩戒不恭的克基拉。几天后，拉西第蒙纽斯率领的十艘雅典战船到达克基拉，预示着科林斯舰队将要到来。在迈加拉、莱夫卡斯岛及其他地区的所有增援船到达后，科林斯集结了一百五十艘战船，而克基拉人派出一百一十艘战船应战。和克基拉人一同出发的还有拉西第蒙纽斯率领的十艘战船。然而，除非迫不得已，这位雅典指挥官决不会积极应战。因为他已经得到命令，要求他不要攻打科林斯人，只在无可奈何时方可出兵抵抗。双方舰队在伊庇鲁斯海岸附近的西波塔岛相遇。除了克基拉海军阵线最左侧的十艘雅典船一直在周旋并拒绝靠近外，整条海岸线都是战场。一场恶战后，凭借着勇气——而非技巧，科林斯右翼海军攻破了克基拉海军阵线。虽然在别处克基拉人也有优势，但这场战役胜负已定。克基拉一半战船或沉没，或被攻占，或严重受损。克基拉战败后，拉西第蒙纽斯虽然积极参战，但也无力保护克基拉人撤退。在短暂停歇时，科林斯重整旗鼓，并抓捕或屠杀克基拉受损战船上的船员。之后，科林斯开始发动第二次进攻。对战败方克基拉来说，这次攻击是致命的，因为当时克基拉只有不到五六十艘战船能航行。然而，在逼近克基拉海军时，科林斯海军突然开始掉转船头向伊庇鲁斯海岸撤退。因为前来支援拉西第蒙纽斯的第二队雅典战船突然出现。虽然增援的战船只有二十艘，但科林斯人误以为这支舰队是大规模舰队的先头部队，因而谨慎地选择了撤退。在新来的战船加入克基拉舰队后，科林斯海军将领派出一位官员乘小船驶往克基拉军营，谴责雅典指挥官的行径，并质问他们是否意在打破科林斯与雅典间的和约。拉西第蒙纽斯回应道，自己并不打算冒犯科林斯，只是为了保护克基拉而已。于是，这位科林斯将领决定不再仓促发动全面战争，而是下令全军回国。起航前，科林斯将领在伊庇鲁斯海岸竖起一个纪念柱，以证明自己在此战中获胜。我们惊奇地发现，克基拉人也宣称自己取胜——因为科林斯海军已经撤退。在克基拉岛最南端的岬角上，克基拉人竖立了另一个纪念柱。除了俘获一千克基拉人，在这次精心准备的远征中，科林斯人一无所获。

第8节 波提狄亚的反叛

西波塔之战让雅典与伯罗奔尼撒联盟间的战争一触即发。然而，由于斯巴达行动迟缓，直到数月后，双方才真正决裂。在双方正式决裂前，最重要的莫过于发生在爱琴海西北部的一系列事件。马其顿国王佩尔狄卡斯的前任是

佩尔狄卡斯

亚历山大一世

亚历山大一世[①]。亚历山大一世曾参与薛西斯一世入侵希腊的远征,而佩尔狄卡斯一度与雅典不和。佩尔狄卡斯竭力煽动哈尔基季基半岛的纳贡城市反抗雅典。在哈尔基季基半岛,最重要的一处就是科林斯殖民地波提狄亚。虽然波提狄亚加入了提洛同盟,但依然与母邦科林斯保持着密切联系,并且每年都会接收科林斯派来的地方官。在科林斯的鼓动下,波提狄亚人乐于听从佩尔狄卡斯的提议。为报复克基拉,科林斯人已经做好以任何方式干扰雅典的准备。同时,科林斯还秘密准备了二千人的远征军。这支远征军由他们爱戴的将军阿里斯提乌斯率领。当这支军队抵达波提狄亚时,波提狄亚连同周边的一些更小的地方公然反叛雅典。然而,一支雅典军队立刻赶来镇压反叛的城镇。这支雅典军队原本正在打击佩尔狄卡斯。在波提狄亚城墙前的战争中,虽然雅典将军卡里亚斯被杀,但雅典军队还是取得了胜利。接着,雅典军队围攻波提狄亚,但波提狄亚人早已经为这次反叛做了充分的准备。波提狄亚完全能应对为期数月的围困。

---

① 亚历山大一世(Alexander I of Macedon,生卒年不详),古希腊马其顿国王,约公元前498年到公元前454年在位。

第9节 斯巴达决定参战

虽然双方都没有公开宣战,但雅典和科林斯的战争确实已经开始。真正全力参战前,科林斯决定先得到斯巴达的支援。自古以来,斯巴达就是科林斯的保护者。斯巴达人早就料到战事将近。在盟友科林斯呼吁支援时,他们早已做好准备。公元前432年年底,监察官们允许科林斯人在斯巴达的公民大会上大诉苦水。迈加拉人和其他与雅典有嫌隙的城邦也公然指出雅典的恶行。所有说辞大意一致:雅典已经变得狂妄自大和专横跋扈;雅典是难以忍受的恶邻,唯一的目的就是削弱和搜刮每一个不是它附属盟友的城邦;毫无疑问,雅典建立的帝国侵犯了自然法则,即每个希腊群体都拥有神圣的自治权;如果不对雅典的嚣张行为加以压制,那么希腊的自由就会陷入危机。雅典使者也在斯巴达的公民大会上发言,为雅典的行为辩护。他们是因为其他使命偶然出现在斯巴达的。然而,他们无法否认指控的实质——雅典已经将她在爱琴海地区的霸权变为帝国,而雅典的盟友对事务毫无决策权也是事实。斯巴达国王阿希达穆斯二世也反对立刻开战,因为在面对雅典这样一个海上强国时,伯罗奔尼撒半岛的各城邦还没有做好准备。然而,多数斯巴达人早已经下定决心。监察官斯特涅莱达斯言简意赅地阐明了大多数人的观点。他告诉斯巴达公民大会"他们决不能让雅典人变得更强大,也不能对自己盟友的遭遇坐视不管,而是要在众神的指引下,惩戒作恶者"。斯特涅莱达斯非常确信自己拥有众多的支持者,因此他实际上采取了史无前例的一个行动,即请求斯巴达公民大会上的成员分成赞同派或反对派,而不是仅仅听取同意或反对的嘈杂呼喊声[①]。正如斯特涅莱达斯所料,绝大多数人都支持开战。

接着,为了批准斯巴达公民大会的决议,斯巴达召开正式大会。斯巴达的所有同盟都参与了大会。众所周知,多数城邦已经做好追随宗主国斯巴达的准备。除了科林斯、迈加拉和底比斯,很多地方都和雅典有恩怨。譬如,伊利斯、埃皮达鲁斯和夫利阿斯对攻打克基拉很有兴趣。为了攻打克基拉,它们付出不少花

---

① 在斯巴达公民大会上,人们以大声呼喊进行投票。——原注

销。阿卡狄亚部落总是时刻为战争准备着，因为战争意味着可以任意掠夺，而掠夺的对象绝不能扩展到自己内陆山地的邻居。因此，这场大会准许了斯巴达公民大会的决议。就算有支持和平的选票也无足轻重。因此，这场大会没有保留下任何历史纪录。

真正开战前，还发生了两起外交事件。斯巴达人率先放出一条消息，旨在动摇伯里克利的威信。与伯里克利相比，雅典公民更迷信。斯巴达人故技重施，散布消息请求雅典人"驱逐阿尔克迈翁这个被诅咒的家族"。雅典以牙还牙，要求斯巴达人"为在雅典娜神殿饿死保萨尼阿斯及在泰纳伦神殿处死避难的希洛人赎罪"。除了这个轻蔑的回应，斯巴达人一无所获。

第10节 斯巴达提出要求

接着，伯罗奔尼撒联盟向雅典提出了三点强硬要求，即撤销针对迈加拉人的法令，埃伊纳岛恢复自治，以及解除对波提狄亚的封锁。雅典很可能会同意第一点要求，但后两点要求直接危及雅典海上霸权。后两点要求雅典允许成员退出提洛同盟。在纳克索斯岛、萨索斯及萨摩斯岛三地的事件中，雅典已经清楚表明自己是决不允许这种行为出现的。因此，该要求遭到了雅典的拒绝。几天后，斯巴达又下了最后通牒，要求雅典"归还希腊各个城邦的自治权"。送信的斯巴达使者原以为这些要求会遭到雅典的断然拒绝。然而，他们惊奇地发现，雅典的主和派力量相当强大，并就这三点要求在公民大会上发起了激烈生动的辩论。

西波塔之战后的七个月到八个月间，伯里克利的权力暂时被阴霾笼罩。既然战争已经不可避免，那么所有的阶级都不能幸免。民众对这位主战的政客心生不满，对伯里克利的怨恨非常普遍。因此，伯里克利的政敌以为折磨他的时机到了。伯里克利的政敌攻击他的方式就是指控他的好友挚交。他的政敌指控哲学家阿纳克萨哥拉不敬神明，雕刻家菲迪亚斯私吞公款——这两位都是伯里克利的友人。阿纳克萨哥拉只好离开雅典。虽然菲迪亚斯成功用天平证明自己并

阿纳克萨哥拉

没有拿走建造雅典娜帕提农①雕塑的一分一毫,但还是因为另一项指控锒铛入狱。菲迪亚斯将伯里克利和自己的肖像雕刻在了帕台农神殿的诸位古代英雄当中,而此举亵渎了神明。没等到第二次审判,这位不幸的雕刻家就死在了狱中。音乐家达蒙自幼和伯里克利是至交好友,因为发表了维护僭主政体的言论而被

---

① 意为"处女雅典娜"。

阿斯帕西娅

流放。第四次打击的对象是伯里克利更亲近和更珍视的人。这位伟大政治家的婚姻生活极其不幸。与妻子离婚后,伯里克利和一位叫阿斯帕西娅的米利都女子同居,并且没有建立神圣的婚姻关系。"伯里克利的情人"这种模糊不清的关系很容易成为诽谤的对象。阿斯帕西娅因此被指控不敬神明和生活糜烂。当阿斯帕西娅出现在人民法庭前时,伯里克利仅此一次打破了惯有的沉默,在人民法庭上为她求情。伯里克利的传记者们写道,在陈述时,伯里克利似乎眼中有

泪——这也是他在公众场合首次落泪。伯里克利公开的情感流露起了作用,法庭最后以无罪释放阿斯帕西娅告终。

当斯巴达使者出现在雅典并向公民大会发出最后通牒时,恰恰是人民对伯里克利群情激愤的时刻,因此才有了对上述三点要求的讨论。然而,经过多次演说后,伯里克利终于再次在集会中占据主导地位。伯里克利清楚地表示,伯罗奔尼撒人的真正意图并不在迈加拉法令或对波提狄亚的封锁。斯巴达人痛恨雅典的真正原因就是他们对雅典的妒忌，因为雅典让斯巴达在伯罗奔尼撒半岛的本地同盟前黯然失色。

科林斯人和其他斯巴达的海上盟友也忌妒雅典繁荣的贸易。只要提洛同盟继续存在，斯巴达和它的盟友就不会满意。如果雅典现在同意了这三项要求，那么就会引来一系列更繁杂和更苛刻的要求。不久，民众就感受到伯里克利论证的力量。人们意识到战争已经在所难免。斯巴达使者也被遣送回国。雅典对他们的拒绝正是他们意料中的事。

公元前431年3月，伯罗奔尼撒战争爆发。

古希腊史 下

迄至亚历山大大帝驾崩

[英]查尔斯·欧曼 著
陈乐 译

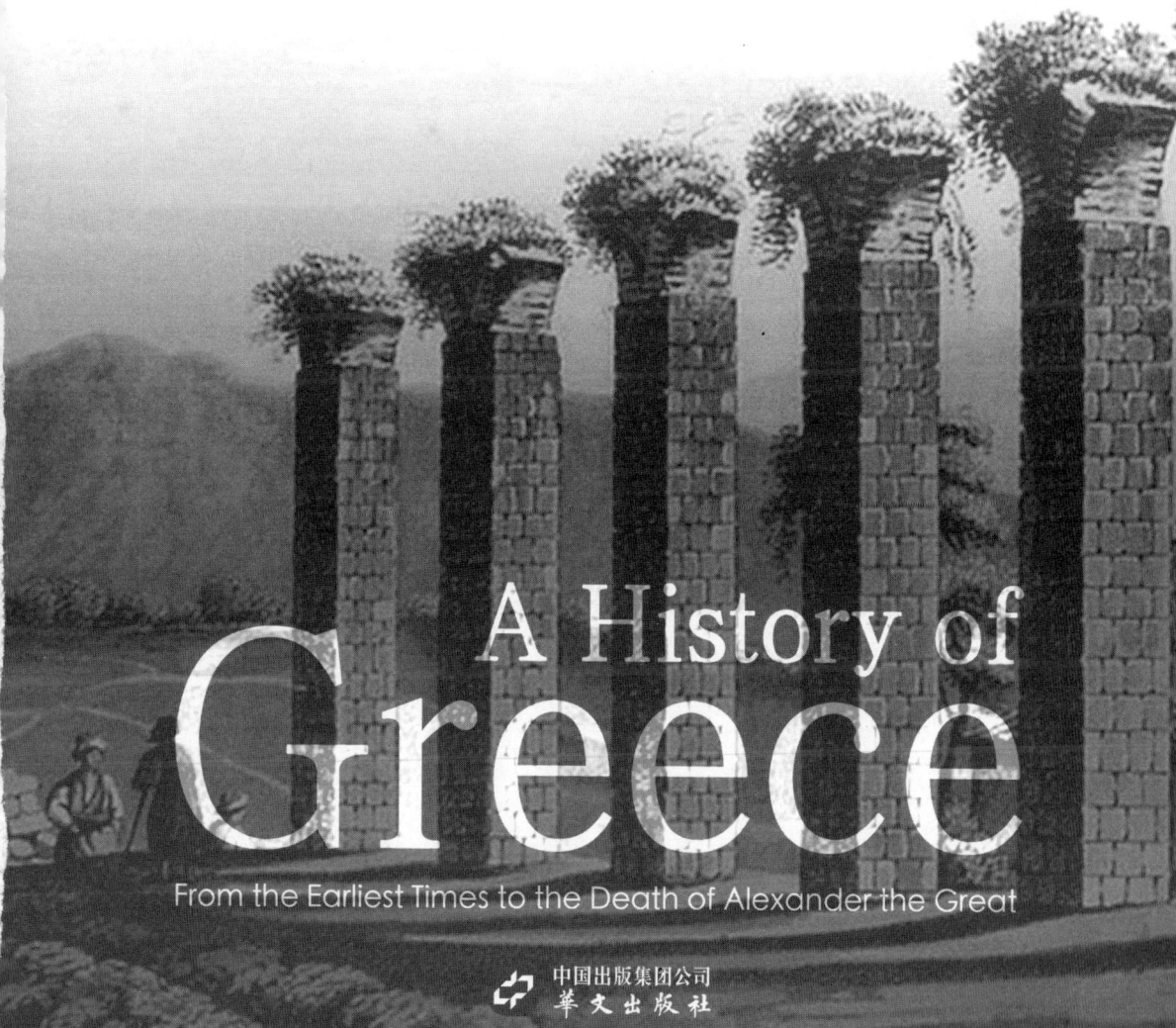

A History of Greece
From the Earliest Times to the Death of Alexander the Great

中国出版集团公司
华文出版社

第 27 章

伯罗奔尼撒战争早期至伯里克利去世

在伯罗奔尼撒战争拉开帷幕前，笔者有必要重申一下交战双方各自的资源优势。

第1章 伯罗奔尼撒联盟

斯巴达人争取到了所有伯罗奔尼撒同盟的全力支持。支持斯巴达的有伊利斯、科林斯、西锡安、所有阿卡狄亚城邦、埃皮达鲁斯、赫尔米翁、特罗曾和夫利阿斯。事实上，除阿尔戈斯和阿哈伊亚保持中立外，整个伯罗奔尼撒半岛都站在了斯巴达一边。在科林斯地峡以外，斯巴达还有迈加拉和维奥蒂亚联盟的热情协助，而阿卡纳尼亚沿岸的福基斯人、洛克里斯人以及科林斯的殖民地都是斯巴达的盟友。上述每个城邦都能提供一支强大的重装步兵进入战场，而维奥蒂亚人和洛克里斯人还能提供骑兵部队。如果整支伯罗奔尼撒联盟军都投入大战，那么兵力步兵总数可以超过十万，而骑兵的数量则会超过两千。然而，在伯罗奔尼撒战争期间，海岸边的大战很少。在二十七年的交战过程中，这支大军从没有一起出战。在海上，伯罗奔尼撒联盟的力量相对薄弱。在伯罗奔尼撒联盟中，除了科林斯，再没有一流的海上强国。不过，西锡安和迈加拉各自拥有一定数量的战舰，而伊利斯、埃皮达鲁斯、斯巴达和维奥蒂亚联盟均有少量战舰。然

重装步兵里的投标手兼盾牌手

而，在海上，伯罗奔尼撒联盟不仅在数量上占劣势，就连海军的士气和训练也非常欠缺。对于指挥大型舰队，伯罗奔尼撒联盟的军官并不擅长。而在他们的海军部队中，除了科林斯人，其他部队近期毫无海战经验。此外，在过去的四十年里，雅典海军已经发展出新的作战和战术策略，而伯罗奔尼撒联盟还在用萨拉米斯海战时的老方法。老派海军将领惯于先将自己的战船顺着敌船一字排开，接着命令重装步兵和轻装步兵上阵解决问题。雅典人完全抛弃了这种作战策略。他们精减了战船上的士兵数量，几乎完全寄希望于战船的冲撞。雅典的海战策略就是通过快速有效的操作，直接将自己战舰的钩子嵌入敌船的侧翼，或直接用自己的战船冲撞上去，撞坏敌船上伸出在外的船桨。除了近身作战，伯罗奔尼撒联盟对其他作战方式毫无概念。雅典人则喜欢追击战，避免近身作战。雅典人深信作战应该快速出击并且出其不意。起初，对于雅典的这些作战策略，科林斯和迈加拉的老派海军将领完全无力应对。伯罗奔尼撒联盟深知自己的劣势。因此，除非拥有绝对的数量优势，他们拒不参与海战。

除了公认的海上劣势,伯罗奔尼撒联盟最大的弱点就是贫困。斯巴达自己丝毫没有金钱收入。而在斯巴达的盟友中,只有科林斯和底比斯拥有一些财富资源。其他同盟成员"人力已经做好万全的准备,只是财力不足"①。要想发动战争,伯罗奔尼撒联盟的财力明显不足。因此,早在与雅典交恶前,就有人提议伯罗奔尼撒联盟应该借用奥林匹亚和德尔斐神殿的财产。要是在其他场合,该提议必然被认定为亵渎神明。因此,虽然斯巴达在三、四十天内就能集结一支大军,但仅能维持不到一千人的军饷。他们实在无力承担更多费用。在一场战役或一次边境突袭中,斯巴达和它的盟友总能所向披靡。但相对而言,他们没有力量进行长期作战。

第2节 雅典的资源

雅典的情况则完全不同。在陆上,雅典的盟友寥寥无几。只有忠诚的邻邦普拉蒂亚、属地诺帕克特斯的麦西尼亚人,以及阿卡纳尼亚人才是雅典完全可靠的盟友。而阿卡纳尼亚人之所以与雅典结盟,是因为自己与莱夫卡斯岛和安布拉基亚的科林斯邻居素来不和。当然,克基拉也站在雅典一边,但事实证明,克基拉给予雅典的协助少之又少。不少塞萨利城镇也与雅典结盟,但从未在战场上协助过雅典。实际上,它们还是在战争中保持中立。雅典自己的军事资源雄厚,拥有近一千二百名骑兵和一万三千名可以作战的重装步兵。此外,雅典还有一万八千名重装步兵——其中包含已经退役的士兵和外籍居民,但他们只履行驻守国土的义务。

在高效运作时,可以作战的雅典舰队至少拥有三百艘战船,而装备齐全的比雷埃夫斯武器库还能提供更多战船。两个亚细亚岛屿——莱斯博斯岛和希俄斯岛——仍然拥有可以作战的海军部队。他们能为雅典增援一支强大的海军部队。除此之外,提洛同盟就再没有任何海军或陆军支援力量。提洛同盟的多数

---

① 出自修昔底德作品,第1章,第141页。——原注(译者按:此处修昔底德作品应指《伯罗奔尼撒战争史》(*History of the Peloponnesian War*))

成员国早已不再维护自己的舰队。雅典似乎觉得它们的重装步兵在士气和忠诚方面不足，因而从不大规模召集它们的步兵。此外，伊奥尼亚陆军几乎从未穿过爱琴海增援欧罗巴的雅典陆军。

雅典的财政状况极好。雅典每年都能拥有一千塔连特的收入。其中六百塔连特来自提洛同盟的进贡，其余收入则源于各种形式的国内税收。此外，雅典坐拥巨额财富。除了进贡财物的盈余，雅典卫城还有六千塔连特以备急用。几年前，这笔巨额财产多达九千七百塔连特，但伯里克利挥金如土地装饰雅典。加上雅典围攻波提狄亚的开支九千七百塔连特中的三分之一已经用光了。

第3节　双方的盟友

对斯巴达和雅典实力进行对比后，还有另一项因素值得考虑，即双方盟友的情感与秉性。它的重要性并不亚于各自的军事和经济资源。斯巴达在这方面占优势。多数斯巴达盟友都对雅典心怀不满和畏惧。它们将这场战争看作捍卫希腊所高举的"自治"旗帜的圣战。然而，雅典的附庸和盟友对斯巴达并没有恶意。提洛同盟的成员早已认为自己与雅典的联系有害无利。它们之所以按兵不动，仅仅是因为惧怕遭遇萨索斯或萨摩斯岛那样的结局。一旦这种畏惧消失，多数雅典盟友就会与雅典决裂。雅典战胜斯巴达对它们毫无益处，而持续的战争反而可能会造成贸易的缩减及税收的提高。虽然雅典还没有某些恶政行为能够引发盟友们的憎恶，但它的盟友们一直渴望自治。因此，它们希望自己宗主国的帝国能土崩瓦解。因此，雅典的盟友不过是被动的支持者。除此之外，一旦战事吃紧或时机成熟，它们甚至很容易反叛雅典。唯一确保雅典盟友忠诚雅典的现实就是：它们与斯巴达隔海相望。只要雅典舰队占据海上霸主地位，它们的反叛就不能指望得到支援。

伯罗奔尼撒战争的第一次流血事件发生在维奥蒂亚。在最终宣战前，当人们静待结果时，底比斯人妄图攻占普拉蒂亚。像每个希腊城邦一样，普拉蒂亚也存在内讧纷争。普拉蒂亚主体依附雅典，而少数狂热派支持着维奥蒂亚联盟。

普拉蒂亚遗址

普拉蒂亚的少数分子和底比斯政府勾结，妄图谋反，并计划在节日庆典的傍晚打开一座城门让底比斯人进城。在公元前431年3月一个风雨交加的夜晚，三百底比斯重装步兵偷偷来到普拉蒂亚的城墙下，而底比斯的大部军队还在几英里外。叛乱者中还加入了底比斯卫兵。叛乱者和底比斯卫兵来到集市，并在集市整装待发。叛乱者吹响号角，命令传令官宣布所有真正的维奥蒂亚人都应该拿起武器加入他们。然而，普拉蒂亚的寡头的党羽并不多，并且底比斯人也没有乘机抓捕城中重要人物，而是静静等待援军到来。不幸的是，由于当晚的阵雨，阿索波斯河水位上升。底比斯主力部队因而被困在了对岸。当时，底比斯主力部队要想寻找浅滩过河也是白费气力。普拉蒂亚人在午夜惊醒过来，发觉城中发生叛乱。起初，普拉蒂亚人感到非常绝望，但不久后就发现自己的敌人不过寥寥数人，便鼓起勇气。普拉蒂亚人在后巷集合，快速爬上大门，堵住集市的出口。晨光初现时，底比斯人发觉自己成了瓮中之鳖，拼尽全力想厮杀出去。普拉蒂亚由此爆发了激烈的巷战。少数底比斯人从后门逃了出去；许多底比斯人被杀；绝大多数底比斯人被赶进一个巨大的谷仓，无处可逃。底比斯人被迫放下武器。数小时后，当普拉蒂亚城中的底比斯人已经全被俘或被杀时，底比斯大军才出现在普拉蒂亚城外。

底比斯将领发现自己晚到一步，便立即抓捕普拉蒂亚城外的居民，用这些人来换取被捕同胞的性命。接着，普拉蒂亚人派出一名传令官，指责底比斯的不义之举，并威胁道，如果底比斯人不释放人质并撤出普拉蒂亚的领地，底比斯俘虏就都将被处死。于是，底比斯人释放人质，并越过边境回国。之后，普拉蒂亚人将所有牛群赶入阿提卡，并带上所有个人财产逃进普拉蒂亚城内。接着，普拉蒂亚人背信弃义，残忍地屠杀了近二百名底比斯囚徒。我们很难断定这场事件中谁是谁非。在背叛、伪誓和蓄意屠杀中，伯罗奔尼撒战争就此爆发。

普拉蒂亚遇袭的消息一传到雅典，统兵官就立刻派人送信给普拉蒂亚人，让他们确保人质的安全，以牵制底比斯人。大屠杀的消息引起雅典的极大不满，但已经无法弥补普拉蒂亚犯下的罪行。战争如今才真正开始。于是，边境要塞进入警戒防御状态。阿提卡的羊群和牛群都被转移到了萨拉米斯和埃维亚岛。当地居民收到警告：他们不久就得进入城中避难。普拉蒂亚的女人和孩子全部撤离，城中仅剩一支四百名普拉蒂亚公民和八十名雅典人组成的小型驻军——由他们守城。

第4节 斯巴达入侵阿提卡

不久，风暴便席卷了阿提卡。普拉蒂亚发生突袭几周后，伯罗奔尼撒半岛的整支陆军便在科林斯地峡集结，并一路北上。伯罗奔尼撒的每个城邦都派出自己三分之二的重装步兵。伯罗奔尼撒联军总数近七、八万人，由原本不支持开战的斯巴达国王阿希达穆斯二世作全军指挥。当维奥蒂亚的部队加入后，阿希达穆斯二世在阿提卡边境前暂停行军，并派出一位叫"密利西配斯"的使官前往雅典，在开战前给雅典人最后一次臣服的机会。然而，在伯里克利的影响下，公民大会拒不接待伯罗奔尼撒联盟使者,并派人护送他回到边境。当护送密利西配斯的雅典人返回时,斯巴达人密利西配斯庄重地说道:"今天将是希腊大灾难的开始",接着便返回阿希达穆斯二世的营地。

阿希达穆斯二世暗自思忖:强军逼近或许会削弱雅典人的士气,雅典人看到大军劫掠阿提卡时,或许会请求和解。到目前为止,阿希达穆斯二世的预测都是对的。多数雅典人确实对即将到来的入侵灰心丧气,而紧随入侵之后的就是阿提卡郊区被毁坏。然而,与商业相比,雅典的农业发展很差。伯里克利成功说服雅典的商人、资本家和船主,告诉他们战争并不会给他们造成多少损失。伯里克利早就预料到:一旦遭遇入侵,阿提卡开阔地带上的人必须全部撤离,只留下空地给伯罗奔尼撒联盟。伯里克利一再向追随者灌输这样的观点。因此,当伯罗奔尼撒联军入侵阿提卡时,雅典人对阿希达穆斯二世的恐惧早就烟消云散了。

第5节 阿提卡遭到掠夺

在伯罗奔尼撒联军到达几天前,雅典人就带着家人、奴仆和所有财物转移进了城内。阿提卡城外只剩下农舍让伯罗奔尼撒联军蹂躏。

突袭边境要塞欧伊诺耶失利后,阿希达穆斯二世从西塞隆山的支脉撤到艾留西斯平原,并以最井然有序的方式对该地进行烧杀抢掠。当时正值六月初。庄稼和果实即将成熟。伯罗奔尼撒人闯入这片土地,砍倒谷物、果园和橄榄树,烧毁被遗弃的农场和庄园。之后,伯罗奔尼撒人一路南下,越过埃癸阿琉斯山,来到雅典平原,并在阿卡奈附近安营扎寨。阿卡奈正是阿提卡最富裕、人口最稠密的村社。当燃烧城镇的烟雾吹到雅典城内,而掠夺者像蝗虫般成群结队散布在雅典平原上时,雅典城内群情激愤。雅典人暂时忘记了自己在数量上的劣势,希望能离开城墙的保护,进攻入侵者伯罗奔尼撒人。阿卡奈和它邻邦的重装步兵一共三千人请求突袭伯罗奔尼撒联军。成群的武装队伍聚集在城门前。如果不是伯里克利的个人威信,激愤的人群加入一场必败的战斗根本的得不到阻止。这位伟大的政治家坚决落实避免一切陆战的主张,并为同胞的情绪找到了发泄

重装步兵方阵

的渠道,即两次海上远征。一次是分派三十艘三桨战船前往埃夫里普袭击维奥蒂亚及洛克里斯沿岸。另一次则集结不到一百艘战船,再由一千重装步兵配合陆上行动,航行到伯罗奔尼撒沿岸,最大限度地打击拉科尼亚、麦西尼亚和伊利斯的海滨地区。接着,这支远征军中又加入了克基拉的五十艘战船,之后便驶向阿卡纳尼亚海岸,并一路掠夺抢劫当地科林斯殖民地。这支强大的舰队在爱琴海西部海域出现,还拉拢了雅典在刻法勒尼亚岛的四个盟友。在此之前,这四个城市都保持中立。

在阿提卡逗留四十天后,阿希达穆斯二世从这片荒废的土地上撤离,回到伯罗奔尼撒半岛。

阿希达穆斯二世刚一撤离,伯里克利就带领一万三千人从雅典启航,浩浩荡荡地来到麦加里德,毁坏了迈加拉人的所有村落和农场,为阿提卡过去六周的遭遇进行报复。在伯罗奔尼撒战争爆发后的前十一年中,每个秋季都会发生这样的破坏行为。有时在春季,雅典人甚至还突袭一次。

第6节 战争的性质

战争前几年发生的一系列事件清楚地表明：在当时的状况下，这场战争必然会无限期地拖延下去，因为交战双方都无法给予对手致命一击。一方面，如果雅典人一直不和伯罗奔尼撒大军在陆上正面交锋，而是默许放任自己的领地，那么伯罗奔尼撒联盟也只能束手无策。斯巴达人难以想象围城战，因为这片土地太过辽阔，而对于当时的装备而言，城墙太过坚固。此外，阿提卡城还总能从海上得到新补助的资源。另一方面，雅典人也无法压制伯罗奔尼撒人。洗劫破坏麦加里德和拉科尼亚海岸地区并不能影响地处内陆的斯巴达的政策。雅典唯一能做的就是让科林斯的商人阶级或伊利斯海滨的农民极度痛苦。然而，他们的苦难并不足够干扰冷漠麻木的斯巴达人。除非双方找出对方的致命弱点，否则战争将一直持续下去。伯里克利早就预见：斯巴达打击雅典的方式仅限于洗劫阿提卡。他还坚信，多年的无功而返会让斯巴达请求和谈。伯里克利也想到了战争会很漫长，因而未雨绸缪地劝说公民大会批准从帕台农神殿拿出一千塔连特作为储备金，以防雅典遭到海上袭击。出于相同的目的，雅典海域内常备着一百艘三桨战船。斯巴达人不如伯里克利有先见之明，对雅典首次打击的失败引起斯巴达国内极大的不满。显而易见，雅典和斯巴达必须要找到克制对方的新方法，否则战争将无限期拖延下去。

第7节 驱逐埃伊纳岛人

在开战第一年，还发生了驱逐埃伊纳人的事件。公元前456年雅典征服埃伊纳岛以来，埃伊纳岛就很不情愿地成了提洛同盟的成员，但埃伊纳岛的首领一直与斯巴达有通信往来。该行为引起伯里克利的担忧，因为这个意图叛乱的城市就在雅典城外。只要埃伊纳岛由不忠心的同盟把持，它就仍然是"比雷埃夫斯的眼中钉"①。因此，雅典人采取了残酷高压的手段，将所有埃伊纳人驱逐

---

① 语出伯里克利。比雷埃夫斯位于雅典西南部，距雅典城中心七英里。

伯里克利发表祭奠逝者的演说

出境。对雅典的专断行径，埃伊纳人并不反抗。然而，此举反而激起全希腊人的愤慨。他们眼睁睁看着这个古老闻名的城市毁于一旦，而这一切不过是为了打消雅典人对埃伊纳岛首领的疑心——就因为他妒忌心重。斯巴达人转而将被驱逐的埃伊纳人安置在斯巴达北部边境的提里阿提斯。提里阿提斯靠近阿尔戈利斯。

公元前431年战季末期，雅典人举行了庄严的葬礼，祭奠当年在众多战争中牺牲的公民。伯里克利发表了祭奠逝者的演说。这次演说可以说是伯里克利口才最淋漓尽致的表现。除祭奠逝者外，在演说中，伯里克利还高度颂扬了雅典的社会和政治生活。

第8节　斯巴达第二次入侵阿提卡

公元前430年的春天来临时,伯罗奔尼撒联盟已经准备好再次发动对阿提卡的入侵。如果不是因为一场大灾难的介入,那么公元前430年的战事可能和公元前431年一样平淡无奇。在阿希达穆斯二世的大军还没有穿过边境,而雅典逃亡的大批乡下人刚刚躲进雅典城墙内时,雅典城中爆发了瘟疫。这场瘟疫虽然范围不大,但来势汹汹,与1348年的黑死病①和1665年的伦敦大瘟疫②一样。它比我们如今生活的年代③所遭遇的任何霍乱都要猛烈可怕。据说,这场

雅典城中爆发瘟疫

---

① 黑死病又称鼠疫、大瘟疫,为人类历史上最具破坏性的全球性流行病之一,1347至1353年波及整个欧洲,1348年六月传入英格兰,造成约90%的英格兰人口感染,至少四分之一的英格兰人口在此瘟疫中丧生。
② 伦敦大瘟疫发生于1665年到1666年。仅一年半的时间内,约四分之一的伦敦人口,近10万人丧生。
③ 此处指19世纪。

瘟疫是由埃及传到雅典的。它由亚细亚内陆的商人带到西方，而亚细亚腹地几乎总是瘟疫横行。

如果不是雅典的一切条件都利于瘟疫的爆发，那么这场瘟疫很可能会从雅典绕道而过。雅典城中到处都拥挤着难民。他们的生活条件非常恶劣。难民们都尽力聚居在防卫的楼塔里。两道长墙间也挤满了难民。每处广场都人满为患，甚至连神殿都不再封锁。难民们居住在棚屋或帐篷里。据我们所知，他们甚至住在桶里。他们的住所毫无卫生和舒适可言。供水稀缺且污染严重。六月沉闷炎热，再加上污垢和拥挤，瘟疫因而爆发。一旦人群受到感染，瘟疫就成燎原之势。修昔底德详细描述了这场瘟疫的症状。修昔底德的描述显示出这场瘟疫是一种伤寒。在遭受七天到九天的折磨后，感染者全身长满小脓疱，并且呕吐不止，口渴难耐，最终步入坟墓。痊愈者虽然不在少数——修昔底德本人就幸免于难，但和死亡人数相比就显得少之又少。因此，这种瘟疫的早期症状让人极度绝望，由此引发了很多不必要的人员死亡。几乎所有医师都感染了瘟疫。而当人力无法回天时，自私自利的恐慌便乘虚而入。不少人不理会亲人的病痛折磨，让他们自生自灭。此外，迫于瘟疫蔓延下的心理和生理双重压力，社会秩序崩塌瓦解。人们纵情享乐，沉湎于酒色当中；街道上罪恶肆掠，骚乱横行；尚未入土的尸体随处可见。墓地是一片毛骨悚然的景象：送葬队伍为了占据柴堆大打出手。点燃柴堆后，人们便四散而逃。因此，烧焦一半的尸体又开始污染临近的空气。

至少四分之一的雅典人在这次可怕的灾难中丧生。而灾难带来的损失远不仅仅限于雅典城内。这场瘟疫还波及到雅典的两次大型远征。伯里克利原本想通过分派远征军以缓解雅典城内的过度拥挤。伯里克利派出一支四千人的部队上船，命令他们摧毁特罗曾和埃皮达鲁斯海岸地区，但这支部队损失惨重。虽然已经过去二十五个月，但波提狄亚仍然不屈服。驻守在波提狄亚的雅典部队受到雅典前来增援部队的感染。一千五百名重装步兵就这样命丧营地。直到冬天来临后，死亡率才开始下降。

冲动之下，不少雅典人理所应当地认为这场战争的始作俑者伯里克利该为这次灾难负责。为了宣泄暴民情感，民众领袖克里昂竟然控告伯里克利挪用公款。为了安抚民众的愤怒，人民法庭判定伯里克利罪行成立。公民大会甚至投票决定派出特使前往斯巴达请求和解。毫无疑问，该请求被斯巴达拒绝。因此，雅典人渐渐清醒过来，实行旧政，并再次选举伯里克利为领袖。在希腊的其他地区，这场瘟疫几乎没有造成任何伤害。没有哪一处像雅典那样有利于它的传播。因此，在少数出现疫情的地方，死亡率并不高。公元前430年6月至7月，伯罗奔尼撒人继续劫掠阿提卡，但没有被瘟疫感染。他们的入侵遍及阿提卡每片土地，包括先前没有去过的地方。

第9节 阿里斯提乌斯的厄运

公元前430年秋，雅典舰队回国后，一支数量庞大的伯罗奔尼撒海军在科林斯集结，并冒险进入爱奥尼亚海。然而，虽然召集了一百艘战船，但这支船队不过是匆忙在札金索斯登陆，接着又返回科林斯湾。同样在公元前430年，伯罗奔尼撒人又实施了一项更有效打击雅典的措施，远胜这次的怯懦行动。伯罗奔尼撒人企图与波斯帝国君主结盟，利用波斯帝国的金钱来弥补自身短缺的资源。科林斯人阿里斯提乌斯和其他五人随后启程，开始了前往亚细亚的漫长的陆上旅程——雅典在海上的优势不得不让他们出此下策。途中，伯罗奔尼撒联盟使团经过色雷斯。色雷斯的主宰者是雅典坚定的盟友西塔尔塞斯。得知伯罗奔尼撒联盟使团到达他的领地后，西塔尔塞斯抓住了他们，并将他们送到宫廷里的雅典特使面前。

伯罗奔尼撒使团随即被移交给雅典，未经审判就被处死。雅典这样冷血处死使者的举动让伯罗奔尼撒人勃然大怒。更重要的是，阿里斯提乌斯是整个伯罗奔尼撒联盟中最杰出的官员之一。对此，雅典人作出的解释如下：伯罗奔尼撒联盟的私掠船抢占了不少商船，而商船上的船员全部遭到屠杀。据人们猜测，雅典这样做是因为对阿里斯提乌斯的私怨，因为阿里斯提乌斯使雅典在波提狄亚的行动屡屡受阻。

波提狄亚战争

第10节 波提狄亚陷落

阿里斯提乌斯死后几个月，被他煽动反叛的城镇落入雅典手中。当时，波提狄亚已经被围困三十个月，所有的物资都消耗完毕。波提狄亚城墙依然完好无损，但城中几乎毫无存粮。据说，某些居民甚至沦落到以尸体为食。因为伯罗奔尼撒联盟的援助落空，所以波提狄亚领袖最终投降。由于不愿再让自己的部队在战壕里苦守下一个冬季，雅典将领色诺芬和黑斯提奥多鲁斯提出的条件很宽松，即波提狄亚立刻投降。于是，波提狄亚人连同他们科林斯的援军全被准许自由离开，而所有人的随身物品不过一套换洗衣物和少量钱财。雅典公民大会对这次投降非常不满。雅典人对波提狄亚人心怀怨恨，认为是波提狄亚人引发了战争，并企图在波提狄亚人投降后恶意报复他们。如果再多被封锁几周，那么波提狄亚将不得不更谨慎地选择投降。到时，所有居民都将任由围城者处置——或者被杀，或者被变卖为奴。为了围困波提狄亚，雅典花费至少两千塔连特。很多人死在战壕中。因此，我们不难想象，色诺芬和他的同僚必然会遭到雅典当局的严厉谴责。波提狄亚的陷落是公元前430年的最后一项军事行动,很可能发生在当年的晚秋时节。

第11节 伯里克利去世

在伯罗奔尼撒战争爆发第三年,发生的第一个事件一定对雅典政策造成巨大影响。公元前429年初夏,即战争爆发两年零六个月后,伯里克利去世。这位伟大的政治家感染瘟疫而死。伴随着天气的炎热,瘟疫再次出现。虽然伯里克利病愈,但非常虚弱,无法复原,几周后便虚弱不堪,最终走向坟墓。自公元前431年开始,伯里克利就不像从前那样得意。瘟疫带走了他的两个儿子、他的姊妹和他的多数挚友。其幼子帕拉鲁斯死后,伯里克利便自闭房内。人们很难请他出山,更不用说让他再对公务满怀热忱。民众的忘恩负义让伯里克利遭到审判和克里昂的指控。这些事情一定让他他厌倦了生活。然而,伯里克利最终还是保

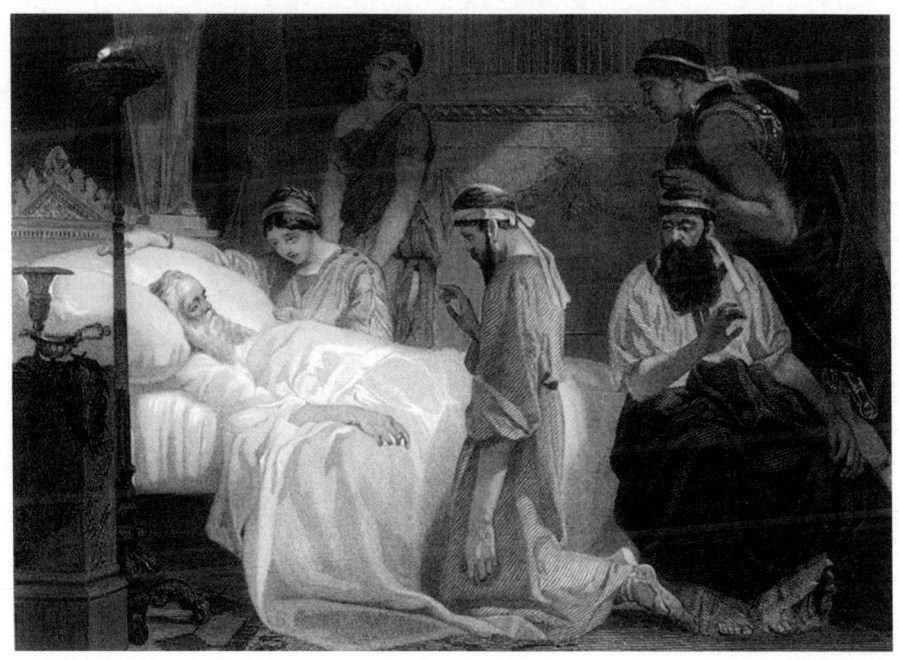

伯里克利弥留之际

持着在公民大会的主导地位。在伯里克利死前,雅典人向他展示了重新信任他的证明。两个儿子死后,伯里克利便再无子嗣。雅典人对伯里克利曾有过短暂的愤怒情绪,而后是嫌恶。最后,这一切的情绪转换成公民大会上的一道法令,即赋予伯里克利和阿斯帕西娅的私生子以合法地位。伯里克利与阿斯帕西娅所生一个私生子与伯里克利同名。然而,等待着这位年轻人的将会是一段起伏的人生和不幸的结局。

伯里克利以哲人般的冷静面对即将到来的死亡。在他弥留之际,他幸存下来的朋友在他的床边讲述他一生的成就。他们以为伯里克利已经听不见声音,也说不出话了。然而,伯里克利却坐起身来说道:"我很惊讶。你们这样颂扬我的功绩。命运女神成就了我。其他许多将领的功绩远在我之上。然而,你们都忽略了我真正引以为傲的,那就是从未有一个雅典人因为我犯下的过错而白白牺牲。"

第 28 章

从伯里克利去世到普拉蒂亚的陷落

雅典民主已经习惯了将伯里克利当作精神领袖并服从他的领导。如今伯里克利已经去世。此后,雅典民主由一群二流政客操控。如果伯里克利还在世,那么战争便目标明确,而计划则简单而固定。和斯巴达的战争必然是消耗战,而非强打硬攻。因此,雅典应该避免所有的陆上行动和长途远攻。雅典应该把控所有兵力,全力维护自己的海上霸权地位,并阻止爱琴海两岸雅典的敌人跟对雅典心存不满的盟友进行任何联系。假以时日——或许时间会很长,但结局必然只有一个,伯罗奔尼撒联盟会因为没有办法真正摧毁雅典而倍感绝望,而对于雅典持续封锁伯罗奔尼撒联盟商船及对伯罗奔尼撒联盟的海岸地区不断进行侵袭的行为,他们也无力回击。最终,伯罗奔尼撒联盟会对此感到厌倦。就算斯巴达不亲自出面,斯巴达的盟友也会请求和解。这样一来,雅典就能保全自己的海上帝国,成为全希腊最强大的城邦。

伯里克利的政策如果能贯彻到底,或许会奏效。但在民主城邦,这项政策实践起来极其困难。我们的确可以说:"除了伯里克利这样一位为公民大会长期出谋划策并施加影响的政治家,再没有人能将这个政策付诸实践。"这项政策的实施需要坚忍和自制,而坚忍和自制恰恰是民主集会极其匮乏的。民主集会常常贻误战机。对雅典城邦内众多充满抱负的军人来说,民主集会为他们提供的机会少之又少。对阿提卡的农民而言,民主集会带来的灾难是最残酷的。他们被迫年复一年地放弃自己的农田,留给伯罗奔尼撒入侵者肆意毁坏。因此,可以确定的是,失去伯里克利的指引后,公民大会将在愤怒和恐惧的驱使下放弃伯里克利拟定的审慎的政策。不久,我们就能觉察出伯里克利去世后的影响。我们尤其会关注在伯里克利去世后前几年,雅典所做的诸多努力。

第1节 普拉蒂亚前的阿希达穆斯二世

约公元前429年6月,伯罗奔尼撒联盟军队从科林斯地峡出发,并没有重复前两年的破坏行动。或许是雅典瘟疫的再次爆发让阿希达穆斯二世备感恐慌。他这次放过了阿提卡。阿希达穆斯二世绕到北方,转而攻打小一些的目标。两年来,普拉蒂亚的原住民已经搬离该城。城中只剩下一支五百人左右的小股驻军。为了维奥蒂亚的盟友们,阿希达穆斯二世决心移除雅典军队的这个前哨。当阿希达穆斯二世的大军在普拉蒂亚城前驻扎时,普拉蒂亚人表示抗议。普拉蒂亚人摆明了自己的理由:五十年前,对抗波斯帝国并大获全胜后,斯巴达人保萨尼阿斯将普拉蒂亚立为圣地,并许诺赋予普拉蒂亚永久自治权。因此,普拉蒂亚人请求阿希达穆斯二世铭记这段往事,并撤走自己的军队。阿希达穆斯二世提议道,如果普拉蒂亚加入伯罗奔尼撒联盟,或断绝与雅典的关系并保持中立,那么他就会保证普拉蒂亚不受伤害并主动撤离。对此,普拉蒂亚人回应道,他们的家人和财产都已经迁居雅典,由雅典盟友羁押监管,他们因而并不自由;但如果情况允许,他们愿意派出特使乞求雅典公民大会让普拉蒂亚保持中立。接着,阿希达穆斯二世提出一个非常大胆的提议。他承诺,普拉蒂亚人将该城领地及城中所有建筑、果园和庄园都转交斯巴达监管后,便可自行离开。

战争时期,普拉蒂亚的一切领地和财物都交由斯巴达妥善保管。和平到来时,这些领地和财物会再归还普拉蒂亚人。阿希达穆斯二世甚至做好了为流放的普拉蒂亚人提供补贴的准备。补贴的来源就是普拉蒂亚人自己土地产出的收益。

对普拉蒂亚人来说，这个提议非常具有诱惑力，但他们还得取得雅典的同意。经阿希达穆斯二世允许，普拉蒂亚的信使从城中出发前往雅典，而带回来的唯一答案就是"雅典从不放弃自己的盟友，现在更不会放弃普拉蒂亚人；雅典将竭尽全力拯救普拉蒂亚于水火之中。因此，雅典和雅典的盟友们必胜，而伯罗奔尼撒联盟必败"。阿希达穆斯二世的提议遭到拒绝后，开始对普拉蒂亚实施围困。

第2节 普拉蒂亚攻城战

斯巴达人用栅栏将普拉蒂亚团团围住，之后又开始在一面墙体外堆建土堆。目的是填满排水沟，将土堆堆到与城墙平齐，建造一条入城的通道。为挫败该计划，普拉蒂亚人一直加高城墙。当这个策略行不通时，普拉蒂亚人便在城墙下面开出一条地道，直通土堆内部。他们在地道内不断将土挖走。土堆持续下陷，直到坍塌。然而，斯巴达人决定采用更结实的模具。他们在土堆上堆积木箱和栅栏，并用黏土加固。普拉蒂亚人觉察到自己危在旦夕，便在城墙内对着土堆的地方用城中废弃房屋的材料建了一道新月形的围墙。因此，当土堆建好后，斯巴达人发现面前还有第二道城墙。接着，斯巴达人尝试用火攻，但以失败告终。拉锯战就这样持续了很长时间。考虑到时节已晚，阿希达穆斯二世只好放弃在公元前429年攻占普拉蒂亚的所有希望。阿希达穆斯二世转而将攻城变为封锁，并遣散了自己大部分军队。于是，阿希达穆斯二世精心设计了两道城墙，将普拉蒂亚层层围住。这两道城墙不仅高大，而且是以未经焙烧的砖块建造而成。城墙每隔一定距离便有一座攻城塔。攻城塔依次由一内一外的朝向排布，以防雅典人前来支援。每座攻城塔的前面都有一条战壕，而两个城墙之间的空间就是伯罗奔尼撒联盟军队居住的地方。留下一支由半数维奥蒂亚人和半数伯罗奔尼撒人组成的部队固守阵线后，阿希达穆斯二世带着大部军队返回科林斯。

公元前429年夏季，当阿希达穆斯二世的大军留在维奥蒂亚时，雅典人一直待在自己的城内。虽然在与阿希达穆斯二世协商时，雅典人曾义正严辞地向普拉蒂亚居民保证雅典会全力提供援助，但让人意外的是，直到伯罗奔尼撒联军大部队撤离普拉蒂亚，雅典人也没有出兵解救普拉蒂亚。整个公元前429年，雅典的军事行动全部在遥远的阿卡纳尼亚展开。

第3节 阿卡纳尼亚军事行动

在阿希达穆斯二世围攻普拉蒂亚时，一位叫"克涅姆斯"的斯巴达军官率领一小拨伯罗奔尼撒远征军穿过科林斯湾，加入莱夫卡斯岛人和安布拉基亚人的陆军部队。这支部队要去征服雅典在希腊西部仅存的陆上盟友——阿卡纳尼亚人和诺帕克特斯的麦西尼亚人。位于海岸的科林斯殖民者和内陆的阿卡纳尼亚及安非罗基亚的高地居民长期不和。一直以来，位于海岸的科林斯殖民者总是侵蚀阿卡纳尼亚和安非罗基亚的边境地区。在此之前，科林斯殖民者攻占了安非罗基亚部落的首府阿尔戈斯，从而激化了双方的矛盾。阿卡纳尼亚人加入雅典同盟是因为地区纷争，而不是处于对雅典的热爱。加入莱夫卡斯岛和其他科林斯城市的部队后，克涅姆斯又依据自己的标准召集了一大批极具攻击性的伊庇鲁斯蛮族部落，从而更加壮大了自己的队伍。接着，克涅姆斯便向阿卡纳尼亚的主要城市斯特拉图斯进发。与此同时，在科林斯，伯罗奔尼撒联盟的一支海军部队集结并启程驶往诺帕克特斯。在诺帕克特斯海域，雅典的海军兵力仅仅包含二十艘战船。这支雅典舰队由一位能力出众的军官弗尔米奥指挥。他的职责就是在利乌姆海峡巡航，以保护诺帕克特斯，并封锁科林斯湾。

第4节 弗尔米奥的海战

无论是在陆地还是在海上，伯罗奔尼撒人的军事行动都惨遭失败。克涅姆斯召集的军队相当庞大。然而，他兵分三路攻打斯特拉图斯，反而被对方各个击破。克涅姆斯大军的中部由伊庇鲁斯援军组成，被斯特拉图斯人彻底击败；而两

伊苏克拉底

翼的希腊军尚未出手就被迫撤离。在海上,伯罗奔尼撒人败得更加耻辱。在科林斯湾入口,科林斯海军将领马卡昂和伊苏克拉底偶遇弗尔米奥率领的舰队。虽然弗尔米奥只有二十艘战船,而他们集结了四十七艘战船,但他们还是惊慌失措,采取守势对敌。科林斯舰队的战船围成一圈蜷缩起来,以躲避雅典舰队的攻击。接着,他们竟然被逼进阿哈伊亚港口帕特雷,并且在作战时损失了不少战船。援军到达时,伯罗奔尼撒联盟舰队的战船数量至少有七十七艘,并且有三位斯巴达军官登船指挥。鉴于科林斯海军将领的表现差强人意,斯巴达军官敦促他们竭尽全力。接着,整支伯罗奔尼撒联盟的舰队出动搜寻弗尔米奥。在发现弗尔米奥和他的二十艘战船正沿着埃托利亚海岸驶往诺帕克特斯后,他们立刻追上前去。长途追击分散了这支大型舰队的战船。伯罗奔尼撒联盟的舰队因而显得断断续续且毫无章法。虽然弗尔米奥舰队尾翼的战船被迫在诺帕克特斯几英里外的地方上岸,但为首的十一艘战船逐个安全到港。当发觉只有十几艘伯罗奔尼撒联盟的战船追击自己时——伯罗奔尼撒联盟的其他战船正在追击搁浅的雅典战船,弗尔米奥便大胆地从港口驶出。他的十一艘战船夺得六艘伯罗奔尼撒联盟的战船,并击沉一艘。接着,弗尔米奥奋力向西航行,成功收回了早上丢失的九艘船。这场交锋虽然战果平平,但是整场伯罗奔尼撒战争中雅典海军表现得最英勇的一次。

不久,弗尔米奥便得到了雅典的增援,而伯罗奔尼撒人则驶回了科林斯。在科林斯驻兵时,辅佐海军的一位斯巴达军官布拉西达斯实施了一次孤注一掷的行动。这场行动预示着他的未来。开战以来,迈加拉海军一直停泊在港口,不敢驶入塞隆尼克湾。港口只有四十艘战船,其中大多老旧并且漏水。但幸运的是,这些战船都还能用于短途巡航。伯罗奔尼撒联盟的指挥官们挑兵选将,经陆路行军到迈加拉。军队中的每个士兵带着自己的船桨和坐垫。夜幕来临时,他们登上这些战船。接着,他们突然出海,缴获了封锁尼塞亚港的三艘雅典战船,之后便在萨拉米斯登陆。雅典人认为萨拉米斯岛是一处安全的避难所,因而将阿提卡所有牲畜和财产都转移到了萨拉米斯岛。伯罗奔尼撒人行动非常迅速,将这些财物一扫而空,然后带着囚徒和战利品毫发无损地再次登船。雅典人极其愤怒。他们叫嚣着赶到比雷埃夫斯登船还击,但为时已晚。他们连一个掠夺者也没能抓住。

第5节 莱斯博斯岛的反叛

公元前429年,雅典的盟友色雷斯突袭马其顿地区,但无功而返。除此以外,

布拉西达斯

公元前429年再未发生其他军事行动。当年冬天风平浪静。战争看起来毫无结束的征兆。公元前428年，虽然斯巴达的军事行动与之前一样徒劳无功，但毫无疑问，对雅典来说，发生在当年夏末的一件事是一个不好的预兆。这件事甚至威胁着雅典的海上帝国。雅典的一位重要盟友企图在斯巴达舰队的协助下独立出来。雅典与伯罗奔尼撒联盟开战以来，这种情况还是第一次出现。雅典的盟邦中有两个无需缴纳贡品，并且都位于爱琴海上的岛屿，莱斯博斯岛便是其中之一。莱斯博斯岛还拥有一支相当强大的海军部队。在莱斯博斯岛的五个城市中[①]，米

---

① 指米提利尼、麦提姆纳、安提莎、伊勒苏斯和皮拉。

提利尼的财富和资源全都是第一位。米提利尼由寡头政府统治。一直以来,该寡头政府都企图反抗雅典,并为此做了精心的准备。米提利尼不仅积累战略物资,还大量招募雇佣军。在米提利尼还没有准备充足时,它的邻邦——忒涅多斯岛和麦提姆纳就送密信到雅典,告诉雅典米提利尼意图反叛。雅典起初认为该消息不实。如果这样一个强大的城邦与自己为敌,那么事态确实严重。

雅典派使臣前往安抚米提利尼人,但徒劳无功。除了拥有民主政体的麦提姆纳,整个莱斯博斯岛上的城市纷纷揭竿而起,并决心向斯巴达寻求援助。雅典立刻派克莱披底率领四十艘战船前往镇压米提利尼。克莱披底的这支舰队的原计划前往伯罗奔尼撒海域巡航。克莱披底的舰队与莱斯博斯岛人的舰队正面交锋,并将莱斯博斯岛人驱逐回米提利尼港。为了争取斯巴达支援到达的时间,莱斯博斯岛人立刻假装投降,使克莱披底陷入长期而无效的谈判当中,而自己却再次向斯巴达求救。然而,雅典人最终起了疑心,转而在海上对米提利尼进行严密封锁,并在海岸地带设立营地,派一小支重装步兵驻守。

在公元前428年的秋天到来时,派去斯巴达的莱斯博斯岛使者被带往奥林匹亚。伯罗奔尼撒半岛各个城邦纷纷汇聚到奥林匹亚共襄盛举,讨论即将到来的竞技赛事。在斯巴达同盟面前,莱斯博斯岛使者哀怨不已。他们不去说雅典压迫自己,反而对雅典海上帝国危及每个城邦的自治权一事大谈特谈。此外,莱斯博斯岛使者还抱怨道,虽然当初他们为了摆脱波斯人才加入提洛同盟,但他们如今要违背自己的意志,处处与希腊的各个城邦为敌。伯罗奔尼撒人坚信莱斯博斯岛人此举预示着雅典所有属邦的反抗,因而决定助莱斯博斯岛一臂之力。斯巴达召集各盟邦的陆军部队前往科林斯地峡——尽管此时正值丰收时节,斯巴达的盟邦们极不愿意放弃收割庄稼,然而诸盟邦还是决定将曾对抗弗尔米奥的舰队派往科林斯地峡,接着再去解救米提利尼。

伯罗奔尼撒人的这次行动之所以迅速,大概是因为瘟疫和四年昂贵而胜负未决的战争后,雅典实力大减,并且资源已经不足。不久,他们的想法便得到证实。雅典人对属地的反叛恼火不已,并竭尽全力奋起自卫。封锁米提利尼时,雅典还有一百艘战船在爱琴海巡航,以截断前往莱斯博斯岛的任何营救。此外,还有一百艘战船游荡在伯罗奔尼撒地区掠夺该地沿岸地区。雅典此次组织的掠夺伯罗奔尼撒沿岸行动比以往的任何一次都要更严密和残暴。对雅典来说，海上现役的两百五十艘战船是一笔巨大的军费开支。为弥补船员不足，雅典不仅招募佣工，甚至还招募上流社会公民前来服役。尽管如此，雅典彰显实力的举动完全奏效了。为了保护自己的收成，汇聚科林斯地峡的斯巴达同盟纷纷回国，而对雅典舰队的忌惮让他们不得不推迟对莱斯博斯岛的援助。只有一位叫"萨莱修斯"的斯巴达军官被秘密派往米提利尼，而当时冬季已经来临。对于期待整支舰队支援的莱斯博斯岛人来说，萨莱修斯的到来不过是杯水车薪。

第6节 米提利尼围城战

公元前428年到公元前427年的整个冬季，米提利尼都处于封锁之中。对雅典而言，毫无疑问，封锁米提利尼又是一笔巨额开支。在陆上，雅典军官帕齐斯率领一支数量众多的重装步兵前来增援，将该城团团围住。为了提供围城的财物，雅典人在耗尽提洛同盟的绝大多数财富后，又自己筹集了两百塔连特的财产税，并派出战舰向盟友们额外收取贡品。

公元前427年的春天来临时，斯巴达人决定真诚地支援莱斯博斯岛。然而，由于担心这次远征影响到所有其他军事资源，斯巴达派出的舰队规模并不大。他们只派出一支拥有四十二艘战船的舰队。在叫"阿尔息达"的海军将领带领下，斯巴达舰队驶出科林斯。这支舰队小心翼翼地在爱琴海岛屿间穿行，成功避开雅典人的视线。然而，由于在路途中耗费时间过多，在抵达伊奥尼亚恩巴敦时，阿尔息达发现早在七天前米提利尼就已经投降。

第7节 米提利尼的陷落

米提利尼陷落的情形很特别。当城中物资开始短缺时，莱斯博斯岛人委任的指挥官萨莱修斯决心派出城中所有兵力，想要突破雅典防线。因此，萨莱修斯为城中的下层人民配备全副铠甲。在此之前，这些人都是轻装步兵。然而，米提利尼的无产阶级对战争毫无兴趣。在他们看来，战争都是寡头集团一手造成的。这些下层人民心中想的只有一件事，那就是尽快结束近来的半饥饿状态。这些无产者拿到武器后，拒绝行军作战，而是集结在集市，要求将城市的所有物资都交到自己手中；如果稍有延误，那么他们便会向雅典人大开城门。暴动一发不可收拾。米提利尼的地方官们担心自己有性命之忧，便决定在叛乱者行动前与围城的雅典人达成协定。于是，地方官们和帕齐斯约定：在雅典公民大会裁决米提利尼的命运前，任何人不得被处死；并且只有当公民大会商议此事时，米提利尼才能派出使者，为自己辩护。米提利尼地方官的条件与无条件投降没有分别，雅典将领们因而欣然接受。帕齐斯将米提利尼寡头集团的领袖监禁在忒涅多斯岛，毫不干涉城中其他人的生活，只是对这个城市加强驻防。几天后，阿尔息达的舰队来到亚细亚海域。得知米提利尼投降后，阿尔息达便一路南行。在伊奥尼亚海岸截获多艘商船并残忍地屠杀船员后，他重返科林斯。阿尔息达没有消耗斯巴达一兵一卒。不久，帕齐斯就攻陷了加入米提利尼反叛阵营的三个莱斯博斯岛城市：安提莎、伊勒苏斯和皮拉。接着，他带着躲藏在米提利尼的拉科尼亚将军萨莱修斯及一众叛乱首领返回雅典。

第8节　公民大会上的争论

　　囚犯们刚刚抵达雅典，萨莱修斯就未经审判而被立刻处死。然而，莱斯博斯岛人的命运成为公民大会的一项重大且典型的议题。以民众领袖克里昂为首的雅典人起初通过的决议惨绝人寰：所有米提利尼人——无论是在雅典的囚徒还是米提利尼城中所有成年男子——都应该被处死，而他们的妻子和家人则变卖为奴。这项决议事出有因：作为雅典最信赖的盟友，莱斯博斯岛的叛变让雅典一度陷入极度恐慌中。雅典人害怕米提利尼的反叛会引发伊奥尼亚和伊奥利亚的普遍反叛。然而，这个因素并不能成为残暴的理由。

　　这项决议的始作俑者便是皮革商人克里昂。克里昂是粗鄙卑劣的政客中的一员，他的上位恰恰得益于伯里克利引入雅典的民主变革。我们不必像阿里斯托芬一样因为克里昂出生低微、缺乏教育及从事的职业为人不齿就给他贴上耻辱的标签，但克里昂的发迹史人尽皆知。他人性中的污点很多。最初，克里昂作为毫不妥协的民主派被人熟知，并且他对每位在位者都恶意批判。甚至连伯里克利也曾遭到克里昂的狂热抨击。克里昂生性平庸，却致力于用自己狭隘而错误的爱国主义将自己推向政治前台。克里昂公然无视国际道义，并宣称雅典利益高于一切善恶。克里昂擅长揣摩公民大会的政治风向。他出人头地靠的是充当大众舆论的喉舌，并时刻准备抨击任何政客或将领——只要他们的意见与大众意见相左。克里昂诽谤的主要受害者就是老派保守党残余。他曾无休止地指责他们同情斯巴达并在作战时故意指挥不当。对于克里昂名声而言，非常不幸的是，我们对他的了解来源于克里昂曾抨击过的两位作家。克里昂曾迫使历史学家修昔底德流亡国外，并曾试图剥夺喜剧作家阿里斯托芬的雅典公民籍。然而，即使我们全盘否定两位作者所指控的怯懦、腐败、残忍和无耻等恶行，克里昂也仍然是雅典的祸根。这位政客向大众宣扬人民力量的不可战胜和无所不能，同时鼓动人民摒弃一切原则，奉行利己主义——这才是民主最致命的产物。在针对米提利尼人的争论中，克里昂的所作所为是他全部政治生活的典型写照。

第9节 第二次米提利尼人争论

第一天，该争论以克里昂提议的通过而结束。接着，雅典派出一艘战船前往通知身处米提利尼的帕齐斯，令他屠杀所有莱斯博斯岛人。然而，第二天清晨，在冷静反思后，心存良知的人便对该决议嫌恶不已。因此，执政团再次被召集起来，重新商议米提利尼的命运。克里昂仍然坚守自己残暴的决议。他公然说道，雅典帝国建立的基础就是盟友对自己的恐惧，而维持其他盟友对雅典恐惧的唯一方式就是对米提利尼人施加最残酷的惩罚方式；公民大会如果朝令夕改，那么就会沦为全希腊的笑柄；而雅典愚蠢的老好人做派将会引发其他城邦的反叛，因为就算它们的叛变被镇压，也不会遭受多重的惩罚。

回应克里昂的演说家狄奥多托斯不敢以正义公正之名呼吁公民大会，而是试图表明当下形势，进而要求雅典放弃大屠杀。他说："将领导者绳之以法，但不要波及其余人。平民一旦获得武器便会攻打叛乱者。如果惩罚未加入叛乱的米提利尼平民，那么不仅杀害了我们的帮手，而且犯了政治错误。眼下，每个城邦的统治阶级都跃跃欲试想要叛变，而无产平民总体上还是倾向于雅典的。但如果不加区分地处决了所有米提利尼人，那么每个城市的人便会与他们的贵族一致对外，而他们今后的叛乱将会更加不顾一切且团结一致"。这个观点说服公民大会采取宽恕的政策。克里昂的决议虽然占有微弱优势但仍然被撤销。接着，雅典派出第二艘战船制止帕齐斯即将开始的屠杀行动。然而，第一艘船已经驶出一天一夜，因此第二艘船必须要全速前进，否则一切都太迟了。米提利尼人的亲友及代表向船员许诺，只要他们按时抵达，便会有巨额酬金。在酬金的驱使下，大船全速前进。桨手在凳上用餐，并且轮换休息。船速因而从未减缓。撤销令的传信者全力以赴，终于在帕齐斯收到第一道命令后的几小时到达莱斯博斯岛，赶在了帕齐斯执法前。

第10节 莱斯博斯岛的命运

大多数米提利尼人因此得救。然而，至少一千名领袖及重要人物都被处决。换作任何时代，雅典公民大会表现出的所谓仁慈都会被视为残暴。莱斯博斯岛人的岛屿被分为三千小块。其中十分之一的土地献给了神明，其余的则被雅典的军事殖民者占领。军事殖民者由此成为土地的主人。他们准许原先的土地所有者耕作土地，但每年得缴纳两迈纳[①]租金。

没有什么比帕齐斯的命运更能诠释雅典人情绪化和反复无常的个性了，而正是帕齐斯征服了米提利尼。回国后，帕齐斯便在人民法庭遭到控告。起诉的理由是他曾对两名米提利尼女性施暴，而早前帕齐斯还处死了她们的丈夫。该暴行引发的公愤极大，犯罪者帕奇斯因而在法官面前拔剑自刎，而审判的目的本

---

① 古希腊货币单位和重量单位。

就是要将帕齐斯处以死刑。然而，义愤填膺的暴民们所预想的处罚方式远比自行了断恶劣一千倍。

第11节 普拉蒂亚突围战

在公元前427年的冬天和春天，当米提利尼处于围城并在之后陷落时，离雅典更近的一处地方的封锁行动也即将接近尾声。自公元前429年夏季开始，普拉蒂亚便处于围困之中。由于雅典人背信弃义，迟迟不施以援手，普拉蒂亚城内驻兵的物资已经枯竭。公元前428年到公元前427年冬天，由于饥饿横行，多数驻军决定放手一搏，突出重围。普拉蒂亚指挥官攸蓬披底说服了五十名雅典人和一百七十位同乡人追随自己，尽管这意味着要穿越两条战壕并突破两道围墙，而再勇猛无畏的人也会望而却步。在一个没有月光的夜晚，天下大雨时，他们扛着云梯偷偷出了城。穿越第一道战壕时，没有人察觉他们。然而，攀爬第一道围墙时，他们被哨兵发现。接着，警报响起。围攻的伯罗奔尼撒联盟部队从四面八方匆匆赶来，场面变得十分混乱。然而，黑暗让伯罗奔尼撒联盟部队迷失了方向。没有参与突围行动的普拉蒂亚人则开始声东击西，分散伯罗奔尼撒联盟部队的注意力。因此，当伯罗奔尼撒联盟部队大举进攻时，突围者早已翻越第二道围墙。外围战壕很深，并且有很多浮冰。当大多数突围者穿越该处时，其余突围者便守在一旁，阻止进犯的维奥蒂亚人。突围就这样悄然而迅速地结束了。普拉蒂亚人大都安然无恙。在二百二十人中，有二百一十二人逃出城外。逃出外围城墙后，他们没有直奔雅典，因为他们知道追兵会循着这条路赶来。突围者在平原绕道而行，来到了靠东的一条山路，最终毫发无损地逃了出去。

第12节 普拉蒂亚投降

这次大胆而成功的突围让普拉蒂亚的人力更短缺，但也能让余下的驻军依

克基拉岛

的寡头团体。上百人未经任何常规审判和指控便被处死,其中还包括很多未叛国的无罪人士。

第1节 狄摩西尼在埃托利亚

公元前426年或许是伯罗奔尼撒战争开战以来最平静的一年。雅典再次爆发瘟疫。但与公元前430年的瘟疫相比,这次瘟疫中死亡的人数并不算多。公元前426年发生的最重要的一件事就是一场远征。虽然与远征西西里岛相比,这次远征不是那么鲁莽,但再次表明雅典人乐于远征的倾向。科林斯湾地区原来的海军将领是弗尔米奥,此时的海军将领则是狄摩西尼。狄摩西尼决意攻打埃托利亚地区的部落。到当时为止,这些部落仍然保持中立。它们数量众多且骁勇善战。诺帕克特斯的麦西尼亚人劝说狄摩西尼,称他们的埃托利亚近邻野蛮而无实战经验,在猛击之下必定投降。同时,麦西尼亚人还同意加入雅典阵营。于是,除了自己的重装步兵,狄摩西尼还率领着诺帕克特斯和札金索斯的部队，开始向埃托利亚山区进发。在狄摩西尼攻占了一个或两个村庄后不久，整个乡村地区都拿起了武器。轻装上阵的山地人让入侵者不堪其扰甚至大为恼火。狄摩西尼只好被迫撤退。然而，狄摩西尼一开始撤退，便立刻遭到夹击。整支部队溃不成军，接着便落荒而逃。当退回诺帕克特斯时，狄摩西尼损失了近一半的兵力。

第2节　奥尔匹之战

几个月后，狄摩西尼在阿卡纳尼亚大获全胜，为自己的军队赢回了声誉。在一定程度上，这场胜利慰藉了雅典的尊严，但对雅典政策无济于事。自公元前429年起，伯罗奔尼撒联盟军队的各分队就被派到阿卡纳尼亚地区，之后又加入了海岸地区科林斯殖民地的重装步兵。他们当时正在攻打阿卡纳尼亚人。狄摩西尼集结了盟友们所有可支配的部队，横插在伯罗奔尼撒联盟军队主力部队和后备部队之间。一天，狄摩西尼打败了伯罗奔尼撒人，并屠杀了他们的首领欧律洛科斯。次日，他又突袭了前来增援伯罗奔尼撒人的安布拉基亚援军，并几乎让这支援军全军覆没。在修昔底德看来，这场战争对安布拉基亚打击极大。在整场战争中，这场战争是安布拉基亚损失最惨重的一次。当地损失的兵力多到令人难以置信。然而，雅典的这场胜利带来了出人意料的结果。得知自己永远摆脱了海岸近邻安布拉基亚的威胁后，阿卡纳尼亚人竟然单独与安布拉基亚达成和解。阿卡纳尼亚的盟邦雅典成功地保护了阿卡纳尼亚人免受科林斯殖民者的征服，此后，阿卡纳尼亚人便失去了作战兴趣。因此，狄摩西尼的胜利虽然击垮了雅典的一个仇敌安布拉基亚，但也让雅典失去了一位满怀热忱且极具利用价值的盟友阿卡纳尼亚。

第3节　狄摩西尼在皮洛斯

公元前425年注定成为伯罗奔尼撒战争爆发以来最重要的一年。该年发生

皮洛斯

了一系列决定性事件。不过,这些事件并不是任何一方刻意计划的结果,仅仅是巧合而已。公元前425年早期,雅典人还在继续实施在西西里岛立足的空想计划,并决定向西增援部队。一位叫"欧利米登"的军官带领四十艘战船被分派到西西里岛。狄摩西尼也一同前往。在阿卡纳尼亚获胜后,他便重回雅典,如今官复原职。欧利米登和狄摩西尼绕过马塔潘角后,一场暴风迫使他们驶入皮洛斯的麦西尼亚港。由于受风浪影响,他们在麦西尼亚港停留多日。为确保免受伯罗奔尼撒人的突袭,水手们冒险上岸,在构成皮洛斯海湾北角的一处多石岬角上匆忙修建了一条简易战壕。雅典舰队停靠的时间远远超出了海军将领们的预期。狄摩西尼灵机一动,认为这道临时堡垒或许可以加固起来。该堡垒可以作为抵御伯罗奔尼撒西海岸地区突袭的永久基地。该地地势险要、难以通行且拥有优良的港口。此外,堡垒所处的麦西尼亚地区正是希洛人反抗斯巴达人最频繁的地区。因此,狄摩西尼说服部下尽最大努力开挖岬角,掘出战壕。在任何能上岸的斜坡上，他们都用石块堆积成一道坚固却粗陋的围墙，直到这个堡垒足够抵御任何常规攻击。在朝海一面的悬崖上，只有一小块狭窄的海滩地带，此处就是雅典人上岸的地方。在防御工事完成后，欧利米登率领三十五艘战船继续向前驶往西西里岛。剩下的五艘战船由狄摩西尼带领，固守要塞。

不久，皮洛斯被占领的消息传到斯巴达。由于传言夸大了登陆的雅典军队兵力，监察官们不得不火速召回伯罗奔尼撒大军。而这支大军几周前刚刚离开，计划对阿提卡实施一年一度的夏季劫掠行动。斯巴达国王阿吉斯二世因此与盟友停止了劫掠行动，回到国内。与此同时，不幸在米提利尼和克基拉延误的舰队再次被召集，前去封锁皮洛斯的海滨地区。狄摩西尼刚刚派出两艘船通报伯罗奔尼撒联盟军队来犯的消息，就被团团围住。

皮洛斯海湾北部角上是皮洛斯海岬。离皮洛斯海岬一百码的地方就是斯法克蒂里亚岛。斯法克蒂里亚岛正对着皮洛斯海湾。斯法克蒂里亚岛是一块狭窄的巨石，全长约两英里。岛上杂草丛生，植被茂密。雅典军队如果想解皮洛斯之围，那么自然会将斯法克蒂里亚岛作为军事基地。斯巴达人因而决定先占领斯

斯法克蒂里亚岛

法克蒂里亚岛。于是，斯巴达派出四百二十名重装步兵，以及部分希洛人组成的轻装步兵。这支部队能够阻止任何登陆行动。斯巴达人打算用战船封锁斯法克蒂里亚岛南北两道狭窄水湾的入口处，但这项计划并未完全实施。

与此同时，皮洛斯的雅典驻军不断受到猛攻。斯巴达指挥官料想不久后雅典舰队便会前来支援狄摩西尼，因而企图在雅典援军到来前强攻下这个堡垒。雅典军队在陆上和海滨同时受到攻击。陆上据点异常坚固，被围困的小股雅典部队便足够将伯罗奔尼撒人拒之门外。争夺最激烈的地方就是岛上的唯一登陆点——那片窄小的海滩。在这处海滩上，狄摩西尼和他的重装步兵分层列阵。阵形极其密集。伯罗奔尼撒联盟军队连续派出三桨战船，试图强行登陆，将士兵送上海岸。能同时靠岸的战船最多两艘到三艘。然而，由于作战地太过狭窄，伯罗奔尼撒联盟军队即使有数量优势也无济于事。在长时交战后，伯罗奔尼撒人重回海面。对他们来说，这片海滩太难攻克。他们已经伤亡众多，而在拼命登陆时，他们最优秀的军官布拉西达斯受了重伤。毫无疑问，斯巴达人的突袭已经失败。之后，雅典人竖起布拉西达斯的盾牌，以纪念胜利。布拉西达斯被击垮时，这个战利品掉进了大海。

第4节 封锁斯法克蒂里亚

在斯巴达人还没有建造攻城车并开始封锁皮洛斯之前，一支雅典舰队出现在了海面上。欧利米登遇上了狄摩西尼派出去的船。因此，得到驻扎在阿卡纳尼亚海岸附近的海军部队增援后，欧利米登掉转头来解救狄摩西尼。伯罗奔尼撒的海军将领没有封锁进入皮洛斯海湾的两道入口，反而让雅典舰队鱼贯而入。在斯法克蒂里亚岛与大陆之间的海域上，伯罗奔尼撒联盟军队与雅典军队交战。不费吹灰之力，欧利米登率领的五十艘战船就打败了斯巴达指挥官的四十三艘战船。其中五艘战船被雅典军队强行占领，其余战船则被驱逐上岸，寻求伯罗奔尼撒联盟陆军的庇护。这场战争胜利的意义在于让斯法克蒂里亚岛上的斯巴达重装步兵完全孤立无援，只得被困在岛上。被困人员中有不少斯巴达

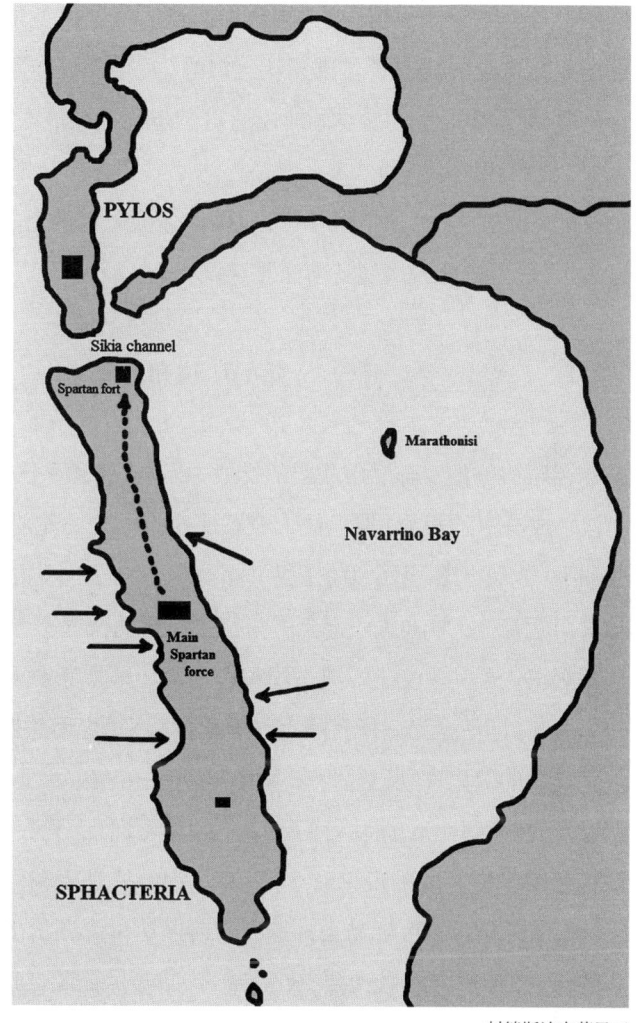

封锁斯法克蒂里亚

杰出公民,还有一部分举足轻重并且血统纯正的斯巴达人。这些斯巴达人被困在荒凉的岛上,而现有的物资仅能维持几天。除非有人解救,否则这些斯巴达人必然会落入雅典人手中,任凭雅典人宰割。

皮洛斯之战的消息传入斯巴达后,监察官们即刻前往斯法克蒂里亚岛的被困营地,亲自一睹虚实。亲自考察后,监察官们不禁灰心丧气,因而决定立刻向狄摩西尼和欧利米登提议休战,并主动提出派一支使团前往雅典寻求和解。本国的四百公民命悬一线,这件事令斯巴达人备感沮丧和耻辱。这种耻辱是斯巴达的盟友遭受的任何苦难都无法比拟的。狄摩西尼和欧利米登同意休战,并许诺只要休战,便会为封锁中的斯巴达重装步兵提供最低限量的食物。不过,作为回报,狄摩西尼和欧利米登要求斯巴达必须将停泊在斯法克蒂里亚岛军营外的伯罗奔尼撒舰队转交到自己手中,以确保休战条款的全面实施。监察官们同意了这项提议,并立即派出使者前往雅典议和。

第5节 议和失败

在雅典与伯罗奔尼撒联盟的交战中,这次议和是摆在雅典人面前唯一一次可以功成身退的机会。斯巴达人宣称愿意退回到公元前431年的格局,并认可永久和平。他们指出,迄今为止,战争僵持不下。一旦他们的示好举动被拒绝,那么随着时运流转,雅典人一定会因为错失良机而懊悔不已。伯里克利一定会接受这项提议。这项提议让雅典帝国和它的商业贸易毫发无损,并充分证明了这样一个事实:即使全希腊所有陆上强国联合起来,也无法撼动雅典的领地。然而,沉稳冷静的伯里克利已经不在人世,也无法再左右雅典议会。而在当时,主宰雅典议会的阴晴不定的煽动者们根本不会适可而止,只会咄咄逼人。当时,正如当初在有关米提利尼的辩论时一样,克里昂自认是极端爱国主义者们的喉舌。他宣称,雅典万万不可轻易丢掉这次与斯巴达讨价还价的好机会,并提议作为和解的条件,伯罗奔尼撒人要交出二十年前属于雅典陆上帝国的土地。克里昂强烈要求伯罗奔尼撒联盟将特罗曾、阿哈伊亚及麦加里德的港口尼塞亚和培加,即所有公元前445年失去的土地都物归原主。拉科尼亚使臣回答,这些条件令人难以接受。如果雅典人能派出委托人与斯巴达使臣商谈,而不是坚持在公民大会群情激愤的氛围中交涉谈判,那么他们将提出更有利的提议。克里昂立刻恶语相向。他坚称拉科尼亚使臣愚弄大众,如果他们不愿公开自己的使命,那么就是毫无诚意。毫无疑问,雅典议会站在了克里昂一方。斯巴达人只好绝望地离开,回国向监察官们禀报此行彻底失败。

谈判的破裂预示着雅典与伯罗奔尼撒联盟在皮洛斯重新敌对。二十天来，斯法克蒂里亚岛上的斯巴达人都靠着休战条约所规定的接济度日，而此时又再次陷入即将弹尽粮绝的境地。解救他们看似毫无可能。更恶劣的情况是，欧利米登自从声称伯罗奔尼撒联盟指挥官触犯休战协定后，就断然拒绝归还委托给他的伯罗奔尼撒联盟战船。欧利米登的借口似乎站不住脚。然而，拥有战船后，他完全掌控了局面。雅典舰队封锁斯法克蒂里亚岛时，斯法克蒂里亚岛对岸有两艘三桨战舰不断地在海岸来回巡视，海军则在加固皮洛斯的堡垒。一支强大的伯罗奔尼撒大军就在附近虎视眈眈，但毫无办法。

第6节 斯法克蒂里亚封锁延期

再过几天，雅典军队就能让斯法克蒂里亚岛上的伯罗奔尼撒联盟驻军因饥饿而投降。然而，斯巴达人采取了非常手段确保斯法克蒂里亚岛上的食物供应。在每个漆黑一片或有暴风雨的夜晚，从伊利斯或拉科尼亚各港口出发的小船就会纷纷前来冲破封锁线。只要能将一袋面粉或一皮袋酒投掷上岸，监察官们就会对他们进行丰厚的奖赏。因此，商人和海员不惜一切代价前去冒险。虽然不少小船被捕获，但其余的船源源不断地成功上岸。我们可以确定的是，常常有水性好的人游过海湾，而他们身后拖拽的皮袋里装满了亚麻籽或蜂蜜，以及其他能密封包裹的食物。这些权宜之计足够维持斯法克蒂里亚岛上人员的生计。因此，封锁时间远远超出了雅典人的预期，尽管雅典人此前认为岛上驻军会立刻投降。两个月后，秋天悄然到来。秋分日的阵阵暴风似乎要迫使雅典人远离皮洛斯海岬下荒凉而危险的港口。

第7节 克里昂前往皮洛斯

在雅典，人们对封锁斯法克蒂里亚岛失败的不满情绪愈演愈烈。人们开始后悔当初没有接受斯巴达人的和解提议。现实驱使着他们迁怒于克里昂——

尼西亚斯

拒绝和解的始作俑者。这位煽动人心的政客妄图转移人民的不满。他说，该负责任的是皮洛斯的将领们，是他们缺乏勇气和冒险精神；他们如果稍有戒备心，并且再多一点干劲，那么早就攻下斯法克蒂里亚岛了。他继续说："如果让我指挥雅典军队，那么我早就攻下斯法克蒂里亚岛了。"克里昂这句不经意的话立刻成为他的政敌的把柄。人群中有人大声疾呼："如果真的这么简单，你怎么不去试试？"尼凯拉特斯①的儿子、统兵官之一尼西亚斯非常鄙视克里昂的政治伎俩。

---

① 尼凯拉特斯（Niceratus，生卒年不详）尼西亚斯从尼凯拉特斯那里继承了一大笔遗产，主要用于开采位于拉夫里翁的银矿。

接着，他来到讲坛，正式提议让这位硝皮匠①前往皮洛斯。起初，该提议不过是出于党派间的嘲讽。在克里昂的政敌看来，让克里昂担任舰队指挥官的想法愚不可及。他们根本没有严肃对待该提议。接着，荒唐的一幕上演了。克里昂越是不断地拒绝这份突如其来的荣耀，他的政敌就越是不断地逼他就范。对多数平民来说，克里昂担任指挥官并非像尼西亚斯认为的那样荒谬。惯于追随克里昂政治指引的人殷切疾呼，认为克里昂足够胜任这个角色。原本出于嘲讽的提议很快被认真考虑。尼西亚斯无法收回自己的提议，克里昂也不得不遵守之前的无心之言。最终，这位民众领袖鼓起勇气，宣称自己并不像他人那样惧怕斯巴达人的英雄主义，并以自己的政治生涯作为赌注，承诺在二十天内俘获或击垮斯法克蒂里亚岛上的全部驻军。克里昂没有求助雅典军队。他用来结束战斗的不过是四百弓箭手、一众恰巧在雅典城内的来自伊姆罗兹岛和利姆诺斯岛的重装步兵，以及一支色雷斯轻装步兵。一被授权获得这些兵力的指挥权，克里昂就立刻驶往皮洛斯。修昔底德写道："雅典最明智的人认为，如今他们至少不会一无所获。一种结局就是克里昂战败——这个结局的可能性最大，之后永远退出政治舞台。另一种结局便是克里昂取胜，该结局对斯巴达将是致命一击。"

克里昂的所作所为并不像人们想象的那样鲁莽可笑。正如克里昂认为的一样，斯巴达人并非无懈可击或不可战胜，他们与其他军队一样，也会屈服于数量优势之下。斯法克蒂里亚岛上的斯巴达部队不过数百人。如果连续全力攻打四次到五次，那么他们必然会最终屈服。据说，狄摩西尼早就想攻打该岛，只是迫于同僚的警告才放弃行动。

第8节　斯法克蒂里亚失守

就在克里昂抵达斯法克蒂里亚岛前，一场突如其来的大火烧毁了岛上的多数植被。斯巴达人因而失去大片掩护。于是，斯巴达人的具体数量变得更清晰，他们的行动也更容易追踪。克里昂立刻指挥行动，实施的细节则交狄摩西尼负

---

① 指克里昂。

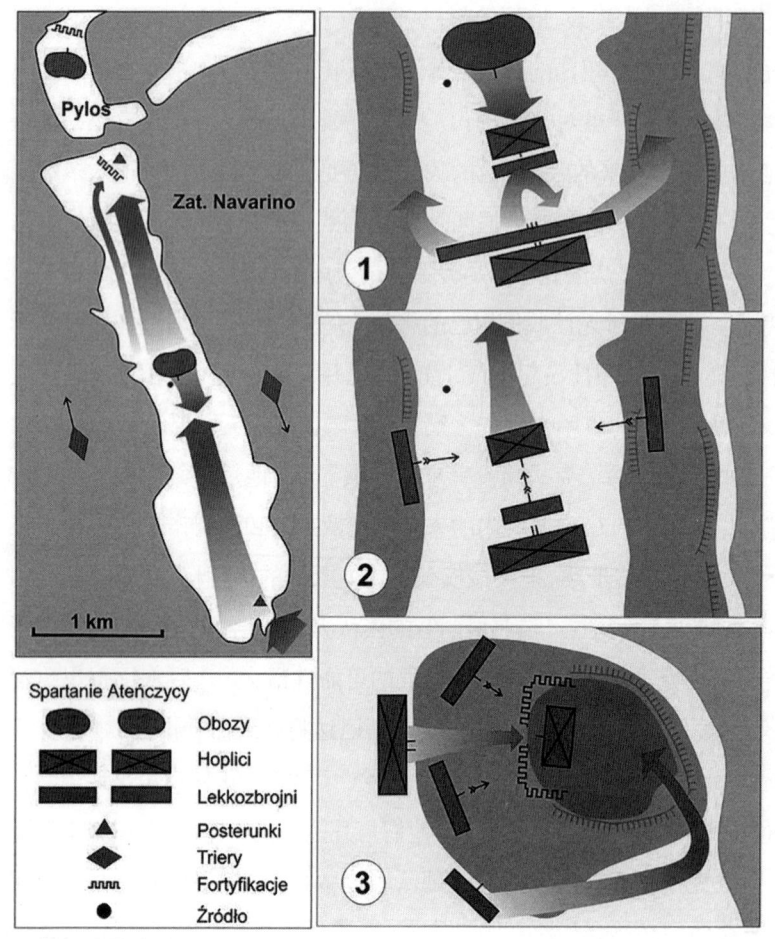

斯法克蒂里亚战役示意图

责。他们决定以人数取胜，打败斯巴达人。依靠夜间掩护，八百重装步兵在斯法克蒂里亚岛最南端附近登陆，然后掩护其他部队登陆。他们除掉了该地一个三十人的前哨。在斯巴达指挥官厄匹塔达斯带着三百五十人的主力部队赶来前，他们牢牢驻扎在了海岸地区。当时，八百名弓箭手、一支麦西尼亚轻装部队，以及一支精锐部队已经上岸。这支精锐部队是从停靠皮洛斯的七十艘战船的海军中选拔出来的。厄匹塔达斯率军对抗雅典重装步兵时，大批投石兵和弓箭手包围了斯巴达军队的两翼和后方。石块和箭镞让厄匹塔达斯不堪其扰。他的小股部队渐渐陷入绝境。当时,他们的交战地满是烧毁树木的残灰余烬。烟尘让他们视野模糊,恶臭让他们呼吸困难。因为雅典人并不靠近,只是一直从远处射击,所以斯巴达人处境难耐。最终,厄匹塔达斯被杀后,斯巴达人接任的指挥官发出撤退的命令。幸存的斯巴达人从轻装步兵中突围出去,躲进了斯法克蒂里亚岛北端一个破败的史前堡垒中。他们在堡垒中坚守数日。然而,在堡垒上方的悬崖峭壁中,麦西尼亚人发现了一条路。接着,他们出现在制控斯巴达人的最佳位置,并开始从后方逐个除掉斯巴达人。

当时,斯巴达人已经变成瓮中之鳖。犹豫片刻后,克里昂和狄摩西尼派出传令官命斯巴达人投降。多数幸存者放下了盾牌,并挥舞双手以示投降,让那些深信斯巴达人从不会放下武器的人十分吃惊。幸存者的军官们请示陆上的斯巴达大军自己该如何行事,却得到了一个令人绝望的提议,即"只要不失尊严,那就自行决断"。随后,幸存的斯巴达军官也正式投降。在斯法克蒂里亚岛上的四百二十名斯巴达重装步兵中,尚有两百九十二位幸存下来。幸存的希洛人则人数不明。在幸存的斯巴达重装步兵中,斯巴达王室成员至少有一百二十人。

克里昂由此兑现了对雅典公民大会的诺言。我们得知,克里昂的成功是"战争中希腊最让人惊讶的事件"[1]。如果事实果真如此,那么这场战役不仅仅印证了克里昂的鲁莽和好运,也同时表明,当时盛行的斯巴达英勇无畏的传说确实言过其实。克里昂率领大军进攻斯法克蒂里亚岛。虽然厄匹塔达斯只有数百人,但克里昂的胜利仍然被称叹为观止。

第9节 克基拉二次暴动

当雅典舰队带着斯巴达俘虏返回时,雅典人想当然地认为自己已经掌控全局。克里昂因自己的勇猛变得膨胀,比之前更盛气凌人。一支新的斯巴达使团再次前来求和时,雅典开出的条件比之前更苛刻。和谈因而再次没有取得任何成果。

---

[1] 出自修昔底德的《伯罗奔尼撒战争史》。

不久，斯法克蒂里亚岛的胜利诱使雅典人采取迄今为止更冒险的陆上行动。公元前425年年底，雅典上千重装步兵在科林斯地峡附近登陆，在索里吉亚与科林斯人激烈交战，并打败了科林斯人。之后，雅典军队完好无损地回到自己船上。接着，雅典舰队一路沿南部海岸行驶，再次登陆埃皮达鲁斯的领地，攻占并加固了墨托涅半岛。大约与此同时，克基拉再次上演了两年前的血腥场面。只是这次的情形更残暴，远甚公元前427年。在雅典军队的协助下，克基拉的民主派再次镇压了克基拉寡头集团的武装暴动，并在承诺确保战败方性命安全的前提下，接受了寡头集团的投降。然而，民主派故意说服少数寡头集团成员打破军令，并以此为借口称之前的承诺无效。接着，民主派打开监狱，赶在寡头集团囚犯自杀前屠杀了三四百人。虽然支持寡头集团投降前得到的承诺，并且自己也承诺过要让这些囚犯在雅典接受公平审判，但雅典大将欧利米登从未设法拯救这些不幸的人。

当时，克里昂正处于权力顶峰。作为在雅典上位的标志，他实施了一项极其自我的法令，显示出他对盟友的不管不顾。克里昂一次性加倍征收盟友的贡赋。因此，在接下来的短短数年内，针对雅典的反叛此起彼伏也就不难解释了。

第10节　布拉西达斯攻打色雷斯

对雅典人而言，公元前424年局势大好。在公元前424年的前几个月，雅典节节胜利。大将尼西亚斯年初就攻占了广阔崎岖的基西拉岛。基西拉岛位于玛勒亚海角附近，正对着拉科尼亚海湾。基西拉岛立刻加入提洛同盟，而岛上港口成为对拉科尼亚海湾发动多次劫掠的出发点。到了当时，人们更深刻地领会到一句古语的真谛，"基西拉岛沉入大海，斯巴达则完好无损"。在伯罗奔尼撒战争中，当时是斯巴达人最黑暗的时刻。雅典的和解条件蛮横无理，而雅典的顽固驱使着斯巴达人奋起自卫。为防止希洛人大规模起义，斯巴达人派出暗探克里普提[①]。与从前相比，克里普提的这次行动更残暴。据说，多达两千受害者以这

---

① 前文已经提到的斯巴达暗探组织。

种方式被转移。情急之下，监察官们愿意不惜一切代价给雅典造成一定打击。因此，监察官们准许了一项新的冒险计划。这项冒险计划旨在削弱提洛同盟的根基。雅典的一部分附属盟友地处欧罗巴，不用乘船就可以到达伯罗奔尼撒半岛，因而成为每位伯罗奔尼撒人的心病。然而，哈尔基季基半岛和色雷斯海岸的众城镇与斯巴达最近的盟邦福基斯之间是一片广阔的陆地。塞萨利就位于这片陆地之中，而塞萨利的多数城镇都对雅典持友好的中立态度。此外，还有野蛮的马其顿王国。无论是雅典人还是斯巴达人，他们都从未想过能从内陆攻打色雷斯的纳贡地区。而到了当时，斯巴达人决定尝试该方案。斯巴达最具魄力的军官布拉西达斯被委以重任。他带领一支大军向北行进，并试图重燃在爱琴海北部的战火。与波提狄亚一道反叛的少数城镇仍然在负隅顽抗。斯巴达一旦能够联合它们，便可以将它们所在地作为军事基地。斯巴达人向希洛人许诺，如果他们愿意海外服役，就可以获取自由。得到许诺后，七百希洛人组成了布拉西达斯的核心部队。斯巴达认为此行凶多吉少，因而并没有召集盟友的部队。利用重金，斯巴达人只通过单独招募的方式征集了少数士兵。在科林斯，布拉西达斯手下有近一千七百人。在他们准备就绪前，雅典人的行动便迫使他们立刻开始向北行军。

第11节 布拉西达斯在迈加拉

雅典人仍然致力于实施针对陆上行动的新政策，因而决定设法突袭迈加拉。在雅典派系斗争精神的指引下，迈加拉城内的民主派同意将自己的城市拱手让给雅典人。一天夜里，迈加拉的民主派打开了连接迈加拉及其港口尼塞亚"长墙"上的一道后门。雅典人蜂拥而入，拿下了长墙。两天后，雅典便攻占了尼塞亚。迈加拉的派系斗争愈演愈烈，几乎就要发生冲突。如果不是布拉西达斯率领自己的部队及在科林斯和西锡安征到的士兵匆匆从科林斯地峡赶来，雅典人或许可以攻占迈加拉。布拉西达斯提议在迈加拉城前作战，但雅典人拒不接受。攻下尼塞亚后，雅典人便心满意足地返回国内。公元前424年夏末，布拉西达斯准备就绪，起兵穿过维奥蒂亚和福基斯，开始实施预先安排好的冒险行动。

第12节　代里恩之战

迈加拉远征仅仅是雅典当年的牛刀小试。雅典决定再次采取公元前456年的战略，即在常规战争季结束前，而伯罗奔尼撒半岛的救援尚未到达时，一次性击垮维奥蒂亚。整个战争计划全面而复杂。狄摩西尼将集结所有雅典西部盟友的军队，在科林斯湾的西弗艾登陆。在同一天，大将希波克拉底将率领阿提卡的全部本土兵力进入维奥蒂亚东北部，袭击塔纳格拉。与此同时，大批被流放的民主派维奥蒂亚人准备攻占喀罗尼亚镇，而他们也愿意协助雅典。不过，作战计划远比上述行动复杂。来自四面八方的军队如果想要一起合作远征，尤其容易遭受战争意外的戏弄。后来，攻占喀罗尼亚镇的计划因告密者而败露，而在计划的其余部分中，不是狄摩西尼来得太早，就是希波克拉底来得太迟。在西弗艾，狄摩西尼率领着来自诺帕克特斯和西部岛屿的盟友登陆，并击溃了来犯的所有维奥蒂亚军队。当时，希波克拉底还在千里之外，没有穿过边境。狄摩西尼精疲力竭，无力作战，只好再次登船。不料在两天后，希波克拉底率军绕过阿罗普斯和埃维亚海峡，来到塔纳格拉的领地。希波克拉底攻占了代里恩的阿波罗神殿及其辖区。代里恩临近大海。希波克拉底又花了四天时间加固此地，同时等待着狄摩西尼军队的到来。五天后，还是什么都没有发生，希波克拉底便决定返回。不料，维奥蒂亚大军出现在了希波克拉底军队的侧翼，而此时的希波克拉底距代里恩尚不足两英里。维奥蒂亚大军目睹狄摩西尼离开之后，便转向东北部，恰好有充足的时间攻打希波克拉底。两军人数不相上下。维奥蒂亚人出动了八千重装步兵、一千骑兵和十万轻装部队。雅典人重装步兵的数量与维奥蒂亚人相当，虽然轻装部队兵力数量稍多，但骑兵实力较弱。在十一位维奥蒂亚联盟的将军中，多数都反对作战。然而，作为底比斯的两位成员之一，帕冈达占据上风且执意作战。希波克拉底的大军刚刚面朝西方、背朝大海摆好阵形，维奥

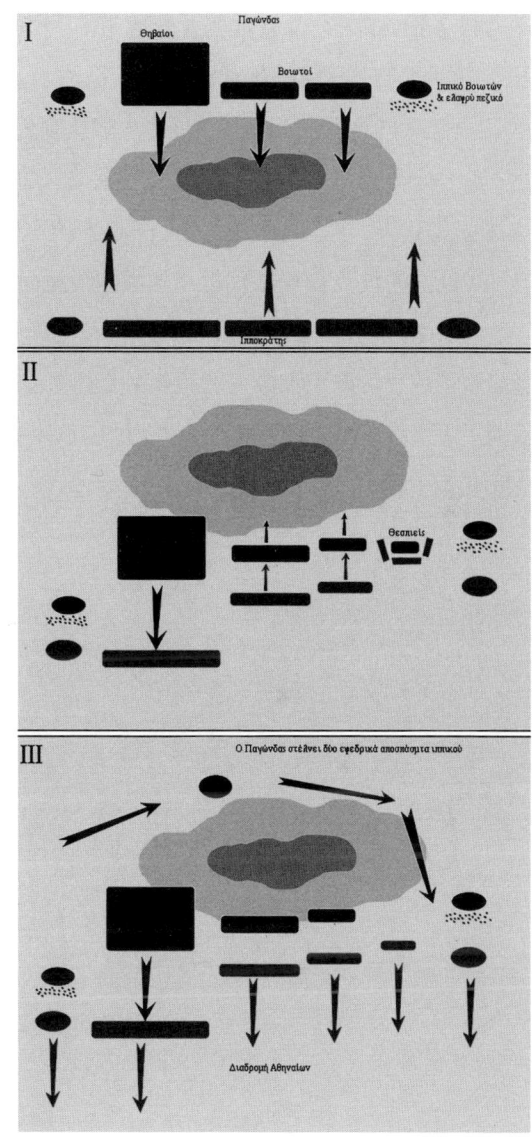

代里恩之战示意图

蒂亚人就突然在山脊出现,发起进攻。峡谷沟壑将两翼的轻装部队拦截在外。一时间,双方主力交战激烈。帕冈达撤回自己的底比斯分队,排成纵列为二十五人的紧密阵形。其余的维奥蒂亚人则还是按常规的阵形排成一线。因此,当左翼的维奥蒂亚人艰难作战,而特斯匹伊人已经被完全击溃时,右翼的底比斯阵形攻破了雅典阵形,并将雅典人驱逐下山。雅典军队一片混乱。一支骑兵部队的出现适时遏制住了占据优势的雅典军队右翼。接着,希波克拉底全军溃散。少数雅典部队自北逃到代里恩,而其余部队则逃往山地,躲进帕尔涅山的支脉地区。近一千雅典人——包括希波克拉底本人在内——在此战中丧生。维奥蒂亚人则损失近半。半个月后,雅典人围起来的木栅栏也被维奥蒂亚人的军事器械放火烧毁。希波克拉底在代里恩加固的堡垒因此陷落。

自斯法克蒂里亚岛之战起,雅典人便膨胀起来,染上发动陆上远征的顽疾。这场战争治愈了雅典人的顽疾。代里恩之战也标志着雅典人好运的终结。在此之后,雅典再也没有大获全胜过,也从未获得过他们在公元前425年和平谈判时的有利条件。

第30章

布拉西达斯在色雷斯:《尼西亚斯和约》

早在代里恩之战开始前,所发生的其他事件已经表明雅典好运的终结。疯狂而无用的远征西西里岛嘎然而止。西西里岛上的城镇已经厌倦彼此毫无意义的争端,随后在杰拉达成和解。和解后,雅典海军便没有了用武之地,只好回国。回国后,由于没有成功拖延战争,雅典指挥官索福克勒斯和欧利米登遭到不公正的审判。宣判的结果是索福克勒斯被流放,欧利米登则缴纳巨额罚金。大约与此同时,小亚细亚开始阴云密布。流放中的莱斯博斯岛寡头集团召集部分兵力,攻占了特洛伊地区的西革翁和安坦德罗斯。与此同时,在安尼亚定居的萨摩斯岛人中的一支激怒了邻近的伊奥尼亚各城镇。

第1节 布拉西达斯行军到色雷斯

然而,与雅典北部即将发生的动乱相比,东部地区的叛乱几乎可以忽略不计。我们已经提到,布拉西达斯率领手下的一千七百位伯罗奔尼撒冒险者离开了科林斯。顺利通过友邦地界后,他们在塞萨利边境首次遇到困境。该地的亲雅典派塞萨利城市的使者禁止伯罗奔尼撒联盟军队过境。然而,布拉西达斯假意议和,之后又溜走。经过三次强制行军后,他们穿过塞萨利平原。在计谋暴露前,布拉西达斯已经到达佩亥比亚山地地区,离塞萨利已经很远,并且正在前往马其顿的路上。

阿坎托司出土的货币

在马其顿,布拉西达斯与雅典的宿敌佩尔狄卡斯结盟。佩尔狄卡斯允许他们自由通行到哈尔基季基半岛。有了哈尔基季基半岛反叛城镇军队的增援后,布拉西达斯开始对抗雅典的盟友。一路上,布拉西达斯没有遭到多少积极的反抗。在冬季到来前,阿坎托司和斯塔基拉斯就落入他的手中。甚至在寒冬到来后,布拉西达斯的部队仍然坚守阵地。布拉西达斯的下一个打击目标是安菲波利斯。安菲波利斯是雅典在斯特律蒙河新建的殖民地。安菲波利斯欣欣向荣,控制着从哈尔基季基半岛到色雷斯海岸城市的唯一大路。一旦安菲波利斯及对它至关重要的桥梁落入布拉西达斯的手中,那么针对雅典的反叛向东扩张便再无止境。布拉西达斯突然来到斯特律蒙河,在一场暴风雪中冒险奇袭,攻占了那座桥。布拉西达斯抓捕了不少居住在城外的安菲波利斯人和他们所有的牲畜。迫于对财产及同胞的担忧,安菲波利斯城中的人提议投降。雅典管辖者已经无力回天。安菲波利斯城门因此大开。历史学家修昔底德指挥着位于萨索斯的一支雅典海军小分队,但前来救援时已经迟了。事态发展太过迅速。虽然只有一天航程,但修昔底德依然来迟了一步,仅仅为雅典成功护卫了斯特律蒙河河口处的港口埃翁。虽然延误救援是因为厄运而不是疏忽,但修昔底德还是遭到指控。克里昂用一道法令将他流放了。

布拉西达斯的胜利远不止于此。冬季结束前,布拉西达斯几乎攻占了阿索斯山海岸边的所有城镇,以及卡尔西狄克半岛中部海岬的托罗涅。这些城镇的投降让雅典人深感恐惧。雅典人恐惧的原因并不在于损失真的有多大——尽管这些确实算重大损失,而在于这些损失显示出雅典全体附属盟友开始盛行对雅典背信弃义。布拉西达斯每到一个城市,总有一支寡头派满怀热忱地恭迎他的到来。民主派本该对雅典十分友好,但他们所做的最大限度也不过是消极地拒绝反叛,并不愿意为他们的宗主国雅典出动一兵一卒。几乎没有哪个城市能在被攻打时忠心耿耿,除非城中恰好有雅典驻军存在。布拉西达斯的人格对确保他胜利也大有裨益。他有勇无谋,赢得别人盛赞靠的是自己的慷慨、节制和真诚。在哈尔基季基半岛,布拉西达斯的名字越来越有份量。毫无疑问,在不久的将来,除非布拉西达斯被迅速剿灭或因和约而放下武器,否则雅典将失去爱琴海以北的所有纳贡国。

代里恩之战让雅典失去自信,而失去安菲波利斯和托罗涅却让雅典冷静下来,思索和解的前景。因此,公元前423年春天斯巴达再次主动议和时,雅典公民大会首次表现出理智。为确保最终的和平,双方约定休战一年。开战八年来,雅典人首次能够耕作废弃的田地,并能够抱着收获的希望。对于伯罗奔尼撒半岛上的海滨国家来说,和平令它们同样获益颇多。他们终于能重启长久被禁的海岸贸易了。

第2节 司奇欧涅的反叛

看起来,事态的发展有通向和平的希望。然而,一件意想不到的纠纷延迟了谈判。根据休战协议,双方均拥有已经攻占的对方领地维持现有格局。譬如,底比斯仍然占据普拉蒂亚,雅典仍然拥有基西拉岛和皮洛斯。然而,就在休战协议生效时,地处哈尔基季基半岛的重镇司奇欧涅向布拉西达斯敞开了城门。雅

司奇欧涅出土的货币

典人坚称司奇欧涅应当归还给自己,而布拉西达斯则认为:司奇欧涅反叛时,色雷斯地区还不知道休战协议的存在;因此,对司奇欧涅的处理不必遵循休战协议。正当双方争辩这件事时,一个更重要的城市——芒德也效仿司奇欧涅。芒德是哈尔基斯地区规模排名第三的城市。

这些事件让雅典公民大会紧张不安。因此,在克里昂的鼓动下,公民大会投票决定:必须发动对司奇欧涅的远征,并且一旦占领司奇欧涅,就灭绝该城所有人口。

因此,虽然希腊及所有的爱琴海南部地区都遵守休战协议,但爱琴海北部地区仍然战火不断。尼西亚斯率领一支大军前往色雷斯,又重新攻占了芒德。然而,他在司奇欧涅失败了。公元前422年年初,当休战协议到期时,尼西亚斯的军队仍然驻扎在司奇欧涅城前。接着,雅典和伯罗奔尼撒联盟再次燃起战火。除了通往西塞隆山的要道之一巴纳克敦堡垒因叛变落入维奥蒂亚人手中,雅典国内并没有发生什么重大事件。

第3节 克里昂前往色雷斯

在哈尔基季基半岛,战火愈演愈烈。公元前422年年初,担任雅典军队首领的克里昂出现在司奇欧涅城前。克里昂第二次出任大将的原因和第一次毫无二致。正如公元前425年时一样,他成了行动派的首领,自然就该为战事负责。或许民主派开始相信克里昂的好运,并希望他能像攻占斯法克蒂里亚岛一样侥幸打败布拉西达斯。克里昂的初步行动较为周详。他成功地再次攻占托罗涅和伽利普苏斯,接着在埃翁登陆,然后在布拉西达斯主力部队的所在地安菲波利斯对面驻扎下来。克里昂就在该地等待,而从色雷斯招募到的轻装增援部队正在赶来。因为当时的兵力还不够强大,所以他决定直到与布拉西达斯所率军队数量相当时才会开战。然而,雅典的重装步兵对他们指挥官的不作为非常不满。克里

轻装部队投标手

轻装部队的装备

昂惯于听从大众的意见，不敢无视士兵们的满腹牢骚。于是，克里昂出动全军侦察布拉西达斯的位置，并主动宣战。布拉西达斯带着大军退回安菲波利斯，一直按兵不动。即使雅典军队在他面前行军而过，他也毫不理会。克里昂草率地断定布拉西达斯拒不作战，因而忽视了所有军事警戒措施。他自己一马当先探察靠北的乡村地区,他的大军则停留在离安菲波利斯城墙非常近的地方,但没有摆成作战阵形。没过多久,便有人送信给克里昂,说靠近城门的街道上已经挤满手持武器的人。一场战争迫在眉睫。克里昂立刻赶回自己的军队,并下令军队撤离,占领左边的阵地。这个命令再次扰乱雅典人在安菲波利斯前的阵形——这正是布拉西达斯意料中的事。布拉西达斯大喊:"我就知道这批军队不堪一击;他们摇摆不定的长矛说明了一切。"当雅典军队中部正对布拉西达斯时,布拉西达斯从每道城门派出一支纵队,攻击正处于行军队形中的雅典军队。雅典军队在匆匆撤离时遭遇袭击,而没有盾牌保护的一侧恰好暴露在布拉西达斯面前。在布拉西达斯第一次发起攻击时,雅典军队有不少士兵逃跑。雅典军队中打头阵的左翼逃回埃翁,损失并不严重,但右翼及中部在布拉西达斯的强攻下乱了阵形,伤亡惨重。克里昂开始像他的多数追随者一样逃跑,不料被一位色雷斯轻装士

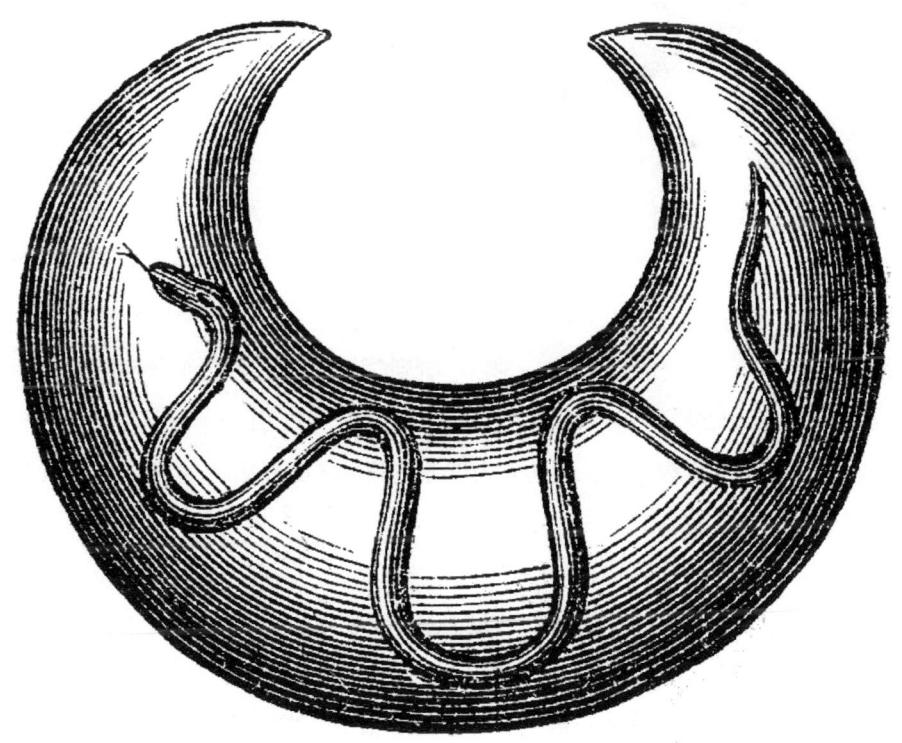

轻装部队装备的盾牌

古希腊骑兵

兵用矛刺中。只有雅典右翼部队设法反抗，但不久便寡不敌众，在骑兵的强攻下溃不成军。这次溃败非常惨烈。六百雅典人阵亡，而伯罗奔尼撒联盟军队死伤不过十来人。伯罗奔尼撒联盟军队虽然是获胜一方，但仍然为大将布拉西达斯的阵亡而哀悼。布拉西达斯侧面被矛刺中。听到自己大获全胜后，他便溘然长逝。安菲波利斯人以最隆重的礼仪厚葬了布拉西达斯，并建了一个建筑纪念他。安菲波利斯人还宣誓尊奉布拉西达斯为安菲波利斯城的开拓者，取代了先前该城的雅典籍创建者哈格农。

第4节 《尼西亚斯和约》

克里昂和布拉西达斯的离世扫除了全面和平的主要障碍。布拉西达斯一死，哈尔基季基半岛的反叛便不再蔓延。一方面，最初正是个人影响力使布拉西达斯成为哈尔基季基半岛的中流砥柱。在斯巴达国内，布拉西达斯一直是行动派的首领。他的离世大大削弱了行动派的影响力。另一方面，克里昂一死，雅典公民大会主战派一方不再强势。主和派终于能提出自己的意见，并且不用担心遭到克里昂口若悬河的压倒性冲击。由于色雷斯事件而中断的谈判重新启动，并且取得成功。斯巴达国王普莱斯托莱克斯最近终于结束了长达二十多年的流放生涯，重归王位，再加上雅典大将尼西亚斯。他们两位都对和谈起到了主要的推动作用，而和约也以尼西亚斯的名字命名。和约规定了五十年的和平期，并规定交战双方各自归还战争中的战俘和占领地，但后一种规定并没有得到完美执行。底比斯人拒不交还普拉蒂亚，理由是普拉蒂亚并非靠武力征服，而是有条件投降。因此，出于相似的理由，雅典也拒不归还科林斯的殖民地索利安姆和安纳克托里安，以及迈加拉港口尼塞亚。斯巴达迫切希望雅典从包围伯罗奔尼撒半岛的要塞撤离，并释放斯法克蒂里亚岛之战的战俘，因而牺牲了自己卡尔基斯诸城市的利益，而正是斯巴达诱发了卡尔基斯诸城市的反叛。斯巴达承诺用安菲波利斯来交换皮洛斯和基西拉岛，并断绝与其他色雷斯城市的同盟关系。出于对哈尔基斯人城市的考虑，斯巴达仅仅要求雅典不要以武力胁迫哈尔基斯人。如果实在迫不得已，斯巴达也希望雅典能好言相劝，让哈尔基斯人自愿再次加入提洛同盟①。司奇欧涅仍然有雅典军驻扎，斯巴达便随它自生自灭。数月后，司奇欧涅沦陷，遭到的处罚正如一年半前克里昂所颁布的法令一样，即男子全遭屠杀，女子变卖为奴。事实上，斯巴达从未对安菲波利斯真正放手。布拉西达斯的继任者克利里达宣称，他无法违背安菲波利斯居民的意志，让它对雅典投降。之后，克利里达带着伯罗奔尼撒大军得意洋洋地回到了斯巴达。因为此事违背了和约精神，所以雅典人拒不撤离皮洛斯和基西拉岛。因此，虽然双方的战俘均获得释放，但《尼西亚斯和约》的其他条款并未完全执行。和约的主要结果便是让双方停留在对峙前的状态。多数斯巴达的重要盟友认为它们的首领斯巴达背叛了自己，因而拒不履行和约。底比斯人满足于与雅典的暂时休战。每过十

---

① 在哈尔基斯人的各城市中，因此获得有限自由的包括奥林索斯、阿坎托司、斯塔基拉斯、阿尔吉洛斯、萨尼（Sane）、新迦斯（Singus）及其他地区。而安菲波利斯再也没有回归雅典，与上述城镇地位相当。

天，双方总会再续签一次，而和约随时有可能破裂。迈加拉人和科林斯人则根本没有与雅典形成任何正式的休战协议，仅仅是停止敌对行动而已。

　　因此，伯罗奔尼撒战争的第一阶段就此结束。此时距离公元前431年阿希达穆斯二世首次入侵阿提卡恰好十年。战争结果都是消极负面的。双方都为此付出了巨大的人力和物力，但徒劳无功。一方面，雅典海上力量依然完好无损；安菲波利斯和色雷斯城市的成功反叛虽然撼动了提洛同盟，但提洛同盟仍然存在。另一方面，雅典设法在陆上有所作为的尝试完全失败；伯里克利的防御政策迄今为止都十分有效。如果雅典人真的汲取了这次教训，那么也将是一桩幸事。他们必然会庆幸自己如此轻易地逃脱了一场恶战。

第31章

休战期

《尼西亚斯和约》规定的休战期维持了近七年，但这段时期几乎算不上和平期。修昔底德写道："的确，雅典人和斯巴达人克制了六年十个月不进犯彼此的领地，但他们尽可能地彼此破坏。在曼丁尼亚和埃皮达鲁斯，双方已经短兵相接；而在色雷斯，双方的敌对一直在继续。因此，如果有人拒不承认这是战争期，那么他的确是判断失误。"

虽然公元前421年和约签订后仍然没有真正的和平期，但这场大戏的主要情节已经暂停。公元前421年到公元前415年发生的事件构成了伯罗奔尼撒战争两幕剧中一段奇特而不相干的插曲。交战双方重新组队；一系列新的动机影响着演员的发挥，而原本战争的起因与目的已经消失不见。

第1节　斯巴达与阿尔戈斯的决裂

驱使斯巴达迫切与雅典达成和解的主要原因之一是：斯巴达与阿尔戈斯在公元前451年达成的三十年休战期快要结束。斯巴达强烈怀疑阿尔戈斯人要在战争中碰一碰运气。在开始一场新的战争前，监察官们急于结束眼下的这场战争。斯巴达人的怀疑并不是没有道理。在三十年的休战期中，阿尔戈斯积聚了新的力量，并且认为斯巴达已经衰微。历经十年战争后，斯巴达或许已经不堪一击。此外，阿尔戈斯政府正打探所有对斯巴达心存不满的伯罗奔尼撒城邦，认为自己能够在他们中找到不少强大的盟友。对于斯巴达牺牲自己的殖民地，将索利安姆和安纳克托里安交给雅典一事，科林斯人觉得深受斯巴达冒犯。试图降服邻近小国时，曼丁尼亚人遭到斯巴达的阻挠。此外，伊利斯人和斯巴达陷入对边境城市列普勒昂的争夺当中。以上各城邦都准备好加入起义，以摆脱斯巴达人在伯罗奔尼撒半岛的霸权。据说，安菲波利斯和哈尔基季基半岛城邦也有相同的打算。因为在《尼西亚斯和约》中，斯巴达将它们交由雅典处置。

很快，特使开始辗转于各个城邦之间。最终，阿尔戈斯、伊利斯、曼丁尼亚及哈尔基斯人结成攻守同盟。不久后，它们便与斯巴达交恶。科林斯选择后退，不愿与自己的宗主国开战，而伯罗奔尼撒半岛上的小型城邦都不愿与它们的拉科尼亚盟友决裂。

公元前421年夏末，普莱斯托莱克斯国王突袭阿卡狄亚，并攻占了多处属于曼丁尼亚的领地。战争因而拉开序幕。然而，冬天来临后，一切军事行动都中止了。再没有什么大事件发生。

第2节　雅典的政策

战争爆发后，雅典被迫做出选择。然而，让人怀疑的是，雅典究竟会选择明智地置身事外，集中精力收复反叛的哈尔基季基半岛城镇，还是趁斯巴达陷入危机时，重新与斯巴达开战。一方面，就算雅典选择重新与斯巴达开战也无可厚非，因为斯巴达人并没有遵守《尼西亚斯和约》的规定。斯巴达人既没有归还安菲波利斯，也没有迫使自己的维奥蒂亚及科林斯盟友遵守《尼西亚斯和约》条款。另一方面，在尼西亚斯和亲斯巴达派的敦促下，再次发起战争前，雅典理应先收复失地。此外，雅典急需休整，以恢复损毁的乡村地区。公元前420年夏季来临时，阿尔戈斯和斯巴达都派出使者出访雅典。阿尔戈斯请求雅典向斯巴达开战，而斯巴达请求雅典继续与自己维持和平态势。尼西亚斯及其同党本应占

青年时代的亚西比德

据上风。如果不是一位年轻政客的策划,雅典本会早早打发走阿尔戈斯使臣。此次也是这位年轻政客首次登上历史舞台。

亚西比德是克雷尼亚斯①的儿子,当时正年轻气盛。修昔底德写道:"如果在雅典以外的其他城邦,由于太过年轻,他②在政事中一定不会受到重视。"然

---

① 克雷尼亚斯(Cleinias,?—公元前447),阿尔克迈翁家族成员。据希腊历史学家普鲁塔克记述,克雷尼亚斯的祖先可以追溯至埃阿斯之子欧律萨完斯(Eurysaces)。
② 指亚西比德。

亚西比德与他的情妇

而，在雅典，亚西比德已经成名，是演讲坛上的风云人物。亚西比德出身名门望族。他的家族起源可以追溯到古老的萨拉米斯国王时期，是雅典首屈一指的世家大族之一。亚西比德外表英俊，机智过人，是雅典城内"纨绔子弟"的偶像。他的风流韵事和恶作剧总是让他备受瞩目。在雅典，任何酗酒闹事、恶作剧或巧妙戏弄他人的行为都让人立刻想到是亚西比德所为。他总是沉迷于奇思妙想，因而成为法庭的常客。然而，在其他公民身上必然被重罚和监禁的罪行一旦到了他身上，就只会被从轻处罚。他是被民众宠坏的孩童。亚西比德的肆意挥霍和傲慢无礼让自己树敌无数。然而，他受到民众的极度欢迎。他完全不会顾及得体稳重，只会逗笑民众。当亚西比德臂下夹着一只宠物鹌鹑在公民大会演说时，这场演说看起来一定是一出绝妙的闹剧。在法庭上，他随随便便就夺下并撕毁指控他的友人的控告书。人们嘲笑他，但不起诉他。不过，亚西比德一旦严肃起来，便总是投身政事。他认为政治是一项机智而有趣的游戏，正是他才能的用武之地。作为政客，亚西比德可以称得上是"迪米斯托克利第二"。在轻佻浮躁的程度上，他远远屈居于希波战争时这位伟大的政治家之下。然而，在敏捷、机智和说服力等才能上，亚西比德和迪米斯托克利不相上下。像迪米斯托克利一样，亚西比德也是一位坚定的民主派。的确，首次参与政事时，他的身份是寡头派和亲斯巴达派。此外，他还积极参与斯法克蒂里亚岛之战战俘处置的讨论。然而，一想到要和这样一位声名狼藉的同僚共事，令人敬仰的尼西亚斯及其亲斯巴达派便惊恐不已。他们因而拒绝了亚西比德的进一步举动，并告诫斯巴达人不要与亚西比德有任何关系。亚西比德立刻转变党派，迅速成为一位热情的民主派。亚西比德野心勃勃，想要继承克里昂的衣钵，成为民众的好友及公众的喉舌。亚西比德不仅比克里昂更具才能，还比克里昂更不择手段。不久，

会议上的亚西比德

亚西比德就拥有了相当的政治权力。原本他还能爬上更高的位置,但他的轻浮和傲慢太过广为人知。

第3节 亚西比德的阴谋

公元前420年,亚西比德开始设法破坏斯巴达使团前往雅典的行动,并促成雅典与阿尔戈斯的结盟。他的计划厚颜无耻且满怀欺骗。亚西比德秘密拜访斯巴达使者,并向他们保证:如果斯巴达使团承认自己完全有权力同意雅典提出的任何结盟条件,那么他们必然还会被迫接受更多的条件;然而,如果他们说自己仅有向监察官们汇报雅典提议的权力,那么亚西比德将会站在他们一边,帮助他们重获皮洛斯,以及任何他们想要获得的一切。毫无防备的斯巴达使者相信了亚西比德的严正声明。几天前,斯巴达使团刚刚宣布他们完全拥有签订协约的权力。再次在公民大会议事时,他们又宣称自己完全没有这项权力。接着,亚西比德站起来,谴责斯巴达使团是无所顾忌的欺骗者。他们反复无常,他们的友好姿态不应当受到雅典的重视。亚西比德的发言让头脑简单的斯巴达人一头雾水。几天后,雅典颁布了一条法令,即雅典与阿尔戈斯、伊利斯和曼丁尼亚缔结长达百年的攻守同盟。尼西亚斯虽然强烈反对上述结盟,但唯一能做的就是不与斯巴达真正开战,以确保休战期名义上有效。然而,一旦与阿尔戈斯结盟,就意味着雅典与斯巴达人离开战也不远了。

第4节 阿吉斯二世在阿尔戈斯

在接下来的两年中,伯罗奔尼撒半岛断断续续地爆发了一些零星战争。交战双方表现差强人意,缺乏有效的指挥和决策。新联盟拥有众多优势。曼丁尼亚几乎堵截了从斯巴达通往科林斯和其他城镇的所有路线,而这些城镇仍对旧主斯巴达忠心耿耿;伊利斯和阿尔戈斯威胁着斯巴达两翼。然而,斯巴达人只要力图北上,就必然会成功。新联盟内永远无法达成共同的作战计划。伊利斯人希望攻击列普勒昂，将战火引入麦西尼亚。阿尔戈斯人一心一意想要征服近邻埃皮达鲁斯和夫利阿斯。曼丁尼亚人只想拓展自己在阿卡狄亚中部的权力。然而，没有共同目的并没有给该联盟带来迫在眉睫的灾难，因为指挥斯巴达军队行动的斯阿吉斯二世难以胜任自己的职位。经过多次犹豫不决的行动后，阿吉斯二世终于在公元前418年成功将事态激化。当阿吉斯二世带领着拉科尼亚军队和他的阿卡狄亚同盟的军队潜行穿过曼丁尼亚，出现在通往阿尔戈斯平原三条通道最南端的入口时，第二纵队从科林斯和夫利阿斯通过中部通道赶来。接着，一支大军从北方跟进。这支军队主要由维奥蒂亚人和迈加拉人组成，由尼米亚率领。他们从主干道赶来。虽然得到了伊利斯和曼丁尼亚的强力支援，但阿尔戈斯人仍然缺乏战术并且数量不足。然而，阿尔戈斯军队仍然全力作战。如果不是阿尔戈斯军队的两位首领与阿吉斯二世讲和，那么阿尔戈斯军队必然损失惨重。阿吉斯二世虽然占有优势，但还是同意与阿尔戈斯谈判。条件是阿尔戈斯军队愿意放下武器，通过仲裁解决与斯巴达的争端。阿吉斯二世因此解散了大军，准许阿尔戈斯人逃离。几天后，拉凯斯率领一支强大的雅典大军抵达阿尔戈斯。稍加劝说后，阿尔戈斯的民主派便背弃了与阿吉斯二世的协议。理由是这项协议并未获得阿尔戈斯盟友的同意。因此，战火再起。阿吉斯二世头脑简单，导致斯巴达人丧失了自己所有的作战成果。

第5节 雅典人的远征

就在伯罗奔尼撒人忙于上述军事行动时，雅典陷入两难的境地。雅典并没有全心全意投入与阿尔戈斯的结盟，也没有采取再次征服哈尔基季基半岛反叛城市这一具有决定性意义的措施。雅典在自己的境内冒犯了斯巴达，尽管并未对斯巴达造成实质损害。到当时为止，《尼西亚斯和约》还在生效。雅典舰队保持克制，不去劫掠拉科尼亚。不过，雅典不断派出小股兵力支援阿尔戈斯人，以维护雅典在伯罗奔尼撒半岛其他地区的利益。在上述军事行动中，亚西比德首次尝试担任军事指挥，并因在帕特雷的阿哈伊亚人城市建立了雅典派系而得到

奥林索斯出土的货币

些许信任。与此同时,哈尔基季基半岛仍然战事不断。自从雅典的主要精力开始转向南方后,安菲波利斯和奥林索斯再没有受到大军攻击。因此,攻占司奇欧涅后,雅典并没有收复失地。不少小型城镇也加入了反叛队伍。最终,雅典人承认在该地力不从心,便与反叛的附属城邦每十天续签一次休战协议。

　　斯巴达的监察官们对阿吉斯二世在阿尔戈斯的失利震怒不已。他们甚至提议拆毁阿吉斯二世的府邸,并对阿吉斯二世处以一万德拉克马的罚金,但该处罚并没有实施。唯一通过的法令就是如果阿吉斯二世再次出任指挥官,那么他有义务将所有要事上呈军事会议——这实际上侵犯了斯巴达一直以来的王室特权。阿吉斯二世虽然不得人心,但依然身居要职。原因在于人们普遍不信任他的同僚普莱斯托莱克斯国王。对于阿尔戈斯人违背协议的行为,阿吉斯二世强烈希望能予以报复。阿吉斯二世决定,一遇上阿尔戈斯人就开战。虽然除了提基亚人和赫雷亚人,多数盟友都不愿追随阿吉斯二世,但在离曼丁尼亚不远处,他还是激起阿尔戈斯人和曼丁尼亚人采取行动。阿尔戈斯人和曼丁尼亚人联合他们的附属盟友及一千三百名雅典人全力出击，对抗阿吉斯二世。伊利斯人缺席了此次作战，正忙于针对列普勒昂的军事行动。

第6节　曼丁尼亚之战

曼丁尼亚之战是一场势均力敌的对抗。双方抛弃战术，最终采取近身肉搏的方式作战。双方都试图从右翼包抄对方①。斯巴达军队右翼的提基亚人包抄了位于阿尔戈斯大军左翼的雅典人。与此相似，曼丁尼亚人包抄了构成斯巴达左翼的拉科尼亚-庇里阿西人分部。无论何种情形，被包抄一方总会损失惨重。不过，拉科尼亚人的命运是最惨烈的。作战时，阿吉斯二世命令左翼占据对方靠左的阵地，在他自己军队的中部和左翼之间留出一道空隙。一千阿尔戈斯精兵因此找到了突破口，让已败的斯巴达左翼部队更加溃不成军。接着，阿尔戈斯精兵直逼阿吉斯二世大营，将守卫物资的士兵杀得片甲不留。与此同时，土生土长的斯巴达人构成的中部大军已经击垮对方由阿尔戈斯人及自阿哥斯-庇里阿西人构成的主力部队。这些阿哥斯-庇里阿西人都来自奥尼伊和克里奥奈。接着，阿吉斯二世协助提基亚人彻底击溃雅典人。最后，阿吉斯二世转而打击对方业已获胜的右翼部队。阿吉斯二世痛击曼丁尼亚人，并将一千阿尔戈斯人驱逐出战场。

虽然阿吉斯二世指挥不善并且战术欠佳，但斯巴达人依然通过恶战取得胜利。自古以来，斯巴达人的英勇丝毫没有减退。人们立刻将他们在斯法克蒂里亚岛投降的耻辱史抛诸脑后。在此战中，新联盟的一千一百名重装步兵战死沙场。其中包括两位雅典大将拉凯斯和尼科特拉特斯。阿吉斯二世的大军中有三百人丧生，并且都是斯巴达人和庇里阿西人。提基亚人并未损耗一兵一卒。

在曼丁尼亚的战败驱使着阿尔戈斯与斯巴达议和。不久后，由于为阿尔戈斯招来了灾祸，阿尔戈斯的民主政府遭遇信任危机。之后，阿尔戈斯的民主政府突然被寡头集团的起义推翻。起义主力便是在曼丁尼亚脱颖而出的千人军

---

① 希腊军队总倾向于稍靠右行进，以包抄敌军的最右侧。右翼的最后一名重装步兵会靠右行进，以免将自己没有盾牌保护的一侧暴露向敌军；而他身侧同一阵线的士兵会一直延续这种进攻动作。——原注

团。阿尔戈斯的寡头团体极其残忍。寡头首领恶行昭彰，数月后便引发了反抗运动。然而，不久后，获胜的阿尔戈斯民主派就发现阿尔戈斯再度陷入与斯巴达的战争当中，被迫再次请求雅典的援助。当时，为确保阿尔戈斯的安全，雅典人和阿尔戈斯人设法在主城到大海之间修建长墙。但不久后，斯巴达大军便出现在阿尔戈利斯。雅典人与阿尔戈斯人只好放弃修筑工事。按照原计划，这道工事应当包含两道城墙，全长至少五英里。

和之前一样，这次交战仍然僵持不下。虽然阿尔戈斯军队的人数完全处于劣势，但斯巴达并没有充分发挥自己军队的数量优势，而是乐于从旁协助自己的盟友夫利阿斯和埃皮达鲁斯。它们将阿尔戈斯军队封锁在阿尔戈斯国内。雅典人并未向伯罗奔尼撒半岛出动大部队，以避免与拉科尼亚发生正面冲突；而雅典人安置在皮洛斯的麦西尼亚人则没有那么宽容大度了。

第7节 米洛斯岛的陷落

公元前416年，一件大事发生了。雅典人攻打了米洛斯岛。虽然米洛斯岛出现在提洛同盟的纳贡名单上，但几年来，它渐渐脱离雅典控制，并且拒不协助雅典作战——米洛斯岛曾是斯巴达的殖民地。雅典认为，这样一个独立自主岛屿的存在实属异常。除此之外，雅典人找不出其他理由为自己对米洛斯的开战辩解。雅典出动一支强大的部队登陆米洛斯岛，并命令米洛斯人投降。拒不投降后，米洛斯岛上居民遭到了来自海陆两处的封锁。经过奋起抵抗，米洛斯岛最终陷落。为宣告强者的权力，雅典人残忍地杀害了所有米洛斯岛男性，并变卖所有米洛斯岛女性为奴。在这场战争中，雅典的这次行动或许是最恶劣的政治罪行。米洛斯岛曾是中立城邦，从未冒犯雅典，却在未被宣战的情况下遭到雅典的攻击。米洛斯岛的毁灭是雅典人贪图帝国霸权而犯下的滔天罪行。希腊每一位心存正义的人都亲眼目睹了上天对雅典军队的一系列报复行动，而这些报复行动都是因米洛斯岛大屠杀而起。

第32章

雅典人远征西西里岛

可想而知,在哈尔基斯仍未屈服,而斯巴达正渐渐摆脱国内困境时,雅典理应克制自己,不能再陷入冒险远征当中了。到当时为止,这些远征都是徒劳无功的。然而,事实并非如此。雅典一贯满怀希望。受希望驱使,在反复无常的亚西比德的带领下,当时的公民大会继续投入冒险当中。而与先前的冒险相比,这次冒险更鲁莽草率。国内的和平岌岌可危,因为维奥蒂亚人每十天便有可能重新开战,而科林斯和迈加拉当时已经永久性地摆脱其他战事。众所周知,由于雅典与阿尔戈斯结盟,以及雅典军队出现在伯罗奔尼撒半岛,斯巴达人也对雅典怨恨不已。斯巴达人完全有理由随时推翻公元前421年的《尼西亚斯和约》。阿提卡的土地刚刚开始恢复耕种,正如自古以来一样。提洛同盟的财富锐减,已经远远不如开战之初时那样充足。然而,虽然上述事实就摆在眼前,但雅典还是继续孤注一掷,将自己的整个帝国赌在了一次鲁莽的远征上。雅典将自己在爱琴海上的霸权作为赌注,设法抓住西方海域中镜花水月的征服幻影。

第1节 西西里岛动乱

当时离雅典第一次远征西西里岛已经过去八年。在岛上交战双方的和解中,雅典对西西里岛的首次远征耻辱地结束了。从那时起,新的冲突开始出现。

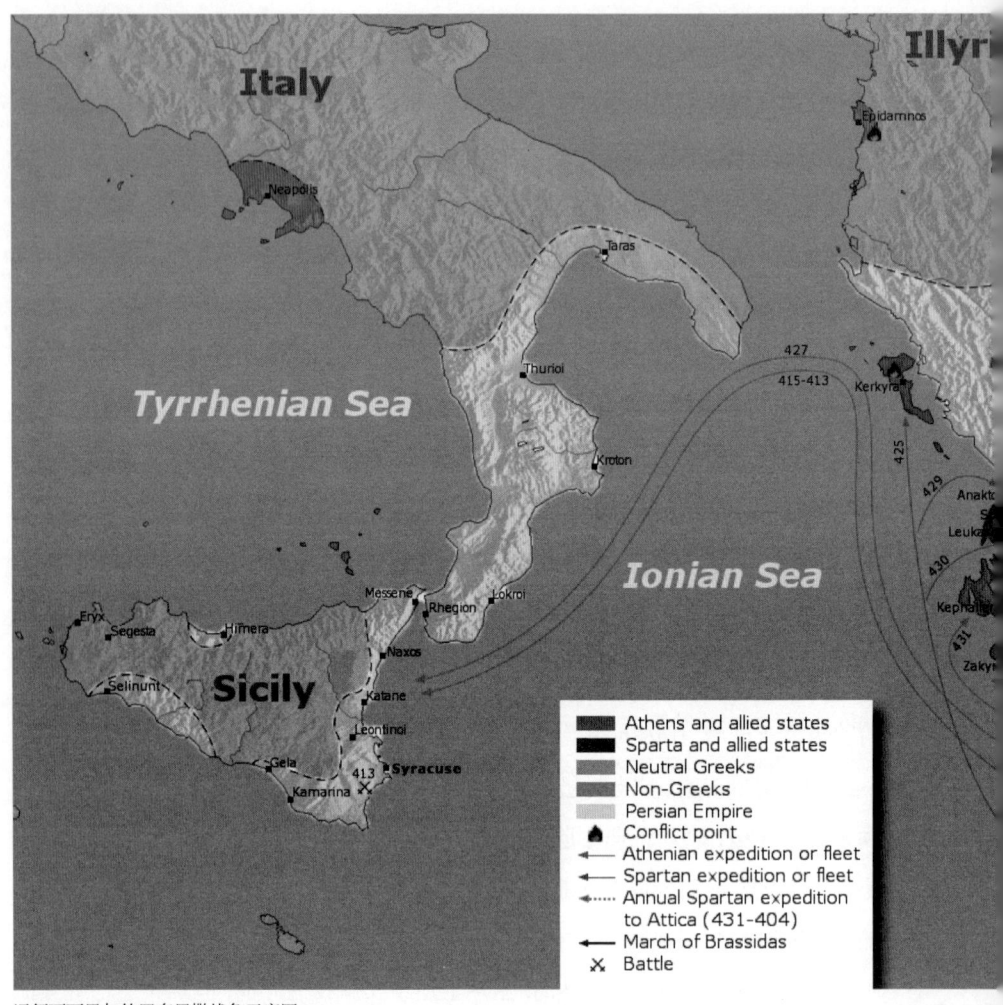

远征西西里与伯罗奔尼撒战争示意图

在西西里岛西部,多利亚人城邦塞利纳斯和蛮族城市塞杰斯塔爆发了一场战争。在西西里岛东部,趁它的伊奥尼亚近邻莱昂蒂尼内乱时,叙拉古摧毁了莱昂蒂尼的城市。然而,被流放的莱昂蒂尼人负隅顽抗,经常与他们的压迫者爆发战事。塞杰斯塔人和莱昂蒂尼人都是雅典的盟友。在危难时刻,他们想到雅典帝国也是自然而然的事,并且在此之前,雅典就已经展示过自己的部队足以延伸到遥远的西部进行军事打击。约公元前416年中期,一支塞杰斯塔使团前往雅典

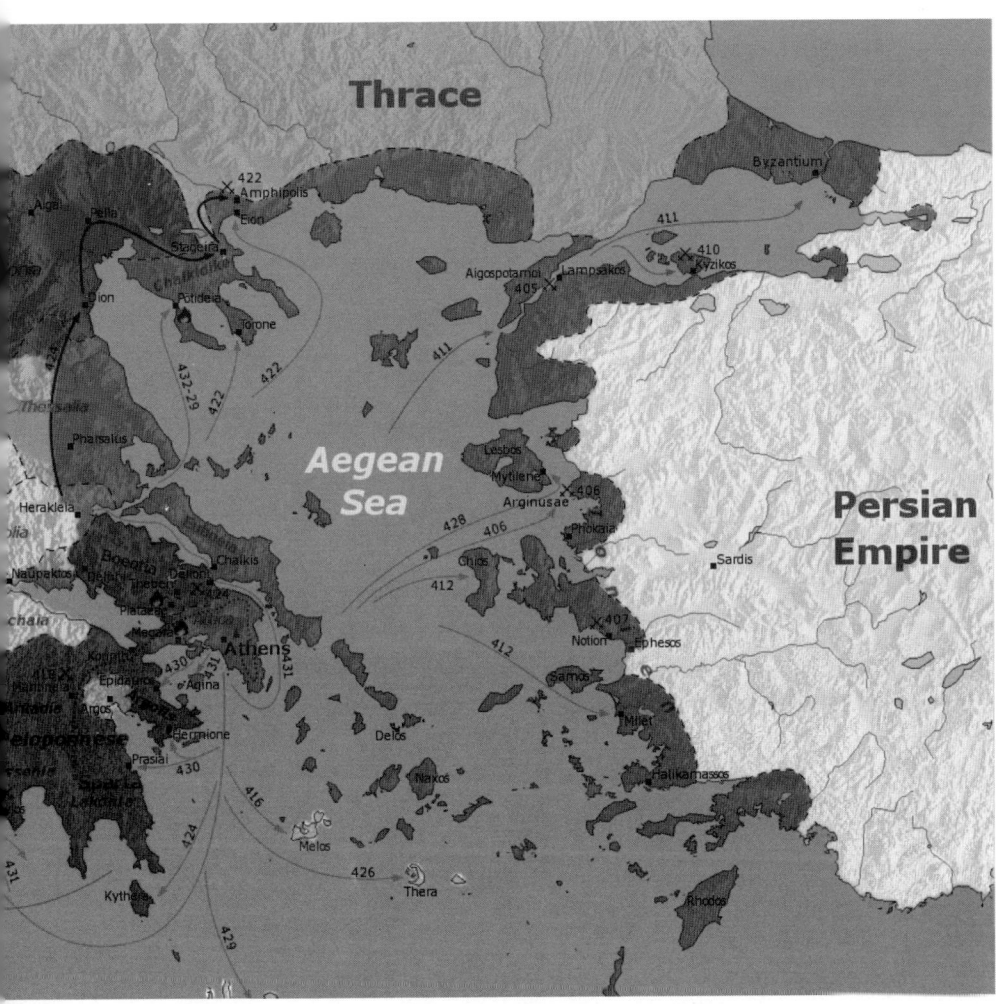

请求援助,并许诺只要雅典愿意出兵相助,他们必然回馈重金并且全力协助雅典军队。经过公民大会投票,雅典决定派出特使前往西西里岛探察事态发展情况。在探察结束后的公元前415年春天,雅典特使向公民大会上报了探察结果。雅典特使带回六十塔连特银币,作为塞杰斯塔任由雅典差遣的真诚许诺,并将塞杰斯塔人的财力和兵力描绘得天花乱坠。据说在西西里岛,雅典使团中了塞杰斯塔的计谋。塞杰斯塔人蒙骗了雅典特使,让他们误以为神殿中的镀银器皿都是纯金制品。在招待雅典特使的住房内,塞杰斯塔人倾全城之力借来所有盘

塞杰斯塔遗址

碟物件，以故意炫耀塞杰斯塔民间的穷奢极欲。雅典特使被这样刻意的炫富行为蒙蔽了双眼，因而向公民大会描绘了塞杰斯塔华美的图景。与雅典特使同行的塞杰斯塔人再次提出了先前的请求。不少被流放的莱昂蒂尼人也前来支持他们的请愿。

第2节 公民大会前的辩论

雅典的保守派竭尽全力拒不向塞杰斯塔使团提供协助。当时，尼西亚斯成为保守派的发言人。他谴责道，插手西西里岛的事务实在是妄自尊大。然而，以亚西比德为首的公民大会投票决定派出六十艘船前往西西里岛，以"援助塞杰斯塔人，参与莱昂蒂尼的重建，并在西西里岛采取其他措施为雅典人谋求最大的利益"。最后一道法令并不是随随便便的冗词赘语，而是掩盖了一项真实计划——虽然他的追随者都心存疑虑，但这项计划完全在亚西比德的运筹帷幄之中，即将所有西西里岛城邦变为雅典的属邦。这个想法能够进入亚西比德活跃的大脑，就在于他认为盘根错节的世仇关系严重削弱了西西里岛的实力；而只要精心策划，一个城邦就会对抗另一个城邦，最终所有城邦都会向雅典臣服。亚西比德认为，公元前427年的远征之所以会失败，完全是因为兵力不足、指挥不力；只要兵力充足、行动果决，达成目标就易如反掌。亚西比德使自己被提名为远征的三位指挥官之一。在其余两位指挥官中，一位是拉马库斯——他虽然作战经验丰富，但穷困潦倒并且毫无影响力；另一位便是尼西亚斯。尼西亚必然是亚西比德的对手安插进去的。然而，亚西比德不会因这样一位性情不和的同僚而有所克制。

尼西亚斯违背自己的意志，被委派参与一场他公开声讨的战争。因此，他想方设法阻止这次远征的发生。正如在公元前425年讨论克里昂和斯法克蒂里亚岛问题时的表现一样，尼西亚斯倾向于利用政治手腕行事，而不是直截了当地与他的政敌对抗。于是，尼西亚斯不再公然反对远征西西里岛的计划。他所做的仅仅是夸大这场远征的难度和所需的陆海两军兵力，让民众对这次远征心生厌恶。然而，让尼西亚斯恐惧和厌恶的是，正如公元前425年的公民大会一样，如今的公民大会真的认为他所说属实。因此，如果六十艘战船还稍显不足，那么就派出一百艘战船给尼西亚斯；而如果首次法令通过的装甲兵力不足，那么就由尼西亚斯自己定下人数。亚西比德的慷慨陈辞最终让自己大获全胜。在演说中，亚西比德呼吁雅典的民族自豪感和尊严，并向国人许诺：战胜四分五裂且血统各异的西西里岛简直易如反掌。于是，雅典通过了筹备兵力的法令，而大军的规模应当由选举出的三位指挥官决定。

第3节　筹备远征

亚西比德的傲慢和野心驱使着他要掌控民众准许的最大兵力。尼西亚斯虽对成功完全不抱希望，但已经得出这样的结论，即强兵必然会比弱兵损失小一

投石兵

点。于是，将领们一致同意做最充分的资源准备。除了投票通过的一百艘雅典战船，他们又从附属盟友处召集了三十四艘战船。陆军的主力由两千两百名雅典重装步兵构成，随后又加入近两千来自雅典盟友的士兵。在亚西比德的游说下，伯罗奔尼撒半岛地区又派出五百名阿尔戈斯人和两百五十名曼丁尼亚人加入雅典军队。此外，雅典还从罗得岛、克里特岛及其他地区雇佣了一千三百名投石兵和弓箭手。在临近国门的地方，雅典曾有过一两次出动更大规模的军队进行短途征战的先例，但这样一支足以维持数月的远征军则史无前例。

雅典城中普遍确信征服西西里岛的计划可行，并且确信随之而来将有发财的无限可能。因此，每个人都想参与进来。三桨战舰的指挥官不计代价地配备战船；为远征召集来的重装步兵自认是受到命运的眷顾；无数商船做好了追随舰队的准备，以获取最新贸易线路的第一手消息。亚西比德夸夸其谈的承诺鼓舞了每个人。他许诺道，塞利纳斯和叙拉古的陷落仅仅是西西里岛臣服雅典的前奏，而雅典之后还会征服迦太基，随之掌控地中海西部的所有商贸。对西西里岛希腊殖民地城市的规模和实力，多数人一无所知，而就算熟知这些情况的人也被一时的热情冲昏了头脑。掉以轻心且不假思索的雅典人就这样开启了远征冒险。然而，这场远征必然成为他们的悲剧。

第4节　断肢的赫尔墨斯像

这场远征注定以不详的征兆开始。就在雅典的船坞最后装备舰队，将领们让手下上船前夕，一场神秘的暴行让所有雅典人忧心忡忡。在雅典城中各处，无论是私人住所的门前，还是每条街角或公共场所，都散落着赫尔墨斯神的半身像。雕像是五六英尺高的石柱。石柱的上半部分雕刻成了赫尔墨斯神的头部和肩部。正如现代[①]欧洲街角神社供奉的圣母玛利亚神像一样，在当时，这些雕像非常常见，并且备受人们崇拜。一夜之间，不知名的双手摧毁了所有赫尔墨斯雕像。赫尔墨斯雕像或被刀切，或被劈开，完全失去了人形。据说，只有一尊赫尔墨斯的半身像免遭截肢。

次日清晨，人们纷纷对这样麻木不仁且亵渎神明的暴行震怒不已。该行为激起的不仅仅是雅典人的迷信心理。被破坏的雕塑数量众多。这种情形表明，参与破坏的人数非常多。城中潜伏着这样一群密谋者令雅典弥漫着恐惧。公众首先想到的就是亚西比德。他们声称，亚西比德是雅典唯一能做出这种肆无忌惮的怪事的人。然而，这个舆论完全没有道理。与这个粗鲁的暴行相比，亚西比德疯狂起来要精妙得多。亚西比德虽然鲁莽无礼，但在当时，他是最希望远征

---

① 此处指19世纪。

能顺利开始的人。与公众针对亚西比德的舆论相比，更有可能的情形是，这个暴行是亚西比德政敌的栽赃嫁祸。目的或许是希望阻止远征。

第5节 亚西比德陷入危机

雅典立刻下令：只要是能为这次暴行提供线索的人，就会被许以重金。接着，雅典成立特别委员会负责该事件的问询。然而，此事做得滴水不漏。人们并没有发现任何证据。不过，大量关于近期亵渎神明的消息突然涌现出来，其中最突出的事件便是戏仿艾留西斯秘密宗教仪式，而亚西比德正是此事的主谋。

艾留西斯秘密宗教仪式

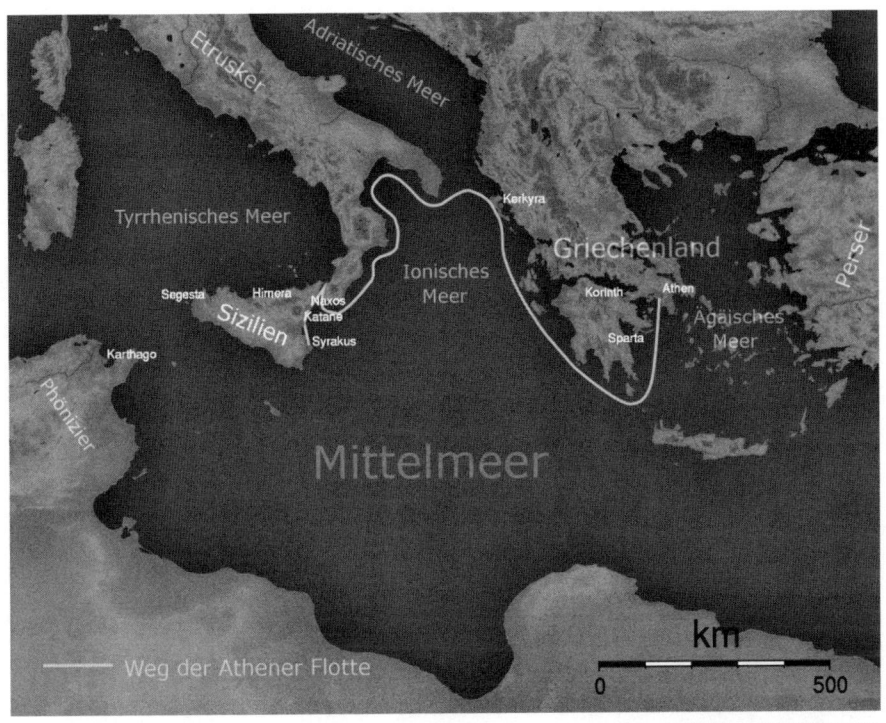

雅典舰队远征西西里岛路线

当公民大会再次集会时,一位叫"皮桑尼克"的公民以戏仿艾留西斯秘密宗教仪式事件指控亚西比德,认为亚西比德必然也是毁坏赫尔墨斯神像的元凶,并要求即刻对亚西比德进行处罚。年轻的将领亚西比德否认了指控,并请求即刻审理此事,但被拒绝了。对亚西比德而言,这项指控荒唐可笑。而他的政敌更愿意在亚西比德不在场时控告他,让他没有反驳的机会。

于是,亚西比德和其他将领一并启航,并担任远征的首领。他们的启程场面壮大且引人注目。全城的人都赶到比雷埃夫斯与雅典军队道别,愿大军一路顺风,在西部为雅典打下一个新的帝国。传令官宣布肃静,接着便公开祈祷这次远征圆满成功。海军和将领们一边吟唱着离别的赞歌,一边为大海的神明斟满祭酒。岸上的大批民众也加入他们的行列。接着,整支舰队同时拔锚起航。战船你追我赶地行驶到爱琴海,然后便列队行驶。这个场面长久地留在了人们的心中,而这一天是一代雅典人所铭记的饱含纯真期望和狂喜的最后一天。绕过玛

雅典舰队抵达西西里岛

勒亚海角,雅典舰队风平浪静地来到克基拉。在克基拉,雅典舰队接上事先约定在此等候的补给船和护送商人。接着,雅典舰队派出三艘船前往西西里岛通知塞杰斯塔人和莱昂蒂尼人舰队即将抵达。之后,将领们便穿过爱奥尼亚海最狭窄的地方,一路沿卡拉布里亚海岸驶往塔林敦。

长久以来,西西里岛的希腊殖民者对雅典的计划充满不信任。他们认为或许最多有一支小型海军部队进入自己的海域,就像公元前427和公元前425年拉凯斯和欧利米登分别率领海军部队一样。因此,西西里岛的希腊殖民者并没有做好充分抵抗的准备,或者说完全没有准备。得知十二年前强大的反叙拉古联盟已经不复存在后,西西里岛的希腊殖民者料想雅典军队在西西里岛上已经无立足之地,不久便会返航。直到入侵的雅典舰队抵达克基拉后,西西里岛的希腊殖民者才认识到真正的危险正在迫近,也得知了这次远征的真正规模与实力。作为雅典远征最有可能打击的主要对象,叙拉古人终于开始为战争做准备,并向堡垒派出驻兵。这些堡垒是为了镇压他们的西舍尔臣民。之后,叙拉古人又派出特使前往西西里岛上的每个城市，希望组建泛西西里岛希腊殖民地联盟，维护西西里岛共同的自治权。然而，如果雅典将领的行动更理智敏捷，那么他们便会发现叙拉古远远没有做好立刻进行战斗的准备。

当时，尼西亚斯和他的同僚正沿着意大利海岸线行驶。他们发现出于妒忌，意大利南部希腊殖民地城邦决定保持中立。就连图里和梅塔蓬图姆这样自古就与雅典结盟的城市也只为雅典军队提供水和一处停泊地。塔林敦和洛克里甚至都不提供这样微小的援助。直到抵达利基翁，雅典舰队才终于能在城外的一处集市购买军需物资。停驻利基翁时，雅典舰队又从派往塞杰斯塔的船得到一个令人灰心丧气的消息：塞杰斯塔既不富庶，也不强大。对召集来的雅典军队，他们只能支付不到三十塔连特的酬金。

第6节 众将领的计划

这个令人沮丧的消息对三位指挥官产生了不同的影响。尼西亚斯认为，雅典军队将会在西西里岛遭受冷遇；打击塞利纳斯后，雅典舰队就该心满意足地返航，并以"得到的消息有误"为自己在公民大会上辩护。拉马库斯提议在叙拉古

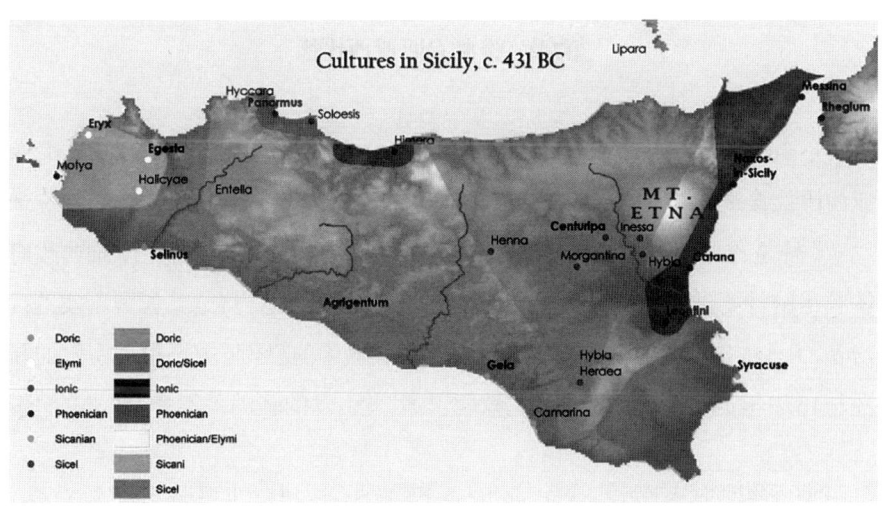

西西里岛各部落的势力范围

发现自己靠近前就直接驶往叙拉古,并设法突袭,进而攻占或重击叙拉古。亚西比德认为,尼西亚斯的计划怯懦胆小,拉马库斯的计划则鲁莽草率。他提议与所有对叙拉古心存不满的城镇谈判,以煽动西舍尔人反叛。与此同时,还要设法攻占西西里岛西部的某个城市,然后将这个城市作为攻打叙拉古的武器基地和行动基地。这条致命的"折中提议"被采用。尼西亚斯的提议能够确保雅典全军在失利时安全返航。拉马库斯的计划也还有胜算的机会,并且可以加速事态的发展。亚西比德的计划则造成了不必要的拖延,有悖这次远征的目的。

为践行亚西比德的计划,雅典人利用剩余的夏季时光奔走在西西里岛周边地区寻求盟友。同时,这些行为也让雅典的兵力、目的和计划人尽皆知。除了纳克索斯岛和卡塔拉,雅典人说服不了任何其他城镇,而卡塔拉也是被动加入了雅典。就在谈判进行时,一伙雅典人潜入城墙上一处未设防的侧门,卡塔拉人因而被迫结盟。公元前427年,卡马里纳和麦西尼还是雅典的盟友。如今,它们并不愿意与旧交雅典再有任何关系。几次偷袭叙拉古和杰拉领地的行动也全部失败。雅典人唯一的军事功绩就是攻占了西西里岛小镇海卡拉。海卡拉居民被变卖为奴。这场军事行动确实给雅典带来一些收益,却也让西西里岛上的每个城邦都知道了雅典的胜利意味着什么。

第7节 雅典召回亚西比德

正当这场拖沓的军事行动进行时,"沙拉米尼亚"号抵达西西里岛,命令亚西比德接受拘捕,并立刻返回雅典接受关于密谋渎神事件的审判。"沙拉米尼亚"号是雅典两艘城邦战舰之一。自从雅典远征军的舰队起航后,雅典政府就绞尽脑汁要破解这起密案。在重赏下,出现了不少见利忘义、所言不实的目击者。几十人因此入狱。不断的逮捕引起雅典城中的恐慌。整场事件引发的骚乱与1679年英格兰所谓的"天主教阴谋案"[①]引发的骚动差不多。雅典的"泰

[①] 1660年到1688年复辟时期,英格兰发生天主教阴谋案。1678年,一位叫"泰特斯·奥茨"的人捏造谣言,称天主教信徒正在策划一次针对国王查理二世的暗杀行动,然后让查理二世的弟弟詹姆斯取而代之。这个谣言导致英格兰陷入长达三年的恐慌。多人因此丧命。

特斯·奥茨"①是演说家安多基德斯。发现自己被捕且深陷险境后,安多基德斯假意招供。条件是饶自己一命。他称自己是这场亵渎神明案的罪魁祸首。安多基德斯的故事模糊不清,未必属实,但当权者已经做好接受任何证据的准备。雅典人草率接受了整个故事的真实性,并开始审判和处决安多基德斯告发的每个人。接下来,他们开始调查艾留西斯秘密宗教仪式渎神案——传言该案涉及亚西比德。亚西比德的政敌和阴谋煽动者皮桑德和卡里克勒斯大声疾呼,要求将亚西比德绳之以法。因此,亚西比德被召回雅典,参与审判。亚西比德同不少被指控的友人一道从卡塔拉启程返回雅典。然而,抵达图里时,趁押送人员不注意,亚西比德机智地溜了出来,接着开始四处躲藏,不久便横渡大海,出现在了斯巴达。亚西比德尽自己所能,损害不知感恩的雅典的利益。毫无疑问,亚西比德在缺席的情况下被判处死刑,而他的出逃恰恰印证了他的罪行。

一旦亚西比德离开,我们就会认为尼西亚斯或拉马库斯的计划将被实施。但事实并非如此。雅典将领们所做的仅仅是在叙拉古附近登陆,在叙拉古的南部平原击败了叙拉古大军,接着便再次返回卡塔拉,进入冬季休整期。这次袭击毫无目的性,除非是充当围攻叙拉古的前奏。所有这一切不过是在向叙拉古人宣告危险的逼近,并诱使他们更加积极地修筑防御工事。

叙拉古包含两个部分。一部分是位于细颈处的奥提伽岛。奥提伽岛是叙拉古最古老的地方。半岛沿着狭长的陆地延伸到大海,形成了低洼的内城。稍大且更新的一处是外城,位于两个港口②的交会处。内外城似乎都有独立的城墙。其中一道城墙将半岛与大陆隔开,构成了内部防线;另一道城墙的确切位置不详,构成了外部防线。以北是空旷的石灰岩高原厄庇波利。这个高原源于内陆山地的一条高地支脉,俯瞰两个港口和港口周边的城市。公元前415年到公元前414年的那个冬天,叙拉古突然想到:如果雅典军队攻占了厄庇波利高原,那么封锁叙拉古便易如反掌——因为防线太短。于是,在雅典人按兵不动并给予叙拉古四个月喘息时机时,叙拉古人不辞辛苦地修建了一道新的城墙。从以北的大海

---

① 泰特斯·奥茨(Titus Oates, 1649—1705),英格兰"天主教阴谋案"的制造者。
② 以下分别称"大港"和"小港"。

开始，叙拉古人自北向南建造起一道穿越厄庇波利高原的防御线，将所有东部高原囊括在内，构筑起一道坚固的防线。这道防线比之前的城墙更长。

第8节 亚西比德在斯巴达

叙拉古人还采取了其他防御措施。他们让最优秀的将领赫墨克拉底担任总指挥，与近邻重新建立同盟关系，并向斯巴达和科林斯请求援助。在母城科林斯，叙拉古收到礼遇，并且得到即刻支援的承诺。在斯巴达，监察官们一度犹豫不决，但最终被加入叙拉古使团的亚西比德说服。亚西比德竭尽所能促成叙拉古使团达成此行目的。亚西比德向监察官们和盘托出雅典人对西西里岛的计划，并指出挫败雅典人最简便的方法。他还建议，派一位斯巴达军官带领部分军队前往叙拉古，以鼓舞西西里岛上的希腊殖民者。此外，他还建议斯巴达重新与雅典开战，因为雅典的主要资源都投向了西部地区。不过最重要的是，亚西比德强调了攻占并加固帕尔涅山山脊战略要地德西里亚的重要性。亚西比德建议斯巴达将德西里亚作为侵扰雅典的永久基地，让德西里亚在阿提卡发挥重要作用，正如皮洛斯在拉科尼亚一样。监察官们采纳了亚西比德的多数建议。他们虽然并没有立刻对雅典宣战，但派出一位杰出的军官吉利普斯率领一支部队支援叙拉古人。之前，当阿尔戈斯与斯巴达在曼丁尼亚作战时，阿尔戈斯的军队中出现过雅典人副将。因此，就算如今拉科尼亚人和科林斯人出现在叙拉古的阵营里，雅典人也见怪不怪。为吉利普斯准备的四艘战船很快从科林斯驶出，而其他人则随后跟进。

第9节 围城开始

公元前414年春天来临时，尼西亚斯和拉马库斯又收到来自雅典的增援骑兵。这些骑兵正是他们急需的。他们还从塞杰斯塔人、卡塔拉人和西舍尔人处募集到六百五十匹马。兵马壮大后，尼西亚斯和拉马库斯在叙拉古以北几英里外

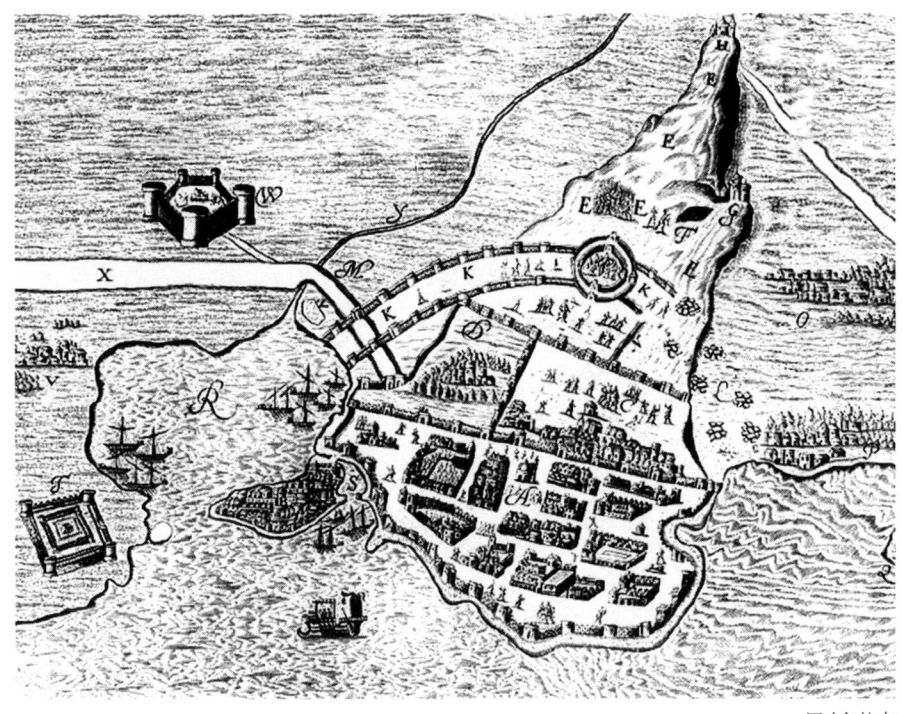

围攻叙拉古

一处叫"里昂"的村庄登陆，并向叙拉古进军。摆在他们面前的是一个高地，即厄庇波利高原的北坡。悬崖上仅有几处能够攀援而上，而叙拉古人在此安置了六百人的守卫部队。然而，这支叙拉古部队毫无准备。每个人都认为雅典人会从城南登陆，而不是城北。于是，没有遇到任何攻击，雅典军队就登上厄庇波利高原的山脊。他们成功驱逐防御者，并面向新的叙拉古城墙在高原上驻扎下来。雅典舰队停泊在塔普苏斯。

尼西亚斯和拉马库斯决定以最正统的希腊围城方式在叙拉古修筑一道围墙。以叙拉古人在冬天修建的新城墙轮廓为参照，他们设置围墙的路线。正对着叙拉古新城墙一箭之遥的地方是雅典人要修建防线的位置。雅典人围墙的北部将穿过高高的厄庇波利高原；南部围墙则将建在厄庇波利高原向大港倾斜向下构成的坡地上，以及海岸边的湿地平原上。尼西亚斯开始在厄庇波利高原的最高处修建一个叫"拉布达隆"的堡垒，接着在以南的地方建造一个大型的环形战壕。战壕处于围墙的中心位置。战壕以北是大海,以南则是大港。战壕到大海的距离和它到大港的距离一样。叙拉古将领没有出来应战,而是设法挫败雅典人的计划。叙拉古人从城中修筑一道围墙进行反围堵。这道围墙将突破雅典阵线。因此,在面朝厄庇波利高原南部山脊的地方,叙拉古人修建了一道东西走向的围墙。围墙位于尼西亚斯设置的中部堡垒的南方。除非攻占并毁坏这道围墙,否则雅典的工事无法继续下去。于是,当叙拉古人一心一意地午间休息或用餐时,雅典军队以迅雷不及掩耳之势成功攻下该地。叙拉古反攻的围墙被摧毁。雅典的围墙从拉布达隆以南的环形战壕一直向南延伸到厄庇波利高原底部。

第10节 雅典的胜利

叙拉古人仍然坚守着同样的抵抗计划,又在靠近大港的低洼湿地修建了第二道反围堵城墙。这道反围堵城墙同样遭到雅典人的袭击,但这次并不是突袭。叙拉古人全军出动,捍卫第二道反围堵城墙。然而,雅典再次胜利。叙拉古人被打得落花流水。反围堵城墙也被迅速摧毁。然而,在这场战争中,拉马库斯被杀。因此,雅典军队的指挥权全部移交到尼西亚斯手中。对雅典来说,这种情况是极大的不幸。战死的将领拉马库斯充满勇气和决断力,是一位名副其实的士兵。幸存的将领尼西亚斯则是一位政客,而非军人。虽然尼西亚斯完全有能力胜任顺境中的战事,但在关键时刻,他往往倾向于犹疑不决。此外,尼西亚斯痛恨自己肩负的重任,并深信这项任务不可能完成。他还患有内疾,常常幽居营帐内,令雅典军队雪上加霜。

将叙拉古人赶进城后,雅典军队才有可能修建完围墙。尼西亚斯将舰队从塔普苏斯开进大港,将所有储备运送上岸,并将战船停泊在海滩边。因此,尼西亚斯认为最重要的事便是完成南部防线,以掩护舰队。当时,靠海的北部防线还没有完成。尼西亚斯准备完成其他部分后再修建北部防线。因此,当从厄庇波利山脊至大港的围墙被精心修建完并且包含两道围墙时,从中部环形堡垒到北部海域的围墙却处处缺口。不少地方根本没有动工。然而，在接下来的几周中，这些地方成为战略要地。

当时，虽然雅典军队仅仅将叙拉古人封闭在城内，而真正的围城尚未开始，但雅典人仍然春风得意。无论如何，雅典军队的这次成功产生了巨大的精神作用。叙拉古城内的一派已经开始讨论议和的事。而到了当时，曾经中立的城邦——甚至是遥远的伊特鲁利亚——也开始从四面八方增援雅典入侵西西里岛的大军。

第11节 吉利普斯进入叙拉古

就在这时，一股新势力插手了这场战争。公元前414年春天，吉利普斯已经从科林斯率领四艘船启程。如今，吉利普斯已经抵达西西里岛。吉利普斯在希梅拉登陆。他原本不抱任何拯救叙拉古的希望，因为谣言传说叙拉古已经遭到全面封锁。当发现谣言并不属实时，吉利普斯决定放手一搏。吉利普斯从希梅拉、塞利纳斯和杰拉又召集了一千人，将他们并入手下七百人的队伍，接着便火速赶往叙拉古。吉利普斯来到雅典围墙一处未完工的地方，即厄庇波利高原北部。穿过一处围墙缺口后，吉利普斯进入叙拉古城内。整支叙拉古大军都加入吉利普斯的队伍。接着，吉利普斯向雅典人宣战。尼西亚斯拒不应战，因为当时自己的兵力不如吉利普斯。尼西亚斯和他的军队驻守在厄庇波利南部的环形堡垒附近。当吉利普斯将北面的雅典围墙推倒时，尼西亚斯按兵不动。接着，吉利普斯开始用所摧毁的围墙材料修建一道反围堵城墙。吉利普斯将这道城墙一直从叙拉古防线修建到厄庇波利高原的最高点。尼西亚斯在拉布达隆的堡垒也被突袭和攻占。之后，他失去对厄庇波利高原北坡的全部控制。如今，叙拉古的反围堵城墙已经与雅典防线规模相当，正处在环形堡垒北部。如果叙拉古的城墙继续延伸，那么尼西亚斯根本无法想象重获优势地位。甚至他自己都会遭到围困，更不要说围困叙拉古人了。要解除困境需要经过两次激烈的战争。然而，在雅典第二次与叙拉古交战时，吉利普斯大获全胜。吉利普斯修建的反围堵围墙已经超

雅典军队与叙拉古军队交战

过关键驻点。在接下来的时间里,叙拉古人将城墙一直向西部延伸,直到最终抵达攸利依拉斯,即厄庇波利高原上尖细、高耸的西部山峰。在最容易受到攻击的地方,叙拉古加固设防,修建了四处堡垒。

尼西亚斯的厄运刚刚开始。几天后,十二艘伯罗奔尼撒半岛的三桨战舰冲破封锁,安全进入小港。伯罗奔尼撒人宣称马上就会有更多战船来到。这个许诺鼓舞着叙拉古人出动自己的舰队。叙拉古人拥有的战船数量在四十艘到五十艘之间。因为惧怕强大的雅典海军,所以当时叙拉古不敢让自己的舰队驶出港口。不久,叙拉古武器库的骚动让尼西亚斯十分不安,因为当时雅典海军情形非常糟糕。数月以来,雅典战船由于远离船坞,已经开始渗漏;船员状态极差。自从雅典军队的优势急转直下,下层船舱中的不少奴隶和雇佣兵开始自暴自弃。

第12节 尼西亚斯向雅典求助

当时,尼西亚斯开始采取守势,以防吉利普斯突袭。尼西亚斯占领了位于奥提伽岛对面的普利姆密里昂半岛,接着将大部分军事储备和舰队转移到该地。在战略要地,尼西亚斯修建了三处堡垒来护卫新基地。如果这位不幸的将领有足够的勇气实施自己的计划,那么他会让大军登船返回雅典,放弃所有行动计划。然而,尼西亚斯生性犹豫不决,极其害怕承担责任。对于自己将在雅典面临的各种处境,尼西亚斯十分担心。因此,尼西亚斯没有冲动地返回雅典,而是派出分队前往雅典,描述自己的困境,并请求下一步指令。尼西亚斯写道,雅典要么火速派出一支大军前来支援,要么准许自己离开。否则,他已经预想到自己会大难临头。公元前414年的秋天已经到来,而往返雅典所需要的时间太过漫长。显而易见,收到雅典发出的指令并加以实施必然要等到来年春天了。

尼西亚斯派出的分队抵达雅典的时机非常不好,因为当时雅典与斯巴达重新开战在即。伯罗奔尼撒大军进驻叙拉古的行为激怒了雅典人。因此,公元前414年夏天,雅典人公然撕毁了与斯巴达的休战协议,派出一支拥有四十艘战船的舰队劫掠了拉科尼亚海岸。普拉西厄、埃皮达鲁斯-里摩拉和其他地区无一例外都遭到洗劫和烧毁。斯巴达监察官们立誓复仇。自公元前421年开始,广为人知的对阿提卡的袭击已经停止。公元前413年春天,对阿提卡的袭击将会再次开始。可以预料的是,当与斯巴达的纷争再次开始时,公民大会本应该立刻召回派往西西里岛的大军以支援国内。然而,雅典人一贯的盲目自信和乐观让他们决定继续攻打叙拉古。雅典人不仅拒不召回尼西亚斯和他的大军,而且向尼西亚斯传令,称雅典会派出援军,直到尼西亚斯围城成功。雅典最杰出的将领狄摩西尼将会指挥这次新的远征。这次远征的规模与第一次远征规模差不多。公元前414年冬天到来时,欧利米登率领十艘战船前往西西里岛,告知尼西亚斯支援马上便会赶到。

第13节 叙拉古海战

与此同时,公元前414年到公元前413年的冬天过去了。一切风平浪静。然而,雅典军队正日渐衰弱。在与叙拉古结盟的西西里希腊殖民地城邦中,吉利普斯召集了上千人,壮大了自己已经处于优势的兵力。吉利普斯还说服叙拉古人出动所有适宜出海的战船。当时,已经有至少八十艘战船停泊在两处港口备战。公元前413年春天来临时,吉利普斯开始采取了攻势。趁着夜色,吉利普斯直插雅典军队营地后方,并在普利姆密里昂半岛雅典军营的附近安营扎寨。黎明时,吉利普斯的舰队驶离港口,向雅典人宣战。在大港入口处,雅典军队与叙拉古军队爆发了一场激战。这场激战以叙拉古人的战败告终。

尼西亚斯致力于海战,而吉利普斯则突袭位于普利姆密里昂半岛的雅典三个堡垒,并夺取普利姆密里昂半岛上储备的大量物资。叙拉古人并没有因为这次海战的失败而灰心丧气。几天后,叙拉古人派出一支拥有十二艘战船的舰队,公然在外海巡航。叙拉古的巡航船与向尼西亚斯运送物资的雅典船交火,并摧毁了不少雅典船。

与此同时,公元前413年4月,阿吉斯二世率领一支伯罗奔尼撒大军入侵阿提卡,摧毁了阿提卡整个乡村地区。阿吉斯二世听取了亚西比德的建议,在德西里亚建立了斯巴达的永久驻军。即使形势到了这样的地步,雅典人还是执意支援尼西亚斯。当斯巴达军队仍然在阿提卡时,雅典人便派出狄摩西尼开始新的远征。狄摩西尼麾下有七十五艘战船和五千重装步兵——其中一千两百名是希腊人,以及一支强大的轻装步兵部队。在路上,狄摩西尼又获得了来自阿卡纳尼亚

雅典军队在大港与叙拉古军队激战

和意大利的大量增援。由于国内政变，梅塔蓬图姆和图里刚刚改变自己的政策，与雅典结盟。差不多与此同时，狄摩西尼启航。斯巴达人派出了不少小型舰队，率领海军近两千人，穿越大海前往西西里岛，希望冲破雅典的封锁。

当狄摩西尼逼近西西里岛的消息传到叙拉古时，吉利普斯和他的叙拉古同僚决定在雅典增援到来前，粉碎尼西亚斯的大军。叙拉古军队兵分两路，分别从城内和内陆两个方向攻打雅典军营。同时，叙拉古的八十艘战船在大港对雅典军队宣战。尼西亚斯的兵力大大削弱。虽然海滩上还有四五十艘空船，但他只能出动七十五艘战船。叙拉古人攻打雅典军队大营的行动失败了。而在海上，经过两天苦战，叙拉古人占据了上风，并迫使雅典海军丢弃了七八艘战船。之后，雅典海军上岸寻求雅典陆军的保护。西西里岛上希腊殖民者们胜利得益于他们配备舰队的方式。他们缩短并加固了每艘船的船头，削短了船的突出部分，而不是让船像先前一样又长又尖。当叙拉古船与雅典船正面撞击时，叙拉古船的坚固船头在雅典船的冲撞下毫发无损，而粗短的船头往往能攻破雅典船脆弱的前部。在大港有限的空间内，这样的正面冲撞必然会经常发生，而雅典人擅长的遭遇战战术在该地毫无用武之地。

第14节 狄摩西尼在叙拉古

海战发生几天后，狄摩西尼带领大军抵达叙拉古。胜利的天平再次向雅典人倾斜。狄摩西尼果敢而有决断力，远胜迟疑不决的尼西亚斯。狄摩西尼的军队一上岸，便开始采取攻势。狄摩西尼首先将攻城器械带到叙拉古的反围堵城墙下。这堵墙阻断了雅典人前往厄庇波利高地的路。接着，狄摩西尼试图突袭这处围墙。狄摩西尼的攻击被击退，但他并没有到穷途末路。狄摩西尼趁夜色行军到内陆，登上位于厄庇波利高原的最西角，攸利依拉斯附近的一处小山坡。该地是叙拉古围墙的终点。这样的迂回路线使狄摩西尼到达叙拉古军队后方，而突袭必然会出乎叙拉古军队的意料。狄摩西尼攻陷了一处堡垒，驱逐了守卫城墙的士兵，并一度势如破竹。然而，狄摩西尼的大军突然陷入混乱之中。叙拉古军队再次集结。在暗夜中，一场激烈的混战正在进行。最终，这场混战以雅典人的溃败结束。当雅典军队沿着悬崖峭壁逃跑时，落入悬崖的士兵数量不亚于死在叙拉古军队屠刀下的士兵数量。雅典军队因而损失惨重。这次战败损失的人数众多，大大削弱了雅典军队的士气。狄摩西尼立刻看清形势，认为除了立刻撤退，已经无力回天。然而，尼西亚斯阻挠了狄摩西尼的决定，坚称局势并不是毫无挽回的希望，而且叙拉古不久就会因为无法忍受战争的压力而与雅典讲和。不久后，伯罗奔尼撒半岛的增援部队加入吉利普斯麾下。与此同时，从雅典军队大营边的沼泽地生出一场热病。这场热病开始削减入侵西西里岛的雅典人的兵力。最终，就连尼西亚斯本人也同意放弃围城，并发令登船。然而，就在雅典军队离开西西里岛的前一夜，月全食出现了。召集前来解释征兆的占卜者们宣称，雅典军队须静候二十七天。极度迷信的尼西亚斯坚决遵守占卜者们的意见。登船计划因此被延误了二十七天。

第15节 港口大海战

尼西亚斯的决定正是毁灭雅典人的最后一步。雅典军队在营地为撤离所做的准备激起了叙拉古人的斗志。狂喜之下，叙拉古人又开始发动一系列的攻击，让尼西亚斯和狄摩西尼的处境更艰难。虽然叙拉古人的舰队还没有雅典舰队的一半强大，但它们不眠不休，格外主动。叙拉古海军的活力和胆量高涨，最终以七十六艘战船击溃了欧利米登手下的雅典海军部队。而这支雅典海军部队拥有八十六艘战船。叙拉古海军屠杀了军官欧利米登，抢占了欧利米登的十八艘船。吉利普斯的下一步行动表明，他不是要赶走雅典军队，而是要歼灭雅典全军。在奥提伽岛和普利姆密里昂半岛的最北端之间，即大港狭窄的入口处，吉利普斯迅速修筑了一道屏障。这道屏障由停泊的商船首尾相连，旨在完全阻隔雅典舰队。

吉利普斯的行动驱使尼西亚斯立刻拼死一搏。雅典人将每艘适宜出海的船都发往海上；大部重装步兵和轻装步兵纷纷登船。雅典人全力以赴，试图以绝对的数量优势击退叙拉古人。狄摩西尼率领一百一十艘战船起航，希望攻破大港入口处的封锁屏障。尼西亚斯则守在岸上的军营内。叙拉古人虽然只出动了八十艘战船，但接受了挑战。在大港狭仄的空间里，雅典舰队与叙拉古军队激烈交战。战争进入胶着状态，持续数个小时。叙拉古人倾城出动，爬上奥提伽岛的城墙观战，而雅典陆军登上营地堡垒观看关系着自己命运的决战。双方相持不下。人们对这场战争胜负的关注远远超过先前的任何一场战争。如果雅典人无法攻破屏障，驶往大海，那么雅典军队便会彻底溃败。叙拉古人则因为先前的胜利信心满怀，并决定保全长久作战的成果。在大港内，可供战船航行的范围极其有限。这场海战更近似于在海上的陆战，因为战船纠缠在一起，重装步兵则近身作战，试图登船。最终，雅典人的决心开始动摇。虽然雅典人数占优势，但行进缓慢，甚至无法逼近帆桁。每艘能够抽身的战船都不约而同地掉头，向海岸行驶。在绝望之中，雅典陆军大喊着从军营冲到海滩，以协助海军将战船安全地拖上岸。雅典的六十艘战船安全上岸，而其余的五十艘战船或被叙拉古军

港口大海战

队抢占，或停靠在大港的尽头。叙拉古人同样损失惨重。近三十艘叙拉古战船要么沉没，要么被完全摧毁。

狄摩西尼呼吁战败的大军发起最后一搏。狄摩西尼指出，幸存的雅典战船的数量仍然超过叙拉古舰队，并且获胜的叙拉古军队已经精疲力竭，而逃脱的唯一机会便是冲破屏障。然而，当狄摩西尼命令海军再次登船时，海军却迟迟不返回战场。在海上，雅典已经无能无力。

第16节 雅典人从陆上撤退

雅典人唯一的退路便是烧毁舰队，撤离大营，转往内陆，然后行军四十英里穿越叙拉古境内的山地和峡谷，最终抵达卡塔拉。头脑清晰的人都会预见此行必然凶多吉少，因为雅典大军已经士气全无，而此行路途艰险。获胜的叙拉古军队必然会乘胜追击。撤退的胜算全在于立刻行动，赶在叙拉古人之前到达必经的关隘。然而,受叙拉古军队恶意的消息误导,尼西亚斯拒绝在战后的夜间启程。甚至在战后的次日,他也将时间花在整理仓储,打包财物和物资,以及确定行军细节的问题上。第三天清晨,雅典大军呈巨大的中空方阵行军,中间是行李物资。尼西亚斯打头阵,狄摩西尼殿后。雅典军队抛弃了大量储备。漠然和粗心使雅典人没有烧毁大部分战船,却将它们留了下来便于叙拉古人在空闲时拖走。雅典军队不仅没有埋葬岸边战死士兵的尸体,还丢下了成千上万的伤兵。无论这些伤兵如何苦苦哀求自己即将离去的同胞都无济于事。所有作战人员和非作战人员都匆匆撤离。除了自己的性命便全然不顾其他。修昔底德写道:"他们的士气非常低落,全军如同饥饿难耐和只想逃命的难民。如果按全军人数来说,那么他们并不算一个小城的人口,因为行军人数至少达四万人。"

第17节　撤退中的重重灾难

拖延的两天导致叙拉古人占领了所有的险要关口。叙拉古人在浅滩迅速修建各种工事,并将雅典人可能通行的桥梁逐座拆毁。此外,叙拉古人还在每处开旷的平坦地带埋伏了骑兵,使雅典军队没有一个漏网之鱼。行军第一天,雅典大军抵达一处叫"阿克里崖"的悬崖脚下,但发现此处已经有叙拉古军队重兵把守。第三天和第四天,雅典大军都在设法冲破这道关隘,但徒劳无功。雅典大军的先头部队强攻入关,殿后部队不断受到叙拉古骑兵的袭击。不远处还有叙拉古轻装步兵向下投来的箭镞。发现阿克里崖无法攻破后,雅典人无计可施,开始向新的方向出发。既然无法到达卡塔拉,雅典军队便设法进入内陆友好的西舍尔人的地界。当时,雅典大军转向南行。行军前,尼西亚斯不得不从紧跟其后的叙拉古大军中杀出一条血路。这场血拼让雅典军队损失惨重。雅典撤离大军的食物即将耗尽,而士兵已经毫无斗志。整支大军已经开始解体。上千人已经丢盔弃甲,逃亡山区,希望能找到通往卡塔拉的路。夜幕降临时,雅典将领们下令点燃篝火迷惑叙拉古军队,并带领余部迅速全力撤离。尼西亚斯的部队人数较少,很快便撤离完毕,超出追兵数英里。然而,狄摩西尼在黑暗中迷了路,

雅典军队撤往内陆途中遭叙拉古军队阻击

挣扎着追寻殿后的雅典军队。清晨到来时，叙拉古人发现雅典军队消失不见，便火速追击。在路上，叙拉古人偶遇狄摩西尼的部队。狄摩西尼的部队正在艰难地穿越一道狭窄的峡谷。雅典人并没有做全力抵抗。不少人被杀。在一处有围墙的地方，雅典主力部队坚守了数个小时。接着，当得知自己已经被全面包围时，雅典人放下武器投降。条件是叙拉古军队能保全他们的性命。在该地，叙拉古人俘获了六千雅典人。最终投降前，还有成千上万的雅典人战死或被抓获。当雅典军队投降时，狄摩西尼引剑自刎。然而，伤口并不致命。狄摩西尼因而被活着抬到了叙拉古。

第18节 尼西亚斯投降

在此期间，尼西亚斯获得了一天喘息的机会。强渡卡西巴里斯河后，尼西亚斯率领军队大步向南行进。然而，到了第二天，叙拉古骑兵再次出现，干扰尼西亚斯的行军，并带去了狄摩西尼被俘的消息。吉利普斯当下要求雅典人投降。

然而，尼西亚斯垂死挣扎，继续强行到阿西纳鲁斯河。当时，他手下的士兵已经饥肠辘辘并且疲惫不堪，无法行进。当尼西亚斯抵达阿西纳鲁斯河时，叙拉古人已经绕过阿西纳鲁斯河，占领了更远处的河岸。渡河时，上百名雅典人丧命河中。穿过狭窄的浅滩时，不少人在西西里岛希腊殖民者的飞镖下倒下，或被自己的同伴踩踏致死。不久，雅典军队停止了抵抗。尼西亚斯向吉利普斯投降。狂喜的叙拉古军赦免了尼西亚斯和他的追随者，并将他们遣送到被俘的狄摩西尼大军中。只有几十位雅典人逃往山区，最终抵达了卡塔拉。

修昔底德写道："希腊人在这场战争中最伟大的冒险就这样结束了。在我看来，这场冒险是希腊人表现得最伟大的一次。对征服者来说，他们的胜利是最精彩绝伦的。对被征服者来说，他们的失败则是最具灾难性的。因为这次战败并不是一次普通的战败，而是全军覆没——陆军、舰队及一切的一切。在成千上万人中，只有数十人回到了家中。"

第19节 雅典大将的命运

在对待胜利上，叙拉古人表现得极其张狂。虽然吉利普斯一再抗议，但叙拉古人还是处死了落入他们手中的两位雅典大将①。整个希腊都为"本时代最值得尊敬的人"尼西亚斯哀悼。尼西亚斯的个人美德、自制自持与爱好和平理应为他赢得更好的结局。但在乱世当中，无能将会招来比犯罪更大的惩罚。毫无疑问，尼西亚斯的三心二意和迟疑不决正是造成这次大灾难的主要原因，而他本人也因此而死。我们无法确定的是，究竟是尼西亚斯在战前表现的得过且过，还是当命运反转时，尼西亚斯表现出不愿回国的顽固不化，才是造成这次远征失败的罪魁祸首。总而言之，这位备受尊敬的人将能干的同僚狄摩西尼推向死亡，让雅典损失了到当时为止最强大和最优良的武器，最终导致了雅典帝国霸权的陷落。

与自己的将领相比，落入叙拉古人手中的战俘的际遇也不会好多少。战俘

---

① 修昔底德写道，他们的确是被处死的。其他雅典军官则在吉利普斯或叙拉古大将赫墨克拉底的预警下，为避免被公共处决的耻辱，纷纷自杀。——原注

被关押在厄庇波利高原山坡随处可见的采石场里。此地无法遮阳避雨。面包和水也供应不足。叙拉古人施舍给战俘的食物份量仅仅是奴隶食物份量的一半。战俘们靠着一丁点儿食物勉强度日。由于近期的作战,再加上常常挨饿,战俘们纷纷像苍蝇般死去。当时,秋天正在来到,而秋天是一个疾病易发的季节。叙拉古人没有掩埋这些尸体,而是将他们留在幸存的战俘中间。尸体散发的恶臭滋生出一种传染性热病。这场热病甚至威胁到叙拉古城内。七十天后,除了雅典籍战俘及西西里岛上希腊殖民地中雅典盟邦的战俘,其余战俘均被变卖为奴。其余战俘则悲惨地生活在采石场里,长达八个月。绝大多数战俘纷纷死亡。之后的幸存者似乎同先前的战友一样,也被变卖为奴。我们同情战俘的遭遇,敬仰他们面对厄运时表现出的镇定和勇敢。最终,不少战俘获释。然而,在那些曾斗志昂扬且满怀信心地起航,并意图征服西西里岛的人中,最终只有十分之一的人回到了雅典。

第 33 章
四百人会议的解体

约公元前413年9月中旬，雅典军队在西西里岛遭遇大难。几周后，流言四起，并传遍整个希腊。与流言传到雅典的时间相比，流言传到斯巴达和科林斯的时间更早。通过普卢塔赫①，我们可以确定，消息是不经意间传到了最关注此事的人耳中的。在比雷埃夫斯，一位以航海为生的陌生人登陆，并进入一家理发店。接着，他开始讲述人尽皆知的事情——尼西亚斯和狄摩西尼已死。一听到这个消息，理发匠便奔往雅典，去通知执法官们。然而，当人们将理发匠带上前来，并仔细盘问灾难的细节和消息提供者时，可怜的理发匠，一片茫然。没有人能证实理发匠听来的消息。人们目睹了两次雅典军队出征叙拉古的场面，也看到了这两次远征的装备。在人们看来，发生这样的灾难完全难以置信。因此，人们认为理发匠编造虚假消息，判处理发匠轮刑②。理发匠一度惨遭折磨。幸运的是，逃回雅典的士兵出面证实了理发匠带来的消息。在雅典军队最终投降前，他们逃了出来。然而，这些亲眼目睹远征结局并备受尊敬的知名公民陆陆续续

---

① 普卢塔赫（Plutarch，46—120），希腊传记作家、散文家，中期柏拉图主义者。代表作有《希腊罗马名人传》和《道德论集》。成为罗马公民后，名字变为卢修斯·梅斯特修斯·普卢塔克斯（Lucius Mestrius Plutarchus）。
② 一种严酷的刑罚。所用的轮子通常为普通马车上的轮子。犯人躺在轮上，被鞭笞或碾轧至死。尸体还会被放在轮子上示众。

回到雅典，重述灾难的全部细节时，民众还是不相信他们的话。雅典民众深信，一支强大的舰队和陆军不可能就这样全军覆灭。

第1节 雅典的枯竭

无论如何，人们还是要直面事实。围攻促成远征的演说者们或谴责预言远征胜利的占卜师都于事无补。眼下，人们要做的就是清点雅典城中的剩余资源，看看能否维持雅典的海上霸权及商贸帝国的地位。清点的结果并不乐观。在原来拥有不到三百艘船的海军中，就有近两百艘船被这次灾难吞噬。雅典只剩下位于诺帕克特斯的一支拥有二十七艘船的海军部队，以及预备在本国海域服役的三四十艘船。大瘟疫以来，每支部队损失了近三千七百名重装步兵，而眼下适合外出服役的重装步兵总共一万一千人。此外，雅典两次远征相隔的时间太短，已经耗尽国库。雅典卫城里只剩下一千塔连特。这笔资金是伯里克利额外划出的，以备雅典受到敌舰攻击时使用。阿提卡的土地刚刚受到斯巴达军队的毁坏。德西里亚的堡垒表明，斯巴达将要采取新的更令人烦恼的战术。当时，已经有成千上万名奴隶逃往德西里亚。德西里亚为奴隶们提供了一处封闭而舒适的避难所。奴隶们借此躲避主人的追捕。

第2节 雅典决定与斯巴达开战

事实上，情况远不止于此。伯罗奔尼撒海军随时会进犯守卫稀少的阿提卡海岸。不久，在叙拉古获胜的斯巴达联盟舰队也会随时出现在爱琴海海域。雅典本该感到绝望，并答应斯巴达的任何条件。然而，令人惊讶的是，雅典毫无求和的迹象。恰恰相反，雅典虽然已经遭受重创，国库困窘，但仍然振作精神，开始第二次与斯巴达作战。与公元前431年到公元前422年爆发的战争相比，这次的战争一样冗长，而对雅典来说，这次的战争更孤注一掷。修昔底德写道："此时，极度的恐惧感驱使着民主政府严格军纪并约束自我。而长久以来，雅典人将

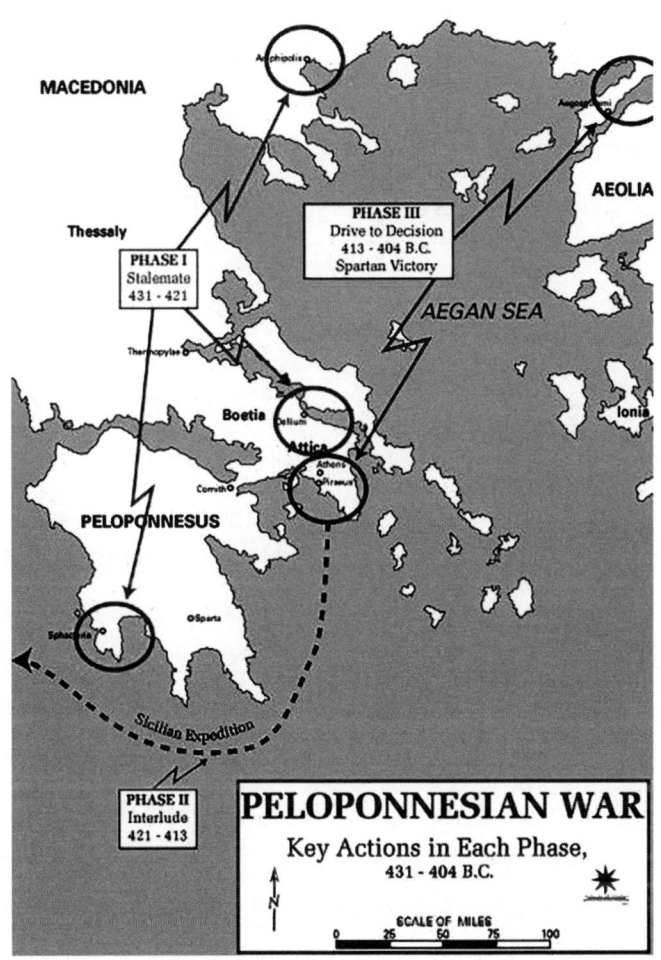

伯罗奔尼撒战争期间的各阶段的行动

这些品质抛诸脑后。雅典设立了公共安全委员会，并赋予它在危机时刻的绝对权力；雅典城中的每项开支都被缩减；伯里克利的一千塔连特由投票表决，最终被用来支持新舰队的建设；资金及船用木材将从同盟国征用，而驻兵也被派往埃维亚岛和其他战略要地。"

如果斯巴达抢占先机，赶在叙拉古一战结束后便海陆夹击雅典，那么雅典的所有准备都将无济于事。然而，斯巴达一贯行动迟缓。阿吉斯二世决定竭尽全力进行作战,但需要花时间细细策划。公元前413年,斯巴达人没有集结所有船去封锁比雷埃夫斯,而是决定花费整个冬季建造一支强大的舰队,直到公元前412年春天来临才开始行动。斯巴达人似乎没有想到,当自己在建造新战舰时,雅典也会做同样的事。当科林斯、吉提昂和奥利斯的船坞异常繁忙的消息传到雅典时,雅典人充分利用比雷埃夫斯的一切资源,开始建造新船的龙骨。到了公元前412年仲夏,雅典人已经有近一百艘船可以出海。

第3节 雅典遭到背叛

公元前413年到公元前412年冬天,雅典和斯巴达都在为战事做准备,而雅典也获得了难得的喘息机会。与此同时,提洛同盟的成员渐渐看清了形势。一方面,几乎每座城邦的寡头派都蠢蠢欲动,急着谋求独立。这些强大的寡头派早就等待时机叛离雅典。另一方面,对他们的宗主国雅典,每座城邦里的民主派都保持着被动而漠然的忠诚之心。他们并不准备为雅典做任何牺牲。雅典局势的逆转一方面为寡头派提供了立刻叛变的动机,另一方面又让民主派备感前途惨淡。民主派如果继续向雅典效忠,那么必然会面临更重的赋税和进贡。于是,伊奥尼亚的多数主要城邦纷纷向斯巴达或底比斯派出密使,提出只要伯罗奔尼撒舰队出现在亚细亚海域,他们便会立刻脱离雅典的束缚。希俄斯岛人向斯巴达派出特使,通过亚西比德与监察官们谈判。当时,亚西比德正是恩狄阿斯的密友,而恩狄阿斯是监察官中最杰出的成员。莱斯博斯岛人和埃维亚人也向阿吉斯二世提出相似的请求。当时,阿吉斯二世正忙于希腊北部事务,并在德西里亚建立了大本营。出于为自己及邻近的若干希腊城邦考虑,达达尼尔海峡陆地上的达达尼尔海峡–弗里吉亚总督法纳培萨斯请求斯巴达派出一支舰队前往马尔马拉海。吕底亚总督提沙费尔尼斯提出了相似的请求,并支持希俄斯岛人的请求。每一位波斯人都得出这样的结论,即雅典帝国的分崩离析为自己提供了收复失地的良机。波斯人争先恐后地承诺协助斯巴达——无论是在人力上还是财力上,只要伯罗奔尼撒舰队能穿过爱琴海。

法纳培萨斯

在所有对雅典心怀不满的城邦中,希俄斯岛是最强大的。斯巴达决定先向希俄斯岛派出舰队,之后再支援莱斯博斯岛和达达尼尔海峡沿岸的城邦。斯巴达没有集中派出舰队,而是按刚好能够出海的零星小分队派出战船。第一批出海的是科林斯的二十艘船。然而,在阿尔戈斯海岸附近,这支小队遭到雅典舰队拦截。不过,斯巴达海军大将卡尔息底阿斯从吉提昂带着五艘船逃走,还带上了主动要求随行的亚西比德,并安全抵达希俄斯岛。伟大的城邦希俄斯岛立刻叛变。雅典人匆忙派出所有能出海的战船,但无法挽回局面。在雅典战船还没有抵达伊奥尼亚时,希俄斯岛的叛变已经开始。

此后,在亚细亚海岸附近,雅典与斯巴达开始发生断断续续的海战;双方各有输赢,僵持不下。然而,胜利的天平向斯巴达人倾斜。斯巴达虽然在米提利尼战败,而再次反叛又被制服,但在其他地区大获全胜。米利都虽然已经不再是伊奥尼亚地区的大都市，但仍然是重镇。米利都热情地加入斯巴达阵营。抵抗斯巴达的伊阿索斯遭到斯巴达强攻。到了公元前412年的秋天，从叙拉古来的大舰队让斯巴达人的优势更加明显。西西里岛的希腊殖民者决心报复雅典在公元前415年的无端入侵，并派出他们最青睐的将军赫墨克拉底。赫墨克拉底率领二十二艘船协助发生在伊奥尼亚的政变。

第4节 斯巴达人与吕底亚总督提沙费尔尼斯结盟

与对希腊的感情相比，斯巴达海军大将更看重物资军费。斯巴达海军大将与邻近的波斯帝国总督们缔结了耻辱的结盟条约。卡尔息底阿斯与吕底亚总督提沙费尔尼斯竟然达成了如下协议：为回馈波斯帝国的财力支持，斯巴达应帮助波斯帝国收复"所有波斯帝国君主的先祖曾在亚细亚拥有的土地"。如果按字面意思解释，那么就意味着将米利都、克拉左美奈及亚细亚其他城镇的所有权拱手交给波斯帝国君主大流士二世。卡尔息底阿斯的继任者阿斯泰奥卡斯认为这项协议的措辞有待商榷，便将原来的条款替换，仅宣称"斯巴达人及其盟友不会攻打任何属于大流士二世及其先祖的领地"。这个更改解除了斯巴达人协助大流士二世收复希腊失地的义务，但要求斯巴达人务必支持并准许波斯帝国收复失地——只要波斯帝国的总督们有实力办到。与第一次的条约相比，第二次的条约虽然形式上不那么耻辱，但实质上一样令人不齿。

虽然公元前413年发生了叙拉古灾难，但之后第一年，即公元前412年的战争并没有摧毁雅典。公元前412年，不少雅典的重要盟邦纷纷叛离。然而，由于斯巴达政府和斯巴达指挥官的表现一如往常——拖沓迟缓且毫无目的，雅典仍然继续奋战。这样的喘息期让雅典能够建造并出动一支强大的舰队。当时，雅典仍然能拼死挣扎，竭尽全力延迟末日的到来。然而，雅典的末日必然会出现在不远的将来。因为一旦伊奥尼亚城市决心叛离雅典，那么雅典的帝国事业必然无法保全。

在接下来的战争中，雅典人的军事基地设在萨摩斯岛。萨摩斯岛上的民主派刚刚崛起，屠杀了一百多位寡头派。萨摩斯岛上民主派的这个举动使他们战战兢兢地站在宗主国雅典一边，因为他们深知，斯巴达的胜利意味着亲拉科尼亚寡头政府的再次建立，而这样的政府必然会对民主派近期的屠杀大肆报复。与任何其他伊奥尼亚大港相比，萨摩斯岛都更靠近雅典，并且处于战略要地。萨摩斯岛的地理位置使该岛的占有者能截获两处主要叛变区的通信，即以希俄斯岛为中心的北部和米利都周边的南部。

第5节 罗得岛叛变

公元前411年早春，灾难再次降临到雅典人身上。罗得岛上的三座城市也参加了叛变。雅典舰队从萨摩斯岛驶出，前往收复罗得岛。面对伯罗奔尼撒半岛和希俄斯岛的联合舰队，雅典人因兵力不足而放弃作战。然而，斯巴达的胜

罗得岛

提沙费尔尼斯

利仅止步于此。维持海上的大型舰队一年后，斯巴达的财力已经被耗尽。而在对斯巴达的拨款上，斯巴达的主要金主——吕底亚总督提沙费尔尼斯开始懈怠起来。

据说，波斯人对斯巴达热情不再的起因是亚西比德的建议。这位反复无常的人物已经驶往亚细亚，使尽自己的浑身解数要扩大反叛雅典的范围。然而，变节者往往不会受到主人的重用。此外，亚西比德成为斯巴达不少要人的私敌。据说，亚西比德对斯巴达最大的冒犯便是引诱阿吉斯二世的王后。不久，亚西比德发现，斯巴达同僚对自己起了疑心。由于亚西比德的建议，才有了米利都之战。当斯巴达在米利都之战中失利后，为了保住性命，亚西比德不得不脱离斯巴达阵营。亚西比德投靠吕底亚总督提沙费尔尼斯。之后，亚西比德竭力讨好吕底亚总督提沙费尔尼斯，极其谄媚，一方面展示自己熟知斯巴达和雅典的战略计划，另一方面又别出心裁地为吕底亚总督提沙费尔尼斯进一步谋取利益。亚西比德向波斯帝国指出，如果波斯帝国在伯罗奔尼撒舰队上挥霍财物，毁灭雅典，那么波斯帝国就会发现自己不过是让斯巴达帝国取代了雅典帝国。作为海上强国，雅典的目的仅仅在于控制海岸地区。而斯巴达人一直想建立陆上帝国。斯巴达人是危险的邻居，很可能会觊觎小亚细亚内陆的土地。最明智的方法就是让希腊的这两个强邦彼此消耗。与此同时，波斯帝国要暗中插手伊奥尼亚城市的事务。名义上是把持伊奥尼亚对抗雅典人，实际上做这一切都是为了大流士二世。

吕底亚总督提沙费尔尼斯看清了这个建议的实质，立刻削减了一半对斯巴达的财力支持。吕底亚总督提沙费尔尼斯还让斯巴达按兵不动，谎称腓尼基舰队会前来支援。当斯巴达指挥官们向吕底亚总督提沙费尔尼斯抱怨时，吕底亚总督提沙费尔尼斯就向他们行贿以拖住他们，但丝毫不理会斯巴达军备物资的匮乏。当发现吕底亚总督提沙费尔尼斯爽快地接受了自己的提议后，亚西比德开始策划一条新计谋，以充分利用自己对这位总督的影响力。斯巴达的生活环境非常不好，而东方宫廷的生活则乏味浮华。由于缺乏在这两种环境中生活的经验，亚西比德渴望雅典自由而无拘无束的氛围。亚西比德开始梦想通过惊世骇俗的举动来抚慰雅典人的怒火，确保自己安全从流亡中回到故土。如果不是因为之前的毁坏赫尔墨斯神像迷案，雅典民众或许早就原谅了亚西比德。然而，亚西比德必然要有丰功伟绩，才能弥补他叛逃至斯巴达、劝说斯巴达加固德西里亚的罪过。亚西比德突然灵机一动：如果能让吕底亚总督提沙费尔尼斯成为雅典的盟友，诱使波斯人为儿近破产的雅典慷慨解囊，那么他或许就能让雅典民众宽恕自己。

第6节　亚西比德与雅典寡头派勾结

于是，亚西比德开始与萨摩斯岛上的雅典军中自己的密友通信，看他们如何看待自己的计划。亚西比德得知，军营中有一个强大的党派渴望摆脱雅典的民主政府。民主派发动了西西里岛远征。富裕的地主阶级却要承受自己田地被毁的代价。因此，亚西比德发现向反叛者们传播这样的消息易如反掌。如果推翻雅典现存的政体，然后以寡头政府取代，那么亚西比德就能让吕底亚总督提沙费尔尼斯成为雅典的盟友。雅典如果不进行政变，就无法争取到波斯帝国的支持——波斯帝国对民主政府的不信任根深蒂固。阴谋进行得比亚西比德预想得还要顺利。不少萨摩斯岛上有名望的军官满怀热忱地奔走相告。其中，以将军皮桑德为首的代表团驶往雅典，为政变招兵买马。唯一反对上述计划的是另一位将军普律尼科司。普律尼科司之所以反对该计划，并不是因为憎恶寡头政府，而仅仅是出于对亚西比德的私人恩怨。雅典的主体大军对阴谋只知其一。虽然多数士兵对阴谋者的提议满腹怀疑和厌恶，但如果能因此获得波斯帝国协助，他们乐意听之任之。

第7节　皮桑德在雅典

　　皮桑德和来自萨摩斯岛的寡头派毫不隐瞒自己在雅典的计划。他们公然向公民大会提出亚西比德的方案。他们指出，如果任由事态发展，那么雅典的末日便近在眼前，而与波斯帝国的结盟将会拯救雅典。雅典要付出的代价是沉重的，而雅典一贯珍视的民主政体也要做出巨大牺牲。然而，任何牺牲都要强过雅典被毁灭。亚西比德的政敌逐个起身，重述这位变节政客的种种不端行为。民众领袖们谴责亚西比德无法无天。祭司们不厌其烦地详述亚西比德的渎神暴行，并警示民众不要为了召回他而触怒神明。然而，面对每位发言者，皮桑德都向他们追问下列难以回答的问题：斯巴达人是不是占据海上优势？雅典的盟友们是不是在叛离？雅典国库是不是已经亏空？如果事实如此，那么他们能否想出更好的方法，使雅典躲过迫在眉睫的灾难？经过长期激烈的讨论，民众违背了自己的意志，投票表决：皮桑德和追随他的十名专员应当驶往亚细亚，与亚西比德和吕底亚总督提沙费尔尼斯谈判，并尽力确保雅典的权益。

第8节 雅典寡头发动政变

临行前,皮桑德发动了雅典所有寡头力量,以推翻民主政体。皮桑德煽动了不少政治团体。这些政治团体为影响选举和审判而存在。皮桑德怂恿它们联合起来,一旦时机成熟便可以无所畏惧且不计后果地发动政变。雄辩家安提丰是经验老道的幕后操纵者。他并不公开参与政治,却深知党派的所有机密。因此,安提丰被委托领导这次阴谋。不久,其他领导者赶来。其中还有不少从未背离民主政体的人士。所有准备就绪,等待着激烈政变的发生。

然而,当皮桑德和他的同僚回到亚细亚,并抵达吕底亚总督提沙费尔尼斯的住所时,新的难题又出现了。亚西比德发觉自己对这位总督的影响力远远低于自己的预期。他无法说服吕底亚总督提沙费尔尼斯与雅典结盟。波斯帝国所做的一切不过是削减对伯罗奔尼撒人的补给,并让它们的舰队无所事事。亚西比德陷入两难。当被追问究竟是不愿还是不能兑现自己的诺言时,亚西比德只会含糊其辞,寻找借口。亚西比德假装吕底亚总督提沙费尔尼斯仍然愿意签订条约,但条件是雅典人必须放弃亚细亚所有属邦。当提出的不合理要求被勉强应允时,亚西比德又提出让雅典放弃亚细亚所属岛屿。这些不切实际的条件让雅典使团勃然大怒。雅典使团中断了谈判并返回萨摩斯岛。

当上述阴谋进行时,战争仍在缓慢继续,但未发生任何重大的军事行动。由于斯巴达舰队在罗得岛按兵不动,萨摩斯岛的雅典人成功封锁了希俄斯岛,甚至出兵登陆希俄斯岛,却没有取得重大进展。其他地区的战争陷入停滞状态。

第9节 雅典国内的政治谋杀

皮桑德与亚西比德谈判失败一事让寡头派陷入困境。当时,寡头派做好了政变的准备,已经很难悬崖勒马。雅典国内的政治团体兢兢业业。他们建议将作战指挥权委托给比公民大会运转更便捷的机构处理,废除发放给审理官们和公民大会成员的一切报酬,并节省稀缺的国库开支,以维持士兵和海员的作战。

这些议案遭到民主派的反对。然而，当时的首要民众领袖安德鲁克里斯和他的众多支持者立刻被暗杀。民众人心惶惶，对寡头政变的公开抵制几乎完全停止。雅典公民意识到一场巨大的阴谋正在进行，却不知道它的范围和目的，只好被动等待即将发生的一切。

寡头派因为免于罪责而更胆大妄为。虽然亚西比德愚弄了他们，但寡头派还是决定实施自己的计划。由于没有狡猾过头的流亡者亚西比德参与，多数寡头派反倒更充满自信。得知亚西比德不会主导这次行动后，不少大人物——包括前任将军普律尼科司立刻加入造反派。寡头派还决定，萨摩斯岛的舰队起义和雅典城中的寡头政变必须同时进行。

第10节 萨摩斯岛的起义中止

萨摩斯岛上的阴谋破产。当萨摩斯岛的寡头派与萨摩斯岛人中的贵族结盟，并在将军卡米诺斯的带领下武装政变时，却发现自己寡不敌众。杀死若干对手后，寡头派便被镇压。在被寡头派杀死的人中，有处于流放中的雅典民众领袖希帕波鲁斯。他曾一度居住在萨摩斯岛。萨摩斯岛的民主派和舰队中的多数雅典人联合起来，对抗寡头派，不费力气便粉碎了寡头派。起义一被镇压，获胜者便派出城邦战舰"帕拉鲁斯"号往雅典送信。

当"帕拉鲁斯"号抵达雅典时，雅典城已经落入寡头派手中。与萨摩斯岛的起义相比，雅典城中的政变策划得更精细，并且暴力的成分更少。皮桑德、安提丰和普律尼科司都尽量避免公开作战。听到安德鲁克里斯及其他民主领袖突然被杀的消息后，公民大会十分惊恐，并且一度瘫痪。得知公民大会的表现后，皮桑德、安提丰和普律尼科司借机提出一项议案，即任命十位专员[①]提出政治改革的方案。这项提议得到实施。几天后，从寡头派精挑细选的十位专员召集公民大会。这次公民大会的地点不在普尼克斯，而在喀罗纳斯的波塞冬神殿，位于离城一英里外的郊区。

---

① 在修昔底德的记述中，是十位专员；但在《雅典政制》中则是三十位专员。——原注

第11节 四百人会议夺取雅典政权

雅典的民主派怀疑有陷阱——譬如德西里亚驻军的袭击,不愿去雅典城外。接着,喀罗纳斯一场寥寥数人参与的会议便废除了由来已久的克利斯提尼法令。在皮桑德的提议下,这次会议出台了一项法令,选举了五人作为主席;再由这五人选出一百人,接着这一百人再选出三百人,从而构成四百人的议事会,取代了执政官和原来的议事会,成为雅典新政府。这四百人将对由自己选出的五千名具有完全公民权的人负责,而其他雅典人实际上被剥夺了权利①。散会后,没有一个人反对这项法令。四百人会议大步迈向公民大会会场,后面是一众重装步兵。这些重装步兵秘密集合以协助寡头派。四百人会议发现议事会正在开会,便下令议事会解散。议事会成员和民众一样惊恐万分,于是服从了命令。议事会成员离去时,每人都得到一笔余下任期内应得的政府补助。我们没有听到任何人胆敢反抗这个羞辱。驱散议事会后,四百人会议举行了庄重的祭祀仪式,并承担了所有政府职能。

四百人会议的第一步便是通知德西里亚的阿吉斯二世,告知阿吉斯二世亲斯巴达的寡头政府已经得势,并急于与斯巴达议和。然而,阿吉斯二世没有去谈判,而是迅速行军到雅典。阿吉斯二世认为,雅典正在发生公然暴动,而这样的突袭可以轻而易举地攻占雅典。然而,阿吉斯二世的计划受挫。雅典城门紧闭。城墙有卫兵把守。因此,在突围中损失若干士兵后,阿吉斯二世不得不匆匆返回德西里亚。当四百人会议再度主动示好时,阿吉斯二世以礼相待,并派使者通报斯巴达的监察官们。

当"帕拉鲁斯"号带着萨摩斯岛上寡头派起义被镇压的消息抵达比雷埃夫斯时,正是在四百人会议接手所有事务后不久。由于担心雅典民主派得知萨摩斯岛的事件后会发起反抗,雅典的新统治者们关押了"帕拉鲁斯"号上的不少船员,并立刻将其余船员派往埃维亚岛巡航。然而,"帕拉鲁斯"号的船长查里

---

① 此处采用修昔底德的说法。而《雅典政制》中混乱地记载道,这四百人由部落选举产生。每个部落选出十人。——原注

利阿斯逃了出来，迅速回到萨摩斯岛，将雅典城政变的消息告诉了军队。听闻皮桑德的阴谋时，全军上下爆发出强烈的民主主义情绪。他们罢免了所有具有寡头政体倾向的将军和三桨战船司令官，并推选了绝对忠诚于民主政体的两位军官色拉西布洛斯和塞拉西鲁斯出任首领。在一次庄严的集会中，全军宣誓："坚守民主政体，同生共死，全力以赴对战斯巴达，誓与四百人会议为敌，绝不与其有任何干系。"所有的民主派萨摩斯岛人也同样宣誓。与雅典一样，萨摩斯岛人深受寡头阴谋的迫害。色拉西布洛斯向同僚解释道，因为雅典全军掌控在自己手里，所以他们或许能从寡头派手中拯救母城雅典。如果四百人会议前来阻拦，那么他们便能轻易将萨摩斯岛——而非雅典——作为暂时的雅典帝国所在地；因为结盟的城邦会对掌控雅典舰队的党派献出自己的忠心和贡品。简而言之，雅典军队宣称代表雅典政府，并且绝不屈从于篡位的四百人会议。

第12节 雅典召回亚西比德

色拉西布洛斯和塞拉西鲁斯当下建议召回流亡中的亚西比德，旨在利用亚西比德对吕底亚总督提沙费尔尼斯施加影响，支持雅典的民主派。色拉西布洛斯和塞拉西鲁斯的提议得到雅典军队的支持。经过四年的放逐后，亚西比德再次出现在本国人的会议上。亚西比德郑重声明了自己的善意，以及自己左右友人吕底亚总督提沙费尔尼斯支持雅典的能力。亚西比德即刻赢得了雅典军队的信任，并被选举为色拉西布洛斯和塞拉西鲁斯的同僚，还被赋予与吕底亚总督提沙费尔尼斯谈判的权力。因此，亚西比德出航寻找吕底亚总督提沙费尔尼斯，而吕底亚总督提沙费尔尼斯此刻正在城市阿斯盆都。阿斯盆都位于遥远的南方。

由于一直让伯罗奔尼撒半岛的舰队按兵不动，并且一直与亚西比德会面，吕底亚总督提沙费尔尼斯发觉伯罗奔尼撒半岛的海军大将们已经勃然大怒，蓄势待发。于是，吕底亚总督提沙费尔尼斯最终决定让腓尼基舰队前去支援他们。亚西比德抵达阿斯盆都时，阿斯盆都有一百多艘腓尼基船。无论如何，雅典人

亚西比德回到雅典

亚西比德还是想方设法说服了吕底亚总督提沙费尔尼斯,让他调离腓尼基舰队,尽管他刚刚将腓尼基舰队调到阿斯盆都。腓尼基舰队回国了,而斯巴达人因盟友的背信弃义怒火中烧。然而,这场外交胜利最重要的一个结果便是让亚西比德再次赢得萨摩斯岛上雅典军队的完全信任。萨摩斯岛上的雅典军队确信,亚西比德实实在在地证明了自己已经完全控制吕底亚总督提沙费尔尼斯的心智。而实际上，亚西比德的控制名不副实，并且差得很远。

第13节 雅典内乱

与此同时，雅典发生的所有事都旨在摧毁四百人会议。萨摩斯岛的事件一经人们知晓，便对四百人会议的权威给予了致命一击。议事会内部也纷争不断。以普律尼科司和安提丰为首的更加激进的派系提议投靠斯巴达人，召集伯罗奔尼撒半岛军队进驻雅典城来巩固自己的地位。因此，激进派开始在位于比雷埃夫斯的亚提翁尼亚的防波堤上修建一座堡垒，以便伯罗奔尼撒半岛军队进城。普律尼科司和安提丰不顾一切的叛国举动遭到以特拉门尼为首的温和派的反对。特拉门尼是一位处变不惊的政治家，行事谨慎。值得雅典庆幸的是，斯巴达人仍然对四百人会议的好意心存疑虑，在拖沓中再次贻误良机，错过了雅典内乱为他们提供的大好时机。雅典寡头派遭遇的第一个打击就是普律尼科司被暗杀。正午时分，当普律尼科司离开议事会的议事厅时，一位年轻的士兵刺中他，然后逃离。这场行刺发生在集市中心。几天后，一群重装步兵公然发动兵变，攻占并摧毁了亚提翁尼亚的堡垒，推举特拉门尼为自己的首领。

第14节 埃雷特里亚海战

这次危机提醒四百人会议开始采取措施博取民心，召集五千人会议。到当时为止，四百人会议都忽略了五千人会议的存在。然而，为时已晚。雅典城内似乎开战在即。寡头派把持着议事会的议事厅。造反派驻守在雅典卫城南部的狄奥斯库里周围。然而，一条令人担忧的消息突然改变了局势：一支由四十二艘伯罗奔尼撒半岛战船组成的舰队正在逼近比雷埃夫斯。雅典的两派摒弃不和，赶往比雷埃夫斯，并开始将所有能找到的战船派出海。斯巴达海军大将阿格桑德里亚斯有备而来，准备利用普律尼科司的叛国之举。不料普律尼科司已死，而亚提翁尼亚的堡垒也已经被捣毁。于是，阿格桑德里亚斯抛下比雷埃夫斯，绕过苏尼昂角，驶往埃维亚岛。埃维亚岛的造反派们早就盼着斯巴达人来协助自己反叛。三十六艘雅典战船匆匆出海。装备极其简陋。雅典战船一直将阿格桑德里亚斯追赶到埃维亚海峡，并在埃雷特里亚附近与阿格桑德里亚斯开战。装备破败且操作失误的雅典舰队彻底溃败，只有十四艘战船成功逃离这场灾难。埃雷特里亚海战的结果一传出来，除了由雅典军事殖民者们占领的希斯提阿伊亚，埃维亚岛上的所有城市纷纷叛离雅典，投靠斯巴达人。为加强埃维亚岛屿与大陆间的联系，避免再次被征服，埃维亚人与他们的大陆近邻维奥蒂亚联合起来，在正对卡尔基斯和埃夫里普的最窄处搭建了一座桥。

埃维亚岛的丧失沉重地打击着雅典。由于阿提卡已经不再安全，人们习惯将所有牲畜都送到埃维亚岛上，以供应雅典。人们将埃维亚岛当作雅典的一座仓库。埃维亚岛叛变的消息几乎让雅典人绝望。就连叙拉古的灾难也没有让雅典人这样沮丧。因为叙拉古的灾难发生时离自己很远，而埃雷特里亚之战就发生在雅典的海域，几乎近在眼前。

第15节 四百人会议的倒台

埃维亚岛叛变的直接结果就是最终推翻了四百人会议。每个人都将此次灾难归咎于这些人引发的派系冲突——是他们让雅典疏于防范。人们再次在民主派的古老聚集地普尼克斯集会，正式罢黜了篡位的政府。在名义上，五千人会议主体保留了下来，但立下这样的法令：每位拥有一套铠甲的公民都是五千人会议的一员。该制度实际上恢复了改良后的民主政体。这次集会还通过一项法令，准许亚西比德回到雅典，并认可了萨摩斯岛上雅典军队的所有行动。

四百人会议一经废黜，成员们便纷纷解散逃亡。皮桑德及其多数同僚向德西里亚进发。其中一位叫"阿利斯塔克"的将军公然叛国。在听到一则全面和解的不实消息后，阿利斯塔克率领欧伊诺耶中被封锁的雅典驻军向维奥蒂亚人投降。欧伊诺耶是雅典北部边境的一座坚固的堡垒要塞。若干四百人会议中的显要人物被捕，并在审判后被处决。其中，最著名的人物当属雄辩家安提丰。他为自己行为的辩护，堪称雅典法庭上口若悬河的最佳典范。尽管如此，安提丰还是被定罪，因叛国罪而被处决。他是罪有应得。历经一场暴风骤雨、毫不光彩且不满四月的统治后，四百人会议解体了。四百人会议这个阴谋最终只为雅典带来一点好处，即废除履行公民义务时的报酬。它还为雅典带来一大损失——放弃埃维亚岛[①]。

[①] 此处关于四百人会议的内容均依据修昔底德的记述，而不是《雅典政制》。《雅典政制》一定引用了官方文件，但引用得较混乱。——原注

第 34 章
伯罗奔尼撒战争结束

可想而知，由四百人会议夺权篡位引起的雅典内乱很可能会让雅典走向毁灭。然而，斯巴达指挥官们的懈怠和保守拯救了他们的敌人雅典。在爱琴海西部，除了策划埃维亚岛叛乱，将雅典本土舰队驱逐出海的阿格桑德里亚斯一事无成。虽然完全掌控着爱琴海，但阿格桑德里亚斯从不设法封锁雅典。当时，比雷埃夫斯尚能服役的战船仅有二十艘。因此，封锁雅典实际上轻而易举。阿格桑德里亚斯在埃夫里普逗留数日后便向东行驶，以强化伯罗奔尼撒半岛在亚细亚的舰队。修昔底德评述道："的确，与斯巴达作战尤其方便省事。"通常，斯巴达人的所作所为恰恰是他们的敌人最希望他们做的。

在此期间，萨摩斯岛上的雅典人正策划一场远征。他们要将四百人会议完全驱逐出雅典。这个计划受到亚西比德的阻挠。亚西比德劝说萨摩斯岛上的雅典人要坚决捍卫伊奥尼亚，让国内事务自行恢复常态。萨摩斯岛上的雅典人听取了亚西比德的建议。而一旦萨摩斯岛上的雅典人发动对雅典的远征，必然会遭遇伯罗奔尼撒舰队的干涉。这个建议可以算是亚西比德整个政治生涯中首次为本土效忠。

第1节 达达尼尔海峡战役

随着公元前411年秋天的来临，伯罗奔尼撒半岛海军大将门达拉斯放弃了所有从吕底亚总督提沙费尔尼斯处获取援助的希望,并下定决心北上作战。门达拉斯深知达达尼尔海峡地区城邦叛变的时机已经成熟,并期待得到法纳培萨斯的热情支援。法纳培萨斯是小亚细亚北部的波斯总督,是斯巴达热心而忠诚的盟友。在达达尼尔海峡,斯巴达人已经拥有一处军事基地。数月前,斯巴达发动了前往阿拜多斯和拜占庭的两场小规模远征,并成功策动了两地的反叛。于是,门达拉斯向西驶入爱琴海,以躲避萨摩斯岛上雅典舰队的注意,带领着七十三艘战船驶往达达尼尔海峡。门达拉斯计划抵达海峡后,攻占岸边的所有城市,再封锁从黑海向雅典提供主要食物供给的谷物船的去路。一场暴风延迟了斯巴达人门达拉斯的行动。当他抵达达达尼尔海峡时,萨摩斯岛上的雅典人紧随其后。雅典将军色拉西布洛斯和塞拉西鲁斯竭力集结所有船入海,并从四面八方的部队中召集了一支足以与门达拉斯匹敌的舰队。色拉西布洛斯和塞拉西鲁斯与门达拉斯开战的地点是位于塞斯托斯和阿拜多斯之间的狭窄海域。这片海域是赛诺西马角的所在地。传说中的特洛伊王后赫卡柏的墓地和小教堂就在附近。经过一场恶战后,门达拉斯战败。他的舰队被迫搁浅。门达拉斯带领军队躲进阿拜多斯城内。留下的二十一艘船全部落入塞拉西鲁斯手中。这场战役虽然遏制了门达拉斯,但没有击垮他。马尔马拉海多数城市的反叛鼓舞了门达拉斯。门达拉斯希望在阿格桑德里亚斯带领的埃维亚岛舰队的支援下再次开战,于是匆忙请求阿格桑德里亚斯的援助。从罗得岛出发的不少增援部队正在赶来的路上;自埃维亚岛赶来的海军部队被暴风雨困在了阿索斯山,几乎全军覆没;而从南部赶来的军队虽然受到亚西比德从科斯岛和萨摩斯岛征集到的一支小型舰队的追击,但还是抵达了达达尼尔海峡。当看到增援已经到达后,门达拉斯便从阿拜多斯城走出,以加入援军的队伍。战争随即开始。直到亚西比德赶到前,这场战争一直胜负未分。接着,伯罗奔尼撒人掉头逃跑,再次上岸躲避。在该地,法纳培萨斯带领的一支波斯军队加入伯罗奔尼撒人,并竭尽全力拯救搁浅的战船。然而,雅典人坚持作战,成功拖走三十艘战船。这些战船占门达拉斯舰队的整整三分之一。

在确定门达拉斯当时已经彻底失败后,塞拉西鲁斯和亚西比德便疏散舰

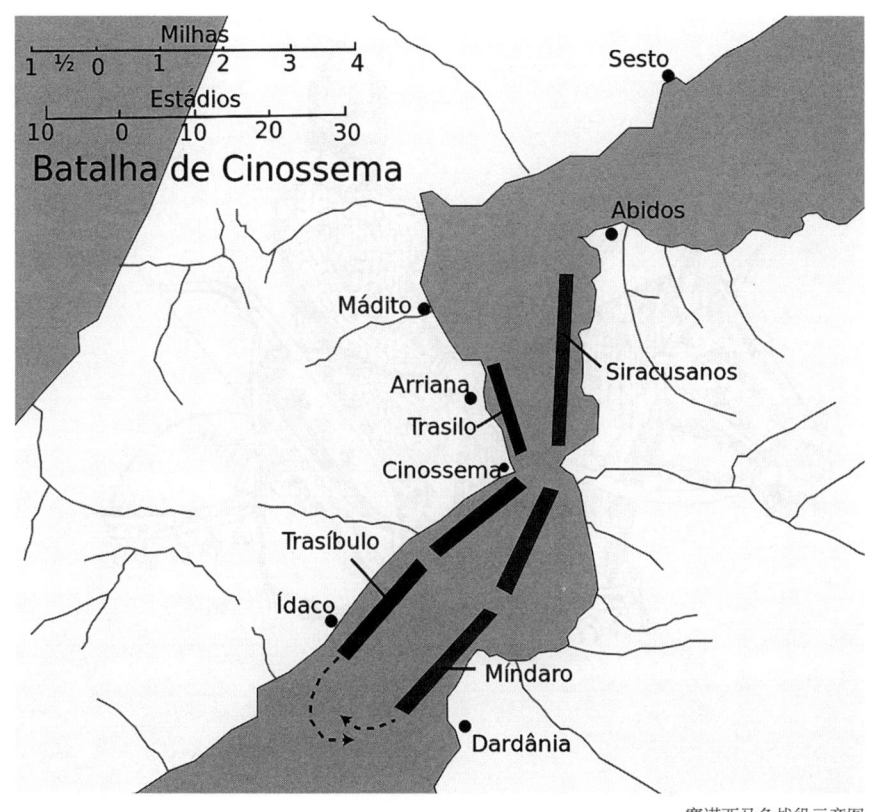

赛诺西马角战役示意图

队,进入冬季休战期。亚西比德借机拜访了故友吕底亚总督提沙费尔尼斯,但这位总督刚刚因为自己的两面派政策遭到苏萨的指责,当时并没有心情迎接亚西比德。吕底亚总督提沙费尔尼斯非但没有热情地接见曾经的谋士亚西比德,反而将亚西比德捆绑起来,送到萨迪斯。一个月后,亚西比德设法逃离萨迪斯,安全逃到海岸,并重新加入自己的舰队。

第2节 昔齐库斯之战

当公元前410年的春天来临时,门达拉斯已经获得增援。门达拉斯再次出动六十艘战船入海。然而,雅典人早已开始集结,为的就是摧毁门达拉斯。门达

昔齐库斯之战中的波斯骑兵

拉斯就在昔齐库斯对面。在风雨交加的一天,雅典舰队成功躲过门达拉斯的视线,带着八十六艘战船偷偷赶来。当亚西比德带领雅典中军与门达拉斯交战时,色拉西布洛斯和特拉门尼带领两翼悄悄绕过门达拉斯,截断门达拉斯的后路,防止他上岸。门达拉斯看清他们的意图,掉过头来强行上岸,而法纳培萨斯的大军正赶来支援。然而,雅典人步步紧逼,截获了不少战船。当门达拉斯带领余部上岸时,亚西比德也下船继续与他进行陆战。经过殊死搏斗后,伯罗奔尼撒人和波斯人彻底溃败。门达拉斯战死。除了少量叙拉古战船被叙拉古自己的船员烧毁,以防被雅典人抢走,门达拉斯舰队中的所有战船要么被雅典人抢走,要么被击沉。这场胜利似乎决定了小亚细亚的命运。在这场战争中,无论是其中发生的细节还是它的全部经过,都让雅典人想起西蒙在五十六年前大胜欧利米登的往事。既然亚西比德为雅典赢得了整场战争中最光辉的胜利，那么亚西比德的所有罪责也就被原谅和遗忘了。

叙拉古的大灾难降临以来，雅典人第一次能够自由呼吸，放眼未来。斯巴达的主力已经被摧毁。达达尼尔海峡再次开放。看起来，假以时日，雅典便能逐个攻破反叛的亚细亚城市。而真正让雅典重拾自信的，就是成功拦截了斯巴达副指挥官希波克拉底派出的通报监察官们的分队。史料中扼要地记载道："战船全无；门达拉斯被杀；军士正挨饿；我们不知所措。"希波克拉底手下一群没有船的海员承蒙法纳培萨斯的照顾。法纳培萨斯的补给是这些海员维持完整和生存的唯一支柱。

第3节　徒劳的和谈

不出所料，在得到昔齐库斯之战的消息后，斯巴达人一度想要求和。亚西比德的斯巴达好友恩狄阿斯来到雅典，告知公民大会斯巴达希望全面停战的意愿。提出的条件也非常符合当时的实际局势：罗得岛、希俄斯岛、米利都、埃维亚人和其他叛离雅典的盟友继续保持独立；不过，斯巴达准备撤离德西里亚，并承诺不会干扰继续依附雅典的其他提洛同盟成员。恩狄阿斯一定非常确信：雅典人会不惜任何代价并兴高采烈地摆脱战争。三年来，雅典人一直生活在毁灭的边缘。而当无需牺牲任何领土和特权的体面的和平摆在雅典人面前时，他们理应欣然接受。然而，公民大会的满怀希望和无所顾忌的自信再次占据了上风。在民众领袖克里奥丰的带领下，民众投票表决。表决的结果是雅典无法放任叛离的盟友独立。恩狄阿斯因而被遣离雅典。这个决定是个致命的错误。雅典已经快要弹尽粮绝，理应抓住任何和平的机会。雅典的胜利不过是暂时的。下一次命运之轮的流转注定不会再有这样光荣的结局。

在一段时间内，雅典看上去欣欣向荣。的确，法纳培萨斯费尽心力维系着投奔自己的伯罗奔尼撒海员，并立刻着手为这些海员提供船。然而，他们附近的武器库都不友好——最近的就是希俄斯岛，造船工也寥寥无几。有其他方案前，造船的木材只能从伊达山上砍伐。一年多以来，在海上，雅典人毫无后顾之忧。他们有充足的时间重建古老的海上霸权。

第4节 亚西比德连战连胜

雅典居然对昔齐库斯一战洋洋自得。这反而更加显示出雅典的财殚力竭和走投无路。两年来，斯巴达再也不敢冒险进行海战。监察官们派往亚细亚的军官都庸庸碌碌或能力平平。叛离雅典的盟友一度胆战心惊且灰心丧气。亚西比德和塞拉西鲁斯精力旺盛并且决断力强。他们率领军队一路势如破竹。然而，公元前410年到公元前408年，他们的全部收获不过是再次征服了达达尼尔海峡地区和马尔马拉海地区的城市。在门达拉斯逗留达达尼尔海峡地区期间，这些城市纷纷叛离。公元前410年秋天，亚西比德和塞拉西鲁斯征服了佩林托斯和塞林布里亚。公元前409年冬天，萨索斯岛重新向雅典效忠。公元前409年，亚西比德洗劫了法纳培萨斯辖地的整个沿海地区，围攻了俯瞰博斯普鲁斯海峡亚细亚海岸的城市卡尔西登。与此同时，塞拉西鲁斯南下攻打叛离的伊奥尼亚城市。然而，塞拉西鲁斯只成功夺回科洛奉。在以弗所，吕底亚总督提沙费尔尼斯再次倾向斯巴达同盟。他带领的波斯帝国军队与以弗所人联合，痛击塞拉西鲁斯。公元前409年秋天，塞拉西鲁斯北上达达尼尔海峡，重新与亚西比德会合。公元前408年春天，亚西比德和塞拉西鲁斯的联合军队攻占卡尔西登，半年后又收复了拜占庭。经过长期围城，拜占庭的居民已经挣扎在饿死的边缘。他们不顾自己斯巴达总督的反对，打开了城门。因此，博斯普鲁斯海峡、达达尼尔海峡和马尔马拉海最终完全摆脱斯巴达的控制。雅典的谷物船能够再次安全地从黑海出发，而不用担忧航行中遭遇任何干扰。两年多来，法纳培萨斯一直承担着战争全部的财物支出。拜占庭陷落后，他备感捉襟见肘，因而提出退出与斯巴达的结盟，并与雅典议和。到当时为止，法纳培萨斯的举动是这场战争中显示出的最有希望的征兆，但注定影响不了最终的结果。

第5节 亚西比德回到雅典

亚西比德的胜利到此为止。在最终清除掉达达尼尔海峡的反叛者后,显而易见,亚西比德认为没有希望攻占希俄斯岛和米利都,因而不再攻打伊奥尼亚的各城市。亚西比德没有南下,而是驶往雅典,带领舰队回到比雷埃夫斯。靠近故土时,亚西比德有些犹疑。虽然在自己缺席时,他已经被选为将军,而他也深知两年来自己一直尽职尽忠,但亚西比德仍然惧怕民主派的怒火。他还记得施加自己身上的种种诅咒和盘旋在自己头上的种种判决。然而,人们对亚西比德的欢迎远超他的想象。亚西比德的亲朋好友赶到比雷埃夫斯迎接他,并护送他以胜利者的姿态回城。议事会和公民大会郑重地审判了亚西比德。接受审讯时,亚西比德竭力证明自己没有犯渎神罪,并且发誓自己完全清清白白。因此,对亚西比德的判刑被撤销。亚西比德恢复了公民权。亚西比德的将军任期得到延长。此外,他还拥有一支强大军队的唯一绝对控制权,并有权善加利用。这支军队拥

亚西比德凯旋,受到雅典民众的热情欢迎

吕山德

有一百艘战船和一千五百名重装步兵。起初,亚西比德将这支军队用来护送庆祝"艾留西斯秘密宗教仪式"的游行队伍。每年,这支游行队伍都从雅典游行到艾留西斯。斯巴达人攻占德西里亚后,这支神圣的队伍被迫乘船前往艾留西斯。然而,在亚西比德军队的保护下,这支游行队伍开始再次以古老盛大的方式沿着圣路行进。

尽管近来横遭厄运,安德罗斯岛还是叛离雅典投靠了斯巴达。收复安德罗斯岛未果后,亚西比德回到亚细亚。他发现最新事态的发展引发了一个重大变化,而雅典的命运再次走向颓势。两个原因协同作用造成了这个结果。首先就是斯巴达派出一位真正的得力干将指挥伊奥尼亚地区的作战。阿里斯托克利特斯的儿子吕山德是斯巴达百年一遇的非凡人物。吕山德生在一贫如洗的家庭。他的父亲阿里斯托克利特斯属于财产被没收的公民中的一员。青年时代的吕山德默默无名。靠着自己努力和坚强的品格,吕山德一路平步青云,最终被任命为最高司令。吕山德的勇气和才能并不逊于伯罗奔尼撒战争中的另一位斯巴达天才布拉西达斯。然而，吕山德的秉性与安菲波利斯之战的英雄布拉西达斯大相径庭。吕山德的抱负完全在于个人。他并不同情所谓的希腊自由，也不关心自己盟友的利益。吕山德即使尽力效忠斯巴达，也仅仅是因为斯巴达的壮大有利于他扩张自己的私欲。吕山德不择手段且自私自利，行事既多变残忍，又敏锐果断。

第6节　小亚细亚总督小居鲁士

无论在什么情形下，吕山德都是雅典危险的敌人。然而，就在吕山德出现在伊奥尼亚时，小亚细亚的政局中又加入另一个因素，使吕山德更加令人生畏。对吕底亚总督提沙费尔尼斯无休止的两面派作风，苏萨宫廷憎恶至极，最终让大流士二世的次子小居鲁士取代了提沙费尔尼斯的总督位置。这位年轻的王子不仅被委托管理吕底亚行省，并且拥有对所有邻近总督的总控制权。一上任，小居鲁士便表明来意只有一个：对自马拉松战役和萨拉米斯战役以来雅典对波斯先人制造的所有麻烦进行报复。小居鲁士当即制止了法纳培萨斯与雅典的谈判，并召见斯巴达总指挥吕山德前往萨迪斯。吕山德一到萨迪斯，小居鲁士便向他宣称，自己已经预备下五百塔连特以配备一支新的舰队；如果钱财不够，那么小居鲁士将会倾囊相助。"甚至将他所坐的黄金宝座融为达里克[①]也在所不惜"。

起初，小居鲁士决定向伯罗奔尼撒半岛舰队的每位船员每天补助三欧宝。不久，在被他分外青睐的吕山德的要求下，小居鲁士将该补助提升到四欧宝。这份津贴甚至比雅典士兵的补贴都要高。

第7节　诺提昂之战

在过去两年里，小股援军陆陆续续从爱琴海赶来。其中最庞大的部队就是

---

① 古波斯的金币。

一支二十五艘叙拉古战船组成的海军部队。因此不久后，吕山德便成为在以弗所集结的九十艘战船的指挥官。亚西比德率领一百艘战船驻守在诺提昂，以阻止斯巴达人入海。就在此时，亚西比德被派往福西亚。他将舰队交给挚友安蒂阿卡斯指挥。虽然安蒂阿卡斯只是旗舰的船长，并没有任何指挥经验，但亚西比德还是将他封为全舰军官之首。亚西比德嘱咐自己的追随者要避免作战。然而，亚西比德一走，安蒂阿卡斯便虚张声势地驶入以弗所港，并驶过斯巴达的舰队，向吕山德挑衅开战。斯巴达立刻出动部分战船追赶这位自以为是的闯入者。接着，看到斯巴达军队行动后，不少雅典战船驶出诺提昂，解救自己的指挥官。双方战船逐渐全部加入战场。吕山德轻而易举地战胜了指挥不当的雅典海军。安蒂阿卡斯被杀，他的十五艘战船被击沉或抢走。其余雅典战船只好退到萨摩斯岛。在萨摩斯岛，雅典舰队重新被亚西比德接管。而在当时，亚西比德正忙着以高压蛮横的方式向伊奥利亚的城市征收额外的贡品。吕山德拒绝再次作战，重新返回以弗所。因此，安蒂阿卡斯的鲁莽并未造成实质损失。尽管如此，这次失败还是激起雅典反对亚西比德的强烈情绪，因为他将舰队委托给自己的酒肉朋友，犯下了渎职罪。此外，在伊奥利亚，他还有不当征税行为。通过这些指控，亚西比德的政敌成功利用公民大会投票罢免了他，而公民大会再次将作战的指挥权交到十位统兵官手中。亚西比德驶往色雷斯切索尼斯，成为一处大领地和一座城堡的主人。在伯罗奔尼撒战争后期，他都处于退隐中。

在接替亚西比德的所有统兵官中，最杰出的要数塞拉西鲁斯。一直以来，塞拉西鲁斯都是民主派领袖。小伯里克利是同名的伟大政治家伯里克利的儿子。此外，还有一位叫"科农"的军官。这是他首次担任最高指挥官。然而，正是科农接管了萨摩斯岛的舰队，而萨摩斯岛的舰队之前归亚西比德领导。

第8节 卡利克拉提达斯在亚细亚

在雅典更换指挥官的同时，斯巴达舰队出现一位新的海军大将。吕山德的的任期已满。监察官们坚守最高司令不能连任的惯例。取而代之的是一位能干

小居鲁士

的军官卡利克拉提达斯。不断更替在职官员没有好处,但在这种情形下,该举措并没有造成大的损失,因为卡利克拉提达斯也是一位精力旺盛、行动高效且得力的指挥官。然而,吕山德因自己被罢免而愤愤不平,极力阻碍继任者的工作。他不仅让小居鲁士对卡利克拉提达斯心存偏见,而且为波斯帝国国库收回曾借给他自己的钱物。这些钱物用来配备伯罗奔尼撒半岛舰队,但还没有用完。因此,当卡利克拉提达斯到了斯巴达军队中时,发现军队的金库已经空了,而船员们都在大声要求拿到自己的报酬。赶往萨迪斯请求小居鲁士补助时,卡利克拉提达斯等了很长时间,却没有人接见,只得离去。卡利克拉提达斯"一路咒骂希腊人为了生活所需,不得不依靠蛮族为生;并宣称,如果自己回国,必然会竭力促成雅典与斯巴达和解"。说服希俄斯岛人和米利都人拨给自己少许物资后,

---

① 出自《希腊史》(Hellen),色诺芬著,第一卷,第六章,第六节。——原注

科农

卡利克拉提达斯终于能够支付军队欠款,并让舰队出海。当时,雅典人非常分散。一部分驻守在萨摩斯岛,而科农手下的主力大军正忙于洗劫伊奥利亚反叛城市的海岸地区。召集所有分散的斯巴达舰队分部后,卡利克拉提达斯至少拥有一百七十艘战船——这也是伯罗奔尼撒战争中史无前例的最大舰队。卡利克拉提达斯北上,在莱斯博斯岛登陆,突袭并攻占了麦提姆纳。在麦提姆纳,卡利克拉提达斯表现得克制温和。他拒绝盟友的催促,反对将麦提姆纳人和雅典驻军贩卖为奴。在卡利克拉提达斯占领麦提姆纳的第二天,科农率领七十艘雅典战船赶来。科农低估了斯巴达舰队的实力,羊入虎口。当他想要逃跑,却为时已晚。撤离到萨摩斯岛的后路已经被截断。科农被迫在米提利尼港避难。逃跑了一夜后,科农损失了近半数战船,仅仅通过强拉硬拽才将剩余战船拖到米提利尼镇上的防御土墙。卡利克拉提达斯立刻对米提利尼实施海陆封锁,希望可以毫不费力地攻下米提利尼。因为雅典船员必然在几周内就会弹尽粮绝,而米提利尼根本没有做抵御围攻的准备。

第9节 雅典面临窘境

科农成功派出一艘快船冲破了封锁,赶到雅典通报自己身陷险境的消息。不过,要拯救科农似乎不大可能。因为现存雅典舰队无法对抗卡利克拉提达斯的大军。虽然萨摩斯岛驻有数十艘战船,但海上没有数量庞大的军队。然而,雅典人一贯充满干劲并且坚持不懈,下定决心要设法解救自己的将军科农。当时,比雷埃夫斯的武器库恰逢修复期。港内到处是需要修理或快要完工的船。雅典人决定派出任何适宜出航的船,并向卡利克拉提达斯开战。公民大会投票表决:适龄男子——无论身为奴隶还是自由人——都要登船。雅典甚至史无前例地派出骑士下海。虽然船员都是新手,设备也很不齐全,但雅典还是在三十天内配备了一百一十艘船。在十位统兵官中,有八位参与指挥。雅典舰队奋力穿越爱琴海前往萨摩斯岛,又接上近五十多艘战船。其中多数战船都属于萨摩斯岛及其他忠于雅典的伊奥尼亚城邦。听闻雅典人已经抵达亚细亚,卡利克拉提达斯决心一边坚守米提利尼的封锁,一边与雅典交战。卡利克拉提达斯留下五十艘船给副指挥官埃提奥尼库斯,用来牵制科农,自己带领一百二十艘船驶往莱斯博斯岛最南端的海角。当天夜里,雅典舰队进入卡利克拉提达斯视野,正沿着大陆向北航行。次日,海战在阿吉纽西附近爆发。阿吉纽西地处莱斯博斯岛南部附近,由一群小岛组成。由于船员毫无作战经验,雅典将军们被迫采用斯巴达军队曾特有的战术——舰队一字排开,形成密不透风的阵形,并设法尽快近身作战,阻止斯巴达舰队行驶。卡利克拉提达斯的舰队呈散开的队形,打算袭击雅典人的侧翼或攻破雅典军队阵形。当雅典军队的兵力优势渐渐清晰时,卡利克拉提达斯所在战船的船员苦苦哀求卡利克拉提达斯返航。然而,对自己的英勇无畏和航海术,卡利克拉提达斯充满自信。他只回答道:"逃跑可耻!就算他牺牲了,斯巴达也没有什么损失。"

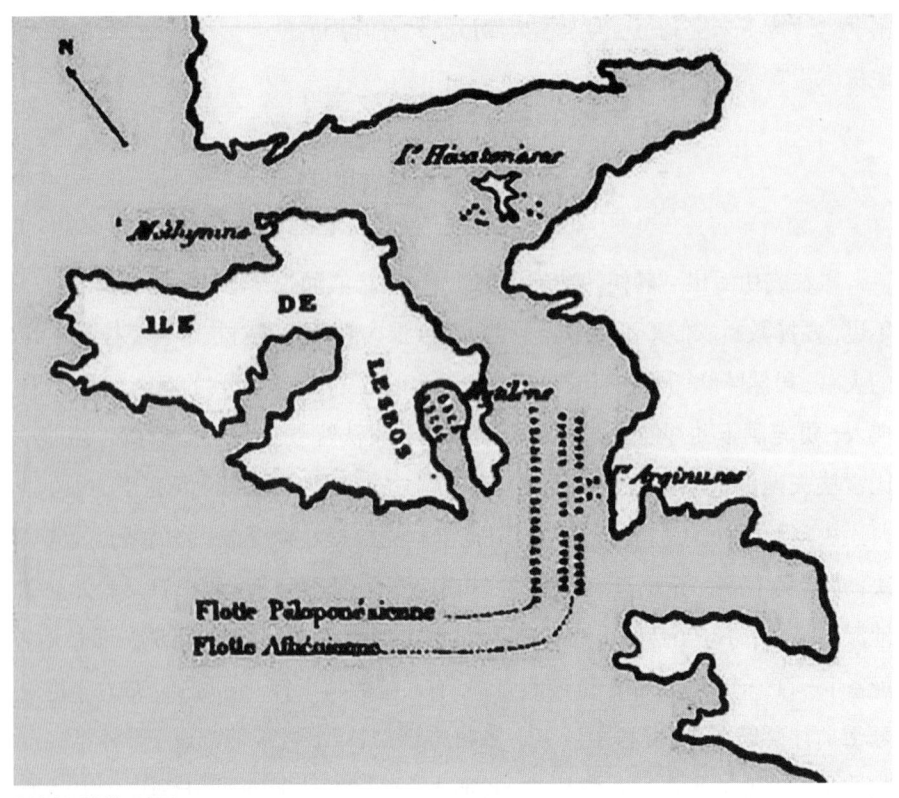

阿吉纽西海战示意图

不久，双方舰队陷入胶着状态，开始近战。雅典军队的数量优势开始显现。卡利克拉提达斯站在船边准备登船时，在雅典战船的冲撞下跌进大海，之后便再也没有出现过。至少有七十艘伯罗奔尼撒半岛的船被摧毁或抢走。这场战争是近距离作战。战况不利时，人们很难脱身。只有五十艘船逃往希俄斯岛。雅典船只沉没了十五艘，但有十几艘船进水，急需救援。

雅典舰队取得胜利后，场面似乎非常混乱。雅典将军们决心立刻奋力驶往米提利尼，赶在埃提奥尼库斯和斯巴达海军部队逃走前俘虏他们。然而，雅典舰队刚起航时，一场大风不期而至。雅典军队不得不推迟行动，并将舰队拖上岸过夜。由于雅典军队的犹疑不决，埃提奥尼库斯得以安然无恙地逃到希俄斯岛。而在作战时破损的十几艘雅典船连同所有船员葬身大海，没有得到任何支援。

第10节 对众将领的弹劾

可想而知，只要获胜，雅典人便会忘记自己将军的所有缺点。雅典人在匆忙中配备的船大获全胜，解除了斯巴达对米提利尼的围困，拯救了科农。阿吉纽西的征服者们期待的只有赞扬与荣耀，别无其他。然而雅典舆论牢牢抓住一点疏漏：由于一两位军官的重大失职，导致在战后无人支援的情形下，载有上百位公民的数十艘船连同船上的公民全部葬身大海。民众领袖阿凯德谟和提摩克拉底以此控诉这些将军。他们因而立即被罢免。将军中的六位——包括塞拉西鲁斯和小伯里克利——回到雅典要为自己辩护。然而，六位将军一出现，现场就立刻人声鼎沸。作为改头换面的原寡头派成员，特拉门尼曾在罢黜四百人会议时发挥重要作用。他提议审判这六位将军，因为他们犯下没有拯救本国公民的渎职罪。对于这项控诉，六位将军回答道，暴风让他们措手不及。而实际情况是，他们曾委托特拉门尼和色拉西布洛斯带领十艘船去探查破损的船。特拉门尼和其他相关人员完全否认收到任何指令。他们称这些将军的辩解不过是乱咬一口。第一次应对控诉时，将军们将责任完全归咎于暴风。然而，暴风肯定没有那么猛烈，因为暴风并没有阻挡埃提奥尼库斯和斯巴达船入海。大概是因为舰队刚完工不久，并且装备极差，所以在历经一天的恶战后陷入混乱。这或许才是造成破损战船沉没的真正原因。

对将军们进行追责的辩论持续了很长时间。公民大会暂时休会。第二天恰逢庆祝家庭团聚的庄严节日"阿帕图利亚节"①。清晨集会时，集会中出现不少身着丧服的人。他们的亲友都在最近的战役中丧生。人数之多让整个雅典城充斥着激愤。人们对那些将军的抵触情绪到达顶点。当公民大会再次召集时，一位叫"卡利辛努斯"的议事会成员提出一项不公正且有违法令的决议——"既然原告们和众将军都已经完成最终陈述，那么民众就该立刻投票表决。如果要给众将军定罪，那么必然是死罪"。这项决议不仅终止了众将军的辩护，还违反了雅

---

① 雅典的家庭或氏族节日，庆祝时间为阿提卡历法的皮亚诺普昂月（Pyanepsion），即十月至十一月，为期三天。

苏格拉底

典法令一项最广为人知的规定①，即所有被告人须经逐一审判定罪，而不能集体被判刑或全体被无罪释放。卡利辛努斯的决议遭到强烈反对。部分公民抵制这项决议的非法性，并威胁要以公然藐视法令罪起诉卡利辛努斯。然而，这位暴徒来势汹汹，威胁的话语更是令人毛骨悚然，部分抗议的公民最终放弃。不少执政团成员尽管开始拒不投票表决，后来却也只能屈服于卡利辛努斯的胁迫，因为如果执政团成员固执己见，便将与众将军一并论处。哲学家苏格拉底恰好属于轮值执政团成员之一，他也不同意卡利辛努斯的决议。然而，苏格拉底的反

---

① 该法规的名称源自其立法者，称"卡诺乌斯法令"（Psephism of Canōnus）。——原注（译者按："psephism"指由公众集会投票表决的法令）

抗无人理睬。问题最终被交到人们手中进行表决。不幸的将军们立刻被处以死刑。伯里克利的儿子小伯里克利、昔齐库斯的获胜者塞拉西鲁斯及其他四位军官利昂、戴奥密敦、厄拉西尼德和阿里斯托克拉特就这样死在最不公正、最残忍和最扭曲的"正义"手中。不久，人们开始懊悔自己的疯狂行为，弹劾了卡利辛努斯和他的部分追随者。然而，由于当时降临到雅典头上的灾难，这项臭名昭著决议的始作俑者最终逍遥法外。但让我们感到宽慰的是，此后，卡利辛努斯一直是公众唾骂的对象，最终饿死街边。

卡利克拉提达斯死后，斯巴达政府再次设法与雅典谈判。斯巴达希望基于继续保有占领地的原则与雅典进行和解。这项提议再次被克里奥丰推翻。他"全身铠甲且醉醺醺地来到公民大会，发誓除非斯巴达放弃所有占领地，否则他绝不议和"。因此，斯巴达的监察官们决定继续进行战争。公元前405年，监察官们让吕山德再次担任指挥官。然而，为了沿袭最高司令不可连任的传统，吕山德拥有一位名义上的上级——一位叫"阿拉库斯"的军官。

第11节 吕山德和小居鲁士

吕山德竭力从斯巴达的亚细亚盟友处集结船，以壮大遭到重创的卡利克拉提达斯的舰队。吕山德还从小居鲁士处获取巨额资金援助。听到好友官复原职后，小居鲁士再次打开金库的大门。这位波斯王子无比热情地支持斯巴达的大业。当被召回米底探望生病的父亲时，小居鲁士将自己总督辖区的税收全权托付给吕山德管理，并让吕山德务必物尽其用。获得这笔资金后不久，吕山德便在安坦德罗斯[①]建造了数十艘新船。然而，斯巴达舰队的战船数量仍然比不上雅典的战船数量。因此，吕山德没有贸然开战，而是计划效仿门达拉斯在公元前410年实施过的计划，即围堵穿过达达尼尔海峡的雅典谷物船。吕山德偷偷北上，突袭并攻占了达达尼尔海峡亚细亚沿岸的富庶城市兰普萨库斯，并将兰普萨库

---

① 安坦德罗斯（Antandrus），古希腊城市，位于阿德拉米提乌姆海湾以北，地处小亚细亚的特洛伊地区。

斯作为自己的军事基地。不久，雅典人便得到消息。科农和同僚全力召集所有战船，带领一支至少拥有一百八十艘船的舰队出现在兰普萨库斯附近。在四天里，科农和同僚都设法向吕山德宣战。但这位斯巴达人一直躲在兰普萨库斯的城墙内按兵不动。因此，雅典将军们在吕山德正对面的色雷斯切索尼斯海岸驻扎下来，等待吕山德的进一步行动。

雅典舰队的停泊点是一处荒无人烟的海滩——一个叫"阿戈斯波塔密"的地方。离阿戈斯波塔密最近的城市就是两英里外的塞斯托斯。在塞斯托斯，雅典舰队能获得整支舰队的所有补给。当吕山德日复一日地按兵不动，雅典指挥官也渐渐疏于防范。他们让船员下午上岸，分散到塞斯托斯和其他邻近处寻找物资。亚西比德的城堡就在不远处。他发现了这个危险的疏忽，立刻前来警告雅典的将军们，并建议他们搬到塞斯托斯。在塞斯托斯，他们几乎和阿戈斯波塔密一样可以很方便地观察吕山德。然而，将军堤丢斯和米南德声称他们才是舰队的指挥官，不需要亚西比德插手。于是，亚西比德只得离去。

第12节　阿戈斯波塔密之战

亚西比德离开后的第二天，一直等到接近黄昏，雅典海军分散到色雷斯的切索尼各处时，吕山德突然率舰队从兰普萨库斯驶出，全力穿越达达尼尔海峡。看到吕山德逼近时，雅典人开始匆匆登船。然而，在还没有准备充分时，吕山德已经赶来。当吕山德步步紧逼，有些雅典船划动着两侧的船桨，有些雅典船仅有一侧的船桨在划动，还有不少船仍然停泊在岸。实际上，战争并没有真正进行。科农带领少数准备完毕的船向南逃窜。其余雅典船几乎未做任何抵抗便被抢占，多数船员则逃到岸上。一百七十艘雅典船和四千多战俘就这样落入吕山德手中，其中还包括三名到四名雅典海军大将。战争发生后第二天，吕山德就屠杀了全部雅典战俘，并声称该行为是为之前北部的科林斯海员报仇。那些科林斯海员也遭受了同等待遇。

科农无比畏惧国人的暴怒。他带着八艘船投靠了塞浦路斯的萨拉米斯国王

小居鲁士

厄瓦戈拉斯一世。不过,科农还是将城邦战舰之一的"帕拉鲁斯"号派回雅典通报消息。

夜幕降临时,噩耗传到比雷埃夫斯。当时可能还身在雅典的色诺芬写道:"由于口口相传,哀号声从长墙一路传到雅典城内。当夜无人入眠,因为雅典人不仅在哀悼死者,还想起了曾经对米洛斯人、司奇欧涅人、埃伊纳人和其他希腊人所做的一切,并料想自己一定会遭遇同样的命运。"

雅典完全陷入绝望。自己唯一的舰队被毁。武器库已经空无一物。粮食供应也被切断。战争过后,吕山德马不停蹄地驶往拜占庭和卡尔西登。拜占庭和卡尔西登当即投降。在博斯普鲁斯海峡,吕山德做好阻截雅典船的安排。之后,他亲自前往攻打米提利尼,并将埃提奥尼库斯派往萨索斯和其他依附雅典并地处色雷斯的城镇。斯巴达军队所到之处没有受到任何抵抗。一看到斯巴达人出现,每座城市就立刻打开大门,交出雅典驻军。阿戈斯波塔密之战短短几周后,萨摩斯岛就成了雅典唯一的盟友。萨摩斯岛的民主派屠杀了大批本国亲斯巴达的公民。由于惧怕随之而来的复仇,萨摩斯岛的民主派拒绝向斯巴达投降。

小亚细亚的雅典驻军全部被清除后,吕山德带领两百艘战船驶进埃伊纳海湾,开始封锁比雷埃夫斯。与此同时,阿吉斯二世率领伯罗奔尼撒半岛大军从德西里亚赶来,在陆上设营对抗雅典。阿吉斯二世将大账设在雅典城外的阿卡德米亚。阿卡德米亚是著名的竞技场。

第13节 雅典屈服

在这样的危急时刻,雅典人仍然英勇无畏。雅典人仍然抱有一线希望。他们封锁了自己港口的入口,召集拥有武器的所有人守卫城墙,并宣称只要加入雅典城的抵抗,所有政治犯和民事罪犯就可以得到特赦,正是这项特赦让卡利辛努斯免于获罪。当阿切斯特亚图建议道当时唯一的出路就是立刻向斯巴达人无条件投降时,他迅速被投进大狱。然而,雅典没有财物,没有船,没有盟友,也没有粮食。大限将至,雅典剩下的日子不多了。经过为期数月的封锁,不少雅典人早已饿死。到了这个时候,雅典才向斯巴达监察官们派出使臣,主动提出加入斯巴达联盟,并声明放弃雅典之前的海上帝国,但要求留下长墙,保持比雷埃夫斯堡垒的完整性。监察官们拒不接见雅典使团,并让他们等头脑清醒后再来。很快,公民大会就委托特拉门尼密会吕山德,向吕山德打听监察官们可能应允的条件。然而,特拉门尼再次生出在雅典掀起寡头政变的企图,在吕山德身边待了至少三个月。雅典城中渐渐饥荒难耐。到了这个时候,特拉门尼才回到雅典,报

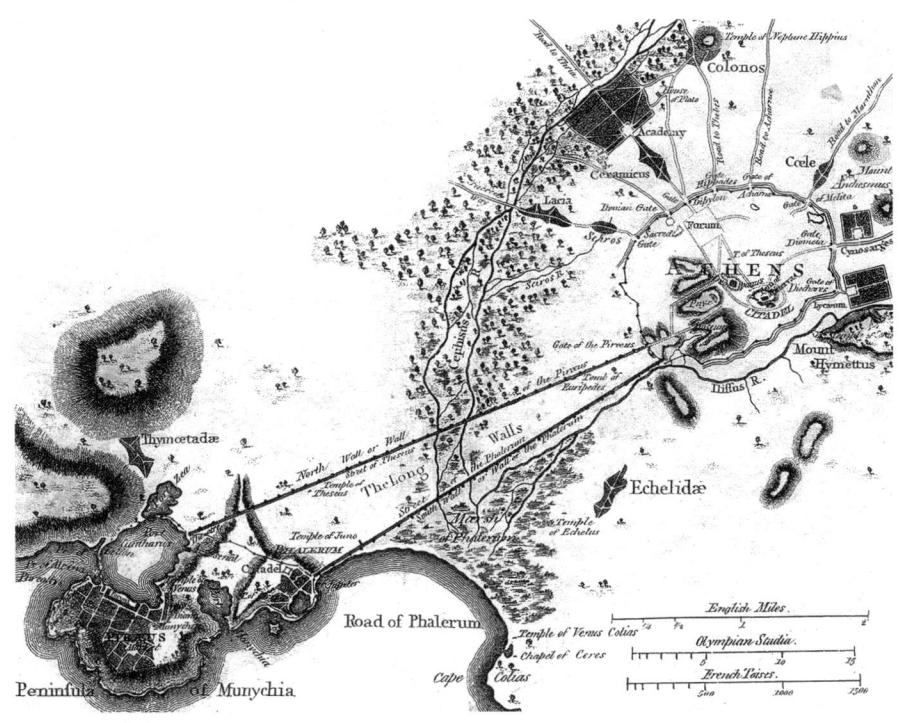

围困比雷埃夫斯与雅典示意图

告自己得不到确切消息,不过监察官们愿意接待一支拥有全部谈判权的使团。于是,公民大会派出特拉门尼和其他九位使臣前往斯巴达。十人抵达斯巴达时,伯罗奔尼撒半岛联盟的大会已经集结。这场大会将讨论对雅典的处理方案。科林斯和底比斯的代表强烈要求:既然雅典已经沦落到这种地步,就绝对不能宽恕这个专横跋扈的城邦;伯罗奔尼撒半岛联盟应该像雅典对待米洛斯和司奇欧涅一样以牙还牙,根除雅典。难得的是,斯巴达政府表现得仁慈克制,宣称虽然雅典罪孽深重,但自己还是不同意彻底灭绝一个曾经为希腊立下汗马功劳的城邦;理应消除雅典的危害性,但不可以完全摧毁雅典。因此,摆在雅典使者面前的条件如下:雅典应当拆毁长墙及比雷埃夫斯的堡垒;成为斯巴达的附庸同盟,并立誓只要斯巴达有需要,就随时为斯巴达提供一支军队;召回寡头派流亡人士;同意雅典海军仅留存十二艘船。

这些条件虽然苛刻,但无论如何远远强于完全毁灭雅典城——众多雅典人畏惧的正是这种情形。由于饥荒加剧,雅典的主战派渐渐和缓。在一次暴乱中,主战派最后一位首领兼民众领袖克里奥丰被杀。再次出现在雅典时,特拉门尼宣告斯巴达同意和解。饥饿的人群爆发出一阵欢呼,没有人关心条约的细节。特拉门尼回来后第二天,公民大会正式同意斯巴达提出的条件,接着向斯巴达敞开城门。

吕山德登陆比雷埃夫斯的场面盛大隆重。他同时攻占了雅典和比雷埃夫斯,摧毁武器库,带走停泊在港口的少许战船,并将还在建造的船全部烧毁。接着,吕山德拆毁堡垒。在伯罗奔尼撒半岛海路两军的注视下,长墙被拆毁。胜利的乐曲和合唱的舞蹈见证着征服者的狂欢。胜利的将士中传出一声大喊:"希腊已经摆脱专制者,每个城邦终于能够享有自治。"

公元前404年4月16日,伯罗奔尼撒战争结束。距离标志着双方开战的底比斯人设法登陆普拉蒂亚,时间已过去二十七年。

第 35 章

斯巴达在希腊的暴政

从萨拉米斯海战到阿戈斯波塔密之战的七十六年里,希腊历史具有一种戏剧化的连贯性。其他任何时代都没有表现出这种连贯性。这七十六年解决了一项重大问题,即在条件适宜的情形下,希腊人能否将城邦和部落的妒忌与猜疑置于希腊民族的整体利益下,从而组成一个伟大的联合城邦。在这个时期,所有事件的发展都围绕着雅典帝国的崛起、鼎盛与毁灭。没有哪个城邦能像公元前5世纪中叶的雅典一样,拥有一次促进希腊统一的时机。雅典霸权的建立不是依靠武力,而是源于上百城邦自由自愿的加入。为感谢雅典将自己从波斯帝国的束缚中解救出来,伊奥尼亚人和岛上居民完全归附雅典。一半以上的希腊城邦投靠雅典。不久,其余城邦也有加入雅典的征兆。公元前457年,以雅典为中心,在爱琴海两岸形成整个希腊民族的联合邦国似乎极有可能。

然而,据我们所知,这个愿景从未实现。不久,曾经视雅典为拯救者和庇护者的城邦便迫切地加入斯巴达的阵营,并设法斩断自己与雅典同盟的联系。这些城邦终于得偿所愿。在一系列前所未有的灾难下,雅典最终屈服,从一个帝国城邦沦为二流城市。

实现希腊统一的伟大实验最终失败了。之所以会失败,究竟是因为雅典的种种罪行和愚蠢行径,还是因为雅典肩负的本就是个不可能完成的任务。毋庸置疑，雅典没有坚守当初的承诺，公正平等地对待那些自愿归顺的城邦。雅典的统治虽然并不专制蛮横，但本质上是自私自利的。雅典管理下的提洛同盟都是在为雅典谋利：雅典迫使提洛同盟加入与众盟邦无关的战争，还大肆将提洛同盟的共有财物用于自己的工事。简而言之，雅典成了一个专制城邦——尽管雅典的专制效仿的并不是佩里安德，而是庇西特拉图。有时候，雅典甚至沉迷于最骇人听闻的暴行和压迫行为，尤其在埃伊纳岛、司奇欧涅和米洛斯岛事务的处理上。

虽然雅典犯下诸多错误和罪行，但提洛同盟的解体或许另有原因。希腊统一之路的真正障碍是希腊人的性格。对地方自治的激情根植于雅典人内心，超越了其他任何情感。至于希腊统一对地方自治的削弱，无论是光荣还是利益都无法弥补。我们可以确定的是，即使提洛同盟的每个城邦都享受同等的管理公共事务的权利，不满和分裂也仍然会产生。最合适的例证就是虽然提洛同盟出台了"无代表不纳税"政策，但雅典还是毫不避讳地表明，自己不愿盟友同等地参与提洛同盟事务的管理。斯巴达人抓住了当时的时代精神。伯罗奔尼撒战争一开始，斯巴达就要求雅典"恢复希腊各城邦的自由"，并宣称此战是为确保地方自治而进行的一场持久战。这个口号为斯巴达召集了众多提洛同盟内心怀不满的成员国。因此，我们可以说，斯巴达理应最终胜利。正是有了叛离提洛同盟的各成员国的支援，斯巴达才能主导伯罗奔尼撒战争，取得最终胜利。

第1节 吕山德在希腊的暴政

一直以来，斯巴达反对专制，并力保地方自由。至于斯巴达在胜利后将会如何处理希腊事务，人们拭目以待。某些城邦翘首以盼，天真地认为斯巴达人会放下自己之前的私利。然而，他们一定会大失所望。不久，吕山德就会向这些城邦表明，它们不过是为自己找了位更加严厉的监工——雅典帝国即将被斯巴达帝国取代。的确，吕山德的初步政策旨在安抚希腊舆论。吕山德重建了幸存的少数埃伊纳人和米洛斯人的家园。之前，埃伊纳人和米洛斯人被雅典赶出家门。此外，吕山德将诺帕克特斯归还给洛克里斯人，赶走了诺帕克特斯土地上的麦西尼亚居民。这些麦西尼亚居民只好去利比亚避难。然而，这些行为屈指可数。吕山德多数行为的性质与上述大相径庭。

第2节 军事统治者和"十人执政官"

亚细亚地区的战事仍旧如火如荼。雅典的军事行动仍然令人生畏。自然而然，伊奥尼亚和达达尼尔海峡都有斯巴达驻军。斯巴达的贵人们也成为这些地区军事力量的首领。伯罗奔尼撒战争结束后，这些贵人——也就是所谓的军事统治者[①]——遍布各地。这些军事统治者的权威来自委员会的支持。这些委员会机构被称为"十人执政官"，通常包含十位成员。委员从每个城邦中亲斯巴达的公民中选举产生。伯罗奔尼撒战争结束后，人们普遍以为"十人执政官"将会解散，而军事统治者和军队也会被召回。然而，吕山德并不打算这样做。他花费很大心力构建了这个体制，从亲随中精挑细选出这些军事统治者，并细致地监管"十人执政官"的选举。雅典陷落数月后，亚细亚的希腊人发现自己的城市仍然被外国军队占领。履行职责时，自己政权下的执法官受到不负责任的十位委员会成员的干预。渐渐地，亚细亚的希腊人终于明白这个体制将会永久留存。与之前只是偶尔出现的雅典收税官不同，斯巴达的军事统治者将会一直出现在他们视线内。十人执政官与拉西第蒙的管理者相互渔利。十人执政官以严苛的寡头政体统治各城邦。一旦城邦中表现出民主情绪，便立刻在驻军的刀剑下被镇压下去。为了回馈他们的协助，军事统治者们可以随心所欲地对当地财物侵吞掠夺——这也是让多数斯巴达人最心满意足的。不久，这种形式的政府就让亚细亚城邦难以忍受。长期以来，多数亚细亚城邦已经习惯民主政体。每个城邦都有一群强大的民主派人士。不久，这些亚细亚城邦就发现，与雅典相比，斯巴达的手腕更强硬。因此，人们开始盼望城邦易主的那天。

[①] 即组织者，起初这一名称是用来指代斯巴达留在拉科尼亚地区庇里阿西人所在城镇里的特派员。——原注

第3节　波斯帝国蚕食亚细亚

不过，军事统治者和十人执政官的压迫并不是亚细亚各城邦最惧怕的。斯巴达是在波斯帝国的协助下才取胜的，因而有义务严格按照条约规定，给予盟友自由行事的权力。于是，小居鲁士和法纳培萨斯不久便开始蚕食海岸边的希腊城邦。吕山德则坐视不管，放任自流。在伯罗奔尼撒战争期间，波斯帝国雇佣兵可以自由出入很多地区。战争一结束，雇佣兵便为波斯帝国的总督们把守这些城镇。就连以弗所和米利都这样的大城市也发现自己身陷险境。米利都人不得不拿起武器反抗，在自己的街道上作战，赶走波斯帝国驻军。事实上，经过雅典自由统治七十多年后，众多小城镇落入波斯帝国的奴役之下。除了拥有军事统治者且确实属于自己的城邦，对于别的城邦，斯巴达袖手旁观，不去保护自己的盟友。

与此同时，吕山德恢复了指挥权，在爱琴海的城镇中建立起近似专制君主的统治。吕山德的随从、食客和溜须拍马者竭尽所能让吕山德冲昏头脑。攻占萨摩斯岛后——萨摩斯岛比雅典多坚守了几个月，吕山德实际上享有神一般的荣耀。祭坛为他而设。赞歌为他而唱。吕山德实施着独裁统治，从不过问斯巴达政府的意见。通过军事统治者，吕山德的影响力波及每座城镇。几百年来，希腊第一次出现这样的情况——这是希腊最接近君主制的一次。实际上，吕山德正在重复前任保萨尼阿斯七十年前所作的一切，而他的命运注定会和那位普拉蒂亚战役的获胜者一样。两年来，吕山德坐拥绝对支配权。由于吕山德对监察官们命令的无视，监察官们备感失望。监察官们召回吕山德。许多指控摆在吕山德面前。其中包括对抗命不从和治理不当的指控。人们要求吕山德为自己辩护。吕山德闭口不答，转而离开斯巴达，前往利比亚逗留数日。不久，当吕山德归来后，就没有人来骚扰他了。再次成为一介平民后，吕山德已经失去危险性。然而，吕山德诡计多端。发现无人干扰自己后，吕山德开始在斯巴达组建一个党派。他要实行改革并推翻监察制度。吕山德将大部分希望寄托在阿格西劳斯的协助上。阿格西劳斯是在位的阿吉斯二世的弟弟，也是吕山德的密友和崇拜者。

吕山德被免职没有改变斯巴达统治的实质。监察官们和这位伟大的最高司令一样不择手段。而这些亚细亚地区的军事统治者眼下无人监督，更加肆无忌惮。

第4节 雅典建立寡头政体

斯巴达霸权时期，关于希腊各城邦的处境，仅仅从雅典的命运中便可见一斑。令人记忆犹新的是，斯巴达接受雅典投降的条件之一就是必须接回所有在外的流亡者。这批流亡者数量庞大，都是阴谋败露后逃亡斯巴达的四百人会议余孽。逃到斯巴达后，他们就一直居住在斯巴达。他们不久便得知：雅典无法保留固有的民主制，而斯巴达人决心要将雅典交到他们信任的人手中。在所有人意料之中，一位叫"德拉孔提德斯"的寡头派成员出现在公民大会，并提议组建一个包含三十位公民的委员会，以修订法令。该提议遭到反对后，吕山德本人出现在公民大会上。吕山德提醒公民大会参与者，他们正处于自己的掌控之中，并要求他们多为自己的个人安全考虑，而不要对法令条目吹毛求疵。这个威胁立马消除了所有的反对声音。最终，德拉孔提德斯的三十位成员的名单通过了。这份名单包含很多归来的流亡者的名字。毫无疑问，这些人全是寡头派成员。其中最有名的要数柯里西亚斯。他是四百人会议的老成员。此外，还有特拉门尼。一听到风向有变，特拉门尼就恢复寡头派成员身份——这个转变很符合他的绰号"变节者"。

后世称这三十位委员为"三十僭主"。三十僭主之所以出现，是要在雅典发挥与亚细亚城邦中"十人执政官"一样的作用。三十僭主虽然仅以修订法令为名，但拥有政府的每项职能，并丝毫没有放下手中权力的意思。三十僭主废除了人民法庭和公民大会，接着将所有司法权交给贵族议事会。在此之前，三十僭主已经清除掉贵族议事会中所有非寡头派人士。借此筹备司法机构以扫除前行中的各种反对势力后，三十僭主向吕山德请求拨给自己一支斯巴达驻军，以巩固他们的地位。因此，在一位叫"卡利比乌斯"军事统治者的带领下，七百名伯罗奔尼撒人进入雅典，并占领了要塞。

　　三十僭主的下一步行动就是开始系统地迫害具有民主倾向的公民。不少在伯罗奔尼撒战争中战功赫赫的军官以莫须有的罪名被处死。其他人被驱逐出雅典。其中，最出名的要数萨摩斯岛上的民主派将军色拉西布洛斯。然而，三十僭主最惧怕的就是亚西比德。亚西比德可能随时回到雅典，领导一次民主起义。

亚西比德遭暗杀受伤

由于抓不住亚西比德,三十僭主请求吕山德去见亚西比德。吕山德转而请求法纳培萨斯帮忙。亚西比德经过弗里吉亚前往苏萨的宫廷时,法纳培萨斯策划了对亚西比德的暗杀。

第5节 三十僭主的暴政

三十僭主首先剥夺的是政治权利。不久后，他们便开始拓展自己的计划。某些人不在政治事务中发挥主要作用，但和三十僭主的成员有私怨。这些人便进入了三十僭主的迫害者名单。接着，不少人仅仅因为富有就沦为罪犯。他们的土地和财产成为众多寡头派要人觊觎的对象。其中，最引人注目的是尼凯拉特斯。尼凯拉特斯是尼西亚斯的儿子，而尼西亚斯号称"雅典最富有的人"。实施完诸多暴行后，三十僭主中的不少成员认为自己应该适时悬崖勒马。特拉门尼觉察到，虽然有斯巴达驻兵，但雅典人仍然可能因为走投无路而起义。因此，特拉门尼极其迫切地主张适可而止。很快，他的同僚开始怀疑他即将再次发生周期性叛变。

然而，柯里西亚斯背后有更极端的乌合之众的支持。他决定继续倒行逆施。他们唯一接受的警告就是在继续暴行前，必须剥夺民众的武器。草拟出一份包含三千名值得信任的公民①名单后，三十僭主宣称只有三千人成员享有完全的公民权。接着，他们重新检阅雅典城的整体军备，将三千人成员召集在集市区，其余公民则三五成群地散落在城中的其他不同地点。接着，卡利比乌斯的拉科尼亚重装步兵相继对付其他小群公民，要求他们放下武器。服从并放下武器后，这些人被遣送回家。他们的武器则留存在雅典卫城里。因此，在雅典城中，只有三千人成员拥有武器。

剥夺雅典民众武器后，柯里西亚斯及其党羽开始了最疯狂的极端统治。接着，雅典完全进入恐怖统治。每天都有公民被捕，并以荒唐的罪名审判，接着被处死。所有富有的人都无法保全自己的性命，因为三十僭主没收财产和强取豪夺的欲望似乎永无止境。雅典公民深受其害，连外邦人的财产也被充公。不久，这些外邦人锒铛入狱，然后成群被杀。和治理国家的方式一样，三十僭主所立的法令专制暴虐。他们甚至立下一项法规：除三千人成员外，其余人都不得居住在雅典。此外，他们还指挥所有的非三千人成员分散到乡村的村社中去居住。

---

① 以下称"三千人成员"。

除柯里西亚斯和他最亲近的追随者外,每个人都感到雅典局势危急,已经到了一触即发的地步。特拉门尼对大多数政策的反对也越来越激烈。而在柯里西亚斯和他的追随者看来,特拉门尼越来越让人难以忍受。接着,柯里西亚斯决心亲手除掉这位过于神经质的同僚。在议事会休会时,柯里西亚斯率领由友人及手下组成的一大群武装人员来到议会厅门前。接着,柯里西亚斯提出两项法令。一项是三十僭主有权不经审判处死任何一位非三千人成员的人;另一项是从三千人成员中驱逐一部分人——这些人曾反对公元前411年的四百人会议。显而易见,这两项法令都针对特拉门尼。特拉门尼立刻跳起身,开始为自己辩护。当特拉门尼似乎就要赢得议事会的支持时,柯里西亚斯命令武装人员进入议会厅,大声喊道自己决不允许议事会被花言巧语蒙蔽,而自己的朋友们将会看到叛徒应有的下场。接着,柯里西亚斯说道:"如今的法律规定,在没有你们投票通过的情况下,三千人成员不能被处决。然而,现在我要将特拉门尼的名字从名单上划去。这样,我们就可以对他处以死刑。"

第6节 处决特拉门尼

特拉门尼立刻跳到议会厅中央的祭坛上,然后死死抱住祭坛,并苦苦向议事会成员、众人和神明哀求。他称自己不能以这种残暴的方式被处死。然而,死刑执行官将特拉门尼从祭坛拉走,直接将他拖进监狱,然后逼迫他喝下毒药。在临死前,特拉门尼表现出的勇气让政敌们惊讶不已。他公然痛斥柯里西亚斯。特拉门尼的命运向雅典人表明,只要三十僭主在位,就算是最攻于心计和随波逐流的人也会朝不保夕。

在特拉门尼死前,扫除柯里西亚斯及其帮凶的风暴已经开始酝酿。事到如今,已经有很多雅典公民逃到国外。底比斯、迈加拉和其他邻近城市都挤满了雅典难民。在底比斯,雅典难民数量众多。不久,住在底比斯的色拉西布洛斯集结了一百位解救雅典的死士。不少色拉西布洛斯的维奥蒂亚友人为这一小伙人提供武器物资。接着,色拉西布洛斯穿越阿提卡边境,占领了废弃的堡垒菲伊拉。

起初，三十僭主并没有注意到这些冒险者。然而，事到如今，三十僭主突然派出一支远征军突袭这座堡垒。三十僭主的首次袭击失败了。一场暴雪迫使他们回到雅典。当三十僭主第二次攻打这座堡垒时，色拉西布洛斯的队伍已经扩充到七百人。色拉西布洛斯发动夜袭并大败三十僭主的部队。

第7节 比雷埃夫斯之战

在这次胜利的鼓舞下，流亡者们继续勇敢前进，并突袭了比雷埃夫斯。虽然这座港口城市的城墙已经被吕山德摧毁，但城中的街道非常便于防御。色拉西布洛斯将部队驻扎在慕尼契亚山坡上，等待发起袭击。当时，已经有上百名雅典公民加入色拉西布洛斯的队伍，但他们没有铠甲，不得不用树枝编盾，拿起任何可以当作武器的物件作战。柯里西亚斯率领部队从雅典来到比雷埃夫斯。柯里西亚斯率领三千人，而卡利比乌斯又为他提供了七百伯罗奔尼撒驻军。他们呈严密纵队沿着比雷埃夫斯街道前进。这条街道通往慕尼契亚山。在山坡上，柯里西亚斯的部队与流亡者短兵相接。然而，柯里西亚斯的部队虽然人多势众，但在狭窄的小路上并无优势。色拉西布洛斯的部队的投掷物如雨点般散落下来。经过短暂的近身作战后，寡头派放弃作战，狼狈地逃回雅典。柯里西亚斯及其七十多名部下都战死在坡地上。

第8节 雅典的无政府状态

这场灾难性的失败引发了比雷埃夫斯之战的战败方内部更大的分裂。发现自己已经占少数后，三十僭主的幸存成员和其他柯里西亚斯的党羽立刻逃往艾留西斯。在此之前，他们已经将艾留西斯建成堡垒，以备不时之需。他们杀光了所有艾留西斯人。这些艾留西斯人至少有三百人。据说，他们都是民主派。在艾留西斯，三十僭主余党做好防御准备。之后，他们紧急前往斯巴达求助。为补齐三十僭主此时的空缺，他们又选出了十位寡头派成员。新的三十僭主拒不与色拉西布洛斯和解。在雅典城外，三十僭主与色拉西布洛斯爆发了断断续续的冲突。然而，随着斯巴达陆军和舰队的逐渐逼近，这些冲突都戛然而止。对于斯巴达政府究竟将采取什么政策，人们仍然心存疑虑。吕山德一派支持协助三十僭主再次征服雅典。接着，吕山德本人匆匆赶往事发地雅典以支持自己的亲信。然而，当时，吕山德与监察官们的关系濒临破裂。对雅典来说，发生这样的情况是幸运的。任何得到吕山德赞同的决定必然会遭到监察官们的激烈反对。因此，监察官们派出保萨尼阿斯国王接管阿提卡大军的指挥权。保萨尼阿斯国王是公认的吕山德政策的反对者。保萨尼阿斯国王为人慷慨，行事温和。自古以来，斯巴达就憎恶暴政。保萨尼阿斯国王继承了这种传统。他下定决心不为艾留西斯的乌合之众做任何事。保萨尼阿斯国王没有攻打雷埃夫斯的民主派，而是着手让他们与占有雅典城的一派和解。甚至在陷入与色拉西布洛斯的一场遭遇战，并目睹部分斯巴达军官被杀后，保萨尼阿斯国王仍然不改变自己的和解计划。经历重重困难后，保萨尼阿斯国王引导双方接受自己的斡旋。雅典城中的另一群主和派取代了十位寡头派。接着，保萨尼阿斯国王定下和解条款。之后，他带兵回到斯巴达。根据新的协议，雅典城中现存的所有执法官遭到罢黜。取而代之的是定期选举的统兵官。所有流亡海外的人恢复财产及公民权，而寡头派和他们的追随者可以自行离开雅典前往艾留西斯。为纪念动荡时期的结束，人们举行了一场庄严的感恩仪式，并选举了新的执政官。在三十僭主统治之下，曾一度取代执政官之职的彼索多鲁斯正式从雅典城邦的官员名单上消失。彼索多鲁斯统治的时期被称为"无政府时期"。因此，公元前403年9月，在吕山德攻占雅典十六个月后，这个历经考验的城邦终于恢复了民主制。

　　三十僭主没有得到善终。被斯巴达放弃后，三十僭主仍然在艾留西斯坚守了很长时间。然而，最终他们还是被迫要求再谈条件。当三十僭主的首领们来到雅典军营试图谈判时，狂怒的士兵突袭并杀死了他们。其余僭主逃往国外，并死在了流亡途中。

　　雅典再次恢复民主制，但仍然是斯巴达谦卑的属国。雅典必然要追随斯巴达的所有外交政策。一受到斯巴达号召,雅典便派出兵力和舰队。多年以后,这个曾经叱咤爱琴海的城邦才再次影响希腊事务。

第9节 斯巴达征服伊利斯

伯罗奔尼撒战争结束后的几年内,解决雅典人的内乱绝不是斯巴达要肩负的唯一使命。公元前402年,斯巴达进攻伊利斯。斯巴达之所以进攻伊利斯,一方面是要报复伊利斯人在曼丁尼亚战争时的不忠,另一方面也是缘于新的争执。两场战役后,伊利斯全线溃败,领地全部惨遭蹂躏。此外,伊利斯失去了领地。这些领地纷纷独立。

然而,小亚细亚正在发生更重大的事件。公元前404年,波斯帝国君主大流士二世驾崩。大流士二世的长子阿尔塔薛西斯二世继位。大流士二世的次子不仅是吕山德的友人,还是他的盟友。长期以来,小居鲁士觊觎宝座,妄图通过母亲帕丽萨蒂斯的影响登上宝座。帕丽萨蒂斯千方百计诱使大流士二世略过他的长子,将波斯帝国传给她最宠爱的次子。当计划因大流士二世的驾崩而失败时,野心勃勃的小居鲁士认识到阴谋已经无法得逞,决心要用武力登上宝座。在自己的行省内,小居鲁士征集大批本地军队。然而,小居鲁士将主要希望寄托在希腊人身上。他想要召集一只强大的希腊雇佣军。小居鲁士足智多谋。在与其斯巴达友人的不断交往中,他已经了解到与希腊人相处的最佳方法。小居鲁士极具人格魅力。此外,为小居鲁士尽忠收益颇丰。因此,小居鲁士毫不费力地就召集到他所需的人数。克利尔库斯曾是斯巴达在拜占庭的军事统治者。最终,他和其他首领带领的一万三千多名重装步兵归到小居鲁士麾下。

第10节 库纳克萨之战

小居鲁士深知,对于长途跋涉前往波斯帝国,希腊人充满畏惧和担忧。因此,他没有告诉雇佣军们此行的真正目的,只说自己即将攻打小亚细亚以南的食

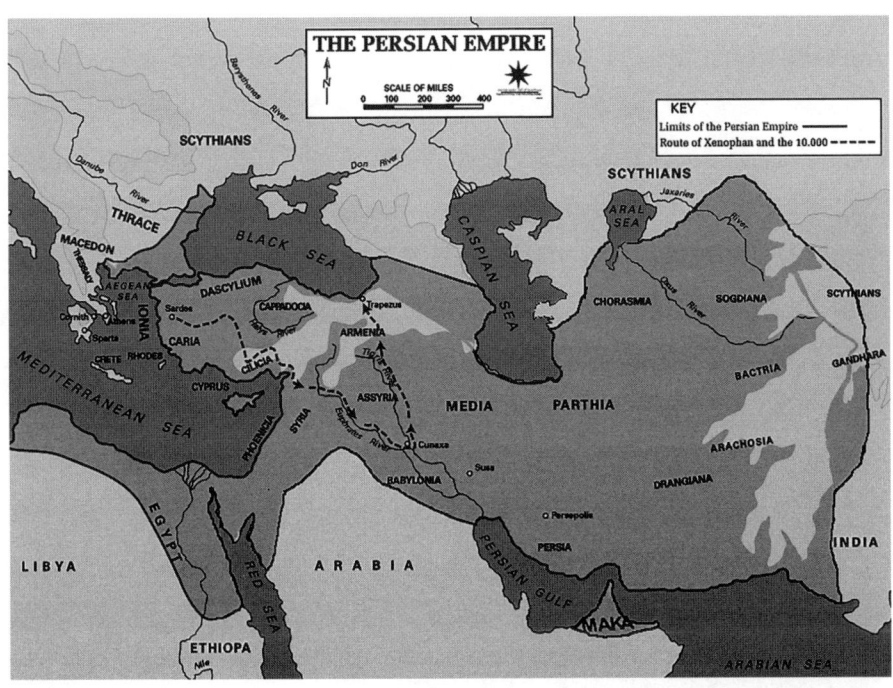

小居鲁士的进军路线及希腊雇佣军撤退路线

人族。不知不觉,小居鲁士带领雇佣军一路东行,来到幼发拉底河附近。当时,这场远征已经难以回头。酬金上涨后,雇佣军们继续进入美索不达米亚,并开始向苏萨进军。直到小居鲁士离巴比伦只剩几天行程时,阿尔塔薛西斯二世才带领军队出现。临近库纳克萨时,阿尔塔薛西斯二世大军突然出现,在平原上绵延数英里,而小居鲁士的兵力是阿尔塔薛西斯二世的十倍。双方不久便开战。小居鲁士军队右翼的希腊人彻底击败阿尔塔薛西斯二世的军队。然而,就在小居鲁士鲁莽地带领小队骑兵发起进攻,试图冲破阿尔塔薛西斯二世的贴身护卫并杀死阿尔塔薛西斯二世以结束战斗时,他自己反而遭到杀害。

小居鲁士手下的波斯军队当即解散。希腊雇佣军滞留在美索不达米亚中部,与海相隔数英里,既没有作战目的,也没有向导指引他们回家的路。当希腊雇佣军试图通过谈判和平撤军时,吕底亚总督提沙费尔尼斯引诱克利尔库斯及其他希腊雇佣军首领与其会面,之后将他们全部屠杀。雇佣军只好团结一致,选出新的军官——其中就有参与这次远征的历史学家色诺芬,并设法强行冲破

库纳克萨之战

北部关隘，进入亚美尼亚山区。波斯帝国的势力还没有到达亚美尼亚山区。希腊人虽然遭到提沙费尔尼斯的骑兵的不断攻击，但还是设法沿着底格里斯河前进，经过尼尼微遗迹，最终离开美索不达米亚平原，摆脱了不断骚扰他们的提沙费尔尼斯的骑兵。然而，进入亚美尼亚山区后，雇佣军处境非常不易。山区的

部落无一例外地纷纷攻击雇佣军。只要雇佣军一靠近,这些山区部落就会封堵关隘,烧毁村庄。雇佣军举步维艰。冬天来临,雇佣军不得不在凶残的卡迪克亚人领地——数英里白雪皑皑的道路上跋涉。雇佣军几乎快要泄气,放弃行进。不过,雇佣军硬起心肠,坚定地向北前进,最终见到绵延在脚下的黑海。经过数日的行军后,雇佣军来到特拉比宗。历经一年的游荡,他们再次回到希腊世界。

色诺芬率领希腊雇佣军抵达黑海之滨,重回希腊世界

然而,即便已经回到希腊世界,雇佣军的麻烦依然没有结束。每个希腊城邦都满腹狐疑地看着这群无人雇佣的十万强兵。没有人前来帮助雇佣军。走投无路的雇佣军最终滞留在色雷斯,绝望地挣扎在饿死的边缘。就在雇佣军正要解散时,波斯帝国与斯巴达爆发战争。公元前399年,这支饱受磨难的小居鲁士大军余部最终被斯巴达将军色布洛雇佣。

有关雇佣军长途跋涉的非凡经历生动地流传了下来。而记述这些经历的作者就是雅典人色诺芬。库纳克萨之战后，色诺芬取代了提沙费尔尼斯阴谋的受害者，成为雇佣军中的一位将军。我们由此得知，在这位希腊人心中，小居鲁士的战友们的冒险经历留下了生动的印象。这些经历证明，深入波斯帝国的领地而不受迫害是有可能的。只要指挥得当，一支兵力充足的希腊军队就可以在亚细亚纵横驰骋，无所顾忌。不久，这次经历就有了用武之地。斯巴达政府刚刚向波斯帝国宣战。在小居鲁士发动远征前，他曾向在斯巴达的朋友请求支援。小居鲁士的要求得到满足——尽管这次支援注定对小居鲁士毫无用处。一支斯巴达舰队被派往西里西亚海岸。斯巴达的这个举动并没有引发与波斯帝国的直接冲突，但激怒了阿尔塔薛西斯二世。因此，波斯帝国与斯巴达开战在所难免。库纳克萨之战后，阿尔塔薛西斯二世派提沙费尔尼斯前往小亚细亚，并赋予提沙费尔尼斯与小居鲁士之前相同的权力。提沙费尔尼斯一到小亚细亚，便着手征服

色诺芬记录他的历史

伊奥尼亚和埃托利亚沿岸的希腊城镇。提沙费尔尼斯宣称,在公元前412年,他与阿斯泰奥卡斯缔结条约。这个条约赋予了自己对伊奥尼亚和埃托利亚的所有权。斯巴达人深知迟早都会和波斯帝国发生冲突。因此,斯巴达人决定,在伊奥尼亚和埃托利亚的希腊城镇沦陷前对波斯帝国宣战。

第11节 斯巴达与波斯帝国交战

公元前399年早春,当提沙费尔尼斯围攻库麦时,监察官们向库麦派出一支由一千拉科尼亚的庇里阿西人、三千伯罗奔尼撒人和从雅典征集的三百骑兵组成的小型军队①。担任指挥官的色布洛得到的命令是集结伊奥尼亚地区所有城邦的部队。然而,色布洛发现这些伊奥尼亚城邦的人并不愿协助自己。雅典陷落以来,他们一直遭受不公。色布洛能够召集的唯一重要的援军就是雇佣军余部。然而,就算在雇佣军余部的协助下,色布洛最大的功绩也不过是解救了几个伊奥利亚的希腊城镇。

德才兼备的军官得西利达继任孱弱的色布洛后,斯巴达才真正地在战争中占据上风。在这位新将军面前,特洛伊地区和伊奥利亚各地逐个陷落。公元前398年春天,得西利达击败达达尼尔海峡地区总督法纳培萨斯后,便欣然结束了在此地的战争。之后,得西利达的军事行动南移。当时,得西利达要对付的是提沙费尔尼斯及吕底亚和卡里亚两地的波斯军队。得西利达发现提沙费尔尼斯同样更愿意谈判,而非作战。当被要求"放希腊城市自由"时,提沙费尔尼斯并没有拒绝,仅仅要求斯巴达军队与自己的波斯军队同时撤离海岸地区。然而,由于事态有了新发展,双方并没有达成永久的协议。

第12节 阿格西劳斯登上王位

当时,斯巴达开始新任国王的统治。伯罗奔尼撒战争期间,战功赫赫的

---

① 雅典骑士支持三十僭主,雅典政府借此机会从寡头派中挑选三百骑兵,以示惩戒。——原注

与孩子玩耍的阿格西劳斯

阿吉斯二世驾崩。阿吉斯二世留下一个儿子莱奥提基德斯。莱奥提基德斯理应是王位的继承人。然而，关于这位斯巴达王子的血统，一直盛行着不好的传言。很多人宣称莱奥提基德斯并不是阿吉斯二世的真正子嗣，而是亚西比德的孩子。众所周知，逗留斯巴达期间，亚西比德曾勾引阿吉斯二世的年轻王后。因此，阿吉斯二世的弟弟阿格西劳斯提出由自己继承王位。阿格西劳斯得到吕山德的热情支持。

一直以来，吕山德都是阿格西劳斯的向导和伙伴，并坚信阿格西劳斯能为自己所用，是自己改革斯巴达城邦体制的最好帮手。阿格西劳斯年近四十，却从未担任过要职。阿格西劳斯身材矮小，其貌不扬。此外，他还跛了一只脚。虽然阿格西劳斯谦和有礼的性情让他很受欢迎，但从未有人将他当作显要人物。人们普遍认为阿格西劳斯不过是吕山德的傀儡。因此，夺位之争不过是监察官们与阿戈斯波塔密之战的获胜者吕山德间的一场新的较量。最终的决定发生在公民大会,诉诸预言与神谕,而非调查取证。莱奥提基德斯的支持者提出一句至理名言,警示斯巴达切勿陷入"跛足统治",并用这句话指代阿格西劳斯身患跛疾。这时,吕山德巧妙地反驳道:"这句话的真正含义是指一位身世不明的国王的统治。"最终,经过投票表决,阿格西劳斯获胜。公元前399年年末,阿格西劳斯继承斯巴达王位。史称"阿格西劳斯二世"。

事实上,吕山德是在为自己找一位主人而非奴仆。在自己微不足道的外表下,这位新任斯巴达国王隐藏着无限的热情与智慧。自不幸的克莱奥梅尼以来,任何其他斯巴达统治者都没有这样的热情和智慧。阿格西劳斯二世决心恢复王权。他仅仅是在利用吕山德的支持来达成自己的目的。不过,在对外政策上,阿格西劳斯二世和吕山德所见略同。他们都急于对波斯帝国开战,并坚信将阿尔塔薛西斯二世彻底赶出小亚细亚势在必行。因此,他们利用二人在斯巴达的影响力,试图让阿格西劳斯取代得西利达的位置,终于在公元前397年达成目的。阿格西劳斯二世获准带领三十位斯巴达人成立战争议事会。战争议事会的首领为吕山德。同时,阿格西劳斯二世还有权应征三千拉科尼亚的庇里阿西人和六千斯巴达盟邦士兵入伍,参与海外军事行动。

在召集这次远征的各个分遣队时,人们对斯巴达霸权的不满情绪第一次爆发。底比斯、科林斯和雅典纷纷拒绝提供斯巴达所需的军力。

第13节 阿格西劳斯二世启程前往亚细亚

雅典人声称自己积弱贫穷。科林斯人以民族神明的恶兆推脱。底比斯人没有借口,只是单纯拒绝。事态远不止于此。阿格西劳斯二世急于开启自己的伟业。长久以来,这是希腊军队发动的首次入侵亚细亚的重要行动。起征仪式庄严肃穆且引人注目。出发前,阿格西劳斯二世前往埃夫里普的奥利斯——阿伽门农国王正是从这个港口出发围攻特洛伊的。阿格西劳斯二世还效仿了神话中祖先的方式,向奥利斯的神明献祭。然而,仪式还没有结束,篝火仍然在燃烧,而献祭品还没有完全烧尽时，一群底比斯骑兵赶来打翻了祭坛，熄灭了火焰，并以最粗鲁的方式要求阿格西劳斯二世离开自己的领地。阿格西劳斯二世被迫立刻登船驶离，与停泊在埃维亚岛南部海岬附近的战船汇合。从这一天开始，阿格西劳斯二世便对整个底比斯民族深恶痛绝。这份憎恶并非空穴来风。

刚刚登陆亚细亚，阿格西劳斯二世就见到了提沙费尔尼斯派来的使团。对于提沙费尔尼斯要满足斯巴达政府的意图，使团人员严正抗议。前来增援得西利达的兵力非常多。他们的到来让提沙费尔尼斯异常恐慌。提沙费尔尼斯急于避免随之而来的进攻。阿格西劳斯二世暂时听取了提沙费尔尼斯的提议，同意休战，然而，阿格西劳斯二世很快发现自己身陷谈判，徒劳无功，转而郑重其事地致力于征服吕底亚和密细亚两地的内陆地区。在真正的军事行动开始前，阿格西劳斯二世被迫与吕山德展开了一场各自实力的测试。吕山德抵达伊奥尼亚时，立刻受到旧侍从的拥护。这些旧侍从无视阿格西劳斯二世，只对议事员吕山德献殷勤。不久，阿格西劳斯二世便露出对吕山德的憎恶。他故意回绝了所有偏袒吕山德友人的请愿，并拒不听取任何吕山德友人的建议。之后，阿格西劳斯二世便与吕山德爆发了激烈冲突。吕山德辱骂阿格西劳斯二世忘恩负义。阿格西劳斯二世反过来要求吕山德谨记：过分地提及过往恩惠的朋友最让人难以忍受。当发现已经没有力量控制阿格西劳斯二世后，吕山德冷静下来，被迫请求在他受辱尚不明显的地方寻求立身之处。阿格西劳斯二世同意了吕山德的请求，并让他指挥达达尼尔海峡的斯巴达军队。在达达尼尔海峡，吕山德成功抵御了法纳培萨斯的进攻。直到公元前397年年末，吕山德才被召回斯巴达。

第14节　阿格西劳斯二世在亚细亚节节胜利

摆脱了吕山德的控制，阿格西劳斯二世就能按照自己的方式继续作战。阿格西劳斯二世将以弗所作为自己的总部和军事基地，自此轮番在亚细亚南部与北部征战，将战火一直烧到萨迪斯城外，并深入密细亚和卡里亚。阿格西劳斯二世将法纳培萨斯逐出达斯库里乌姆，并迫使法纳培萨斯带着家人和财物迁至内

阿格西劳斯二世及其士兵

陆。达斯库里乌姆是法纳培萨斯的行省首府。在穷追猛打下，阿格西劳斯二世幸运地攻占了波斯军队营地，并夺取该营地包含的所有财物。这些物资足够供应阿格西劳斯二世的军队数月。提沙费尔尼斯的军队也不断遭到阿格西劳斯二世的反攻。阿尔塔薛西斯二世不得不认为自己的全权代表提沙费尔尼斯故意指挥失误。于是，阿尔塔薛西斯二世将这位老总督斩首，并用一位新军官取代了提沙费尔尼斯。这名新军官叫"提特拉乌斯泰斯"。然而，新总督提特拉乌斯泰斯并不比前任的境遇好多少。阿格西劳斯二世拒不听从和解的建议，一直向亚细亚内陆进发。不仅如此,阿格西劳斯二世还煽动当地部落——尤其是帕夫拉戈尼亚人——反对自己的宗主国波斯帝国,并从中召集了不少援军。就连心怀不满的波斯人中的显要人物也投奔到阿格西劳斯二世的大营,并将家仆列入斯巴达援军之中。整个小亚细亚西部地区似乎都脱离了阿尔塔薛西斯二世之手。伊奥尼亚的希腊人看到战事的走向,开始用更善意的眼光重新审视斯巴达对自己的主宰。他们开始热情满怀地缴纳贡金,甚至还有不少人加入阿格西劳斯二世的军队。伊奥尼亚的希腊人还组建了一支庞大高效的骑兵,并力邀他们的首领加入队伍。有不少人是本人前来,但多数人雇用了替身。与伊奥尼亚的寡头派相比,这些替身更服从军纪。然而,阿格西劳斯二世对亚细亚希腊人的主要用途就是让他们为自己提供一支舰队。受斯巴达特许,阿格西劳斯二世兼有了最高司令和将军的权力。接着,阿格西劳斯二世向伊奥尼亚和卡里亚城市征用了一百二十

阿尔塔薛西斯二世

艘船，并让他的连襟皮桑德做舰队的首领。这支舰队旨在进攻小亚细亚南部海岸。当时，斯巴达陆军已经有两万强兵，并且士气高昂、高效有力。这支陆军向东行军，企图征服小亚细亚半岛的中部地区。

  显而易见，波斯帝国注定要失去对小亚细亚的主宰。然而，阿格西劳斯二世注定无法抢占亚历山大大帝的先机。阿尔塔薛西斯二世还手握最后一张王牌：他可能会煽动欧罗巴地区的战争，以分散斯巴达在亚细亚的注意力。这个方案当即被采用。提特拉乌斯泰斯[①]派出一位叫"提摩克拉底"的罗得岛人穿越爱琴海。提特拉乌斯泰斯给予提摩克拉底五十塔连特银币，并嘱咐提摩克拉底将财物用来煽动对斯巴达主宰心怀不满的城邦中的主要人物。这个使命时机正好。它成功阻止了阿格西劳斯二世的军事行动，并给予波斯帝国五十年的额外生命。

---

① 提特拉乌斯泰斯（Tithraustes，生卒年不详），于公元前4世纪早期担任波斯帝国萨迪斯地区的总督。公元前395年，提特拉乌斯泰斯得令抓捕并处决了提沙费尔尼斯。

第 36 章

推翻斯巴达霸权的种种尝试

提特拉乌斯泰斯的密使发现,要搅动欧罗巴的战局易如反掌。欧罗巴各城邦不过是将斯巴达当做推翻雅典的利器。一直以来,它们都对自己迎来这位新统治者感到厌烦,尤其是稍大城邦。这些稍大的城邦原本就有自己的政策和野心,但不得不屈服于斯巴达人的利益。因此,与其他城邦相比,在这些稍大的城邦中,厌烦情绪表现得更高涨。伯罗奔尼撒战争爆发早期,监察官们发表了声明。如今,监察官们至少坚守其中的一点,即鼓励地方自治。只要唯斯巴达马首是瞻,监察官们便一方面让自己的盟友各自为政,另一方面支持小地方独立。因此,希腊的小城邦都从斯巴达寻求庇护,以免受稍大邻邦的威胁。稍大的城邦则发现,在自己权力与影响力扩张的道路上,斯巴达霸权完全是一道障碍。譬如,维奥蒂亚一直存在两派。底比斯一直力争将松散的城邦联盟变成一个集权联盟。这个集权联盟以底比斯为中心。奥尔霍迈诺斯、特斯匹伊及其他城市则坚持地方独立。它们只要引入斯巴达的支援,就总能牵制住底比斯。简单说来,希腊稍大一些的城邦急于通过摆脱新宗主国来肆意实现自己的抱负;而小型城邦乐于支持斯巴达。斯巴达或许咄咄逼人,但能确保小城邦免受近邻更深层的奴役。

第1节　底比斯与斯巴达开战

多年前，底比斯人侮辱阿格西劳斯二世的举动已经显示出他们的不满。如今，底比斯人已经公然成为反对斯巴达的领导者。对于底比斯最受欢迎的政客伊斯梅尼阿，与爱国热情和抱负相比，提摩克拉底带来的波斯金币影响更大。伊斯梅尼阿下定决心要通过联合其他城邦的心怀不满者来制造冲突。当时，阿尔戈斯一直渴望得到邻邦埃皮达鲁斯和夫利阿斯的土地。在确保有阿尔戈斯和科林斯的通力合作后，伊斯梅尼阿走出关键的一步。伊斯梅尼阿鼓动奥普斯的洛克里斯人偷袭福基斯人。奥普斯的洛克里斯人是底比斯的旧属。福基斯人对斯巴达忠诚不二。之后，遭受重创的福基斯人向斯巴达求助。底比斯立刻派兵支援洛克里斯人。接着，斯巴达宣战。在这场战争中，不仅有底比斯，而且有科林斯和阿尔戈斯。对于这点，斯巴达毫不知情。虽然如此，但科林斯政府和阿尔戈斯政府并没有宣战。

当保萨尼阿斯国王率领伯罗奔尼撒部队穿越科林斯地峡，从南部入侵维奥蒂亚时，吕山德再次从退隐中复出，并担任第二支部队的指挥官。带领一小支拉科尼亚部队，吕山德穿越科林斯海峡，进入了福基斯。在福基斯，吕山德召集山区部落马利斯人、福基斯人和伊蒂人，然后偷袭基菲索斯平原。奥尔霍迈诺斯人也脱离维奥蒂亚联盟，加入斯巴达人阵营，并向邻居底比斯宣战。

第2节　公元前403年以后的雅典

再次作战前，底比斯人又成功地吸纳了另一位盟友。在过去八年里，雅典一直致力于平息内乱，恢复往日的生活。然而，人们依然无法轻易忘记三十僭主的罪恶行径。与伯罗奔尼撒战争前的任何时刻相比，当时雅典政治生活中盛行的怨恨情绪都要强的多。无论什么形式的迫害都是因政治积怨而起，而当时雅典各种迫害行为盛行。其中最有名的迫害行为当属哲学家苏格拉底被定罪及其死亡。苏格拉底本人虽然无罪，但他曾经是柯里西亚斯、特拉门尼、彼索多鲁斯及

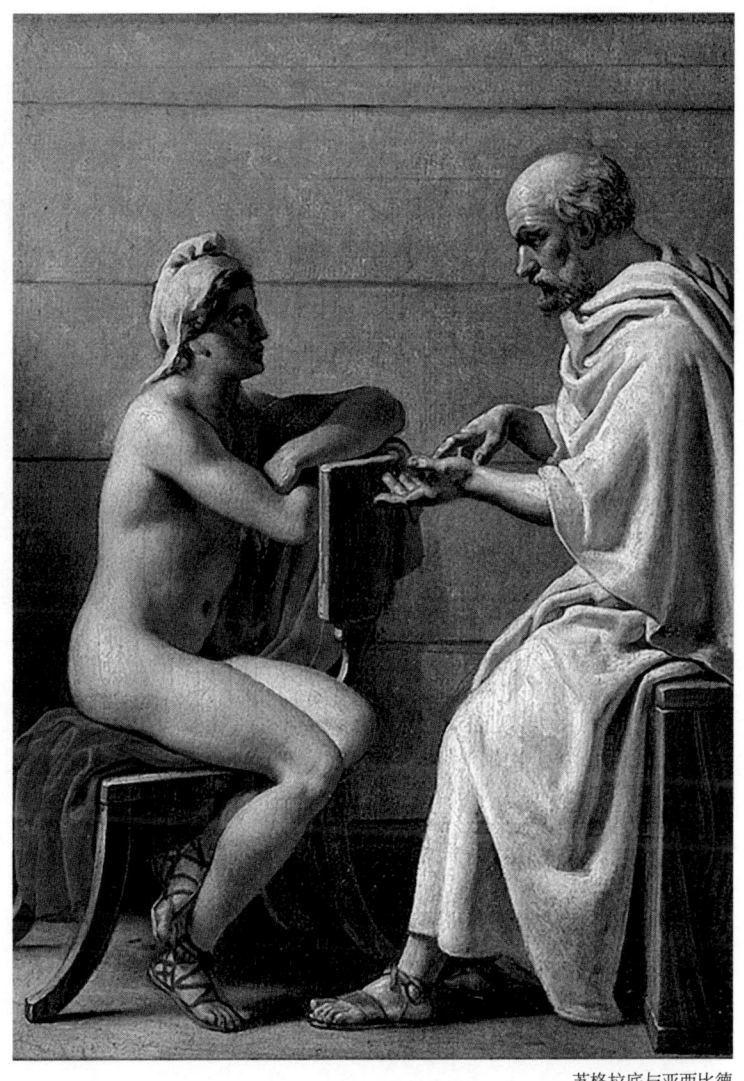

苏格拉底与亚西比德

其他罪恶昭彰的寡头派成员的导师和伙伴。此外,苏格拉底对道德领域和政治领域的方方面面的哲学探索震惊了保守的雅典公民,而对辩论的痴迷则让苏格拉底树敌无数。当民主派领袖阿尼图斯控诉苏格拉底"腐蚀青年和亵渎神明"时,苏格拉底澄清了自己的生活方式,之后就不再辩解。公元前399年,人民法庭定罪后,苏格拉底便饮下毒酒。

苏格拉底饮下毒酒

不少雅典的杰出公民都认为对外战争是转移内乱的最好方法。作为公元前403年的英雄，色拉西布洛斯热切地希望回馈底比斯人。当年，底比斯人曾协助雅典流亡的民主派。因此，雅典虽然没有海军且长墙被毁，但还是加入底比斯的阵营，并再次向老对手斯巴达宣战。

第3节 吕山德被杀

公元前395年的战役始于吕山德进犯维奥蒂亚。吕山德一边期待着保萨尼阿斯国王会在约定之日加入自己,一边带领福基斯人和马利斯人进入维奥蒂亚平原,攻打哈利阿图斯。当吕山德在哈利阿图斯城门前驻扎时,他遭到哈利阿图斯人的突袭。同时，一支强大的底比斯军队靠近吕山德的后方。在突如其来的战争中，吕山德遇害。他的军队随之解散。吕山德死后第二天，保萨尼阿斯国王赶到哈利阿图斯。保萨尼阿斯国王在城墙外发现了这位大将军的尸体。尸体尚未掩埋。保萨尼阿斯国王不得不请求休战以安顿死者，并答应只要底比斯接受请求，便撤出维奥蒂亚。由于迟到，以及不战而退的温和姿态，一回到斯巴达，保萨尼阿斯国王便遭到弹劾。保萨尼阿斯国王逃离了审判。与他的父亲普莱斯托莱克斯国王在五十一年前时一样，保萨尼阿斯国王在缺席时被定罪。当时，保萨尼阿斯国王的儿子阿吉西波里斯十七八岁，继承了斯巴达王位。

第4节 基那敦的阴谋

斯巴达失去了最具才能的将军吕山德。吕山德是唯一能将斯巴达从内部腐朽中解救出来的人。然而，在斯巴达政治事务中，吕山德的个人野心一直是个扰人的因素。因此，对于吕山德的死，监察官们感到更多的是解脱，而不是懊悔。摆脱对吕山德的才干的畏惧后，监察官们才能够继续以保守狭隘的方式行事，并最终将斯巴达引向末日。斯巴达已经危机四伏。几年后，斯巴达掀起低等公民和希洛人反对政府的大起义。这场起义因组织者基那敦的被杀而失败。然而，内部阴谋和外部反叛无法动摇监察官们。他们依然在老路上继续前行，继续保持着自私自利和漠视他人权利的传统的斯巴达政策。

哈利阿图斯之战的结果一传出，阿尔戈斯和科林斯就公然向斯巴达宣战。不久，阿卡纳尼亚人、埃维亚人及众多塞萨利城市纷纷加入。斯巴达人这才发觉，此次被迫参战不仅是为了斯巴达在伯罗奔尼撒半岛的霸权，更是为了斯巴达在希腊建立的帝国。意识到事态的严重性后，斯巴达派人前往亚细亚，召回阿格西劳斯二世和他的大军。国内局势需要所有人一起应对。公元前394年春天来临时，在摄政王阿里斯托得摩斯的带领下，拉科尼亚和仍然效忠斯巴达的盟友的军队被派往科林斯，堵截北部的入侵者。然而，大军来得太迟。一万两千名维奥蒂亚人和雅典人已经穿过科林斯地峡，与科林斯和阿尔戈斯的军队会合。联合大军共有两万重装步兵，并配以强大的骑兵和轻装部队协同作战。他们驻扎在科林斯边境，准备向南行军。联合大军计划突袭拉科尼亚。该计划是按照科林斯人提莫拉奥斯的建议，即"不要去追捕四处乱飞的黄蜂，而要攻入内部，放火烧毁它们的蜂巢"。当联合大军还在商定行军细节，斯巴达军队已经抵达西锡安，并对他们宣战。阿里斯托得摩斯已经召集阿卡狄亚、伊利斯、阿哈伊亚及阿尔戈斯半岛上的小城邦的部队，并决心开战。在科林斯以西四英里处的尼米亚小溪附近，双方军队交战。这次交战的细节与斯巴达先前在伯罗奔尼撒半岛的战争如出一辙。与在曼丁尼亚时一样，斯巴达人自己突破对面的敌人并将他们踩在脚下。但他们的盟友处境惨淡，完全溃败。斯巴达人再次重整队形，力挽狂澜，而在穷追不舍时，联合军队中获胜的部分乱了阵形。虽然只有八名斯巴达人在战争中丧生，但在斯巴达盟友中，一千一百人战死沙场。在联合军队中，死在科林斯城门前的人数就接近三千人。

  在此期间，阿格西劳斯二世收到监察官们命他回国的消息。阿格西劳斯二世只好不情愿地放弃自己入侵亚细亚的伟大计划。阿格西劳斯二世留下皮桑德指挥舰队，以及一位叫"尤尼斯"的军官带领四千人继续对抗提特拉乌斯泰斯。之后，在达达尼尔海峡，阿格西劳斯二世集合军队，被迫撤离亚细亚。正如阿格西劳斯二世痛心抱怨的那样，撤离不是因为武力，而是因为波斯的一位总督向底比斯和阿尔戈斯投去的一万纯金弓箭手①。穿越海峡后，阿格西劳斯二世带领军队沿着色雷斯和马其顿漫长的海岸道路回国。阿格西劳斯二世带领的军队强大自信并且军纪严明。无论是曾效忠小居鲁士的资深雇佣兵，还是追随阿格西劳斯二世前往亚细亚的伯罗奔尼撒人，都同等热情地追随着自己的领袖。在与斯巴达敌对的塞萨利，成群的骑兵对他们围追堵截。他们奋力穿过塞萨利，最终抵达友好的福基斯。这时，离科林斯之战爆发已经过去近一个月。福基斯人和奥尔霍迈诺斯城中心怀不满的维奥蒂亚人加入阿格西劳斯二世的军队。接着，阿格西劳斯二世沿着基菲索斯河的伊苏斯河谷进发。在柯罗尼亚，维奥蒂亚平原变得狭窄。一边是赫利孔山地，一边是科派斯沼泽。阿格西劳斯二世发现联

---

① 在波斯帝国金币大流克（Daric）上，是波斯帝国君主手拿弓箭的形象。——原注

合大军在该地挡住了自己的去路。虽然最近才战败,但底比斯人仍然坚持作战。他们匆匆请求阿尔戈斯和雅典协助,并在柯罗尼亚城外集结兵力。

第5节 柯罗尼亚之战

在柯罗尼亚,希腊上演了自温泉关一战以来最激烈的战争。与在代里恩时一样,底比斯军队在联合大军的右翼紧密排布,冲破了奥尔霍迈诺斯阵营中的维奥蒂亚人同胞的阵形。然而,在其他阵线,阿格西劳斯二世全部取得胜利。接着,阿格西劳斯二世横插在获胜的底比斯人和撤退的底比斯人之间。然而,底比斯人靠拢列队,向斯巴达军队的中部推进,并决心强行突破。阿格西劳斯二世的

柯罗尼亚之战后的葬礼

纵队挤进底比斯人的列队中，却无法攻破。战争陷入僵局。双方前线厮杀在一起。由于对阵的距离太近，双方被迫放下长矛，用短刀作战。阿格西劳斯二世被打倒在地，差点被踩死。幸亏他的贴身护卫及时赶到，将阿格西劳斯二世从死人堆中拖了出来。最终，经过希腊历史上耗时最长的交战后，底比斯人中的幸存者冲破斯巴达阵线，抵达赫利孔坡地。阿格西劳斯二世获得胜利的荣光。底比斯人请求休战来埋葬死者。然而，阿格西劳斯二世的军队和联合大军一样伤亡惨重。接着，阿格西劳斯二世没有继续进军维奥蒂亚，而是返回德尔斐。在德尔斐，阿格西劳斯二世向阿波罗献上亚细亚战利品的十分之一。总数至少有一百塔连特①。之后，阿格西劳斯二世乘船回到伯罗奔尼撒半岛。

第6节　尼多斯之战

在柯罗尼亚之战前夕，阿格西劳斯二世从亚细亚收到一封密信。他巧妙地躲过部下的耳目。密信的大意是皮桑德战败，并在尼多斯附近的一次海战中牺牲；伊奥尼亚和卡里亚的城市相继叛离斯巴达。

阿格西劳斯二世离开亚细亚后，波斯帝国的总督们重拾信心，并决定恢复攻势。波斯帝国的总督们拥有一支数量可观的腓尼基海军部队。阿尔塔薛西斯二世将这支海军部队拨给雅典人科农。阿戈斯波塔密之战后，科农流亡到塞浦路斯。法纳培萨斯登船——他是五十年来首位出海的波斯帝国的总督，与科农一道起航迎战斯巴达舰队。在尼多斯附近，他们巧遇皮桑德，并发觉皮桑德已经有作战的准备。皮桑德虽然海战经验不足，但还是具备真正的斯巴达人的勇气。波斯人拥有明显的数量优势，因而轻而易举取得胜利。斯巴达舰队中的伊奥尼亚船长们早就对军事统治者和战时税制感到厌烦，并未做认真抵抗。遭到第一拨攻击后，伊奥尼亚船长们就落荒而逃，留下皮桑德自生自灭。皮桑德战死。斯巴达舰队中的一半战船不是沉没就是被抢走。

---

① 价值两万四千英镑。——原注

第7节　斯巴达霸权在亚细亚的瓦解

接着,法纳培萨斯和科农驶往卡里亚和爱奥尼亚海岸,呼吁希腊城市摆脱斯巴达的枷锁,重新争取自治权。科斯岛、以弗所、萨摩斯岛、希俄斯岛和米提利尼等城邦纷纷驱逐城中的军事统治者,打开了城门。只留下阿拜多斯负隅顽抗。在阿拜多斯,精明强干的得西利达召集了斯巴达驻军余部,坚持抵抗大获全胜的法纳培萨斯和科农。到了公元前494年年末,阿拜多斯成为吕山德和阿格西劳斯二世征战成果的唯一象征。斯巴达帝国在亚细亚随之瓦解。

当时,希腊战事一直围绕着抢占科林斯地峡周边的道路展开。在雅典和阿尔戈斯的偶尔协助下,科林斯人设法坚守这条狭窄的路线,即辛赫列埃与列哈依昂之间横跨大海的四英里。斯巴达人不断从西锡安基地派出远征军冲破并攻占科林斯后方的据点,进而从后方封锁科林斯城。斯巴达人虽然推倒了连接科林斯与大海的长墙,洗劫了整片科林斯领地,并给当地居民带来无尽苦难,但还是无法结束战争。在整场战争中,斯巴达人唯一的一次大获全胜就是针对底比斯联盟一个边缘成员国的军事行动。然而,这次军事行动无法影响整体战事的发展。这次军事行动就是阿格西劳斯二世远征阿卡纳尼亚。公元前391年,当地的众多部落被迫投降,成为斯巴达的盟友。

第8节　科农重建长墙

与此同时,战事停歇至少让一国渔利。公元前393年春天,科农和法纳培萨斯带领一支腓尼基和伊奥尼亚船组成的海军部队穿越爱琴海。洗劫拉科尼亚海岸后,他们来到爱琴海海湾。由于该地没有要对付的斯巴达舰队,科农获得法纳培萨斯准许,要利用海军部队的海员和一大笔钱物帮助雅典人重建比雷埃夫斯堡垒和长墙。公元前404年吕山德摧毁比雷埃夫斯堡垒和长墙以来,这里一直是一片废墟。经过三四个月艰苦卓绝的努力后,比雷埃夫斯堡垒和长墙完成重建。此后,雅典人开始着手在长期废弃的武器库里建造战船。公元前392年,我

手拿盾牌的轻装步兵

们发现雅典人已经能够出动一支拥有十艘船的小型舰队。当时，距离上一次从比雷埃夫斯驶出船已经过去十二年。到了公元前390年，雅典人让色拉西布洛斯担任四十艘战舰的指挥官。这支舰队完全能对战局造成一定影响。

这场战争被人们称作"科林斯战争"，因为战争中所有军事行动都围绕科林斯城展开。科林斯战争注定不会因为欧罗巴的任何事件而结束。双方均无获胜的迹象，琐碎的战事很有可能遥遥无期。在这些沉闷的战争季节中，唯一值得记录的一件事虽然在希腊军事艺术上很重要，但对希腊政治毫无影响。雅典将军伊菲克拉底致力于改善轻装步兵的装备和战术。伊菲克拉底设法将轻装步兵融入重装步兵。轻装步兵不必身着沉重的铠甲,因而在行军时能更快地移动。伊菲克拉底为轻装步兵配备了亚麻织物的胸甲和小盾牌——不用身着金属胸甲和大圆盾。此外,伊菲克拉底还为轻装步兵装备了比重装步兵更长更锋利的长矛和长剑。伊菲克拉底带领这群轻装步兵对抗夫利阿斯和曼丁尼亚的重装步兵。进行了几次这样的小型军事行动后,伊菲克拉底大胆地启用这群轻装步兵对抗一群斯巴达人。伊菲克拉底逮到斯巴达部队的一莫拉,即一个营的兵力——共四百人。该营正在执行护送任务。当他们进犯科林斯城墙下的沿岸地区时,伊菲克拉底出动轻装步兵围攻了他们。当斯巴达部队出击时,伊菲克拉底的部下便撤退;而当斯巴达部队士气耗竭时,伊菲克拉底的轻装步兵们再次出现,徘徊在斯巴达部队附近,用投掷物攻打他们,最终让他们无法前进。与三十五年前在斯法克蒂里亚岛上的同胞们一样,斯巴达人不胜其扰,精疲力竭,在一处偏远的小山丘上驻扎防御。在这个小山丘上,斯巴达人先是受到轻装步兵们的攻击;接着,从科林斯来的一支雅典重装步兵击败了他们。两百五十名斯巴达人阵亡,逃往列哈依昂。因此,不仅一整营的斯巴达人遭到屠杀,而且备受鄙视的伊菲克拉底的雇佣军竟然迫使斯巴达人径直逃跑。在希腊人的脑海中,这个事实留下了最深刻的印象。该事件诱使每个城邦在今后要更加重视自己的轻装部队。而在此之前,轻装部队总被认为不值一提。这种转变为伊菲克拉底

战斗中的轻装步兵

提里巴左斯

赢得难得的声誉,直接引发了人们对斯巴达英勇的作战风格的藐视。然而,真正的启示实际上是重装步兵不可单独出动,必须辅以轻装步兵。奈何这个真相总是被当时观察者忽视。发生在公元前4世纪和公元前5世纪的二十多个案例都昭示着同样的真相。直到亚历山大大帝时期,将军们才真正领悟了其中的真谛。

第9节 斯巴达与波斯帝国的阴谋

当欧罗巴战事陷入僵局,爱琴海两岸正发生着关键性的事件。除了阿拜多斯,斯巴达人已经完全失去亚细亚,因而再次回到与波斯帝国结盟的境地。斯巴达人手中已经不再拥有伟大的波斯帝国君主的任何领地。因此,当再次与波斯帝国拉近关系时,斯巴达也不必放弃什么了。公元前392年,一位叫"安塔西达斯"的军官被派往萨迪斯,并受到吕底亚总督提特拉乌斯泰斯继任者提里巴左斯的接见。安塔西达斯指出，战争已经无法给波斯帝国君主带来任何利益；科农带领下的波斯舰队正被人利用；这支波斯舰队如今并不是在为波斯帝国谋利，而是用来再次振兴雅典；而不久后，雅典的利益势必会与波斯帝国的总督们相冲突。这些论调说服了提里巴左斯。提里巴左斯召回科农，并以滥用军队的罪名将科农投入牢狱[①]。提里巴左斯前往苏萨，劝说阿尔塔薛西斯二世与斯巴达讲和。

然而，与东方强国的谈判总是冗长拖沓的。波斯帝国的观点仍然存疑时，斯巴达的监察官们召集了一批新的陆军和舰队穿越爱琴海。这支军队攻占了以弗所，再次让斯巴达在伊奥尼亚有了立足之地。公元前390年，莱斯博斯岛上的一次暴动过后，除了米提利尼，莱斯博斯岛上的其他城市再次落入斯巴达人手中。

到了这时，雅典人已经重建海军。色拉西布洛斯率领四十艘战船抵达亚细亚海域，遏制斯巴达霸权在爱琴海东岸的复辟。色拉西布洛斯虽然战功平平，但成功促成拜占庭、罗得岛和卡尔西登与雅典的海军结盟。心存希望的人深信这个联盟或许证明了新提洛同盟的开始。然而，公元前390年年末，在阿斯盆都强行征收贡品时，色拉西布洛斯死在了当地人手中。

第10节　安塔西达斯与提里巴左斯结盟

一年多来，整个爱琴海地区——从埃伊纳岛到以弗所，从阿拜多斯到罗得岛——接连发生激烈的海战。然而，正如发生在希腊的陆战一样，这里的战争似乎也陷入了僵局。最终，到了公元前388年春天，提里巴左斯从苏萨归来——他至少离开了三年。经阿尔塔薛西斯二世完全授权，提里巴左斯开始实施自己的亲斯巴达政策。提里巴左斯立刻与最初的建议者安塔西达斯结盟，并将波斯舰队交由斯巴达人指挥。安塔西达斯将波斯舰队与自己的舰队合并，自北向南横扫爱琴海，将雅典海军赶回比雷埃夫斯，证明自己才是当之无愧的海上霸主。

然而，斯巴达已经失去继续作战的欲望。斯巴达意识到自己暂时的优势不

---

① 科农从监狱逃脱，但不久后就死了。——原注

是因为自己本身的实力，而是因为波斯帝国的支持，因而急于寻找契机结束战争。公元前387年春天，提里巴左斯邀请所有交战国派代表前往萨迪斯参与和平会议。所有国家接受了邀请，因为没有哪个国家愿意拖延战事。雅典害怕失去新近收回的贸易和刚刚开放的港口；领地被洗劫几乎彻底摧毁了科林斯；阿尔戈斯在这样旷日持久的战争中一无所获；底比斯认为自己结束了斯巴达对维奥蒂亚的干涉，完成了自己宣战的主要目的。各国使团抵达时，提里巴左斯提出自己与安塔西达斯共同完成的声明。声明如下："阿尔塔薛西斯二世认为亚细亚各城市及克拉左美奈①和塞浦路斯诸岛应当属于他本人。其他希腊城市——无论大小——均应独立。只有利姆诺斯岛、伊姆罗兹岛和斯库罗斯岛按惯例归雅典人所有。对于任何不接受和约的城邦，我都将与接受和约的城邦一起向他们发起进攻。海陆两地作战，不惜船和财物。"

接受这些条款后，斯巴达抛下所有伪装，不再充当希腊对抗蛮族的卫士角色。斯巴达将亚细亚诸城拱手让给波斯帝国，因为它自己已经无力控制它们。失去爱琴海东岸的霸权后，斯巴达再次退到自古以来在伯罗奔尼撒半岛地区占据的霸主地位。斯巴达认为自己尚有能力维持伯罗奔尼撒半岛地区的霸权，但要重建在该地的霸权还需要一段和平的时间。如果和平仅仅意味着将伊奥尼亚人献给波斯帝国，那么斯巴达人必须要这样做。公元前394年伊奥尼亚反叛以来，斯巴达便对伊奥尼亚的命运失去兴趣。对整个希腊的福祉保持漠然从来都是斯巴达的长处。波斯帝国和斯巴达的双重威胁实在让同盟国难以承受。当使者向它们报告提里巴左斯的条款时，同盟国们全部接受。底比斯最后屈服，因为底比斯的特使们曾一度不愿签约——除非是以整个维奥蒂亚联盟的名义。斯巴达人拒不允许这种情形的出现，宣称和约中提到"所有希腊城邦——无论大小——均应独立"。斯巴达人将这个条目解读为禁止底比斯在维奥蒂亚维持霸权。然而，底比斯发现自己的盟友纷纷弃自己而去，而阿格西劳斯二世又宣称要即刻入侵维奥蒂亚。面临这些情况，底比斯最终屈辱地签署这个和约。

---

① 克拉左美奈老城区地处大陆，但要塞和新城区建在一个岛屿上，与海岸由一条堤道连接。因此，提里巴左斯称其为岛屿。——原注

第11节 《安塔西达斯和约》的结果

科林斯战争自此结束。这场战争给整个希腊造成了重创。经过这场战争，希腊最终失去了伊奥尼亚。没有让任何一个参战国获益。斯巴达失去了爱琴海地区的海上霸权和主宰地位，但它的对手并没有从斯巴达的灾难中获利。唯一坐收渔利的就是波斯帝国。波斯帝国最终收回了公元前480年到公元前470年失去的伊奥尼亚诸城，如今发现自己再次成为爱琴海的主人。不过对希腊来说，幸运的是，阿尔塔薛西斯二世是一位最不思进取的君主。阿尔塔薛西斯二世从不在意乘胜追击。

因为是安塔西达斯促成了该耻辱和约的签订，所以该条约以安塔西达斯命名，即《安塔西达斯和约》。安塔西达斯就像另一个吕山德，但比吕山德有过之而无不及。安塔西达斯赢得斯巴达本国人的赞许和全希腊人的咒骂。安塔西达斯让斯巴达受制于波斯帝国。他牺牲了希腊诸城以确保斯巴达的胜利。监察官们也和安塔西达斯一样臭名昭著。只有主张继续作战的阿格西劳斯二世与此毫无干系。然而，就连阿格西劳斯二世也认为和约对斯巴达有利。当阿格西劳斯二世听闻"斯巴达人中了米底人的计"时，他回答道："倒不如说是米底人中了斯巴达人的计。"然而，无论是米底人"斯巴达化"，还是斯巴达人"米底化"，以弗所、米利都和其他所有姊妹城市都从希腊自由城邦的名单中被剔除，再次纳入了波斯帝国行省。

第 37 章

西方的希腊人

尼西亚斯和狄摩西尼的远征在叙拉古城墙外被粉碎时,人们普遍认为西西里岛的城市将会迎来一个新的繁荣昌盛的时期。雅典毫无缘由侵犯西西里岛的自由,向西西里岛人展示内乱的危险性,并教会他们联合起来,证明一旦他们联合便不可战胜。塞利纳斯、希梅拉、杰拉和多数其他西西里岛上希腊殖民地城市都向叙拉古军队贡献了分队,并共同分享着这个巨大胜利的荣耀。曾是众矢之的的叙拉古认识到,自己虽然很强大,但在没有弱小的邻邦支援的情况下,还不能够进行自救。近期并肩作战和共同患难的经历或许会让西西里岛上的希腊殖民地居民安定下来,并享受和平繁荣的生活。

然而,事实并非如此。处决尼西亚斯四年后,西西里岛经受了一系列灾难。这些灾难严重削弱了西西里岛的实力并终止了叙拉古强劲的发展势头。其余城市则会失去自由,由一位暴君统治。这位暴君的行为将会唤起人们对盖洛和希罗一世时期的惨痛岁月的记忆。

推翻雅典军队的兴奋过后,两项计划完全吸引了叙拉古及其盟友的注意。为惩罚雅典干涉西方事务,一支西西里岛希腊殖民地的舰队将向东进入爱琴海开战。因此,公元前412年和公元前411年,叙拉古分别派出两支海军部队。这两支海军部队由围城战中最杰出的叙拉古将军赫墨克拉底率领。据我们所知,这两支部队与卡尔息底阿斯和门达拉斯率领的斯巴达舰队遭遇了相同命运。

第1节 西西里岛的战争

与惩罚雅典相比,西西里岛上的希腊殖民地居民更希望惩罚叛徒。叙拉古着手惩罚自己的旧敌纳克索斯岛和卡塔拉。纳克索斯岛和卡塔拉的土地被毁坏,城市也遭到围困。尽管如此,纳克索斯岛和卡塔拉两年来一直负隅顽抗。与此同时,塞利纳斯进攻塞杰斯塔,并设法报复这个长期在希腊社群中遗世独立的外邦城市。然而,塞杰斯塔似乎注定要给西西里岛带来接二连三的灾难。正如在公元前417年那样,面对迫在眉睫的毁灭,塞杰斯塔决定寻求盟友的帮助。雅典失利的地方或许可以让迦太基赢得胜利。因此,塞杰斯塔人不断向阿非利加送信,想要激起这个伟大的腓尼基城市对自己事务的兴趣。迦太基的港口正对着西西里岛的西海岸。

塞利纳斯遗址

货币上的迦太基人

第2节 迦太基干涉西西里岛事务

自从七十年前在希梅拉城前遭遇可怕的灾难后,迦太基人一直避免干涉希腊近邻的事务。然而,如今的迦太基人尚武好战。雅典人在叙拉古的灾难激起他们对日益强大的叙拉古的恐惧。当时,迦太基人由汉尼拔·马戈①主宰。汉尼拔·马戈是一位野心勃勃的将军,对西西里岛上的希腊殖民地居民积怨颇深。汉尼拔·马戈是哈米尔卡的孙子。公元前480年,哈米尔卡战死在希梅拉。汉尼拔·马戈立誓要为自己的祖父报仇。公元前410年,汉尼拔·马戈是迦太基的两位苏菲特,即最高执法官之一。他轻而易举就说服自己的同胞听从塞杰斯塔的诉求,并请求为自己拨一支军队入侵西西里岛。

因此,公元前410年夏天,一支迦太基军队在塞杰斯塔登陆,接着便将塞利纳斯人赶出塞杰斯塔。然而,这场援助不过是大举入侵的前奏。公元前409年,汉尼拔·马戈率领一支数量庞大且鱼龙混杂的雇佣军从阿非利加横渡到西西里岛——这也是迦太基出征作战的一贯风格。汉尼拔·马戈与尼西亚斯一类的将

---

① 汉尼拔·马戈(Hannibal Mago,生卒年不详),为迦太基哈米尔卡(Hamilcar I of Carthage)之孙,公元前406年死于瘟疫。史上著名迦太基将领汉尼拔是指汉尼拔·巴尔卡(Hannibal Barca,公元前247—约公元前181)。

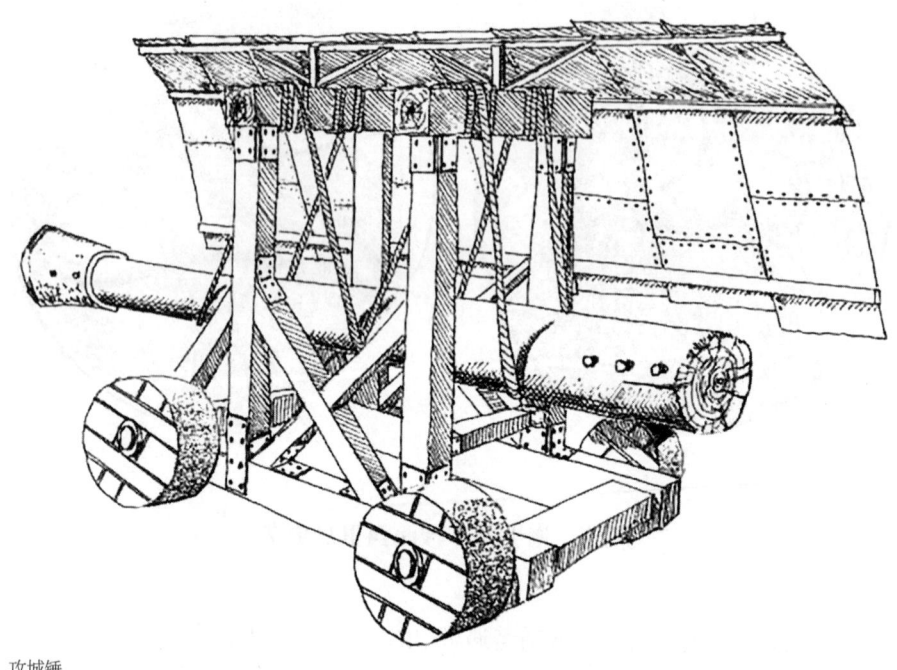

攻城锤

军绝不相同。他行事毫不迟疑。在人们还不知道他登陆的消息时,汉尼拔·马戈就已经长驱直入塞利纳斯。攻城锤立刻在多处投入使用。不久,城墙上便出现裂缝。十万野蛮的利比亚人、西班牙人和高卢人登城猛攻。前九天,塞利纳斯人坚守着城墙破裂处,并不断派出信使催促叙拉古和阿克拉加斯曾许诺过的援军。到了第十天,塞利纳斯人的防御被瓦解。汉尼拔·马戈率军涌入城内。一场可怕的大屠杀紧随其后。野蛮人让城中街道堆满了一万六千具尸体,其余居民则作为战俘被逐出城。接着,他们洗劫了城中可以拿走的一切。

第3节　希梅拉的陷落

西西里岛的希腊殖民地军队在阿克拉加斯集结,前往解救塞利纳斯,却大吃一惊。在十天内,一个防守森严的大城市就这样从希腊城邦的名单上消失了。将军们惶恐不安。他们没有坚守阵地,反击汉尼拔·马戈,而是解散了自己的军队并派人求和。然而,这位迦太基人还没有实现自己目的的一半。在西西里岛的希腊殖民地居民还没有猜出汉尼拔·马戈的真正目的前,他已经穿过西西里岛,围攻了希梅拉。希梅拉人眼看就要遭遇和塞利纳斯人一样的命运,便迫切请求紧急支援。然而,汉尼拔·马戈行动异常迅猛,只有四千叙拉古人及时赶到希梅拉。西西里岛上的希腊人设法通过猛烈突袭击退汉尼拔·马戈军队,但全部失败。几天后,希梅拉濒临崩溃。非参战人员匆匆乘船逃离。叙拉古人经陆路逃亡。然而,希梅拉人还没有撤离一半,汉尼拔·马戈的军队就冲了进来。汉尼

高卢人

希梅拉之战

拔·马戈将整个希梅拉——城墙、神殿和房屋——夷为平地。在公元前480年自己祖父被杀的地方,汉尼拔·马戈处决了三千名被俘的重装步兵,作为向迦太基神明的庄严献祭。

登陆三个月后,汉尼拔·马戈返回迦太基。他的船上载着沉甸甸的战俘和战

利品，身后留下的却是西西里岛最西端的两个希腊城市的废墟。公元前409年春天，人们胆战心惊地等待着汉尼拔·马戈重返西西里岛。然而，出于我们不知道的原因，汉尼拔·马戈的行程推迟了。短时间内，西西里岛的希腊殖民地居民可以摆脱迫在眉睫的毁灭，但他们并没有利用时间做好抵抗下一轮入侵的准备，而是相互指责前一年作战中彼此的军事失误。在叙拉古，派系斗争演变成武装

狄奥尼修斯

冲突。围堵雅典的英雄赫墨克拉底惨遭流放。但在叙拉古，赫墨克拉底仍然有大批追随者。因此，这些追随者不断设法召回赫墨克拉底，并希望推翻当权派系。公元前408年年末，赫墨克拉底通过阴谋入城，不料在随之发生的巷战中被杀。他的追随者被逐出城外。

一位叫"狄奥尼修斯"的年轻叙拉古人接过赫墨克拉底的衣钵。狄奥尼修斯出身低微，没有家世也没有权势，却是一位名人。他不仅是一位英勇的士兵，更是一位能言善辩的演说家，甚至可以称得上是一位小有名气的诗人。战败的派系推举狄奥尼修斯为自己的首领,但狄奥尼修斯并没有继续公然行动。他说服自己的派系放下武器,伺机而动。

第4节 阿克拉加斯陷落

公元前406年春天,西西里岛的希腊殖民地居民沮丧地听到随后要降临到他们身上的风暴:汉尼拔·马戈率领一支比第一次入侵更庞大的军队,正准备在西西里岛沿岸登陆。与公元前409年相比,这一次西西里岛的希腊殖民地居民的准备要充分得多。攻打西西里岛上第二大城市阿克拉加斯时,汉尼拔·马戈发现阿克拉加斯已经有一只强大的同盟军防守。这支同盟军共计三万五千人,从西西里岛上各个城邦征集而来。七个月来,战争在阿克拉加斯的堡垒下陷入僵局。接连不断的战争在坡地展开。希腊将军指挥不善。迦太基人则因一场瘟疫停滞不前。肮脏拥挤的军营促使了瘟疫的爆发。瘟疫带走成千上万人的性命。其中包括迦太

阿克拉加斯遗址

基人的指挥官汉尼拔·马戈。冬天来临，入侵者们——如今由希米尔科率领——成功切断了西西里岛的希腊殖民地居民的食物供应。在此之前，一切都停滞不前。食物供应被切断引发了阿克拉加斯的撤离。趁着夜色，全城两万人逃亡，由军队护送着人们离开。阿克拉加斯不易携带的所有财物纷纷落入希米尔科手中。流亡的阿克拉加斯人分散在西西里岛各地，大部分则在废弃的莱昂蒂尼定居下来。叙拉古人民会议投票表决后，将莱昂蒂尼转让给了流亡的阿克拉加斯人。

第5节　叙拉古僭主狄奥尼修斯

率领自己的分队从阿克拉加斯回国时，叙拉古将军因指挥不善遭受各方指责。这场抨击以狄奥尼修斯及赫墨克拉底派系的幸存头目为首。他们认为时机已到。由于惧怕迦太基人靠近，叙拉古人民会议罢黜了自己的军官，选举狄奥尼修斯和一个全新的议事会取而代之。因为一支派系没能成功作战，所以叙拉古人民会议就将自己转交到另一派系手中。然而，狄奥尼修斯心中想的更多的是夺取叙拉古的最高权力，而非希米尔科的攻击。公元前405年，狄奥尼修斯的众多行动都与拿破仑·波拿巴①如出一辙。借着强化叙拉古城军备的名义，狄奥尼修斯招募上百雇佣兵据为己用。接着，狄奥尼修斯诱使人民会议投票表决自己拥有绝对权力，并因此成为独裁者。不久，狄奥尼修斯便采取了最后一步。传言，狄奥尼修斯正有被暗杀的危险。于是，一场非法和非正式的人民会议在叙拉古城外举行。会上集齐了狄奥尼修斯的拥护者。会上投票决定为自己的领袖派驻一千名贴身护卫，并无限延长狄奥尼修斯的任期。当时，叙拉古处在僭主统治下。尽管狄奥尼修斯拒不承认这一称号，并竭力宣扬忠于民主制。叙拉古人一度默许自己失去自由，因为他们感到必须有一只铁腕指挥作战，以此抵御随后来到的迦太基大军。希米尔科已经闪电般兵临杰拉城下。杰拉的领地实际上与叙拉古接壤。不出数月，希米尔科便会出现在叙拉古城外。

---

① 拿破仑·波拿巴（Napoleon Bonaparte, 1769—1821），政治家、军事家，在法国大革命中崭露头角，自1804年至1814年，以及1815年的"百日王朝"期间，担任法兰西第一帝国的皇帝。

狄奥尼修斯的专政持续了至少三十八年。其间，突袭和动乱、内乱和外战并存。专政统治给西西里岛带去无尽的灾难。然而，总体来说，西西里岛还是达到最初的目的。经过长期作战，这位僭主阻止了迦太基人的进攻。死前，除塞利纳斯和希梅拉外，狄奥尼修斯曾落入迦太基手中的阿克拉加斯及其他城镇重新交回希腊人手中。作为僭主，狄奥尼修斯表现平平。对战败的敌人，狄奥尼修斯常常表现出意想不到的仁慈。狄奥尼修斯为人并不暴戾放纵或骄奢淫逸。他关照那些效忠自己的人，为叙拉古和自己谋福利。狄奥尼修斯既不忘恩负义，也不乏私人情感。狄奥尼修斯还是一位颇有才华的作家。在雅典酒神节上，他曾赢得悲剧作家中的头奖。作为一个建设者，狄奥尼修斯几乎与伯里克利相当。作为一个将军，狄奥尼修斯开启了希腊军事艺术的新时代。

然而，狄奥尼修斯的种种罪恶抵消了这些品质。狄奥尼修斯志在把持专制。他的冷酷坚毅一次次地将他引入血海尸山。死于狄奥尼修斯之手的叙拉古公民成千上万。战事迫切的资金需求驱使着狄奥尼修斯无休止地强取豪夺。据说，叙拉古人每年要交纳五分之一的财产税。并且，狄奥尼修斯还没收了巨额物资。狄奥尼修斯的残暴让希腊人震惊不已——鞭笞囚犯至死、十字架上行刑或将囚犯钉在自己的军用器械上。与其他行为相比，狄奥尼修斯对宗教情怀的冷漠激起了更大的怒火。狄奥尼修斯从不畏惧劫掠或烧毁神殿。一次，狄奥尼修斯还将意大利最大神殿中最神圣的宝物转卖给自己的敌人迦太基人。狄奥尼修斯的多疑尤其令人憎恶。接连不断的阴谋和暴动让狄奥尼修斯满怀忧惧，他变得不再信任任何人。狄奥尼修斯的斥候总在工作，以便随时嗅出阴谋的味道；他的地牢总是囚禁着有嫌疑的公民；他处处小心翼翼，出门总有雇佣护卫陪伴左右。此外，他还对前来宫殿拜谒的人员逐个搜身，防止他们身藏武器。就连对至亲也是一样。不仅如此，还有这样一个故事：他不允许理发匠带着剃刀近身。无论真假，有关达摩克里斯的著名故事很好地展现了一点：神经紧张已经让这位僭主形容枯槁。朝臣达摩克里斯曾公然表示羡慕狄奥尼修斯奢华的生活。他受邀参与宴会。达摩克里斯坐在上席，衣着如国王般华贵，并且享用着珍馐美酒。然而，在宴会中，主人狄奥尼修斯请达摩克里斯抬头看。达摩克里斯照做

达摩克里斯之剑

后,发现一根发丝束着一柄长剑悬在自己头上。长剑随时可能坠落。狄奥尼修斯说:"这就是僭主的生活。"

第6节 狄奥尼修斯与迦太基的第一次战争和第二次战争

狄奥尼修斯的统治是一场对抗迦太基的长期斗争。狄奥尼修斯的主要精力都花在了与迦太基的四次战争上。狄奥尼修斯的其他功绩虽然看似辉煌惊人,但不过是这场大型戏剧的插曲。令人惊奇的是,狄奥尼修斯的初步努力均告失败。虽然正是因为叙拉古将军们无力击退希米尔科才让狄奥尼修斯夺得最高权力,但在公元前405年,狄奥尼修斯的首战与前辈们一样徒劳无功。狄奥尼修斯在杰拉战败,因而不得不撤离杰拉和卡马里纳两地。两地居民纷纷连夜逃跑,加入流放在莱昂蒂尼的阿克拉加斯人。然而,天助狄奥尼修斯。迦太基军营再次爆发瘟疫。希米尔科眼睁睁看着自己的一半军力倒下。由于担忧战败,希米尔科与狄奥尼修斯议和,归还了杰拉和卡马里纳,只将阿克拉加斯纳入迦太基

迦太基士兵

叙拉古军队里的弩手

在西西里岛的领地。接下来的五年中,狄奥尼修斯忙于镇压不服自己的臣民,陷入苦战。阴谋和暴动接连发生。公元前404年,整个叙拉古城曾一度落入叛乱者手中。狄奥尼修斯收复了叙拉古。然而公元前403年,从利基翁和麦西尼而来的一支大军加入叙拉古的流亡者,并占据叙拉古城的大陆城区,将狄奥尼修斯围困在奥提伽岛要塞。然而,狄奥尼修斯的军事才能和不择手段让他再次杀出重围。狄奥尼修斯不仅巩固了权力,还转而进攻邻邦。在短时间内,狄奥尼修斯征服了纳克索斯岛、卡塔拉和内陆西舍尔人的各个部落。接着,狄奥尼修斯确信自己已经有实力与迦太基重新开战。但未雨绸缪,他需要先扩大叙拉古的防御范围,以便将整个厄庇波利高原纳入其中,即将雅典围攻叙拉古时作战的高地都建在新城墙内。因此,狄奥尼修斯将叙拉古城扩大了三倍。新城区中虽然房屋不多,但非常宽敞,足够在战时充当西西里岛东南部全部人口的避难所。公元前397年,对迦太基的第二次战争中,狄奥尼修斯一开始节节胜利。然而,正当狄奥尼修斯看似要掌控整个西西里岛时,一批意想不到的迦太基舰队和陆军突袭并攻占了麦西尼。狄奥尼修斯腹背受敌,不得不放弃征服西西西里岛西部。他匆匆折返，抵御自北而来的对叙拉古的入侵。在卡塔拉，狄奥尼修斯与希米尔科开战。希米尔科曾是公元前406年入侵者的首领。他科彻底击败狄奥尼修斯，并继续进军围攻叙拉古。然而，新城墙发挥了重要作用。狄奥尼修斯虽然遭到突袭，但实力未被削弱。狄奥尼修斯的物资非常充足。数月来，狄奥尼修斯绝望地坚守在堡垒中。不料，第二次来袭的迦太基瘟疫再次拯救了他。公元前395年，由于惧怕瘟疫，希米尔科和其他军官掉头逃跑，丢下迦太基军队，任由他们大批地死在瘟疫和狄奥尼修斯的刀剑下。接着，狄奥尼修斯举兵迁出自己的要塞。除了最西端的利利俾和德雷帕纳姆，他接连夺取西西里岛上的每个迦太基要塞。

第7节　意大利南部希腊殖民地居民的不幸

摆脱迦太基后，狄奥尼修斯立刻转向自己的近邻，征服了西西里岛上的每个独立城邦。到了公元前391年，除西部两处堡垒外，狄奥尼修斯已经成为整个西西里岛上的霸主。通过签订正式和约，狄奥尼修斯的征服变得稳固。在和约中，迦太基人正式放弃了公元前410年以来攻占的所有领地。

如今，狄奥尼修斯将战火进一步蔓延。当时，意大利南部的希腊殖民地居民正处在抑郁沉闷中。近来，自北而来的一位新敌人入侵该地。约公元前420年，意大利中部的塞贝里人开始离开自己的山区峡谷，转而向南和向大海进军。公元前415年，就在尼西亚斯遭到叙拉古围攻时，塞贝里人突袭了库迈，并将它摧毁。库迈位于意大利南部的希腊殖民地最北端。塞贝里人将那不勒斯和其他邻近城镇都变成自己的纳贡地。接着，他们举兵南侵。塞贝里人中一个叫"卢卡利亚"的部落带头向前行军。约公元前395年，塞贝里人强行攻入意大利半岛，攻占了大城市波塞冬尼亚，并开始入侵图里、克罗顿和梅塔蓬图姆的领地。意大利南部的希腊殖民地居民联合起来抗击蛮族入侵，但均告失败。公元前390年，联合军队在劳斯之战中一败涂地。一万重装步兵横尸遍野。正当意大利的希腊城市抵御北方的卢卡利亚人时，狄奥尼修斯突然从它们背后发起袭击。狄奥尼

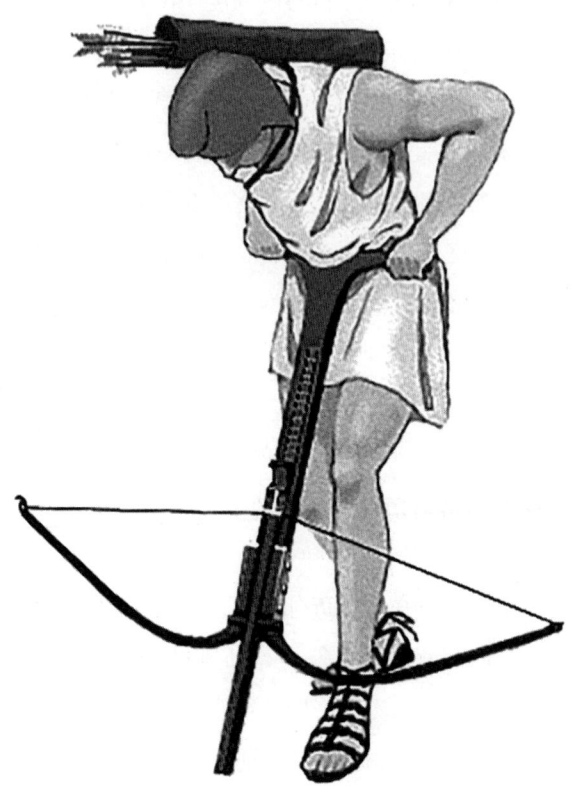

叙拉古军队里的弩弓手

修斯所向披靡。分散的意大利南部希腊殖民地居民在旷野战败。他们的城市遭到围攻；大部分被占领。叙拉古的枷锁还延伸到了北方的克罗顿。有时候，狄奥尼修斯会整体迁走居民，以填充叙拉古新城墙内的空旷地带。在其他情形下，如果遭到的抵抗激怒了狄奥尼修斯，他就会变卖所有人为奴。所到之处，狄奥尼修斯无一例外地洗劫神殿和私人居所。虔诚的希腊人认为，狄奥尼修斯此生最大的暴行就是夺走了价值连城的赫拉袍——一件极品刺绣。赫拉袍是赫拉神殿的得意珍宝。赫拉神殿位于克罗顿附近。狄奥尼修斯将赫拉袍以一百二十塔连特[①]卖给了迦太基人。

[①] 折合两万七千英镑。——原注

第8节　狄奥尼修斯与迦太基的第三次战争和第四次战争

公元前383年，狄奥尼修斯展开与迦太基的第三次战争。这场战争仅仅持续了一年。除了塞利纳斯再次落入迦太基手中，战争胜负未分。然而，迦太基人再也无法东进。显而易见，狄奥尼修斯的力量完全构筑起一道屏障，阻止了迦太基人在西西里岛进一步征服。公元前368年，狄奥尼修斯与迦太基爆发第四次战争。这场战争同样胜负未分。叙拉古人攻占了利利俾城门外的所有迦太基领地，但难以攻陷利利俾这个堡垒。因此，公元前367年狄奥尼修斯离世后，基于占领地保有原则，双方再次缔结和约。

表面上，狄奥尼修斯统治的最后二十年，叙拉古一派繁荣，看似是希腊世界最伟大和最昌盛的城市，还是一个自克罗顿到阿克拉加斯的帝国的中心。两万经验丰富的雇佣军向叙拉古效忠。狄奥尼修斯甚至能够干涉爱奥尼亚海域的事务，并多次干预希腊大陆世界的政治走向。狄奥尼修斯华丽的使团出现在奥林匹亚竞技会上时，同时引起了爱慕虚荣者的羡慕和热爱自由者的憎恨。狄奥尼修斯着手策划一个浩大的工程，譬如建造一座横跨意大利半岛南部的城墙，以抵御进犯的卢卡利亚人。身处纷繁复杂的国家事务中，狄奥尼修斯还抽身作诗和编剧。文采斐然的作品为他赢得了公元前368年在雅典举办的酒神节的头奖。然而，狄奥尼修斯的一生既声名显赫、多才多艺，又焦心忧虑、疲惫不堪。多疑计狄奥尼修斯寝食难安。公元前367年，狄奥尼修斯离世。离世时，他还没到六十岁，为他的儿子——与他同名——留下一座稳固的江山，以及满仓的财物和一支身经百战的军队。狄奥尼修斯的儿子继位。史称"狄奥尼修斯二世"。

第9节　迪翁入侵西西里

狄奥尼修斯二世虽然也颇有才能，但远远不如他的父亲精力无限、沉郁坚定。狄奥尼修斯二世不关心军务。他想到更多的是僭主地位的显赫而非僭主的实权。自负虚荣、懒散懈怠并且阴晴不定的狄奥尼修斯二世总是乐于将权力转

迪翁向狄奥尼修斯二世介绍柏拉图

交给他人。只要能够坐享其成，狄奥尼修斯二世根本不关心治理的事情。然而，狄奥尼修斯二世信任一个人的时间从来不会很长。最初，狄奥尼修斯二世将政府交给他的岳父迪翁——一位严肃的具有哲学思维的人物。迪翁设法将叙拉古专制体制转变为典型的君主制，并请来哲学家柏拉图，以将狄奥尼修斯二世培养成一位完美的君主。年轻的僭主狄奥尼修斯二世曾短暂地迷恋过哲学，但觉得自己的老师们太过喋喋不休和吹毛求疵，不久便罢黜了迪翁，并将柏拉图遣回。七八年来，狄奥尼修斯二世风平浪静地维持着叙拉古的统一。狄奥尼修斯二世虽然懒惰虚荣，但并不残暴、鲁莽或愚蠢。尽管如此，狄奥尼修斯二世既无法赢得民心，也威慑不了臣民。多年来，迪翁一直忙着在希腊大陆招兵买马。

当迪翁突然登陆西西里岛时,暴动随之而起。首先,西西里岛希腊殖民地中的小型城镇向迪翁打开城门。接着,叙拉古人也起身反抗。经过一场恶战后,狄奥尼修斯二世的雇佣兵被驱逐进奥提伽要塞。从意大利远征归来后,狄奥尼修斯二世发现自己的领地只剩下这一小片要塞。围攻奥提伽持续了数月。遭受不少挫败后,迪翁最终成功切断了狄奥尼修斯二世驻军的粮草,迫使他们投降。狄奥尼修斯二世逃往意大利的洛克里。洛克里是狄奥尼修斯二世唯一成功保留的父亲的领地。

柏拉图

第10节 迪翁被杀

如今，迪翁成为叙拉古的主人。协助迪翁赶走狄奥尼修斯二世的叛乱者们迫切地等待这位严肃的哲学家宣布叙拉古城的自由。然而，权力对迪翁的诱惑太过强大。迪翁在奥提伽要塞安顿下来，毫无解散军队或重建民主政体的迹象。当一位叫"赫拉克利德斯"的民众领袖提议推倒奥提伽的城墙时，迪翁处决了他。叙拉古人意识到，自己努力的结果不过是一位严厉苛刻的僭主取代了先前好逸恶劳的僭主。雅典人卡利普斯是柏拉图的追随者之一，曾陪同流亡的迪翁一道回归。公元前353年，当卡利普斯背叛并杀害了自己的友人迪翁时，叙拉古暴动的时机已经成熟。

在接下来的九年里，西西里岛一直处于混乱之中。军事冒险家们你争我夺，攻占叙拉古。叙拉古的自由之路还很远。公元前346年，当流亡的僭主狄奥尼修斯二世出现在叙拉古城门前时，一支为数众多的派系匆匆赶来迎接。无论如何，狄奥尼修斯二世的统治要比无政府状态好得多。然而，狄奥尼修斯二世染上了沉湎酒色的恶习，再也不是叙拉古人当初期盼的平易近人的样子。此外，狄奥尼修斯二世也无法收回他的父亲曾占领的其他西西里岛城市。狄奥尼修斯二世与其他西西里岛城市的战争极其劳民伤财。让西西里岛希腊殖民地居民雪上加霜的是，沉寂了二十年的迦太基突然再次攻打西西里岛。因为已经没有中央集权将所有西西里岛城邦团结一致，所以看起来，迦太基似乎就要征服所有的西西里岛希腊殖民地居民了。

在这些苦难的日子里，叙拉古的民主派秘密前往母城科林斯，请求科林斯协助自己抗击僭主和迦太基人。希腊政治暂时平静下来。第三次神圣战争[①]刚刚结束。科林斯人同意支援解救子城。科林斯人配备了一支小型远征军。远征军由一位坚定的共和派人士蒂莫莱翁担任指挥官。当蒂莫莱翁的哥哥蒂莫芬尼斯设法成为科林斯僭主时，蒂莫莱翁参与了谋杀自己哥哥的行动。

---

① 交战时间为公元前356年到公元前346年。交战双方起初为底比斯为首的德尔斐近邻同盟和福基斯。后来交战双方演变成以马其顿王国为首的近邻同盟和福基斯。

蒂莫芬尼斯被谋杀

蒂莫莱翁安全抵达西西里岛。经过四次辉煌的战役后,蒂莫莱翁解放了全岛。蒂莫莱翁发现,狄奥尼修斯二世正被莱昂蒂尼僭主希克塔斯碾压。因此,当再遇到新的敌人蒂莫莱翁时,狄奥尼修斯二世便欣然离开西西里岛。这位叙拉古前任统治者隐退到科林斯,以平民的身份在科林斯居住了很长时间。毫无疑问,对整个希腊而言,这都是一件奇事。狄奥尼修斯二世似乎对自己的落魄也能泰然处之。对于失去权力,狄奥尼修斯二世丝毫没有懊悔。不酗酒时,狄奥尼修斯二世便会忙于发表关于歌唱和吟诵的演讲,或是教授科林斯的男孩们大声朗诵的艺术。

第11节 蒂莫莱翁解放西西里

驱逐狄奥尼修斯二世后,蒂莫莱翁遭到僭主希克塔斯和迦太基人的双面夹击。希克塔斯和迦太基人联合起来围攻叙拉古。蒂莫莱翁一直成功地遏制着希克塔斯和迦太基人的军队。接连的失败开始让希克塔斯和迦太基人互相生疑。迦太基人抛下了希克塔斯。不久,希克塔斯便在自己的都城莱昂蒂尼遭到蒂莫莱翁的围困,接着被迫投降。之后,蒂莫莱翁才腾出手来反击迦太基人。蒂莫莱

蒂莫莱翁

翁率领一支一万两千人的小部队向西西里岛西部进发，在克里米苏斯河畔遭遇人数是自己五倍的迦太基大军。蒂莫莱翁任由迦太基大军畅通无阻地行进了一段时间，而当迦太基军队由于经过溪谷和被淹没的河流而分散时，蒂莫莱翁突然发起攻击。这次胜利的决定性意义不亚于一百四十年前盖洛在希梅拉城外的大胜。在此后的三十年里，迦太基人再也不敢侵犯其希腊近邻。

混乱时期，僭主们占据一个小城各自为政。将这些僭主全部逐出西西里岛后，蒂莫莱翁功成身退，放下手中的权力。晚年，蒂莫莱翁生活在自己解放的城市里，备受人们尊敬。公元前336年，蒂莫莱翁有幸在叙拉古再次遭到僭主制拥护者干扰或阿非利加敌军的困扰前离世。

第12节　意大利南部希腊殖民地人的战争

蒂莫莱翁解救了西西里岛。意大利南部的希腊殖民地居民却没有这么幸运。当狄奥尼修斯二世的政权被瓦解时，意大利的城市纷纷重新获得独立。然而，它们发现自己暴露在卢卡利亚人的侵袭之下。长期以来，卢卡利亚人一直受到狄奥尼修斯和狄奥尼修斯二世的压制。入侵者卢卡利亚人渐渐闯入南方。公元前355年，卢卡利亚人攻占了帖日纳和希波尼昂，并在意大利半岛南部安定下来。来到这里的支系部落布鲁提伊人——入侵大军的先锋部队——还在意大利南部建立起一个强大的城邦。洛克里、利基翁和克罗顿几乎难以保全自己的小片领地。再偏北一些的塔林敦人奋勇作战。数年来，在伟大的阿格西劳斯二世的儿子、斯巴达国王阿希达穆斯三世援军的协助下，塔林敦人将卢卡利亚人拦截在外。公元前338年，阿希达穆斯三世战死沙场后，伊庇鲁斯国王亚历山大一世①接替了塔林敦军队的指挥权。伊庇鲁斯国王亚历山大一世是一位出色的勇士。在对抗卢卡利亚人和布鲁提伊人的战争中，他节节胜利。伊庇鲁斯国王亚历山大一世重创卢卡利亚人和布鲁提伊人后，虽然卢卡利亚人和布鲁提

---

① 伊庇鲁斯国王亚历山大一世（Alexander I of Epirus，公元前362—公元前331），伊庇鲁斯国王，亚历山大大帝的叔叔。

伊人对意大利南部的希腊殖民地诸城邦的威胁依然存在,但不再像先前那样不可抗拒。

罗马才是注定熄灭希腊城邦自由之火的势力,而非卢卡利亚人。而在当时,罗马军队还在千里之外。

第38章

斯巴达霸权末期

与斯巴达最乐观的政客期待的一样,《安塔西达斯和约》让斯巴达收益颇丰。《安塔西达斯和约》牺牲了斯巴达在亚细亚的残余领地,但也由此打破了反斯巴达的联盟。该联盟威胁到了斯巴达在欧罗巴的霸权。一方面,《安塔西达斯和约》宣称"每个希腊城邦自由并且独立"。该条款维持了斯巴达权力的现状。因为斯巴达与各弱小邻邦并非联盟关系,而是与每个城邦单独结盟。此外,盟邦对斯巴达效忠并非因为斯巴达驻军,而这些盟邦也并没有被迫纳贡。各盟邦主要受内部"亲拉科尼亚派"的牵制。因此在表面看来,斯巴达的盟友"自由独立",《安塔西达斯和约》也并没有改变这些盟友的地位。

另一方面,《安塔西达斯和约》打破了反斯巴达的联盟。维奥蒂亚联盟立刻被粉碎。通过压榨近邻小邦,底比斯达到与它们联合的目的。《安塔西达斯和约》一宣布,几乎每个维奥蒂亚城市都退出了维奥蒂亚联盟。它们声明自己完全独立,并认为自己重获了自治权。自公元前447年底比斯重建维奥蒂亚联盟以来,它们的自治权就被剥夺。①虽然底比斯已经陷入这种境地,但斯巴达仍然不满足。自公元前430年起,残余的普拉蒂亚人就定居在阿提卡。如今,斯巴达诱使普拉蒂亚人返回他们被摧毁的城市。普拉蒂亚人重建普拉蒂亚,但无需顾忌

---

① 原来,维奥蒂亚联盟成员国都以本国名义铸币,但自公元前447年重建维奥蒂亚联盟后,底比斯一直禁止维奥蒂亚联盟成员国私自铸币。——原注

底比斯。《安塔西达斯和约》不仅给维奥蒂亚带来了变化。在伯罗奔尼撒半岛，阿尔戈斯和科林斯曾在战争中联手，并组成联盟。如今，它们被迫分离。不久，科林斯的"亲拉科尼亚派"就让科林斯重新依附了斯巴达。

第1节 曼丁尼亚之围

在希腊尘埃落定，而斯巴达人回到老位置后不久，斯巴达人就开始无视《安塔西达斯和约》中涉及自己的条款。不到两年，斯巴达就袭击了它在阿卡狄亚的近邻，彻底拆毁了曼丁尼亚的城墙，并强迫城中公民将民主制政府变为寡头制政府。时隔不久，斯巴达又转向夫利阿斯。斯巴达以武力让夫利阿斯流亡中的贵族回归原位。这就是斯巴达任其邻邦"自由独立"的方式！

当时，阿格西劳斯二世左右着斯巴达的政策。通过在亚细亚的战争和近期科林斯的战争中取得的功绩，阿格西劳斯二世赢得无限荣耀。这些荣耀让他成为公民的偶像。此外，阿格西劳斯二世的抱负丝毫不在政事上，而全在军事上。因此，阿格西劳斯二世避免了和监察官们的所有冲突。阿格西劳斯二世与监察官们关系极其密切。监察官们甚至频频向阿格西劳斯二世建言献策。阿格西劳斯二世继续执行着吕山德所倡导的政策。这些政策充满狭隘和妒忌。阿格西劳斯二世并不在乎全希腊的共同需求。他一生的主要目标就是确保所有城邦都要弱于斯巴达。只有这样，斯巴达才可以维持长久的安宁。

第2节 哈尔基季基同盟

不久，这项自私的政策便大规模地付诸实践。自公元前422年被布拉西达斯解放后，在彼此的混战及与内陆蛮族国王的战争中，马其顿海岸的希腊城邦维持着独立。最终，在公元前392年，以奥林索斯为首的一众城邦组成了哈尔基季基同盟。几乎所有成员国都位于哈尔基季基半岛。随着日渐强大，哈尔基季基同盟可以将八千重装步兵和一千骑兵投入战场，并有望吸纳周边所有希腊城邦。

出于对哈尔基季基同盟扩张的恐惧，不愿意加入哈尔基季基同盟的阿坎托司和阿波罗尼亚派出一支使团前往斯巴达，请求监察官们协助自己保持独立。哈尔基季基同盟并没有任何过火的举动。并且四十年来，斯巴达从未干涉过该同盟活动的区域。尽管如此，阿格西劳斯二世和他的追随者还是乐于卷入与哈尔基季基同盟的争执中。因为在他们看来，哈尔基季基同盟某天或许会危及斯巴达。

基于利害关系和公共道德，斯巴达的一支党派反对这次插手远方事务的鲁莽行为。该党派以年轻的阿吉西波里斯一世为首。像往常一样，两个王室分别支持不同的政策路线。然而，阿格西劳斯二世和主战派占了上风。在接下来的公民大会会议中，他们主张作战。会议决定从斯巴达同盟征集一支一万人的军队，攻打奥林索斯及其哈尔基季基同盟的姊妹城邦。主力部队将在公元前381年春天出发，而叫"攸达米达斯"和"菲比达斯"的两位军官即刻出发。当时已经是九月份。攸达米达斯和菲比达斯带领近两千士兵出发，企图进驻阿坎托司和阿波罗尼亚。

第3节　底比斯内乱

菲比达斯率军穿过维奥蒂亚，当晚在底比斯城附近设营过夜。菲比达斯在此停留时，身为底比斯最高军事长官之一的列昂提亚戴斯突然拜访。列昂提亚戴斯是寡头制度的坚定支持者，当时正陷在与另一位军事长官伊斯梅尼阿的激烈斗争中。伊斯梅尼阿是维奥蒂亚民主派和反拉科尼亚派的首领。面对派系纷争时，列昂提亚戴斯表现得正如典型的希腊人一样，不计后果。列昂提亚戴斯决定不惜任何代价击垮自己的敌人，甚至不惜毁灭自己的国家。列昂提亚戴斯夜访菲比达斯，提议让菲比达斯占领底比斯的要塞卡德墨亚，以此作为菲比达斯帮助自己对抗伊斯梅尼阿的条件。菲比达斯冲动勇猛且不择手段，当即接受了列昂提亚戴斯的提议，并着手执行列昂提亚戴斯计划。列昂提亚戴斯指出，次日就是塞斯摩弗洛斯节[①]，到时卡德墨亚将无兵把守，只有在该地举行特殊仪式的妇

---

① 塞斯摩弗洛斯节是为纪念谷物女神得墨忒耳而在秋季设定的节日，是古希腊最盛行的女性节日。

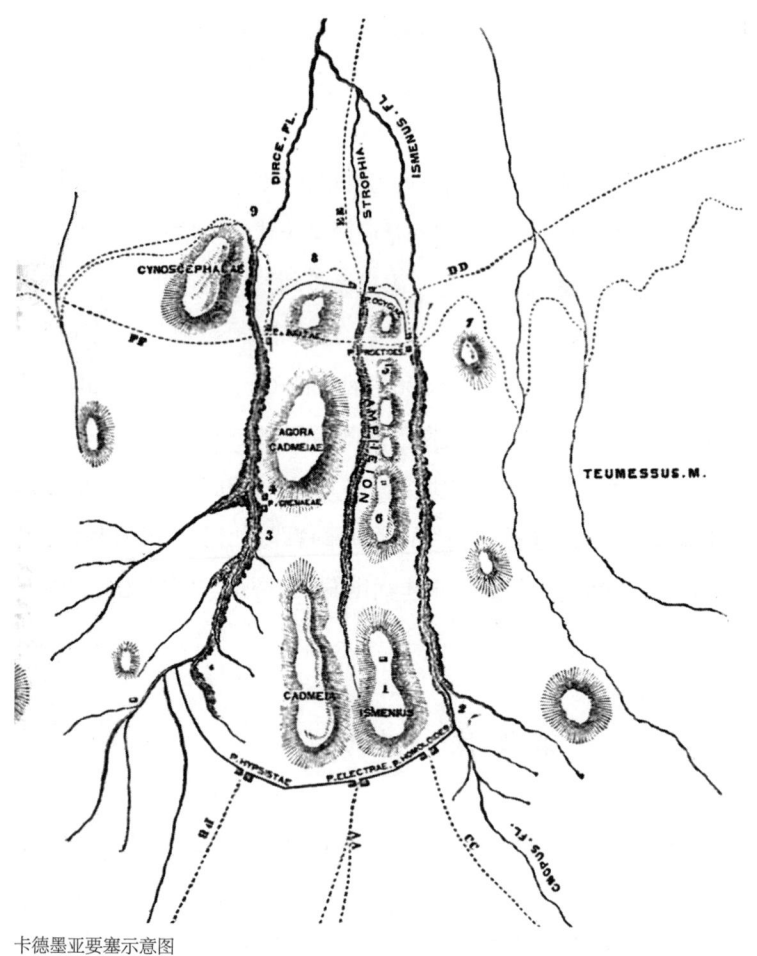

卡德墨亚要塞示意图

女们看管。这些仪式上不允许男子出现。作为军事长官，列昂提亚戴斯掌管着城门。他将确保城门在约定时间开放。斯巴达和底比斯正处在和平期，因此没有人会对列昂提亚戴斯的提议生疑。攻占卡德墨亚绝不会有人察觉。

第4节 菲比达斯攻占卡德墨亚

次日，菲比达斯实施了这个可怕的计划。菲比达斯命令自己的军队呈行军阵形前进。看起来，菲比达斯就要继续北上哈尔基季基半岛。突然，菲比达斯半路折回，于正午时分出现在底比斯城门前。在底比斯城门前，菲比达斯见到了列昂提亚戴斯。列昂提亚戴斯放菲比达斯进入城内。在正午的热浪中，街道空空如也。没有人进行反抗。不久，斯巴达人就进入卡德墨亚，并抓获大批庆祝节日的妇女作为人质。众人还没有意识到真实状况，列昂提亚戴斯便策马赶到议事大厅，向惊讶不已的底比斯元老们宣布消息，称底比斯已经落入斯巴达人手中。极度恐慌中，没有人敢反抗这位叛徒。列昂提亚戴斯抓捕并监禁自己的政敌伊斯梅尼阿，然后召集大型公民大会。在会上，人们投票表决向宿敌斯巴达投降。三百位民主派重要人物当即离开底比斯，逃亡雅典。大部分底比斯人胆怯恐惧，一度默许了列昂提亚戴斯及其友人的夺权行动。

在希腊史上，这场夺权行动骇人听闻，但最终策划完成并付诸实施。与雅典人攻占米洛斯岛相比，它虽然没有那么血腥，但更肆无忌惮。人们一度希望自私的斯巴达会否决自己将军的行为。的确，听到这个消息时，阿吉西波里斯一世和他的追随者大声疾呼要惩罚菲比达斯，并撤离卡德墨亚。然而，阿格西劳斯二世迅速起身为菲比达斯辩护。阿格西劳斯二世以最令人反感和愤世嫉俗的方式坦陈自己的观点。他说："我们必须审视菲比达斯行为的后果。让我们一起来思考一下。这是否有利于斯巴达。如果对斯巴达有利，那么虽然菲比达斯没有获得斯巴达政府的授权或命令，但此举仍然值得大加赞扬。"斯巴达人虽然不像阿格西劳斯二世那样厚颜无耻，但也和他一样不讲道义。斯巴达人通过了一项惩戒菲比达斯擅自行事的法令，并责令菲比达斯缴纳罚金。然而，装模作样过后，斯巴达人还是投票表决保留卡德墨亚，并派军事统治者前往底比斯指挥驻军。伊斯梅尼阿因公元前395年的"里通波斯帝国"罪受审被带回斯巴达。不用多说，这位不幸的政客被定罪处决。

第5节　哈尔基斯人战争

在和平期，未经过任何抵抗，希腊第二大城邦就被消灭。该事件让所有人惊恐不已。看起来，毫无正义和公平可言的行为就要开始猖獗了，因为没有人敢指责斯巴达。三年来，斯巴达所向披靡。哈尔基斯人的确曾英勇抵抗。他们战胜并杀死了带领先头部队的泰勒蒂亚斯。泰勒蒂亚斯是阿格西劳斯二世的弟弟。然而，阿吉西波里斯一世接着前来作战，占领了托罗涅，并围攻奥林索斯。奥林索斯陷落前，阿吉西波里斯一世因得热病而驾崩。不过，接任指挥官的波利庇阿德斯接受了奥林索斯的投降。哈尔基季基同盟由此解体。公元前379年，哈尔基季基同盟的所有成员国纷纷与斯巴达结盟。然而，终有一天希腊的斯巴达和其他城邦一定会沉痛惋惜这个强大的同盟的毁灭。哈尔基季基同盟曾成功阻止了马其顿历代国王的入侵。如今，马其顿不受遏制，第一次开始侵占其希腊邻邦的领地，接着便崛起为一个威胁整个希腊安全的强国。

奥林索斯的陷落也标志着斯巴达好运的终结。这个深受斯巴达之害的城市势必会成为斯巴达的祸根。三年来，在列昂提亚戴斯及两位军事长官菲利普斯和阿基亚斯的重压下，底比斯一直苟延残喘。起初，底比斯公民希望能出现某些意外削弱斯巴达并解救自己。然而，斯巴达的一切顺风顺水。因此，彻底的绝望驱使着那些最无所顾忌的底比斯人密谋造反。流亡在外的底比斯民主派成员多数居住在雅典。他们与底比斯国内的不满者取得联系。他们决定铤而走险，密谋暗杀列昂提亚戴斯和两位军事长官，并以此作为开端，最终突袭要塞，驱逐斯巴达驻军。以梅隆和佩洛皮达斯两位年轻人为首，七位来自雅典的底比斯流亡者将会充当刺客，执行刺杀僭主的行动。一位叫"卡戎"的公民则将自己的住所作为他们的藏身之处。作为菲利普斯和阿基亚斯的文书，菲利达斯虽然身份特殊，但对流亡者抱有深切的同情。他负责推进这个密谋。因此，菲利达斯邀请菲利普斯和阿基亚斯参与夜宴，并向他们许诺不仅有美酒可以畅饮，还有底比斯的绝色美人相伴左右。菲利达斯的职责就是将身着女装的刺客们引入家门。剩下的事情将由刺客们来完成。

第6节　暗杀底比斯军事长官

在约定当天的傍晚，七位底比斯流亡者乔装成乡民入城，之后相继潜入卡戎的住所。他们要一直在这里等第二天的夜宴。然而，还没有到约定的时刻，军事长官就召唤卡戎。众人不禁大惊失色。卡戎战战兢兢地起身出发，担心计划已经败露。然而，执法官们收到的消息并不确切。执法官们不过警告卡戎，称自己收到来自雅典的密报，而密报称正有阴谋发生。他们提醒卡戎不要参与其中。夜幕降临时，毫无戒备的菲利普斯和阿基亚斯来到菲利达斯家，纵情酒色之中。据说，在宴席当中，从雅典而来的一位朝臣要向阿基亚斯揭露整个阴谋。然而，阿基亚斯注定要死。他没有拆开信件，而是将它塞到坐塌的靠垫下，大声说道"明日再议"——这句话广为流传。宾客们都喝醉后，菲利达斯召唤刺客们进屋。他们身着大袍，头戴面纱。

进入宴客厅时，刺客们没有引起任何人怀疑。醉眼朦胧的宾客们以为他们就是菲利达斯许诺引见的绝色美女，便与他们寒暄起来。接着，刺客们扔掉自己的伪装，手持匕首冲向二位军事长官，将他们杀死。然而，寡头派的首领还在。列昂提亚戴斯并未出席菲利达斯的宴会，当时还在家中过夜。迅速处理完两位军事长官的尸体之后，佩洛皮达斯和另外三人冲向列昂提亚戴斯家，敲门进入。门一打开，他们立刻冲入，发现列昂提亚戴斯正准备休息。列昂提亚戴斯反应敏捷。他迅速从墙上抽出长剑，跳到卧房门口杀死第一个进入的刺客，然后与其他三人展开搏杀。一场恶斗后，佩洛皮达斯杀死了列昂提亚戴斯。

第7节 解放底比斯

接着，刺客们奔赴大牢，杀掉狱卒，解救等待审判的一百五十名政治犯。他们为政治犯们提供武器，接着一齐冲向街道，宣告僭主已经死去，号召所有堂堂正正的底比斯人拿起武器加入他们。底比斯人对列昂提亚戴斯的统治深恶痛绝。数百名底比斯公民加入了反叛者队伍。如果底比斯要塞卡德墨亚中的斯巴达军官头脑清醒，这次密谋或许会破产，因为一千五百名斯巴达驻军轻而易举就能驱散组织混乱的底比斯暴民。然而，斯巴达军事统治者们没有冲出要塞，而是紧闭卡德墨亚的大门，并为前来寻求支援的底比斯寡头派成员提供避难所。

黎明时分，整个底比斯城落入造反派手中。上千名底比斯人已经集结完，做好攻打卡德墨亚的准备。通过一场非正式的公民大会，人们选举佩洛皮达斯、卡戎和梅隆为维奥蒂亚联盟长官，并投票表决认可前一晚的杀戮。不久，底比斯人就得到援助。雅典的底比斯流亡者纷纷加入队伍。部分维奥蒂亚城市中的反斯巴达派人士也志愿协助他们。此外，还有两位雅典统兵官带领一支阿提卡军队穿过西塞隆山，以支援对卡德墨亚的围攻。这两位雅典统兵官并没有得到公民大会的正式授权，但他们深知雅典的民心——强烈支持底比斯。他们深信自己行动的成功会赢得雅典人的赞许。当时，卡德墨亚的斯巴达军队被团团围住。普拉蒂亚人企图支援斯巴达军队，但最终失败。卡德墨亚遭到猛攻。底比斯人屡败屡战。斯巴达的军事统治者们无可奈何，对获胜毫无指望。三四天后，斯巴达驻军主动投降。底比斯人欣然接受。于是，斯巴达驻军迁出卡德墨亚，留下底比斯寡头派任由暴民屠杀。接着，他们前往科林斯地峡。在迈加拉，他们遇上匆匆前来支援的伯罗奔尼撒大军。这支军队由斯巴达国王克莱奥梅布罗图斯一世率领。对于斯巴达驻军的行为，斯巴达人极其愤怒。卡德墨亚是一处坚固的堡垒，而斯巴达驻军却无力进行防御。因此，他们受到严惩也在情理之中。斯巴达人处死了其中两位军事统治者，并流放了另外一位。

第 39 章

底比斯起义

虽然底比斯暂时解放了自己,但希腊人对底比斯捍卫自己自由的能力仍然不抱多大希望。斯巴达正处于鼎盛时期,并且不受其他敌人的干扰。公元前395年到公元前387年,在科林斯、雅典和阿尔戈斯的支持下,底比斯都没有战胜斯巴达。如今,底比斯连维奥蒂亚联盟都失去了,又拿什么在这场突如其来的战争中取胜呢?

第1节 佩洛皮达斯

然而,无论前景多么暗淡,底比斯人仍然决定奋战到底。即使惨遭毁灭,也胜过屈服于斯巴达这样一个背信弃义且虚伪至极的敌人。战争也并不像表面那样绝望。一方面,除了阿格西劳斯二世,如今没有哪位斯巴达将军拥有像样的军事才能,而阿格西劳斯二世已经五十九岁,不能频繁出征。另一方面,如今的底比斯恰好有两位得力干将——这是幸事一桩,因为维奥蒂亚的名人实在少之又少。其中一位就是佩洛皮达斯——近期底比斯叛乱的策划者之一。佩洛皮达斯是一位热血青年,拥有非凡的军事天赋。他是一位出色的骑兵首领,善于抓住时机,迅速出击。佩洛皮达斯首次出征便赢得军心,所到之处一呼百应。与多数希腊将军不同的是,佩洛皮达斯的最大优点是他不仅英勇无畏,而且大公无私。对于与同僚合作,或实施并非出自他本人的计划,他都非常乐意。

第2节 伊巴密浓达

雅典曾同时拥有阿里斯提德和迪米斯托克利,也曾同时拥有西蒙和伯里克利,但这些伟大的公民往往针锋相对,所作所为多是为了遏制彼此的权力。然而,底比斯唯一幸运的是,佩洛皮达斯恰巧是伊巴密浓达的知己和密友。而伊巴密浓达是维奥蒂亚最杰出的政客。他同时具备斗士和政治家的特征。如果说佩

佩洛皮达斯

伊巴密浓达

洛皮达斯是底比斯的右手，那么伊巴密浓达就是底比斯的大脑。伊巴密浓达德才兼备，远胜其他任何时代的希腊政客。伯里克利是唯一勉强能与伊巴密浓达媲美的政客，但毫无疑问，与伊巴密浓达相比，伯里克利不够宽厚仁慈。伯里克利只为雅典一己私利，并不关注希腊全局。而无论是对希腊民族还是对底比斯，伊巴密浓达都同样满怀热忱。此外，伯里克利不过是位才能平平的将军，但伊巴密浓达拥有高超的军事才能，并全面变革了底比斯人的战术。伊巴密浓达出身于一个古老但极其贫困的家族。他虽然一生居功至伟，但过着贫困的生活，令人敬仰。虽然贫穷，但伊巴密浓达还是获得了当时最好的文化熏陶。伊巴密浓达虽然钻研音乐、修辞和哲学，但从不自负、虚伪或脱离实际。没有哪位希腊人能摆脱身为政客的种种恶习。伊巴密浓达的言行却从不参杂野心和私欲。伊巴密浓达荣誉感极强，甚至不愿意参与解救祖国底比斯的密谋，因为其中包含着暴力、背叛和暗杀。然而，当底比斯的寡头派被杀时，伊巴密浓达是第一位拿起武器加入暴动的底比斯公民。他富有说服力的呼吁吸引着众多追随者为底比斯的自由而战。伊巴密浓达不仅公正、爱国和无私，而且拥有其他任何希腊政客所不具备的雄才伟略和高瞻远瞩。伊巴密浓达追求的目标是让所有希腊城邦团结一致，摆脱相互争夺或彼此主宰的持续内讧状态——这种状态成为希腊民族的魔咒。伊巴密浓达作战不是为了摧毁斯巴达或让底比斯成为霸主。他只是想制止斯巴达作恶，并让底比斯与其他城邦平起平坐。毫无疑问，所有希腊人都具有一些典型的特征——自私自利和好勇斗狠，而他们的爱国主义极其狭隘。伊巴密浓达缺乏这些特征，这也削弱了伊巴密浓达在底比斯的影响力。某些时候，底比斯人会抱怨伊巴密浓达更爱希腊而非故土底比斯。这种说法虽然并不属实，但暗示了伊巴密浓达的个人倾向。公元前379年，伊巴密浓达还是一位热爱自由的名人。然而，接下来数年的历史将会向人们展示，伊巴密浓达不仅是一位伟大的将军，还是一位伟大的政治家。

公元前379年年底，底比斯获得解放。当时正值隆冬时节。就在这时，国王克莱奥梅布罗图斯一世率领一支匆忙召集的伯罗奔尼撒大军进入维奥蒂亚，想要解救卡德墨亚的驻军。发现卡德墨亚已经陷落后，克莱奥梅布罗图斯一世开始犹豫不决。深入底比斯领地并逗留十六天后，克莱奥梅布罗图斯一世没有开战便解散军队回到斯巴达，只留下上千人的军队保护特斯匹伊。在维奥蒂亚所有城市中，特斯匹伊与斯巴达关系最密切。这支军队由一位冲动莽撞的军官斯福德里阿斯指挥。如今，斯福德里阿斯竭尽所能不断给斯巴达惹是生非。

第3节　斯福德里阿斯对雅典的企图

由于曾私下协助底比斯反抗斯巴达驻军，深思过后，雅典人十分恐慌。为消解斯巴达的怒气,雅典惩罚了加入维奥蒂亚人阵营的两位统兵官,并设法掩盖事实。斯福德里阿斯抓住雅典急于求和的时机,伺机进犯雅典。他策划了一个疯狂的计划,企图夜袭雅典——仿照五年前菲比达斯攻占底比斯的方式。于是,斯福德里阿斯率领部下秘密进入阿提卡边境,并快速向雅典进发。然而,斯福德里阿斯执行计划的能力与这个计划本身一样拙劣。斯福德里阿斯还在离雅典十英里的色利亚平原时,天已经大亮。接着,斯福德里阿斯只好羞愧地调转方向,撤到迈加拉。然而,斯福德里阿斯的计划还是败露了。雅典人对此怒不可遏。经过反思,雅典人放弃了讨好斯巴达。如果一个城邦拥有这种不择手段的将军,那么就算想方设法讨好斯巴达也无济于事。于是,雅典直接对斯巴达宣战。危难时刻,底比斯有了一位强大的盟友。在斯巴达,斯福德里阿斯因自己的行为而受到审判,但在阿格西劳斯二世的建议下被无罪释放。阿格西劳斯二世呼吁道,斯福德里阿斯不过是在尽力向斯巴达尽忠罢了。

第4节 阿格西劳斯二世中止作战

公元前378年夏初,监察官们说服了阿格西劳斯二世出征。阿格西劳斯二世召集了一支大军,准备摧毁底比斯。阿格西劳斯二世发现,西塞隆山关隘由雅典人和底比斯人的混合部队把守。然而,按照一贯的风格,阿格西劳斯二世强行冲破关隘。进入平原后,阿格西劳斯二世发现底比斯人在边境建造了一道坚固的战壕,但他轻而易举地通过这道障碍,接着逼近底比斯。然而,底比斯人虽然不与阿格西劳斯二世开战,但一直紧跟其后。阿格西劳斯二世因而无法围攻底比斯城,最终只好无功而返。对底比斯而言,公元前378年唯一值得欢欣鼓舞事情发生在秋天。底比斯人奇袭并杀死了宿敌菲比达斯。公元前377年,阿格西劳斯二世率领一支更强大的军队再次出现,并且有一次进入底比斯领地。阿格西劳斯二世极其野蛮地蹂躏这片土地,摧毁果树,堵塞井口,还烧毁了该地所有建筑。然而,阿格西劳斯二世还是无法让底比斯人与自己作战,也无法围攻底比斯城。简而言之,正如一位当代人所言,阿格西劳斯二世不过是给底比斯人上了一堂富有教育意义的战术课，并没有对底比斯造成实际伤害。这两次战役极大地降低了斯巴达的声望。有整个伯罗奔尼撒半岛军队作坚强的后盾，斯巴达最好的将军居然无法撼动原以为一战就能击垮的底比斯。此外，在返回途中经过迈加拉时，阿格西劳斯二世遇到意外，接着便卧倒在病榻长达数月。上述情形极大地影响了阿格西劳斯二世的健康①。因而在若干年内，阿格西劳斯二世都无法出征。克莱奥梅布罗图斯一世接替阿格西劳斯二世的位置，成为公元前376年入侵底比斯大军的指挥官。然而，克莱奥梅布罗图斯一世毫无军事才能，甚至无法突破西塞隆山。还没有踏入维奥蒂亚，克莱奥梅布罗图斯一世就从半路返回。

第5节 纳克索斯岛之战

与此同时，在与斯巴达盟友的海战中，雅典取得了不少胜利。公元前390年，色拉西布洛斯曾与拜占庭和罗得岛结成海上联盟。如今的雅典与两地恢复了先前的海上联盟。雅典劝说包括希俄斯岛和米提利尼在内的其他城邦加入海上联盟。海上联盟的成员国同意配备船和财物攻打伯罗奔尼撒半岛，并委派一个联合委员会坐镇雅典，指挥作战。为避免唤起对提洛同盟的不好记忆，共同筹集的资金名称从"贡金"改为"捐款"。此外，雅典人庄重宣誓绝不向爱琴海的任何地方派出军事殖民者。海上联盟最终包含七十个城邦，但该联盟从不积极。对雅典的野心，盟友们惴惴不安，因而在提供船时松弛懈怠，更不愿意捐钱到共同的金库。尤其在公元前376年，当雅典海军大将卡布里亚斯彻底在纳克索斯岛附近击败斯巴达舰队，并将所有斯巴达军队赶出爱琴海后，海上联盟的各成员国就更加谨慎起来。此后，由于斯巴达的威胁已经消除，雅典从同盟国征募船和款项变得更加困难了。科农的儿子提莫西亚斯绕过玛勒亚海角，将战火引到爱奥尼亚海时，居然因为经费不足而终止作战。然而，提莫西亚斯已经取得不少

---

① 阿格西劳斯二世的发病点在腿部。医生实施手术时，阿格西劳斯二世腿部流血不止，导致阿格西劳斯二世昏厥过去，差点身亡。——原注

提莫西亚斯

功绩。在阿卡纳尼亚海岸附近,他击败了一支科林斯舰队,并使克基拉和刻法勒尼亚岛加入了海上联盟。然而,这场战争的确劳民伤财。雅典金库已经空了——即便已经征收了重税。而盟友们身上,雅典再也无法榨出一分钱。因此,雅典认为斯福德里阿斯的恶行已经给了斯巴达足够的教训,开始想到议和。当时,底比斯已经有能力自卫,雅典也无需再为底比斯人延长战事。毋庸置疑,在雅典,底比斯人渐渐不受欢迎。原因在于底比斯人对待弱小的维奥蒂亚邻邦非常苛刻。公元前376年,克莱奥梅布罗图斯一世撤退后,底比斯袭击了仍旧依附斯巴达的各个城邦。当佩洛皮达斯在泰伊拉获胜,并在战场击败亲拉科尼亚诸城邦及它们的伯罗奔尼撒半岛盟友后,各独立城邦纷纷陷落。特斯匹伊和塔纳格拉的城墙被毁，普拉蒂亚则被夷为平地。普拉蒂亚人也被驱逐出境。底比斯对普拉蒂亚人的暴行使雅典极其愤怒。自马拉松战役以来，雅典一直对这个边境小邦怀有好感。击败了除奥尔霍迈诺斯外的所有邻近城邦后，底比斯人如今正式重建了维奥蒂亚联盟，并重新开始主宰维奥蒂亚联盟。自《安塔西达斯和约》之后，维奥蒂亚联盟已经消失十三年。

第6节 夭折的和约

到了这时，斯巴达人已经对海陆两处战场的失败深恶痛绝，并对伯罗奔尼撒盟友逐渐表现出的不满情绪深感畏惧。因此，斯巴达准备议和。雅典举行了一次大会，基于《安塔西达斯和约》"所有城邦均应自由独立"的前提，起草了议和的条款。除了底比斯，其他城邦都对这次议和非常满意。然而，底比斯希望能确保被迫加入维奥蒂亚联盟的城邦永不脱离。代表底比斯出席的伊巴密浓达拒不签署和约，但雅典和其他同盟城邦均不支持伊巴密浓达的诉求。他们不顾伊巴密浓达，正式批准了和约。因此，只剩下底比斯与斯巴达孤军奋战。

然而，这个和约注定会全盘失效。缔结和约后，雅典召回了海军大将提莫西亚斯。当时，提莫西亚斯在爱奥尼亚海执行任务。返回雅典途中，提莫西亚斯对斯巴达的一个盟邦札金索斯实施了不少恶行。斯巴达人对此深恶痛绝。斯巴达公民大会投票表决"雅典人处事不公，应当再次对雅典宣战"。然而，在这次冲突中，雅典和斯巴达表现得都不积极。战争持续了三年，无论海上还是陆地上都没有爆发决定性的战役。最主要的事件就是克基拉围城战。公元前373年，一支斯巴达大军围攻克基拉失败，接着便狼狈地撤离，恰巧躲过了雅典舰队。伊菲克拉底率领这支舰队前来解救克基拉。伊菲克拉底虽然没有抓到斯巴达舰队，但证明了自己指挥海战同样出色——正如在科林斯战争中指挥陆战一样。伊菲克拉底洗劫了伯罗奔尼撒半岛海岸。叙拉古的狄奥尼修斯二世率领一小支海军部队前来支援斯巴达，但被伊菲克拉底一举歼灭。

第7节 雅典与斯巴达和解

公元前372年,两年前破裂的谈判再次启动。大会在斯巴达召开,起草了与之前相似的条款。然而,旧的难题再次出现。底比斯人宣称要代表整个维奥蒂亚联盟商讨签订和约,但斯巴达拒不认可维奥蒂亚联盟重建,坚持以《安塔西达斯和约》为基础。之后,一场暴风雨席卷了大会。阿格西劳斯二世讥讽伊巴密浓达拒不给予维奥蒂亚城邦正当的自由。伊巴密浓达则不无讽刺地质问斯巴达什么时候会给予拉科尼亚的城市相似的自由权。接着,阿格西劳斯二世勃然大怒,宣称既然底比斯旨在开战,那么就如其所愿。阿格西劳斯二世拿起和约,从签署成员中擦除了斯巴达和底比斯的名字。然而,雅典和其他底比斯的盟友都接受了和约的条款,正式批准了和约内容。公元前371年夏天,它们撤回各自的舰队。

第8节 克莱奥梅布罗图斯一世入侵维奥蒂亚

如今,战争再次演变为底比斯与斯巴达的对决。不久,冲突愈演愈烈。和约签订数周后,克莱奥梅布罗图斯一世带领军队起兵入侵维奥蒂亚。谈判前,这支军队就在福基斯集结完毕。克莱奥梅布罗图斯一世没有选择通过基菲索斯河流域进入维奥蒂亚——这是进入维奥蒂亚的常规路线,而是沿着赫利孔山靠近海岸的崎岖山路前进。

因此,在没有底比斯军队干扰的情况下,克莱奥梅布罗图斯一世安全抵达留克特拉。留克特拉位于特斯匹伊地区,离底比斯只有八英里。伊巴密浓达是维奥蒂亚人的指挥官。他料想克莱奥梅布罗图斯一世会出现在偏北的地方,并刚好有足够的时间让自己的军队横插在斯巴达入侵者与底比斯之间。两军在赫利孔山坡地扎营对峙。一场战争近在眼前。斯巴达人似乎胜算更大,因为他们人数更多[1],并且深知敌军中的维奥蒂亚士兵对底比斯心怀不满。

---

[1] 普卢塔赫认为克莱奥梅布罗图斯一世手下有一万一千人,而伊巴密浓达手下有六千人,但这些数字必然少于实际人数。——原注

斯巴达将士在崎岖的山路上行军

事实也确实如此，伊巴密浓达发现，要说服维奥蒂亚联盟的长官们开战相当困难。维奥蒂亚联盟的长官们对自己的军队信心不足，并提出很多预测该战失败的预言和征兆。伊巴密浓达不得不像迪米斯托克利在萨拉米斯大战前所做的一样，将自己变成传播神谕的人。神谕曾说，"斯巴达人将会在处女的坟前战败"。伊巴密浓达请求同僚们细心观察：斯巴达人正在接近两位维奥蒂亚少女的坟墓。这两位少女惨遭斯巴达人施暴后自杀身亡。这个说法成功说服了维奥蒂亚联盟的长官们。然而，伊巴密浓达的自信不是源于预言，而是源于自己的军事才能。伊巴密浓达掌握了一项新战术，并急于付诸实施。伊巴密浓达突然想到，除了希腊自古以来就盛行的传统作战方法，还有其他带兵作战的方法。所有希腊将军一直惯于将重装步兵排成一条直线——从头至尾都是人数均等的纵队，两翼以骑兵作掩护，接着整体冲撞敌军方阵。这种作战方式旨在正面冲撞敌军。所有人同时协力作战。伊巴密浓达决定尝试一种新阵法——现代军事家称其为"斜楔队形"。伊巴密浓达首创了这种阵形，将优势兵力集中在一翼，在中间部队出动前就猛攻敌军中相对应一翼；而中间部队的行动又稍早于最后股部队。因此，在自己军队中占据劣势的部队行动前，占据优势的部队早已投入作战。如果占据优势的部队取胜，那么敌军便丧失了退出战场的机会。因此，就算敌军中还有三分之二安然无恙，他们也会军心大乱。

这就是伊巴密浓达即将采取的阵形。伊巴密浓达决定猛攻斯巴达军右翼。据他所知，按照惯例，位于斯巴达军队右翼的正是斯巴达本地人。他们以此为荣。伊巴密浓达深信，一旦斯巴达军队右翼溃败，斯巴达人的盟友就会乱了阵脚。这样一来，自己就有了获胜的可能。于是，伊巴密浓达将自己唯一可以完全信任的底比斯军队置于左翼。伊巴密浓达将左翼士兵排成至少五十人一组的纵队，而不是通常的八人或十二人一组的纵队。消极作战的维奥蒂亚盟邦士兵仍然按普通阵形排布，组成伊巴密浓达军队的中间部队和右翼部队。伊巴密浓达的骑兵骁勇善战，数量众多。骑兵虽然与左翼部队平行排布，但要比左翼部队早出动。

第9节　留克特拉战役

与伊巴密浓达一样，克莱奥梅布罗图斯一世也急于作战，但另有他因。由于在公元前378年和公元前376年的两次战役中指挥不善，克莱奥梅布罗图斯一世一直遭人奚落。他想证明自己战败并不是因为缺乏勇气，而是时运不济。克莱奥梅布罗图斯一世采取了传统的希腊阵形，即十二人一组的纵队方阵。右翼是拉科尼亚骑兵，左翼是盟友们的骑兵。克莱奥梅布罗图斯一世本人身居右翼中间位置，周围是七百名效忠他的斯巴达人，两侧是拉科尼亚的庇里阿西人。与维奥蒂亚军队相比，克莱奥梅布罗图斯一世的作战队形要长一些，似乎会在交战时包围对方。

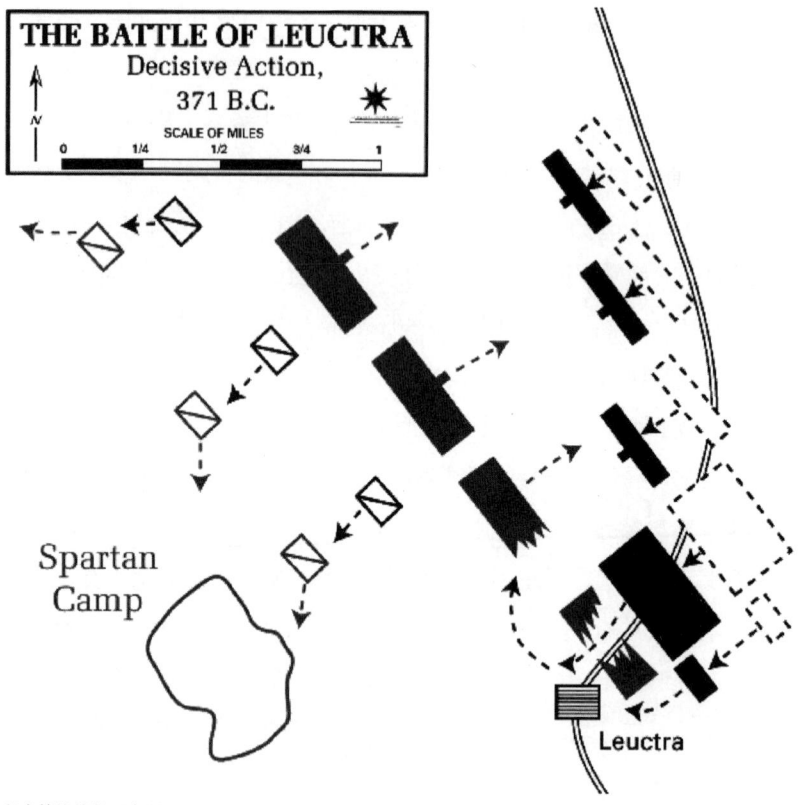

留克特拉战役示意图

据说，午餐过后，面泛红光的斯巴达指挥官们就引兵进入平原。底比斯人迅速迎战。依照伊巴密浓达的新阵法，底比斯军队左翼远远冲在前面。交战以最左翼的骑兵冲锋开场，维奥蒂亚骑兵将拉科尼亚骑兵迅速驱出战场。接着，底比斯重装步兵出动，直接冲向克莱奥梅布罗图斯一世及斯巴达人所在的右翼。底比斯人的首次冲锋直插斯巴达军队要害。克莱奥梅布罗图斯一世阵亡，由贴身护卫抬出战场。然而，战争一度僵持不下。斯巴达阵形像铁一般团结一致，毫不退步。斯巴达人两侧的庇里阿西人开始逼近底比斯纵队的侧翼。不料，佩洛皮达斯挡在前面，拦截了庇里阿西人。

当时，佩洛皮达斯指挥着三百精锐重装步兵，即所谓的"神圣战队"。佩洛皮达斯负责殿后，接到的特殊命令就是一旦斯巴达军队有进攻侧翼的企图，就出动保护主力部队。与此同时,战争的关键时刻已经到来。斯巴达人虽然全力以赴,但还是无法抵抗强悍的底比斯人。伊巴密浓达对部下大喊道:"继续前进,胜利属于我们!"底比斯人一鼓作气,冲破了斯巴达军队阵线,将斯巴达军队打得七零八落。底比斯人获胜了。激战不久,七百斯巴达人中就有四百人阵亡,其中几乎包含所有作战的军官。一千多名拉科尼亚的庇里阿西人战死沙场,右翼余部狼狈地跑回斯巴达营地。伊巴密浓达预见的战局立刻出现:当目睹战场上令人敬畏的首领们惨遭痛击时,中间的伯罗奔尼撒人和左翼的克莱奥梅布罗图斯一世的部队无法坚持作战。虽然维奥蒂亚的中间部队尚未与斯巴达军队交战,而底比斯右翼部队离斯巴达军队还很远,但伯罗奔尼撒人还是作出让步,井然有序地退回军营。少数幸存的斯巴达军官设法让伯罗奔尼撒人回归战场,指出自己的兵力仍然远远超过维奥蒂亚人,但伯罗奔尼撒人再也不愿应战了。接着,斯巴达军队必须得面对现实,承认失败了。传令官们前来向伊巴密浓达请求休战以埋葬死者。

留克特拉战役

留克特拉战役就此结束。这是斯巴达国王及其军队首次在战场上寡不敌众。留克特拉战役彻底否定了希腊传统作战方式，并摧毁了斯巴达的压倒性优势。伯罗奔尼撒同盟再也不会在宗主国斯巴达的指挥下集结出征科林斯地峡以外的地区，也不会再有任何一位赫拉克勒斯族①的国王在维奥蒂亚平原征战。

---

① 在希腊神话中，赫拉克勒斯族指英雄赫拉克勒斯（Heracles）的后代。此处代指斯巴达国王。

第 40 章

底比斯称霸希腊

第1节 留克特拉战役后的斯巴达

留克特拉战役的消息让全希腊一片哗然。鉴于当时的事态发展，希腊的所有城邦立即着手掉转船头，改变政策。只有斯巴达装作没有看到，认为这次战败实属巧合。当这个致命的消息传到斯巴达时，监察官们严禁所有公开哀悼的行为。吉姆诺派迪亚节——斯巴达的竞技会正如火如荼，监察官们拒绝中断庆典活动。监察官们向每家每户派发阵亡名单时，还特意下令家中女子不得公开哀悼。派发阵亡名单后第二天，街道上阵亡者亲属们的神情冷静而肃穆。那些儿子或兄弟幸存下来的家庭都羞愧地躲了起来。因为他们的亲人违背了斯巴达习俗，从战败的沙场上逃了出来。几天后，监察官们召集一支军队前往被困的斯巴达部队。他们身处维奥蒂亚，被困在营地里。为了组建一支像样的军队，斯巴达不得不将五十八岁以下的公民纷纷送上前线。然而，这支新近招募的斯巴达军队不会再参与战事，因为他们半路遇到了归来的伙伴，接着便一齐回到斯巴达。

伊巴密浓达禁止部下突袭战败的斯巴达军队营地。得知伯罗奔尼撒大军已经军心涣散后，伊巴密浓达更愿意让他们自己解散，而不是再浪费人力继续作战。不少意志消沉的盟军毫无迟疑地抛下自己的战友。其他同盟部队也心怀不轨，斯巴达军官们只好低头示弱，恳请免罪撤离。得到应允后，斯巴达人趁着夜色迅速撤离，直到遇上前来解救自己的军队。

第2节 费莱的杰森

伊巴密浓达之所以对斯巴达军队仁慈，很大程度上在于他有了新的麻烦。留克特拉战役一结束，一支新的军队就出现在维奥蒂亚。这支军队属于费莱的杰森。对底比斯来说，费莱的杰森开始变得重要起来。如今，伟大而派系纷争不断的塞萨利人都统一在他的权杖下。这股势力必然会引起底比斯人的高度戒备。费莱的杰森是里可弗朗的女婿和继任者。约公元前405年，里可弗朗自立为费莱的僭主。里可弗朗离世后，他的领地和庞大的雇佣军队留给了费莱的杰森。在近二十年的统治期内，费莱的杰森有功有过、历经起伏。其间，他逐渐将整片塞萨利收到自己的权杖之下。公元前373年，塞萨利地区最后一个独立城市法

法萨卢斯出土的马头货币

萨卢斯落入费莱的杰森手中。接着,费莱的杰森重组塞萨利联盟,并正式创立"Tāgus"一职,即联盟主帅。长期以来,这个联盟徒有其名。在费莱的杰森稳固而公正的统治下,三十个纷争不断的城邦统一成一个强大的联盟。统一之后,塞萨利人就是整个希腊人数最多的民族。不久,费莱的杰森就能率领八千骑兵、两万重装步兵和一大批轻步兵上阵。塞萨利联盟的实力威胁着邻邦。对底比斯来说,搞清楚费莱的杰森对与斯巴达作战的立场至关重要。最终,费莱的杰森宣布站在底比斯一方。公元前371年开战时,费莱的杰森率军南下,声称自己即将加入伊巴密浓达的阵营。然而,不知道是否有意为之,费莱的杰森到得太迟,错过了留克特拉战役。抵达战场时,费莱的杰森没有攻打斯巴达人,而是建议他们自行离开。塞萨利联盟军队人数众多,并且意图不明。直到费莱的杰森离去后,底比斯才敢放松警惕。让底比斯人不安的是,返回时,费莱的杰森洗劫了叙安波里司的福基斯城镇,并攻占了温泉关之外的要塞赫拉克里亚-特拉基斯。

对于费莱的杰森未来会采取什么行动,底比斯并不确定。因此,在对待与斯巴达的战事上,底比斯政府不敢掉以轻心。当时,底比斯人所做的一切仅仅是为了安内。伊巴密浓达起兵攻打誓死追随斯巴达的奥尔霍迈诺斯,后又进攻不愿参与留克特拉战役的特斯匹伊。奥尔霍迈诺斯和特斯匹伊相继屈服。接着,由于奥尔霍迈诺斯和特斯匹伊的不忠,底比斯人极其恼火,扬言要屠杀奥尔霍迈诺斯和特斯匹伊的所有居民。然而,伊巴密浓达让底比斯人恢复了理智。奥尔霍迈诺斯仅仅被拆除了城墙。特斯匹伊人也没有被处决,只是遭到放逐。与此同时,毗邻维奥蒂亚边境的城邦牢记留克特拉战役的教训。福基斯人、洛克里斯人、埃维亚人、埃托利亚人和阿卡纳尼亚人纷纷与底比斯缔结友好结盟条约,并许诺下次对抗斯巴达时会出兵相助。

底比斯使臣只在一个城邦中遭受了冷遇。雅典人虽然刚刚与底比斯结盟,但对之前底比斯大获全胜感到无比厌恶。与其中一方取得压倒性优势相比,雅典更愿意看到权力相互制衡。

第3节 谋杀费莱的杰森

公元前370年,伯罗奔尼撒半岛和希腊北部爆发了一系列重要事件。公元前370年初春,费莱的杰森宣布有意参与即将在德尔斐举行的皮提亚竞技会。表面看来,费莱的杰森仅仅是向阿波罗献祭以庆祝塞萨利的统一,为大祭收集的无数祭品都是为了表达费莱的杰森对上天的感激。实际上,费莱的杰森率领了一支大军,令希腊中部城邦极其惊慌。据说,德尔斐人问询神示所"如果费莱的杰森触碰神殿财物,那么他们将如何行事"。神示所的回答是"自有神明处置"。毋庸置疑,费莱的杰森从未抵达德尔斐。当他端坐在费莱听取诉讼时,七位年轻人伪装成诉讼人接近费莱的杰森。就在费莱的杰森侧耳倾听时,他们跳上前去,用短刀刺死了他。费莱的杰森的权杖落入弟弟波吕多洛斯和波利弗朗手中。波吕多洛斯和波利弗朗都是平庸之辈,并无施展费莱的杰森宏图伟业的能力。

第4节 混乱的伯罗奔尼撒半岛

与此同时,伯罗奔尼撒半岛上充满动荡和变革。由于伯罗奔尼撒半岛上古老的国家制度最终解体,不少地区立刻宣布地方自治。公元前385年,曼丁尼亚的城墙被摧毁。如今,曼丁尼亚人重新修建了城墙。提基亚爆发了内战,民主派屠杀了"亲拉科尼亚派"。之前,伊利斯人企图征服邻近的小城邦时,斯巴达曾进行阻止。如今,伊利斯终于得偿所愿。阿尔戈斯最混乱。阿尔戈斯的对立党派没有联合起来抗击斯巴达,而是相互开战。粉碎寡头派后,民主派开始一系列屠杀行动。至少有一千两百位公民不经审讯或宣判就被杀害。这次屠杀,即所谓的"暴力政治当政"是希腊历史上最恶劣的暴乱事件。与克基拉大暴动[①]相比,这场暴乱中丧生的人数或许更多。

[①] 克基拉(Corcyra)原为科林斯殖民地。公元前479年,克基拉反叛母邦科林斯,与雅典结盟。科林斯人因此对克基拉宣战并羁押了一千名囚犯,囚犯中有不少都是克基拉的显贵。克基拉暴动由此爆发。

有史以来，斯巴达人第一次没有强力镇压叛乱同盟——直到北方援军抵达。监察官们发现，这时只能依靠拉科尼亚的兵力了。能上阵参战的士兵不到一千人，因为监察官们发现不少庇里阿西人已经不再忠诚，无法让他们信任。由于人力匮乏，留克特拉战役的幸存者可以继续保有完全公民权——他们的公民权曾因逃离战场被剥夺。然而，正如阿格西劳斯二世所言，"只此一次就让律法沉睡"。斯巴达只镇压过一次反叛城邦。阿格西劳斯二世虽然已经六十七岁，但还是率领一小支军队攻打曼丁尼亚。如今，斯巴达人士气低下。阿格西劳斯二世虽然只是将曼丁尼亚人赶进新建的城墙内，然后蹂躏了曼丁尼亚人的领地，但已经让斯巴达人心满意足。

第5节 麦加罗波利斯的建立

伯罗奔尼撒半岛上数个城镇的反叛已经屡见不鲜。如果公元前370年的反叛跟公元前421年的反叛及公元前395年的反叛一样，那么斯巴达或许该因此感到庆幸。然而，如今阿卡狄亚的反叛城市显示出不同以往的状况。它们不再各自为战，而是开始联合起来。迅速结盟的曼丁尼亚和提基亚又联合了阿卡狄亚几乎所有的小城邦，企图复原古老的阿卡狄亚联盟。实际上，自从斯巴达成为伯罗奔尼撒半岛的统治者，该联盟便销声匿迹[①]。这个联盟不仅仅存在于名义上。所有部落和城邦决定牺牲各自的地方利益，联合起来建立一个阿卡狄亚联盟的都城，作为阿卡狄亚统一的见证。地点定在赫里森河谷。赫里森河是阿尔费乌斯河[②]的支流，其流经的区域分布着阿卡狄亚面积最大、土壤最肥沃的平原。从各个城邦中公平选举出来的委员们齐聚一堂，共同勾画着一个大都市的图景。委员们称它"麦加罗波利斯"，即"大城市"之意，以此预言这个城市今后的繁荣昌盛。在麦加罗波利斯城内，人们为来自阿卡狄亚各个地区的移民划定了特定区域。帕雷西亚部落原本居住在建造麦加罗波利斯的区域。如今，帕雷西亚部落

[①] 约至公元前430年，阿卡狄亚联盟仍一直正式存在，因为已发现的该时期钱币都铸有该名称。然而，公元前644年第二次麦西尼亚战争之前，阿卡狄亚联盟从未在正史中出现过。——原注
[②] 伯罗奔尼撒半岛上最长的河流，全长110公里，流经阿卡狄亚和伊利斯。

麦加罗波利斯出土的货币

被集体请出。麦加罗波利斯未来政府构建如下：从每个城邦选派一批代表；这些代表要经常在麦加罗波利斯集合，商定所有联盟事务。这些代表人数众多，鱼龙混杂，至少有一万人。对阿卡狄亚联盟的未来而言，这些代表的存在并不是好事。此外，阿卡狄亚联盟还设立了联盟军队，确定了联盟税收。各城邦同意缴纳税款以维持一支五千人的重装步兵作为常备军，即所谓的"伊巴瑞提"。只有两个阿卡狄亚的城邦拒不加入该联盟。它们依附斯巴达。其中之一就是赫里亚。之前，赫里亚在阿卡狄亚西部占据绝对优势，而新都城的崛起使它黯然失色。另外一个城邦就是奥尔霍迈诺斯。奥尔霍迈诺斯对曼丁尼亚人怀有宿怨。赫里亚和奥尔霍迈诺斯的其他邻邦都已经结盟，只有它们孤独地位于其中。因此，为了确保独立，它们必然会大费周章。

第6节　伊巴密浓达在伯罗奔尼撒半岛

公元前370年夏末，费莱的杰森已经离世，希腊中部也因此摆脱了所有威胁。伊巴密浓达率大军进入伯罗奔尼撒半岛。洛克里斯人、埃维亚人、福基斯人及底比斯的其他新盟友与底比斯人并肩作战。伊巴密浓达的到来显示出了究竟有哪些城邦最终与斯巴达决裂，而还有哪些城邦仍然效忠旧主。阿卡狄亚人、伊利斯人和阿尔戈斯人立刻加入了伊巴密浓达的军队；阿哈伊亚人不为所动，保持中立：只有科林斯、西锡安、埃皮达鲁斯、赫尔米翁和夫利阿斯紧闭城门，继续效忠斯巴达。

伊巴密浓达决定不将时间浪费在攻占斯巴达的盟友上，而是直逼斯巴达在埃夫罗塔斯的要塞，彻底摧毁斯巴达人或迫使斯巴达接受和约，结束战争。在曼丁尼亚，哥斯人、伊利斯人和阿卡狄亚人加入伊巴密浓达的军队。入侵拉科尼亚即刻进行。至少七万人参与了这次远征。自公元前479年普拉蒂亚战役以来，这支军队是希腊集结的最大军队。因为当时时节已经不早，所以作为维奥蒂亚联盟长官，伊巴密浓达的任期也即将结束。然而，佩洛皮达斯说服同僚同意让伊巴密浓达继续指挥作战，并给予他功成身退的机会。

显而易见，斯巴达人如今的处境令人绝望。斯巴达是一个离散型的城市，没有城墙或沟渠作防卫。此外，斯巴达与剩余的盟友间距离很远。因此，斯巴达甚至无法凑够两千公民出战。斯巴达的公民人数急剧下降，而庇里阿西人难以信任。同时，斯巴达还有多个宿敌要应付。尽管如此，监察官们丝毫没有表现出要屈服的倾向。监察官们再次让阿格西劳斯二世指挥作战，并请求他竭尽全力。在"从未见过敌军营火烟雾"的女人们的痛哭声中，斯巴达最后一支军队奔赴战场。虽然存在反叛的危险，但老国王阿格西劳斯二世还是向每位希洛人许诺，任何愿意作战的希洛人都将获得自由。此举让阿格西劳斯二世拥有了一支兵力达六千人的军队。阿格西劳斯二世召集了仍然忠心的庇里阿西人，并设法从科林斯和奥尔霍迈诺斯获得少量援军。接着，他绝望地伫立在路障后面。这些路障搭建在斯巴达城出口处。阿格西劳斯二世既不接受懦弱地求和这个建议，也不接受孤注一掷地冒险出击——让斯巴达民族毁灭于"新温泉关"这个主张。他谨慎地采取了守势。伊巴密浓达绕斯巴达城而行,想要寻找没有设防的入口。然而,每条街道都长矛林立。伊巴密浓达设法在狄奥斯库里神殿附近强攻入城时,遭到斯巴达人拼死抵抗。或许是深感斯巴达人的英勇,又或许是不愿"让希腊的一只眼睛失明",伊巴密浓达继续沿着埃夫罗塔斯河谷前进,再也没有对斯巴达城全面出击。逐个烧毁庇里阿西人的村庄后,伊巴密浓达终于来到大海,并摧毁了斯巴达人的海军武器库吉提昂。接着,伊巴密浓达转向西北,穿越塔吉图斯山,进入麦西尼亚。

第7节 麦西尼的建立

在麦西尼亚,伊巴密浓达将要实施他的宏图伟业。入侵前,伊巴密浓达就已经宣称要将麦西尼亚从斯巴达的枷锁中解救出来,并重新让麦西尼亚独立自主。在伊巴密浓达召集到身边的人中,不仅有吕山德从诺帕克特斯驱逐出去的麦西尼亚人的后裔,还有定居西西里岛的早前麦西尼亚的流放者。如今,伊巴密浓达终于可以实现自己的诺言:行军到伊索姆山后,伊巴密浓达在伊索姆山的南坡修建新城——麦西尼的地基,在伊索姆山顶规划出卫城城墙;希洛人拿起武器加入自西流放归来的同胞;所有人联合起来推举伊巴密浓达为新民族的奠基人。麦西尼成了麦加罗波利斯的姊妹城,展现出阿卡狄亚城市前所未有的实力与活力。从一开始,新城的建立就发挥了它应有的作用。如今,斯巴达的势力范围止步于塔吉图斯山。麦西尼亚的旧主再也无法重新征服反叛奴隶的土地,哪怕只是很短的时间。

当伊巴密浓达结束远征,从伯罗奔尼撒半岛回到底比斯时,已经到了公元前369年的春天。伊巴密浓达因而在合法任期外拖延了近四个月。由于这个不合法的举动,伊巴密浓达一回到底比斯,他的政敌就设法弹劾他。然而,公众呼声将伊巴密浓达的政敌轰下了台。伊巴密浓达再次当选为公元前369年的维奥蒂亚联盟长官。

第8节 雅典与斯巴达结盟

我们已经提到,雅典对留克特拉战役的结果尤其不满。虽然雅典对新盟友底比斯的成功郁郁寡欢,但无论如何人们也不会想到雅典的妒忌会让它断绝与底比斯的联盟关系,而与日渐衰落的斯巴达结盟。然而,事实正是如此。雅典想方设法地劝说伯罗奔尼撒半岛城市彼此结成中立的联盟,而不要与底比斯结盟。劝说未果后,雅典最终迈出决定性的一步,即接待前来求援的斯巴达使团。如今,一百多年前西蒙曾在相似的危机下使用的借口再次博得雅典人的同情——这也正是听众愿意听到的。雅典公民大会以绝对票数优势表决要与斯巴达结盟,并派出伊菲克拉底率领一支雅典部队进入伯罗奔尼撒半岛。如今,伊菲克拉底虽然已到暮年,但仍能征战沙场。为确保结盟双方地位的绝对平等,雅典与斯巴达签订的和约甚至包含这样荒唐的条款,即联盟海陆军队的指挥权每五天由斯巴达和雅典军官轮流执掌。

第9节 伊巴密浓达在科林斯地峡

公元前369年夏天,距离首次进攻约三个月后,伊巴密浓达第二次入侵伯罗奔尼撒半岛。伊巴密浓达的这次入侵正是检验雅典与斯巴达新和约的时刻。雅典和斯巴达设法坚守科林斯地峡的防线以抵御伊巴密浓达。于是,雅典和斯巴达匆忙修复了两地之间的陈旧堡垒,并派人守住了通往堡垒的两条大路。雅典人守卫沿着埃伊纳海湾的东部路线,斯巴达人则守卫科林斯海岸的西部路线。然而,伊巴密浓达在黎明时出奇制胜,彻底突破了斯巴达人把守的防线,并大举入侵伯罗奔尼撒半岛。阿卡狄亚人、阿尔戈斯人和伊利斯人举兵加入伊巴密浓达的军队。组成的联合军队围攻了西锡安。西锡安是斯巴达仅存的少数盟友之一。不久,西锡安敞开了城门。然而,在埃皮达鲁斯,联合军队的行动没有这么顺利。设法突袭科林斯这个最大最坚固的城市时,联合军队遭到重创。在科林斯,伊巴密浓达陷入僵局。科林斯拒不开战,但又非常强大——科林斯已经得到叙拉古狄奥尼修斯二世雇佣军的增援，并且后方还有坚固的堡垒作后盾，伊巴密浓达因而无法忽视科林斯的存在。因此，公元前369年的夏天就这样风平浪静地流逝。伊巴密浓达的全部收获就是占据了西锡安，并且将斯巴达大军牵制在北方，以确保麦西尼和麦加罗波利斯建造城墙时不受干扰。再次返回底比斯时，伊巴密浓达遭受冷遇，没有再连任维奥蒂亚联盟长官。①

第10节 佩洛皮达斯在塞萨利

公元前368年，底比斯陷入了一系列新的纠纷，从而分散了对伯罗奔尼撒半岛事务的注意力，并且导致对斯巴达的攻击不如预期的激烈。由于波利弗朗和波吕多洛斯暴毙身亡，费莱的杰森的亲属费莱的亚历山大②继位。新任僭主费莱的亚历山大颇有才能，但鲁莽残暴，不久便让费莱的杰森多年经营的塞萨利联盟分崩离析。拉里萨的贵族爆发叛乱，并引入马其顿国王前来支援。因此，有史以来，马其顿军队首次出现在希腊境内。其他城市争取到了底比斯的援助。底比斯人无视之前与费莱的杰森的结盟，派出一支军队穿越俄特里斯山，前往解决塞萨利的争端。公元前368年，指挥官佩洛皮达斯将马其顿人赶出拉里萨，并迫使费莱的僭主承认叛离城邦的独立。然而，这次干涉成为底比斯今后众多麻烦的开端。费莱的亚历山大绝不原谅此事，并伺机报复。平定塞萨利后，佩洛皮达斯领兵进入马其顿，迫使马其顿君主议和，并交出三十位贵族青年作为人质，以表忠心。人质中还包括费莱的亚历山大的弟弟腓力。三十年后，腓力以征服者而非俘虏的身份进入底比斯。

第11节 "无泪之战"

当底比斯军队忙于北方事务时，伯罗奔尼撒半岛上的战争并没有消停。然

---

① 伊巴密浓达的政敌指责他原本可以消灭斯巴达全军，却在科林斯地峡一战中放了斯巴达人。与其他指控相比，这条指控更符合伊巴密浓达的性格。——原注
② 费莱的亚历山大既费莱的杰森的远房亲戚，也是他的女婿。

阿希达穆斯

而，伯罗奔尼撒半岛事态的发展超出了伊巴密浓达的预期。底比斯的两位主要盟友——阿卡狄亚和伊利斯——因特普利亚人的归属问题发生冲突。阿卡狄亚认为特普利亚人是阿卡狄亚联盟成员国的子民，而伊利斯宣称特普利亚人自古以来就是伊利斯的属民。阿卡狄亚的将军，曼丁尼亚的吕科墨得斯出征斯巴达时，便留下孤立无援的阿卡狄亚人。公元前368年，取得两次大胜后，吕科墨得斯在米底亚遇上阿希达穆斯率领的拉科尼亚军队。阿希达穆斯是阿格西劳斯二世的儿子，与阿格西劳斯二世一样精力旺盛，但才干稍逊于阿格西劳斯二世。阿卡狄亚人彻底溃败。叙拉古的狄奥尼修斯二世借给斯巴达人的一群凯尔特人对阿卡狄亚逃兵穷追不舍。结局非常血腥。斯巴达本土人无人牺牲。因此，斯巴达人称这场战争为"无泪之战"。

底比斯人并没有为阿卡狄亚人复仇，因为他们自己还在忙于北方事务。费莱的亚历山大刚刚绑架了因公事经过塞萨利的佩洛皮达斯，并将他投入大牢。为解救至爱的将军，底比斯出动七千人攻打僭主费莱的亚历山大。不料，这支军队陷入困境。当时，伊巴密浓达正作为一名普通的重装步兵在军队效力。军队首领们请求伊巴密浓达上阵指挥后，这支军队才躲过一劫。伊巴密浓达解救了全军，并让他们安全通过俄特里斯山的重重关隘。知道将领们指挥不当后，底比斯人民会议罢黜了无能的将领，并向他们每人罚款一万德拉克马。底比斯人将指挥权交给伊巴密浓达。获得增援后，伊巴密浓达再次进入塞萨利，几天便让费莱的亚历山大陷入绝境。费莱的亚历山大被迫释放佩洛皮达斯。公元前368年到公元前367年的冬天，费莱的亚历山大被迫求和。

第12节　佩洛皮达斯在苏萨

"无泪之战"使斯巴达人从留克特拉战役的绝望和沮丧中解脱出来，鼓舞斯巴达人继续作战。此外，斯巴达人还寄望于波斯帝国的支援，因为达达尼尔海峡的总督阿里巴扎尼刚刚送来一大笔钱和两千雇佣军。然而，斯巴达对波斯帝国的期望落空了。公元前367年，底比斯人派佩洛皮达斯作为大使前往苏萨，劝说阿尔塔薛西斯二世不要再支持斯巴达，而要支持底比斯。底比斯霸权时期，这次出使是为数不多的徒劳无功的出使。因为底比斯借阿尔塔薛西斯二世之手颁布了一则诏书。作为《安塔西达斯和约》的担保人，阿尔塔薛西斯二世可以命令希腊人。在诏书中，阿尔塔薛西斯二世要求：阿卡狄亚人停止对伊利斯狂妄自大的行为；斯巴达人承认麦西尼独立；雅典人搁置收回在外作战的海军。诏书涉及的城邦自然不会理会这些命令。正如阿卡狄亚人安蒂阿卡斯所说，"波斯帝国君主虽然拥有数不尽的面包师、御厨、斟酒者和守门人，但没有一个能对付希

苏萨城遗址

腊重装步兵的人。"然而,虽然阿尔塔薛西斯二世孱弱并且远在千里之外,但底比斯人强大并且近在咫尺,而底比斯的军队已经做好支持阿尔塔薛西斯二世诏书的准备。

第13节 伊巴密浓达在阿哈伊亚

公元前367年,再次担任维奥蒂亚联盟长官的伊巴密浓达第三次入侵伯罗奔尼撒半岛。与阿尔戈斯人协调行动后,伊巴密浓达通过内外夹击攻破了科林斯阵线。接着,伊巴密浓达行军到阿哈伊亚,并劝说这里的城市——它们一直保持中立——与底比斯结盟,条件是不干涉这些城市的内政。虽然伊巴密浓达一再抗议,但底比斯政府仍然违背这些承诺,派驻军和军事统治者进驻这些城市。

这样的失信必然遭到背弃。不久,阿哈伊亚人就武装反抗,赶走了底比斯驻军,满怀热情地加入斯巴达的阵营。公元前367年的战果因此全部作废。或许有一个意外能安慰底比斯人。公元前367年秋天,底比斯人占领优波克海峡的阿提卡边境城市阿罗普斯。自古以来,阿罗普斯都是维奥蒂亚和雅典的必争之地。

第14节 《科林斯和约》

这场失利极大地激怒了雅典人。雅典人要号召伯罗奔尼撒半岛上的盟友协助自己收复阿罗普斯。然而,斯巴达人和科林斯人都忙于国内大事,拒绝帮助雅典。斯巴达和科林斯漠然的态度刺激了雅典人。雅典人转而阴谋夺取科林斯卫城,但以失败告终。然而,这个事件让科林斯人惊恐不已。科林斯人因而退出战争,接受底比斯的条款,保持中立。科林斯的邻邦夫利阿斯和埃皮达鲁斯立刻效仿科林斯。

如果不是更强大的伊利斯随后与斯巴达结盟,斯巴达就会因为科林斯的变节而遭受重创。历经四年有关边境问题的纷争后,伊利斯人和阿卡狄亚人最终开战。由于阿卡狄亚人一直与斯巴达势不两立,伊利斯人立刻与斯巴达和解并结盟。在一定程度上,此举改变了伯罗奔尼撒半岛的态势。作为底比斯的盟友,阿尔戈斯、阿卡狄亚和麦西尼与底比斯的对手——阿哈伊亚、伊利斯和斯巴达不相上下。然而,在新战争的首轮冲突中,阿卡狄亚人占据绝对优势。公元前365年,阿卡狄亚人自认非常强大,便冒险采取三百年前阿尔戈斯斐冬时期曾实施的行动。奥林匹亚竞技会正在这一年召开。来自希腊世界各个地区的人熙熙攘攘地参与该盛典。随着开幕日的到来,阿卡狄亚人行军到阿尔斐俄斯河河谷,攻占了奥林匹亚,并宣称今后将由阿卡狄亚人举办奥林匹亚竞技会,而不是伊利斯人。此举让伊利斯人极其恼火。在阿哈伊亚志愿军的增援下,伊利斯人出动全军向奥林匹亚进发。一支由阿卡狄亚人和阿尔戈斯人组成的大军正在奥林匹亚守候。就在庆典当中——"战车比赛刚刚结束,摔跤手们正在体育场与祭坛之间角逐",伊利斯人突然闯进神圣的竞赛区,到处驱赶阿卡狄亚人。然而,阿卡狄

奥林匹亚复原图

亚人在建筑群中重整旗鼓，纷纷从柱廊和宙斯神殿的屋顶投掷东西攻击伊利斯人。伊利斯人最终无路可退。到了第二天，冲突再起。阿卡狄亚人以人们度假时搭建的昂贵帐篷、摊位和座位等作为路障进行防御。最终，阿卡狄亚人赶走伊利斯人。被中止的庆典重新开始并完整结束。然而，这是一场不受祝福的胜利。多数希腊人认为阿卡狄亚人此举亵渎了神明，因为伊利斯人才是圣地奥林匹亚名正言顺的守护者。

为了继续占领奥林匹亚并保护加入阿卡狄亚联盟的伊利斯臣民，阿卡狄亚人不得不将自己的五千伊巴瑞提常备军一直投放到战场。巨额开支耗尽了阿卡狄亚联盟的金库。情急之下，阿卡狄亚的将军们将手伸向奥林匹亚神殿中的财物，以此维持开支和军备花销。通过阿卡狄亚联盟议事会投票表决，多数成员同意这项措施，但部分城邦——为首的就是强邦曼丁尼亚——拒不宽恕这个渎神的行为。阿卡狄亚联盟因此爆发争端。议事会下令监禁曼丁尼亚的执法官们，因为曼丁尼亚紧闭城门对抗阿卡狄亚联盟军队。然而，多数舆论支持曼丁尼亚人。因此，公元前363年，阿卡狄亚联盟的多数城邦选择让步，不仅承认错误，还与伊利斯达成和解，归还奥林匹亚，并放弃对奥林匹亚的所有守护权。

虽然有维奥蒂亚军队在阿卡狄亚联盟中服役，但阿卡狄亚人的这次和解并没有请求或获得盟友底比斯的许可。这种怠慢底比斯的行为让底比斯人深感不满。就连一向心平气和的伊巴密浓达也谴责该行为不亚于背信弃义。然而，底比斯人的愤慨发展到了不可理喻的地步。一位底比斯军官与提基亚的执法官们勾结，抓捕并监禁了不少曼丁尼亚及其他地区的显贵人物，而这些显贵人物当时正在拜访提基亚并参加庆祝与伊利斯和解的宴会。不久，这些囚徒便被释放。然而，伤害已经产生，弥补却来得太迟。曼丁尼亚已经和斯巴达和解，并退出了阿卡狄亚联盟。

第15节 佩洛皮达斯之死

这次危机让底比斯人大吃一惊。因此，公元前362年春天，底比斯大举进攻伯罗奔尼撒半岛。伊巴密浓达再次担任指挥官，但他的旧同僚已经不在左右。数月前，佩洛皮达斯战死沙场。费莱的亚历山大第三次与底比斯交手。而佩洛皮达斯急于报复公元前368年费莱的亚历山大对自己的羞辱，获准领兵攻打费莱的亚历山大。佩洛皮达斯的军队离开底比斯时，发生了月食。占卜者们纷纷阻止这次远征。无人追随的佩洛皮达斯几乎是孤身前往塞萨利，号召费莱的亚历山大的臣民起身反抗他们的领袖。有了几千人加入后，佩洛皮达斯立刻起兵攻打费莱。在库诺斯克法莱，费莱的亚历山大与佩洛皮达斯相遇。在兵力上，费莱的亚历山大的雇佣军是佩洛皮达斯造反派的两倍。然而，佩洛皮达斯斗志昂扬。佩洛皮达斯攻破了费莱的亚历山大的雇佣军。看到费莱的亚历山大设法召集护卫时，佩洛皮达斯向他步步紧逼。佩洛皮达斯一时忘记了将军的职责，跳上前去刺杀费莱的亚历山大，但自己反被围攻。在追随者赶来前，佩洛皮达斯便遇害身亡。塞萨利人将佩洛皮达斯作为"塞萨利自由的奠基人"哀悼，并在佩洛皮达斯

佩洛皮达斯之死

最后取胜的地方为他举行了隆重的葬礼。费莱的亚历山大被剥夺了对其他城市的统治权，只剩下费莱。不久后，费莱的亚历山大被妻子和连襟联手杀害。

第16节 伊巴密浓达第四次入侵伯罗奔尼撒半岛

在公元前362年的伯罗奔尼撒战争中，战争双方都全力以赴。伊巴密浓达率领着维奥蒂亚人、塞萨利人和埃维亚人大军穿过科林斯地峡，在尼米亚又得到了阿尔戈斯全军的鼎力相助。接着，伊巴密浓达向西行军，挑选出阿卡狄亚联盟和麦西尼的部队，带着三万大军直逼提基亚。到达提基亚后，伊巴密浓达插到了斯巴达和斯巴达的新盟友曼丁尼亚人中间，迫使他们通过蜿蜒崎岖的山路彼此通信。然而，斯巴达人决心营救曼丁尼亚。他们请年老的阿格西劳斯二世再次出征，并出动斯巴达所有可用兵力加入了自己的盟友曼丁尼亚。伊巴密浓达已经预料到斯巴达的这个举动。当听到阿格西劳斯二世准备好长途行军时，伊巴密浓达解散了在提基亚的营地，突袭斯巴达。伊巴密浓达几乎不费一兵一卒就能占领当时"如同母鸟离巢"①的斯巴达城。不料，伊巴密浓达声东击西的计划却因背叛而失败。夜里，一位逃兵离开底比斯营地，向阿格西劳斯二世和盘托出伊巴密浓达的整个计划。老国王阿格西劳斯二世全速赶回，以惊人的速度赶在伊巴密浓达之前回到斯巴达。像公元前370年那样，阿格西劳斯二世的军队再次占据斯巴达的主要出口，采取守势。伊巴密浓达立刻从多处同时发动进攻，甚至成功让一支纵队打入了斯巴达的集市区。然而，由于其他地点均遭到反击，伊巴密浓达被迫撤离，完全放弃了突袭斯巴达的希望。

伊巴密浓达匆匆改变了自己的行动计划，决心在斯巴达增援前猛攻曼丁尼亚。于是，伊巴密浓达的军队在夜晚悄悄地向这个毫无防备的城市进发。然而，意外再次发生。雅典人已经派遣一支近六千人的骑兵部队加入斯巴达人的队伍，而这支骑兵部队的先头部队恰巧在底比斯骑兵出现在城门前进入了曼丁尼亚。雅典人走了四十英里山路，虽然长途行军并且疲惫不堪，但仍然冲出去痛击伊巴密浓达的军队，将底比斯人赶回提基亚。

斯巴达人一直追着伊巴密浓达，如今已经超过他，与曼丁尼亚人和雅典人会合。从伊利斯和阿哈伊亚来的一支部队也已经抵达。因此，他们共有两万步兵和两千骑兵。虽然这支军队的兵力只有底比斯人的三分之二，但如果战略得当，也能牵制住伊巴密浓达。不过，草率鲁莽在军营中占据上风。曼丁尼亚的将军们急于作战，以确保自己的领地免遭劫掠。因此，当伊巴密浓达从提基亚赶来时，斯巴达、雅典、曼丁尼亚、伊利斯和阿哈伊亚的联合大军排兵布阵，向伊巴密浓达宣战。联合大军的右翼在曼丁尼亚，左翼在曼丁尼亚以南一处草木茂密的高地上。曼丁尼亚人和斯巴达人列队在代表荣誉的右翼，雅典人居左翼，伊利斯人和阿哈伊亚人居中。他们呈一字排开。两侧均有一千骑兵。

伊巴密浓达从提基亚赶来时，天色已晚。伊巴密浓达停止前进，让部下驻

---

① 色诺芬：《希腊史》，第7卷，第5章，第8页。——原注

扎在面朝曼丁尼亚的山脚。联合大军很自然地做出了错误的判断，以为伊巴密浓达直到第二天才会发起进攻。于是，联合大军的重装步兵开始解散。骑兵也开始卸下马鞍。伊巴密浓达早就料到联合大军会这样行动。看到联合大军将要休息时，伊巴密浓达突然发起猛攻。

第17节 曼丁尼亚之战

当时，伊巴密浓达采用的阵形与在留克特拉战役取胜时的阵形一样。主力骑兵在伊巴密浓达的左侧，接着是维奥蒂亚人构成的多层纵深方阵，与骑兵齐头并进，而中部和右翼由阿卡狄亚人、阿尔戈斯人和麦西尼亚人组成。中部和右翼位于后方，行动稍微迟缓。埃维亚人单独列队。他们爬上联合大军右侧的高山，威慑着雅典人所在的侧翼。

一切尽在伊巴密浓达预料之中。伊巴密浓达左侧的骑兵将斯巴达的战马赶出了战场。紧随其后的维奥蒂亚纵队由伊巴密浓达亲自率领，"如战舰般乘风破浪"[1]，在曼丁尼亚人和斯巴达人所在阵列中杀出一条血路。然而，一位孤注一掷的斯巴达人安蒂克拉底亿立在落荒而逃的战友中间，瞄准了伊巴密浓达，用长矛刺穿了这位伟大的将军的胸膛。伊巴密浓达倒下的消息传开后，获胜的伊巴密浓达的军队中途停下来，没有继续乘胜追击。毋庸置疑，伊巴密浓达的军队让雅典人在右翼稍占上风。随后，联合大军竟然荒唐地宣称自己已经在主战场上获胜。

第18节 伊巴密浓达阵亡

伊巴密浓达被抬出战场。伤口上仍然牢牢地插着一段长矛。伊巴密浓达的侍从将他抬到后方的一处高地上。在该地，伊巴密浓达可以俯瞰整个战场。伊巴密浓达恢复意识后，便问自己的护盾是否完好无损，接着用垂死的眼睛扫视

---

[1] 色诺芬：《希腊史》，第7卷，第5章，第23页。——原注

战局。匆忙中，伊巴密浓达指定伊奥莱达斯和达伊凡图斯继任指挥官，但得到的是伊奥莱达斯和达伊凡图斯被杀的消息。弥留之际，这位英雄说："那你们最好议和。"伊巴密浓达要求将矛头从伤口拔出。血液随之喷涌而出。伊巴密浓达的呼吸就此停止。

伊巴密浓达就这样战死。一同逝去的还有底比斯的强大。从没有哪个城市的兴衰与一位政治家的命运这样紧密相连。底比斯人似乎对未来充满恐惧，因为他们遵从了伊巴密浓达的临终遗言，在夏末前与斯巴达、雅典、伊利斯、阿哈伊亚及曼丁尼亚议和。签署和约的一方是雅典、伊利斯、阿哈伊亚和曼丁尼亚，另一方是底比斯、阿尔戈斯和阿卡狄亚。唯独斯巴达没有签署和约，因为监察官们拒不承认麦西尼的独立。这场大战终于接近尾声。响彻希腊全境的兵戈交锋渐渐演变成塔吉图斯山坡地上强夺边境堡垒的琐碎争执。

第41章

从曼丁尼亚之战到腓力二世首侵希腊

留克特拉战役后,底比斯虽然主导希腊格局长达九年,但没有达到斯巴达曾经的成就。它从未上升到正式的霸主地位。提洛同盟时期,雅典掌控着一个实力强大、成员紧紧依附于它的组织。而底比斯对希腊的主宰与这种组织无关。底比斯之所以站在风口浪尖上,只是因为在斯巴达的敌人的阵营中,它是最强大的,是其他城邦要依附的中坚力量。当时的精神向导伊巴密浓达有意担任最高领导,努力让底比斯成为领头者,而非一个"专制城邦"。

曼丁尼亚之战结束后,希腊各城邦发现它们缺乏一位公认的领袖,因而恢复了自由,不再忌惮任何宗主国或强国。因此,希腊接下来一段时期的历史尤其支离破碎。

第1节 阿格西劳斯二世驾崩

在伯罗奔尼撒半岛,之后数年的编年史几乎是一片空白。因为斯巴达不再是希腊的中心,所以斯巴达与周边小城邦的琐碎战事似乎已经吸引不了古希腊史学家们的注意。尤其是在年老的阿格西劳斯二世驾崩后,斯巴达也失去了与光辉岁月联结的最后一条纽带。这位伟大的勇士并没有在埃夫罗塔斯河谷战死,而是在利比亚的沙漠里丧生。斯巴达与麦西尼的战争迫切需要财力支持。因此,当

骑在马上的阿格西劳斯二世

塔克霍斯——一位反叛波斯帝国的埃及国君——要用金钱换取希腊重装步兵时,阿格西劳斯二世接受了这个建议。按照约定,阿格西劳斯二世带着援军到达埃及,以八十四岁的高龄指挥了自己在尼罗河畔的最后一次战役。与塔克霍斯发生争执后,阿格西劳斯二世转而支持塔克霍斯的表亲涅克坦尼庇斯。涅克坦尼庇斯随即以二百三十塔连特换取阿格西劳斯二世的效劳。公元前361年到公元前360年的冬天,阿格西劳斯二世率军带着钱财回国时,在利比亚沿岸的一个废弃港口驾崩。正如神谕所言,虽然充满勇气并且极具才能,但阿格西劳斯二世正是斯巴达的恶魔天才——"跛足统治"为斯巴达带去了所有的不幸。

在伯罗奔尼撒半岛上,阿卡狄亚联盟本来还有可能成为领头羊。然而,成立不到二十年,阿卡狄亚联盟便分崩离析。原因在于旧城对新建都城麦加罗波利斯的妒忌。公元前353年,斯巴达攻击麦加罗波利斯。麦加罗波利斯孤立无援,最终向斯巴达臣服。后来,在底比斯军队的支援下,麦加罗波利斯重获自由。旧城邦如此系统地削弱着新建都城的实力,导致最后如一位讽刺诗人所言,

"这个伟大的城市①变成无垠的荒漠"。由于不再有强邦或宗主国遏制阿卡狄亚人之间的纷争，不久，阿卡狄亚人全然衰落，变得无足轻重。

大约就在此时，伯罗奔尼撒半岛上又滋生出新的罪恶——僭主制死灰复燃。虽然两百年来伯罗奔尼撒半岛上的僭主早已经销声匿迹，但叙拉古的狄奥尼修斯和费莱的杰森的成功驱使着野心家们蠢蠢欲动。西锡安的欧弗隆首先尝试用武力奴役国人。公元前367年，他最终失败，遭到暗杀。约公元前360年，科林斯的蒂莫芬尼斯因其死状声名远扬。在蒂莫芬尼斯顺利夺权后，他的弟弟蒂

蒂莫莱翁

---

① 该引文出处不详。此处"伟大的城市"应当是指麦加波罗斯。

莫莱翁及两位蒂莫芬尼斯的友人与他见面。四人会面时，其他三人庄重地要求蒂莫芬尼斯放弃僭主制。遭到拒绝后，蒂莫莱翁走到一旁，用披风裹住蒂莫芬尼斯的面部，其他二人则将蒂莫芬尼斯砍倒。

科林斯由此恢复了自由。其他希腊城邦则没有这么幸运——尤其是埃维亚岛，几乎完全落到僭主手中。

第2节 同盟战争爆发

在参与公元前371年到公元前362年战争的众多城邦中，除了底比斯，数雅典表现得最好。雅典虽然失去了阿罗普斯，但收获的远比失去的多。公元前365年，雅典成功征服了之前落入波斯帝国手中的萨摩斯岛。然而，雅典并没有解放先前的盟友，反而在萨摩斯岛上为自己的贫困公民建了大型军事殖民地。雅典还挑选了不少爱琴海北岸的边远城镇，据为己有。其中包含色雷斯的切索尼、马其顿城市皮德纳和墨托涅，以及更重要的城市波提狄亚。斯巴达最终衰落后，雅典成为希腊唯一的海上强国。底比斯虽然拥有实力强大的陆军，但只在公元前363年派出过一支舰队出海。雅典人如果足够聪明，就会允许新近征服的城市加入公元前378年建立的海上联盟。然而，对提洛同盟的记忆是雅典人的痛苦之源。雅典无法忘记重建帝国的使命，更想统治那些心不甘情不愿的臣民，而不愿去争取积极主动的盟友。看着自己强大的盟友越来越随心所欲，加入雅典海上联盟的亚细亚城市开始不满。在萨摩斯岛建立军事殖民地严重违背了基本的结盟协议，尤其冒犯了雅典的亚细亚盟友。然而，直到公元前357年，亚细亚城市才公然与雅典开战。当时，整个海上联盟的主要成员——希俄斯岛、拜占庭、罗得岛和科斯岛——同时对雅典宣战。雅典希望通过猛攻海上联盟中最强大的城市来威慑其他盟友。因此，雅典企图以攻占希俄斯岛宣告战争的开始。纳克索斯之战的获胜者和经验丰富的将军卡布里亚斯率领六十艘战船进入希俄斯岛的港口，并设法登陆。然而，卡布里亚斯一马当先冲在前面，与主力大军拉开了很长的距离。最终，卡布里亚斯惨遭杀害。雅典舰队也战败撤退。接着，

卡瑞斯

获胜的海上联盟成员围攻萨摩斯岛，企图赶走雅典的军事殖民者。为解救萨摩斯岛，老将军伊菲克拉底和提莫西亚斯率领第二支舰队出发。当时，伊菲克拉底一定已经超过七十岁。抵达萨摩斯岛后，伊菲克拉底和提莫西亚斯发现敌军太强大，因而撤退。由于这个谨慎的行为，伊菲克拉底和提莫西亚斯遭到同僚卡瑞斯弹劾，并接受公民大会的审判。公民大会忘记了伊菲克拉底和提莫西亚斯往日的功勋，对他们严加审判。伊菲克拉底虽然被无罪释放，但被剥夺了指挥权。提莫西亚斯被处以一百塔连特罚金——这对他是毁灭性的。因此，摆脱了雅典老一辈将军的指挥后，雅典人将战事指挥权交给了卡瑞斯——伊菲克拉底和提莫西亚斯的指控者。卡瑞斯虽然富有才干，但反复无常，并不可靠。在某种程度上，卡瑞斯的性格让人们想起亚西比德。攻打同盟城邦时，这位新任指挥官毫无进展。当发现资金不足后，他让雅典军队为波斯帝国达达尼尔海峡地区的总督阿塔巴兹效力以换取酬金，而阿塔巴兹最近刚刚叛离波斯帝国君主阿尔

阿尔塔薛西斯三世

塔薛西斯三世。通过成功打击波斯人的远征,卡瑞斯充实了自己军队的金库。与此同时,雅典与同盟间的战争陷入僵局。

第3节 同盟战争结束

不久,雅典人就听到了消息:对雅典支援波斯帝国反叛总督阿塔巴兹的行为,波斯帝国君主雷霆大怒,正配备三百腓尼基战船前来支援雅典曾经的盟友。雅典人惊恐不已,解除了卡瑞斯的职务,请求波斯帝国君主的宽恕。公元前355年,雅典与反叛的盟友议和。罗得岛、希俄斯岛和其他所有反叛的盟友都可以退出海上联盟,但雅典保留萨摩斯岛和色雷斯及马其顿沿岸的城市。这些城市将归雅典所有,不再是雅典的盟邦。与雅典断绝关系后,在新近独立的城邦中,有两个城邦并没有享受多长的自由。公元前353年,罗得岛和科斯岛被卡里亚总督摩索拉斯征服,再次成为波斯帝国的附庸。

正当雅典忙于与同盟间的战争时,其他一系列的麻烦分散了雅典的注意力。雅典遭到马其顿国王腓力二世的沉重打击,并迅速失去了爱琴海北岸零星的领地。

令人奇怪的是,对于爱琴海沿岸各希腊城邦的事务,马其顿王国竟然现在才插手。虽然历代马其顿国王都曾设法利用过希腊城邦间的战争甚至是内战,但没有一位马其顿国王永久地征服了希腊的领地。原因并不在于马其顿王国资源不足或马其顿国王野心不够,而是因为向高层文明进化时,一个半蛮族的城邦被各种问题缠身。

第4节 马其顿人

马其顿人虽然看似是希腊人的近亲①,但一直被视作异邦人。然而,马其顿人并不像他们的近邻色雷斯人和伊利里亚人那样野蛮。只是在公元前4世纪,他

马其顿人狩猎的场景

---

① 残存的马其顿方言与伊欧里斯的希腊文非常相似。而马其顿人必然是多民族混血的结果。——原注

们仍然过着希腊部落在公元前10世纪时那样的生活。马其顿人形成的政体与古老的有限王权政体类似，即国王寻求贵族们的意见，并将自己的决议提交人民会议批准。虽然不少马其顿部落都是粗野的山地人，但这些居住在阿克希乌斯河和哈利亚克蒙河平原地区的部落熟知城市生活，建立了大型城市埃迦伊和佩拉。与爱琴海沿岸希腊殖民地三百年的接触深深地影响了马其顿人，尤其是马其顿王国的上层阶级。在这些希腊殖民地，马其顿王国的上层阶级学到不少希腊习俗，并学会欣赏文明礼节。多数马其顿王国贵族都有希腊名字，譬如"阿奇劳斯""保萨尼阿斯""莱西马库斯"和"托勒密"。马其顿王国的贵族们开始用希腊名字称呼他们的神明。此外，他们还通晓希腊文。

第5节 马其顿王国历代国王

马其顿王国的王室家族是马其顿希腊化的领军人物。他们宣称自己是阿尔戈斯多利亚族国王的远亲的后裔。亚历山大一世曾在薛西斯一世的军队中服役，为自己的希腊宗谱据理力争，甚至得到参加奥林匹亚竞技会的资格——这是任何一位蛮族人都没有享受过的殊荣。亚历山大一世的孙子阿奇劳斯一世更是希腊事物的狂热爱好者。阿奇劳斯一世的宫廷里招待过阿伽松[①]、科里洛斯[②]和欧里庇得斯[③]这样的希腊诗人。他还雇用宙克西斯[④]用壁画装饰自己宫廷的墙壁。此外，他还邀请哲学家苏格拉底到佩拉教导马其顿王国的青年——尽管徒劳无功。公元前399年，阿奇劳斯一世驾崩后，马其顿王国陷入多年内战。在伟大的腓力二世的父亲阿明塔斯一世统治期间，内陆的伊利里亚人和海岸边的哈

---

① 阿伽松（Agathon，约公元前448—公元前400），雅典悲剧诗人，作品现已亡佚。阿伽松曾出现在柏拉图的《会饮篇》中。
② 科里洛斯（Choerilus，约公元前546—公元前460），雅典著名悲剧诗人，所创作的一百六十部戏剧作品如今均已亡佚。
③ 欧里庇得斯（Euripides，约公元前480—公元前406），雅典悲剧作家，古希腊三大悲剧作家之一。其余二位为埃斯库罗斯和索福克勒斯。生前共创作约九十多部戏剧作品，《美狄亚》为其代表作。
④ 宙克西斯（Zeuxis，生卒年不详），古希腊极富创造力的画家，生活在公元前5世纪，其绘画作品均以亡佚。

欧里庇得斯

尔基季基同盟似乎要将马其顿一分为二。斯巴达摧毁了哈尔基季基同盟,拯救了阿明塔斯一世的王国。数年内,马其顿王国恢复了实力,甚至还设法征服塞萨利北部——不料被佩洛皮达斯击退。

第6节 腓力二世的青年时期

迄今为止,马其顿王国一直受潜在的内战危的影响。尽管王位继承为世袭制,但靠暴力篡位夺权的也不在少数。只要能找到一群强大的追随者,任何一位王室成员都有希望从上任国王的继承者手中夺得王位。如同中世纪的贵族阶级一样，马其顿王国为数众多且好战尚武的贵族傲慢无理。任何怠慢行为都可能让这些贵族拿起武器，拥立新主。因此，马其顿王国的王位都是长满荆棘的宝座。国王寿终正寝反倒是一桩幸事。

在前文中，我们已经提到，还是孩童时，阿明塔斯三世的第三位儿子腓力便作为人质被佩洛皮达斯带回底比斯。腓力被体面地囚禁在底比斯多年。他可以自由支配自己的时间，但不能回马其顿王国。腓力是一位非凡的青年。他不仅熟知希腊文学和哲学，还十分精通希腊文，甚至被认为是同辈中首屈一指的雄辩家。此外，腓力还洞悉希腊治国之道，通晓兵法——这都是同辈人望尘莫及的。当时，底比斯是希腊政治的中心。伊巴密浓达是当时最伟大的将军。然而，没有哪位十六岁的少年能像这位流放中的马其顿年轻人一样善于抓住时机并且精于观察。

在底比斯度过三四年后，腓力因家族不幸被召回马其顿王国——腓力的长兄马其顿国王亚历山大二世遇刺身亡。继位不久后，亚历山大二世的继任者、腓力的二哥佩尔狄卡斯在与伊利里亚人的交战中阵亡。佩尔狄卡斯留有一子，但年龄尚小。因此，公元前359年，腓力成为佩尔狄卡斯幼子的监护人和马其顿王国的摄政王。

佩尔狄卡斯

第7节 腓力的性格

刚年满二十三岁的腓力要肩负巨大的使命。一方面,两位王室成员觊觎腓力侄子的王位。另一方面,杀死佩尔狄卡斯的伊利里亚人正从马其顿王国西北边境闯进来。然而,这位年轻的摄政王完全有能力应付困扰他的难题。上天赋予了腓力作为马其顿统治者所需要的每一种品质。就算马其顿王国最粗野的臣民也会钦佩这位总是亲自出征的摄政王,腓力是马其顿王国最优秀的骑手、最勇敢的游泳者和最敏锐的猎手。腓力也贪图杯盏之欢——马其顿人共同的弱点。然而,腓力不单纯是一位士兵。自年幼起,腓力就擅长掩饰和伪装,而非武力和强迫。腓力对希腊的治国之道颇有研究。以智取胜是腓力最大的乐趣——尤其当对手是一位希腊政客时。为达目的,腓力可以不择手段。腓力否认条约或违背誓言都直截了当——这甚至让最麻木不仁的希腊政客都大惊失色。腓力最大的武器就是贿赂。他深知希腊人见利忘义。因此,他总是雇用敌军的派系领袖支援自己作战。腓力说:"只要我让一只骡子驼着一袋银币经过城门,就没有哪个城市是坚不可摧的。"一直以来,与腓力同时代的人都不相信他是老奸巨猾的人,因为他一直表现得无拘无束、谦恭有礼并且坦诚直率。人们很难相信一个人可以看起来这样真诚,却那样心怀恶意。腓力的优秀品质也不全是假装出来的。腓力的残酷从不会毫无缘由。他是一位可靠的朋友和心胸宽广的主人。他的彬彬有礼和亲切温厚出于真诚而非伪装。他确实鄙视希腊人的派系偏见和唯利是图,但对希腊文化与希腊文明的崇敬也确实是出于真心。

第8节 腓力执政

出任马其顿王国摄政王的两年内,腓力清除了所有觊觎王位的人,并彻底击垮了伊利里亚人。腓力因此赢得人民的无限拥戴。公元前358年,腓力秘密罢黜了自己的侄子,自立为王。史称"腓力二世"。接下来,腓力二世便开始重整马其顿军队。在此之前,马其顿军队不过是一群吵吵嚷嚷、杂乱无章的部落集合

腓力二世

体。为数众多且充满激情的贵族被鼓励加入国王的骑兵护卫队,并受封为"伙伴骑兵"。从部落精挑细选的士兵则成为轻装步兵或重装步兵。认真研究伊巴密浓达的战术后,腓力二世训练纵深方阵作为军队主力,并为军队配备长矛。长矛长度是希腊长矛的三倍。由于长矛太长,位于队伍中三四排的士兵的矛头不但超出了作战纵队,而且还超出了第一纵队。这种密集型方阵仅凭冲撞力就能压制普通的希腊重装步兵阵列。

第9节 腓力二世攻占安菲波利斯

坐稳王位后,腓力二世的第一个目标就是要让马其顿王国拥有一处港口。历代马其顿国王一直想努力争取得到一处港口,但都徒劳无功。起初,腓力二世并没有打算攻打哈尔基斯人的城市——这些城市靠近希腊中部,分布得很紧凑——而是设法占领分散的雅典各领地中的某处，或是某个独立自治的城市。一个偶然的机会让腓力二世两者兼得。腓力二世发现，雅典人正计划远征安菲波利斯。自六十五年前安菲波利斯叛离雅典归顺布拉西达斯之后，雅典人一直期望能收复安菲波利斯。腓力二世当即与雅典人谈判，并主动提出如果雅典用塞尔马湾的皮德纳港交换，他就会将安菲波利斯交到雅典人手中。雅典人同意了这项交易，因为这项交易显然对他们有利。腓力二世围攻安菲波利斯时，雅典作壁上观。几周后，安菲波利斯落入腓力二世手中。接着，腓力二世来到皮德纳城门前。然而，腓力二世立刻违背约定，同时占据了安菲波利斯和皮德纳。他深知此举意味着与雅典的战争一触即发，便突袭了雅典在该地区最重要的领地波提狄亚。雅典援军到来前，腓力二世占领了波提狄亚。然而，腓力二世没有将波提狄亚据为己有，而是将它转交给哈尔基斯强邦奥林索斯。奥林索斯人因此与雅典结怨。

骑在马上的腓力二世

第10节 腓利比的建立

就在这时,雅典与同盟间的战争爆发。由于忙于战事,雅典无暇惩罚腓力二世或奥林索斯。因此,腓力二世拥有三年的时间毫无阻碍地实施自己的计划。不久,腓力二世就证明这些计划很可能会引领着他进一步开疆拓土。既然已经占领了安菲波利斯和斯特律蒙河上至关重要的桥梁,那么通往色雷斯的道路也就掌握在了腓力二世手中。跨过斯特律蒙河,腓力二世深入山区,相继征服了一直到东部奈斯托斯河的色雷斯各部落。这次远征的主要目标是争夺潘格亚斯山的矿藏。在古文明世界中,潘格亚斯山是已知的最丰富的黄金产地。征服该地区后,腓力二世在当地建立了一个新的城市,并命名新城为"腓利比"。腓利比立刻成为开矿中心,以及抵御色雷斯人的堡垒。几年内,矿区源

腓利比遗址

源不断地产出黄金。腓力二世每年至少从矿区获取一千塔连特①。于是，大量的金币铸造而成。希腊人由此第一次使用通行的金币。金币也为腓力二世打开了众多敌对城镇的大门。

第11节 福基斯与底比斯的争端

正当腓力二世征服色雷斯人，而雅典与顽强的盟邦作战时，刚刚主宰希腊的强邦底比斯陷入了错综复杂的困境。然而，如今再没有伊巴密浓达来解救底比斯了。一直以来，底比斯和福基斯都是敌对关系。福基斯人虽然在留克特拉战

---

① 价值二十四万四千英镑。——原注

役后与底比斯结盟，但并非自愿，而是受当时形势所迫。公元前362年，福基斯人暴露了他们的真实想法，因而没有派部队加入底比斯主导的前往曼丁尼亚作战的联盟大军。底比斯人对此极其不满，并伺机报复。几年后，时机出现。德尔斐人谴责某些福基斯人非法入侵献给阿波罗的荒地并进行耕作，还将该事呈报到近邻同盟的会议上。近邻同盟虽然备受尊重，但并无实权。每年仍然有人出席近邻同盟的会议，而他们偶尔也会干涉政事。近邻同盟的代表们投票表决福基斯人犯下了严重的渎神罪，并对福基斯处以巨额罚金。事实上，这些代表完全由底比斯和塞萨利操控。由于福基斯人没有缴纳罚金，罚金数额随之加倍。近邻同盟的代表们威胁福基斯，除非福基斯人立刻执行裁决，否则他们的土地将被充公，献给神明，成为阿波罗神殿的财产。

第12节 福基斯人攻占德尔斐

事态因此陷入危机。福基斯人是身强力壮且斗志昂扬的民族，绝不能忍受自己的敌人打着宗教的幌子胁迫自己。在雄心勃勃的首领腓罗迈卢斯和奥诺马尔库斯的带领下，福基斯人秘密武装起来。做好一切作战准备后，福基斯人连夜突袭并攻占了德尔斐及德尔斐神殿。腓罗迈卢斯找出并杀害了指控福基斯的德尔斐人，接着强迫祭司们根据自己的口述篡改神谕。因此，在神谕中，阿波罗宣称要赐福给圣地劫持者们。该神谕似乎非常有效，因为当德尔斐的近邻阿姆菲萨的洛克里斯人前来驱赶腓罗迈卢斯时，结果惨败而归。

第13节 "神圣战争"[①]爆发

腓罗迈卢斯和奥诺马尔库斯深知他们的行动意味着与底比斯和塞萨利开战，而他们的兵力并不充足，无法应对这些强邦。然而，攻占德尔斐为福基斯人

---

① 此处指"第三次神圣战争"。第一次神圣战争发生于公元前595年至公元前585年。交战双方为近邻同盟和德尔斐附近的小城基拉。第二次神圣战争发生于公元前449年至公元前448年，结果是雅典与斯巴达在第一次伯罗奔尼撒战争期间的间接对抗。

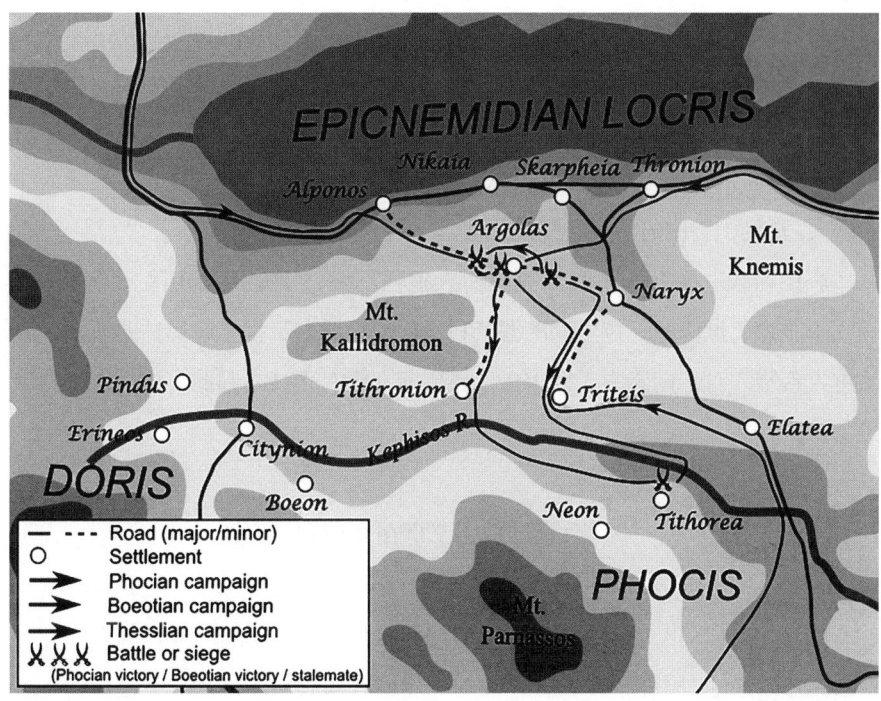

公元前355年神圣战争示意图

带来巨额神殿财物。有两百五十万英镑的真金白银任由自己支配，便会不乏雇佣军的效力。因此，当近邻同盟的代表们称福基斯犯下渎神罪时，腓罗迈卢斯以告示反驳，为自己的行为辩解，并向希腊全境任何愿意加入福基斯部队的重装步兵许以重金酬劳。"神圣战争"由此爆发。虽然以"神圣战争"命名，但这场战争并不是一场整个希腊对抗福基斯的长期战争，只是底比斯人、塞萨利人和洛克里斯人设法粉碎邻邦福基斯的战争。毋庸置疑，与自己的对手一样，福基斯人也博得了外界的同情。斯巴达如果能力尚存，或许会帮助福基斯人。雅典一旦摆脱了自己的麻烦，也会非常乐意与福基斯人合作。

当真正的战争爆发时，福基斯人仍然有能力进行抵抗。虽然腓罗迈卢斯在战争初年就战死沙场，但继任者奥诺马尔库斯率领一万雇佣军继续战斗。奥诺马尔库斯不仅捍卫了福基斯，还将战火引入敌国。在塞萨利，奥诺马尔库斯向费莱的亚历山大的继任者们，即费莱的僭主们行贿，让他们退出塞萨利同盟，加入自己的阵营。有了德尔斐神殿源源不断的财富支撑，福基斯人甚至可以强大到压制塞萨利人。在此期间，奥诺马尔库斯突袭维奥蒂亚，在战场上打败了底比斯人，让那些对伊巴密浓达时期仍然记忆犹新的人惊讶不已。接着，奥诺马尔库斯转向塞萨利-底比斯联盟中更小的成员国。他不断袭击洛克里斯人、多利亚人和伊蒂人，直到山谷中的所有农舍被烧毁。

底比斯人、塞萨利人和洛克里斯人狼狈不堪，于是铤而走险，请求马其顿国王腓力二世协助。拉里萨的塞萨利贵族怂恿腓力二世穿越奥林匹斯山，非法进入希腊。对于向腓力二世求援，底比斯人没有否认。因此，他们也必然难辞其咎。

第14节 腓力二世在塞萨利

近来，腓力二世一直势如破竹。雅典在同盟战争中消耗殆尽，已经无力捍卫自己的外围领地，眼睁睁看着墨托涅——雅典在马其顿的最后一处港口——历经长期围城后在公元前354年被占。墨托涅的国王也被射瞎一只眼睛。随着实力的增强，腓力二世的野心也随之扩张。腓力二世壮大了自己的陆军，并开始筹备舰队，还巩固了自己的边境，以防内陆蛮族部落的侵扰。在腓力二世诸多丰功伟绩中，他在奥林匹亚竞技会上夺得战车赛胜利一事也值得一提。如今，腓力二世已经做好一切准备，争取在希腊拥有一席之地。

进军攻打费莱时，腓力二世发现自己的对手是奥诺马尔库斯的弟弟法衣鲁斯。法衣鲁斯北上加入了费莱人的队伍。腓力二世击退了法衣鲁斯。不久，奥诺马尔库斯率领福基斯人的主力大军亲自上阵。奥诺马尔库斯迎战马其顿人，在两次交战中彻底击溃了马其顿人，将腓力二世赶回了家门。接着，奥诺马尔库斯返回维奥蒂亚，突袭了科洛奈阿，劝说奥尔霍迈诺斯叛离底比斯人，宣告独立。在为期十年的神圣战争中，当时是福基斯胜利的顶峰。

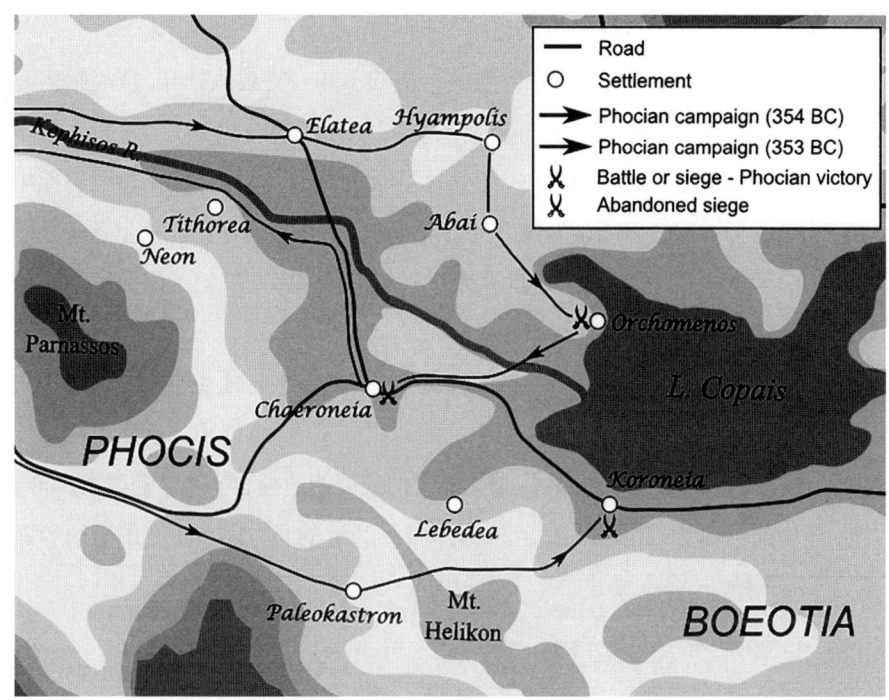

公元前354年至公元前353年,"神圣战争"示意图

第15节 帕加塞之战

首战失败数月后,腓力二世率领两万新兵再次出现在塞萨利。奥诺马尔库斯起兵抵抗,在帕加塞港口附近遭遇腓力二世大军。战局发生扭转。马其顿方阵冲破福基斯雇佣军;奥诺马尔库斯本人连同手下六千人阵亡。接着,腓力二世赶走费莱的僭主,宣告费莱自治。然而,腓力二世假借战略需求之名,派遣马其顿军队进驻帕加塞和马格尼西亚半岛上的多处地区,并由此成为塞萨利要塞的主人。

第16节 腓力二世在温泉关

与此同时,腓力二世的成功让希腊境内那些非底比斯盟友的城邦惊恐不已。这样一位异邦国王居然深入希腊领地,并在埃维亚海峡附近安插驻军。腓力二世让那些没有被仇恨蒙蔽的非福基斯人难以忍受。于是，当南下攻占福基斯时，腓力二世便发现温泉关由雅典的一支陆军和一支舰队把守，从阿哈伊亚和斯巴达而来的军队也加入到福基斯人军队当中，为法衣鲁斯效忠。哥哥奥诺马尔库斯阵亡后，法衣鲁斯就被任命为福基斯联盟的将军。德尔斐神殿宝库中还有充足的杯盏器皿可以熔为钱币。因此，不久后，法衣鲁斯就能雇用到一批雇佣军，并将他们派到战场上。这批雇佣军与奥诺马尔库斯在帕加塞时期拥有的雇佣军规模相当。

　　当发现温泉关难以攻克后，腓力二世无功而返。这是他生平第一次也是最后一次遭雅典军队挫败。眼看希腊中部的时机尚未成熟，腓力二世便对神圣战争听之任之，转而征服其他地区。腓力二世的征战使他拥有了塞萨利要塞，而这个收获暂时让腓力二世心满意足。与此同时，遥远的北方还有重要的事情等着腓力二世去做。

第 42 章

腓力二世和狄摩西尼

在温泉关战役中失败后,五年来,腓力二世一直克制自己不再引兵进入希腊干涉"神圣战争",任由它缓慢地发展。福基斯人虽然已经在塞萨利失去了立足之地,但在南方的实力却没有被撼动。法衣鲁斯和他的继任者法莱卡斯——奥诺马尔库斯之子——仍然想尽办法遏制底比斯。他们甚至想要把持维奥蒂亚城市科洛奈阿和奥尔霍迈诺斯。只要德尔斐神殿的财富继续存在,福基斯首领和雇佣军似乎就会一直坚持下去。然而,战争持续了五六年后,德尔斐神殿中的巨额财富已经大大减少。人们开始想到这笔财富总会有耗尽的一天。这个想法促使底比斯坚持作战,尽管在此期间都是底比斯独自承受着战争的所有创伤。塞萨利人和腓力二世实现近期目标后,他们最初的热情开始消散。

腓力二世再次将自己躁动不安的心思转向征服色雷斯的大计。在塞萨利之战结束前一年,我们就已经发现腓力二世开始沿着爱琴海北岸向东行进,有时攻占某些本地小国的领地,有时也占领孤立的希腊城市,有时还占据某处雅典外围堡垒。腓力二世最远的一次突袭远达黑海海岸。不过腓力二世的实权仅限于阿伊诺斯城的周边地区。雅典在色雷斯切索尼斯的领地和在马尔马拉海的独立城市仍然毫发未损。在接下来的数年里,腓力二世继续西进。他战胜了伊利里亚人,在伊利里亚建立堡垒,强迫不少伊利里亚部落对他顶礼膜拜。接着,他还逼迫伊庇鲁斯地区的小国君主们承认他的霸主地位。

第1节 腓力二世与奥林索斯的争执

在东部和西部，腓力二世势力的迅速扩张让哈尔基季基半岛的希腊城市——奥林索斯及其姊妹城市——完全处于孤立的境地。这些城市在大海和马其顿边界之间的狭小地带维持着摇摇欲坠的独立地位。奥林索斯曾与腓力二世联手对抗雅典，并接受了马其顿王国馈赠的雅典城市波提狄亚，此后便一直尽心拥护马其顿王国。因此，腓力二世一直对奥林索斯极其和善并殷勤有礼。然而，随着腓力二世越来越强大，哈尔基斯人开始不安起来。哈尔基斯人眼睁睁地看着腓力二世吞并了一个又一个自己的希腊近邻，开始怀疑自己与腓力二世联手不过是延迟了自己被吞并的时间。一位急于染指安菲波利斯、皮德纳、马若涅亚和帕加塞的君主不可能对奥林索斯没有企图。于是，哈尔基斯人与腓力二世断交。公元前352年，哈尔基斯人与雅典和解，随后为一位叛乱的马其顿王子提供庇护。腓力二世的异母兄弟逃往哈尔基斯人处避难。这些情形都让腓力二世认识到，再次攻打希腊时，自己已经不能再继续信任奥林索斯及其盟友了。与色雷斯和伊利里亚交战时，腓力二世并没有理会哈尔基斯人。平定马其顿王国的东部和西部后，腓力二世的大军开始集结，威胁着哈尔基季基半岛的边境。

眼看末日就要来临，奥林索斯人派出一支使团前往雅典，乞求自己的旧敌立刻支援自己。近来，雅典人在对抗腓力二世的战争中表现得漫不经心且三心二意。雅典不时派出一小支雇佣军骚扰色雷斯的马其顿军队。似乎只要战火远离雅典，那么对于腓力二世到目前为止表现出来的骁勇善战，雅典就并不在意。当腓力二世攻占雅典的北部领地时，雅典人却全力以赴地忙于毫无必要并且徒劳无功的埃维亚岛远征，以赶走占领卡尔基斯和俄瑞乌斯的僭主们。公元前350年，虽然雅典将军福基翁在泰米尼亚大败埃维亚人，但这场战争的总体结果是彻底的失败和毫无意义的浪费。

当奥林索斯使团抵达雅典时，问题摆到了公民大会面前：究竟是像过去十年那样放任事态发展，还是要积极对腓力二世采取攻势。狄摩西尼三次伟大的

狄摩西尼

演说都支持后者。也是从这一刻起,狄摩西尼的名字与雅典政治各个阶段的发展越来越紧密相连。

第2节 狄摩西尼的早年生活

狄摩西尼来自富裕的中产阶级。他的父亲曾开办了一间盾牌制造作坊。父亲去世后,狄摩西尼被监护人们看管。狄摩西尼的监护人经营不善,将狄摩西尼父

狄摩西尼被轰下讲坛

亲的遗产挥霍一空。成年后,狄摩西尼便埋头与这些奸诈的委托人打官司。在维护自己权利的过程中,狄摩西尼渐渐对公共演说产生兴趣,并在后来成为当时最伟大的政治雄辩家。然而,刚开始时,狄摩西尼的热情并没有换来成功。举止笨拙、语速过快和口齿不清破坏了本应精彩的演说。从讲坛下来的狄摩西尼叹息道:"任何一位烂醉如泥的船长都有自己的听众,我虽然对雅典有着丰富精彩的见解,但一上场便被轰下台。"狄摩西尼的友人们鼓励他坚持下去,告诉他无论举止如何,他演说的内在实质都可以与伯里克利媲美。于是,狄摩西尼开始致力于研究演讲的艺术。他向做演员的朋友萨提洛斯讨教发声的技巧,并学会在最不利的情形下练习演说。传说暴风来临时,狄摩西尼会来到海边,在狂风巨浪中大声演讲,以决定面对喧嚣人群时自己的音调高低。当狄摩西尼举止得当时,演说的内在实质便传达了出来。不久,狄摩西尼成为雅典主战派首屈一指的雄辩家。

狄摩西尼以雅典先辈的丰功伟绩来填补自己的想象力。他挚爱的读物是修昔底德的历史著作。他所有政治活动的潜在目的是要恢复雅典在希腊城邦中的领袖地位。公元前354年,狄摩西尼首次重要的政治演说旨在宣扬重组在同盟战

狄摩西尼在海边练习演讲

争中已经变得不堪一击的舰队。公元前352年,狄摩西尼鼓动雅典人援助麦加罗波利斯。公元前351年,狄摩西尼又动员雅典人支援罗得岛,以证明雅典自古以来就是受压迫城市的朋友和帮助者。毋庸置疑,狄摩西尼政策的最大错误就在于,他试图让时至今日已经破败不堪且毫无生气的雅典去成就公元前420年时如日中天的雅典的宏图大业。与之前的雅典政治家兼具军人和政客的双重气质不同,在热衷达成政治目的的同时,狄摩西尼总是忽视雅典军事力量的不足。

随着腓力二世的性格和计划的逐渐显现,狄摩西尼的政策也越来越倾向于反马其顿。关于雅典海军的演说,根据其大意命名为《一评腓力》。在狄摩西尼今后的演说中,"腓力二世"这个名字出现的频率越来越高。最后,腓力二世的恶行成了这位雄辩家演说中唯一的主题。

第3节 奥林索斯的毁灭

当奥林索斯使臣向雅典求助时,狄摩西尼敦促雅典不仅要不计前嫌与奥林索斯结盟,还要派出一支声势浩大的雅典陆军攻击马其顿王国。这支陆军不能只是雇佣军,必须得是雅典公民组成的重装步兵。狄摩西尼的计划仅仅实现了一半。雅典虽然与奥林索斯结盟,但派出的支援严重不足。首批支援是反复无常的卡瑞斯率领的三十八艘战船;接着是卡里德姆率领的由四千雇佣兵组成的轻装部队。卡里德姆是一位埃维亚将军,受阿提卡雇用,多次因欺瞒雇主而被怀疑。因此,支援严重不足的哈尔基斯城相继落入腓力二世手中。奥林索斯人是唯一敢在战场上直面马其顿国王军队的人,但遭遇两次惨败。第二次战争结束后,两位叛徒在马其顿王国黄金的诱惑下为腓力二世敞开了城门。腓力二世烧毁了奥林索斯,将多数公民变卖为奴,以报复奥林索斯的忘恩负义。某些小型哈尔基斯城也遭受与奥林索斯同样的命运。

对于奥林索斯的陷落,雅典人似乎表现更多的是惊讶而非恼火。虽然狄摩西尼长篇大论,但雅典人还是很难对远离国门的战事提起兴趣。雅典城中一个大的派系只顾及雅典的物质利益。只要不触及雅典的贸易和商业,他们愿意牺牲其他任何一切。而对雅典的贸易和商业最好的保障就是与腓力二世议和，接受他开出的一切条款。雅典城中的另一个派系虽然不受雅典的贸易和商业的影响，但认为雅典如今太过软弱无力，并且精疲力竭，无法为了希腊全局的利益与腓力二世长期作战。他们劝说所有的主战派，一切都将徒劳无功，注定失败。后一个派系的领袖是福基翁——雅典最后一位完美地集雄辩家和军事家于一身的人。福基翁虽然英勇正直，但是一位无药可救的悲观主义者。福基翁身上的哲学家气质太过强烈，因而与大众格格不入。此外，福基翁对民主制鄙夷至极，认为雅典的公民大会毫无益处。福基翁尤其憎恶狄摩西尼慷慨激昂的高谈阔论，对狄摩西尼的反对也是直言不讳且思路清晰。因此，当福基翁登上讲坛时，狄摩西尼不得不说："这把利刃又要将我的观点剁得粉碎。"

第4节 《菲洛克拉底和约》

雅典人已经预料到，奥林索斯陷落后，腓力二世就会攻打雅典北部的最后一处领地色雷斯切索尼斯。雅典人也开始担忧，如今的腓力二世既然手握众多港口，就可能会设法派船骚扰雅典的商贸。的确曾经有一次，某些马其顿王国民船登陆阿提卡，抢走了停泊在马拉松附近的雅典两艘城邦战舰之一的"帕拉鲁斯"号。出人意料的是，雅典人欣喜地发现，腓力二世并没有迫切想要作战，而是明确无误地表明了自己议和的倾向。虽然难以觉察这位马其顿国王的真正意图，但绝大多数雅典人还是急于投其所好。在一位叫"菲洛克拉底"的演说家的鼓动下，雅典派出一支十人使团前往佩拉，打探腓力二世的条件。在使团中，有行动的发起者菲洛克拉底、狄摩西尼及狄摩西尼的对手——雄辩家埃斯基涅斯。腓力二世热情有礼地接待了雅典使团。腓力二世富丽堂皇的宫殿和取之不尽的宝物让雅典使团眼花缭乱。直截了当的巨额贿赂足以让不少使团成员赞叹不已。雅典使团带着马其顿国王的溢美之词回到雅典，却无法汇报议和的条件。签署和约前，腓力二世决定尽可能地从这场战争中榨取利益。他深知雅典在签署和约前不会再骚扰自己，便快马加鞭赶往色雷斯。在急行作战中，腓力二

埃斯基涅斯

世制服了色雷斯地区的所有小国。在此期间,腓力二世还派出使团前往雅典,与雅典就和约条款讨价还价。征服色雷斯后,腓力二世的地位最终确立。马其顿王国和雅典也承认了彼此现状。腓力二世将保留所有的新旧征服地。雅典则必须宣告放弃所有失去领地的所有权,只保留现有领地。此外,虽然这份和约即将涵盖雅典的其他盟友,但不包含福基斯人。雅典人接受了最后一条——仅仅因为染指腓力二世钱财的菲洛克拉底和埃斯基涅斯庄重地像雅典人保证该条款纯属形式。他们告诉雅典人,腓力二世根本无心伤害福基斯,而是更有可能出兵攻打底比斯。因此,公民大会正式批准了和约条款,并再次派十人前往佩拉,正式宣誓与腓力二世结盟。狄摩西尼一直抗议。多数使臣犹豫不决。徘徊数日后,雅典使团花了三周时间才乘船抵达马其顿首都佩拉。在佩拉,雅典使团又等待了一个多月,因为腓力二世仍然在色雷斯。最终,当腓力二世出现时,雅典使团又置狄摩西尼的催促于不顾,没有立刻请求腓力二世核准和约内容,而是陪同腓力二世前往塞萨利,直到抵达费莱才宣誓和约有效。对于该拖沓的行为,雅典使臣当然有最佳的理由。他们与腓力二世达成腐败协定:腓力二世重金贿赂雅典使团;而在木已成舟前,这笔贿赂会让雅典使臣对雅典人隐瞒腓力二世的真实意图。

第5节 腓力二世征服福基斯

在和约签订的那一刻,腓力二世进军费莱的目的便昭然若揭。几天内,腓力二世就来到温泉关,并攻占了该地。由于失去雅典人的支援,福基斯人已经无力抵抗。一旦攻破山区屏障,福基斯的抵抗就立刻土崩瓦解。眼看就要和马其顿人短兵相接,法莱卡斯决定不战而降。法莱卡斯获准带领八千雇佣军离开。跟随他的还有自愿离开的福基斯人。法莱卡斯乘船离开,首先抵达伯罗奔尼撒半岛,接着来到克里特岛,最终在赛多尼亚围城战中葬身克里特岛。

因此,福基斯人就这样被自己的首领卑鄙地抛弃,只能任由腓力二世摆布。二十二个城市相继向兵临城下的腓力二世敞开城门。奥林索斯的遭遇还历历在目。作为德尔斐的掠夺者,福基斯人战战兢兢地等待着厄运的到来。

然而,腓力二世表现得比预想得要仁慈。腓力二世并不是憎恶福基斯人的渎神行为,而是要急于把控希腊的门户——这才是他来到温泉关的主要原因。向德尔斐进军时,腓力二世召集近邻同盟在原地址会面,而近邻同盟会议已经终止十年之久。各城邦代表纷纷赶来,热切期盼报复福基斯人,并提议以最粗暴的方式对待福基斯人。譬如,伊蒂人代表希望将所有达到兵役年龄的福基斯男性推下帕纳塞斯山的悬崖。然而,腓力二世制止了代表们的怒火,采取了相对缓和的惩罚手段：除了阿巴伊，福基斯所有城镇都将解散；城镇中的居民则被迫分散地居住到不足五十户的村庄里；解除全部福基斯人的武装；福基斯狭长的边境地带转让给维奥蒂亚人。此外，腓力二世要求福基斯人每年向阿波罗进献五十塔连特，直到他们全数归还德尔斐的财产。而要还清这笔财产，福基斯人需要两百多年。

与对福基斯人的处罚相比，近邻同盟的代表们的其它决议更重要。近邻同盟的代表们将原本属于福基斯的两席投票表决权转让给腓力二世，由此承认腓力二世是希腊城邦中的一员，同时还让腓力二世分享皮提亚竞技会中的主要席位。与伟大的政绩相比，腓力二世对皮提亚竞技会中席位的重视程度并不亚于一项伟大的政绩。①今后，马其顿王国可以名正言顺地与邻近的希腊城邦平起平坐，甚至有望获得斯巴达、雅典或底比斯在希腊城邦中曾占据的霸权地位。

不久，当底比斯人、塞萨利人和腓力二世庆祝皮提亚竞技会时，德尔斐洋溢着浓浓的节日气氛。然而，在雅典，只有愤怒和沮丧。因为雅典人如今看穿了腓力二世急于讲和的原因，对自己的愚蠢及伙同腓力二世欺骗自己的雅典使团咒骂不已。雅典人甚至一度要重新与马其顿王国开战，而他们的暴怒又是如此的徒劳。由于当初反对与马其顿王国结盟，狄摩西尼如今深得民心。他反对陷入一场没有盟友且毫无准备的战争，并成功将国人的怒火转嫁到背信弃义的使臣身上。带领使团的菲洛克拉底一经弹劾就立刻逃离雅典。埃斯基涅斯接受了审判。一番巧言令色后，他成功逃脱了裁决。人民法庭中分成了势均力敌的两派，而只有得到额外的十六票，人们才能为埃斯基涅斯定罪。

当时，腓力二世可以肆意开疆拓土。对福基斯的征服和与雅典的议和使腓力二世可以将战火烧向其他方向。腓力二世初期的军事行动让老朋友塞萨利人的幻想破灭了。塞萨利人原以为，既然"神圣战争"已经结束，那么腓力二世便会撤军。然而，腓力二世不仅没有将温泉关和帕加塞湾附近的驻军撤离，反而占

---

① 腓力二世对自己在奥林匹亚竞技会的战车赛中取胜无比自豪，并因此在所有的金币铸造中都纪念这次胜利。——原注

领了费莱和其他城市的要塞。接着，依照吕山德模式建立的"十人执政官"纷纷掌权。塞萨利发现自己实际已经成为马其顿王国的一部分。通过攻占温泉关，腓力二世终于可以自由出入希腊南部。不久，马其顿王国的军队就出现在伯罗奔尼撒半岛。

第6节 马其顿王国在伯罗奔尼撒的影响

将这位陌生人引入守卫森严的伯罗奔尼撒半岛完全是伯罗奔尼撒人自食恶果。正是伯罗奔尼撒人的呼吁才让腓力二世有了进入伯罗奔尼撒半岛的机会。始作俑者就是伊利斯的寡头派。一支流亡在外的民主派带领曾追随法莱卡斯的雇佣军让伊利斯的寡头派不胜其烦。寡头派因此不顾一切地寻求腓力二世的支援，并与马其顿王国结成攻守同盟。不久，前来支援的马其顿军队便奔赴其他地

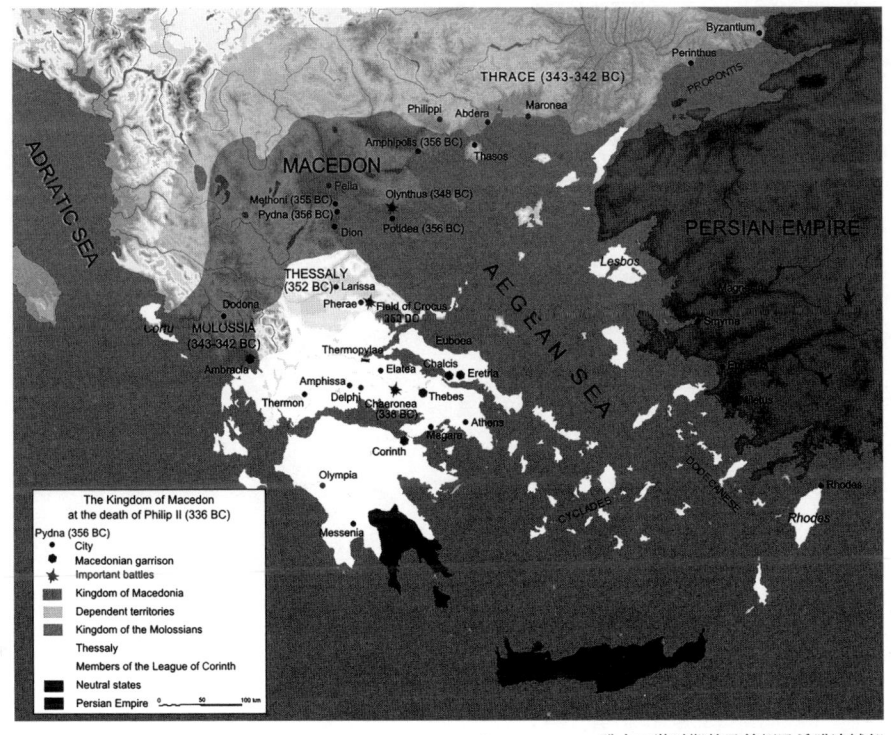

腓力二世时期的马其顿及希腊诸城邦

方。阿尔戈斯和麦西尼正与斯巴达交战。骁勇善战的斯巴达国王阿希达穆斯三世正对阿尔戈斯和麦西尼步步紧逼。公元前344年，阿尔戈斯和麦西尼主动与腓力二世结盟，借调腓力二世的军队，并在腓力二世的协助下将斯巴达人赶回埃夫罗塔斯河谷。狄摩西尼进入伯罗奔尼撒半岛拜访阿尔戈斯和麦西尼。他告诫阿尔戈斯和麦西尼的政治家不要与马其顿王国结盟，并提醒他们曾与腓力二世结盟的奥林索斯的命运，但徒劳无功。战胜斯巴达后，阿尔戈斯和麦西尼满足于短暂的胜利，拒绝展望前景，对狄摩西尼置之不理。阿尔戈斯和麦西尼自以为利用马其顿人达到了自己的目的，却不知道自己已经无法摆脱这位主人。

第 43 章

希腊自由时代的终结

狄摩西尼的使团前往伯罗奔尼撒半岛标志着腓力二世与雅典人新一轮斗争的开始。一方面,腓力二世在希腊中部和南部站稳脚跟前,不宜立刻与雅典决裂。另一方面,雅典人也下定决心不会开战,除非能找到强大的盟友。然而,虽然没有公开宣战,但五年来双方的争端从未停止。它们绞尽脑汁为彼此制造麻烦。雅典人与腓力二世一样谨小慎微,并学会了对腓力二世以牙还牙。狄摩西尼总是对腓力二世的一举一动针锋相对。狄摩西尼前往伯罗奔尼撒半岛的长途跋涉尽管徒劳无功,但极大地冒犯了腓力二世。腓力二世派出特使向雅典抱怨道,一位友邦的使者四处游说,并且想方设法组成反马其顿王国联盟,此举太不近人情。除了委派特使前往佩拉,并要求马其顿归还某些地区,雅典公民大会没有作出任何进一步的回应。在公元前346年签订的和约中,这些地区被非法剥夺。腓力二世对雅典特使极其粗鲁,但此后不再关注与雅典的争吵。

第1节 腓力二世在伊庇鲁斯

当时,腓力二世正忙于希腊西边的事务,准备对爱琴海地区发动新一轮的攻击。腓力二世正准备入侵伊庇鲁斯。推翻伊庇鲁斯国王阿瑞巴斯后,他再让亚历山大取而代之。史称"伊庇鲁斯的亚历山大一世"。伊庇鲁斯的亚历山大一世

奥林匹亚丝

正是腓力二世的伊庇鲁斯王后奥林匹亚丝的弟弟。达成目标后，腓力二世驱兵南下到达安布拉基亚湾。在此期间，雅典人也没有懈怠。他们窝藏被驱逐的伊庇鲁斯国王阿瑞巴斯，派兵支援面临入侵危机的阿卡纳尼亚人，并派遣特使前往塞萨利煽动当地人反叛腓力二世。雅典的最后一项活动导致腓力二世匆匆回国。腓力二世穿越品都斯山，突然出现在塞萨利平原，震慑住了所有打算造反的城镇。为惩罚塞萨利的异心，腓力二世在塞萨利设立"四领主"。"四领主"由亲马其顿王国派的四位马其顿王国贵族担任。这些人在塞萨利的统治其实就是被伪装过的专制统治。

奇怪的是，腓力二世仍然没有对雅典宣战。他耐心地忍受着雅典的阴谋诡计，甚至自愿放弃位于塞萨利附近的哈罗尼斯岛——雅典人宣称拥有该岛。然而，腓力二世的谨慎并没有换来好的结果。公元前342年，腓力二世不得不屈服于更明目张胆的违背中立原则的行为。腓力二世得到消息称，在色雷斯切索尼斯担任指挥的雅典将军迪奥培提斯不仅一直骚扰马其顿王国商船，还入侵马其顿王国领地，并洗劫马其顿王国的乡村，然后将马其顿王国战俘变卖为奴。对于这样的行为，马其顿王国绝对不能再姑息了。腓力二世立刻严正要求雅典给出满意的答复。与此同时，腓力二世还开始将主力军队派往色雷斯方向。

第2节 狄摩西尼的《三论腓力》

雅典抉择的时刻到了——究竟是和平还是战争。如果雅典人召回并惩罚迪奥培提斯，那么目前困难重重且名不副实的和平状态仍然会延续下去。但雅典如果拒不召回迪奥培提斯，必然会面临一场艰苦的持久战。利欲熏心的派系、反战的福基翁追随者们及腓力二世道德沦丧的友人们联手，一起催促公民大会安抚这位马其顿国王。然而，狄摩西尼站了出来，用两次伟大的演说力排众议。这两次演说分别被命名为《论切索尼》和《三论腓力》。狄摩西尼简略地描述了之前十五年内腓力二世的入侵史，回顾了腓力二世违背誓言和协定的种种行径，并大胆呼吁希腊人以牙还牙。狄摩西尼说："腓力二世一面假装维护和平，一面攻占或摧毁一个个希腊城市，导致雅典也打着和平的旗号与他一样积极作战。"接着，狄摩西尼继续提出并详述了一系列计划。这些计划包括与腓力二世的对手结盟，组建一支永久在外服役的军队，以及通过征收严苛的财产税来提供资金。

这位雄辩家说服了公民大会。迪奥培提斯不仅没有被召回，反而得到人民的感激。腓力二世则继续作恶。虽然双方都没有正式宣战，但色雷斯立刻爆发了冲突。在接下来的三年中，狄摩西尼费尽了心血。他立即驶往拜占庭，成功与这个重要的城市结盟。如今，腓力二世对色雷斯的征服已经威胁到拜占庭。狄摩西尼的下一步行动就是进入埃维亚岛，与哈尔基斯人结盟。通过俄瑞乌斯和埃雷特里亚的亲马其顿王国派僭主，腓力二世扩大了在哈尔基斯人所在岛屿上的影

狄摩西尼在雅典公民大会上发表演讲

响力。这个行为引起哈尔基斯人的警觉。公元前341年年末，在来自哈尔基斯的卡里亚斯的陪同下，狄摩西尼驶往希腊西部，获得了阿哈伊亚、阿卡纳尼亚和莱夫卡斯岛的承诺。它们许诺会向雅典提供支援。不久，举足轻重的科林斯和迈加拉也作出与雅典结盟的承诺。

第3节 佩林托斯和拜占庭围城战

在此期间,腓力二世征服了色雷斯内陆①地区,并移兵攻打地处马尔马拉海地区的希腊城市佩林托斯和拜占庭。腓力二世打算先攻占这两个城市,接着再像七十年前吕山德所做的那样,拦截从黑海进入博斯普斯海峡的雅典谷物船。腓力二世首先攻占了重镇佩林托斯。佩林托斯位于多石的半岛上,向大海延伸。这次围城战花了腓力二世数月。他遭到顽强的抵抗。虽然城墙已经遭到突袭被攻破,但城中公民仍然在陡峭狭窄的街道上筑起堡垒抵抗到底。从拜占庭赶来的援军不断进入佩林托斯。对于周边出现的新势力,小亚细亚的波斯帝国总督心怀忌妒,不惜隔海向佩林托斯支援人力物力。一位雅典将军指挥了这次防御。多次攻城失败后,腓力二世突然起兵前往拜占庭。他认为拜占庭当时无人守卫,

马其顿士兵

---

① 公元前342年,腓力二世在斯特律蒙河上游建立了菲力波利斯镇,以此作为前沿阵地。公元前341年中的多数时间,腓力二世似乎都是在这里度过的。——原注

因为拜占庭的一支大规模部队正在支援佩林托斯。然而,拜占庭人早有防备。腓力二世发现,拜占庭的所有城墙都有人守卫,自己不过是从一处围城战转向另一处围城战。然而,腓力二世坚持自己的事业,在堡垒前架设攻城器械,还在金角湾上搭建了水栅,以防被围的船逃离出去。此外,腓力二世还从爱琴海调来自己的舰队封锁海上区域。绝望中,腓力二世试图在黑夜通过云梯攀登岸墙,但以失败告终。据说,这次失败是因为天空突然出现闪光[①]。拜占庭认为这道光是上天的帮助。

第4节 福基翁解救拜占庭

在此期间,由于不断受到狄摩西尼鼓动,雅典人在希腊南部势如破竹。在哈尔基斯人的协助下,雅典人将腓力二世的军队、俄瑞乌斯僭主的军队和埃雷特里亚僭主的军队赶出了埃维亚岛。接着,雅典人在塞萨利登陆,突袭了堡垒帕加塞,俘获大量马其顿王国的商船。得知腓力二世围攻拜占庭,雅典人终于对腓力二世公开宣战,并准备远征博斯普鲁斯海峡。卡瑞斯率领一支海军部队驱散了马其顿王国的舰队,但没有解除拜占庭之围。接着,雅典又派福基翁率领一支大军支援拜占庭。虽然福基翁反对作战,但他的爱国主义情怀让他无法拒绝任何一次在危难时为国尽忠的机会。福基翁率领一百二十艘三桨战船出发,经过达达尼尔海峡,找到了马其顿人。接着,腓力二世绝望地放弃了围城。他的军队人数锐减并且士气低落。腓力二世进入色雷斯内陆地区,逃过了雅典军队的追击——或许是因为在危难时刻,腓力二世不得不防备色雷斯内陆反叛的臣民。

腓力二世遭受了军事生涯中的第二次惨败。而在雅典,战胜宿敌引起的喜悦可想而知。虽然多数人不抱希望,但狄摩西尼一直预言雅典将会取得胜利。当时,雅典正处于巅峰期。雅典军队在埃维亚岛获胜后,欢欣鼓舞的雅典人推举狄摩西尼为公民美德的楷模。今后,再也无人敢质疑狄摩西尼在公民大会的地位。狄摩西尼提出的法令均获得通过,就连一项将"观剧津贴"——每年单

---

① 或许是北极光。——原注

赛西亚人的骑兵

独用于雅典公众节日和庆典的资金——用于战争的法令也得到通过,没有任何人反对。或许狄摩西尼最有效的施政措施是改革雅典海军。改革后的雅典海军制度运转良好。在整场战争中,竟然没有一艘雅典船丢失或损毁。

九个月来,自从在拜占庭失利后,腓力二世便销声匿迹。在色雷斯内陆地区,腓力二世正与北部边境野蛮的赛西亚人和特里巴利人苦战,以维护自己的领地。直到公元前339年夏末,腓力二世才从北方的黑暗中出现。腓力二世虽然最

特里巴利人

终获得胜利,但在与特里巴利人的交战中受到重伤,几乎丧失了出征沙场的能力。与此同时,雅典人正在侵扰马其顿王国广袤领地上的海岸线地带,但还没有攻打马其顿王国本土。雅典的某些盟友——其中包括忘恩负义的拜占庭人——深信战争已经结束,宣布中立后就撤兵回国了。不幸的是,雅典人的胜利注定是短暂的。一场无法预知的灾难正在孕育。

第5节 埃斯基涅斯在德尔斐

新的麻烦突然在意想不到的地方发生。公元前343年,雄辩家埃斯基涅斯侥幸逃脱了叛国罪。公元前339年的近邻同盟会议上,他再次获得信任,成为雅典的代表之一。在德尔斐履职期间,埃斯基涅斯与洛克里斯人的代表发生激烈争吵。不知道是出于一时义愤还是受人唆使[①],埃斯基涅斯突然控诉洛克里斯人犯下亵渎阿波罗的重罪。埃斯基涅斯宣称,洛克里斯人效仿福基斯人的恶行,非法入侵献给阿波罗的神圣的荒地,并在该地建造房屋、谷仓和瓷窑。在这位雄辩家的煽动下,德尔斐的暴民与近邻同盟中的多数代表前往埃斯基涅斯所说

---

① 埃斯基涅斯的政敌认为他是被马其顿王国的金币收买。——原注

的地方，摧毁了该地所有建筑。就在这些暴民忙着毁掉房屋时，武装的洛克里斯人怒气冲冲地从阿姆菲萨赶来，对暴民发动突袭。不少暴民受伤。还有不少暴民被捕。其余的暴民则被赶回德尔斐。洛克里斯人攻击暴民后的第二天，近邻同盟的代表们召开特别会议讨论洛克里斯人的渎神罪和暴力罪。这场特别会议完全不具有代表性。狄摩西尼说服雅典人撤回雅典的代表。底比斯人也没有参与这场特别会议，因为底比斯人与阿姆菲萨人的关系一直很好。这次特别会议的代表主要来自塞萨利、伊蒂山区和马利斯人的城邦，而这些地区或多或少都受制于马其顿王国。这些代表对洛克里斯人下了禁令，并对洛克里斯人宣战，不久便委任腓力二世做总指挥，请求他承担一切事务。看起来，这场闹剧似乎早有安排：收人贿赂后，埃斯基涅斯煽动了这场骚乱；除了将腓力二世的大军引入希腊中部，近邻同盟的代表们从一开始就没有别的打算。

第6节 腓力二世攻占埃拉蒂亚

腓力二世很乐意一赌输赢。不久，他的先头部队穿过俄特里斯山的重重关隘。养好伤后，腓力二世立刻南下指挥作战。当腓力二世抵达温泉关时，雅典人焦虑至极。当腓力二世获得底比斯人的许可穿过维奥蒂亚的中立领土时，人们很难知道他究竟是要攻打阿姆菲萨，还是意图打击雅典。不久，疑惑便被解开。在一个秋天的傍晚，信使抵达雅典，告知雅典人腓力二世的先锋部队已经攻占并加固了埃拉蒂亚。埃拉蒂亚位于维奥蒂亚边境，是一个被拆毁的福基斯城市。它控制着基菲索斯河河谷的大路。狄摩西尼为我们生动地描绘了这个消息引发的慌乱：也有些雅典人匆匆赶走正在集市中交易的人群；有些人烧毁了集市周围的用树枝搭起来的货摊；有些人让号兵吹号警示雅典城；还有人赶往统兵官的官邸请求他们召开会议。不等天明，公民大会就开始召开，但没有人敢应对危机。狄摩西尼站起身来，以充满斗志的长篇大论安抚心灰意冷的民众。狄摩西尼一边呼吁雅典人竭尽所能捍卫雅典城，一边指出危机或许没有他们想象的那么迫在眉睫。一切取决于底比斯人。如果底比斯人暗中与腓力二世结盟，那么战火必然会烧到阿提卡。但如果底比斯人没有与腓力二世结盟,那么战争或许还离雅典很远。狄摩西尼主动请愿,希望可以立刻启程前往底比斯,请求底比斯人禁止腓力二世自由通行。或者情况允许的话,他将劝说底比斯人与雅典结盟。狄摩西尼的口才得到了极大的认可。他成功完成了更艰难的后一项计划——与底比斯结盟。在底比斯的公民大会上,马其顿王国的使臣许诺给予底比斯一切形式的贿赂。而在过去的三十年中,维奥蒂亚人和雅典人一直都是彼此的恶邻。只要腓力二世遭到拒绝,徘徊在底比斯边境的一支强大的马其顿军队就会立刻穿过边界。然而,狄摩西尼不仅说服底比斯人打发走了腓力二世的使臣,还使底比斯与雅典缔结了攻守同盟。

第7节 维奥蒂亚的战争

随即,维奥蒂亚边境爆发了战争。数月来,从福基斯山地到底比斯的两条大道上,战争僵持不下。在来自雅典的一万雇佣军的支持下,阿姆菲萨的洛克里斯人把守着临近科林斯湾的南部路线——斯巴达国王克莱奥梅布罗图斯一世曾在留克特拉战役中利用过这条路线。雅典和底比斯的全部国内军队把守着介于克涅姆斯和帕纳塞斯山支脉间、地处基菲索斯河河谷的狭窄的前沿阵地。不久,雅典和底比斯的军队中就加入了科林斯、迈加拉、阿哈伊亚及其他城邦的军队。公元前339年,狄摩西尼劝说这些城邦与雅典结盟。全军总计三万多人,在规模上与腓力二世的军队大体相当。腓力二世原本想得到伯罗奔尼撒半岛地区的支援,但他的盟友伊利斯人和阿尔戈斯人更愿意在腓力二世占据绝对优势后再全力进行支援。在两次局部冲突中,雅典与底比斯及其他城邦的联盟大军全都占据上风。公元前338年8月2日,带着对胜利的美好愿望,雅典人卡瑞斯、吕西克列斯及底比斯人忒阿根尼在喀罗尼亚前排兵布阵,与腓力二世展开最终对决。

第8节 喀罗尼亚战役

与希腊历史上的其他战役相比,这次交战的细节比较模糊。据我们推断,在雅典与底比斯及其他城邦的联盟大军中,底比斯人居右翼,雅典人居左翼,科林斯人和其他小队位于中部。在马其顿大军中,腓力二世正对雅典人,而他的儿子亚历山大——首次进入战场的十八岁青年——与底比斯人对峙。看起来,腓力二世似乎决心要主攻联盟大军右翼。腓力二世十分畏惧维奥蒂亚方阵,因为维奥蒂亚方阵曾在科洛奈阿、留克特拉和曼丁尼亚创造了奇迹。正当腓力二世谨慎地与雅典人周旋时——腓力二世甚至在首次出击后便要让步,他的儿子亚历山大对底比斯人发动了一系列猛攻。维奥蒂亚人英勇作战——伊巴密浓达和佩洛皮达斯在世时的景象还历历在目。然而,维奥蒂亚人的短矛难以应对马其顿方阵的巨型长矛。维奥蒂亚的骑兵也寡不敌众,在战场上败退。底比斯将军忒阿根尼战死沙场。"神圣战队"中的三百精兵只剩一人。接着,维奥蒂亚人的阵线在亚历山大骑兵的攻击下瓦解。联盟大军右翼的溃败让中部随之暴露。

喀罗尼亚战役

不久，联盟大军中部被赶出战场。最终，与腓力二世相持不下的雅典人几乎遭到包围。为避免被俘，雅典人不得不四散逃跑。最终，一千雅典人战死，两千雅典人被俘。底比斯的伤亡人数更多。科林斯人和其他小队也损失惨重。这场决定性的战役就此结束。希腊找不到责备自己军队的理由。希腊或许该扪心自问：为什么雅典、底比斯和科林斯几乎是为希腊的自由孤注一掷，而伊利斯、阿尔戈斯、阿卡狄亚和麦西尼却要自私地保持中立，且塞萨利居然派骑兵帮助马其顿人。狭隘的地方主义再次成为希腊的恶灵，但这次它给希腊人带来的不是稍纵即逝的麻烦，而是永远臣服于北部半蛮族王国的厄运。

第9节　雅典投降

如今，腓力二世实现了毕生的报复。希腊已经在他的脚下屈服。腓力二世毫不掩饰自己的狂喜。获胜当晚，腓力二世纵酒狂欢。据说，在夜里，腓力二世摇摇晃晃地来到战场，在尸体间起舞，还将狄摩西尼颁布的一项法令中具有诗歌性质的前言部分当作歌曲吟唱出来。一位旁观者说："虽然他看起来更喜欢演忒耳西忒斯①，但众神赋予他的角色是阿伽门农。"然而，酒醒并冷静下来后，他表现得甚至比公元前345年征服福基斯后更加节制自持。当底比斯在战败数天后投降时，腓力二世仅要求底比斯与其结盟，并承认维奥蒂亚一众小城的自治权利。同时，腓力二世还要求拥有向卡德墨亚遣派马其顿驻兵的权利。与底比斯相比，雅典的境况更好。雅典公民受到狄摩西尼满怀希望和热情的鼓舞，尽管遭受灾难也没有绝望，还在城内做好了誓死抵抗的准备。然而，当腓力二世没有要求赎金就将雅典俘虏送回，并昭告雅典人他唯一的要求就是雅典割让色雷斯切索尼斯及签署承认马其顿王国霸权的条约时，雅典进行抵抗的热情随之消散。签署和约后，腓力二世将维奥蒂亚三十年前从雅典夺走的阿罗普斯还给雅典，以示友好。

---

① 在希腊神话中，忒耳西忒斯是特洛伊战争时期的一名希腊士兵。在《荷马史诗》中，忒耳西忒斯丑陋不堪，愚蠢迟钝，且多言好斗。

迈加拉和科林斯效仿雅典，立刻归顺腓力二世。不久，腓力二世就在科林斯召开希腊所有城邦的代表大会。每个城邦都派出代表团出席，以示效忠马其顿国王。只有斯巴达还维持着自古以来的傲慢，没有出席这次大会。虽然现在斯巴达已经沦为卑微衰败的小城邦，一直在阿尔戈斯和麦西尼亚的夹缝中求生，但斯巴达人在势不可当的腓力二世的攻势之下勇气可嘉。虽然希腊全境已经改旗易帜，追随马其顿王国，但斯巴达国王阿吉斯三世还是充满自信地率领一支小规模军队英勇顽强地作战，仿佛曾经的列奥尼达一世和阿格西劳斯二世[①]。斯巴达固执的代价就是眼睁睁地看着提里亚和赛克里替斯被夺走，转到阿尔戈斯和阿卡狄亚手中——斯巴达分别在公元前6世纪和公元前7世纪占领了提里亚和赛克里替斯。

第10节　科林斯代表大会

公元前338年秋，科林斯代表大会在腓力二世的主持下召开。迄今为止，这场大会是整个希腊最具代表性的一次会议。与公元前481年在薛西斯一世进犯前召开的大会相比，这场大会的参加的人数更多。只有强权才能使所有希腊城邦的代表为共同的目的集结。受盲目和自私的影响，不管每个城邦多么伟大强盛，它们都永远不会为任何一个目的主动联手。腓力二世将一份草案摆在所有城邦代表面前。这份草案实际上是将希腊建成一个由马其顿王国主导的伟大联盟。每个城邦都将"自由自治"——正如五十年前《安塔西达斯和约》中表述的一样。每个城邦都单独与马其顿王国缔结严格的盟约，但同时拥有相当的自由。譬如，腓力二世不会驱逐狄摩西尼和其他任何反对他计划的政客，也不会在不情愿的城邦中强制实施新法令。成立的希腊议事会将协助马其顿国王管理希腊事务，而邻近同盟的代表们——曾两次为腓力二世效劳——将组成各城邦最高法律仲裁机构。一方面，一切看似公正明智，另一方面则是永久驻扎在底比

[①] 阿吉斯三世的父亲阿希达穆斯三世在意大利被杀。该事件恰好与喀罗尼亚战役发生在同一天。——原注

斯、科林斯、卡尔基斯和安布拉基亚的马其顿军队。此外，根据盟约内容，腓力二世是整支联盟军队的最高指挥官。任何不服从腓力二世的行为都将按叛国罪论处。

希腊因此有了正式的法——这是斯巴达、雅典或底比斯无法强加给别的城邦的。这一法令远胜一切先例。多变的腓力二世居然表现出了惊人的克制，甚至是慷慨。腓力二世虽然偶尔会爆发出马其顿式的野蛮，但思维模式已经希腊化——只要不背离自己的最终目的。起草科林斯条约时，腓力二世特别考虑到希腊的偏狭。这部法令是一位尽心尽职的统治者的心血。与斯巴达或雅典试图强加给邻邦的所有安排相比，这部法令为希腊统一提供了更公正也更有前途的基础。

为确保新希腊联盟有一个共同的目的，并且这个目的能激起民族热情而又不危及自己的霸权，腓力二世宣布自己将担负起西蒙和阿格西劳斯二世曾经的大计，率领希腊大军东进，与希腊民族的宿敌——波斯帝国——展开大战。我们无法准确描述这个计划在希腊掀起怎样的狂热。代表大会欣然投票派出海陆大军。据估计，如果每个城邦竭尽全力，就会有二十万人奔赴亚细亚。公元前336年，这个计划将被实施。在此之前，人们将会做必要的准备。

然而，腓力二世注定无法穿越达达尼尔海峡。享受胜利的果实还不足两年，并且尚未完成任何新的大计时，腓力二世便驾崩了。公元前336年夏天，正当阿塔卢斯和帕尔梅尼奥率领一支马其顿大军进入密细亚，而全希腊都在为入侵波斯帝国做准备时，突然有消息传来，称腓力二世已经被暗杀。这次暗杀行动与希腊人激愤的爱国主义情感毫无关系，而是源于腓力二世与自己臣民间的私怨。

第11节　谋杀腓力二世

腓力二世背离了希腊传统习俗，娶了多位女子为妻。其中既有希腊人，也有异邦人。然而，公认的腓力二世的配偶是伊庇鲁斯公主奥林匹亚丝，即腓力二世继承人亚历山大大帝的生母。腓力二世与奥林匹亚丝离婚，并将遣送回伊庇鲁

腓力二世遇刺

斯——这也让奥林匹亚丝暴躁的儿子怒火中烧。取而代之的正妻是将军阿塔卢斯的侄女克莱奥帕特拉。对此,奥林匹亚丝的朋友和亚历山大的朋友十分暴怒,因为此举让他们建立在前任王后奥林匹亚丝身上的希望毁于一旦。因此,他们开始伺机报复。他们找来一位叫"保萨尼阿斯"的年轻的马其顿王国贵族。保萨尼阿斯刚刚触怒了新王后的叔父阿塔卢斯。这位年轻人想要从腓力二世面前寻求公正,但遭到拒绝。因此,保萨尼阿斯对腓力二世和阿塔卢斯充满了愤恨。要让保萨尼阿斯的愤怒变成行动非常容易。腓力二世正在埃迦伊参加女儿的婚礼。婚礼次日是一场大型的游行活动。让人们极其不满的是,腓力二世的肖像与奥林匹斯十二主神的画像摆在一起。腓力二世走在人群中间,头戴皇冠,身着白袍,却无人护卫。他要求自己的侍卫退下。"因为在整个希腊的善意中,他备感安全"。正当腓力二世走进剧场时,保萨尼阿斯从观看的人群中跳了出来,用藏在斗篷里的短剑刺杀了腓力二世。腓力二世倒地身亡。保萨尼阿斯企图逃跑时被绊倒,还没有站起来就被杀死。

腓力二世就这样驾崩了,时年四十七岁。当时正值他统治马其顿王国的第二十四年。全世界都盼着腓力二世建立比先前更大的功勋。希腊一度以为自己重获自由。雅典的爱国人士忘记了两年前腓力二世表现出的仁慈,开始准备祭品和奠酒①。然而,一位真正吸取了当时经验的人斥责了这批雅典爱国人士。福基翁说:"没有什么比庆幸对手的死亡更加卑劣了。需要牢记的是,在喀罗尼亚战役中作战的军队仅仅少了一人而已。"

福基翁是对的。虽然腓力二世已经驾崩,但他的大军和体制仍然存在。更重要的是,希腊人丝毫没有变。希腊人还是一如既往地满怀妒忌;边界冲突依然激烈;希腊政客依然唯利是图,目光短浅。我们虽然对狄摩西尼这样的个人饱含同情,但也认为自伊巴密浓达离世后盛行的混乱的城邦制度根本不值得留存下去。腓力二世主宰希腊之前,希腊四分五裂:二十个城邦间纷争不休;每过三年到四年,这些城邦就会重新组建新的政体。与上述希腊相比,腓力二世主宰下的希腊应该会更幸福、更强盛也更井井有条。

---

① 此为古希腊的丧葬礼仪。

第 44 章

亚历山大大帝

腓力二世驾崩后，他的儿子亚历山大继承王位，史称"亚历山大大帝"。对于在腓力二世突然驾崩后继承马其顿王国王位的这位年轻人，希腊世界知之甚少。任何一位亲眼目睹喀罗尼亚战役中他猛攻底比斯方阵，或亲耳听闻他与盛气凌人的父亲唇枪舌剑的人都不会否认他热情如火且倔强顽固。然而，人们对这位年轻人的了解仅止于此：一位鲁莽自负的少年，充其量适合带领一支骑兵罢了。狄摩西尼欢欣鼓舞地祝贺雅典人，"马尔吉特斯"已经登上马其顿王国的王位。他用"马尔吉特斯"指代马其顿王国的新国王。据说，"马尔吉特斯"是荷马创作的著名喜剧诗歌中愚蠢吵闹的自夸者的名字。

第1节 亚历山大大帝的成长时期

事实上，腓力二世的权力落到一位比腓力二世还要伟大的人手中。他是迄今为止欧罗巴最非凡的人物之一，一位名垂青史并具有史诗般传奇经历的人[①]。即使是一位秉性比亚历山大大帝更平静的人，也会被亚历山大大帝的成长环境影响。亚历山大大帝的母亲是伊庇鲁斯公主奥林匹亚丝。她是一位充满激情并

---

① 在"希腊化运动"中，亚历山大大帝对叙利亚、小亚细亚和埃及进行改造的成效一直延续到7世纪，直到伊斯兰教徒征服了这些地区。——原注

亚历山大大帝

且野心勃勃的女人，同时也有些迷信。奥林匹亚丝告诉亚历山大大帝，他是特洛伊英雄阿喀琉斯经伊庇鲁斯历代国王流传下来的后裔，并嘱咐亚历山大大帝要努力赶超先人的丰功伟绩。据说，亚历山大大帝的首位导师总是用《伊利亚特》中的王子阿喀琉斯的名字称呼他，并称腓力二世为"珀琉斯"，即阿喀琉斯的父亲，还自称为"菲尼克斯"，即凤凰——传说中阿喀琉斯的训导者。这位导师也因此赢得亚历山大大帝的喜爱。

毋庸置疑，亚历山大大帝的脑海里一直留存着阿喀琉斯的故事。我们将会注意到，在亚历山大大帝的一生中，他的行为举止不止一次受到祖先崇拜的影响。亚历山大大帝一直牢记着《伊利亚特》中的故事，总是在作战时带上一本，效仿那些充满激情的荷马式首领。除了具有古老传说中骑士的慷慨个性，亚历山大大帝的性格还有另外一面。那些挡在他前面或令他生疑的人都会被他毫不留情地清除干净。渐渐长大后,亚历山大越来越像他父亲一样无恶不作,甚至比腓力二世更加残暴。亚历山大不仅更大胆冒险、不择手段——正如之前五十位南征北战的历代马其顿国王一样,而且满怀对各种知识的无限渴望。亚历山大大帝还具有探究的精神。他纯粹出于个人喜好而搜集纷繁复杂的信息;他几乎像喜爱征服一样喜爱组织——这个秉性必然是在亚里士多德的教导下形成的。亚历山大年满十三岁时,腓力二世就让伟大的哲学家亚里士多德担任亚历

亚里士多德与亚历山大大帝

山大的导师。从植物学和形而上学到法令历史与伦理学，亚里士多德对各种知识都充满兴趣。这种兴趣也深深影响了亚历山大大帝。无论是亚里士多德还是亚历山大大帝，他们身上都萌生了这种机智、好学和躁动的希腊心智。

第2节 "伙伴骑兵"

然而，让亚历山大大帝名垂青史的还属他的军事天赋。亚历山大大帝是一位天生的将军，并且他的成长环境也对军事天赋的发展非常有利。亚历山大大帝从父亲腓力二世那里学到应对希腊和蛮族的方法，还学会如何完美使用腓力二世为他组建的巨大军事机器。亚历山大大帝擅长快速出击和随机应变。在亚历山大大帝的军事生涯中，他的长途行军或许是最大的特色。在亚历山大大帝的敦促下，他的大军所向披靡。他们的行军速度几乎快到令人难以置信。在亚历山大大帝的对手以为他在百英里外时，他已经出现在战场。而一旦抵达战场，亚历山大大帝像鹰一样犀利的目光便会找准出击时机。他几乎每次都能找准时机。亚历山大大帝的攻击看似鲁莽，但总能创造奇迹。总而言之，亚历山大大帝是一位骑兵将领。正是得益于亚历山大大帝的重装护卫势不可当的出击，再加上他本人驾着战车冲锋在前，亚历山大大帝的军队才能百战百胜。坚不可摧的马其顿方阵和牢不可破的长矛阵形仅仅是亚历山大大帝能够势如破竹的次要

马其顿方阵

因素。众多步兵像刺猬般冲向对方中部，吸引对方的注意力，击退对方的攻击并消耗对方的体力。马其顿骑兵疯狂进攻，为最终决胜保驾护航。这些马其顿骑兵由亚历山大大帝和他的"伙伴骑兵"组成。

然而，希腊人至今对自己即将面对的人一无所知。不久，希腊人便会意识到亚历山大大帝的坚定决绝和不择手段。一登基，亚历山大大帝就处决了每一位潜在的对手。其中包括腓力二世和克莱奥帕特拉所生的幼子、克莱奥帕特拉的叔父阿塔卢斯、腓力二世兄长的继承人阿明塔斯及其他一干人等。在马其顿王国的王室，谋杀非常普遍。因此，亚历山大大帝此举也并不特殊。接下来的一步才让人对亚历山大大帝心生敬畏。

腓力二世驾崩后，全部希腊人舒了一口气，并准备将马其顿人抛诸脑后，重新开始阴谋和战争。斯巴达开始暴动；阿尔戈斯和伊利斯武装起来；安布拉基亚人赶走了马其顿驻军；雅典人开始义愤填膺地演讲，并开始与波斯帝国密谋，以获取组建舰队的资本。然而，不等事态变得严重，亚历山大大帝就率领手下三万人马南下。毫无防备的希腊城邦被迫向亚历山大大帝重申与腓力二世缔结的条约，选举亚历山大大帝为希腊联盟的最高指挥官。亚历山大大帝在科林斯短暂逗留并参与了同盟的代表大会，然后快速行军绕行伯罗奔尼撒半岛。之后，亚历山大大帝匆匆赶回马其顿王国。公元前336年秋天，马其顿王国北部边境的蛮族再度暴乱，需要亚历山大大帝铁腕制止。

第3节 亚历山大大帝进攻底比斯

只花了半年时间，亚历山大大帝就压制住野蛮的北方近邻。而腓力二世做到同样的事情花了十年。通过短期战争，亚历山大大帝摧毁了色雷斯人和特里巴利人。亚历山大大帝甚至将马其顿大军带到多瑙河以外的土地。利用另一场战役，亚历山大大帝征服了好战尚武的伊利里亚人，迫使他们作为附庸向自己效忠。正当亚历山大大帝忙着应对北方蛮族时，"亚历山大大帝已经死亡"的谣言传到希腊。底比斯人立刻爆发叛乱，围攻了要塞内的马其顿驻军。底比斯人派

马其顿军队与色雷斯人交战

人向雅典求助。狄摩西尼敦促雅典与马其顿王国开战,并未遭到公民大会的反对。然而,雅典小心翼翼且拖拖拉拉。除了狄摩西尼进入伯罗奔尼撒半岛说服阿卡狄亚联盟和伊利斯站在底比斯一方,雅典再没有其他进展。在人们还不知道亚历山大大帝尚且在世时,亚历山大大帝突然出现在维奥蒂亚。他径直从伊利里亚起兵,穿越重重关隘和峡谷,在十三天内行军二百五十英里。底比斯人虽然孤立无援,但仍然勇敢地面对亚历山大大帝的进攻。在城前加固堡垒后,底比斯人在城外与亚历山大大帝一决胜负。

然而,底比斯人寡不敌众且指挥不善,注定会失败。底比斯人战败后,马其顿人涌入城门。接着就是殊死巷战。然而,亚历山大大帝最终杀入集市区。六千底比斯人战死。整个底比斯落到亚历山大大帝手中。亚历山大大帝决心以儆效尤。他要求自己的希腊盟友——福基斯人及其他底比斯的邻邦与对手审判底比斯。经过投票表决,正如亚历山大大帝所料,底比斯应当被摧毁。三万底比斯人被残忍地变卖为奴;底比斯城墙和房屋均被摧毁;底比斯的领地被维奥蒂亚小型城市瓜分。伊巴密浓达的城市就这样消亡了,成为底比斯人的鲁莽和底比斯盟友拖延的牺牲品。亚历山大大帝仅仅留下神殿和诗人品达的住所。然而,很久之后,亚历山大大帝开始为自己的暴行感到懊悔。他将原因归结为底比斯守护神狄俄尼索斯的愤怒。今后,这种酗酒发狂的行为还时常败坏着亚历山大大帝的形象。

雅典人和其他希腊城邦中的亲底比斯派只是通过了反亚历山大大帝的法令,而亚历山大大帝宣称自己只会惩戒反马其顿王国派系的领袖。亚历山大大帝要求雅典包括狄摩西尼在内的八位主要公民立刻投降。不久,因为福基翁的干预,亚历山大大帝最终只驱逐了两位雅典人。伊利斯和阿卡狄亚的罪行与雅典相似。少数反对派首领遭到惩罚。城邦则安然无恙。通过一例严惩,之后再施以仁慈和宽容,亚历山大大帝成功使希腊人形成了自豪的文化心理。如今,希腊人确信自己要应对的是一位权谋家。有底比斯的废墟摆在眼前,他们也就不愿再继续自己的阴谋了。

第4节 亚历山大大帝计划入侵亚细亚

公元前335年秋末,亚历山大大帝宣布将在下一年继续执行腓力二世入侵亚细亚的大计。公元前337年,腓力二世曾向达达尼尔海峡派出马其顿大军。如今,这些大军仍然把持着密细亚的一些海岸城镇。亚历山大大帝开始向该地增兵,但直到公元前334年春天才让主力部队启程。

没有什么比攻打波斯帝国更让亚历山大大帝感到振奋了。首先,这个计划能立刻将亚历山大大帝带到前辈英雄阿喀琉斯曾战斗并牺牲的土地上;其次,这个计划也给予亚历山大大帝成功征战亚细亚以超越阿格西劳斯二世的机会——阿格西劳斯二世仍然被认为是到当时为止希腊最伟大的将军;最后,这个计划为亚历山大大帝提供了一个呼吁希腊各城邦衷心向自己提供支援的可信借口——亚历山大大帝在报复薛西斯一世对希腊的入侵。因此,这场战争立刻成为希腊主义对抗野蛮主义的圣战,一场进入富裕的"伟大的波斯王"的黄金国度的掠夺和冒险,以及一次深入未知地区的机会——这个机会对亚历山大大帝极具吸引力。对希腊人而言,海岸之外的亚细亚仍旧是无人涉足的土地。

如今,统治波斯帝国的是大流士三世。苏萨的宫廷里最近充满谋杀。大流士三世是波斯帝国前任君主的表弟。他突然从私人领地被召回,登上宝座。史称"大流士三世"。当时,大流士三世已经在位两年。他庸庸碌碌,无所作为。大流士三世毫无军事才能,也没有道德勇气,虽然并不完全是一位懦夫,但极其缺乏决断力和积极性。帝国必会葬送在这样的人手中。

公元前334年春天,亚历山大大帝率领军队进入达达尼尔海峡。这支军队由腓力二世组建,作战经验丰富。亚历山大大帝麾下有三万步兵和四千五百名骑兵。其中近半数都是马其顿人。其余的则由一万两千名希腊人和七千蛮族后备军组成。这些蛮族后备军来自色雷斯人、伊利里亚人和巴尔干半岛的其他野蛮部落。亚历山大大帝军力的三分之二由这些蛮族构成,余下的三分之一军力则

大流士三世

斯皮瑞达提斯

由安提帕特手下的一万二千名步兵和一千五百名骑兵构成。安提帕特的军队驻守着马其顿王国国都，威慑着难以驾驭的希腊人。

两年来，波斯帝国一直与马其顿王国交战，但大流士三世没为反击做充足准备。毋庸置疑，亚历山大大帝的入侵出乎他的意料。没有哪位亚细亚人会预见到这样一位刚刚得知其姓名的二十二岁青年就要席卷整个东方。在没有腓尼基的舰队封锁达达尼尔海峡，也没有小亚细亚内陆的总督们前来增兵支援的情况下，波斯人只好依靠现有资源拼尽全力。为迎战亚历山大大帝，达达尼尔-弗里吉亚总督艾尔希提斯、卡帕多西亚总督密特罗巴扎尼斯-吕底亚和伊奥尼亚总督斯皮瑞达提斯召集了两万波斯骑兵和近一万希腊雇佣步兵前来捍卫边境。

第5节　格拉尼库斯河之战

与此同时，亚历山大大帝率领军队穿越达达尼尔海峡，在特洛伊附近登陆。据说，该地就是阿伽门农大军驻扎的港口所在地。亚历山大大帝庄重地在阿喀琉斯的坟茔前祭奠，依照古老的当地习俗在坟茔上悬挂花圈，并围着古坟裸跑三圈。在伊利昂，亚历山大大帝向雅典娜庄严献祭，将自己的铠甲悬挂在雅典娜神殿，取下据说是进献给特洛伊英雄的古老盔甲。接着，带着荷马时期战争的全部记忆，亚历山大大帝举兵向前，迎战亚细亚大军。波斯帝国的总督们在格拉尼库斯河等候亚历山大大帝。该地位于内陆地区，离马尔马拉海十英里，临近扎雷亚镇。希腊雇佣军的首领门托尔请求波斯人放弃作战并撤退，同时毁坏亚历山大大帝军队周围的乡村，在集结更多兵力前拒不交战。然而，这些愚蠢的波斯帝国总督一心要在劣势中作战。波斯军队没有选择利于骑兵作战的平原地区，而是置身于格拉尼库斯河——一条可涉水而过的河流——蜿蜒的河岸上，并做好强渡的准备。波斯步兵被排在后面，对防御毫无用处的大批骑兵则沿着河边的陡坡一字排开。

亚历山大大帝一眼就看出波斯军队阵形中的漏洞。亚历山大大帝的步兵向河岸进发，并开始在波斯骑兵面前过河。抵达河岸时，他们遭到波斯骑兵攻击，

亚历山大大帝率军涉渡格拉尼库斯河

亚历山大大帝率军抵达河岸,与波斯骑兵交战

但他们用萨里沙长矛①击退了波斯骑兵。波斯骑兵损失惨重。接着,亚历山大大帝率领骑兵跃入水中,猛冲上对面的陡坡。亚历山大大帝的骑兵势不可当。尽管蜂拥而至的波斯贵族包围了亚历山大大帝,这些贵族也全力作战,但他们还是牺牲在了马其顿骑兵的长矛之下,无法再做长时抵抗。然而,混战一度白热化。

---

① 长度约四米至六米的长矛,由腓力二世引入马其顿方阵。

格拉尼库斯河之战

一位波斯帝国贵族砍掉了亚历山大大帝的白色羽饰。斯皮瑞达提斯拼命挤到亚历山大大帝背后,刚刚举起大刀,就被马其顿军官克雷塔斯立刻砍下了手。不久,波斯帝国的将领们纷纷倒下。波斯骑兵仓皇逃窜。接着,马其顿人包围了殿后的希腊雇佣步兵。亚历山大大帝没有宽恕他们,宣称这些希腊雇佣军是叛徒,因为他们背叛了以亚历山大大帝为将军的希腊联盟。在这批希腊雇佣步兵中,只有两千人免于一死。

在格拉尼库斯河之战中，马其顿王国的全部损失仅一百二十人。在波斯帝国一方，近两千骑兵倒下，步兵则全军覆没。然而，波斯帝国最大的损失莫过于几乎所有波斯帝国的军官都被杀害。三位波斯帝国的总督中有两位阵亡。第三位总督艾尔希提斯死里逃生，但于次日自刎，因为不愿面对自己的主人。小亚细亚已经无人指挥。整个小亚细亚半岛的防御完全混乱不堪。当亚历山大大帝继续从达达尼尔海峡向南进发时，一个个城镇相继归顺亚历山大大帝。首先是萨迪斯，接着是以弗所，最后是伊奥尼亚的所有其他城市。亚历山大大帝不费一兵

马其顿军队攻陷米利都

一卒,只需接受这些城镇居民的臣服,然后选任新的总督。亚历山大大帝仅仅在一处遭到抗击。大流士三世的部下——希腊雇佣军的统帅梅姆农从格拉尼库斯之战中逃脱后,进入米利都。在米利都坚守数周后,梅姆农还未撤离便遭遇围城。两个月后,一支腓尼基舰队姗姗来迟。这之舰队本应在春天时到达,以封锁达达尼尔海峡。在腓尼基舰队的协助下,梅姆农先是固守米利都,接着又固守哈利卡尔纳索斯,给亚历山大大帝制造了不少麻烦。在亚细亚,攻打哈利卡尔纳索斯是马其顿人遇到的第一个真正的难题。历经殊死抵抗后，哈利卡尔纳索斯遭到突袭。公元前334年秋天，哈利卡尔纳索斯沦陷后，梅姆农和驻军乘船逃跑，在爱琴海地区制造了更多的麻烦。

公元前334年的最后几个月，亚历山大大帝一直忙于征服小亚细亚西部。亚历山大大帝将主力部队留在以弗所过冬，自己带领一支精锐部队穿过卡里亚，并获得当地统治者的效忠。接着，亚历山大大帝在深冬时节沿着吕西亚和潘菲利亚海岸艰难行进。除了冬季的严寒，亚历山大大帝几乎没有遇上任何阻碍。亚历山大大帝最危险的一次行军是沿着克莱马克斯山悬崖上蜿蜒的、被海浪冲击的小路进发。虽然路上满是积雪，但亚历山大大帝拒不回头，从齐腰深的水中继续前进。即使席卷而来的海浪将要吞没整支军队，他也毫不在意。亚历山大大帝就这样到达潘菲利亚沿岸城市。佩尔格和西迪立刻投降。不久，邻近高地上的部落也纷纷向亚历山大大帝投降。接着，亚历山大大帝转向北方，于公元前333年3月月初穿过了彼西底山间白雪覆盖的小径，抵达开阔的弗里吉亚高原时恰是春季。

梅姆农

第6节 戈尔迪之结

在弗里吉亚旧都戈尔迪乌姆,亚历山大大帝与帕尔梅尼奥从以弗所带来的主力部队会合。帕尔梅尼奥是一位作战经验丰富的将军。这支军队中原本主要从马其顿王国和希腊招募士兵,在公元前334年越过达达尼尔海峡后,又壮大了不少。亚历山大大帝的势如破竹使招兵买马变得非常容易。主动参军的人非常多。在亚历山大逗留戈尔迪乌姆期间,最引人瞩目的事件就是"戈尔迪之结"。戈尔迪乌姆保留着一架古老的战车。传说,这架战车由弗里吉亚首位国王戈尔迪①建造。联接战车车辕和车轭的是一条用山茱萸树皮编成的复杂绳结。据当地传说,能解开此结的人注定会成为全亚细亚的王。亚历山大大帝听说了这个

亚历山大大帝来到戈尔迪之结前

---

① 戈尔迪(Gordius,生卒年不详),约生活于公元前2000年,传说中点石成金的弥达斯王的父亲。

亚历山大大帝将绳结劈成两半

传说。凝视片刻后,亚历山大大帝快速抽出佩剑,将绳结劈成两半。旁观的弗里吉亚人和希腊人惊呼预言已经实现。随后的电闪雷鸣更加肯定了他们的想法。正如他们所想,电闪雷鸣是在传达宙斯的旨意——他恩准亚历山大大帝成为全亚细亚的王。

短期内,由于梅姆农和爱琴海波斯舰队的军事行动,亚历山大大帝似乎还要被耽搁在小亚细亚。公元前333年春天,斗志昂扬的统帅梅姆农征服了希俄斯岛和莱斯博斯岛,赶走了两地的马其顿驻军。接着,梅姆农提议波斯舰队驶往希腊,借助斯巴达国王阿吉斯三世之力,煽动当地发起反亚历山大大帝的起义。然

托鲁斯山

而，就在此时，梅姆农阵亡。梅姆农的离世似乎抽离了波斯舰队的所有力量。因此，亚历山大大帝在关键时刻摆脱危机，继续深入亚细亚腹地。

公元前334年的整个冬季，大流士三世一事无成。而他躁动不安的对手一直忙于征服小亚细亚西部。不过，公元前333年春于，大流士三世召集波斯帝国所有总督会师巴比伦。如今，大流士三世率领一支军队向幼发拉底河进发。在人数上，这支军队几乎接近薛西斯一世所率大军。谣传大流士三世拥兵六十万，其中不乏作战的好手，特别是一支希腊雇佣军——这支雇佣军拥有从各处搜罗来的近三万士兵。

大流士三世向西行进时，亚历山大大帝匆忙赶来迎战。从戈尔迪乌姆穿过小亚细亚中部高原后，亚历山大大帝一路急行，最终到达托鲁斯山脚下。在波斯军队中，原本应当迎战亚历山大大帝的是西里西亚总督。然而，当亚历山大大帝逼近时，这位叫"阿撒米斯"的懦夫逃走了，放弃了西里西亚关口崎岖的山中小径。马其顿军队立即从山上奔涌而下，进入肥沃的西里西亚平原，攻占了托罗斯。

第7节 伊苏斯之战

在托罗斯,由于得了一场大病,亚历山大大帝停止继续向前行军。一次急行结束后,亚历山大大帝跳入塞纳斯河冰冷的山涧中。很快他就受寒,接着发起高烧。一位叫"菲利普斯"的医师负责照料亚历山大大帝,但亚历山大大帝的病情一直反反复复。一封密信向亚历山大大帝报告,在波斯帝国重金贿赂下,菲利普斯给亚历山大大帝下了毒。然而,亚历山大大帝非常信任菲利普斯,并喝下菲利普斯开出的药剂。接着,亚历山大大帝将密信交给菲利普斯看。之后,亚历山大大帝迅速恢复了健康,不久便再次出征。

与此同时,大流士三世的所有大军都离亚历山大大帝不远。只有叙利亚和西里西亚间的艾马纳斯山横亘在亚历山大大帝和大流士三世之间。艾马纳斯山中有两条主路。一条是以南的"叙拉亚之门",从迈利昂得鲁斯通往索契;另一条

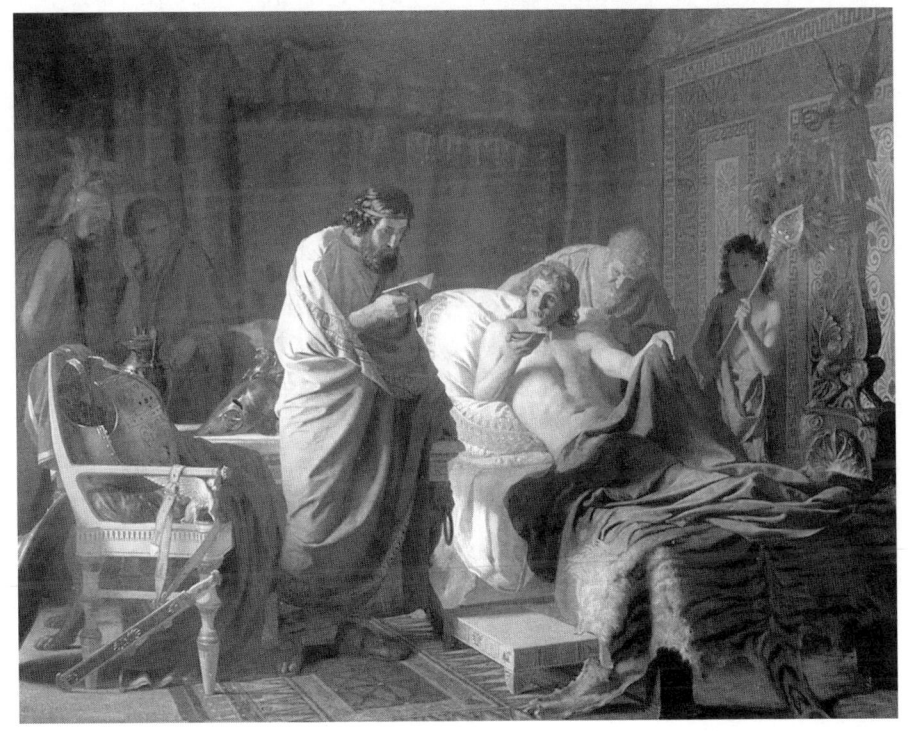

亚历山大大帝喝下菲利普斯开出的药剂

是以北的"阿马尼克之门",从伊苏斯延伸到索契。亚历山大大帝料定大流士三世会在叙利亚北部的大平原作战。在该地,亚历山大大帝手下的大批骑兵尽可以自由驰骋。亚历山大大帝从未想过大流士三世会进入山区,在一处不利于波斯帝国大军的地方开战。于是,亚历山大大帝进入艾马纳斯山和大海之间狭窄的海岸平原,向"叙利亚之门"进发,想要进入叙利亚。然而,与此同时,大流士三世也开始启程。经过"阿马尼克之门"旁边的山区,大流士三世来到亚历山大大帝的后方伊苏斯,攻占了亚历山大大帝的补给库。对马其顿军队无比憎恶的大流士三世就此切断了亚历山大大帝与小亚细亚的联系。

然而,大流士三世的行动并没有难倒亚历山大大帝。亚历山大大帝唯一庆幸的是大流士三世居然会将大军置于大海与山地之间,即伊苏斯和迈利昂得鲁斯间狭窄的海岸地区。放弃"叙利亚之门"后,亚历山大大帝重返伊苏斯。在伊苏斯以南十英里处的比纳鲁斯河附近,亚历山大大帝与波斯军队相遇,而波斯军队的前锋部队不过九万人。在波斯军队中,希腊雇佣军及波斯帝国本土军队中的骑兵与步兵呈作战阵形,而波斯帝国附属国的军队则封锁大路,绵延数英里,几乎置身战场外。亚历山大大帝麾下的士兵则完全可以填满大海和山地间的两英里土地,但不会太过拥堵。亚历山大大帝将马其顿方阵布置在中部,他自己则率领右翼骑兵,将临海的左翼交给老将帕尔梅尼奥。之后,亚历山大大帝发起进攻。

伊苏斯之战比格拉尼库斯河之战更激烈。就重要性而言,与格拉尼库斯河之战相比,伊苏斯之战并不逊色。马其顿方阵直逼波斯军队阵列中部,与大流士三世手下的希腊雇佣军激烈交战。海岸边的帕尔梅尼奥与波斯骑兵的主力部队在坡地交战,被迫让步。然而,亚历山大大帝自己通过一系列的猛攻突破了波斯军队的左翼,转而从侧翼和后方攻打波斯军队中部。当看到马其顿的长矛轻骑兵向自己高高的战车逼近时,大流士三世头脑一片空白。他跳下战车,爬上了战马。看到空空如也的战车时,波斯人以为大流士三世已经被杀。波斯军队已经完全战败的呼喊声传到每位士兵耳中。作战阵形也随之解散。现场一片混乱。波斯军队中负责殿后的附庸国军队原本并没有停止作战,但随即也开始向山上溃

伊苏斯之战

逃。大流士三世——他几乎是第一个当的逃兵——舍弃了营地、财物和女眷，逃往幼发拉底河附近的塔普萨卡斯。大量逃兵被杀。前线的波斯帝国本地人和希腊雇佣军几乎阵亡过半。据保守估计，大流士三世的军队至少损失三万人，而亚历山大大帝的军队中只有四百五十人倒在了战场上。

在波斯军队的营地中，亚历山大大帝得到的第一批巨额战利品是三千塔连特[①]。此外，营地中还有数不清的盘碟珠宝，以及大流士三世的眷属。这些大流

---

① 价值七十万英镑。——原注

亚历山大大帝看望被俘的大流士三世家眷

士三世的眷属是至关重要的俘虏。其中包含大流士三世的母亲西西冈比斯和妻子斯塔蒂拉。亚历山大大帝对这些女眷礼遇有加，不仅因为她们孤立无助的处境唤起了亚历山大大帝本能的宽仁之心，而且他必然也想到这些女眷都将是自己与大流士三世未来进行交涉时最珍贵的人质。

当亚历山大大帝以胜利者的姿态站立在伊苏斯海湾的上方时，摆在他眼前的路有两条。一条是继续东征，追击大流士三世到巴比伦，留下旁边未被征服的叙利亚不管；另一条是在直插波斯帝国的心脏前，南下征服叙利亚和埃及。亚历山大大帝选择了后一条路。如今，他已经了解大流士三世的秉性，认为在大流士三世刚刚溃败后，自己大可以对他置之不理几个月。亚历山大大帝的推测是对的。短时间内，大流士三世都会卑微地向亚历山大大帝求和。他表示愿意以一万塔连特的重金赎回自己的家眷，并将女儿巴西妮嫁给亚历山大大帝。嫁妆是幼发拉底河以西的所有省份。亚历山大大帝告诉了手下军官们波斯帝国的提议。老将帕尔梅尼奥惊呼："如果我是亚历山大大帝，我就会接受这个提议。"然而，亚历山大大帝回答道："如果我是帕尔梅尼奥，我也会接受这个提议。"马其顿王国的将领们已经因征服的巨大领地而头晕目眩，但他们年轻的国王对此仍然不屑一顾。亚历山大大帝认为，与自己今后将得到的一切相比，如今所得不过占了一小部分。亚历山大大帝打发走波斯帝国使臣，准备继续作战。

第8节 提尔城

波斯特使找到亚历山大大帝的地方正是提尔城前。面对亚历山大大帝，整个叙利亚北部已经不战而降。腓尼基诸城中的西顿、拜布鲁斯和阿拉杜斯也已经对亚历山大大帝敞开城门。然而，提尔不愿放弃在波斯帝国统治下的半独立状态，虽然宣布向亚历山大大帝效忠，但不允许马其顿驻军进入城内。亚历山大大帝回应道自己必须入城，因为他打算向麦尔卡斯献祭——这一麦尔卡特斯与希腊人信奉的赫拉克勒斯差不多，而麦尔卡斯的神殿就在提尔岛。对此，提尔人回应道，异邦人均不得进入提尔城。不过，在陆上提尔旧城的废墟中，有一个比新城中麦尔卡斯神殿更古老也更受人敬仰的麦尔卡斯神殿。亚历山大大帝对此毫不理会，宣称自己将武力入城。

提尔牢不可破。该城因之前经历的长期围城而闻名于世：一位亚述帝国君主封锁提尔二十多年却无功而返。提尔地处离海岸七百码的海岛上，四面城墙高达一百五十英尺。提尔人拥有一支由一百艘船组成的装备精良的舰队。这支舰队刚刚从爱琴海归来——伊苏斯的消息使西部海域的波斯军队纷纷解体。

由于没有舰队，亚历山大大帝企图从大陆修建一条防波堤以攻陷提尔。这条防波堤需要横跨一条狭窄的海峡——这条海峡守卫着提尔。最初的工程很简单。但没过不久，防波堤就进入深海区，开始触及修建在城墙周围的军事设施。工匠损失众多。亚历山大不得不修建木塔保护防波堤的头部。然而，木塔刚建完，提尔人就用火船将木塔付之一炬，接着奋力用小船划行，摧毁了大半条堤道。亚历山大大帝确信，要想征服提尔，就必须获得制海权。于是，他迫使西顿人和塞浦路斯人派出舰队支援自己，随即派出二百一十艘船将提尔人赶进他们

围攻提尔

自己的港口。之后的工程因而变得简单了。防波堤开始重新大规模地修建，一直延伸到提尔城墙脚下。正如迦太基人抵抗西庇阿或犹太人抗击提图斯率领的罗马人时表现出来的英勇一样，提尔人以闪米特人特有的狂热英勇作战。然而，结局已经不可逆转。约公元前332年7月，城墙有了缺口后，被围困还不满七个月，提尔就遭到突袭。马其顿人损失了四百人。八千提尔人在街巷中丧命。残暴的征服者绞死了两千战俘，并将其余人口变卖为奴。

第9节 亚历山大大帝进入埃及

提尔陷落后,提尔以南的所有领地立刻被恐慌笼罩。巴勒斯坦的犹太人归顺了亚历山大大帝。除了被用来封锁前往埃及道路的南部要塞加沙,所有腓力斯人都归顺了亚历山大。一位忠于职守的总督巴提斯为大流士三世坚守着加沙。巴提斯抵御了亚历山大大帝三个月,极大地激怒了亚历山大大帝。加沙沦陷后,亚历山大大帝决心模仿阿喀琉斯最令人不齿的行径。亚历山大大帝将巴提斯绑在自己战车的尾部,直到将他拖死。阿喀琉斯就曾这样对待赫克托耳的尸体。从此刻起,亚历山大大帝身上残暴的性格似乎越来越明显。

埃及不战而降。埃及人将马其顿人看作自己的救星。埃及人一直处于波斯帝国的桎梏下,并为摆脱波斯帝国的束缚作了长期的斗争。因此,他们像朋友般

加沙遗址

亚历山大大帝在孟斐斯神殿祭拜神牛

迎接马其顿人的到来。亚历山大大帝胜利进入孟斐斯,接着沿尼罗河驶向西部出海口。对于出海口气势磅礴的河水,亚历山大大帝惊叹不已。他计划建立一个大型海上城市,并以自己的名字为该城市命名。亚历山德里亚由此诞生,成为迄今为止亚历山大大帝为自己建造的最不朽的丰碑。

逗留亚历山德里亚期间，亚历山大大帝决心拜访闻名于世且地处利比亚沙漠中的宙斯-阿蒙①神示所。亚历山大大帝带领一支精锐部队，行军五天穿过沙漠，安全到达肥沃绿洲中棕榈树丛掩盖下的宙斯-阿蒙神示所。神谕称亚历山大大帝为宙斯之子，并嘱咐他继续向前，征服全世界。因为直到众神召唤他之前，没有人能够匹敌亚历山大大帝。神谕还要求亚历山大大帝的同伴敬他为神，并向亚历山大大帝献祭。这些言过其实的阿谀奉承似乎第一次冲昏了亚历山大大帝的头脑。值得注意的是，亚历山大大帝对待神谕非常严肃。之后，再有人称亚历山大大帝为"阿蒙之子"时，他就会欣喜不已。

公元前331年春天，亚历山大大帝从埃及出发，经过巴勒斯坦和叙利亚，最终重返幼发拉底河。在塔普萨卡斯，亚历山大大帝穿过幼发拉底河继续向东进发，之后又经过底格里斯河。亚历山大大帝之所以这样行军是为了避免经过美索不达米亚荒漠。一旦通过这条路线，亚历山大大帝就能在一条补给充足的道路上进军巴比伦。

第10节　高加米拉之战

大流士三世有近两年的时间重组一支新的军队。如今，他已经集结一支军队。这支军队比伊苏斯战役中的波斯帝国军队还要强大。大流士三世这次决定将战场选在平原地区，以使自己的骑兵有充足的空间驰骋。接着，大流士三世在阿尔比勒镇前一处叫"高加米拉②"的平坦沙地等待亚历山大大帝。整支东方军队呈作战阵形排列。大流士三世站在战车上，居于中部。四周是他的护卫。两翼是希腊雇佣军的余部。大流士三世的南北两侧是由米底人、巴克特里亚人、波斯人和印度人组成的绵长的骑兵阵列，后方是波斯帝国东方总督麾下数不胜数的步兵。战车和大象间隔排布在大军前。大流士三世希望能攻破马其顿人的紧密阵形——这是马其顿军队的优势。

---

① 阿蒙神为古埃及的主神，在古希腊语中被译为宙斯，因为二位都是最高神。古希腊人在祭祀时便称阿蒙神为"宙斯-阿蒙"。
② 意为"骆驼之家"。——原注

高加米拉之战

迎战这支大军的亚历山大大帝只有四万步兵和七千骑兵。显而易见,波斯军队将从右翼发起包抄,再以左翼的兵力优势压垮亚历山大大帝。然而,亚历山大大帝以近似空心方阵的阵形前进。马其顿方阵作为前锋。右翼是亚历山大大帝和马其顿王国的精锐骑兵。左翼是帕尔梅尼奥和希腊联盟的骑兵。马其顿方阵的四周是由希腊人、色雷斯人和伊利里亚人组成的步兵队伍和骑兵队伍——他们的使命就是击退所有来自侧翼的攻击,并确保亚历山大大帝免受后方的袭击。马其顿方阵的后方是一列单薄的色雷斯步兵。

马其顿人以该阵形猛攻波斯大军中部。主要目标就是大流士三世。大象和战车毫无招架之力。当波斯步兵从两翼对亚历山大大帝的军队进行夹击时,整个战场上到处都在激烈交战。帕尔梅尼奥受到围攻,几乎被波斯军队右翼击垮。一支由帕提亚人和印度人组成的骑兵大部队冲进马其顿方阵内部。如果不是突然开始洗劫希腊军营,他们似乎会制造更大的麻烦。然而,在中部战场,亚历山大大帝势如破竹。与在格拉尼库斯河之战和伊苏斯之战中表现的一样,亚历山大大帝势不可当。他率领护卫和马其顿方阵的右翼部队直逼波斯阵列,向大流士三世的战车靠近。愚蠢的大流士三世再次决定留下性命,他日再战。虽然大流士三世的部下仍然在拼尽全力,但他本人还是离开了战车,骑上战马绝尘而去。大流士三世的大军紧随其后,也选择了逃跑。亚历山大大帝再次获胜。亚历山大大帝战胜了一支一百万人的大军,杀死了其中的四万,而他自己的军队中只有五百人死亡和四五千人受伤。

亚历山大大帝第三次大败大流士三世后,两百年来保持波斯帝国统一的魔咒似乎也突然消散。谣言传遍了东方行省。波斯帝国注定步入末日。各地封臣纷

高加米拉之战中波斯军队中的大象

纷宣布独立。总督们企图将自己的行省变为小型王国。如今，亚历山大大帝要应对的已经不是波斯帝国。波斯帝国这一实体已经不复存在。如今，亚历山大大帝要面对的是一群令人眼花缭乱的混乱部落和城市。为了刚刚获得的自由，它们或抵抗，或屈服。大流士三世逃到米底的埃克巴坦纳。然而，他再也集结不起一支新的军队，只留下一千人陪在他左右。这些人都是大流士三世和仍然依附大流士三世的总督的贴身侍从。此外，大流士三世的性命和地位都岌岌可危。大流士三世的表亲——巴克特里亚总督贝苏斯决心废黜大流士三世，以期新任君主能够挽救波斯帝国。

第11节　亚历山大大帝进入巴比伦

与此同时，亚历山大大帝进军巴比伦。迦勒底亚人打开城门，用花环和颂歌迎接亚历山大大帝。对于公元前6世纪时波斯帝国对巴比伦的两次洗劫，巴比

亚历山大大帝进入巴比伦

伦从来没有原谅。巴比伦将亚历山大大帝看作解放者。人们原来以为苏萨或许会表现得不同。然而，阿尔比勒的魔咒笼罩着苏萨人。苏萨人不战而降，并将堆积在大流士三世宫殿中无尽的财产交付至亚历山大大帝的手中。财产总计至少五万塔连特，折合为一千一百五十万英镑，这也是阿契美尼斯家族九代人的所有积蓄。

如今，亚历山大大帝暂作停歇，重组打下的帝国。再没有人质疑他的"大帝"身份。大流士三世不过是一位失去宝座的不幸的冒牌君主。亚历山大大帝采取的原则就是肯定了所有归顺他的总督拥有公民权。不过在本地统治者之外，他还要额外派出一位希腊军官，以主管当地的军务。因此，在巴比伦和苏萨，原来的总督马扎亚斯和阿布力泰斯仍然握有权力，但要受到两位将军阿波罗多罗斯和阿奇劳斯的监督。对于这个安排，马其顿人并不完全同意。他们认为所有有利可图的地区都该据为己有。此外，对于亚历山大大帝染上所谓的"大帝"的浮夸习气一事。以及他承认亚细亚人是忠诚有功的臣民一事，马其顿人心存不满。

波斯帝国中部仍然需要征服。波斯帝国中部不是由躲在埃克巴坦纳的、可怜的大流士三世控制，而是由波斯帝国最后一位英雄阿里奥巴尔扎尼斯镇守。阿里奥巴尔扎尼斯并不是为任何宗主而战，而是为自己战斗。他召集了波斯帝国古老王室家族的最后一支队伍走上沙场。由波斯帝国本地人组成的大军的余部把持着从苏萨到波斯波利斯的关隘，连续五天将亚历山大大帝牵制在叫"苏萨之门"的山中小径上。然而，这个"波斯温泉关"与希腊原型一样结局悲惨。亚历山大大帝发现了一条绕过关隘的迂回路线，出其不意地出现在了镇守者的后方。英勇作战的波斯大军几乎全军覆没。只有阿里奥巴尔扎尼斯带领少数同伴突出重围，并试图捍卫波斯波利斯的城门。约公元前330年2月，在波斯波利斯，阿里奥巴尔扎尼斯寡不敌众，仍战斗到底。作为一场注定失败的战役中的最后一位首领，阿里奥巴尔扎尼斯壮烈牺牲。如果大流士三世铁骨铮铮，那么应该是他本人——而不是这位总督——得到这个光荣的结局。

亚历山大大帝之所以对波斯波利斯大肆烧杀抢掠，不是因为这个城市的反抗，而是出于施政者的冷酷。在给家人写信时，亚历山大大帝从容地写道，没有

波斯波利斯

什么比洗劫波斯帝国都城①和屠杀都城居民更能显示出波斯帝国统治的覆灭。亚历山大大帝内心或许沾沾自喜,因为与自己的榜样阿喀琉斯不同的是,他才是幸存下来并亲眼见到自己的"特洛伊"被洗劫而扬扬自得的人。亚历山大大帝对希腊世界宣称,对波斯波利斯的暴行是为了报复一百五十年前薛西斯一世对雅典的摧毁,尽管这场报复长期被推迟。因此,波斯波利斯成了下一个尼尼微城②,而波斯帝国和亚述帝国一样会销声匿迹。在苏萨,亚历山大大帝收获了一笔更大的财富。在这个已经变为一片废墟的城市中,至少十二万塔连特的财物被亚历山大大帝耀武扬威地夺走。

---

① 此处指波斯波利斯,是波斯帝国举行仪式的都城,于公元前518年由大流士大帝建立。位于伊朗城市设拉子东北部约六十公里处。
② 尼尼微城为亚述古城,位于今伊拉克北部城市摩苏尔的郊区,曾是世界上最大的城市,公元前612年毁于亚述内战。

第12节 大流士三世之死

虽然波斯帝国已经不复存在,但大流士三世幸存了下来。如今,亚历山大大帝最迫切的愿望就是看到这位昔日的对手臣服在他的脚下,并祈求他的宽恕。洗劫波斯波利斯后,亚历山大大帝开始北上前往埃克巴坦纳搜寻大流士三世。然而,亚历山大大帝一靠近,大流士三世便立刻逃走。大流士三世企图在阿姆河之外的土地寻求藏身之所。大流士三世为数不多的追随者对他的懦弱深感厌恶,转而将大流士三世绑起来,并决心拥立大流士三世野心勃勃的表亲,即东方之王贝苏斯为君主。然而,亚历山大大帝穷追不舍,不仅赶上了这些追随者,而且差点抓住被罢黜的君主大流士三世。然而,贝苏斯看到了身边的大流士三世。他刺伤了大流士三世,然后逃跑了。亚历山大大帝赶到时,正好目睹了这位昔日

埃克巴坦纳遗址

亚历山大大帝目睹大流士三世身亡

的对手咽气身亡。与阿喀琉斯对待赫克托耳的尸体一样,亚历山大大帝体贴地将大流士三世的尸体交给大流士三世年迈的母亲西西冈比斯厚葬。

命中注定,亚历山大大帝只比大流士三世多活了七年。除了最后的十五个月,在这七年里,亚历山大大帝一直忙于东征西讨。他穿梭在鞑靼地区①、阿富

---

① 此处指亚细亚北部及中部地区。

汗和旁遮普的山地与平原之间。只要还有尚未征服的土地，亚历山大大帝就不会停歇。我们无法推测，如果不是因为亚历山大大帝手下军队最终叛变并拒绝前进，那么亚历山大大帝东征的终点将在哪里。在亚历山大大帝东征的前四年，他旨在征服波斯帝国的东方行省。首当其冲的就是贝苏斯。当时，贝苏斯已经成为新的君主。他将名字改为统治者的名称"阿尔塔薛西斯"，并在巴克特里亚宣告登基。亚历山大大帝只花了一年时间就摧毁了这位篡位者，征服了他从阿塔考纳①到马拉坎达②的领土。公元前329年5月，贝苏斯士气低落的亲随将这位大流士三世的谋杀者交给了亚历山大大帝。亚历山大大帝用木枷套在贝苏斯的脖子上，并在贝苏斯的都城巴克特拉③公开对他施以鞭刑，之后处决了他。毋庸置疑，征服贝苏斯使亚历山大大帝经历了一场恶战和一次严酷的行军。亚历山大大帝曾穿越白雪皑皑的帕勒帕迈塞斯山脉。帕勒帕迈塞斯山脉位于巴克特里亚

处决贝苏斯

---

① 今赫拉特，位于阿富汗西北部。——原注
② 今萨马尔罕。——原注
③ 今巴尔赫。——原注

和阿里亚之间。这场行军发生在冬季,尤其恐怖,一直让人难以忘却。甚至有人将这次行军等同于汉尼拔穿越阿尔卑斯山①。

第13节 帕尔梅尼奥和菲罗塔斯

处决贝苏斯之前,亚历山大实施了一桩恶行。这桩恶行不仅更残暴,而且并不公正。在亚历山大大帝众多的主将中,有一位在伊苏斯之战和阿尔比勒之战中表现出色的将领——老将帕尔梅尼奥的儿子菲罗塔斯。菲罗塔斯天性自由洒脱且直言不讳。对于亚历山大大帝与日俱增的虚荣和鲁莽,他曾多次进谏。在他的众多言行中,"正是有了其父帕尔梅尼奥及菲罗塔斯本人才征服了亚细亚"的言论极大地冒犯了亚历山大大帝。亚历山大大帝突然控诉菲罗塔斯意图谋害自己的性命,接着就对菲罗塔斯施刑折磨。最终,刑具上的菲罗塔斯身心交瘁,承认自己和父亲帕尔梅尼奥确实有意谋反。接着,菲罗塔斯遭到审判和处决。亚历山大大帝还派信使去埃克巴坦纳刺杀米底总督——年迈的帕尔梅尼奥。阅读信使送来的信时,帕尔梅尼奥被人从背后刺杀。毋庸置疑,帕尔梅尼奥从未图谋造反,而他的儿子菲罗塔斯很可能也是无辜的。由于受到冒犯,亚历山大大帝杀死了菲罗塔斯。至于再杀死帕尔梅尼奥,则似乎是防止他为菲罗塔斯报仇。

公元前329年,亚历山大大帝征服了巴克特里亚。公元前328年,亚历山大征服了波斯帝国最后一处东北行省索格底亚纳。接着,亚历山大大帝引兵跨过波斯帝国往日的边界,进入游牧民族赛西亚人的土地。迫使赛西亚首领投诚后,亚历山大大帝建立了新城亚历山德里亚-埃斯哈达②,以覆盖这片边境地区。接着,亚历山大大帝开始南下。他的下一个远征目标就是印度。

自从拜访了宙斯-阿蒙神示所,亚历山大大帝的傲慢和虚荣与日俱增。近来,亚历山大大帝的行为越来越显现出君权神授的特质。像东方君主一样,亚历山大大帝穿上紫袍,戴上皇冠,置身一群朝臣的簇拥之中。这些行为让亚历山大

---

① 发生于公元前218年,为第二次迦太基战争期间的大事件之一,也是古代军事史上的一大壮举。
② 意为"亚历山大的边境"。——原注

亚历山大大帝与罗克珊娜

大帝的战友感到极其不适。亚历山大大帝的正室妻子罗克珊娜——亚历山大大帝已经有后宫——不是希腊人,而是一位巴克特里亚贵族的美貌女儿。人们窃窃私语道,亚历山大大帝皇位的继承人将会是一位混血亚细亚人。与此同时,亚历山大大帝开始大量招募东方军队。他不仅将东方军队作为后备军,还将东方人选调进方阵和骑兵队伍。此举差点让马其顿老兵疯狂。这种不满表现在一场怪异的事件中。一天夜里,为庆祝狄奥斯库里节,亚历山大大帝和众将领喝得酩酊大醉。觥筹交错之时,溜须拍马者愈发口若悬河。他们说的全是让亚历山大大帝喜不自禁的谄媚之词。最终,骑兵指挥官克雷塔斯忍无可忍。克雷塔斯当面对亚

亚历山大大帝刺死克雷塔斯

历山大说道，亚历山大大帝的节节胜利应当归功于腓力二世组建的军队和训练的将领；他杀死的帕尔梅尼奥和菲罗塔斯帮助他征服了亚细亚，而如果格拉尼库斯河之战中没有人从斯皮瑞达提斯的大刀下救了亚历山大大帝，那亚历山大大帝也活不到今日。因为亚历山大大帝和克雷塔斯都醉意沉沉，满面通红，所以这场口角最终以悲剧结束。亚历山大大帝从卧榻上跳了起来，抓住一柄剑。他的友人拉住了他，并催促克雷塔斯速速离开。然而，这位愤怒的将军又冲了回来，再次出言不逊，并且满嘴嘲讽。亚历山大大帝抓起一支长矛刺死了克雷塔斯。疯狂的杀戮后,亚历山大大帝突然情绪大变。他在卧榻上嚎啕大哭,随之绝食三天。不过,亚历山大大帝仍然没有改变东方习气和纵饮酗酒的习惯。

第14节　亚历山大大帝进入印度

在对印度的远征中,亚历山大大帝收获了富饶的行省旁遮普。这个行省是亚历山大大帝以武力从若干首领手中夺来的。其中,最引人注目的首领是杰赫勒姆河东部领地的英勇的国王波鲁斯。波鲁斯率领五万步兵、三百战车和一百三十头战象捍卫着杰赫勒姆河一线,抗击马其顿人。波鲁斯虽然战败,但也

波鲁斯和他的战象

波鲁斯受伤被俘

消耗了亚历山大大帝一千士兵。这个人数比亚历山大大帝在伊苏斯和阿尔比勒与大流士三世的数场交手中损失得更多。波鲁斯受伤被俘。不过,出于本能,亚历山大大帝仍然心存慷慨。公元前327年,他不仅宽恕了波鲁斯,还将波鲁斯的王国一并交还,并加送了一个新的行省给波鲁斯。

在波鲁斯的领地外,亚历山大大帝还要征服其他东方王国。因此,我们发现亚历山大大帝不断催促麾下疲惫不堪的队伍继续向太阳升起的未知领地进发。到当时为止,希腊人对这片未知地区的了解仅限地名。如果不出意外,恒河

流域的印度小国不久就会感受到亚历山大大帝的力量。在旁遮普最东端的希达斯皮斯河畔，马其顿人最终爆发兵变。七年来，亚历山大大帝一直将他们拖着往前走。他们离家越来越远。无论亚历山大大帝如何威逼利诱，如今的马其顿人已经不愿再多走一步。与亚历山大大帝不同，马其顿人并不渴望征服更多的领地。他们渴求的不过是停下来，享受已经得到的一切。马其顿人的决心不可撼动。公元前326年，亚历山大大帝不得不掉头，以"远行有凶兆"这个合乎时宜的借口掩盖自己对掉头返回这一行为的憎恶。

由于太过躁动不安和热爱冒险，亚历山大大帝不会选择原路返回。他决定

士兵们恳求亚历山大大帝结束征战，返回故乡

从新的路线抵达巴比伦，即顺印度河而下，直到出海口，接着经格德罗西亚西行。在印度河上，亚历山大大帝准备了一支舰队，并让陆军护送舰队沿河而下。途中，舰队与陆军合作，征服了旁遮普和信德南部的各个独立部落。约公元前326年11月，当突袭马利①要塞时，亚历山大大帝遭遇到目前为止最大的危险。按照惯例，亚历山大大帝率领猛攻者冲锋在前，只带着三位同伴登上城墙。梯子随之断裂。亚历山大大帝跳进守城士兵中间。接着，他的身边箭如雨下。一支箭刺穿了亚历山大大帝的胸甲，插进了他的肺部；另一支箭杀死了三位贴身侍卫之一。其余两位幸存者普塞斯塔和列昂纳托拼死保护亚历山大大帝，抗击众多印度人。直到搭好新的梯子，其他猛攻者闯了进来，救下失去知觉的亚历山大大帝，并屠杀了所有印度驻军。起初，亚历山大大帝危在旦夕，但强健的体格让他最终康复。几周内，亚历山大大帝就又能下地行走。

---

① 今木尔坦。——原注

制伏了信德的所有小国后，亚历山大大帝抵达印度河出海口。他建了一个叫"亚历山德里亚"的小镇。这个小镇地处三角洲的优良地带，注定会成为一个主宰印度洋军事和商贸的港口。亚历山大大帝派手下的海军大将尼阿库斯率领舰队探索厄立特里亚海、波斯湾及远至幼发拉底河出海口的区域，因为亚历山大大帝脑中满是开辟印度和巴比伦之间海上航线的想法。亚历山大大帝自己则决定展开相似的探索之旅，只不过路线是在陆上。他率领一支精锐部队，试图在格

梯子断裂，亚历山大大帝跳进守城士兵中间

德罗西亚山区与大海之间找到一条道路。亚历山大大帝的主力军队由克拉特鲁斯带领,按通往内陆的普通路线行军。这条路从印度通往波斯,途径阿拉霍西亚①和德兰吉亚纳②。

第15节 亚历山大大帝离开印度

似乎一旦开始走回头路,亚历山大大帝就不如先前那样幸运。归程一开始,亚历山大大帝就受到了当时为止他受过的最重的伤。归程过半时,他又被厄运缠身。在比鲁基斯坦③人迹罕至的沙漠中,亚历山大大帝迷了路,在贫瘠的山谷和更贫瘠的山地中行军两个月,既无食物,也无水源。据我们所知,井与井之间相隔达四十英里。亚历山大大帝的部队将奄奄一息的中暑士兵丢在路旁。所有驮运物资的动物纷纷死去。生病受伤的人因缺乏运输工具而被抛弃。数以千计的掉队者全部丧生。据说,还没有穿过原波斯帝国边境行省卡曼尼亚,亚历山大大帝就损失了行军部队的四分之三。这场遭遇算是亚历山大大帝收到的关于他无休止地进行探险的初次警示:要在沙漠中养活一支部队毫无希望;此处就连通过一支车队也要大费周章。

一旦穿过格德罗西亚沙漠,前往波斯波利斯和苏萨的路途便毫不费力。公元前325年春天,亚历山大大帝再次回到自己帝国的中心。一回去,亚历山大大帝就开始严格调查本地总督和希腊将军们的言行举止。在亚历山大大帝不在时,正是这些人管理亚细亚。在本地总督和希腊将军中,有不少人因侵吞公款和残暴无度而被革职。部分希腊人和亚细亚人甚至因自己行为失当被处以死刑。

第16节 希腊与亚细亚的融合

亚历山大大帝仅在自己缔造的帝国上享受了两年。然而,亚历山大大帝生前

---

① 今坎大哈。——原注
② 今锡斯坦。——原注
③ 今俾路支省。

马其顿大军穿越格德罗西亚沙漠

就已经显示出自己的意图。亚历山大大帝根本不想重回佩拉,像世袭国王一样居住在直言不讳的马其顿人中间。亚历山大大帝的抱负是建立一个新的横跨希腊和亚细亚的国家。在这个国家,蛮族人将和希腊人享受同等的权利。亚历山大大帝将自己定位成东方属民的开化者和保护者。他虚饰的外表都是为了唤起东方臣民的这种想象与共鸣。亚历山大大帝成功了。在波斯后世传说中,"双角的

亚历山大大帝与斯塔蒂拉的婚礼

伊斯坎达尔"——人们对亚历山大大帝的称呼①——成了一位本地英雄,据说还是波斯的荣耀之一。亚历山大大帝让希腊人和亚细亚人和平共处的主要手段之一就是鼓励通婚。亚历山大大帝给波斯帝国的公主们配以巨额嫁妆嫁给自己的副将们。在自己的一万名士兵中,只要有与亚细亚女子婚配的,亚历山大大帝都将赐予婚姻双方丰厚奖赏。亚历山大大帝已经娶巴克特里亚的罗克姗娜为妻。如今,他又将大流士三世的长女斯塔蒂拉和大流士三世前任君主欧克士之女帕丽萨蒂斯②收入后宫。亚历山大大帝融合希腊与东方的另一种方式是在帝国建立新的城市,以此鼓励解散的希腊士兵和具有冒险精神的希腊商人在远方安家,并与当地居民融合。像这样的城镇有近二十个。多数以"亚历山德里亚"命名。这些城镇在东部行省纷纷崛起。其中不少城镇一直留存至今。譬如埃及的亚历山大港、坎大哈、亚历山德里亚-阿拉科提亚、赫拉特和亚历山德里亚-伊

---

① 因为亚历山大大帝酷爱戴上"其父"宙斯-阿蒙的双角。——原注
② 与大流士三世之妻同名。

利昂。亚历山大大帝的这项工程成效显著。在亚历山大大帝广袤的领地里，一支混血希腊民族发展起来。在长达一百年的时间内，希腊文明看似会主宰整个东方。然而，事实并非如此。希腊人口稀少，并不足以永久提升东方文明，或与亚细亚人融合。唯一永久希腊化的区域就是小亚细亚和叙利亚。在其他地区，本土因素渐渐在与希腊文明的混合中显现出来，并最终回归到先前的状态。然而，就算在远东地区，亚历山大大帝努力的成果仍然不可轻视。直至公元前25年，印度仍然有希腊国王。直到2世纪，希腊语仍然是帕提亚人的官方语言。

第17节 兵 变

亚历山大大帝的士兵不见得会欣赏他的大计，或是为与东方人平起平坐而感到欣喜。公元前324年夏天，在巴比伦附近的奥皮斯，亚历山大大帝的士兵发动了一场声势浩大的兵变以宣泄自己的不满。招募大量亚细亚军团后，亚历山大大帝提议将手下的多数老兵送回希腊，并且给予他们丰厚的赏赐和津贴。士兵纷纷认为，亚历山大大帝此举标志着他希望今后不再依靠希腊军队，而是通过一支东方军来统治自己的希腊臣民。兵变者们讽刺亚历山大大帝，请求他遣送所有马其顿人，再带领一群波斯人继续作战。此外，还有他的父亲宙斯–阿蒙无价的庇佑伴随他左右。一直以来，亚历山大大帝对兵变者的演说都是作为激烈雄辩的典范令人们铭记于心。亚历山大大帝告诉这些兵变者，他们大可以离去，因为自己并不需要他们。此外，亚历山大大帝还提醒他们，是自己的父王腓力二世将他们从马其顿山区可怜的、穿着兽皮的牧羊人变成希腊的主宰；而他自己做的更是腓力二世的四倍之多；他让这群人变成了东方的主宰——所有的东方财富都可以任由他们支配；自己赢得的一切都与他们分享——还有他的荣耀，而这个荣耀他们似乎全不在乎；除了紫袍皇冠，他一无所有。通过这次演说，亚历山大大帝获得了胜利。兵变最终平息。即使亚历山大大帝处决兵变头目，他们也毫无怨言。

第18节 亚历山大大帝驾崩

兵变过后,亚历山大大帝计划巡视并整顿所有新近征服的行省。亚历山大大帝沿幼发拉底河而下,到达出海口,与从印度来的尼阿库斯的舰队汇合。接着,亚历山大大帝行军到埃克巴坦纳。在埃克巴坦纳,他的至交战友赫菲斯提昂离世。亚历山大大帝举行了盛大的仪式,厚葬了友人。据说,葬礼花费了一万两

赫菲斯提昂

亚历山大大帝驾崩

千塔连特。随后，亚历山大大帝制服了苏锡安纳和米底间山区的强盗部落，然后回到巴比伦过冬。据我们所知，在城门，亚历山大大帝遇到了迦勒底亚的先知。先知恳求亚历山大大帝不要进城，因为他们从星象中得知如果亚历山大大帝此时进入巴比伦，那么厄运将会随他而至。亚历山大大帝对预言置之不理，在这个选定的都城里度日。公元前323年春天，亚历山大大帝前去勘探幼发拉底河沼泽丛生的三角洲地带的水路。他计划在该地建造新的港口和运河。在沼泽中，亚历山大大帝染上了致命的疟疾。起初，亚历山大大帝不以为然。他高估了自己的体力，并尝试以习以为常的过量饮酒来抵消疾病。此举让亚历山大大帝十三年来长期东征西讨的身体不堪重负。亚历山大大帝不久便病倒。公元前323年6月，在初次病发仅十一天后，这位东方的征服者便驾崩了，将自己的帝国留给了尚在襁褓的儿子和一群野心勃勃且不择手段的将领。

亚历山大大帝的葬礼

亚历山大大帝中途暴毙，年仅三十二岁，并正期待着新一轮的征服和冒险。弥留之际，亚历山大大帝正打算远征阿拉伯，脑中正酝酿着更大的宏图伟略。如果其中之一的计划——远征意大利——能够实现，那么世界史将会发生天翻地覆的变化。历代历史学家总是乐于想象，如果亚历山大大帝和正在崛起的、当时正忙于撒姆尼人战争的罗马交手，将会发生什么。

与此同时，希腊的前景彻底改变。马其顿王国对东方的征服改变了希腊小城邦之间及希腊与外部世界的关系。如今，地方自治的旧有体制和常年争战都无法维持权力的均衡。公民的爱国主义遭受重创。然而，作为交换，无论对于城邦还是个人，马其顿王国的征服都作了众多弥补。如果个人愿意忘记自己是一位雅

典人或科林斯人,而仅需记住自己是一位希腊人,那么还有什么能比看到东方帝国由一位马其顿王子主宰而更让人感到自豪的呢?马其顿王子率领的军队中有大批的希腊将领,且其中三分之二的兵力都是由希腊重装步兵和轻装步兵构成。还有什么能比看到希腊殖民热情尚未熄灭,以及征服者们掌控着从爱琴海到印度河的每个行省,并在这些行省建造和希腊祖国同样伟大而富有生机的希腊城市更让人振奋的呢?对于那些愿意效忠马其顿王国的个人而言,奖赏更是不可估量。无论是士兵,还是将领、诗人、画家、抄书人、修辞家、商人或水手,都会有方便、可敬和报酬丰厚的职业。

当再次回望"权力制衡"和无尽战争的旧时光时,那些投身于征服亚细亚的新生活的人们会觉得旧时光中的事务琐碎而荒谬。亚历山大大帝在阿尔比勒大获全胜不久，希腊发生战事的消息就传来了。斯巴达国王阿吉斯三世及手下五千多位勇士战死。然而，亚历山大大帝对自己的将领们说："当我们征服'大王'时，阿卡狄亚正在爆发某些'群鼠之战'。"亚历山大大帝赢得东方，建立世界帝国后，希腊人之间因一处边界堡垒或一方牧场草地而进行的战争看起来就不过是由妒忌和愚蠢掀起的涟漪罢了。

讲述亚历山大大帝的故事时，我们几乎忽略了希腊。从亚历山大大帝开始，希腊的历史不再孤立，是成为更大整体的一部分。引起事态发展的起因已经不在希腊境内，而必须要从远方寻求。雅典遭到围城或科林斯遭受洗劫必然是亚细亚或埃及某些政变的结果。简而言之，希腊的历史已经不能单独书写，而是要作为从第勒尼安海到印度河的整个希腊化世界的一部分去书写。波力比阿斯[①]的风格必然要取代修昔底德的风格。希腊历史的主题已经不再是我们目前为止记录的爱琴海周边的简单编年史，而是需要另一种讲述方法和另一部独立著作来阐明。

---

① 波力比阿斯（Polybius，约公元前200—公元前118），古希腊历史学家，代表作为《历史》。

专有名词英汉对照

Henry Fanshawe Tozer	亨利·范肖·托泽
Evelyn Abbott	伊夫林·阿伯特
Archibald Henry Sayce	亚奇伯德·亨利·萨伊斯
New College Oxford	牛津大学新学院
Lancing College	蓝星学院
Francis John Haverfield	弗朗西斯·约翰·哈弗菲尔德
Latinism	拉丁语风
Jupiter	朱庇特
Lerwick	勒威克
Hellenes	希伦人
Romans	古罗马人
Greeks	希腊人
Balkan Peninsula	巴尔干半岛
Alps	阿尔卑斯山脉
Adriatic Sea	亚得里亚海
Danube	多瑙河
Aegean Sea	爱琴海
Pindus	品都斯山脉
Mediterranean	地中海
Gaul	高卢
Colchis	科尔基斯
Hellenic Peninsula	希腊半岛
Olympus	奥林匹斯山
Pelion	皮立翁山

Parnassus	帕纳塞斯山
Peloponnesus	伯罗奔尼撒半岛
Arcadia	阿卡狄亚
Germany	德意志
England	英格兰
Achelōus River	阿科洛厄斯河
Epirus	伊庇鲁斯
Aetolia	埃托利亚
Corinthian Gulf	科林斯湾
Peneus	佩纽斯河
Thessaly	塞萨利
Alpheus	阿尔斐俄斯河
Ionian Sea	爱奥尼亚海
Lake Pamvotida	约阿尼纳湖
Boeotia	维奥蒂亚
Kopais	科派斯湖
Stymphalus	斯廷法利斯湖
Orchomenus	奥尔霍迈诺斯
Euboean Strait	埃维亚海峡
Iberian Peninsula	伊比利亚半岛
Spain	西班牙
Portugal	葡萄牙
Naples	那不勒斯
Lombardy	伦巴第
Messenia	麦西尼亚
Malian Gulf	马利亚湾
Ambracian Gulf	安布拉基亚湾
Doris	多利斯
Locris	洛克里斯
Phocis	福基斯
Megaris	麦加利斯
Isthmus of Corinth	科林斯地峡
Ceraunian Mountains	塞罗尼安山脉

Chaonians	查奥尼亚人
Thesprotians	铁斯普洛托伊人
Molossians	莫罗西安人
Dodona	多多纳
Corcyra	克基拉岛
Epirot mountain range	伊庇鲁斯山脉
Cambunian Mountains	坎布尼安山脉
Macedonia	马其顿
Magnesian Range	马格尼西亚山脉
Mount Ossa	奥萨山
Tempe	坦佩谷
Poseidon	波塞冬
Peneus	佩纽斯河
Chaldaea	迦勒底亚
Sepias	塞披亚斯岬
Sciathos	斯奇亚托斯岛
Icos	伊科斯岛
Othrys	俄特里斯山
Gulf of Pagasae	帕加塞湾
Iolcos	伊奥尔科斯
Argo	"阿尔戈"号
Phthiōtis	弗提奥提斯
Troy	特洛伊
Achilles	阿喀琉斯
Narthacius	纳萨修斯
Titanus	泰坦纳斯
Thessalian Plain	塞萨利平原
Enipeus	厄尼普斯河
Pharsalus	法萨罗
Pherae	费莱
Larissa	拉里萨
Boebe	包贝湖
Nessonis	尼森尼斯湖

Aegina	埃伊纳岛
Corinth	科林斯
Typhrestus	提弗瑞斯图斯
Aetolia	埃托利亚
Persian wars	希波战争
Aetolian tribes	埃托利亚部落
Achelōus	阿科洛厄斯河
Acarnania	阿卡纳尼亚
Actium	亚克兴角
Acarnanians	阿卡纳尼亚人
Corinthian colony	科林斯的殖民地
Echinades	埃基那德斯群岛
Leucas	莱夫卡斯岛
Ithaca	伊萨卡岛
Cephallenia	刻法勒尼亚岛
Acarnanian mainland	阿卡纳尼亚大陆
Odysseus	奥德修斯
Oeta	伊蒂山
Straits of Euboea	埃维亚海峡
Spercheiu	斯佩尔凯俄斯河
Aenianes	伊纳斯人
Malians	马利斯人
Mount Callidromus	卡利兹罗莫山
Pass of Thermopylae	温泉关
Leonidas	列奥尼达一世
Cnemis	克尼米斯
Ptoum	普托昂
Messapium	麦撒披姆
Chalcis	卡尔基斯
Euripus	埃夫里普
Locrians	洛克里斯人
Cnemis	克尼米斯
Hypocnemidian	希波克尼密德安人

Opuntian	欧帕提安人
Ozolian Locrians	奥佐利亚－洛克里斯人
Mount Parnassus	帕纳塞斯山
Mount Helicon	赫利孔山
Cithaeron	西塞隆山
Ozolian Locris	奥佐利亚－洛克里斯
Attica	阿提卡
Delphi	德尔斐
Apollo	阿波罗
Phocian hills	福基斯山脉
Helion	赫利孔山
Muses	缪斯女神
Ptoum	普陀昂山
Cephissus	基菲索斯河
Asopus	阿索波斯河
Dorians	多利亚人
Phocians	福基斯人
Chaeronea	喀罗尼亚
Boeotian plain	维奥蒂亚平原
Boeotian League	维奥蒂亚联盟
Orchomenus	奥尔霍迈诺斯
Thebes	底比斯
Haliarus	哈利阿图斯
Homer	荷马
Hesiod	赫西奥德
Pindar	品达
Epaminondas	伊巴密浓达
Gereneia	吉安尼亚山
Oneium	奥涅乌姆山
Aeginetan Gulf	埃伊纳湾
Pentelicus	彭忒利科斯山
Hymettus	伊米托斯山
Thriasian Plain	色利亚平原

Athens	雅典
Megaris	麦加利斯
Megara	迈加拉
Euboea	埃维亚岛
Artemisium	阿提密西安
Eretria	埃雷特里亚
Strabo	斯特拉博
Megaris	麦加利斯
Achaia	阿哈伊亚
Erymanthus	埃里曼托斯山
Cyllene	库勒涅山
Hades	哈得斯
Arcadian plateau	阿卡狄亚高原
Mount Maenalus	米纳拉斯山
Taÿgetus	塔吉图斯山
Taenarum	泰纳伦海角
Parthenium	帕尔铁尼昂山
Parnon	帕尔农山
Cape Malea	玛勒亚海角
Pheneus	腓尼乌斯
Mantinea	曼丁尼亚
Northern Arcadia	北阿卡狄亚
Sicyon	西锡安
Asopus	阿索波斯河
Corinthia	科林西亚
Sicyonia	西锡安尼亚
Phlius	夫利阿斯
Cleonae	克里奥奈
Argolis	阿尔戈利斯
Epidaurus	埃皮达鲁斯
Troezen	特罗曾
Hermione	赫尔米翁
Laconia	拉科尼亚

Eurotas	埃夫罗塔斯
Sparta	斯巴达
Peloponnesian war	伯罗奔尼撒战争
Navarino	纳瓦里诺海战
Elis	伊利斯
Neda	内达河
Alpheus	阿尔斐俄斯河
Triphylia	特普利亚
Eleians	伊利斯人
Zacynthus	札金索斯
Achaians	阿哈伊亚人
Heraea	赫里亚
Andros	安德罗斯岛
Tenos	特诺斯岛
Myconos	米科诺斯岛
Ceos	喀俄斯岛
Cyphnos	基斯诺斯
Seriphos	塞里弗斯岛
Sunium	苏尼昂角
Naxos	纳克索斯岛
Paros	帕罗斯岛
Delos	提洛岛
Sporades	斯波拉得群岛
Melos	米洛斯岛
Thera	锡拉岛
Cimolos	塞摩洛斯岛
Astypalea	阿斯提帕雷亚岛
Carpathus	卡尔帕索斯岛
Crete	克里特岛
Cyrene	昔兰尼
Hellespont	达达尼尔海峡
Asia Minor	小亚细亚
Zeus	宙斯

Pelasgi	皮拉斯基人
Italy	意大利
Pelasgus	皮拉斯古
Pelasgic traditions	皮拉斯基传统
Messapians	麦撒披亚人
Oenotrians	奥诺羯利亚人
Hellen the Thessalian	塞萨利的希伦
Ionian	伊奥尼亚人
Crestonians	克雷斯特人
Hellespontine Olympus	达达尼尔海峡－奥林匹斯山
Barbarians	野蛮人
Lydian	吕底亚
Thracian	色雷斯人
Megarid	麦加里德
Carian	卡里亚人
Phrygians	弗里吉亚人
Minyae	米尼埃伊人
Teleboans	特莱博埃人
Aeolian	伊奥利亚人
Aeolus	埃俄罗斯族
Dorus	多洛斯族
Ion	伊翁族
Amphictyon	安菲克堤翁
Amphictyonies	近邻同盟
Tyrrhenians	伊特鲁里亚人
Oriental princes	东方的王公
Phoenician	腓尼基人
Danaus	达纳俄斯
Belus the Sidonian	西顿的贝卢斯
Ninus the Assyrian	亚述的尼诺斯
Achaian Pelasgi	阿哈伊亚－皮拉斯基人
Tiryns	梯林斯
Mycenae	迈锡尼

Cranao-Pelasgi	克拉纳欧-皮拉斯基人
Cecrops	刻克洛普斯
Phaleric Bay	法勒鲁姆湾
Acropolis of Athens	雅典卫城
Athene	雅典娜
Herodotus	希罗多德
Athenians	雅典人
Cecropidae	刻克洛普族
Theseus	忒修斯
Cadmus the Phoenician	腓尼基人卡德摩斯
Europa	欧罗巴
Thasos	萨索斯
Sidonian	西顿
Aphrodite	阿佛洛狄忒
Heracles	赫拉克勒斯
Ashtaroth	亚斯他录
Menephthah	麦伦普塔
Rameses III.	拉美西斯三世
Hellenic coasts	希腊海岸
Levant	黎凡特
Agamemnon	阿伽门农
Syria	叙利亚
Hittites	赫梯
Iliad	《伊利亚特》
Odyssey	《奥德赛》
Priam the Teucrian	铁乌克洛伊人普里阿摩斯
Paris	帕里斯
Menelaus	墨涅拉俄斯
Helen	海伦
Achilles	阿喀琉斯
Phthiōtis	弗提奥提斯国
Hector	赫克托耳
Patroclus	普特洛克勒斯

Cephallenians	凯法洛尼亚人
Odysseus	奥德修斯
Lesches	莱斯克斯
Arctinus	阿克提努斯
Homeric poems	《荷马史诗》
Morte Arthur	《亚瑟王之死》
Nibelungenlied	《尼伯龙根之歌》
Chanson de Roland	《罗兰之歌》
Achaians	阿哈伊亚人
Argeians	阿尔格娅人
Argive Plain	阿尔戈斯平原
Orchomenus	奥尔霍迈诺斯
Minyae	米尼埃伊人
Thucydides	修昔底德
Hephaestus	赫菲斯托斯
Hermes	赫尔墨斯
Atreus	阿特柔斯
Thyestes	堤厄斯忒斯
Thētes	佣工
Thersites	忒耳西忒斯
Pelasgic age	皮拉斯基时代
Phigaleia	费加里亚
Eleusis	艾留西斯
Demeter	得墨忒耳
Ephesians	以弗所人
Diana	狄安娜
Mother of all things	万物之母
Despoina	德斯波茵娜
Epidaurian	埃彼道鲁斯人
Auxesia	奥克塞西亚
Persephone	珀耳塞福涅
Britomartis	布里托玛耳提斯
Theogony	《神谱》

Olympian religion	奥林匹亚宗教
Assyria	亚述
Isthmian Games	地峡竞技会
Pythian Games	皮提亚竞技会
Olympic festivals	奥林匹亚节日
Olympiad	奥林匹亚年
Lebadeia	莱巴底亚
Acheron	阿刻戎河
Lycurgus	莱克格斯
Solon	梭伦
Byzantium	拜占庭
Croesus	克罗伊斯
Pyrrhus	皮洛士
Glaucus	格劳科斯
Central Greece	希腊中部
Arnaeans	阿尔奈阿人
Apidanus	阿皮达努斯河
Thermopylae	温泉关
Cadmeians	卡德摩斯人
Xanthus	桑托斯
Melanthus	弥兰忒斯
Hyllus	叙洛斯
Echemus	埃克摩斯
Temenus	特米诺斯
Aristodemus	阿里斯托得摩斯
Cresphontes	克瑞斯丰忒斯
Tisamenus	提撒美诺斯
Aegialeans	埃吉亚雷斯
Arcadian Mountains	阿卡狄亚群山
Phlius	夫利阿斯
Alētes	阿勒忒斯
Lycians	吕西亚人
Danai	达那俄斯人

Rameses III	拉美西斯三世
Dardanians	达达尼亚人
Teucrians	铁乌克洛伊人
Hittites	赫梯人
Maeander	迈安德河
Hermus	赫穆斯山脉
Caÿster	凯斯特河
Scythian	赛西亚人
Magnetes	马格奈泰斯人
Bay of Smyrna	士麦那海湾
Mitylene	米提利尼
Cyme	库麦
Magnesia	马格尼西亚
Lelegian	莱莱格人
Prytaneium	普里塔尼昂
Mysia	密细亚
Mimas	米马斯
Philogenes	菲罗吉尼斯
Histiaea	希斯提阿伊亚
Amphiclus	安菲克罗斯
Procles	普罗克勒斯
Codrus	科德洛斯
Neleus	涅琉斯
Mount Mycale	米卡里山
Panionium	帕尼欧尼翁
Sporades	斯波拉得群岛
Thera	锡拉岛
Rhodes	罗得岛
Lesbos	莱斯博斯岛
Lindus	林都斯
Ialysus	伊阿利苏斯
Cameirus	卡美努斯
Cnidus	尼多斯

Halicarnassus	哈利卡尔纳索斯
Doric Hexapolis	多利亚六城
Cape Triopium	特里欧庇昂地岬
Ionian confederacy	伊奥尼亚同盟
Myndus	孟多司
Nisyrus	尼叙洛斯
Trojan War	特洛伊战争
Cadmeian alphabet	卡德美亚字母
Citium	基蒂翁
Tamassus	泰麦修斯
Pamphyli	帕姆庇洛伊人
Dymānes	迪曼人
Hyrnethians	希尔尼西亚人
Cynuria	库努里亚
Mount Parnon	帕尔农山
Cape Malea	玛勒亚海角
King Pheidon	斐冬国王
Amyclae	阿米克勒
Fidenae	菲迪尼
Tiber	台伯河
Eurypontidae	欧里庞提德世系
Aristodemus	阿里斯托得摩斯
Britain	不列颠
Angles	盎格鲁人
Saxons	撒克逊人
Britons	不列颠人
Franks	法兰克人
Lombards	伦巴第人
Eurypontid	欧里庞提德
Eunomus	欧诺摩斯
Charilaüs	哈里劳斯
Lycurgus	莱克格斯
Lacedaemonians	斯巴达人

Upper Eurotas	埃夫罗塔斯河上游
Ephoralty	监察制度
King Alfred	阿尔弗雷德国王
England	英格兰
Rhetra	大公约
Zeus Hellanius	宙斯-希伦乌斯
Athena Hellania	雅典娜-希伦尼亚
Gerousia	吉罗西亚会
Babyca	巴比卡
Cnacion	纳西昂
Dorian Apollo	多利亚的阿波罗
Boulê of the nobles	贵族议事会
Pamphyli	帕姆庇洛伊人
Dymānes	迪曼人
Gerontes	长老
Roman Comitia	罗马的公民会议
Zeus Uranius the god of heaven	天神宙斯-乌诺斯
Spartan agoge	斯巴达磨砺教育
Zulus	祖鲁族
Taÿgetus	塔吉图斯山
Gymnopaidia	吉姆诺派迪亚
Melleiren	麦勒埃伦
Eiren	埃伦
Messenian wars	麦西尼亚战争
Apella	公民大会
Cleomenes	克莱奥梅尼一世
Ariston	阿里斯顿
Charilaüs	哈里劳斯
Eurotas	埃夫罗塔斯河
Aegys	埃格伊斯
Amyclae	阿米克勒
Cynurians	库努里亚人
Perioeci	庇里阿西人

Dorian community	多利亚人群落
Helots	希洛人
Crypteia	克里普提
Taÿgetus	塔吉图斯山
Caucones	考寇涅斯人
Artemis Limnatis	阿耳忒弥斯-利姆纳提斯
Tyrtaeus	提尔泰奥斯
second Messenian war	第二次麦西尼亚战争
Pausanias	保萨尼阿斯
Myron	迈伦
Rhianus	赫里亚努斯
Aristomenes	阿里斯托梅尼
Geoffrey of Monmouth	蒙茅斯的杰弗里
Anglo-Saxon	盎格鲁-撒克逊人
first Messenian war	第一次麦西尼亚战争
King Theopompus	泰奥彭波斯国王
Phalanthus	法兰图
Tarentum	塔林敦
Western Peloponnese	伯罗奔尼撒半岛西部
Hysiae	海希亚
Ceadas	克阿达斯
Othryades	欧特律阿戴斯
anti-Dorian league	反多利亚联盟
Cypselidae	库普塞罗斯家族
Orthagoridae	奥萨戈里德家族
Cypselidae	库普塞罗斯
Laconian alliance	拉科尼亚同盟
Eastern Mediterranean	地中海东部
Assyrian empire	亚述帝国
Euphrates	幼发拉底河
Tiglath-Pileser III	提革拉·毗列色三世
Aradus	阿拉杜斯
Tyrrhenian	第勒尼安海

Shalmaneser V	撒缦以色五世
Sargon	萨尔贡二世
Sennacherib	西拿基立
Esarhaddon	以撒哈顿
Euboean Strait	埃维亚海峡
Pallene	帕勒涅半岛
Mende	芒德
Terone	特恩农
Sermyle	谢尔米列
Eretrians	埃雷特里亚人
Doric Corinthians	多利亚-科林斯人
Potidaea	波提狄亚
Lampsacus	兰普萨库斯
Marmora	马莫拉
Paphlagonia	帕夫拉戈尼亚
Propontis	马尔马拉海
Axeinos	埃克西诺斯
Sinope	锡诺普
Trapezus	特拉比宗
Odessus	奥德索斯
Callatis	卡拉蒂斯
Tomi	托米
Apolonia	阿波罗尼亚
Mesembria	墨森布瑞亚
Danube	多瑙河
Scythians	赛西亚人
Dnieper	第聂伯河
Bug	布格河
Olbia	奥尔比亚
Panticapaeum	潘提卡彭
Tanaïs	塔奈斯
Don	顿河
Perinthus	佩林托斯

Clazomenae	克拉左美奈
Abdêra	阿布德拉
Mesembria	墨森布瑞亚
Tauric Chersonese	陶鲁斯－切尔松尼斯
Crimea	克里米亚
Heraclea-Chersonesus	赫拉克里亚－克森尼索
Sebastopol	塞瓦斯托波尔
Iapygian promontory	阿皮几亚角
Calabrian coast	卡拉布里亚海岸
Messapians	麦撒披亚人
Oenotrians	奥诺羯利亚人
Sicels	西舍尔人
Sicanians	西西里人
Rasena	腊舌纳
Etruscans	伊特利亚人
Naxos	纳克索斯
Mount Aetna	埃特纳山
Apollo the Guider	指引者阿波罗
Archias	阿基亚斯
Ortygia	奥提伽岛
Syracuse	叙拉古
Catana	卡塔拉
Leontini	莱昂蒂尼
Megara Hyblaea	迈加拉－希布利亚
Sicilian Strait	西西里海峡
Zancle	赞克勒
Lacinian promontory	拉西尼安海岬
Tyrrhenian Sea	第勒尼安海
Laüs	劳斯
Terina	帖日纳
Temesa	特米萨
Epizephyrii	伊壁犀斐里
Calabrian	卡拉布里亚

Himera	希梅拉
Acragas	阿克拉加斯
Agrigentum	阿格里真托
Lilybaeum	利利俾
Drepanum	德雷帕纳姆
Segesta	塞杰斯塔
Metapontum	梅塔蓬图姆
Straits of Gibraltar	直布罗陀海峡
Tartessus	塔提苏斯
Rhone	罗纳河
Celts	凯尔特人
Massilia	马西利亚
Catalonia	加泰罗尼亚
Provence	普罗旺斯
Emporiae	伊波利亚
Chersicrates	刻西克拉提斯
Ambracia	安布拉基亚
Epidamnus	埃庇丹努斯
Aristoteles	亚里士多德
Battus	巴蒂
Barca	巴卡
Euesperides	攸斯皮德斯
Arcesilaüs	阿凯西劳斯
Aethiopia	埃塞俄比亚
Wahibre Psamtik I	瓦西布拉·普萨美提克一世
Naucratis	瑙克拉提斯
Cinyps	奇努普司
Tyranny	僭主政治
Tyrant	僭主
Pittacus	庇塔库斯
Northern Peloponnesus	伯罗奔尼撒半岛北部
King Alêtes	阿勒忒斯国王
Bacchis	巴齐斯

Bacchiadae	巴齐斯家族
Cypselus	库普塞罗斯
Eëtion	厄提翁
Periander	佩里安德
Gymnasium	竞技馆
Thrasybūlus	色拉西布洛斯
Theagenes	忒阿根尼
Peisistratidae	庇西特拉图家族
Deinomenes	代诺麦奈斯
Phalaris	法拉里斯
Aristodemus	阿里斯托得摩斯
Polycrates	波利克拉特斯
Amasis	雅赫摩斯二世
Melanthus	弥兰忒斯
Thymoetas	堤摩忒斯
King Codrus	科德罗斯国王
Medon	梅东
Archon	执政官
Polemarch	军事长官
Ares	神阿瑞斯
Areopagus	亚略巴古
Archon Eponymus	首席执政官
King-Archon	大执政官
Thesmothetae	司法执政官
Pedias	帕狄阿斯区
Diacria	狄阿克里亚区
Thriasian Plain	色利亚平原
Athenian Plain	雅典平原
Alcmaeonidae	阿尔克迈翁家族
Cylon	赛昂
Draco	德拉古
Megarian war	迈加拉战争
Samnite	撒姆尼人

Bactria	巴克特利亚
Caspian Sea	里海
Indian Ocean	印度洋
Iran	伊朗
Turanian	图兰族
Achaemenes	阿契美尼斯
Erythraean	厄立特里亚
Amu Darya	阿姆河
Zoroastrianism	拜火教
Zoroaster	琐罗亚斯德
Ormuzd	奥马兹德
Ahriman	阿里曼
Persia	波斯
Astyages	阿斯提阿格斯
Teïspes	泰斯帕斯
Cyrus I	居鲁士一世
Cambyses	冈比西斯
Cyrus II	居鲁士二世
Susa	苏萨
Ecbatana	埃克巴坦纳
Nabonadius	纳波内地乌司
Amasis	雅赫摩斯二世
Cappadocia	卡帕多西亚
Pteria	普泰里亚
Mazares	玛扎列斯
Harpagus	哈尔帕哥斯
Hephaestion	赫菲斯提昂
Corsica	科西嘉岛
Alalia	阿拉利亚
Lucanian	卢卡利亚
Hyele	叙埃雷
Velia	韦利亚
Tartary	鞑靼

Sacae	塞克人
Tigris	底格里斯河
King Nabonadius	纳波内地乌司国王
Sippara	西巴拉
Chaldaea	迦勒底亚
Mesopotamia	美索不达米亚
Sogdiana	索格底亚纳
Chorasmia	克兰斯米亚
Massagetae	马萨格泰人
Siberia	西伯利亚
Pasargadae	帕萨尔加德
Attila	阿提拉
Elamite	伊拉姆
Merodach	米罗达
Cambyses	冈比西斯
Pelusium	贝鲁西亚
Psammetichus II	普撒美提科斯二世
Libyans	利比亚人
Barca	巴卡
Polytheism	多神崇拜
Bardes	柏德斯
Gomates	戈麦提斯
Hystaspe	叙司塔斯配
Darius	大流士
Sichtachotes	斯奇塔奇欧特斯
Parthia	帕提亚
Sarangia	萨兰吉亚
Oroetes	欧洛台
Persian Empire	波斯帝国
Persepolis	波斯波利斯
Pasargadae	帕萨尔加德
Punjaub	旁遮普
Erythraean Sea	厄立特里亚海

Arabia	阿拉伯半岛
Caryanda	卡律安达
Scylax	西拉克斯
Maeandrius	迈安得里乌
South Russian	俄罗斯南部
Histiaeus	希斯提埃伊欧斯
Megabazus	麦加巴佐斯
Perinthus	佩林托斯
Amyntas	阿明塔斯一世
Megabazus	麦加巴佐斯
Artaphernes	阿尔塔弗涅斯
Aristagoras	阿里斯塔格拉斯
Megabates	麦加巴特
King Cleomenes	克莱奥梅尼国王
Cybele	母神
Pedasus	佩达苏斯
Myrcinus	米尔启诺司
Edonians	伊多尼安人
Dionysius	狄俄尼索斯
Phrynichus	普律尼科司
Confederacy of Delos	提洛同盟
Mardonius	马多尼乌斯
Rhodope	罗多彼山脉
Isagoras	伊萨哥拉斯
Senate of Four Hundred	四百人会议
King Demaratus	戴玛拉托斯国王
Plataea	普拉蒂亚
Peloponnesian confederacy	伯罗奔尼撒半岛联盟
Cleruchies	军事殖民地
Hippocrates	希波克拉底
Pericles	伯里克利
Aristeides	阿里斯提德
Hoples	霍普里斯

Geleon	该列昂
Argades	阿尔伽戴司
Aegicores	埃依吉科列乌司
Pandionis	潘狄俄尼斯
Erectheis	埃雷特埃斯
Aegeis	爱吉斯
Acamantis	阿卡马提斯
Hippothoöntis	希波提欧蒂斯
Antiochis	安蒂阿契斯
Aiantis	爱安提斯
Leontis	莱昂蒂斯
Oeneis	奥诺伊斯
Rhamnus	拉姆诺斯
Sphettus	司菲都斯
Eleusis	艾留西斯
Echelidae	埃凯勒德
Philaidae	斐赖
Echelus	埃凯勒斯
Philaeus	菲立乌斯
Oddington	奥丁顿
Odda	奥达
Oenöe	欧伊诺耶
Agra	亚格拉
Azenia	亚兹尼亚
Diacrii	狄阿克里
Paralii	帕拉利
Senatus Consultum	元老院决议
Athenian Senate	雅典议事会
Prytaneium	普里塔尼昂
Heliaea	赫利亚
Strategi	统兵官
Pnyx	普尼克斯
Heliasts	赫利斯特

Dicasts	迪卡斯特
Thesmothetae	司法执政官
Hoplites	重装步兵
Ostracism	陶片放逐法
Hipparchus	希帕克斯
Damon	达蒙
Aristeides	阿里斯提德
Themistocles	迪米斯托克利
Cimon	西蒙
Melesias	美利西阿斯
Thucydides	修昔底德
Alcibiades	亚西比德
Nicias	尼西亚斯
Hyperbolus	希帕波鲁斯
Coronea	柯罗尼亚
Tanagara	塔纳加拉
Thebé	底比
Aegina	埃伊纳
Asopus	阿索波斯
Phalerum	法勒鲁姆
Sepeia	赛皮亚
Orneae	奥尼伊
Cleonae	克里奥奈
Aeacidae	阿喀得斯族
Dolonci	多隆科伊人
Cardia	卡尔迪亚
Imbros	伊姆罗兹岛
Lemnos	利姆诺斯岛
Artaxerxes	阿尔塔薛西斯一世
Peiraeus	比雷埃夫斯
Barathrum	巴拉森
King Ariston	阿里斯顿国王
Leotychides	莱奥提基德斯

Datis	达提斯
Opis	奥皮斯
Sakae	荣（日本地名）
Mount Brilessus	布里勒撒山
Mount Pentelicus	彭忒利科斯山
Philippides	菲利皮季斯
Callimachus	卡利马科斯
Aeschylus	埃斯库罗斯
Cynegeirus	塞尼格鲁斯
Xanthippus	科桑西普斯
Xerxes	薛西斯
Alexander the Great	亚历山大大帝
Leotychides	莱奥提基德斯
Nicodromus	尼科德罗莫辛
Dokimasia	入职审查权
Laurium	拉夫里翁
Pan-Hellenic Union	泛希腊联盟
Chileus	奇列欧斯
Gelo	盖洛
Critalla	克利塔拉
Immortals	不死之身
Bactrian	巴克特利亚
Sacae	塞克
Aethiopians	埃塞俄比亚人
Sagartian	沙加迪亚
Caucasus	高加索山区
Chalcidice	哈尔基季基
Sestos	塞斯托斯
Abydos	阿拜多斯
Leucé Acte	琉刻－阿克特
Tyrodiza	图洛迪札
Doriscus	多里斯卡斯
Eïon	埃翁

Chalcidic	卡尔西狄克
Therma	塞尔马
Aleuas	阿勒瓦斯
Euenetusa	尤安奈图斯
Gonnus	戈恩诺斯
North-Western Thessaly	塞萨利西北部
Magnesians	马格尼西亚人
Malians	马利斯人
Aenianes	伊纳斯人
Dolopes	多洛普斯人
Eurybiades	欧利拜德斯
Leonidas	列奥尼达一世
Phliasians	夫利亚西亚人
Carneia	卡尔涅亚祭
Thespiae	特斯匹伊
Alpeni	阿尔卑尼
Amphictyonic	近邻同盟
Trachis	特拉基斯
Anopaea	阿诺佩亚
Boreas	玻瑞阿斯
Geraestus	吉里斯都斯
Abronychus	阿布罗里克斯
Ephialtes	厄菲阿尔特
Hydarnes	海达尔尼斯
Cyrsilus	西尔希洛斯
Branchidae	布朗奇达伊
Didymean	迪底玛
Aglaurus	阿格劳洛斯
Adeimantus	阿第曼图斯
Psyttaleia	普西塔列阿
Mount Aegialeus	埃吉阿列斯山
Halicarnassus	哈利卡尔纳索斯
Artemisia	阿尔特米西亚一世

Lemnian	利姆诺斯岛人
Tenian	特诺斯岛人
Battle of Salamis	萨拉米斯海战
Ameinias	阿弥尼俄斯
Ariabignes	阿里阿比格涅斯
Eurybiades	欧利拜德斯
Artabazos	阿塔巴兹
Hyacinthia	雅辛托斯节
Pausanias	保萨尼阿斯
Masistius	马希提
Gargaphia	格尔格费亚
Battle of Plataea	普拉蒂亚战役
Inkerman	因克尔曼
Tanagra	塔纳格拉
Leotychides	莱奥提基德斯
Battle of Mycale	米卡尔战役
Magna Graecia	大希腊
Messapians	麦撒披亚人
Sabellian	塞贝里人
Samnite	撒姆尼人
Lucanian	卢卡利亚人
Pythagorean	毕达哥拉斯兄弟会
Pythagoras	毕达哥拉斯
Freemasons	共济会
Milo	麦洛
Telys	铁律司
Tyrrhenian Sea	第勒尼安海
Scidrus	司奇多洛斯
Archytas	阿基塔斯
Acragas	阿克拉加斯
Phalaris	法拉里斯
Telemachus	忒勒马科斯
Anaxilaüs	安纳克西拉欧斯

Zancleans	赞克勒人
Deinomenes	代诺麦奈斯
Hiero	希罗
Gela	杰拉
Camarina	卡马里纳
Himera	希梅拉
Selinus	塞利纳斯
Hamilcar I	哈米尔卡一世
Thero	塞隆
Etruscans	伊特利亚人
Thrasydaeus	斯拉塞德尔斯
Catana	卡塔拉
Leontini	莱昂蒂尼
Aetna	埃特纳
Thrasybūlus	色拉西布洛斯
Ortygia	奥提伽岛
Camarinaeans	卡马里纳人
Pheidias	菲迪亚斯
Iapygians	埃普基人
Artayctes	阿塔提克斯
Protesilaüs	普罗忒西拉奥斯
Dorcis	多尔西斯
Munychia	慕尼契亚
Hellenotamiae	司库官
Ceria	卡利耶
Anaphe	阿纳斐
Boges	波博古特
Sardanapalus	萨尔丹纳帕勒斯
Aeolis	伊奥利亚
Taenarum	泰纳伦
Athenian Empire	雅典帝国
Scyros	斯库罗斯岛
Dolopian	多洛普斯

Pamphylia	潘菲利亚
Phaselis	法瑟里斯
Eurymedon	欧利米登河
Mount Pangaous	潘加欧斯山
Macedonians	马其顿人
Dipaea	迪帕伊耶斯
Ephialtes	厄菲阿尔特
Sophonides	索福尼达斯
Alcmaeonid	阿尔克迈翁
House of Lords	上议院
Guardians of the Law	法律捍卫者
Long Walls	长墙
Nisaea	尼塞亚
Cecryphaleia	开克斐勒亚岛
Myronides	米隆尼德斯
Cerameicus	克拉梅科斯
Nicomedes	尼科梅德斯
Oenophyta	奥诺斐塔
Tolmides	杜尔密德
Gythium	捷修姆
Megabyzus	迈加比佐斯
Memphis	孟斐斯
Prosopitis	普洛索披提斯岛
Citium	基蒂翁
Coroneia	科洛奈阿
Styra	斯塔拉
Carystus	卡利斯托
Pleistoanax	普莱斯托莱克斯
Cleandridas	克里安得里达
Histiaea	希斯提阿伊亚
Callias	卡里亚斯
Cyanean	库阿尼恩
Chelidonian Cape	克里顿尼亚角

Dicast	审理官
Obol	欧宝
Odēum	奏乐厅
Corn Hall	谷物大厅
Deigma	谷物交易市场
Sunium	苏尼昂角
Mnesicles	姆奈西克里
Propylaea	卫城山门
Polygnotus	波吕格诺图斯
Athene Promachos	雅典娜普罗玛琪斯
Gulf of Aegina	埃伊纳湾
Erechtheum	厄瑞克修姆神殿
Ictinus	伊克蒂诺
Amazons	亚马逊人
Centaurs	半人马怪物
Opisthodomos	后殿
Aeneia	埃尼亚
Nymphaeum	尼姆法尤姆
Celenderis	西伦德里斯
Ennea Hodoi	恩尼亚何多依
Hagnon	哈格农
Amphipolis	安菲波利斯
Iapygian	埃普基
Sybaris	锡巴里斯
Sybarite	锡巴里斯家族
Protagoras	普罗塔哥拉
Lysias	利西阿斯
Thurii	图里
Pissuthnes	皮苏特尼斯
Tragia	特雷吉亚
Artemon	亚提蒙
Dyrhachium	都拉基乌姆
Phalius	菲利乌斯

Taulantii	陶兰提依人
Aristeus	阿里斯提乌斯
Lacedaemonius	拉西第蒙纽斯
Sybota	西波塔岛
Perdiccas	佩尔狄卡斯
Alexander I	亚历山大一世
Callias	卡里亚斯
Archidamus II	阿希达穆斯二世
Sthenelaïdas	斯特涅莱达斯
Anaxagoras	阿纳克萨哥拉
Athene Parthenos	雅典娜帕提农
Damon	达蒙
Aspasia	阿斯帕西娅
Melesippus	密利西配斯
Acharnae	阿卡奈
Thyreātis	提里阿提斯
Cleon	克里昂
Sitalkes	西塔尔塞斯
Xenophon	色诺芬
Hestiodorus	黑斯提奥多鲁斯
Paralus	帕拉鲁斯
Cnēmus	克涅姆斯
Amphilochian	安非罗基亚
Stratus	斯特拉图斯
Naupactus	诺帕克特斯
Phormio	弗尔米奥
Machaon	马卡昂
Isocrates	伊苏克拉底
Brasidas	布拉西达斯
Tenedos	忒涅多斯岛
Methymna	麦提姆纳
Cleïppides	克莱披底
Salaethus	萨莱修斯

Alcidas	阿尔息达
Diodotus	狄奥多托斯
Eupompidas	攸蓬披底
Delium	代里恩
Laches	拉凯斯
Demosthenes	狄摩西尼
Olpae	奥尔匹
Eurylochus	欧律洛科斯
Eurymedon	欧利米登
Sphacteria	斯法克蒂里亚
Nicēratus	尼凯拉特斯
Solygeia	索里吉亚
Cythēra	基西拉
Chalcidice	哈尔基季基半岛
Siphae	西弗艾
Oropus	阿罗普斯
Anaea	安尼亚
Perrhaebean	佩亥比亚
Acanthus	阿坎托司
Stagirus	斯塔基拉斯
Torone	托罗涅
Scione	司奇欧涅
Panactum	巴纳克敦
Galepsus	伽利普苏斯
Hagnon	哈格农
Clearidas	克利里达
Lepreum	列普勒昂
Alcibiades	亚西比德
Cleinias	克雷尼亚斯
Nemea	尼米亚
Olynthus	奥林索斯
Pleistoanax	普莱斯托莱克斯
Heraeans	赫雷亚人

Laconian Perioeci	拉科尼亚－庇里阿西人
Argive Perioeci	阿哥斯－庇里阿西人
Orneae	奥尼伊
Cleonae	克里奥奈
Nicostratus	尼科特拉特斯
Selinus	塞利纳斯
Segesta	塞杰斯塔
Lamachus	拉马库斯
Pythonicus	皮桑尼克
Calabrian	卡拉布里亚
Hyccara	海卡拉
Salaminia	沙拉米尼亚号
Popish Plot	天主教阴谋案
Titus Oates	泰特斯·奥茨
Andocides	安多基德斯
Peisander	皮桑德
Charicles	卡里克勒斯
Ortygia	奥提伽岛
Epipolae	厄庇波利
Hermocrates	赫墨克拉底
Decelēa	德西里亚
Gylippus	吉利普斯
Leon	里昂
Epipolae	厄庇波利
Thapsus	塔普苏斯
Great Harbour	大港
Labdalum	拉布达隆
Euryēlus	攸利依拉斯
Plemmyrium	普利姆密里昂
Prasiae	普拉西厄
Epidaurus Limera	埃皮达鲁斯－里摩拉
Acraean Cliff	阿克里崖
Cacyparis	卡西巴里斯河

Asinarus	阿西纳鲁斯河
Plutarch	普卢塔赫
Naupactus	诺帕克特斯
Gytheum	吉提昂
Endius	恩狄阿斯
Pharnabazus	法纳培萨斯
Tissaphernes	提沙费尔尼斯
Chalcideus	卡尔息底阿斯
Iasus	伊阿索斯
Darius II	大流士二世
Astyochus	阿斯泰奥卡斯
Peisander	皮桑德
Phrynichus	普律尼科司
Antiphon	安提丰
Androcles	安德鲁克里斯
Charminos	卡米诺斯
Hyperbolus	希帕波鲁斯
Paralus	"帕拉鲁斯"号
Colonus	喀罗纳斯
Four Hundred	四百人会议
Chaereas	查里利阿斯
Thrasybūlus	色拉西布洛斯
Thrasyllus	塞拉西鲁斯
Aspendus	阿斯盆都
Eëtionēa	亚提翁尼亚
Theramenes	特拉门尼
Five Thousand	五千人会议
Dioscūri	狄奥斯库里
Agesandridas	阿格桑德里亚斯
Aristarchus	阿利斯塔克
Oenöe	欧伊诺耶
Boeotians	维奥蒂亚人
Mindarus	门达拉斯

Abydos	阿拜多斯
Hecuba	赫卡柏
Propontis	马尔马拉海
Cyzicus	昔齐库斯
Hippocrates	希波克拉底
Cleophon	克里奥丰
Selymbria	塞林布里亚
Aristoclitus	阿里斯托克利特斯
Lysander	吕山德
Cyrus the Younger	小居鲁士
Antiochus	安蒂阿卡斯
Callicratidas	卡利克拉提达斯
Methymna	麦提姆纳
Eteonicus	埃提奥尼库斯
Arginusae	阿吉纽西
Archedēmus	阿凯德谟
Timocrates	提摩克拉底
Apaturia	阿帕图利亚节
Callixenus	卡利辛努斯
Socrates	苏格拉底
Leon	利昂
Diomedon	戴奥密敦
Erasinades	厄拉西尼德
Aracus	阿拉库斯
Antandrus	安坦德罗斯
Lampsacus	兰普萨库斯
Aegospotami	阿戈斯波塔密
Sestos	塞斯托斯
Tydeus	堤丢斯
Menander	米南德
Euagoras I	厄瓦戈拉斯一世
Xenophon	色诺芬
Academeia	阿卡德米亚

Archestratus	阿切斯特亚图
Decarchies	十人执政官
Agesilaus	阿格西劳斯
Dracontides	德拉孔提德斯
Critias	柯里西亚斯
Theramenes	特拉门尼
Callibius	卡利比乌斯
Nicēratus	尼凯拉特斯
Phyle	菲伊拉
Eleusinians	艾留西斯人
King Pausanias	保萨尼阿斯国王
Pythodorus	彼索多鲁斯
Parysatis	帕丽萨蒂斯
Clearchus	克利尔库斯
Cunaxa	库纳克萨
Carduchians	卡迪克亚人
Thibron	色布洛
Astyochus	阿斯泰奥卡斯
Dercyllidas	得西利达
Leotychides	莱奥提基德斯
Euripus	埃夫里普
Aulis	奥利斯
Dascylium	达斯库里乌姆
Tithraustes	提特拉乌斯泰斯
Paphlagonians	帕夫拉戈尼亚人
Ismenias	伊斯梅尼阿
Malians	马利斯人
Oetaeans	伊蒂人
Cephissus	基菲索斯
Orchomenians	奥尔霍迈诺斯人
Anytus	阿尼图斯
Agesipolis	阿吉西波里斯
Cinadon	基那敦

Aristodemus	阿里斯托得摩斯
Timolāus	提莫拉奥斯
Euxenus	尤尼斯
Coronea	柯罗尼亚
Cenchreae	辛赫列埃
Lechaeum	列哈依昂
Iphicrates	伊菲克拉底
Peltasts	轻装步兵
Antalcidas	安塔西达斯
Tithraustes	提特拉乌斯泰斯
Tiribazus	提里巴左斯
Laconized	斯巴达化
Medized	米底化
Spaniards	西班牙人
Gauls	高卢人
Dionysius	狄奥尼修斯
Himilco	希米尔科
Napoleon Bonaparte	拿破仑·波拿巴
Dionysiac festival	雅典酒神节
Damocles	达摩克里斯
Lilybaeum	利利俾
Drepanum	德雷帕纳姆
Sabellian	塞贝里人
Neapolis	那不勒斯
Lucanians	卢卡利亚
Dion	迪翁
Plato	柏拉图
Heracleides	赫拉克利德斯
Callippus	卡利普斯
Timoleon	蒂莫莱翁
Timophanes	蒂莫芬尼斯
Hiketas	希克塔斯
Crimēsus	克里米苏斯

Terina	帖日纳
Hipponium	希波尼昂
Bruttians	布鲁提伊人
Alexander I	亚历山大一世
Laconizing party	亲拉科尼亚派
Chalcidian League	哈尔基季基同盟
Agesipolis I	阿吉西波里斯一世
Eudāmidas	攸达米达斯
Phoebidas	菲比达斯
Leontiades	列昂提亚戴斯
Ismenias	伊斯梅尼阿
Cadmeia	卡德墨亚
Thesmophoria	塞斯摩弗洛斯节
Teleutias	泰勒蒂亚斯
Polybiades	波利庇阿德斯
Philippus	菲利普斯
Archias	阿基亚斯
Melon	梅隆
Pelopidas	佩洛皮达斯
Charon	卡戎
Phyllidas	菲利达斯
Cleombrotus I	莱奥梅布罗图斯一世
Epaminondas	伊巴密浓达
Sphodrias	斯福德里阿斯
Chabrias	卡布里亚斯
Timotheus	提莫西亚斯
Tegyra	泰伊拉
Iphicrates	伊菲克拉底
Leuctra	留克特拉
Hyampolis	叙安波里司
Heraclea-Trachis	赫拉克里亚-特拉基斯
Polydorus	波吕多洛斯
Polyphron	波利弗朗

Alpheus	阿尔费乌斯
Helisson	赫里森
Megalopolis	麦加罗波利斯
Epariti	伊巴瑞提
Alexander of Pherae	费莱的亚历山大
Philip	腓力
Triphylians	特普利亚人
Lycomedes	吕科墨得斯
Ariobarzanes	阿里巴扎尼
Cynoscephalae	库诺斯克法莱
Anticrates	安蒂克拉底
Iolaïdas	伊奥莱达斯
Daïphantus	达伊凡图斯
Tachos	塔克霍斯
Nectanebis	涅克坦尼庇斯
Euphron	欧弗隆
Timophanes	蒂莫芬尼斯
Timoleon	蒂莫莱翁
Pydna	皮德纳
Chares	卡瑞斯
Artaxerxes III	阿尔塔薛西斯三世
Mausōlus	摩索拉斯
Axius	阿克希乌斯
Haliacmon	哈利亚克蒙
Aegae	埃迦伊
Pella	佩拉
Archelaus	阿奇劳斯
Lysimachus	莱西马库斯
Ptolemaeus	托勒密
Archelaus	阿奇劳斯
Agathon	阿伽松
Choerilus	科里洛斯
Euripides	欧里庇得斯

Terina	帖日纳
Hipponium	希波尼昂
Bruttians	布鲁提伊人
Alexander I	亚历山大一世
Laconizing party	亲拉科尼亚派
Chalcidian League	哈尔基季基同盟
Agesipolis I	阿吉西波里斯一世
Eudāmidas	攸达米达斯
Phoebidas	菲比达斯
Leontiades	列昂提亚戴斯
Ismenias	伊斯梅尼阿
Cadmeia	卡德墨亚
Thesmophoria	塞斯摩弗洛斯节
Teleutias	泰勒蒂亚斯
Polybiades	波利庇阿德斯
Philippus	菲利普斯
Archias	阿基亚斯
Melon	梅隆
Pelopidas	佩洛皮达斯
Charon	卡戎
Phyllidas	菲利达斯
Cleombrotus I	莱奥梅布罗图斯一世
Epaminondas	伊巴密浓达
Sphodrias	斯福德里阿斯
Chabrias	卡布里亚斯
Timotheus	提莫西亚斯
Tegyra	泰伊拉
Iphicrates	伊菲克拉底
Leuctra	留克特拉
Hyampolis	叙安波里司
Heraclea-Trachis	赫拉克里亚－特拉基斯
Polydorus	波吕多洛斯
Polyphron	波利弗朗

Zeuxis	宙克西斯
Perdiccas	佩尔狄卡斯
Thermaic Gulf	塞尔马湾
Pydna	皮德纳
Mount Pangaeus	潘格亚斯山
Philippi	腓利比
Amphictyonic Assembly	近邻同盟会议
Philomēlus	腓罗迈卢斯
Onomarchus	奥诺马尔库斯
Amphissa	阿姆菲萨
Locrians	洛克里斯人
Phaÿllus	法衣鲁斯
Coroneia	科洛奈阿
Pagasae	帕加塞
Magnesian	马格尼西亚
Demosthenes	狄摩西尼
Phalaecus	法莱卡斯
Aenus	阿伊诺斯
Maronea	马若涅亚
Pagasae	帕加塞
Oreus	俄瑞乌斯
Phocion	福基翁
Tamynae	泰米尼亚
Demosthenes	狄摩西尼
Satyrus	萨提洛斯
Megalopolis	麦加罗波利斯
First Philippic	《一评腓力》
Charidēmus	卡里德姆
Paralus	帕拉鲁斯号
Philocrates	菲洛克拉底
Aeschines	埃斯基涅斯
Cydonia	赛多尼亚
Parnassus	帕纳塞斯山

Abae	阿巴伊
Decarchies	十人执政官
King Arybbas	国王阿瑞巴斯
Olympias	奥林匹亚丝
Halonesus	哈罗尼斯岛
Diopeithes	迪奥培提斯
Concerning the Chersonese	《论切索尼》
Third Philippic	《三论腓力》
Golden Horn	金角湾
Triballi	特里巴利人
Amphissians	阿姆菲萨人
Elateia	埃拉蒂亚
Lysicles	吕西克列斯
Thersites	忒耳西忒斯
Thyrea	提里亚
Sciritis	赛克里替斯
Attalus	阿塔卢斯
Parmenio	帕尔梅尼奥
Cleopatra	克莱奥帕特拉
Margites	马尔吉特斯
Peleus	珀琉斯
Phoenix	菲尼克斯
Antipater	安提帕特
Arsites	艾尔希提斯
Mitrobarzanes	密特罗巴扎尼斯
Spithridates	斯皮瑞达提斯
Granicus	格拉尼库斯河
Zeleia	扎雷亚
Mentor	门托尔
Cleitus	克雷塔斯
Memnon	梅姆农
Mount Climax	克莱马克斯山
Perga	佩尔格

Side	西迪
Pisidian mountain	彼西底山
Gordium	戈尔迪乌姆
Gordian knot	戈尔迪之结
Gordius	戈尔迪
Mount Taurus	托鲁斯山
Cilicia	西里西亚
Arsames	阿撒米斯
Cilician Gates	西里西亚关口
Cydnus	塞纳斯河
Philippus	菲利普斯
Mount Amanus	艾马纳斯山
Syrian Gates	叙拉亚之门
Myriandrus	迈利昂得鲁斯
Sochi	索契
Amanic Gates	阿马尼克之门
Thapsacus	塔普萨卡斯
Sisygambis	西西冈比斯
Statira	斯塔蒂拉
Barsine	巴西妮
Byblus	拜布鲁斯
Scipio	西庇阿
Titus	提图斯
Semitic	闪米特人
Tyrians	提尔人
Gaza	加沙
Philistine	腓力斯人
Batis	巴提斯
Hector	赫克托耳
Alexandria	亚历山德里亚
Zeus Ammon	宙斯－阿蒙
Arbēla	阿尔比勒
Gaugamela	高加米拉

Bactrian	巴克特里亚人
Bessus	贝苏斯
Chaldaeans	迦勒底亚人
Mazaeus	马扎亚斯
Abulites	阿布力泰斯
Apollodorus	阿波罗多罗斯
Archelaus	阿奇劳斯
Ariobarzanes	阿里奥巴尔扎尼斯
Susian Gates	苏萨之门
Tartary	鞑靼地区
Punjaub	旁遮普
Artacoana	阿塔考纳
Maracanda	马拉坎达
Bactra	巴克特拉
Paropamisus	帕勒帕迈塞斯山脉
Alps	阿尔卑斯山
Philōtas	菲罗塔斯
Sogdiana	索格底亚纳
Alexandroeschata	亚历山德里亚-埃斯哈达
festival of Dioscuri	狄奥斯库里节
Cleitus	克雷塔斯
Jhelum	杰赫勒姆河
Porus	波鲁斯
Hyphasis	希达斯皮斯河
Gedrosia	格德罗西亚
Indus	印度河
Scinde	信德
Malli	马利
Mooltan	木尔坦
Peucestes	普塞斯塔
Leonnatus	列昂纳托
Nearchus	尼阿库斯
Gedrosia	格德罗西亚

Craterus	克拉特鲁斯
Arachosia	阿拉霍西亚
Drangiana	德兰吉亚纳
Beluchistan	比鲁基斯坦
Carmania	卡曼尼亚
Gedrosian desert	格德罗西亚沙漠
Roxana	罗克姗娜
Ochus	欧克士
Parysatis	帕丽萨蒂斯
Alexandria Arachotiae	亚历山德里亚－阿拉科提亚
Alexandria Areion	亚历山德里亚－伊利昂

新书速递 | 华文全球史 015

编辑推荐

一部影响了日本与中国几代学人的学术珍品

一部深受学术大师王国维、章太炎推崇的文明史佳作

内容简介

《印度文明史》以印度文学、宗教、社会制度的发展为主线,讲述了公元前2000年到公元1400年印度文明的发展过程,展现了古印度光辉灿烂的文明盛景。作者将印度文明分为五个时期:吠陀时期、梵书时期、全印时期、佛教时期和婆罗门教复兴时期,按时间顺序细细梳理印度文明的发展脉络,将神话传说、社会发展、宗教演变、文学创作和社会制度变革等因素整合在一起,详细解读彼此关联和影响,剖析印度文明起源、发展和衰落的过程。

| 新书速递 | 华文全球史 016 |

编辑推荐

普利策历史奖作品

《纽约时报》《华盛顿邮报》联袂推荐的佳作

内容简介

《美国内战史：1861—1865》引用大量官方记录、日记、传记、回忆录、书信等资料，讲述了北方联邦军和南方邦联军之间长达五年的战争，揭示了美国南北方矛盾的本质以及北方获胜、南方战败的深层原因。林肯上台为什么会引发内战？战争初期，北方联邦军因何节节败退？被邦联军多次包围的首都华盛顿如何一次次化险为夷？保持中立的英国对美国内战产生了哪些影响？势如破竹的南方邦联军缘何一步步走向失败？内战给美国南北方人民造成了哪些伤害？本书将一一解答。

新书速递 | 华文全球史 017

编辑推荐

圣约翰学院印度研究所所长
"印度帝国勋章"得主
牛津大学出版社首版
文森特·亚瑟·史密斯作品

内容简介

《阿育王：一部孔雀王国史》以阿育王的一生为主线，援引在印度各处发现的阿育王时期的大量石柱法敕、碑文与洞穴石刻，以法显和玄奘等中国求佛者的游记为佐证，讲述了公元前323年到公元前232年孔雀王国的重大历史事件，理清了孔雀王国转变为佛国的历史脉络，对阿育王的转变、阿育王时期佛教的发展及阿育王时期孔雀王国的疆域、军事和行政机构等做了详细的描述和合理的分析。

新书速递 | 华文全球史 018

编辑推荐

皇家历史协会主席

牛津大学"奇切历"现代史教授

皇家钱币学协会奖章得主

查尔斯·欧曼经典作品

内容简介

查尔斯·奥曼,英国著名军事史学家,皇家历史协会主席,牛津大学"奇切历"现代史教授,皇家考古研究所所长,皇家钱币学协会奖章得主。他的著作改变了人们对中世纪战争的理解,完善并改正了中世纪史料中碎片化的军事史及其种种谬误。一般认为,他通过中世纪残破的文献,重新构建起了中世纪战场的蓝图。其研究成果在欧洲军事史上有着重要的地位。

新书速递 华文全球史 019

编辑推荐

普利策历史奖作品

哥伦比亚大学欧洲史教授

"古根海姆学者奖"获得者

牛津大学客座教授

加勒特·马丁利经典作品

内容简介

加勒特·马丁利,普利策历史奖得主,哥伦比亚大学教授,牛津大学客座教授,主攻欧洲史,尤擅 16 世纪欧洲外交史。他毕业于哈佛大学,先后获得哈佛大学学士、硕士和博士学位。他深受西班牙历史学家罗杰·梅里曼的影响,开始主攻 16 世纪欧洲史。先后四次获得"古根海姆学者奖"。